Meyer-Dietrich Senebi und Selbst

ORBIS BIBLICUS ET ORIENTALIS

Im Auftrag der Stiftung BIBEL + ORIENT,
in Zusammenarbeit mit dem Departement für Biblische Studien
der Universität Freiburg Schweiz,
dem Ägyptologischen Seminar der Universität Basel,
dem Institut für Archäologie, Abteilung Vorderasiatische Archäologie
der Universität Bern
und der Schweizerischen Gesellschaft
für Orientalische Altertumswissenschaft

herausgegeben von
Susanne Bickel, Othmar Keel und Christoph Uehlinger

Zur Autorin:

Erika Meyer-Dietrich ist in Kempten geboren. Studium der Religionswissenschaften, Indologie und des Mittelägyptischen in Uppsala. Promotion 2001 an der dortigen Theologischen Fakultät mit einer Arbeit über das Aufgreifen ökologischer Faktoren in religiösen Ritualen (Nechet und Nil. Ein ägyptischer Frauensarg des Mittleren Reiches aus religionsökologischer Sicht). Forschungsprojekt: Das Menschenbild in Ägypten 2004–2005. Diverse Aufsätze zur Religion Ägyptens. Sie ist derzeit Lektorin für Religionsgeschichte am Theologischen Institut der Universität Uppsala.

Orbis Biblicus et Orientalis 216

Erika Meyer-Dietrich

Senebi und Selbst

Personenkonstituenten zur rituellen Wiedergeburt in einem Frauensarg des Mittleren Reiches

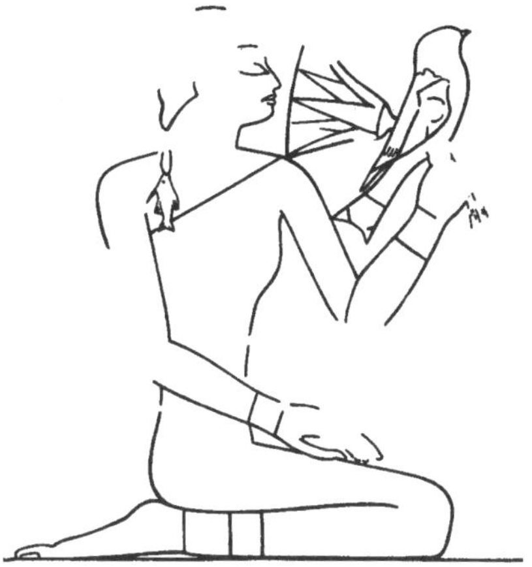

Academic Press Fribourg
Vandenhoeck & Ruprecht Göttingen

Bibliografische Information Der Deutschen Bibliothek

Die Deutsche Bibliothek verzeichnet diese Publikation in der Deutschen Nationalbibliografie; detaillierte bibliografische Daten sind im Internet über http://dnb.ddb.de abrufbar.

Die Inhalt-Seiten wurden von der Autorin
als PDF-Daten zur Verfügung gestellt.

Herstellung: Paulusdruckerei Freiburg Schweiz

ISBN 3-7278-1548-5 (Academic Press Fribourg)
(978-3-7278-1548-5)

ISBN 3-525-53012-9 (Vandenhoeck & Ruprecht)
(978-3-525-53012-2)

ISSN 1015-1850 (Orb. biblicus orient.)

Inhaltsverzeichnis

VORWORT XI

EINLEITUNG 1

1.1 Zielsetzung der Arbeit 1

1.2 Die Quellen 2

1.3 Das Modell 4
Das Modell der dynamischen Religionsökologie 6
Die Realwelt 7
Die Person 7
Die Religiöse Welt 7
Das Modell zur Untersuchung der Personenfaktoren 9

1.4 Methode 12
Rituelle Bildhandlungen 12
Rituelle Sprechhandlungen 17
Situation 18
Motivation 19
Ritualisierung 20
Strategie 22
Zweck 24
Wirksamkeit 24

1.5 Gliederung der Arbeit 25

DER SARG M3C ALS RITUELLER GEGENSTAND 27

2.1 Textgeschichtliche Übersicht, Fugeninschriften und Formeln 27

2.2 Die Fugeninschriften 30

2.3 Das Bestattungsritual 40
Die Funktion des Bestattungsrituals für die Teilnehmer 47
Abschnitte 47
Verbindungen 47
Passagen 48
Reziprozität 49
Die rituellen Funktionen der Außendekoration des Sarges 50
Die kulttopographische Wiedergabe 57
Perspektivische Bereiche 58
Reziprozität 59
Die Funktion des geschlossenen Sarges 61
Die drei Ritualkomplexe in der Gesamtheit des rituellen Geschehens 62

2.4 Die Funktion des Bestattungsrituals für die Person 64
Die Reinigung 64
Die Balsamierung 65
Die Erhaltung und Vorbereitung der Person 71

DER SARG ALS RITUELLE UMGEBUNG 73

3.1 Textgeschichte der Sargtexte 73

3.2 Die Texte und Bilder im Innenraum des Sarges M3C (JdE 42825) 79
Ostseite des Sarges 79
Schriftband 79
Abbildungen 79
Die Opferliste 80
Nordseite des Sarges 83
Schriftband 83
Abbildungen 83
Sargtexte Spruch 533 83
Westseite des Sarges 84
Schriftband 84
Abbildungen 85
Sargtexte Spruch 94 86
Sargtexte Spruch 95 88
Sargtexte Spruch 96 88
Sargtexte Spruch 97 91
Sargtexte Spruch 534 91
Südseite des Sarges 92
Schriftband 92

Abbildungen ... 92
Sargtexte Spruch 418 ... 92
Sargtexte Spruch 114 ... 93
Innenseite des Sargdeckels ... 94
Sargtexte Spruch 75 ... 94
Innenseite des Sargbodens ... 99
Sargtexte Spruch 398 ... 99
Sargtexte Spruch 434 ... 103

3.3 Der Ritualisierungsprozess im verschlossenen Sarg ... 103
Ostseite des Sarges ... 105
Schriftband ... 105
Abbildungen ... 107
Die Opferliste ... 109
Nordseite des Sarges ... 111
Schriftband ... 111
Abbildungen ... 111
Sargtexte Spruch 533 ... 113
Westseite des Sarges ... 117
Schriftband ... 117
Abbildungen ... 118
Sargtexte Spruchfolge 94–97 ... 120
Sargtexte Spruch 534 ... 132
Südseite des Sarges ... 136
Schriftband ... 136
Abbildungen ... 137
Sargtexte Spruch 418 ... 139
Sargtexte Spruch 114 ... 141
Innenseite des Sargdeckels ... 143
Sargtexte Spruch 75 ... 143
Innenseite des Sargbodens ... 153
Sargtexte Spruch 398 ... 153
Sargtexte Spruch 434 ... 157

3.4 Text – Bild – Körperlichkeit: Der Handlungsraum ... 168
Aktionsfeld I ... 171
Aktionsfeld II ... 172
Aktionsfeld III ... 173
Aktionsfeld IV ... 174
Aktionsfeld V ... 175

DIE PERSONENKONSTITUENTEN IM SARG 179

4.1 Voraussetzungen der Person 179
Terminologie 180
Personenfaktoren 180
Körper 180
Individuum 181
Person 183
Selbst 183

4.2 Die einzelnen Personenkonstituenten 184
Der Name 185
Der Ba des Osiris 190
Der Schatten 195
Die Iru-Gestalt 199
Der Djet-Körper 201
Der Ba des Schu 202
Der Hau-Körper 216
Der Leichnam 219
Der Ka 220
Der Ach 223

4.3 Das Selbst 225
Die bisherigen Ergebnisse 226
Name 226
Ba des Osiris 227
Schatten 227
Iru-Gestalt 227
Djet-Körper 228
Ba des Schu 228
Hau-Körper 228
Leichnam 228
Ka 228
Ach 229
Sich ergänzende Begriffe 229
Ba und Schatten 229
Ba und Körper 229
Ach und die übrigen Konstituenten 229
In den Sargtexten verwendete Konzeptionen des Körpers 230
Die räumliche Auslegung des Körpers 231
Containment – der Körper als Behälter 233

In-Out Orientation – die Interaktion mit der Umgebung 240
Boundedness – die Begrenzung des Raumes 245
Die existenzielle Konzeption des Körpers 254
Der bestehende Körper 254
Der sich entwickelnde Körper 255
Die sich wiederholende körperliche Existenz 256
Name, Ka und Opfer 260
Körper 260
Ba und Schatten 261
Opfer, Knochen, Glieder, Ach und Hu 261

4.4 Das kontextspezifische Selbst 262
Abgrenzung der Personenkonstituenten 263
Veränderung und Erzeugung des lebenden Selbst 265
Persönlicher und kosmischer Lebensbereich 275
Kulturspezifische Modelle und Geschlechterrollen 278
Ontologische Identität 278
Geschlechtliche Identität 280
Das wiedergeborene Selbst: Zielsetzung und Zweck des rituellen Handelns ..289

PERSONENKONSTITUENTEN IN DER LITERATUR DES MITTLEREN REICHES 295

5.1 Voraussetzungen zur Interpretation der Quellen 295

5.2 Die Quellen 297

5.3 Name, Körper, Ka und Ba in der Erzählung des Sinuhe 300
Der textliche Aufbau der Erzählung des Sinuhe 301
Ägypten, in Unruhe versetzt 301
Übergangsstationen, die mit der Rettung durch den Beduinenscheich ihr vorläufiges Ende finden 302
Die Fremde contra Ägypten als Geburtsort 304
Ägypten als Ort der Bestattung 306
Ägypten zur Zeit der Ruhe und Stabilität 308
Ägypten als Land der endgültigen Aufnahme 310
Das semantische Feld 316
Zeit des Sonnenuntergangs/Tod als Schlaf gedeutet 316
Über- und Durchgangsbereiche/Abschnitte im Bestattungsritual und Phasen bei der rituellen Wiedergeburt im Sarg 317
Audienz beim König/Sonnenaufgang 319

Rückkehr nach Ägypten und Verjüngung/Bestattungsritual 320
Personenkonstituenten und Konnotationen 321
Der Name 322
Der Hau-Körper 324
Der Leichnam 328
Der Ka 332
Der Ba des Sinuhe 334

5.4 Ba, Körper, Name und Schatten im Gespräch eines Mannes mit seinem Ba 337
Textinterne Verwendung und Bedeutung der Personenkonstituenten 339

5.5 Die Verwendung der Personenbegriffe in der Literatur und bei der rituellen Wiedergeburt 356
Kontinuität durch Name, Ka und Leichnam 356
Der Name 357
Der Ka 359
Der Leichnam 360
Entwicklung durch Körper, Ba und Schatten 361
Der Körper 362
Der Ba 364
Der Schatten 366

ZUSAMMENFASSUNG 369

ABKÜRZUNGEN 376

LITERATUR 379

STELLENINDEX 393

ÄGYPTISCHE BEGRIFFE 402

TEXTBEILAGEN 409

TAFELN 413

Vorwort

Man kann mit den Füßen
genauso religiös sein
wie mit dem Kopf

Dieser Ausspruch meines Doktorvaters Prof. Jan Bergman kam mir im Laufe der Arbeit oft in den Sinn. Er pointiert die konkrete praktische Seite der Religion. Deshalb erscheint er mir auch besonders geeignet, jene Leser durch *Senebi und Selbst* zu geleiten, deren Auffassungen durch eine akademische Tradition, in der Religion abstrahiert und zu einer Sache des Kopfes gemacht wird, geprägt sind.

Mein besonderer Dank gilt Dr. Susanne Bickel und Prof. Ursula Verhoeven, die das Manuskript gelesen, mich engagiert durch die Arbeit begleitet, zu Verbesserungen angeregt und auf Literatur hingewiesen haben sowie Dr. Richard B. Parkinson, der das Kapitel zur Literatur des Mittleren Reiches gelesen und mir das noch unveröffentlichte Manuskript seines Artikels zum Traumgleichnis des Sinuhe zur Verfügung gestellt hat. Dr. Gertie Englund und Dr. Åke Engsheden waren die unentbehrliche Hilfe bei allen Hürden, die bei den Übersetzungen zu nehmen waren. Letzterer hat auch die Transkriptionen überprüft. Eventuell noch vorhandene Fehler sind selbstverständlich von mir zu verantworten. Für Literaturhinweise danke ich darüber hinaus Dr. Åke Engsheden, Dr. Richard B. Parkinson und Prof. Harco Willems.

Die Arbeit ist das Resultat eines Forschungsprojektes, das an der Universität Uppsala 2004–2005 unter dem Namen „Das Menschenbild in Ägypten" dank der Finanzierung durch die Stiftung Riksbankens Jubileumsfond abgeschlossen werden konnte. Möglichkeiten, Teilresultate meiner Forschung vorzutragen und deren Tragfähigkeit zu testen gaben mir die Einladungen des Instituts für Ägyptologie und Altorientalistik der Johannes Gutenberg-Universität Mainz, des Ägyptologischen Seminars der Universität Basel und des Instituts für klassische Philologie, Russisch und Religionswissenschaft der Universität Bergen, Norwegen.

Dem damaligen Direktor des Ägyptischen Museums in Kairo, Dr. Mamdouh Eldamaty gebührt mein Dank, den Sarg der Senebi, der sich dort im Magazin befindet, sehen und photographieren zu dürfen. Dr. Jaromir Malek vom Griffith Institut in Oxford danke ich für die Erlaubnis, die

Photographien aus Gardiners Nachlass, die den Sarg M3C noch in einem besseren Zustand wiedergeben als er heute ist, abzudrucken, und dass er mir ebenso wie Dr. Richard B. Parkinson vom British Museum diese zur Verfügung stellte. Sie und ihre Mitarbeiter unterstützten meine Arbeit in großzügigster Weise. Den Herausgebern möchte ich für die Aufnahme des Bandes in die Reihe *Orbis Biblicus et Orientalis* danken. Helena Riihiaho half mir, das Manuskript in eine druckgerechte Form zu bringen. Die Arbeit ist 2006 als Habilitationsschrift bei der Universität Uppsala eingereicht worden.

Uppsala im Februar 2006 Erika Meyer-Dietrich

KAPITEL 1

Einleitung

1.1 Zielsetzung der Arbeit

In der ägyptischen Religion sind Begriffe wie Ach, Ba, Herz, Ka, Körper, Name und Schatten Größen, die eine Person konstituieren. Sie charakterisieren das Menschenbild im Alten Ägypten. Das Nichtvorhandensein ähnlicher Begriffe innerhalb der christlichen Religion erschwert deren Verständnis. Den bisherigen ägyptologischen Untersuchungen[1] zum Trotz gibt es nach wie vor viele Unklarheiten und offene Fragen in Bezug auf die semantische und lexikographische Bedeutung der Personenkonstituenten. Übersetzungsversuche mit Hilfe christologischer Begriffe – wie beispielsweise Ba mit Seele – und anderer Termini aus dem Begriffsapparat westlicher Kulturen haben eher zur Unverständlichkeit der Personenkonstituenten beigetragen. Die Untersuchung einzelner Begriffe hat den jeweiligen

---

[1] Mehrere Personenkonstituenten werden behandelt von: Derchain, Anthropologie, Égypte pharaonique. In: *Dictionnaire des Mythologies,* S. 46–50. Englund, Kropp och själ i samspel, *RoB* LVIII–LIX, S. 9–28. Koch, Erwägungen zu den Vorstellungen über Seelen und Geister in den Pyramidentexten, *SAK* 11, S. 425–454. Otto, Altägyptischer Polytheismus. *Saeculum* XIV 3/4, S. 249–285. Velde, Some Remarks on the Concept ‚Person' in the Ancient Egyptian Culture. In: *Concepts of Person in Religion and Thought*, S. 83–102. Untersuchungen einzelner Personenkonstituenten sind zum Ach: Englund, *Akh – une notion religieuse dans l'Égypte pharaonique*. Jansen-Winkeln, „Horizont" und „Verklärtheit": Zur Bedeutung der Wurzel *ꜣḫ, SAK* 23, S. 201–215. Unters. zum Ba: Assmann, A Dialogue between Self and Soul: Papyrus Berlin 3024. In: *Self, Soul and Body in Religious Experience,* S. 384–403. Barta, *Das Gespräch eines Mannes mit seinem Ba*. Englund, The Eye of the Mind and Religious Experience in the Shu Theology from the Egyptian Middle Kingdom. In: *Being Religious and Living through the Eyes*, S. 86–114. Goedicke, *The Report about the Dispute of a Man with his Ba*. Wolf-Brinkmann, *Versuch einer Deutung des Begriffes ‚b3' anhand der Überlieferung der Frühzeit und des Alten Reiches*. Žabkar, *A Study of the Ba Concept in Ancient Egyptian Texts*. Unters. zum Herzen: Bardinet, *Les papyrus médicaux de l'Egypte ancienne*. Brunner, Das Herz im ägyptischen Glauben. In: *Das hörende Herz*, S. 8–41. Unters. zum Ka: Bolshakov, *Man and his Double in Egyptian Ideology of the Old Kingdom*. Greven, *Der Ka in Theologie und Königskult der Ägypter*. Schweitzer, *Das Wesen des Ka im Diesseits und Jenseits der Alten Ägypter*. Unters. zum Körper: Beinlich, *Die „Osirisreliquien"*. Brunner-Traut, Der menschliche Körper – eine Gliederpuppe, *ZÄS* 115, S. 8–14. Hornung, Fisch und Vogel: Zur altägyptischen Sicht des Menschen. In: *Eranos* 52, S. 455–496 Unters. zum Schatten: George, *Zu den altägyptischen Vorstellungen vom Schatten als Seele*.

Untersuchungsgegenstand ins Auge gefasst und ihn entkontextualisiert, indem sie nur einen Aspekt der Person herausgegriffen und ihn somit sowohl vom Körper selbst als auch von den übrigen Personenkonstituenten isoliert hat. Darüber hinaus haben sich die meisten Untersuchungen bei der Heranziehung der Quellen nicht auf einen bestimmten Kontext bei der Verwendung der Personenaspekte beschränkt. Die Zielsetzung der Arbeit besteht deshalb darin, die Personenkonstituenten gemeinsam in einem bestimmten Zusammenhang zu untersuchen.

Religiöse Texte sollen einer verstorbenen Person rituell den Übergang in die Lebenswelt des Tages ermöglichen. In diesen Ritualtexten dient die Verwendung der verschiedenen Konstituenten dazu, eine Person sowohl zu erhalten als auch zu aktivieren und ihr dadurch eine Existenz in beiden Seinsbereichen zu ermöglichen. Die Personenkonstituenten oder -begriffe sind für diese Situation am meisten belegt, sie kommen aber auch in anderen Texten, die an Lebende gerichtet sind, vor. Die Semantik der Personenaspekte soll in dem Funktionskontext, in dem sie sich am häufigsten finden, das heißt im Rahmen des Wiederbelebungsrituals, in einer Fallstudie untersucht werden. Die Untersuchung erfolgt an einem Kastensarg des Mittleren Reiches, der für eine Frau angefertigt worden ist. Die Arbeit soll auch zum Verständnis der Texte auf diesem Sarg und als Fallstudie zur Wirkungsgeschichte der so genannten Sargtexte beitragen. Die Quellen sollen zunächst vorgestellt werden.

1.2 Die Quellen

Die Quellen für die vorliegende Arbeit sind Texte und Darstellungen auf dem Frauensarg M3C aus Meir, der sich heute unter der Inventarnummer JdE 42825 im Ägyptischen Museum in Kairo befindet. Der Sarg wurde von Kamal in der mittelägyptischen Gaufürsten-Nekropole Meir ausgegraben. Im Journal d'Entrée des Ägyptischen Museums in Kairo ist als Fundort „En face Mesra près Meir“ angegeben. Laut Porter-Moss stammt er vermutlich aus dem nördlichen Bezirk der Nekropole.[2] Willems vermutet als Fundort die Umgebung von Grab B, 1–3, das in der zweiten Hälfte der Regierungszeit von Amenemhet I. und am Beginn der Regierung Amenemhets II. angelegt worden ist.[3] Auf Grund der Kombination der verwendeten Dekorationstypen datiert Willems M3C in die Regierungszeit von Sesostris I., dem

[2] Vergl. *PM* IV, S. 256.

[3] Willems, *Chests of Life*, S. 97.

zweiten Pharao der 12. Dynastie (etwa 1919–1875 v. Chr.[4]). Seine Datierung ist damit etwas später als die von Lapp vorgenommene. Lapp setzt für den Sarg die 11./12. Dynastie an. Der Sarg wurde mit Mumie gefunden. Diese befand sich nach den Angaben im Eingangsbuch des Ägyptischen Museums in Kairo in einem sehr schlechten Zustand.[5] Über den Verbleib der Mumie ist nichts bekannt. Den Ausgrabungsberichten zufolge sind mit dem Sarg zwei Modelle von Kornspeichern (mit Scheffler, Sackträgern, dem Grabherrn, einem Aufseher und einem Schreiber) und ein Spiegel aus Bronze (ohne Griff und ohne eine Inschrift) gefunden worden.[6] Sie stellen im Mittleren Reich übliche Grabbeigaben dar.

Der Sarg befindet sich heute in einem heiklen Zustand. Am Deckel hat sich das Holz geworfen und dazu beigetragen, dass er nun in drei Teile zerfällt. Der Deckel, bestehend aus zwei langen und einem kürzeren Brett, an das ein Stück angesetzt wurde, ist an der Nahtstelle des langen mit dem verlängerten Brett zerbrochen. Das angefügte Stück ist ebenfalls abgebrochen. Die Querhölzer auf der Innenseite, die an den Enden und in der Mitte des Deckels mit Holzdübeln befestigt wurden, fehlen. Die Schrift auf der Oberseite des Deckels, die Kamal in seinem Ausgrabungsbericht veröffentlicht hat, ist inzwischen bis zur Unleserlichkeit verblasst. An den Seitenwänden befinden sich die Oberfläche des Holzes und die Schriftbänder in einem guten Zustand. Auf den Innenseiten sind die beiden Längswände beschädigt. Auf der Ostseite ist das Holz im unteren Drittel (beginnend mit der Darstellung der Opferspeisen bis zu Spalte 24 der Opferliste) stark angegriffen. Am Schriftband und in Spalte 2–5 der Opferliste blättert die Farbschicht an einigen Stellen ab. Auf der Westwand des Sarges bestehen Schäden am Gerätefries und den Texten ab Zeile 8–32.[7] Die Schmalseiten sind gut erhalten. Vom Boden, der vermutlich aus zwei Brettern bestand, ist nur eines erhalten. Auf diesem steht die untere Hälfte der Bodentexte. De Buck hatte für die Herausgabe der Sargtexte noch den ganzen Bodentext zu seiner Verfügung.

Die Texte auf dem Sarg M3C (JdE 42825) werden hier erstmals als ein zusammenhängendes Textkorpus behandelt. In der vorliegenden Arbeit dient der Sarg als Text- und Bildzeuge für die rituelle Umgebung, die zum Fortbestand der Existenz einer weiblichen Person, die sich im Bereich der

---

[4] Regierungsdaten nach Schneider, *Lexikon der Pharaonen*, S. 415.

[5] Kairo JdE 42825: „Cercueil rectangulaire à couvercle phot de Uch-htp avec la momie en mauvais état. Ce nom surcharge celui de Snbi. – Bois peint. Long. 195. Larg. 048. Haut 0.52."

[6] Kamal, Rapport sur les fouilles exécutées dans la zone comprise entre Deirout au Nord et Deir-El-Ganadlah, au Sud, *ASAE* 11, S. 34f.

[7] Die Zeilenangabe erfolgt nach meiner Zählung, die auf dieser Sargwand beginnt.

Toten befindet, erforderlich ist. Das für einen anderen Frauensarg aus derselben Nekropole, M5C (JdE 42826), ausgearbeitete Modell der *dynamischen Religionsökologie* berücksichtigt die Greifbarkeit ökologischer und persönlicher Faktoren in einer rituellen Umgebung. Deshalb kann von diesem auch bei der Untersuchung der Personenkonstituenten ausgegangen werden. Die vorliegende Untersuchung der im Symbolbereich konstituierten Person bei Verwendung desselben Modells bildet somit eine Ergänzung zu den in meiner Dissertation untersuchten ökologischen Faktoren. Diese Ergänzung war beabsichtigt und hat die Wahl der Quellen bestimmt. Es wurde deshalb ebenfalls ein Frauensarg des Mittleren Reiches, der in Meir gefunden wurde, gewählt.

1.3 Das Modell

Das Modell der *dynamischen Religionsökologie* wurde entwickelt um die Texte und Bilder auf den Innenseiten eines Frauensarges aus dem Mittleren Reich zu untersuchen. Mit seiner Hilfe konnte das Vorkommen ökologischer Faktoren an einem Sarg festgestellt, und ihre Verwendung für die gewünschte Erweiterung des Existenzbereiches der Sarginhaberin aufgezeigt werden. Die Erstellung einer symbolischen Umwelt ist eine Handlungsweise, mit deren Hilfe sich eine Person in eine für sie aktuelle und konkrete Umwelt einfügt. Das Modell baut auf Pruysers Objekt-Relations-Theorie und Bells Ritualtheorie auf. Es handelt sich, nach Bell, bei der Durchführung von Ritualen um ein praktisches Handeln, mit dessen Hilfe die Situation, in der sich eine Person gegenwärtig befindet, wiedergegeben und verändert wird. Die Veränderung wird durch die so genannte Ritualisierung erreicht. Unter Ritualisierung wird ein Verfahren verstanden, mit dessen Hilfe Personen- und Umweltfaktoren (die physische Umgebung, Ereignisse, Tätigkeiten, angesprochene Personen, verwendete Gegenstände) derart in eine Situation integriert werden, dass dieses eine Wirkung auf die Person oder Personen ausübt, für die das Ritual durchgeführt wird. Im Laufe dieses Integrationsprozesses wird eine Beziehung zwischen der Person und ihrer Umwelt geschaffen.

Nach Bell ist Ritualisierung ein strategischer Akt, mit dessen Hilfe die Gegenwart bestimmt wird.[8] Bells Ritualisierungsbegriff macht es möglich direkt zum dynamischen Aspekt der Totentexte vorzustoßen, denn er erlaubt die Kontextualisierung der Texte und Bilder als Praxis in der Situa-

[8] Bell, *Ritual Theory, Ritual Practice*, S.101.

tion, in der sich die Tote gerade befindet. Das Resultat der Ritualisierung (im Modell *Religiöse Welt* bezeichnet) ist der Bereich, in dem das Verhältnis einer *Person* zu ihrer konkreten Umwelt (im Modell *Realwelt* bezeichnet) ausgehandelt wird. Als der an dieser Mensch-Realwelt-Beziehung beteiligte Partner bringt sich die *Person* in ihre Umwelt ein. Das führt notwendigerweise dazu, dass innerhalb der *Religiösen Welt* sowohl Personenfaktoren als auch Umweltfaktoren aufgegriffen und wiedergegeben werden.

Im Gegensatz zur Untersuchung des Sarges M5C, für die das Modell der *dynamischen Religionsökologie* entwickelt wurde, liegt der Schwerpunkt in der Untersuchung des Sarges M3C nicht auf der rituellen Reproduktion ökologischer Faktoren, die aber gleichwohl stattfindet. In der vorliegenden Arbeit bilden die durch die rituelle Ausformung des Sarges erreichten Sichtweisen einer *Person*, die sie selbst innerhalb des symbolischen Bereichs konstituieren, den Untersuchungsgegenstand.

Die Verlagerung des Interesses auf die religiöse Symbolik der an die Person geknüpften Faktoren hat für die Anwendung des Modells der *dynamischen Religionsökologie* zur Folge: Die Fragen, die an das Material gestellt werden, betreffen die Veränderung der *Person*, die durch ihre rituelle Repräsentation innerhalb der *Religiösen Welt* für sie erreicht wird. Unter einer *Person* wird, mit Collins, eine von ihrer Zeit und den Umständen, die an ihrem Aufenthaltsort herrschen, abhängige biologische und psychosoziale Einheit verstanden.[9] Sie wird als eine *Person* vorausgesetzt, die das innerhalb ihrer Kultur zur Ritualisierung erforderliche spezifische Wissen inkorporiert hat und dieses Wissen in einer Situation, die rituelles Handeln auslöst (ebenfalls auf Grund ihrer kulturellen Disposition), zur Anwendung bringt. Zur Diskussion des Begriffes Person und anderer damit in Zusammenhang stehenden Termini siehe Kapitel 4.1.

Auch bei einer im Sarg liegenden *Person* wird von Ritualen als praktische Handlungen, die in einer aktuellen Situation verankert sind, ausgegangen. Es ist die *Aktualität* der Ritualisierung, aus der die *Religiöse Welt* ihre Symbolik gewinnt. Der Sarg wird als die Umwelt untersucht, die für die im Sarg liegende *Person* aktuell ist, durch einen Ritualisierungsprozess umgeformt wird und dadurch ihren symbolischen Stellenwert erhält. Eine Folge der Theoriebildung und ihrer Anwendung in einer Fallstudie ist, dass für die Untersuchung keine überlieferungsgeschichtliche Aufarbeitung der Quellen zwingend ist, sondern wie Gestermann es treffend formuliert hat, die Analyse „als Momentaufnahme" zu betrachten ist.[10] Dabei profitiert die Untersuchung des Materials als rituelles Handeln selbstverständlich von

[9] Collins, Categories, concepts or predicaments? In: *The category of the person*, S. 74.

[10] Gestermann, *BiOr* 60/5–6, S. 596.

textkritischen Untersuchungen, die ein Verständnis der Quellen überhaupt erst ermöglichen. Das Modell soll zunächst in seiner neutralen Form, das heißt ohne Rücksicht auf die Hinterfragung bestimmter Faktoren zu nehmen, vorgestellt werden. Zu den theoretischen Ausgangspunkten der *Dynamischen Religionsökologie* und zur Anwendung von Bells Ritualtheorie an ägyptischen Quellen im Bereich des Totenglaubens wird der Leser auf meine Arbeit *Nechet und Nil. Ein ägyptischer Frauensarg des Mittleren Reiches aus religionsökologischer Sicht* verwiesen. Einzelne Punkte werden nur aufgegriffen, wenn sie für die Verwendung des Modells in der gegenwärtigen Untersuchung von Bedeutung sind.

Das Modell der dynamischen Religionsökologie

Das Modell weist drei Bereiche auf: den äußeren Bereich der Umwelt, in der Abbildung *Realwelt* bezeichnet, den inneren Bereich der Person, in der Abbildung *Person* bezeichnet, und den mittleren Bereich der rituell erstellten symbolischen Welt, in der Abbildung *Religiöse Welt* bezeichnet. In der weiteren Arbeit werden die im Modell der *dynamischen Religionsökologie* gewählten Bezeichnungen für die drei Bereiche verwendet.

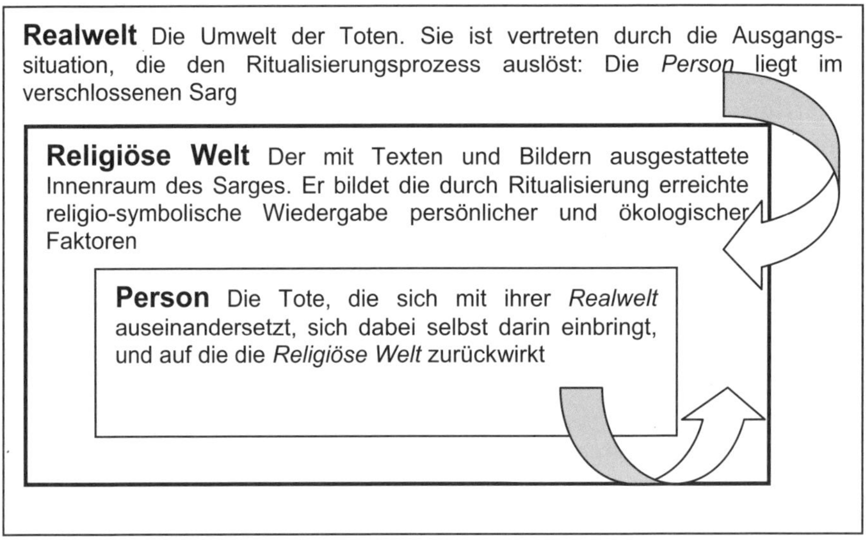

Abbildung 1. Das Modell der dynamischen Religionsökologie zur Untersuchung der Texte und Bilder in einem Kastensarg des Mittleren Reiches.

Die Realwelt

Der *Realwelt* entspricht die Umwelt in der Situation, die vor dem Beginn des Ritualisierungsprozesses, der im Sarg stattfinden wird, herrscht. Sie ist in dieser aktuellen Phase (in den Augen der *Person*) von solcher Art, dass rituelles Handeln als die der Situation angepasste Handlungsweise ausgelöst wird. Die kleinste und nächste Umwelt der Toten ist der Sarg. Dieses dunkle, verschlossene, hölzerne Behältnis, das im Grab in der Nekropole auf dem Westufer des Nils steht, bildet die *Realwelt* für die *Person*, die im Zustand der Mumifizierung selbst darin liegt und von ihm verhüllt wird. Bei der Ritualisierung wird diese konkrete Situation wiedergeben. Die rituelle Funktion des Sarges leitet sich somit aus der Tatsache her, dass er als schützendes, umhüllendes und verbergendes Gehäuse die *Realwelt* der *Person* bildet.

Die Person

Der mit *Person* bezeichnete Bereich ist durch die Mumie, das heißt die Tote in dem Zustand, in dem sie in den Sarg gelegt worden ist, repräsentiert. Welches Bild die Tote zu diesem Zeitpunkt, nämlich vor Beginn des Rituals, von sich hat, kann aus Aussagen am Beginn des Ritualisierungsprozesses abgelesen werden. Es ist auf dem in dieser Arbeit untersuchten Sarg M3C in den Fugeninschriften formuliert. Indem die *Person* ihre *Realwelt* wiedergibt und sich selbst darin einbringt, erzeugt sie die *Religiöse Welt*.

Die Religiöse Welt

Die *Religiöse Welt* ist durch die Texte und Bilder im Innenraum des geschlossenen Kastensarges vertreten. Sie resultiert aus der rituell erstellten religio-symbolischen Wiedergabe von *Realwelt* und *Person*, durch die beide miteinander verbunden und zueinander ins Verhältnis gesetzt werden.

Die Form des Textträgers, seine Bilder und Texte bilden ein Korpus, an dem die kulturelle Disposition zur Ritualisierung abgelesen werden kann, da sie dem heutigen Leser das Ergebnis der Auseinandersetzung einer *Person* mit ihrer *Realwelt* übermitteln, für welche diese das zur Ritualisierung benötigte kulturspezifische Wissen zur Verfügung hatte.[11] Bei dieser Auseinandersetzung ergibt sich die Gestaltung des Sarginnenraumes aus der Wirkung, die mit der Ritualisierung für die *Person* erreicht werden soll. Sie

[11] Nach Bell (unter Rückgriff auf Althusser, Bourdieu und Lakoff) verfügt die *Person* darüber in der Form inkorporierten Wissens. Der von Bell als „knowledge as practice and production" (Bell, *Ritual Theory, Ritual Practice*, S. 87) umrissene Wissensbegriff trägt der Anwendbarkeit des Wissens in der rituellen Praxis Rechnung.

ist im Hinblick auf die Tote von Heike Sternberg-el-Hotabi als Zweckbestimmung der Mumifizierung formuliert worden:

> Die Mumienhülle war nicht allein dazu bestimmt, den Körper für ein ewiges statisches Dauern zu erhalten, sondern sie hatte vielmehr die Umwandlung beziehungsweise die Auferstehung des Toten *vorzubereiten*, damit er aus ihr heraus die Wiedergeburt erlangen und nach vollendetem Lebenszyklus wieder in sie zurückkehren kann.[12]

Unter *Wiedergeburt* wird hier das Hervortreten einer *Person* aus einem Körper verstanden, die, nachdem sie tot war, erneut in einen Zustand versetzt wird, der es ihr ermöglicht zu handeln, mit ihrer Umwelt in Verbindung zu treten und mit dieser übereinzukommen. Auf Grund dieser Definition des Begriffes Wiedergeburt bilden das Hervorkommen, die Kommunikation mit ihrer Umwelt, ihre Integration in diese und die Rückkehr in ihren Körper das Ziel, das die *Person* an ihrem jetzigen Aufenthaltsort im geschlossenen Sarg mit einer rituellen Handlung verfolgt. Diese Zielsetzung, ihr Zustand als Mumie und die Lage, in der sich die *Person* zu diesem Zeitpunkt befindet, stimulieren die Erzeugung der *Religiösen Welt* unter Einbeziehung des Sargraumes.

Im Rückgriff auf linguistische und feministische Studien und um den praktischen Aspekt einer körperlich ausgeführten rituellen Handlung zu betonen, bezeichnet Bell die *Person* als „ritualized body". Bell betont die Bedeutung des Körpers und die Rolle, die dieser bei der Ausübung einer rituellen Handlung spielt, nämlich dessen Fähigkeit den Raum durch physiologische Bewegungen zu strukturieren und durch die Einnahme von Körperpositionen sich zu dem auf diese Weise geschaffenen Raum zu verhalten. In der rituellen Wiedergabe der Situation wird dabei der Körper selbst zum Übermittler der einmal einverleibten kognitiven Strukturen. Hierbei kommt es auf die Dialektik dieses Prozesses an:

> Yet a focus on the acts themselves illuminates a critical circularity to the body's interaction with this environment: generating it, it is molded by it in turn. By virtue of this circularity, space and time are redefined through the physical movements of bodies projecting organizing schemes on the space-time-environment on the one hand while reabsorbing these schemes as the nature of reality on the other. In this process such schemes become socially instinctive automatisms of the body and implicit strategies for shifting the power relationships among symbols.[13]

---

[12] Sternberg-el-Hotabi, Balsamierungsritual pBoulaq 3. In: *TUAT* II, S. 406. Meine Kursivschreibung.

[13] Bell, *Ritual Theory, Ritual Practice*, S. 99.

Der Körper wird zur Reaktion auf einen bestimmten Kontext angeregt und in diesem konstituiert. Die Wechselseitigkeit des Vorgangs bewirkt, dass ein Körper, der der sozialen Macht untergeordnet erscheint, durch die Auseinandersetzung mit diesen Machtverhältnissen zu einer neuen Darstellung derselben befähigt wird. Er kann so zu einer neuen Auffassung von sich selbst gelangen.[14]

Wie *Realwelt* und *Person* wiedergegeben und wie sie verändert werden, indem sich die *Person* mit Hilfe der Personenfaktoren auf ihre *Realwelt* bezieht, bestimmt die Wirkung der Ritualisierung. Die Situation als solche wird dabei nicht verändert, aber sie wird anders gesehen: „The effectiveness of practice is *not* the resolution of the problematic to which it addresses itself but a complete change in terms of the problematic".[15] Die Einschätzung ihrer Situation und das Bild, das die *Person* am Ende des Prozesses von sich gewonnen hat, bilden das Ergebnis der Ritualisierung. Sie sind aus dem Inhalt der zuletzt getroffenen Aussagen, die Bild- und Sprechhandlungen abschließen, abzulesen.

Das Modell zur Untersuchung der Personenfaktoren

Die *Religiöse Welt* setzt sich aus persönlichen und ökologischen Faktoren zusammen, die durch die Ritualisierung derart wiedergegeben sind, dass sie einen situationsspezifischen rituell gewonnenen Gebrauchswert haben. Auf diesem Gebrauchswert beruht die Funktion sowohl der an die *Person* als auch der an die Umwelt gebundenen Faktoren, er macht ihren symbolischen Wert aus. Durch ihn nimmt die *Person* bei der Erzeugung der *Religiösen Welt* einen von ihr für die Ritualisierung benötigten Handlungsraum in Besitz:

> Ritual mastery, that sense of ritual which is at least a basic social mastery of the schemes and strategies of ritualization, means not only that ritualization is the appropriation of a social body but that the social body in turn is able to appropriate a field of action structured in great measures by others.[16]

Die *Person* lokalisiert sich durch ihre rituelle Handlungsweise mit unterschiedlichen Aspekten in einem Handlungsraum und macht ihn auf diese Weise zu dem Ihren. Bei diesem Vorgehen bestehen für die *Person* mehrere Wahlmöglichkeiten.[17] Auf welche Weise sie dabei vorgeht bestimmt die Ausdehnung des Handlungsraumes (das ist ihr rituell erstellter

[14] „Ritualization sees the goal of a new person". Bell, *Ritual Theory, Ritual Practice*, S. 110.

[15] Bell, *Ritual Theory, Ritual Practice*, S. 87.

[16] Bell, *Ritual Theory, Ritual Practice*, S. 215.

[17] Bell, *Ritual Theory, Ritual Practice*, S. 100.

Existenzbereich überhaupt), die Ordnung der Dinge (das Netz der am Dialog beteiligten, bestehend aus jenen, die selbst handeln, und jenen, an die die einzelnen Akte innerhalb des Interaktionsfeldes jeweils gerichtet sind), ihren Aktionsradius (je nachdem auf welcher körperlichen, kosmischen oder ontologischen Ebene die Sprech- und Bildakte angesiedelt sind), ihre Handlungsfreiheit (im Sinne der Maat, als Gerechtfertigte, als auf Götterbefehl handelnde) und ihren Aktivitätsgrad (sie ist auf Hilfe angewiesen, sie kann etwas entgegennehmen, sie kann selbständig handeln, etc.). Die Personenfaktoren fungieren in diesem Prozess als Aspekte, mittels derer sich die *Person* in ihrer Komplexität schrittweise selbst reproduziert und in den Bereich der *Religiösen Welt* einbringt. Mittels dieser Wiedergabe wird die *Person* in einen physischen und sozialen Raum integriert und eine neue Auffassung von sich selbst konstituiert.

Aus der Gesamtheit der rituell wiedergegebenen Faktoren geht es in der vorliegenden Arbeit nur um diejenigen, mit denen die *Person* innerhalb der *Religiösen Welt* vertreten ist. *Per definitionem* sind persönliche Faktoren alle Faktoren, die bei der Ritualisierung für die *Person* wirksam sind und *die an die Person geknüpft sind.*[18] Als solche lassen sich beispielsweise Auffassungen von persönlicher Reinheit, Ernährung und Körperpflege klassifizieren. Dasselbe gilt auch für alle den rituellen Kontext der postmortalen Existenz kennzeichnenden körperlichen Eigenschaften, wie beispielsweise die Vollzähligkeit aller Knochen und der angeknüpfte Kopf. Ebenfalls rechnen die für die ägyptische Kultur spezifischen Aspekte der *Person,* die zur Interaktion mit der Umwelt unerlässlich sind, wie beispielsweise ihr Ba sowie Ach und Ka zu den Personenfaktoren.

Die Symbolik, die ein persönlicher Faktor durch die Ritualisierung erhält, kann einerseits die Auffassung von einer *Person* im Zustand des Todes sein, der die aktuelle Situation innerhalb der rituellen Umwelt wiedergibt. Sie kann andererseits den Zustand des Lebens, der das gewünschte Resultat des Ritualisierungsprozesses ist, wiedergeben. In beiden Fällen bedient sich die *Person* kulturell vorhandener Interpretationsmöglichkeiten. Die Wirkung einzelner Aspekte oder Konstituenten ist an der Position, die sie im Text- und Bildgefüge einnehmen, erkennbar. Die Personenfaktoren, die zur Herstellung des am Ende des Ritualisierungsprozesses für die *Person* aktuellen Selbstbildes verwendet werden, gewinnen folglich ihre Bedeutung aus der Stelle an der sie im Verlauf der rituellen Handlung eingesetzt werden.

Die Wahl der Modelle für die symbolisch reproduzierten Faktoren gründet sich auf die mit ihnen verknüpften kulturspezifischen Wertvorstel-

[18] Meyer-Dietrich, *Nechet und Nil*, S. 29.

lungen, die ihnen bereits *vor* ihrer Verwendung im Ritual zugeschrieben werden. Das gilt im Hinblick auf ihre Verfügbarkeit, ihre Manipulierbarkeit und ihre positiven und negativen Konnotationen. Sie bilden das spezifische Wissen, über das eine *Person* bei der Ritualisierung auf Grund ihrer kulturellen Zugehörigkeit verfügt. Wie verschiedene *Personen* aber die kulturell gegebenen und tradierten Vorbilder auf sich beziehen und für ihre Zwecke einsetzen, ist unterschiedlich. Auf Seiten des Handelnden ist Variation durch Wahlmöglichkeit und Praxis bedingt.[19] Auf Seiten des Kontextes werden Varianten durch die Situation verursacht, die zum Zeitpunkt der rituellen Handlung herrscht. Die Variationsbreite zeigt sich daran, dass es meines Wissens unter den erhaltenen Särgen keine zwei identischen gibt.[20] In Bezug auf die Varianten einzelner Sprechhandlungen deckt sich meine Erfahrung bei der Arbeit mit Texten mit der von Willems:

> Although it is clear that different versions of *CT* spells usually attempt to conform more or less to the same model, it is equally apparent that the scribes inscribing the coffins had considerable liberty in adapting the texts. In the past, variations in formulation have sometimes been considered as ‚errors' or the result of misunderstanding the *Vorlage*. Such factors no doubt occurred, but it is my experience that deviations from the ‚original' often make good sense as they stand.[21]

Die Kontextualisierung der operativen Bilder und Texte des Sarginnenraumes erfolgt als Praxis in der Situation, in der sich die Tote befindet, wenn sie in einer bestimmten Körperposition in den Sarg gelegt worden ist und sich der Sargdeckel über ihr geschlossen hat. Der Ritualisierungsprozess beginnt damit in dem Augenblick, in dem in der Gegenwart eine räumliche Beziehung zwischen *Realwelt* und *Person* besteht. Die Ausübung des Rituals findet auf rein bildlicher und sprachlicher Ebene statt. Abschließend soll deshalb die Analyse von Bildern als rituelle Bildhandlungen und von Texten als rituelle Sprechhandlungen vorgestellt werden.

---

[19] Sie ist in Bells Ansatz mit der Manipulation des Kontextes durch die Ritualisierung gegeben, da letztere niemals als automatisch erfolgend vorausgesetzt wird. Siehe Bell, *Ritual Theory, Ritual Practice*, S. 100 passim.

[20] Zur Individualität als Formulierung der Identität bei archäologischen Funden, siehe Meskell, Writing the Body in Archeology. In: *Reading the Body,* S. 20.

[21] Willems, The Social and Ritual Context of a Mortuary Liturgy. In: *Social Aspects of Funerary Culture in the Egyptian Old and Middle Kingdoms*, S. 257.

1.4 Methode

An einem vollständigen, ägyptischen Sarg kann das Selbstbild analysiert werden, das die *Person* innerhalb der *Religiösen Welt* konstituiert und im pharaonischen Ägypten als wirksam für die Wiedergeburt der Sarginhaberin angesehen wurde. Die auf den Sarg gemalten Bilder und geschriebenen Texte stellen ein Kompilat dar, das von einem ägyptischen Redakteur zusammengestellt worden ist. Wenngleich der Forschung die Prinzipien hierfür unbekannt sind, sprechen die Quellen für eine bewusste Auswahl, die mit physiologischer und theologischer Kenntnis getroffen worden ist. Von dem Modell der *dynamischen Religionsökologie* ausgehend, erfolgt die Ausstattung mit Bildern sowie Zusammenstellung und Redaktion der Texte im Rahmen eines Ritualisierungsprozesses. Die Untersuchung von dargestellten Objekten und Aussagen als Handlungen erfordert für beide das Kriterium der performatorischen Wirkung. Verfahren, die operative Bild- und Sprechhandlungen als rituelle Akte qualifizieren, ebnen den Weg für ihre Analyse zur Rekonstruktion des Ritualisierungsprozesses.

Rituelle Bildhandlungen

Bilder sind das, was sie darstellen.[22] Bilder wirken nicht nur als Informationsträger oder konnotative Potentiale auf den Betrachter, sondern sind operativ. Assmann hat die Rahmenbedingungen ikonischen Handelns für eine Bildakttheorie festgestellt und in diesem Zusammenhang rituellen Bildern[23] die Funktion von Bildhandlungen zugestanden.[24] Er stützt sich hierbei auf Goffmanns Begriff ‚Framing', [Organisationsprinzipien für soziale Ereignisse und unsere Anteilnahme an ihnen]. Entsprechend der Herstellung eines Sprechaktes durch die schriftliche Aufzeichnung eines Kommunikationsaktes konstituieren Bilder einen Bildakt. „Welches ‚Handeln mit Bildern' möglich ist, hängt von den ‚Rahmen' ab, die innerhalb der spezifischen Strukturen einer gegebenen symbolischen Sinnwelt angelegt sind."[25] Ausgehend von der performatorischen Wirkung der Hieroglyphenschrift (siehe unten) ist in Bezug auf Bilder im Sarg der Anlass zum bildlichen Handeln ebenfalls durch die kulturelle Disposition gegeben.

---

[22] Aldred zur „Lebendigkeit" eines Bildes, siehe Bild, *LÄ* I, Sp. 793f.

[23] Rituelle Bilder heißen in Assmanns Terminologie „Heilsbilder" oder „Zauberbilder". Unter diesen versteht er Wanddekorationen in Tempeln und Königsgräbern, die die ‚magische' Wirkung, die das Bild im Ritual entfaltet, verewigen. Assmann, Die Macht der Bilder, In: *Genres in visual representations*, S. 10.

[24] Assmann, Die Macht der Bilder, In: *Genres in visual representations*, S. 3.

[25] Assmann, Die Macht der Bilder, In: *Genres in visual representations*, S. 4.

Ritualisierung war als ein Verfahren definiert worden, bei dem unter anderem Gegenstände derart in eine Situation integriert werden, dass dieses eine Wirkung auf die *Person* hat (siehe S. 4). Die in dem Sarg M3C dargestellten Opferspeisen und Gegenstände sind eine möglichst wirklichkeitsgetreue Wiedergabe der Gaben. Es sind Dinge, die von der *Person* bei Festen in Empfang genommen werden, ihren persönlichen Besitz darstellen, in Reichweite stehen, sie als Mitglied der Götterwelt klassifizieren oder als Gaben an sie gekennzeichnet sind. Letzteres gilt für die Speisen, Salböle, Schminke, Kleidung usw., die auf dem Sarg in der Opferliste aufgeführt sind. Da sich die Gegenstände in der unmittelbaren Umgebung der *Person* befinden und eine Beziehung zwischen ihnen und der *Person* hergestellt wird, können sie als rituelle Objekte klassifiziert werden, die der Toten im Sarg zur Verfügung stehen.

Aussagen, aus denen die Verwendung der dargestellten Dinge hervorgeht – dieses ist beispielsweise der Fall, wenn die Tote unterhalb der abgebildeten Salben sagt: „Ich bin ein am Kopf Gesalbter" – bezeugen eine Interaktion zwischen den rituellen Gegenständen und der *Person*, die in der aktuellen Situation stattgefunden hat. Die im Innenraum des Sarges dargestellten Speisen, Spezereien und Dinge können auf Grund dieser Interaktion als Bildhandlungen, die zur Ritualisierung dienen, in die Untersuchung einbezogen werden. Gebäude, Türen und Landschaften (zu denen in diesem Fall auch der Himmel zählt) sind Bildhandlungen, die die *Person* an einem Ort lokalisieren, sie in einem *Habitus* situieren oder ihr einen gewissen Status zuerkennen. Von einer Wechselbeziehung zwischen Lokalitäten und der Sarginhaberin kann in jenen Fällen ausgegangen werden, in denen sich die *Person* in ihren Aussagen auf einen dargestellten Ort oder eine dort stattfindende Handlung bezieht, zum Beispiel indem sie dort Gaben entgegennimmt, ihr etwas rechtlich zuerkannt wird, sie über den Platz verfügen kann oder das Gebiet durchfährt.

Exemplare von im Sarg abgebildeten Gegenständen sind von verschiedenen Ägyptologen auf ihren Symbolgehalt hin untersucht worden.[26] Sie

[26] An Untersuchungen zur Symbolik von Gegenständen der Grabausstattung, die auf dem Gerätefries von M3C dargestellt sind, wären zu nennen: Lilyquist (*Ancient Egyptian Mirrors from the Earliest Times through the Middle Kingdom*) hat für die Spiegel eine spezielle Hathorsymbolik nachgewiesen, Blackman (*Meir* II) für den Menit, Tb Kap. 199, Z. 339–340 bezeugt für die Kopfstützen eine Aufrichtungsfunktion (zur Symbolik der Kopstütze siehe auch Hellinckx, The symbolic assimilation of head and sun as expressed by headrests, *SAK* 29, S. 61–95). Westendorf (Die „Löwenmöbelfolge" und die Himmels-Hieroglyphe, *MDAIK* 47, S. 425–434) weist auf die Himmelshieroglyphe als Symbol des Löwenbettes hin. George (Drei altägyptische Wurfhölzer. *Medelhavsmuseet Bulletin* 15, S. 7–15) hat in ihrem Artikel die Verbindung der Wurfhölzer zur Wie-

stammen in der Regel aus Grabfunden. Seidlmayer hat Grabfunde und Grabbilder zueinander in ein Verhältnis gesetzt:

> Die Bildkunst ist gegenüber der Realität selektiv und typisierend; sie bildet aus dem breiten Spektrum der Realität nur ganz bestimmte Dinge ab, und bildet sie auf eine ganz bestimmte Art ab. In diesen beiden Strategien, in Selektion und Typisierung wird die Intention der Darstellung greifbar, durch die eine Abbildung zum Bild im ikonographischen Sinn wird. Die Äquivalenz zwischen den Bildern des archäologischen Befundes und denen der bildenden Kunst ergibt sich also nicht daraus, dass sie sich auf dieselbe Realität beziehen (obwohl das fraglos der Fall ist), sondern daraus, dass sie sich auf *dieselbe Weise* auf dieselbe Realität beziehen, nämlich in derselben Typisierung und Stilisierung, und genau dies wird durch die Parallelisierung zwischen Grabfunden und Grabbildern bewiesen.[27]

Die Rezeptionssituation bei den Grabbildern zeichnet sich durch die Beschränkung auf einen Personenkreis aus, nämlich den Teilnehmern an rituellen Situationen.[28] Die Sargbilder teilen deshalb mit den von Seidlmayer behandelten Grabbildern den Charakter ritueller Produktionen. Für diese gilt: „Die Abbildung als Bild zu erkennen und zu deuten lehrt, sie als *intendiert* zu begreifen und hilft dadurch einen angemessenen Zugang zur Semantik der archäologischen Befunde zu gewinnen."[29] Aus dem bisher Gesagten ergibt sich für die Bildhandlungen ein Status als beabsichtigte rituelle Handlungen. Sie können deshalb als eigenständige Akte, die im Rahmen eines übergeordneten Handlungsgefüges ausgeführt werden, in den Ritualisierungsprozess integriert werden. Die Funktion der Bilder ist folglich weder die Illustration des Textes noch die Dekoration des Sarges im Sinne einer ästhetischen Ausgestaltung.

Die Lokalisierung der Bilder im Sarginnenraum konstituiert die Umwelt der Toten und stellt die Identität der Sargseite mit dem jeweiligen Aufent-

---

dergeburt gezogen. Schwarz hat die Symbolik der Sandalen (Zur Symbolik weißer und silberner Sandalen, *ZÄS* 123, S. 69–84) untersucht.

27 Seidlmayer, Die Ikonographie des Todes. In: *Social Aspects of Funerary Culture in the Egyptian Old and Middle Kingdoms,* S. 246.

28 Seidlmayer schreibt zu diesem Teilnehmerkreis: „Ihre Anschauung war daher auch auf den Kreis derer beschränkt, die kompetent waren, an solchen rituellen Situationen teilzunehmen" (Seidlmayer, Die Ikonographie des Todes. In: *Social Aspects of Funerary Culture in the Egyptian Old and Middle Kingdoms,* S. 248).

29 Seidlmayer, Die Ikonographie des Todes. In: *Social Aspects of Funerary Culture in the Egyptian Old and Middle Kingdoms,* S. 246f, meine Kursivschreibung. Zur Typologie von Bildintentionen siehe Eschweiler, *Bildzauber im Alten Ägypten*, S. 174ff. Eschweiler geht bei seiner Typologie allerdings von den Spruchintentionen aus, deren magisch-medizinische oder apotropäische Zwecke seiner Ansicht nach die Verwendung der Bilder erfordern.

haltsbereich der Toten her.[30] Von der Bedeutung einer ortsgebundenen Themenwahl für das Ritual geht auch Arnold aus.[31] Er stellt die strengste Bindung an den Ort im Naos (dem geheimen Ort des Götterbildes) fest, an dem die Handlungen des Kultbildrituals in derselben Reihenfolge angeordnet sind, wie sie der Ritualablauf vorschreibt.[32] Eine weitere Beobachtung Arnolds an den ägyptischen Tempeln lässt sich auf Bildhandlungen im Sarg übertragen: „Die Wandbilder vermeiden es, die Kultstatue darzustellen. Alle Handlungen werden an der Gottheit selbst, keine an einem Bild vorgenommen“.[33] Auf den Sarg bezogen bedeutet das: Alle Handlungen werden an (oder von) der Mumie selbst vorgenommen. Bilder stellen somit keine Ritualanweisungen dar.[34] Sie sind die eigentlichen rituellen Handlungen.

Die Bedeutung der Bildakte wird durch ihre Position innerhalb des Handlungsverlaufes, mit dem sie thematisch korrelieren und die ihren unmittelbaren semantischen Ko-Text bestimmt, festgelegt. Das Prinzip eines nach semantischen Kriterien gegliederten Aufbaus, ist, nach Assmann, für Textkonstitution und Bildaufbau identisch: „Semantische Kohärenz tritt an die Stelle räumlicher Kohärenz“.[35] Fischer-Elfert überprüft eines der von Assmann postulierten Kriterien an den Marktszenen im Grab des Nianchchnum und Chnumhotep aus dem Alten Reich. Er weist für verschiedene Registerfolgen im Torraum des Grabes unterschiedliche Kompo-

---

30 Wie die rituell produzierte Umwelt aussehen kann, zeigt das Beispiel JdE 42826 (M5C), siehe Meyer-Dietrich, *Nechet und Nil*, S. 222–230.

31 „Gleichzeitig garantiert ihre ‚magische' Bildkraft die Wirksamkeit des Tempels für Zeiten, in denen ein geordneter Gottesdienst versäumt werden sollte. Diese letztere Aufgabe setzt eine sinnvolle Anordnung der Darstellungen innerhalb des Baues voraus, *die Bindung einer Szene an den Ort*, an dem sie wirklich stattfindet.“ Arnold, *Wandrelief und Raumfunktion in ägyptischen Tempeln des Neuen Reiches*, S. 4. Die Prinzipien sind, nach Arnold, bereits an dem Tempel in Medinet Madi aus der 12. Dyn. gegeben.

32 Arnold, *Wandrelief und Raumfunktion in ägyptischen Tempeln des Neuen Reiches*, S. 8. Er vermutet: „Die Heiligkeit der hier verschlossenen Dinge und vollzogenen Handlungen erfordert eine strenge, im Sinne der Maat ‚richtige' Zusammenstellung der Szenen“ Arnold, *Wandrelief und Raumfunktion in ägyptischen Tempeln des Neuen Reiches*, S. 127.

33 Arnold, *Wandrelief und Raumfunktion in ägyptischen Tempeln des Neuen Reiches*, S. 10.

34 Eine Besonderheit bilden die in die Opferliste eingestreuten Ritualanweisungen, die nicht die Tote adressieren. Sie aktualisieren m. E. ein Ritual, das für die Tote durchgeführt wird. Auch bei derartigen Ritualen hängt die Position der Bilder und Texte von ihrem Zusammenhang ab: „If anything, our analysis [of coffin JdE 36418] has indeed shown that there is no justification for studying the three [ornamental hieroglyphs, the object frieze and the non-ornamental CT] in mutual isolation, for the ornamental texts seem to be nothing less than a label for the rest of the decoration on H [Interior decoration on the head-side of the coffin], while the object friezes and the CT form an integrated whole“ Willems, *The Coffin of Heqata*, S. 101.

35 Assmann, Hierotaxis. In: *Form und Maß. Beiträge zur Literatur, Sprache und Kunst des alten Ägypten,* S. 23.

sitionsprinzipien nach: Die Marktszenen weisen Abhängigkeit von einer Leserichtung, Synchronizität und Synonymität auf, während die arbeitsteiligen, auf mehrere Register verteilten Back-, Brau-, Holzfäller- und Schiffbauszenen Diachronizität und Komplimentarität widerspiegeln. Derselbe Autor folgert: „Synonymie auf der Ebene oder dem Medium des Flachbildes schließt das – sprachlich-stilistische – Prinzip der Metonymie ein, Diachronie auf derselben Ebene aber schließt diese kategorisch aus“.[36] Bildhandlungen, die im Rahmen eines Ritualisierungsprozesses durchgeführt werden, stehen diachron-komplementär zueinander. Dieses Kriterium für rituelle Bildhandlungen ergibt sich aus ihrer Funktion, Schritte in einem diachronischen Prozess zu bilden, bei dem sich einzelne konstituierende Handlungen ergänzen.[37] Zusammenfassend kann festgestellt werden:

- Rituelle Gegenstände und Lokalitäten befinden sich in der unmittelbaren Umgebung der *Person*
- Die Person bezieht sich auf das Dargestellte und interagiert mit ihm
- Die Wirkung der Bildhandlungen wird im Verlauf der Ritualisierung bestätigt
- Sie haben den Status intendierter ritueller Handlungen
- Sie erhalten durch ihre Lokalisierung auf dem Sarg ihre ritualspezifischen Eigenschaften
- Sie spiegeln Diachronizität und Komplimentarität wieder

Die Bilder auf dem Sarg können somit als rituelle Bildhandlungen klassifiziert werden. Sie erhalten ihre operative Wirkung durch ihre Verwendung im Ritual. Als eigenständige Schritte im Verlauf der Ritualisierung wird das Bildprogramm auf den jeweiligen Sargseiten nicht als Handlung zur Verdeutlichung der Sprechhandlungen oder deren Realisierung auf magischem Wege[38] untersucht – ebenso wenig wie die Sprechhandlungen als eine die Gaben begleitende Rezitation eingestuft werden – sondern sowohl Bild- als auch Sprechhandlungen sind selbständige Akte, die im Rahmen einer Ritualisierung durchgeführt werden. Als solche erfüllen sie für die *Person* im Sarg eine Funktion. Für

---

[36] Fischer-Elfert, Hierotaxis auf dem Markte – Komposition, Kohärenz und Lesefolge der Marktszenen im Grabe des Nianchchnum und Chnumhotep, *SAK* 28, S. 81.

[37] Komplimentarität wird hier somit nicht im Sinne eines kommunikativen Mechanismus, der andere Handlungen ersetzt, erläutert, wiederholt, vertieft oder illustriert, sondern strukturalistisch als eigenständiger Akt innerhalb eines Handlungsgefüges verstanden, in dem verbale und nicht-verbale Akte wechselseitig vermittelbar sind und sich in der Folge ihres Auftretens zu einer thematischen Einheit ergänzen.

[38] Eine Funktion der Deiknymena im Gegensatz zur Illustration eines Spruches mit Vignetten (Eschweiler, *Bildzauber im Alten Ägypten*, S. 174). Assmann (Die Macht der Bilder, In: *Genres in visual representations,* S. 10) nimmt das Schaffen einer Wirklichkeit vor allem für kurzfristig bestehende „Zauberbilder“ an.

die mit ihrer Positionierung im Ritualisierungsprozess verbundene Wirkung gilt dasselbe wie für Sprechhandlungen.

Rituelle Sprechhandlungen

Die Untersuchung von Texten als rituelle Sprechhandlungen fällt in den Bereich der kontextuellen semantischen Analyse. Was sie von der herkömmlichen Textanalyse unterscheidet ist, dass bei ihr nicht von einem Kommunikationsmodell, sondern von einem Ritualmodell ausgegangen wird, in dem operative Sprechhandlungen die Ritualisierung bewirken. Das Untersuchungsinstrumentarium zur Rekonstruktion rituellen Handelns ist von der Ritualanalyse genommen. Perspektiven, die das vorliegende Material als Sarg einer weiblichen Person berücksichtigen und aus der Genusforschung stammen, werden für die Analyse des Ritualisierungsprozesses nicht verwendet. Genusperspektiven können hingegen bei dem Vergleich mehrerer Einzelstudien angewendet werden, um eventuelle Unterschiede zwischen Frauen- und Männersärgen zu untersuchen. Sie können ebenso bei der Interpretation der Untersuchungsresultate auf ihre spezifische Verwendung im Bereich der Toten hin herangezogen werden.

Für die Untersuchung performatorischer Texte als rituelle Handlung bilden Bells vier Eigenschaften einer praktischen Tätigkeit und das Verfahren der Ritualisierung die Grundlage. Als situationsgebundene Tätigkeit verfügt rituelles Handeln über die Eigenschaften, die menschliches Handeln im Allgemeinen kennzeichnen[39]: Es ist wie jede Tätigkeit abhängig von der Situation, in der gehandelt wird, und bezieht sich stets auf eine praktische Zielsetzung, das heißt, sie ist strategisch. Des weiteren wird eine Handlung durch ihren Zweck gekennzeichnet, nach dem auch deren Wirksamkeit beurteilt wird. Schließlich ergibt sich die Motivation zum Handeln aus den Umständen und bestätigt die in dieser Kultur herrschenden Auffassungen von der Ordnung der Dinge als eine Machtstruktur, die den Handlungsspielraum, der einer *Person* innerhalb ihrer Kultur eingeräumt wird, festlegt.[40] Bei Sprechhandlungen bestimmt diese Ordnung der Dinge Rahmen und Gerüst zum Aufbau eines Dialogs. Sie begrenzt und bildet den Raum für Machtspiele, die mit den Mitteln der Sprache ausgetragen werden. Die Analyse eines performatorischen Textes als rituelle Handlung soll anhand einer Skizze erläutert werden.

---

[39] Bell, *Ritual Theory, Ritual Practice*, S. 81.

[40] Dies scheint mir die beste Übersetzung für Bells Terminus „Redemptive Hegemony", den sie folgendermaßen definiert: „the term ‚redemptive hegemony' denotes the way in which reality is experienced as a natural weave of constraint and possibility, the fabric of day-to-day dispositions and decisions experienced as a field for strategic action" (Bell, *Ritual Theory, Ritual Practice*, S. 84).

Motivation Der Anlass zum sprachlichen Handeln ist durch kulturelle Disposition und Festlegung des Handlungsraumes gegeben →	**Situation** Der Sprecher handelt in einer Situation, in der Ritualisierung als die angepasste Handlungsweise ausgelöst wird ↓
Ritualisierung erfolgt sowohl durch Kompilation, Redaktion und Strukturierung der Texte als auch durch Formalisierung der verwendeten Sprache. In niedergeschriebenen Texten durch Wahl der Materialien, Gestaltung und stilistische Ausführung →	**Strategie** Das Sprechen und Hören operativer Sprechhandlungen, die mittels Reproduktionen persönlicher und ökologischer Faktoren die Beziehung zwischen der Person und ihrer Umwelt verändern ↓
Wirksamkeit führt zu einer neuen Auffassung der Person von sich selbst ←	**Zweck** Das gemeinsame Thema aller Texte ist die Schaffung einer neuen existenziellen Situation für die Person

Abbildung 2
Die Analyse eines performatorisch wirkenden Textes als rituelle Handlung nach Bells Praxis-Kriterien

Situation

Die Sprechhandlung ist, wie jede praktische Tätigkeit, abhängig von der Situation, in der gehandelt wird. Die Situation ist derart, dass sie rituelles Handeln als die angepasste Verfahrensweise und Art zu handeln stimuliert, motiviert oder auslöst. Texte, die historisch ihren *Sitz im Leben* in anderen Kontexten als dem untersuchten Ritual haben, werden ebenfalls als rituelle Sprechhandlungen analysiert. Mit anderen Worten, die Ritualisierung hat als aktuelle Situation für den Gebrauch des Textes den Vorrang über mögliche andere historisch-kritische Kontexte der Quellen.

Der Sinngehalt einer Sprechhandlung ist abhängig von der Situation, in der die Aussage gemacht wird. Der Sprecher symbolischer Texte misst durch die Ritualisierung an die Umwelt gebundenen und an die Person gebundenen Faktoren einen gewissen religiösen Symbolwert bei, der sich aus der jeweils aktuellen Situation für die Ritualisierung herleitet. Dieses trifft sowohl auf den Kontext des gesamten Textkorpus als auch auf die innertextliche Position einzelner Aussagen zu. Der Symbolwert einer Aussage entsteht durch seine Verwendung im Ritualisierungsprozess. Entsprechend wird eine rituelle Sprechhandlung ihrer von der Entstehungssituation abhängigen Funktion und ihres daran gebundenen aktuellen symbolischen Wertes beraubt, wenn sie aus ihrer eigentlichen Sprechersituation herausgelöst wird. Die Abhängigkeit ritueller Aussagen von ihrer Ritualisierungssituation verdeutlicht Fenn in seiner Untersuchung religiöser Äußerungen vor Gericht. In dem Gerichtsfall der Karen Ann Quillan zeigt er: „the illucutionary force of Katholic dogma is reduced from strong to weak directives, from declarations to clarifications, and from directives to statements of mere opinion or personal belief".[41] Im vorliegenden Material ist die Situation, in der die rituellen Aussagen gemacht werden, durch den Tod der *Person*, ihre Einbalsamierung, das Hineinlegen der Toten in den Sarg und die Bestattung eingetreten. Mit dem Verschließen des Sarges besteht die Situation, in der sprachlich gehandelt wird.

Motivation

Die Motivation zum sprachlichen Handeln ergibt sich aus den Umständen. Sie ist erweitert oder begrenzt durch den jeweiligen kulturell gegebenen Rahmen. Die Motivation zum Handeln, die sich aus der Existenz der *Person* als Tote ergibt, bestätigt die in der ägyptischen Kultur herrschende Auffassung von den Bedingungen, unter denen eine *Person* handeln kann. Diese kulturspezifische Prägung ist in zweifacher Hinsicht von Bedeutung: Erstens gewährt sie der Verstorbenen generell die Handlungsmöglichkeit, denn erst durch die ägyptische Auffassung vom Tod ist die Voraussetzung gegeben, die es der Sarginhaberin überhaupt ermöglicht zu handeln. Zweitens bestimmt die kulturelle Disposition den möglichen und verhandlungsfähigen Umfang des Handlungsspielraumes für die *Person*. Im Ritualisierungsprozess geht es nun darum, ihn so darzulegen, dass er der *Person* die Weiterführung ihrer Existenz ermöglicht.

Durch die Sprechhandlungen versucht die Sarginhaberin für sich einen neuen Handlungsbereich zu schaffen, indem sie verschiedene Sprecher und Adressaten einführt, Wünsche, Befehle und Billigung verwendet und zwischen direkten und indirekten Handlungen trennt. Die *Person* verwendet persönliche Faktoren entsprechend dem Motto ‚Ich will als eine lebende Person existieren'. Daraus folgt als Kriterium für die Untersuchung der Texte als rituelle Sprechakte, ob in ihnen die Bedeutung der persönlichen Faktoren für die beabsichtigte Existenz der *Person* greifbar ist: Welche Personenfaktoren werden aufgegriffen? In welchem Zusammenhang werden sie genannt? Wie verhalten sie sich im Hinblick auf die Motivation und den Zweck der Ritualisierung? Wie verhalten sie sich zueinander? Ergän-

[41] Fenn, *Liturgies and Trials*, S. 127.

zen sie sich zu einem *Selbst* und welche Aspekte zeichnen dieses aus? Bei der Analyse der Sprechhandlungen wird auf die Sprecher, Inhalt und Modus der Aussagen, ihre Lokalisierung auf dem Textträger, die Wiedergabe der Personenfaktoren und die Inbesitznahme eines Handlungsraumes mit den Mitteln der Sprache eingegangen.

Ritualisierung

Ritualisierung motiviert Kompilation, Redaktion und Strukturierung der Texte sowie die Formalisierung der angewendeten Sprache und in schriftlichen Dokumenten die Wahl des Materials, die Lokalisierung auf dem Textträger und die Ausführung der Niederschrift. Ritualisierung bringt performatorisch wirkende Texte in eine ganz bestimmte Form. Als sprachliches Verfahren zur rituellen Positionierung innerhalb kleiner Einheiten können Wortspiele, Stilfiguren und grammatikalische Konstruktionen eingestuft werden. Sie erzeugen unterschiedliche Wechselbeziehungen zwischen einem rituell Handelnden und seiner Umgebung: Wortsinnreime begründen durch Klangähnlichkeit Wesensähnlichkeit,[42] ein paralleler Verlauf wird durch den *parallelismus membrorum* angezeigt,[43] Identität von Handlung und Wesen des Handelnden ist in den Pyramidentexten und im Nilhymnus belegt[44] und Projektionen übertragen die Eigenschaft einer Person auf ihre Umgebung.[45] Mittel zur Ritualisierung, die das Textkorpus, das heißt, den gesamten rituellen Dialog aufbauen, sind:

Kompilation

Die Auswahl und Zusammenstellung der einzelnen Texte bestimmen den Inhalt der Aussagen und legen den Handlungsablauf fest.

---

42 Wortspiele als textkonstituierendes Prinzip behandelt Guglielmi in ihrem Artikel: Zu einigen literarischen Funktionen des Wortspiels, *Festschrift Westendorf* I, S. 491–505. Siehe bes. S. 494, wo als Beispiel pyr. 1256a–1258b aufgegriffen wird.

43 Foster, Thought Couplets in Khety's „Hymn to the Inundation", *JNES* 34/1, S. 1–29 behandelt z.B. die syntaktischen und semantischen Möglichkeiten von Parallelismen im Nilhymnus. Firchow, *Grundzüge der Stilistik in den altägyptischen Pyramidentexten*, untersucht Paarsätze in den Ritualtexten des Alten Reiches als stilistisches Mittel.

44 Eine Identität von Handlung und Wesen des Handelnden liegt z.B. in pyr. 155c vor. Dort heißt es von der/dem Toten: „die Gepriesene, wie die Oberste der Überschwemmung, indem sie die Achs, die im Wasser sind preist". Eine Identität zwischen der Entwicklungsphase des sich manifestierenden Gottes und der Wirkung, die derselbe auf die Welt ausübt, liegt im Nilhymnus vor. Siehe Meyer-Dietrich, *Nechet und Nil*, S. 76.

45 Die Projektion geschieht mittels der Verwendung von objektiven Genitiven, so bedingt die Furchtbarkeit eines Gottes die Furcht (oder Ehrfurcht) vor ihm. Vergl. Bickel, Furcht und Schrecken in den Sargtexten, *SAK* 15, S. 20ff.

Redaktion

Die Bearbeitung der Texte bestimmt die Bedeutung, das Gewicht und die Eigenschaften, die den verwendeten Faktoren beigemessen werden. Dadurch schafft oder bestimmt sie den Handlungsraum, über den der oder die Sprecher verfügen.[46]

Strukturierung

Aufbau der Aussagen, Einschnitte, Sprecherwechsel und Wiederholungen bestimmen die Position der gegebenen Faktoren im gesamten Ritualisierungsprozess. Deshalb ist es erforderlich, die performatorischen Texte in chronologischer Folge zu analysieren und den ganzen Handlungsverlauf für die Untersuchung zu rekonstruieren. Die Strukturierung stellt die innertextuellen Zusammenhänge zwischen einem Faktor und seinem Ko-Text her. Sie schafft auf diese Weise die semantische Verbindung von Personen- (oder ökologischen) Faktoren mit anderen Sprechakten und bestimmt durch diese Positionierung im Textgefüge ihre rituelle Wirksamkeit.

Formalisierung

Durch die Ritualisierung wird eine mittels der Sprache ausgeführte rituelle Handlung von einem nicht-rituellen Sprechen unterschieden. Dieser Unterschied kann bei aufgezeichneten Texten nicht durch eine besondere Art und Weise des Sprechens erreicht werden (obwohl letztere auch in der Niederschrift erhalten bleiben kann, wie es im Ägyptischen Topikalisierung und emphatische Konstruktionen zeigen). Ein schriftgerechtes Verfahren zur Ritualisierung ist eine besondere Art der Aufzeichnung. Möglichkeiten hierfür ergeben sich durch die Änderung der Syntax. Hierbei ist von besonderem Interesse, dass die Schrift dazu dienen kann, kulturell geprägte Verhaltensweisen gegenüber dem dargestellten Objekt zum Ausdruck zu bringen, wie es zum Beispiel bei der *honorific anticipation* der Fall ist, bei der, ungeachtet der Syntax, ehrenhalber die Hieroglyphe „Gott“, „König“ oder der Name eines Gottes vorangestellt wird. Weitere rituelle Verfahrensweisen sind: die rückläufige Schreibung, die Wahl einer sprachlichen Form, die sich von der Umgangssprache unterscheidet (beispielsweise eine altertümliche, künstliche oder stark stilisierte Sprache) und die Autorität, die den einzelnen Sprechern zuerkannt wird, indem sie als Götter oder juridische Personen adressiert werden, mehrere Sprecher gleichzeitig auftreten oder Aussagen wiederholt werden. Heiligkeit im Sinne einer Eigenschaft, die ein religiöses Ritual gegenüber alltäglichen

---

[46] Die Schaffung eines Handlungsraumes zeichnet Topman in ihren Dialoganalysen von Sargtextsprüchen als Handlungsspiele auf. Siehe Topmann, *Die »Abscheu«- Sprüche der altägyptischen Sargtexte*, S. 143–205.

Handlungen auszeichnet, wird von Bell als bedeutungsvolles, mächtigeres, wertvolleres, dem Alltag überlegenes Handeln interpretiert.[47] Diese Unterschiede werden durch Ritualisierung erreicht und dienen ihrerseits dazu, den im Ritual aufgegriffenen Teil der *Realwelt* als heilig zu erleben. Im Bereich der Religion bewirkt der hohe Grad der Ritualisierung, dass die Macht übermenschlichen Kräften zugeschrieben wird:

> The degree to which activities are ritualized … is the degree to which the participants suggest that the authorative values and forces shaping the occasion lie beyond the immediate control or inventiveness of those involved.[48]

Darüber hinaus kann der rituell Handelnde von der Formgebung Gebrauch machen. Als Beispiele hierfür wären zu nennen: Wahl eines kostbaren und dauerhaften Materials sowie Untergrundgestaltung des Textträgers, Wahl besonderer Schreibmaterialien wie Tinten und Farben, Vergoldung, Wechsel in Größe und Farbe einzelner Buchstaben, Farbgebung einzelner Worte oder Phrasen, die Verwendung spezieller Schreibstile und Dekorationen.

Strategie

Der Text *ist* die Handlung. Die Sprechhandlung ist wie jede praktische Handlung strategisch: Durch das Sprechen und Hören performatorischer Texte sollen persönliche und ökologische Faktoren rituell reproduziert werden und deren Beziehung zueinander verändert werden. Nach Wörner sind Sprechakte grundsätzlich Interaktionen:

> In der Regel sind Sprechhandlungen interpersonelle Handlungen, die ein Netzwerk sozialer Beziehungen herstellen, die einen gewissen Grad sozialer Annerkennung etablieren und beibehalten.[49]

Ein Ritual, das fast ausschließlich an sprachliches Handeln gebunden ist, ist als stark stilisierte Tätigkeit zu betrachten. Dementsprechend ist Ritualisierung eine Handlung, die nur durch die Beherrschung des dafür erforderlichen Wissens und Könnens vollzogen werden kann. Die Konventionalität der angewendeten Mittel bekräftigt den Symbolwert der *Religiösen Welt*, sie wird gewährleistet durch das rituelle Können, in Bells Terminologie „Ritual Mastery“:

> The ability to produce schemes that hierarchize and integrate in complex ways is part and parcel of the practical knowledge acquired in and exercised through ritualization. The ultimate purpose of ritualization is … nothing

[47] Bell, *Ritual Theory, Ritual Practice*, S. 90f.

[48] Bell, *Ritual: Perspectives and Dimensions,* S. 169.

[49] Wörner, *Performative und sprachliches Handeln*, S. 82.

> other than the production of ritualized agents, persons who have an instinctive knowledge of these schemes embedded in their bodies, in their sense of reality, and in their understanding of how to act in ways that both maintain and qualify the complex microrelations of power. … With these same schemes the activities of ritualization generate historical traditions, geographical systems, and levels of professionals.[50]

Bell macht darauf aufmerksam, dass im Gegensatz zur mündlichen Tradition, die schriftliche Form eine Institution erfordert, die den Zugang zu den Texten und ihre Interpretation kontrolliert.[51] Diese Einrichtung war im pharaonischen Ägypten mit Priester- und Schreiberschulen, die den Tempeln angeschlossen waren, gegeben.

Da die Ritualisierung durch aufgezeichnete performatorisch wirkende Aussagen geleistet wird, lohnt sich ein kurzer Blick auf die operative Funktion der ägyptischen Schrift und die Textsignale, die die Texte im Sarginnenraum als Sprechhandlungen bezeichnen. Die Niederschrift ist nach ägyptischer Auffassung eine den Worten ihre Wirkung verleihende Handlung, denn die Trennung zwischen dem zeichnerisch in der Schrift dargestellten Objekt und dessen sprachlicher Funktion hat in Ägypten niemals stattgefunden.[52] Rubriken oder Sprüche der Totenliteratur sind seit dem Mittleren Reich durch den Vermerk „Worte gesprochen" (*ḏd mdw*) eingeleitet.[53] Diesen Vermerk kann man als eine Bemühung deuten, die unternommen wird, um den bereits als Piktogramme wirksamen Worten zusätzlich eine Wirkung zu verleihen, die ihre Perzeptibilität erhöht. Das Sprechen der Worte impliziert auch das Hören der Worte. Auf die mögliche Bedeutung der *ḏd mdw*-Formel als Vermerk gehörter Worte macht Berlev aufmerksam.[54] Die Texte sind demzufolge sowohl durch ihre Niederschrift als auch durch den Vermerk auf den Sargwänden, der sie als Sprechakte oder Gehörtes bezeichnet, als performatorische Handlungen im Ritualisierungsprozess gekennzeichnet und auf die anwesende *Person*, die sie hören oder sprechen kann, bezogen.

[50] Bell, *Ritual Theory, Ritual Practice*, S. 221.

[51] Bell, *Ritual Theory, Ritual Practice*, S. 136.

[52] Loprieno, *Ancient Egyptian*, S. 18.

[53] Die Verwendung dieses Vermerks ist auf dem Sarg M3C spärlich, wenn man sie beispielsweise mit dem ausgiebigen Gebrauch auf dem Meir-Sarg M2C, Inventarnummer JdE 42947, vergleicht, auf dem jede Zeile mit diesem Vermerk eingeleitet wird.

[54] Berlev erwägt zwei Möglichkeiten zur Perzeption der Sargtexte. Entweder der Tote liest sie, ohne sie sehen zu können, eine Vermutung, die in der ägyptischen Literatur durch die demotische zweite Setna-Erzählung (pKairo 30646, zuletzt übers. Brunner-Traut, *Altägyptische Märchen*, S. 171–214) gestützt wird, oder der Tote hört sie: „They should therefore have a perfect ear to hear the hieroglyphs speak. That is why every column of *Pyr* in later pyramids and of *CT* has at its top the remark  [*ḏd mdw*]" (Berlev, *BiOr* 55, S. 775).

Zweck

Eine rituelle Handlung wird durch ihren Zweck gekennzeichnet, nach dem auch ihre Wirksamkeit beurteilt wird. Der Zweck der Sprechhandlung besteht in einer veränderten Sicht der gegebenen Situation, durch die für die *Person* die Weiterführung ihrer Existenz bewirkt werden soll. Funktion und Thema des Textes korrelieren. Der Zweck der Ritualisierung bildet das gemeinsame Hauptthema aller Aussagen, die auf dem Sarg gemacht werden. Untergeordnete Themenbereiche können einzelne Schritte im Ritualisierungsprozess markieren. Die Reproduktion der Situation, wie sie zu Beginn der Ritualisierung besteht, kann auch die Wiedergabe der *Person* als Mumie beinhalten. Da der Sarg zwar mit Mumie gefunden wurde, über deren Verbleib aber nichts bekannt ist, werden die an anderen Mumien aus diesem Zeitraum gewonnenen Erkenntnisse in die Untersuchung miteinbezogen. Da, wie Barta[55] gezeigt hat, auch die Opferliste ein operativer Text ist, kann bei den vorliegenden Quellen von einer pragmatischen Texteinheit ausgegangen werden, die allen Texten, die das Textkorpus des Sarges bilden, eine performatorische Wirkung zuerkennt. Aussagen in der Ersten Person Singular sind der Sarginhaberin selbst in den Mund gelegt.

Wirksamkeit

Das Ziel der Ritualisierung ist eine veränderte, neue Auffassung der *Person* von sich selbst. Bei einer Toten ist die gewünschte Auffassung die einer *Person* die ihr Dasein fortsetzt. Diese veränderte Selbsteinschätzung ist die beabsichtigte Wirkung des Rituals. Sie motiviert die rituelle Handlung. Da im Falle eines geglückten Rituals[56] die Wirkung der Sprechhandlungen mit dem Zweck der Ritualisierung identisch ist, wird sie als analytische Größe, auf die die Symbolik der *Religiösen Welt* ausgerichtet ist, eingesetzt. Die gesamte Ausgestaltung des Sarges wird im Licht der Absicht, die mit der Ritualisierung für die *Person* erzielt werden soll, betrachtet. Aussagen, die den Vollzug einer gewünschten oder beabsichtigen Handlung ausdrücken,

---

[55] Die Opferliste ist als performativer Text durch pBerlin 10482 aus der 11. Dynastie bestätigt. Barta bemerkt diesbezüglich: „Der Papyrus des *sdḫ* ist jedoch nicht allein durch seine Opferliste bemerkenswert, sondern ebenso dadurch, dass er uns den ägyptischen Namen des Opferrituals erhalten hat. In dem Text unter der Liste heißt es nämlich u.a.: *jw ḥꜥbjt tn nt jmnjt n… sdḫ jgr mꜣꜥ-ḫrw* =‚diese dauernde Opfergabe ist (bestimmt) für … *sdḫ*, den Vorzüglichen und Gerechtfertigten‘. Das Totenopfer wurde also vom Ägypter als eine ‚dauernde Opfergabe‘ (=*ḥꜥbjt nt jmnjt*) bezeichnet, womit vor allem die ständige Wiederholung des Ritualvorgangs ausgedrückt werden sollte“ (Barta, *Die altägyptische Opferliste von der Frühzeit bis zur griechisch-römischen Epoche*, S. 99).

[56] Zur subjektiven Wirkung von Ritualen siehe Aune, The Subject of Ritual. In: *Religious and Social Ritual,* S. 147–173. Zur Dysfunktion von Ritualen siehe beispielsweise Grimes, *Deeply into the Bone*, S. 94ff.

können die Wirksamkeit der Ritualisierung bestätigen. Die im Text verwendeten Modi und die den Ritualisierungsprozess abschließende Aussage bilden Indikatoren für die Wirksamkeit des Rituals.

Die Personenkonstituenten sind, wie oben festgestellt wurde, in einem aktuellen Kontext situiert. In den rituellen Bild- und Sprechhandlungen im Sarg tragen sie zu dem Bild, das eine verstorbene Frau von sich gewinnt, bei. Die situationsabhängige Selbstauffassung einer im Sarg liegenden *Person* sagt nichts darüber aus, welches Bild eine zur Zeit des Mittleren Reiches im pharaonischen Ägypten lebende Frau von sich hatte. Die Quellenlage ermöglicht keinen Vergleich von Frauenbildern für diesen Zeitraum. Aus diesem Grund muss sich die Beantwortung der Frage: Was kennzeichnet das *Selbst* der Sarginhaberin Senebi? mit einem Vergleich der Personenkonstituenten, wenn diese in einer anderen Situation gebraucht werden, begnügen.

1.5 Gliederung der Arbeit

Die Fugeninschriften, die Inschriften auf den Außenseiten des Sarges M3C (JdE 42825) und die Vorbereitung der *Person* werden im zweiten Kapitel behandelt. Im dritten Kapitel wird mit Übersetzung und Kommentar der Texte und der Interpretation der Bilder im Innenraum die Vorarbeit zur Rekonstruktion des Ritualisierungsprozesses geleistet. Nachdem als nächstes, ebenfalls in Kapitel 3, der gesamte Ritualverlauf aufgezeigt worden ist, erfolgt die Darlegung des Handlungsraumes, den sich die Sprecherin erwirbt, und der Mittel, die sie hierfür einsetzt. Kapitel 4 ist den Personenfaktoren zum Aufbau des *Selbst* gewidmet. Zu diesem Zweck werden zunächst die verwendeten Personenkonstituenten anhand der Texte auf M3C untersucht. Den sich hierbei abzeichnenden Konzeptionen des Körpers ist Abschnitt 4.3 gewidmet. Für die Überprüfung der Verwendung von *image*-Schemata, die sich auf Konzeptionen des Körpers gründen, wird die Materialbasis auf Sargtexte, die nicht auf dem Sarg der Senebi stehen, erweitert. Im letzten Abschnitt des vierten Kapitels werden die Personenkonstituenten im Hinblick auf ihre spezifische Gebrauchssituation, der im Sarg M3C vollzogenen rituellen Wiedergeburt, betrachtet und die hierbei geschaffene körperliche, ontologische und geschlechtliche Identität der Sargbesitzerin Senebi ermittelt. Eine Zusammenfassung des Beitrags, den die Personenkonstituenten zur Erzeugung des Selbstbildes als eine Wiedergeborene leisten, bildet den Abschluss des vierten Kapitels. Zuletzt sollen im fünften Kapitel die Ergebnisse mit Funktionen und Konnotationen der

Personenbegriffe verglichen werden, wenn diese nicht zur Ritualisierung im Sarg verwendet werden. Durch die Quellen hierfür wird das in dieser Arbeit untersuchte Material auf die Literatur des Mittleren Reiches ausgedehnt. Mit ihrer Hilfe soll geprüft werden, inwieweit die aufgezeigten Bedeutungen der Personenkonstituenten spezifisch für ihre Verwendung innerhalb der *Religiösen Welt* des Sarges sind.

Die Kapitel werden jeweils mit den für diesen Teil der Arbeit relevanten Quellen eingeleitet, Kapitel 2 mit den Fugen- und Außeninschriften und Kapitel 3 mit den Bildern und Texten im Inneren des Textträgers. Nur im Kommentar, der in Kapitel 2 und im Rahmen der Rekonstruktion des Ritualisierungsprozesses in Kapitel 3.3 geleistet wird, wird den Texten die Transkription beigegeben. Die schwarz-weiß Photographien, die sich in Gardiners Nachlass fanden, zeigen den Sarg noch in einem besseren Zustand als er heute ist. Sie verdanken ihre Schärfe der Tatsache, dass die Sargseiten einzeln aufgenommen werden konnten, als der Sarg zerlegt war. Die Aufnahmen sind in der Reihenfolge, wie sie in der Arbeit besprochen werden, in den Tafeln am Ende des Bandes wiedergegeben. Was die Zitierweise betrifft, so gebe ich in der Regel in den Anmerkungen die Überschrift des Artikels und den Haupttitel der Arbeit an, die im Literaturverzeichnis vollständig aufgeführt ist. Bezüglich der Belegstellen und der verwendeten ägyptischen Begriffe wird der Leser auf die Indices hingewiesen. Die auf dem Sarg der Senebi dargestellten Objekte sind mit in den Index der Ägyptischen Begriffe aufgenommen.

KAPITEL 2

Der Sarg M3C als ritueller Gegenstand

2.1 Textgeschichtliche Übersicht, Fugeninschriften und Formeln

Die Sarginschriften weisen Senebi als die ursprüngliche Besitzerin des Sarges aus, doch wurde der Fund unter dem Namen seines Usurpators Uch-hotep II von Kamal beschrieben.[57] Die Texte auf den Außenseiten sind durch einen schmalen weißen und einen blauen Streifen von ihrer Umgebung abgesetzt und ebenfalls blau geschrieben. Die Schriftbänder sind gelblich grundiert. Die Übermalung einzelner Zeichen ist deutlich erkennbar. Kamal hat die Texte mit dem Namen des Usurpators Uch-hotep und dem maskulinen Personalpronomen wiedergegeben. Auf der Ostseite ist in dem ersten senkrechten Schriftband am Ende ein hinzuzufügen. Auf der Westseite ist bei das als wiedergegeben worden und am Ende des dritten senkrechten Schriftbandes lässt die Übermalung mit das ursprünglich darunter liegende vermuten, zumal sich unterhalb des eine Lücke für das sicherlich getilgte befindet, und das Determinativ am Rand sitzt.

Ebenfalls unter der Bezeichnung seines Usurpators Uch-hotep ist der Sarg von Willems und Lapp untersucht worden. Lapp, der den Sarg als M 11 in seinen Katalog aufnimmt, datiert diesen etwas früher als Willems, nämlich in die 11./12. Dynastie. Für diese Einordnung spricht die Verteilung der Gerätefriese, die bei dem Sargtypus der 11. und 11./12. Dynastie nur auf der Westseite und den Schmalseiten abgebildet sind. Dieser Sargtypus unterscheidet sich außerdem von früheren und späteren Särgen deutlich durch die Darstellung der Gestalt des Gottes und des Menschen, die im Alten Reich, und dann auch in der 12. Dynastie wieder, unterdrückt wird.[58] Bei Willems gründet sich die typologische Einordnung des Sarges

[57] Kamal, Rapport sur les fouilles exécutées dans la zone comprise entre Deirout au Nord et Deir-El-Ganadlah au Sud, *ASAE* 11, S. 33ff.

[58] Lapp, *Typologie der Särge und Sargkammern von der 6. bis 13. Dynastie*, S. 119. Siehe dort auch weitere Einzelheiten in Schreibung und Phraseologie, die diesen Sargtypus auszeichnen.

ebenfalls auf Dekorationskriterien. Er klassifiziert ihn als den einheitlichen „Type B“. Die Außenseiten entsprechen dem Dekorationstypus IIIaa/1b. Die Innenseiten entsprechen (in der Reihenfolge Ost–Nord–West–Süd behandelt) Typ FR 3 Unterkategorie 1a, bei dem die Scheintür und die Opferspeisen nebeneinander jeweils fast die ganze Höhe der Sargwand einnehmen, die Opferliste sich diesen anschließt, und die Wand oben von einem waagerechten breiten Schriftband abgeschlossen wird. Die verbleibenden drei Wände vertreten Typ H 3, B 2 Unterkategorie 1b und F 3, bei denen oberhalb der Texte waagerecht der Fries mit den dargestellten Gegenständen über die ganze Breite der Sargwand verläuft und die Wand von einem waagerechten breiten Schriftband oben abgeschlossen wird.[59] Teile des Gerätefrieses sind bei Lapp als Zeichnungen wiedergegeben.[60] Die Hieroglyphen der Schriftbänder stehen auf einer weißen Grundlinie und werden von einer gleichartigen Linie oben abgeschlossen. Die Texte und Bilder auf den Seitenwänden sind von einer Borte mit rechteckigen Feldern in den Farben grün–rot–blau–weiß umrahmt. Der verbleibende Raum auf der Seite ist weiß und mit schwarzen Wellen und Bogen verziert.

Der Usurpator ließ die Namenshieroglyphen in den Schriftbändern übermalen, ohne jedoch die sitzende Frau bei der Schreibung in allen Fällen zu verändern. Dem Determinativ auf der Westseite ist nachträglich ein kleiner Götterbart ans Kinn gemalt worden. Außerdem ließ Uch-hotep in den Formeln auf den Außenseiten die Personalpronomen, die sich auf den Toten selbst beziehen, seinem Geschlecht anpassen. Texte und bildliche Ausgestaltung des Sarges werden in dieser Arbeit als Quellen für einen Frauensarg untersucht, da sie ja ursprünglich für die Besitzerin Senebi ausgewählt worden sind. Bestätigt wird die Kompilation und Redaktion der Texte von JdE 42825 für eine Frau auch dadurch, dass in den Fugeninschriften ihr Name genannt wird, Spruch CT 533 auf der Nordseite mit „Für die ehrwürdige Senebi, die Gerechtfertigte, öffne ich die Türen“ endet, sowie der Text auf der Westseite als auch der Deckelspruch CT 75 mit dem Namen Senebi (dem in allen Fällen ein „die Gerechtfertigte“ hinzugefügt ist) abschließen. Auf der Südseite wird die Sargbesitzerin nicht namentlich erwähnt, doch ist in der Formel „die Ehrwürdige“ (*im3ḫyt*) mit der femininen Endung *t* geschrieben.

Seitdem der Sarg wieder zusammengesetzt worden ist sind die Fugeninschriften nicht mehr zugänglich. Ihre Übersetzung erfolgt deshalb nach der

[59] Willems, *Chests of Life*, S. 97.

[60] Lapp, *Typologie der Särge und Sargkammern von der 6. bis 13. Dynastie*, S. 103.

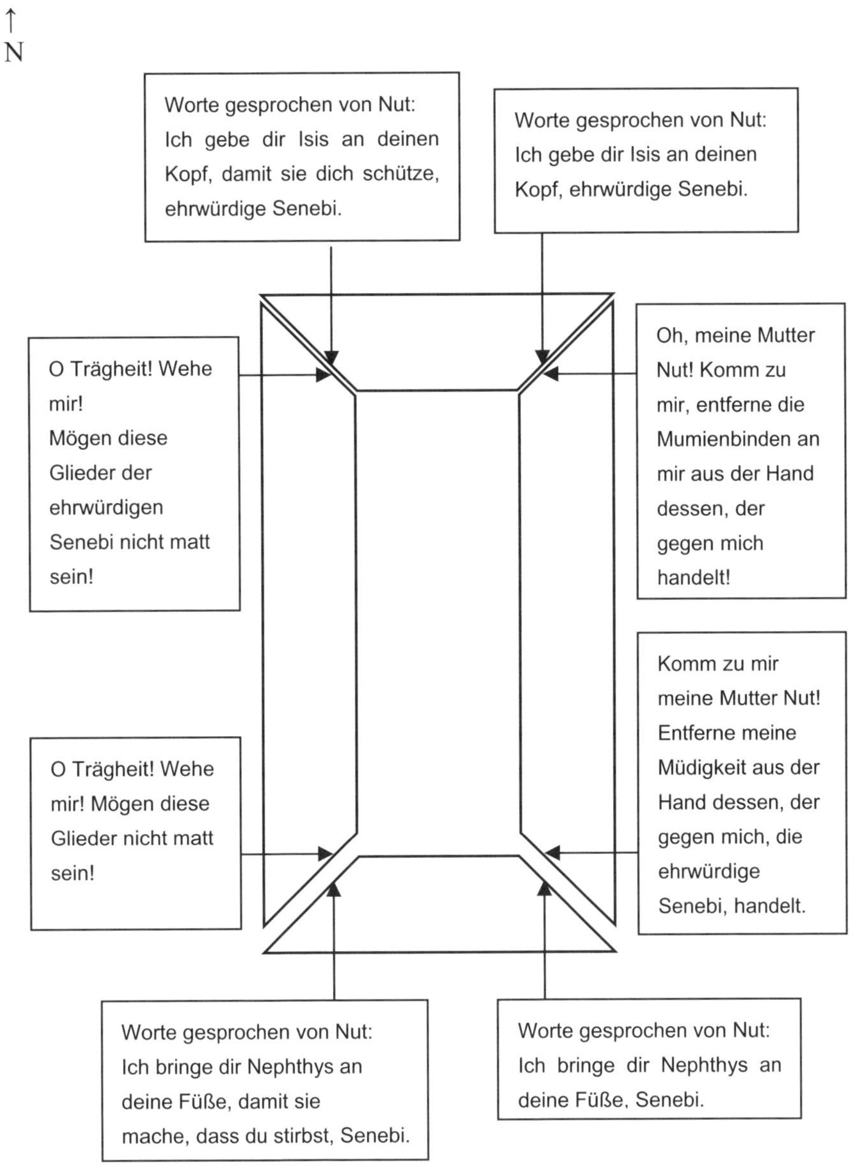

Abbildung 3
Die Fugeninschriften auf dem Sarg M3C
Sie werden im Uhrzeigersinn gelesen, wobei auf der Ostwand begonnen wird.

Wiedergabe in Leskos Index.[61] Der vorliegenden Arbeit sind sie als Textbeilage I beigegeben. Vier der Inschriften sind von Grallert behandelt worden.[62]

2.2 Die Fugeninschriften

Auf dem Sarg M3C sind die Gehrungen der Sargwände, die nach dem Aneinanderfügen der Seitenteile nicht mehr sichtbar sind, mit Klagen und Hoffnungen, die der Verstorbenen selbst in den Mund gelegt sind, und Reden der Göttin Nut beschriftet (siehe Abb. 3). Diese so genannten Fugeninschriften finden sich in den senkrechten Gehrungen oder in den Horizontalfugen einzelner Bretter auf annähernd siebzig Kastensärgen des Mittleren Reiches. Die Textträger verteilen sich über die gesamte Zeitspanne und geographisch über ganz Ägypten. Nach Grallert wird für die Fugeninschriften als *Sitz im Leben* das Balsamierungsritual angenommen. Sie stützt sich dabei auf die Sargtextsprüche CT 229 und CT 236, in denen für die Tätigkeiten der Göttinnen Isis und Nephthys, die in der Regel die Schmalseiten der Särge personifizieren, die Balsamierungsstätte genannt wird.[63] Grallert beruft sich bei ihrer Kontextualisierung der Fugeninschriften auf Willems. Dieser hat die Beziehung der Sargdekorationen zu Begräbnisriten, die an der Balsamierungsstätte stattfanden, festgestellt.[64] Für die meisten Texte auf dem von ihm untersuchten Assuan-Sarg des Heqata (JdE 36418) weist er als *Sitz im Leben* die Stundenwachen nach, die vermutlich in der Nacht vor dem Begräbnis in der Balsamierungsstätte durchgeführt wurden. In seinem Bemühen, Rituale, die im Rahmen der Bestattung, und solche, die später im Rahmen des Totenkultes stattfanden, miteinander in Einklang zu bringen, betrachtet derselbe Autor erstere als Urbild für alle Rituale, die zu späteren Gelegenheiten und Zeiten für den Grabherrn durchgeführt wurden, und die demzufolge „re-enactments of certain vital parts of the funeral" darstellen.[65]

---

[61] Lesko, *Index of the Spells on Egyptian Middle Kingdom Coffins and Related Documents*, S. 60.

[62] Grallert, Die Fugeninschriften auf Särgen des Mittleren Reiches, *SAK* 23, S. 152, 154, 155, 157.

[63] Grallert, Die Fugeninschriften auf Särgen des Mittleren Reiches, *SAK* 23, S. 156. Siehe dort auch die Verteilung der Inschriften, ihre Häufigkeit, Platzierung und Tradierung.

[64] Willems, *The Coffin of Heqata*, S. 48 und *Chests of Life*, S. 239.

[65] Willems, *The Coffin of Heqata*, S. 48.

Da es die aktuelle Verwendungssituation ist, durch die einer Aussage ihr ritueller Sinn beigemessen wird, wird – im Gegensatz zu Willems und Grallert – in dieser Untersuchung von der jeweils gegebenen Situation als Kontext für die Sprechhandlung ausgegangen. Bei den Fugeninschriften ist diese durch den Zeitpunkt gegeben. Wenn die Texte auf die Gehrungen geschrieben werden, geschieht dieses auf jeden Fall vor der Zusammensetzung der Sargteile und bevor die Mumie hineingelegt wird. Betrachtet man den Sarg als rituellen Gegenstand, so dreht es sich bei den Fugeninschriften um die Vorbereitung der Hölzer zur Aufnahme der Mumie. Es soll diese Funktion der Fugeninschriften geprüft und ihre Bedeutung im Hinblick auf die Situation, in der sich die Tote zu diesem Zeitpunkt befindet, untersucht werden. Das Ergebnis soll abschließend in den Ritualisierungsprozess der Sarginhaberin eingeordnet werden.

Der Sarg trägt auf allen senkrechten Gehrungen der vier Wände Fugeninschriften (siehe Taf. 1–3). Alle Inschriften sind in der Ersten Person Singular verfasste direkte Reden der Toten selbst oder der Göttin Nut, die zur Toten spricht. Inhalt und Ort der Aussagen sowie die Form der Aufzeichnung kann ihre Funktion im Kontext der Ritualisierung verdeutlichen. So sind die Schriftbänder auf den Sargwänden bereits durch ihre formale Gestaltung als rituelle Aussagen gekennzeichnet. Die Farben und die Größe der Hieroglyphen unterstreichen ihre Bedeutung als Reden über Götter bei denen das Leben der Verstorbenen fortdauert. Im Gegensatz dazu sind die Fugeninschriften mit schwarzer Tinte in schmucklosen Hieroglyphen auf das Holz gemalt.[66] Diese fast nachlässig zu nennende Schreibweise, die in scharfem Kontrast zur Gestaltung der Texte auf den Außen- und Innenseiten steht, kann als Mittel gedeutet werden, die Aussagen nicht als dauerhaft, sondern sie – etwa im Sinne einer Notiz – als zeitlich begrenzt und vorübergehend darzustellen. Dieses steht zumindest in Einklang mit ihrer Lokalisierung auf den rauen Sägekanten der geschrägten Holzwände, die später aufeinander gesetzt und mit Holzdübeln verbunden werden. Nach Hornung ist das Dasein einer in ihren Binden gefesselten Mumie ein vorübergehender Zustand, aus dem die Tote sich gerne befreien will.[67] Bevor untersucht wird, ob und gegebenenfalls wie die Tote ihren Zustand als

[66] Ich konnte den Sarg in Kairo nur in zusammengesetztem Zustand sehen. Richard B. Parkinson vom British Museum war aber so freundlich mir aus dem Nachlass Gardiners (MSS Gardiner Coffin M3, Photos 545–571, second set) Aufnahmen, u. a. von den Fugeninschriften, die ein unbekannter Photograph für das von Gardiner unterstützte Coffin Text project gemacht hatte, zur Verfügung zu stellen. Die Qualität der Aufnahmen (siehe Taf. 1–3) gestattet eine Beurteilung der Schreibweise, im Hinblick auf die Lesbarkeit der Inschriften war jedoch eine Übersetzung nach ihrer Wiedergabe bei Lesko vorzuziehen.

[67] Siehe Hornung, Vom Sinn der Mumifizierung, *WdO* XIV, S. 169.

Mumie wiedergibt, soll zunächst die Behandlung eines Frauenkörpers bei der Einbalsamierung, wie sie im Mittleren Reich vorgenommen wurde, skizziert werden.

Die Mumifizierungstechnik ist im Mittleren Reich noch nicht einheitlich. Nach dem Tod wurde die Leiche gründlich gewaschen. Flüssigkeits- und Fettreste am Körper wurden mit Sägespänen und Häcksel aufgesaugt. Mit der Entfernung des schnell verwesenden Gehirns wurde noch experimentiert, teilweise geschah sie schon durch die Nase.[68] Die Eingeweide wurden durch einen Schnitt in der Bauchdecke entfernt oder durch Einspritzung von Flüssigkeiten im Vaginal- und Analbereich aufgelöst.[69] Die nur bei weiblichen Mumien nachgewiesene Einspritztechnik hatte den Vorteil, dass die Bauchdecke der Frauenkörper unverletzt blieb. Wurden die Organe entfernt,[70] so wickelte man Magen, Eingeweide, Leber und Lunge einzeln in Leinen, legte sie in die Kanopenkrüge, goss ein harziges Salböl darüber und gab die Krüge mit ins Grab.[71] Das Herz wurde ebenfalls aus dem Körper genommen, aber sorgfältig eingewickelt wieder in den Brustraum zurückgelegt.

Die Mumie wurde 35 Tage lang in festes Natron gelegt und somit ausgetrocknet. Anschließend wurde sie gesalbt. Die Bauchhöhle wurde mit aromatischen Kräuterölen, Pflanzen und Stopfmaterial (Sägespäne und Leinen) aufgefüllt. Sandison ist aufgefallen, dass die durch die Austrocknung leeren Frauenbrüste nie ausgestopft wurden.[72] Salböle besorgten die Konservierung durch antibakterielle und fungizide Wirkung, sie parfümierten außerdem den Körper.[73] Zuletzt wurde der Körper mit Leinenbinden umwickelt, dabei sind schon für das Mittlere Reich gefärbte Tücher nachgewiesen.[74] Erst wurden die Glieder einzeln, und anschließend der ganze Körper umwickelt und in Tücher eingeschlagen bis der Körper die

---

[68] Germer, *Das Geheimnis der Mumien*, S. 40ff.

[69] Die Einspritztechnik wurde bei den Frauen des Menthuhotep in Deir el-Bahari festgestellt (Germer, *Das Geheimnis der Mumien*, S. 46).

[70] Der Fund von Kanopenkästen in Meir, die ebenfalls in die Zeit Sesostris I oder früher (11./12. Dynastie) datiert werden (es handelt sich um die Kanopenkästen Kat. Nr. 28 und Kat. Nr. 63, bzw. Kat. Nr. 22 bei Lüscher), legt die Vermutung nahe, dass auch bei der Sarginhaberin von M3C die Organe entfernt und in Kanopenkrüge gelegt worden sind.

[71] Man hat allerdings in den Kanopengefässen der Beamtengräber bisher noch nie Reste von Eingeweiden gefunden (Germer, *Das Geheimnis der Mumien*, S. 30).

[72] Sandison, *LÄ* I, Sp. 612. Bei Germer findet sich das Bild einer weiblichen Mumie aus dem Alten Reich, bei der die Brust in Leinen modelliert wurde, derartiges ist aber nicht an Funden aus dem Mittleren Reich nachgewiesen (Germer, *Das Geheimnis der Mumien*, S. 33).

[73] Germer, *Das Geheimnis der Mumien*, S. 104.

[74] Germer, *Das Geheimnis der Mumien*, S. 134.

Form eines Kokons hatte. Mit in das Leinen eingewickelt sind oft Kragen aus Fayenceperlen, Ketten aus Halbedelsteinen, kostbare Schmuckstücke und Skarabäen. Einzelne Schichten der Leinenwicklung sind dick mit harzigen Salbölen bestrichen. Außer der Behandlung der Hände mit Henna weisen auch drei Frauenmumien (darunter die einer Priesterin der Hathor) Tätowierungen in der Magengegend und am Unterbauch auf.

Der Versuch den Körper so lebensgetreu wie möglich zu bilden führte bereits im Alten Reich zur Modellierung des Gesichtes, der so genannten Mumienmaske. Auf sie konzentrierten sich die Bemühungen im Mittleren Reich. Sie bestand aus stuckiertem Leinen und bedeckte auch den oberen Teil der Brust und des Rückens. Auf der Vorderseite war sie meist mit einem bunten Halskragen bemalt. Die sehr groß gemalten Augen vermitteln den Eindruck, der Verstorbene blicke direkt aus der Mumienmaske heraus.[75] Für den als belebend erachteten Duft wurden der Mumie aromatische Pflanzen beigegeben. Eine weibliche Mumie aus dem Mittleren Reich hielt einige Wacholderbeeren zusammen mit Cyperusknöllchen in der Hand.[76] Die Vorbereitungen des Körpers nahmen vom physischen Tod bis zur Bestattung siebzig Tage in Anspruch. Die Balsamierungstechniken sollten den Zerfall des Körpers verhindern und einer Toten das Aussehen einer Lebenden geben. Die Frage, die zunächst beantwortet werden soll, ist: Wird die Behandlung des biologischen Körpers, der Körper selbst, oder das Resultat dieser Bemühungen in den Fugeninschriften thematisiert, oder welchen Zustand der Verstorbenen, die zu dem Zeitpunkt, an dem die Aussagen gemacht werden, noch nicht im Sarg liegt, geben sie andernfalls wieder?

Die Leserichtung ergibt sich aus der Position des Sarges im Grab während des Mittleren Reiches. Ein toter Mensch wurde in der Regel mit dem Kopf im Norden begraben und lag im Kastensarg auf seiner linken Körperseite. Es wird der Blickrichtung der Toten entsprechend auf der Ostseite am Kopfende begonnen und im Uhrzeigersinn weitergegangen. Auf der nördlichen Gehrung der Ostwand spricht die Tote:

> Oh, meine Mutter Nut! Komm [zu] mir,
> entferne [die Mumienbinden an] mir
> [aus der Hand dessen, der gegen mich handelt]!
> *hwj mwt.i Nwt mj [n.]i dr [tꜣw ḥry].i [m-ꜥ ir r.i]*[77]

---

[75] Germer, *Das Geheimnis der Mumien*, S. 38–42.

[76] Germer, *Das Geheimnis der Mumien*, S. 108.

[77] Ergänzung nach Rusch (*Die Entwicklung der Himmelsgöttin Nut zu einer Totengottheit*, S. 24) und Grallert (Die Fugeninschriften auf Särgen des Mittleren Reiches, *SAK* 23, S. 152). Die Lacunae erscheinen für die Ergänzung zu klein, allerdings ist deren Größe nach der Wiedergabe bei Lesko schwer zu beurteilen.

Nach dieser Aussage ist die Tote noch nicht bei der Göttin Nut, wünscht sich diese aber herbei. Wie Rusch gezeigt hat, wird der Sargdeckel oder auch der ganze Sarg mit der Himmelsgöttin Nut, die sich über die Tote beugt, gleichgesetzt.[78] Die Verstorbene ist eingewickelt in ihre Mumienbinden und empfindet diese als ein Hindernis, wie es der Zusatz „aus der Hand dessen, der gegen mich handelt" verdeutlicht. Die nächste Kennzeichnung des Zustandes der Toten geht aus ihrer Aussage auf der südlichen Gehrung derselben (östlichen) Sargwand hervor:

> Komm zu mir meine Mutter Nut!
> Entferne meine Müdigkeit aus der Hand dessen,
> der gegen mich, die ehrwürdige Senebi, handelt.
> *mi n.i mwt.i Nwt dr wrd.i m-ᶜ ir r.i im3ḫyt Śnbj*

Die Tote ist müde. Sie empfindet dieses als einen unerwünschten Zustand. Der Zusatz, dass es sie, Senebi, ist, der ein anderer etwas angetan hat, betont die bestehende Situation, und stellt sie als eine Lage dar, in die die Verstorbene unverschuldet geraten ist. Auf der (nach der Zusammensetzung anliegenden) östlichen Gehrung der Südwand bringt die Himmelsgöttin der Verstorbenen auf ihre Klagen hin Nephthys als Beistand:

> Worte gesprochen von Nut:
> Ich bringe dir Nephthys an deine Füße, Senebi.
> *ḏd mdw in Nwt inj.n.(i) n.ṯ Nbt-ḥwt ḫr rdwy.ṯ Śnbj tn*

Die Göttinnen sind im Gegensatz zu den Nutsprüchen auf der Außenseite, wo Isis bei den Füßen weilt, vertauscht. Auf den Fugen wird der Toten Nephthys an die Füße gegeben. Die gleiche Vertauschung von Göttern auf den Außen- und den Innenseiten stellt Lüscher an einem Kanopenkasten aus dem Mittleren Reich fest, führt dies aber auf ein Versehen des Malers zurück.[79] Eine Seitenvertauschung bei Szenen, die der liminalen Sphäre zuzuordnen sind, bemerkt auch Fitzenreiter in der Grabkapelle des Seschathetep aus der 4. Dynastie in Giza.[80] Es handelt sich um die Vertauschung

---

[78] Belegstellen zu dieser Vorstellung im Mittleren Reich siehe Rusch, *Die Entwicklung der Himmelsgöttin Nut zu einer Totengottheit*, S. 21–25. Neuerdings auch Billing, *Nut*, S. 163ff. Belege zur Umarmung durch Nut bei Assmann und Bommas, *Totenliturgien in den Sargtexten des Mittleren Reiches* I, S. 228ff.

[79] Es handelt sich um den Kanopenkasten des *Nfrj*, B18C, vergl. Lüscher, *Untersuchungen zu ägyptischen Kanopenkästen,* S. 41f.

[80] Fitzenreiter, Grabdekoration und die Interpretation funerärer Rituale, In: *Social Aspects of Funerary Culture in the Egyptian Old and Middle Kingdoms*, S. 103. Die Szenen sind publiziert bei Junker, *Giza* II, S. 172–195.

der Szenen im Korridor gegenüber denen des Kapelleninnenraumes. Ausgehend von diesen Befunden handelt es sich auf M3C nicht um ein Versehen des Schreibers, zumal die Vertauschung konsequent auf den insgesamt sechs Inschriften am Nordende und Südende des Sarges und auf den Gehrungen durchgeführt ist. Ein weiterer Grund für die Annahme, dass es sich um eine absichtliche Vertauschung handelt, ist auch die Tatsache, dass auf diesem Sarg keine rückläufige Schreibung vorkommt. Da auf diese Möglichkeit, eine verkehrte Welt oder Übergangsbereiche durch die Niederschrift auszudrücken,[81] verzichtet wird, wäre es denkbar, dass durch die Vertauschung der Göttinnen Isis und Nephthys auf den noch nicht zusammengefügten Sargteilen Liminalität rituell erzeugt werden soll. Die Handlung Nuts wird auf der westlichen Gehrung der Südwand begründet:

> Worte gesprochen von Nut:
> Ich bringe dir Nephthys[82] an deine Füße,
> damit sie mache, dass du stirbst, Senebi.
> *ḏd mdw ỉn Nwt ỉnj.n.(ỉ) n.ṯ Nbt-ḥwt ẖr rdwy.ṯ ỉr.s mt.ṯ Śnbj tn*

Mit der Zielsetzung des später im Sarg stattfindenden Rituals – eine lebende Sargbesitzerin – vor Augen, scheint das Einfügen einer Negation an dieser Stelle zu einem „dass du nicht stirbst“ ganz selbstverständlich. Diese Emendation läge auch nahe durch die einzige mir bekannte Fugeninschrift, in der das Lexem *mt* ebenfalls vorkommt und bei der es sich eindeutig um die Verneinung des Todes handelt. Es ist die Inschrift auf der östlichen Gehrung des Sarges Sq10X aus Saqqara: „Worte gesprochen von Nut: Ich bringe dir Isis an deine Füße, damit sie deine Füße für dich vereinige, dass du nicht stirbst“.[83] Den Text zu emendieren ist dennoch zweifelhaft. Sethes und Köhlers Untersuchungen haben nämlich gezeigt, dass eine *Person,* um weiter bestehen zu können, erst geschädigt werden muss. Nach Sethes Beobachtungen bilden in den Pyramidentexten[84] bei der Reinigung des toten Königs vier Gottheiten die linke Seite des Toten als Seth. Unter diesen befinden sich der Osirismörder Hu-djenederu[85] und die als Gattin des Seth geltende Nephthys. Nephthys kann demzufolge die Stelle des Osirismörders Seth besetzen. Auf dem ebenfalls aus Meir stammenden Frauen-

---

[81] Siehe zu dieser Verwendung retrograder Schreibung Meyer-Dietrich, *Nechet und Nil*, S. 222ff.

[82] Schreibung nur an dieser Stelle  anstatt .

[83] Firth und Gunn, *Teti Pyramid Cemeteries* I, S. 232.

[84] Pyr. 601c. Vergl. Sethe, *Übersetzung und Kommentar zu den altägyptischen Pyramidentexten* III, S. 12.

[85] Zu *Ḥw-ḏndr.w* pyr. 631b und pyr. 633a vergl. Sethe, *Übersetzung und Kommentar zu den altägyptischen Pyramidentexten* III, S. 11 Anm. 40.

sarg M5C tritt Sachmet als Göttin „die Osiris Böses antat" auf. Sie übernimmt diese Funktion dort am Beginn des Ritualisierungsprozesses in Spruch CT 353, der auf der Ostseite steht.[86] Nephthys in den Pyramidentexten und Sachmet in den Sargtexten belegen somit Göttinnen, die als schädigende Macht handeln können. Ihr Tun ist aber im Sinne des Toten, denn wie Hornung feststellt, erst durch den Schaden (oder Tod) wird die Voraussetzung für einen neuen Entstehungsprozess geschaffen: „bezeichnend für die ägyptische Begründung des Seienden [ist], dass bereits die Pyramidentexte des Dritten Jahrtausends v. Chr. im Phänomen des Todes ein notwendiges Produkt der Schöpfung sehen; hier wurzelt der Gedanke, dass selbst die Götter sterblich sind. Vor der Schöpfung gibt es auch keine Geburt, die ältesten Gottheiten entstehen auf ungeschlechtliche Weise…".[87] In den Sargtexten ist diese Vorstellung durch die Redewendung „zu leben nach dem Sterben" belegt.[88] Ambivalenz und die doppelte Aufgabe als schützender wie als schädigender und dadurch die Regeneration ermöglichender Gott zeichnet auch Anubis aus. Zu dem Zwittercharakter des Schakalgottes schreibt Köhler: „Gemeinsam ist [Anubis-Imiut und der historischen Anubisgestalt] die herausragende Konzeption von einer Regeneration des Toten durch den Gott, einer Erneuerung allerdings, der notwendigerweise eine Tötung beziehungsweise Schädigung [des Leichnams] vorausgehen muss".[89]

Eine bisher nicht beachtete Möglichkeit, diesen Nutspruch zu deuten ergibt sich, wenn man ihn als Rede der Göttin im Dialog mit einer *Person* versteht, die zwar in unseren Augen tot ist, die aber ihrer kulturellen Auffassung entsprechend ihre Existenz fortsetzt. Wenn man sie in ihrem kulturellen Kontext betrachtet, impliziert die Aussage „damit sie mache, dass du stirbst", dass Nut nicht zu einer leblosen Person spricht. Die Rede Nuts befindet sich an der Fuge zwischen Süd- und Westwand. Sie steht damit unmittelbar vor dem westlichen Bereich, den diese Wand im Mikrokosmos des Sarges verkörpert. Um als Tote dorthin zu gelangen und dort zu existieren muss sie vorher wie Osiris sterben, das heißt, ihr muss ein Schaden zugefügt werden. Die Schädigung erfolgt bevor die mumifizierte *Person* in ihren Sarg gelegt werden wird, nämlich durch die Eingriffe des Balsamierers. Dass Senebi durch diese Äußerung nicht wirklich stirbt,

---

[86] CT IV 396a–b Übers. und Komm. Meyer-Dietrich, *Nechet und Nil*, S. 141f.

[87] Hornung, *Der Eine und die Vielen*, S. 170.

[88] Beispielsweise CT II 177b, CT II 265a, CT V 263a, CT V 291k.

[89] Köhler, *Das Imiut*, S. 357. Siehe bei Köhler auch die Belegstellen aus den Sargtexten. Bei dem Beleg CT IV 319e ff weist Köhler in Bezug auf den negativen Aspekt auf die Austauschbarkeit von Anubis und Seth hin (Köhler, *Das Imiut*, S. 400).

dafür sorgt der Schreiber durch die Inversion von Korb und Haus bei Nephthys und durch das Durchstreichen des Zeichens für „sterben" (siehe Taf. 3 unteres Bild). Außer hindernden Mumienbinden und Müdigkeit beschreibt die Person ihren passiven Zustand als Trägheit und Mattheit ihrer Glieder. Die Klagen der Toten darüber werden von ihr auf der südlichen Gehrung der Westwand ausgerufen:

> O Trägheit! Wehe mir! Mögen [diese] Glieder nicht matt sein!
> *ỉ nnj wy wỉ r.ỉ n g3ḥw ḥꜥwt* [*iptn*]

Sie werden auf der nördlichen Gehrung derselben (westlichen) Sargwand wiederholt und als ihr eigener gegenwärtiger Zustand verdeutlicht:

> O Trägheit! Wehe mir!
> Mögen [diese] Glieder der ehrwürdigen Senebi nicht matt sein!
> *ỉ nnj wy wỉ r.ỉ n g3ḥw ḥꜥwt ỉptn ỉm3ḫyt Śnbj*

Die Tote wird in diesem Zustand nicht alleine gelassen. Auf der (später anliegenden) Fugeninschrift auf der westlichen Gehrung der Nordwand wird der Schutzbedürftigen durch die Himmelsgöttin Isis' Beistand gebracht:

> Worte gesprochen von Nut: Ich gebe dir Isis an deinen Kopf,
> damit sie dich schütze, [ehrwürdige] Senebi.
> *ḏd mdw ỉn Nwt rdj.ỉ n.ṯ 3st ḫr tp.ṯ stp-s3.s* [*ỉm3ḫyt*] *Śnbj tn*

Auf der östlichen Gehrung der Nordwand wiederholt Nut ihre Aussage, lässt aber die Begründung weg:

> Worte gesprochen von Nut:
> Ich gebe dir Isis an deinen Kopf, ehrwürdige Senebi.
> *ḏd mdw ỉn Nwt rdj.ỉ n.ṯ 3st ḫr tp.ṯ ỉm3ḫyt Śnbj*

Ebenso wie auf der Südseite sind die Göttinnen vertauscht. Es gilt auch für diese Vertauschung das oben Gesagte. Die Klagen der Sargbesitzerin und die Bitten, die sie an die Göttin Nut richtet, thematisieren die Selbstauffassung der Verstorbenen: Sie liegt noch nicht im Sarg. Sie sieht sich als eine müde, träge und matte Person in ihren Mumienbinden. Außer der Leinenwicklung der Glieder und der Schädigung des Körpers durch die Eingriffe des Balsamierers wird von Senebi keine Tätigkeit aufgegriffen, die im Zusammenhang mit der Mumifizierung steht.

In den Reden der Göttin Nut wird Senebi Hilfe zuteil, sie bewirken eine Veränderung der Situation. Die Antworten der Göttin werden durch den Vermerk „Worte gesprochen" (*ḏd mdw*) eingeleitet. Das Sprechen der

Worte impliziert auch das Hören der Worte. Die Texte sind demzufolge durch den *ḏd mdw*-Vermerk als Sprechakte einer Göttin gekennzeichnet, die von der Verstorbenen auch in ihrem passiven Zustand gehört werden können. Nach der ersten Aussage am Kopfende der Ostwand ist die Tote am Anfang alleine, dann bringt Nut ihr auf ihre Bitten hin Nephthys. Sie wird in den Augen der Himmelsgöttin als Lebende betrachtet. In den daraufhin geäußerten Klagen erfolgt rituell die Gleichstellung ihres Zustandes mit dem trägen und matten Osiris.

Die am Ende der Fugentexte erreichte Verfassung der Toten unterscheidet sich von der Ausgangslage. Die Verstorbene ist immer noch nicht bei Nut, aber auch nicht länger alleine, sie hat Nephthys bei sich und die schützende Isis. Die Sarginhaberin sieht sich nicht als eine leblose, sondern als eine passive *Person* in ihren Mumienbinden, der der Tod durch Nephthys erst noch gebracht werden muss. Die Erwähnung dieses inaktiven Zustandes wird auch von Schweitzer in ihrer Untersuchung zum Ka-Begriff beobachtet. Auf einer Stele der 11. Dynastie[90] werden im Rückblick der Tod und die Wirkung des Wiederbelebungsrituals folgendermaßen zusammengefasst: „Empfangen der reinen Opfer, hinausgehen (aus dem Grab) vor den großen Gott, nachdem sein (des Toten) Ka dort geruht hat“.[91] Nephthys handelt, obgleich sie den schädigenden Teil übernimmt, ebenso wie Isis in allen Situationen positiv für die Tote.

Ritualisierung bildet stets die Wiedergabe einer aktuellen Situation und die Antwort auf diese. Die durch die rituelle Handlung hergestellte Situation zeigt auf, wie die Verstorbene sich selbst zu diesem Zeitpunkt auffasst. Die bei den Fugeninschriften verwendete kulturell vorhandene Interpretationsmöglichkeit ist Osiris' Tod und das durch diesen bedingte Darniederliegen aller physischen Aktivitäten. Sie werden in den Aussagen der *Person* auf den Gehrungen reproduziert. Da die Herstellung der Fugeninschriften zeitlich vor der Fertigstellung des Sarges liegt, befindet sich dieser noch in einzelnen Teilen. Dieser Umstand macht es möglich die aus dem Mythos bekannte Verstreuung von Osiris' Gliedern auf den Textträger selbst zu übertragen. Die einzelnen Seiten des noch nicht verfugten Sarges verkörpern Osiris bevor Isis und Nephthys seine Körperteile aufgefunden und versammelt haben. Mittels der Inschriften wird die körperliche Osirisverfassung der Toten auf die Holzteile des Sarges übertragen. Das Zusammensetzen der Sargwände vollzieht dann symbolisch die Vereinigung von Osiris' Körperteilen durch Isis und Nephthys (die Personifikationen der

---

[90] Lange-Schäfer, *Grab- und Denksteine des Mittleren Reiches* 20514, 20088.

[91] Übers. Sethe, *Urk.* I, S. 156f. Weitere Nachweise bei Schweitzer, *Das Wesen des Ka*, S. 82 Anm. 15.

Schmalseiten). Diese Maßnahme charakterisiert den Zustand, der vor dem Zusammensetzen besteht, als vorübergehend.

Da der Sarg durch die Übertragung der Osiriseigenschaften auf ihn in einen rituellen Gegenstand umgeformt wird, dreht es sich bei diesem Vorgang auch um die Vorbereitung der Hölzer zur Aufnahme der Mumie. Die Verwendung des Sarges als Gegenstand im Rahmen eines Ritualisierungsprozesses geschieht damit bereits bei seiner Herstellung. Seine Funktion besteht darin, den Mumienzustand den die *Person* beseitigen will zu verkörpern und mittels dieser Verkörperung den Zustand der Verstorbenen als herzustellende Einheit, Liminalität, erlahmte Aktivität und nicht eingetretenen Tod darzustellen. Die Verstorbene bietet das Bild des müden Osiris. Zur Auffassung des Todes als Schlaf schreibt Seidlmayer: „Den Toten *sub specie somni* zu denken, heißt auch zu sagen, dass der Tote lebt und dass er sich in einem Zustand befindet, der in vergleichbarer Form jedem Lebenden bekannt ist. Es ist eine Situation der ontologischen Kontinuität".[92]

Die Götterreden und die Klagen der Verstorbenen definieren den aktuellen Zustand der *Person* wie er *vor* dem Ritualisierungsprozess zur beabsichtigten Regeneration besteht. Das zur rituellen Erzeugung der Liminalität eingesetzte sprachliche Mittel ist die Vertauschung der Göttinnen. Inschriften und technische Verfassung des Sarges werden als Mittel zur Ritualisierung eingesetzt um die bestehende Situation wiederzugeben und sie als eine zeitlich begrenzte Form des Daseins zu kennzeichnen.

Fugeninschriften und Sargteile geben den Zustand Senebis als passive Mumie wieder, die noch nicht in einer Umhüllung ist, in welcher sie regenerieren kann – diese Hülle stellt nämlich erst der geschlossene Sarg später da. Die Verstorbene will von der Leinenwickelung, die ihre Bewegung hemmt, befreit werden. Dieses Ergebnis deckt sich mit Hornungs Beobachtung, dass die Mumiengestalt nicht die normale Form der Gestalt ist, in der der regenerierte Tote aufgefasst wird[93] und mit Köhlers Gleichstellung der Mumienbinden mit der frühen Form des Anubis-Imiut, nämlich einer regenerativen Umhüllung, aus welcher der Tote nur durch den Gebärvorgang entlassen werden kann.[94] Der Textträger selbst sowie die Texte

---

[92] Seidlmayer, Die Ikonographie des Todes. In: *Social Aspects of Funerary Culture in the Egyptian Old and Middle Kingdoms,* S. 229.

[93] Hornung, Vom Sinn der Mumifizierung, *WdO* XIV, S. 168. Ebenso auch Grallert, die als Beleg pyr. 349b anführt: „Er (Horus) ist zu dir gekommen. Er ist zu dir gekommen, damit er die Binden löse und die Fesseln wegwerfe" (Grallert, *Die Fugeninschriften auf Särgen des Mittleren Reiches*, S. 153). Aussagen in den Sargtexten, die das Lösen der Mumienbinden im Sarg aufgreifen sind beispielsweise CT I 272f, CT I 288h und CT VII 44a–b.

[94] Die Entwicklung des mit Anubis verbundenen Doppelaspektes interpretiert Köhler wie folgt: „während Anubis-Imiut noch selbst und ausschließlich das Regenerationsmittel

charakterisieren den Zustand der *Person* als eine vorübergehende Verfassung, die diese beseitigen will. Als Verkörperung der für die *Person* aktuellen Ausgangslage kann der Sarg meines Erachtens bereits in dieser technischen Produktionsphase in den rituellen Verlauf eingeordnet werden. Die Darstellung der Verstorbenen als eine *Person*, die sich nach dem physischen Tod in einem zwar inaktiven, aber nicht leblosen Zustand befindet, motiviert ihrerseits die rituellen Handlungen, die im Rahmen des Bestattungsrituals ausgeführt werden.

2.3 Das Bestattungsritual

Darstellungen des Begräbnisses aus dem Mittleren Reich in anderen Nekropolen und spätere aus dem Neuen Reich zeigen, dass es die Mumie ist, die im Mittelpunkt aller rituellen Handlungen im Zusammenhang mit der Bestattung steht. So wird die Mumie aufgebahrt beklagt,[95] das Ritual der Mundöffnung wird an dieser ausgeführt, und sie liegt beim Sargschlittenzug oder auf dem Schiff bei der rituellen Abydosfahrt auf einem Löwenbett unter dem als „Himmel“ bezeichneten Baldachin.[96] In der in Meir erhaltenen Darstellung des Bestattungsrituals aus dem Alten Reich ist jedoch nirgends die Mumie, sondern nur der Kastensarg, in dem zuerst die Tote transportiert wird, der dann leer nach Hause mitgenommen und zum Begräbnis wieder mitgebracht wird und schließlich die Mumie enthält, abgebildet. Die Darstellungen befinden sich in dem von Blackman als Serdab gedeuteten Raum F der Grabkapelle von ‚Pepi-anch mit dem schönen Namen Heny der Schwarze‘ in Meir.[97]

---

darstellt, in das der Tote eigentlich nur dann eindringen kann, wenn er vom ihm gefressen wird, und aus dem er ebenso nur durch den Gebärvorgang entlassen werden kann, ist Anubis als oberster Herr über den Gesamtkomplex der Bestattung eben nur der ‘Herr’ all jener Regenerationsmittel bzw. -hilfen, die zur Bestattung im weitesten Sinne gehören, aber nicht mehr das ausschließliche Mittel selbst. [...] Zugleich umfasste die aktive Rolle des Gottes – besonders mit der Weiterentwicklung der Balsamierungstechniken – auch jene für die Balsamierungsarbeiten notwendigen Schädigungen des Leichnams“ (Köhler, *Das Imiut*, S. 357).

[95] Lacau, Sarcoph. I, T. VI, wiedergegeben bei Klebs, *Die Reliefs und Malereien des Mittleren Reiches*, S. 62.

[96] Davies, *The Tomb of Antefoker, Vizier of Sesostris I and of his Wife Senet. Theben 60*, Taf. 17–22 und Settgast, *Untersuchungen zu altägyptischen Bestattungsdarstellungen*, Taf. 2.

[97] Blackman, *Meir* V, Tomb Chapel A No.2, Taf. XLII; XLIII.

Von den rituellen Handlungen, die im Rahmen der Bestattung stattfinden, sind für die Untersuchung der Außendekoration nur diejenigen von Bedeutung, in denen der Sarg als ritueller Gegenstand auf die Teilnehmer eine Wirkung ausübt. Es handelt sich um die Prozession vom Totenhaus bis zum Grab, wenn die Inschriften auf den sichtbaren Oberflächen des Sarges gelesen werden können. Durch die Mitführung des Sarges wird rituell die Auffassung erzeugt, die die Teilnehmer am Begräbnisritual von der Situation eines Toten bekommen sollen. Die Zeichnungen des Begräbniszuges in Meir schildern die Wegstrecke, die ein Verstorbener vom Ostufer des Nils bis zum Verlassen des Reinigungszeltes zurücklegt, bevor er die Nekropole betritt.[98] Die Darstellungen sind in schwarzer Tinte auf hellem Untergrund ausgeführt.

Auf der Ostwand des Statuenraumes (siehe Abb. 4) sind der Transport des Toten im Sarg vom Sterbehaus bis zur Balsamierungsstätte, die auf dem Westufer liegt, und die Opfermahlzeit, nachdem der Tote dort abgeliefert wurde, dargestellt. Das obere Register ist nicht fertig ausgeführt, nur zwei Träger, die, wie Blackman vermutet,[99] den nun leeren Sarg tragen, sind zu erkennen.

[98] Einen Eindruck von den Farben der Neschemet-Barke vermittelt ein hölzernes Bootsmodell aus Meir im Ägyptischen Museum in Kairo, das in die Erste Zwischenzeit datiert wird. Dort steht ein geschlossener Kastensarg unter einem goldenen Baldachin, eine Gruppe weißgekleideter Personen sitzt unter freiem Himmel im vorderen Teil des Bootes. Der Rumpf des Schiffes ist (vom Kiel beginnend) mit Streifen in der Farbenfolge blau – grün – gelb – grün und rot und am Bug mit dem Horusauge bemalt. Nach der Bemalung und dem Schiffstypus handelt es sich um ein Ritualschiff, da diese gezogen wurden und das Modell weder Segel noch Ruderer trägt. Als solches entspricht es dem bei der Überfahrt nach Westen verwendeten Sargschiff, wie es in Meir in Pepi-Anchs Grabkapelle abgebildet ist. Meines Erachtens handelt es sich nicht um ein Schiffsmodell für die Abydosfahrt, da auf der frühesten Darstellung einer Abydosfahrt, die aus der Zeit Sesostris I stammt – sie befindet sich im Grab des Amenemhet in Beni Hassan – die Mumie auf einem Löwenbett unter einem Baldachin liegt (BH 2 Grab des Amenemhet. Shedid, *Die Felsgräber von Beni Hassan in Mittelägypten*, Abb. 115). Bei dieser auch später üblichen Darstellungsweise wird stets die Mumie und nicht der Sarg gezeigt.

[99] Blackman, *Meir* V, S. 53.

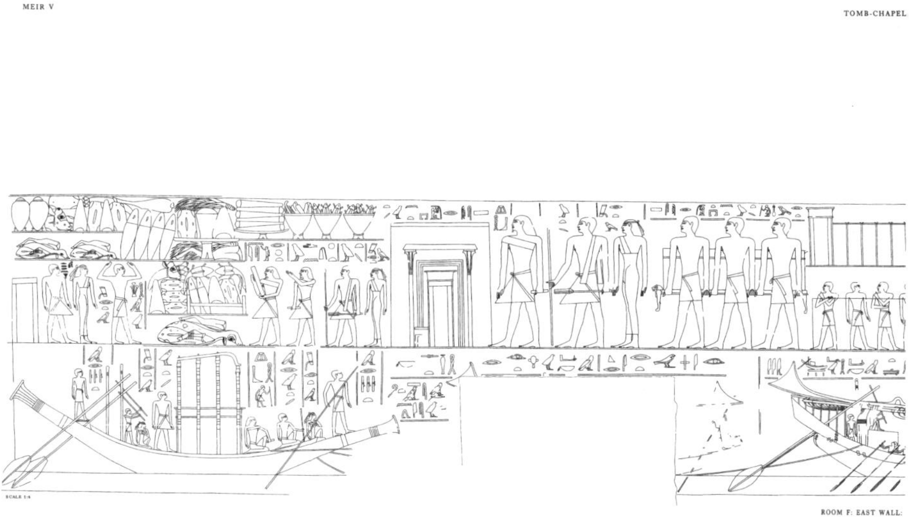

Abbildung 4. Darstellung des Begräbnisrituals in Raum F der Grabkapelle von Pepianch mit dem schönen Namen Heny der Schwarze in Meir. Ostwand.

Die ersten beiden Episoden des Bestattungszuges, der Aufbruch vom Sterbehaus und die Prozession von dort zum Nilufer, sind nicht dargestellt. Die Szenenfolge beginnt damit, dass der Tote auf einer von zwei Schiffen gezogenen Neschemet-Barke zum Westufer gebracht wird. Der geschlossene Sarg steht unter einem Baldachin. Seeleute und das Kultpersonal knien, beziehungsweise stehen, vor und hinter dem Sarg. Abgesehen von den Seeleuten und einem stehenden Balsamierer hocken auf der Neschemet-Barke zwei Klageweiber (*ḏryt*), ein ältester Vorlesepriester (*ẖrj-ḥbt*) mit einer zusammengerollten Schrift in der Hand und ein Vorsteher der Balsamierer (*ỉmj-rꜣ wtjw*). Die Zurufe der Seeleute: „Vollende dieses Ziehen schnell!", „Steuere genau zum Westen!" und „Siehe, ich tue wie du es wünschst" bringen als Aufforderung zur Eile zum Ausdruck, dass die Überfahrt schnell gehen soll.[100] Die glückliche Ankunft wird durch Beischriften oberhalb des Ruderschiffes, das im Bug mit dem Symbol der Isis geschmückt ist, bekräftigt: „Was für eine erfolgreiche Reise! Wir haben die Reise beendet! Siehe, die Schiffe sind angekommen!"

[100] Nach Blackmans Übersetzungen *Meir* V, Tomb Chapel A No.2, Taf. XLII; XLIII; Übers. und Komm. S. 51–56. Die Szenen (mit Parallelen) sind behandelt bei Grdseloff, *Das ägyptische Reinigungszelt*, S. 5ff.

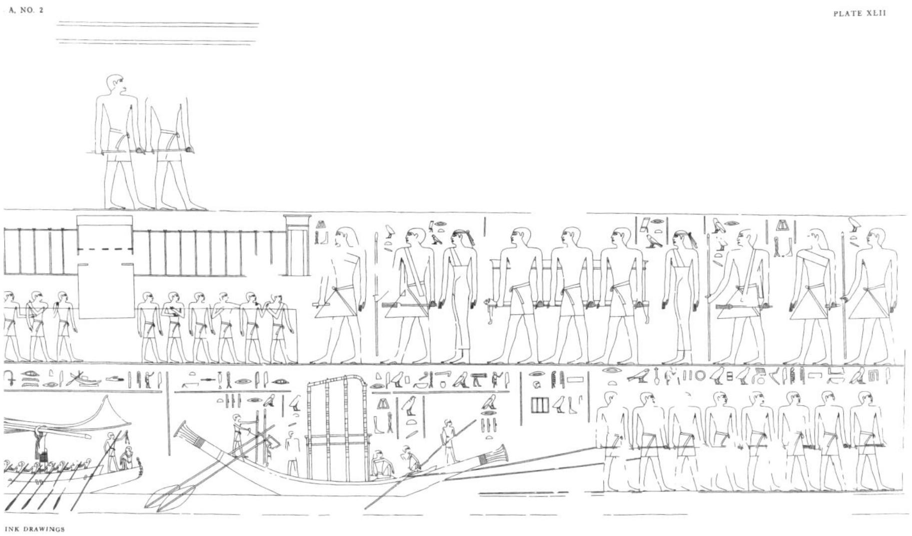

Nun sind keine Klageweiber mehr an Bord der Neschemet-Barke. Der Bootsmann im Bug sagt zu seinem Kollegen, der damit beschäftigt ist ein Steuerruder festzubinden: „He, ergreife dieses, dein Tau fest!" Der Angesprochene erwidert: „Ich tue wie du es wünschst!" Das Schiff wird von acht Männern bis zum Reinigungszelt begleitet, die zweimal ausrufen: „Oh seht, dies ist die Begleitung eines Ehrwürdigen!" und hinzufügen: „Ein schönes hohes Alter!" Drei nicht näher bezeichnete Träger tragen den Sarg auf einer Löwenbahre, je eine Klagefrau geht vor und hinter dem Sarg. Balsamierer und Priester gehen dem Sarg voraus, beziehungsweise folgen ihm. Das Personal des Reinigungszeltes (jeweils sechs Personen) blickt dem Zug entgegen und beim Verlassen des Reinigungszeltes nach. Dieselben Personen tragen und geleiten den Sarg zur Balsamierungsstätte. Dort findet, nachdem der Tote abgeliefert worden ist, eine Opfermahlzeit statt.

Auf der Westwand (siehe Abb. 5) ist die Fortsetzung der Prozession nach Ablauf der Mumifizierungszeit dargestellt. Bei der zweiten Überfahrt wird der leere Sarg mitgebracht. Die Szenenfolge beginnt mit dem Besteigen des Schiffes, das das Kultpersonal zum Westufer bringen soll. Ein Vorsteher und ein Unteraufseher der Balsamierer, (*sḥḏ wtw*), sowie ein Klageweib und der einzige Freund (*smr wʿtj*) und Vorlesepriester stehen noch am Ufer. Das Schiff zeigt mit dem Bug nach Osten. Es ist am Landepflock vertäut und auch durch den Landesteg, den ein Mann festhält, mit dem Ostufer verbunden. Der Mann versichert den Einsteigenden: „Ich halte diese Laufplanke zuverlässig!"

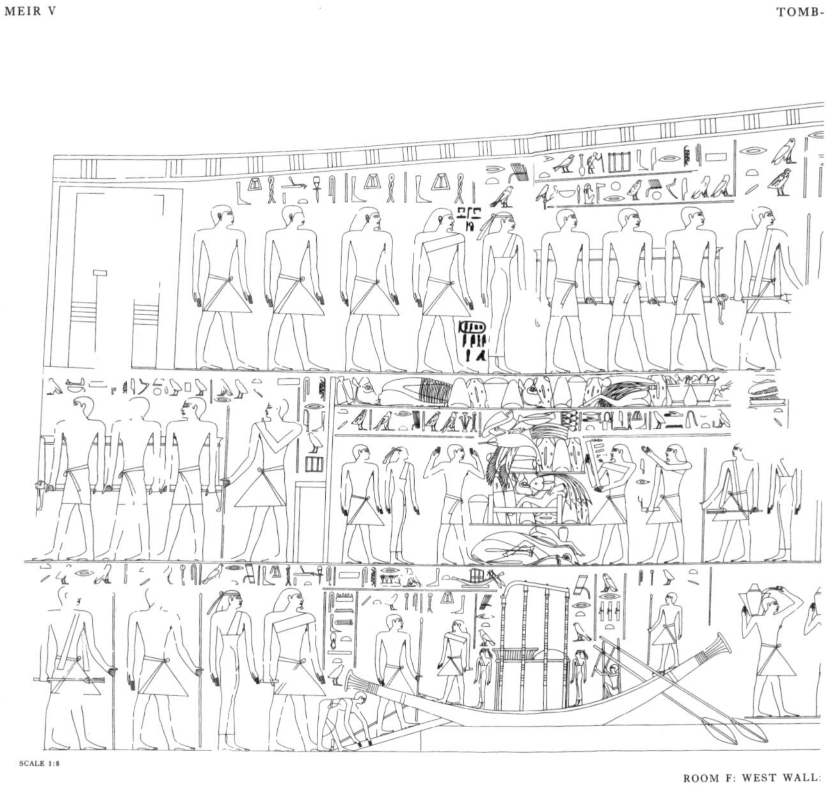

Abbildung 5. Darstellung des Begräbnisrituals in Raum F der Grabkapelle von Pepianch mit dem schönen Namen Heny der Schwarze in Meir. Westwand.

Der Landeplatz am Ostufer ist durch die einzeln wartenden Personen charakterisiert. In der folgenden Szene hat das Boot gedreht. Sein Bug und alle Personen sind nun nach Westen ausgerichtet. Es wird von vier Männern gezogen. Verglichen mit den Uferszenen, wie sie auf der Ostwand dargestellt sind, ist die Anzahl der Wartenden auf dem Ostufer und der Männer, die das Boot auf dem Westufer ziehen, halbiert. Diese Zahlenverhältnisse könnten meines Erachtens den symbolischen Westen als Hälfte einer aus zwei Bereichen bestehenden Gesamtheit ausdrücken. Auch die Rufe der Sargträger ertönen jetzt nur noch einmal. Die Wendung des Schiffes bewirkt bei der Überfahrt eine Umkehrung von vorne und hinten, denn der zuvor nach Osten weisende Bug ist jetzt nach Westen ausgerichtet. Träger bringen einen Opfertisch und für die Reinigungsriten

CHAPEL A, NO. 2 PLATE XLIII

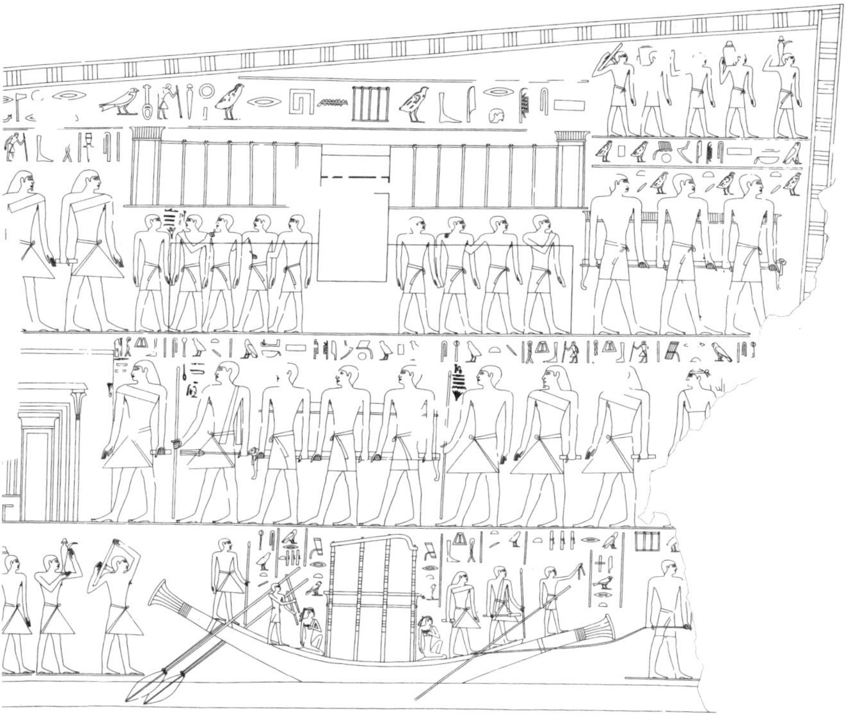

INK DRAWINGS

benötigte Gefäße. Ihrer Position zwischen den beiden Schiffen nach zu schließen, tragen sie die Dinge von Osten nach Westen und verbinden beide Bereiche miteinander, indem sie mit ihrem Zug den Abstand zwischen den mit dem Bug nach Osten beziehungsweise nach Westen zeigenden Schiffen ausfüllen.

Ein Vorlesepriester und ein Balsamierer gehen dem Zug mit dem leeren Sarg zur Balsamierungshalle voran. Drei Männer tragen den leeren Sarg. Zwei Vorsteher der Balsamierer und zwei Älteste der Vorlesepriester sowie ein Klageweib folgen ihm. Wie das Bringen des Toten, so ist auch die Prozession, die ihn abholen soll, überschrieben: „Siehe, dies ist die Begleitung eines Ehrwürdigen!" Die Mumie wird an der Balsamierungsstätte abgeholt, nachdem dort die Opfer unter den Rezitationen eines Vorlesepriesters vollzogen worden sind. Weitere Personen, die aus einem Haus treten, gesellen sich zu dem Zug, der jetzt zum Reinigungszelt unterwegs ist. Dieser wird – von den Sargträgern abgesehen – nun von insgesamt neun Personen begleitet. Diese neun Begleiter sind ein, kleiner als die übrigen dargestellter, Mann, durch Graffito als der Schreiber Sesch bezeichnet, ein Freund und Vorlesepriester, ein Vorlesepriester und ein Balsamierer vor dem Sarg. Hinter diesem gehen: eine Klagefrau, zwei Vorlesepriester, sowie der ‚einzige Freund (*smr wꜥtj*) und Vorlesepriester' und ein nicht näher bezeichneter Mann. Die Neunzahl stimmt mit den neun Gefährten überein, die laut den Bestattungstexten den Sarg tragen.[101]

Am Reinigungszelt schauen vier Personen dem Zug entgegen, beziehungsweise blicken ihm beim Verlassen des Reinigungszeltes nach. Die erste Person der Prozession füllt die Lücke zwischen den vor oder in dem Reinigungszelt Wartenden und dem ankommenden Zug. Sie ist in der Größe der Personengruppe vor dem Zelt angepasst, sodass die Männer sich in Augenhöhe gegenüberstehen und an den Händen berühren. Die bisher nicht näher definierten Sargträger werden auf der letzten Etappe zum Grab als „Balsamierer" bezeichnet. Träger, die bereits am Ufer Ost und West überbrückten, bringen Opfertisch und Gefäße für ein Reinigungsritual (*sꜣṯ mw*) zum Grab. Mit ihnen geht ein Mann in der Rezitationsgeste. Damit schließt die Szenenfolge. Die eigentliche Beisetzung der Sargkiste wird nicht, und nach Klebs' Feststellung auch sonst im Mittleren Reich nirgends, gezeigt.[102]

Die Teilnehmer an Festzügen ritualisieren einen Ort, indem sie ihn mittels Körperbewegungen, wie knien, stehen, gehen, eintreten, den Kopf wenden, aufblicken oder einen Gegenstand tragen, niedersetzen, aufheben oder überreichen, aktiv schaffen. Durch Aufbruch, Ankunft und den Weg, den der Zug nimmt, wird der Raum festgelegt und aus seiner Umgebung ausgegrenzt, in einer bestimmten Richtung durchmessen, oder auch mit anderen Räumen verbunden. Durch die mittels stehen bleiben oder in der Bewegung verharren erzeugten Unterbrechungen und die Passage von Stationen (Kapellen, Ab- und Anlegestellen, Reinigungszelt, Balsamierungshalle) wird er gegliedert. Der Raum erhält auf diese Weise das, was Grimes „perspectival boundaries" nennt.[103] Unter diesen versteht er Perspektiven, die vom Standort des Betrachters abhängig sind, wie beispielsweise davor - dahinter, innerhalb - außerhalb, verborgen - sichtbar.

---

[101] Belegt im Mittleren Reich bei Antefoker. Vergl. Davies, *The Tomb of Antefoker, Vizier of Sesostris I and of his Wife Senet. Theben 60*, Taf. 12.

[102] Klebs, *Die Reliefs und Malereien des Mittleren Reiches*, S. 67.

[103] Grimes, *Beginnings in Ritual Studies*, S. 72.

Durch die oben genannten Bewegungen wird der Raum in seiner Horizontalen, Vertikalen und Diagonalen strukturiert. Die so erreichten strukturellen Schemata des Raumes wirken ihrerseits als symbolische Betrachtungsweisen auf die Teilnehmer der Prozession. Die Horizontale wird durch die Überfahrt geschaffen. Diese erfolgt vom Ost- auf das Westufer. Das Gelände zwischen Nilufer und Nekropole wird in Ost-West-Richtung durchwandert. Das Schiff, das sich auf dem Nil dreht, verdeutlicht den Fluss als einen Bereich, bei dessen Passage Richtungen in ihr Gegenteil verkehrt werden. Durch den Aufstieg von der am Nilufer gelegenen Balsamierungsstätte[104] zum höher gelegenen Felsengrab erhält sie die diagonale Richtung nach oben und durch das Hinabsenken des Sarges in den Grabschacht zusätzlich die vertikale nach unten.[105] Durch diese Ausrichtung des Prozessionsweges bekommt die beim Begräbnisritual durchfahrene und durchwanderte Gegend ihre symbolischen Richtungen und die sich daraus ergebenden ontologischen Räume Osten, das ist der Daseinsbereich der Lebenden, und Westen, das ist der Daseinsbereich der Toten.

Die Funktion des Bestattungsrituals für die Teilnehmer

Aus der Darstellung bei Pepi-anch lässt sich als beabsichtigte Wirkung auf die Teilnehmer des Bestattungsrituals und die Funktion, die der Sarg in diesem Zusammenhang als ritueller Gegenstand ausübt, folgendes ermitteln:

Abschnitte

Prozession und Bildtexte stellen den Ortswechsel eines Verstorbenen vom Totenhaus zum Grab als Abschnitt eines Weges dar. Da weder der Aufbruch aus dem Trauerhaus noch die Ankunft in der Nekropole dargestellt sind, werden rituell weder das Ende des Lebens in Ägypten noch der Anfang des Daseins in der Nekropole wiedergegeben. Demzufolge beschreibt das Bestattungsritual nur eine Wegstrecke, die im Rahmen einer längeren Reise zurückgelegt wird.

Verbindungen

Der durch seine Ost-West- und Aufwärtsorientierung erzeugte rituelle Raum wird durch die Prozession als zusammenhängender Bereich gekenn-

---

104 Germer, *Das Geheimnis der Mumien*, S. 92f.

105 Bei Mastabas ist m. E. die hinaufführende Perspektive durch Rampen gewährleistet, die auf das Dach der Mastaba hinaufführten, um dort rituelle Handlungen zu vollziehen, beschrieben bei Alexanian, Ritualrelikte an Mastabagräbern des Alten Reiches. In: *Stationen. Beiträge zur Kulturgeschichte Ägyptens Rainer Stadelmann gewidmet*, S. 3–22.

zeichnet. Dieses geschieht einmal durch die Handlungen, die den Zusammenhalt von Reiseetappen, die aufeinander folgen, betonen. Die bildliche Darstellung wird dabei durch Beischriften noch verstärkt oder die Nahtstellen werden durch Zurufe akustisch verbunden.[106] Zum Beispiel: das Tau am Schiff wird fest ergriffen. Der Landesteg auf dem Ostufer wird zuverlässig gehalten.[107] Zweitens werden durch die Blickrichtung Bereiche optisch miteinander verbunden: die Leute am Reinigungszelt und die Teilnehmer am Zug blicken sich an. Drittens geschieht eine körperliche Verbindung wie es auf der vorletzten Szene der Westwand der Fall ist, wo sich Ankommende und Wartende, die nur bei dieser Gelegenheit in derselben Größe abgebildet sind, mit den Händen berühren. Schließlich wird eine Verbindung durch die vier Träger hergestellt, die ihr Opfergerät zuerst zwischen den Abbildungen des Schiffes, das an der Anlegestelle mit dem Bug nach Osten und bei der Überfahrt mit dem Bug nach Westen zeigt, nach Westen tragen und später mit ihrer Last vom Reinigungszelt zum Grab gehen. Auch der Schreiber, Schesch-schen, bringt sich durch seine Graffiti auf der Westwand genau an den Nahtstellen mit ins Bild (siehe Abb. 5): Im II. Register auf dem Weg zur Balsamierungshalle setzt er seinen Namen mit der Berufsbezeichnung ‚Schreiber' als Verbindungsglied zwischen den leeren Sarg und dem diesem folgenden Balsamierer, am Eingang zur Balsamierungshalle fügt er seinen Namen zwischen der Tür und den folgenden Ankömmlingen ein und als drittes setzt er sein Graffito vor den ausgerollten Papyrus bei der Rezitation des Opferrituals in der Balsamierungshalle. Im III. Register setzt er seinen Namen mit der Berufsbezeichnung ‚Schreiber' zwischen die sich begegnenden Männer vor dem Reinigungszelt.

Passagen

Das Begräbnisritual vermittelt die Reise als einen ununterbrochenen Weg, durch den die Reisenden verändert werden. Die Stationen auf dem Prozessionsweg – das sind, das aus Anlass des Begräbnisses errichtete Reinigungszelt und die Balsamierungsstätte – sind als solche nur zeitweise und vorübergehend existierende Stätten. Als Konstruktionen mit zwei Türen, eine, durch die man hineingeht, und eine aus der man verändert wieder heraustritt (unrein-rein, nicht balsamiert-balsamiert, vor und nach einer Opferhandlung), sind diese als Durchgangsorte gekennzeichnet. Die in den

---

[106] Zur Funktion der Zurufe siehe Junker, *Zu einigen Reden und Rufen auf Grabbildern des Alten Reiches*, S. 31. Beispiele für ihre Verwendung gibt Grapow, *Wie die Alten Ägypter sich anredeten, wie sie sich grüßten und wie sie miteinander sprachen*, S. 33–37.

[107] Die Deutung, dass es sich hierbei um eine zuverlässige Übergangstelle handelt, wird auch durch das ägyptische Lexem *iry ṯbwt* „Hüter der Laufplanke“ gestützt (Hannig, *Hwb,* S. 87).

Passagen im Verborgenen am Toten vollzogenen rituellen Handlungen werden durch Ritualspezialisten verkörpert. Dieses zeigt sich an den Trägern, die den Sarg zum Grab tragen. Die an dem Verstorbenen vollzogene rituelle Behandlung wird durch die Träger des Sarges, der den Balsamierten enthält, dargestellt, wenn diese am Ende der Prozession als „Balsamierer" bezeichnet werden.

Reziprozität

Der Sarg als ritueller Gegenstand verkörpert die oben aufgeführten Eigenschaften der von dem Verstorbenen zurückgelegten Reisestrecke und vermittelt den Charakter der Reise an die Lebenden. Der Sarg wird auf allen Abschnitten der Prozession auf einem Schiff oder auf einer Löwenbahre mitgeführt. Als ritueller Gegenstand verkörpert der Sarg, indem er aufgehoben, getragen und immer mitgeführt wird, ein ununterbrochenes Vorwärtskommen. Er verbindet auf diese Weise verschiedene angrenzende Bereiche. Der Sarg wird auf allen Wegstrecken, ungeachtet der Tatsache, ob die Verstorbene darin befördert wird, der leere Sarg getragen wird oder die Mumie darin liegt, von dem Ruf begleitet: „Sieh, dies ist die Begleitung eines Ehrwürdigen! Ein schönes hohes Alter!" Dadurch erzeugt der Sarg bei den Teilnehmern des Bestattungsrituals die Auffassung von der Toten als eine Lebende, die ständig in Begleitung und ohne Unterbrechungen unterwegs ist. Im ganzen Ritual befindet sich der Sarg immer bei den Lebenden, da diese ihn mit nach Hause nehmen (während der Körper der Toten zur Mumifizierung auf dem Westufer verweilt) und ihn erst zum Begräbnis wieder mitbringen. Seine Funktion für die Lebenden ist demzufolge den Weg der Sarginhaberin vom Ostufer zur Nekropole als eine Reise darzustellen, die abwechselnd durch die perspektivischen Bereiche Westen und Osten führt.

Der fertig gestellte Holzsarg ist durch seine Größe und Kastenform zur Aufnahme einer erwachsenen Person, durch sein Gewicht und die Löwenbahre, mit der er aufgehoben und getragen wird, und vermutlich auch durch die Inschriften für seine Funktionen im Bestattungsritual ausgerüstet. Letzteres gilt es zu prüfen. Lapp hat bei seiner Untersuchung der Opferformel des Alten Reiches bereits festgestellt, dass Bitten, die Ereignisse in der Nekropole betreffen, eindeutig auf ein diesseitiges Geschehen Bezug nehmen.[108] Bei der Untersuchung der Außendekoration geht es deshalb um die Frage: Welche rituellen Funktionen des Sarges bei der Bestattung sind in den Texten greifbar? Sie soll im Folgenden anhand der Schriftbänder, die

[108] Lapp, *Die Opferformel des Alten Reiches*, S. 86.

auf die sichtbaren Außenseiten des Kastensarges M3C aus Meir gemalt sind, beantwortet werden.

Die rituellen Funktionen der Außendekoration des Sarges

Die Außenseiten und der Deckel des Frauensarges sind mit horizontalen und vertikalen Schriftbändern versehen (siehe Textbeilage II). Auf der östlichen Längswand (siehe Taf. 4) ist in Kopfhöhe ein Augenpaar gemalt. Laut Bell ist Ritualisierung die Art und Weise eine Handlung so auszuführen, dass sie sich von nicht-rituellen Tätigkeiten unterscheidet.[109] Gestaltung, Beschriftung und Dekoration bilden demzufolge ein Mittel zur Unterscheidung des Sarges als ein in einem religiösen Ritual verwendeten Objekt von einem profanen Gebrauchsgegenstand. In diesem Zusammenhang scheint es nicht länger angebracht von einer „Sargdekoration" zu sprechen, da der Ausdruck den Sinn auf die ästhetische Qualität anstatt die rituelle Funktion eines Gegenstandes lenkt.

Die Ausführung der Schriftbänder auf dem Sarg der Senebi kennzeichnet die Texte als rituelle Aussagen: Die dunkelblauen Hieroglyphen sind sorgfältig auf einen goldgelben Untergrund geschrieben (siehe Taf. 4–8). Als rituelle Farbe entspricht der gelbe Untergrund der Schrift dem Goldgelb der Götter.[110] Das Blau ist ebenfalls die Farbe der Götter, deren Körper nach ägyptischer Auffassung aus Gold und Lapislazuli bestehen.[111] Das Weiß der Umrandung ist die Farbe der Reinheit, aber auch die des Osiris in seiner weißen Umhüllung.[112] Die Größe der Zeichen der schätzungsweise zehn Zentimeter breiten Schriftbänder, die waagerecht und senkrecht auf allen vier Außenseiten und in Längsrichtung auf dem Deckel des Sarges angebracht sind, unterstreicht ebenfalls ihre Bedeutung als Reden über Götter, bei denen die Verstorbene ihr Dasein fortsetzt. Das Augenpaar, das vor dem Gesicht der Toten auf dem Sarg angebracht ist, dient der im Sarg liegenden Person zur Kommunikation mit der besonnten Welt. Aus diesem Grund soll auf seine Funktion im dritten Kapitel eingegangen werden. Bei dem zusammengesetzten Sarg ist die Liminalität der Fugen aufgehoben. Die Reihenfolge der Texte ergibt sich jedoch weiterhin durch die Identifi-

---

[109] „… the significance of ritual behaviour lies not in being an entirely separate way of acting, but in how such activities constitute themselves as different and in contrast to other activities." Bell, *Ritual Theory, Ritual Practice*, S. 90.

[110] Frauen- und Männersärge weisen dieselbe Farbgebung der Schriftbänder auf.

[111] Zu den Farben Gold und Blau siehe ebenso Goebs, Untersuchungen zu Funktion und Symbolgehalt des *nms*, *ZÄS* 122, S. 166ff. Aus dem Mittleren Reich sind die Götterfarben belegt in der Erzählung vom Schiffbrüchigen (pSt.Petersburg 1115), aus griech.-röm. Epoche das Gold der Haut im Balsamierungsritual (pBoulaq 3: 8,15–8,16).

[112] Hermann, Farbe I Ägypten, *RAC* 7, S. 363.

kation der Sargseiten mit den Göttinnen Nephthys und Isis (siehe S. 78). Die Leserichtung ist nun entgegen dem Uhrzeigersinn. Es wird davon ausgegangen, dass sie für Außen- und Innenseiten gleich ist, da beide am zusammengesetzten Sarg gelesen werden. In der horizontalen Formel der Ostwand (siehe Taf. 4) wird der Ka der Toten mit Opfern versorgt:

> Ein Opfer, das der König und Osiris, Herr von Busiris, Vornehmster der Westlichen, Großer Gott, Herr von Abydos, geben: ein Anrufungsopfer bestehend aus Brot, Bier, Rindern, Geflügel und allen guten und reinen Dingen für den Ka dieser ehrwürdigen Senebi, der Gerechtfertigten.
> *ḥtp dj nswt Wsỉr nb ḏdw ḫnty ỉmntjw nṯr ꜥꜣ nb ꜣbḏw*
> *prt-ḫrw t ḥnkt kꜣw ꜣpdw ḫt nbt nfrt wꜥbt n kꜣ n ỉmꜣḫt Śnbj pn mꜣꜥ-ḫrw*

Der Gott Osiris wird durch seine Epitheta mit seinen Hauptkultorten in Unter- und Oberägypten und mit dem Westen, verbunden. Der ägyptische Landesherr und Osiris geben gemeinsam dem Ka der Toten auf dem Wege zu ihrem neuen Dasein ein Anrufungsopfer.

Mit dem Ka wird noch vor dem Namen der erste Personenaspekt genannt.[113] Der Ka bezeichnet, nach Kaplony, die Kraft, die vom Vater auf den Sohn übertragen wird, und die Kontinuität eines Menschen oder eines Gottes gewährleistet.[114] Personennamen, wie beispielsweise „Mein Ka wiederholt sich", „Mein Ka ist mein Vater" oder „Meinen Ka habe ich wieder gefunden" betonen die Kontinuität, die durch den Ka dem Leben selbst gewährt wird.[115] Schweitzers Untersuchungen zur wechselseitigen Beziehung zwischen Mensch und Ka zeigen, dass der Ka im Menschen selbst als Inkarnation des Lebens dauert und sich in den Nachkommen erneuert, um durch die Generationen hindurch unablässig weiter zu wirken.[116]

Die Lebenskraft Ka ist bereits mit dem Gott Atum, der die Schöpfung in Gang setzt, vorhanden und wird von ihm weitergegeben, indem er seine Arme um die aus ihm hervorgekommenen Kinder Schu und Tefnut legt. Dadurch werden die Geschöpfe lebens- und zeugungsfähig und teilen das Wesen des Urgottes. Als Eigenschaft des Schöpfergottes wirkt der Ka im Unsichtbaren. Diese Unsichtbarkeit ist durch den Körper als Hülle für den Ka gegeben. Hierzu vermutet Schweitzer ganz richtig: „dass für die Ägypter leibliche Form und Ka-Kraft – Gefäß und Inhalt – eine Einheit bildeten,

---

[113] Zur Forschungsgeschichte des Begriffes Ka siehe Schweitzer, *Das Wesen des Ka*, S. 13–16 und Bolshakov, *Man and his Double in Egyptian Ideology of the Old Kingdome*, S. 123–132.

[114] Kaplony, Ka, *LÄ* III, Sp. 275f.

[115] Ranke, *Die ägyptischen Personennamen* II, S. 215.

[116] Siehe Schweitzer, *Das Wesen des Ka*, S. 38.

deren Bestandteile nicht unabhängig von einander entstehen und existieren konnten".[117] Die Verborgenheit des Ka hat auch Bonnet im Auge, wenn er zu dem Ausdruck „Zu seinem Ka gehen" bemerkt: „Denn der Tod führt den Menschen aus der Sichtbarkeit in die unsinnliche Welt, in der der Ka beheimatet ist".[118] Die Bedeutung des Ka als die übertragbare Lebenskraft schlechthin hat Schweitzer zusammengefasst: „Im Menschen vertrat der Ka dasselbe Lebensprinzip, das auch den Göttern und dem König innewohnte. In ihm waren alle Wesen gleich, belebt von den Kräften, die ihren Ausgang vom Urgott nahmen. Wie aber diese die Voraussetzung für das irdische Dasein bildete, wurden sie auch für das Jenseits als Notwendigkeit erachtet."[119]

Bolshakov unterscheidet zwischen einer ursprünglichen Konzeption eines ‚internal non-figurative Ka' „who constituted the very basis of the man's existence, regulated his mental and physiological processes, enabled both psychic and corporeal activities"[120] und einer später aufgekommenen Konzeption eines ‚external figurative Ka', „[as a subject of eternal life who] acted as quite an autonomous creature dependent not on its ‚original' but on statues and mural pictures [representations that fix the Ka forever]".[121] Als Verkörperung des ersteren schlägt Bolshakov mit Blackman die Placenta vor. Zu dieser Hypothese passen die Funde von Bruyère bei Deir el-Medine. Außer den dort in Tongefässen beerdigten Früh- und Totgeburten enthielten einige Krüge auch die Plazenta und ein Steinmesser wie es vermutlich zum Durchtrennen der Nabelschnur verwendet wurde.[122] Bolshakovs Festlegung des Ka auf den physiologischen Körper beziehungsweise dessen ikonographischen Stellvertreter ist dazu geeignet, die Kontinuität des Ka aufzuspalten und unterschiedliche Formen des Ka für das irdische Leben und die Existenz nach dem Tode anzunehmen.

Will man mit Bolshakov an zwei unterschiedlichen Konzeptionen des Ka festhalten, dann finden sich beide im Kontext des Bestattungsrituals. Junges Untersuchung zum Ka als Begriff der Personalität in der Lehre des Ptahhotep[123] weist nämlich auf die Herausbildung des Ka während des irdischen Daseins einer Person hin. Was derselbe Autor als Eigenschaften des

---

[117] Schweitzer, *Das Wesen des Ka*, S. 63

[118] *RÄRG*, S. 362.

[119] Schweitzer, *Das Wesen des Ka*, S. 90.

[120] Bolshakov, *Man and his Double in Egyptian Ideology of the Old Kingdom*, S. 292.

[121] Bolshakov, *Man and his Double in Egyptian Ideology of the Old Kingdom*, S. 292.

[122] Bruyère, *Rapport sur les fouilles de Deir el Médineh (1934–1935)* II, S. 11ff. Quellenangabe nach Germer, *Das Geheimnis der Mumien*, Anm. 48.

[123] Junge, *Die Lehre Ptahhoteps und die Tugenden der ägyptischen Welt*, S. 122–131.

Ka herauskristallisiert, gibt Aufschluss über die Funktion des Ka im Kontext des Bestattungsrituals, dessen Zweck, wie oben festgestellt wurde, darin besteht, Osten und Westen als *zusammenhängende* Daseinsbereiche zu vermitteln. Laut Junge ist der Ka etwas, „das man an anderen erkennen und einschätzen kann, dass ihm [dem Ka] zwar Charaktereigenschaften wie Selbstsucht zugeschrieben werden können, er seine Erfüllung jedoch nur in sozialer Anerkennung findet".[124] Die entsprechende Sequenz in der 22. Maxime lautet:

> Wer sich dem entzieht, seine Vertrauten zu versehen, von dem sagt man, dass er ein selbstsüchtiger Ka sei (*k3 pw ʿ3b*); man kann von dem nichts wissen, *was geworden ist* (*ḫprw.t*), wenn er nur das Morgen zur Kenntnis nimmt (*si3*). Ein wahrer Ka ist der Ka von der Art desjenigen, mit dem man zufrieden ist.[125]

Stellt man Assmanns Beobachtung in Rechnung, dass der Ägypter den Begriff des verantwortlichen Handelns mit dem Blick auf die Vergangenheit entwickelt (als Beantwortung vorangegangenen Handelns),[126] dann umreißt der Begriff Ka im Kontext des Bestattungsrituals das Ergebnis einer richtigen, sozial anerkannten Lebensführung. Diese Auffassung vom Ka deckt sich mit Bolshakovs Ergebnissen hinsichtlich der Repräsentation des Ka in Bildern und Statuen in den Besuchern zugänglichen Räumen der Grabanlage: „The Ka is an image evoked by human memory".[127]

Wenn zum ersten Mal vom Ka der Verstorbenen gesprochen wird, dann geschieht das zu einem Zeitpunkt, den man auch die Schnittstelle zwischen den zeitlichen Bereichen Ost und West nennen kann: Die Tote ist, wenn sie zu Grabe getragen wird, ein Ka, der die Summe ihres auf Erden geführten Lebens verkörpert. Indem sie jedoch gleichzeitig ein Ka ist, der von König und Osiris ein Anrufungsopfer empfängt, wird ihre moralisch verdienstvolle Lebensführung belohnt und in Zukunft in der Form des Totenkultes, der vor der Ka-Statue vollzogen werden wird, weiterhin lohnend erwidert. Der Ka ist somit sowohl die ohne Unterschiede vergebene generelle Lebenskraft als auch die individuell verdiente Erhaltung dieser Lebenskraft.[128]

---

[124] Junge, *Die Lehre Ptahhoteps und die Tugenden der ägyptischen Welt*, S. 122.

[125] 22. Maxime (341–344), pPrisse 11, 1–3. Übers. Junge, meine Kursivschreibung.

[126] Assmann, *Ägypten: Eine Sinngeschichte*, S. 128.

[127] Vergl. Bolshakov, *Man and his Double in Egyptian Ideology of the Old Kingdom*, S. 151.

[128] Dass die Erhaltung der Lebenskraft an die richtige Lebensführung gekoppelt ist, wird ebenfalls durch die Verbindung des Ka mit dem Stadtgott bestätigt. Siehe hierzu Meyer-Dietrich, The City God – an Expression for Localization. In: *Hellenisation, Empire and Globalisation: Lessons from Antiquity*, S. 140–161.

Senebi wird außerdem mit ihrem Namen angeredet. Die namentliche Anrede bezeugt die Erhaltung und das Fortbestehen der Toten. Der Name ist eine Eigenschaft des Geschaffenen, denn, wie Hornung es formuliert „das Namenlose *ist* nicht“.[129] Die Verstorbene wird von den Lebenden als „ehrwürdig“ und „gerechtfertigt“ bezeichnet.[130] Rechtfertigung bewirkt in der ägyptischen Kultur die Legitimierung zur Nachfolge.[131] Der Prototyp des rechtmäßigen Nachfolgers ist Osiris’ Sohn Horus, den dieser zeugte, nachdem er getötet und seine Glieder eingesammelt worden waren. Diesem kulturell vorgegebenen Modell entsprechend werden der *Person* im Sarg durch die Adjektive „ehrwürdig“ und „gerechtfertigt“ Eigenschaften zuerkannt, die ihr Dasein fortsetzen.

In den auf den Seiten senkrecht angebrachten Schriftbändern stehen Nutsprüche. Die vertikale Anordnung der Aussagen, die die Körperposition der Göttin Nut bestätigen, ihre Tätigkeit begründen oder ihr in den Mund gelegt sind, lässt an die vier Himmelsstützen des ägyptischen Weltbildes denken.[132] Die Gestaltung könnte gewählt sein um die Texte auch formal mit dem Himmel zu verbinden. Im Nutspruch der Ostwand (siehe Taf. 4) wird Senebi der Aufenthalt bei der Himmelsgöttin zugesprochen:

> Deine Mutter Nut hat sich über dich gebreitet,
> damit sie gebe, dass du als Gott bestehst,
> ohne dass du Feinde hast, Ehrwürdige.
> *pšš.n.s mwt.ṯ Nwt ḥr.ṯ*
> *dj.s wn.ṯ m nṯr nn ḫftyw.ṯ im3ḫyt*

Als Personifikation des Nachthimmels, die, wie es in anderen Texten[133] heißt, die Sterne schluckt und sie morgens wieder gebiert, beugt sich Nut von Osten nach Westen. Durch die Bezeichnung „Mutter“ wird eine Familienrelation zwischen der Verstorbenen und Nut hergestellt. Weil es eine Göttin ist, die sich über die Tote beugt, die selbst als Gott bestehen wird, sind in diesem Text die Ereignisse auf die Götterebene verlegt. Die Tat der Göttin wird mit der Schutzfunktion des mütterlichen Nachthimmels, der

---

[129] Hornung, *Der Eine und die Vielen*, S. 170.

[130] Zur Verteilung und Verwendung dieser von Doxey „core-epithets“ genannten Beinamen siehe Doxey, *Egyptian Non-royal Epithets in the Middle Kingdom*, S. 90–102.

[131] Zu Leben und Tod als Recht und Unrecht siehe Assmann, *Tod und Jenseits im Alten Ägypten*, S. 89ff.

[132] Dieses trifft auch zu, wenn die senkrechten Zeilen mit einer Stütze auf jeder Schmalseite und jeweils drei auf den Längsseiten des Sarges insgesamt acht Himmelsstützen ergeben und es im ägyptischen Weltbild nur vier Himmelsstützen sind. Auf die Zahl Acht käme man wenn man jeweils vier Himmelsstützen für den unteren und vier Stützen für den oberen Himmel rechnet.

[133] Belege bei Bonnet, *RÄRG*, S. 537.

Gefahren abschirmt, begründet. In der horizontalen Formel der Nordwand (siehe Taf. 5) bekommt sie als „Ehrwürdige" ein Opfer:

> Ein Anrufungsopfer, bestehend aus Brot, Bier, Rindern und Geflügel für die Ehrwürdige.
> *prt-ḫrw t ḥnkt k3w 3pdw n im3ḫyt*

In dem Nutspruch der Nordwand gibt die Göttin Senebi ihre Schwester Nephthys als Beistand:

> Worte gesprochen von Nut: Ich habe dir Nephthys
> an deinen Kopf gebracht.
> *ḏd mdw in Nwt inj.n.(i) n.ṯ Nbt-ḥwt ḫr tp.ṯ*

Im Osirismythos handelt Nephthys gemeinsam mit ihrer Schwester Isis. Ihre Aufgabe ist die Totenklage und das Auffinden und Einsammeln der Glieder des Ermordeten. In den Texten handelt eine Göttin. Der Inhalt der horizontalen Formel der Westwand (siehe Taf. 6) ist nach Westen und den Ereignissen, die dort stattfinden, orientiert:

> Ein Opfer, das der König und Anubis, der auf seinem Berg ist, der in seinen Binden ist, Herr des heiligen Landes, geben: ein schönes Begräbnis in der Nekropole für die Ehrwürdige bei dem Großen Gott, Herrn des Himmels, die gerechtfertigte Senebi.
> *ḥtp dj nswt Inpw tpj ḏw.f imj wt nb t3 ḏsr*
> *ḳrst nfrt m smyt imntt n im3ḫyt ḫr nṯr ꜥ3 nb pt Śnbj m3ꜥt- ḫrw*

Das Begräbnis in der auf dem Westufer liegenden Nekropole wird durch das Opfer vom König und dem Totengott Anubis gewährleistet. Dadurch wird die Bestattung als Kontext der Aussage bestätigt. Die Sargbesitzerin wird auch in diesem Bereich mit ihrem Namen angesprochen. Ihr Status als Ehrwürdige, den sie auf der Ost- und der Nordseite bereits bekommen hat, wird wiederholt und mit den Aufenthaltsorten einer Toten, nämlich der Nekropole und dem Himmel, in Verbindung gebracht.

Die für Anubis benutzten Beinamen spielen auf sein Gebiet und auf seine Gestalt als Schakal an. „Der auf seinem Berg ist" bezeichnet Anubis als Herrn der Wüste.[134] „Der in seinen Binden ist" (*imy wt*) oder, nach Köhler, „der den Umhüller darstellt"[135] bezeichnet Anubis als verschlingenden Gott. Diese Tätigkeit des Totengottes hat in dem Sinnbild des Imiut eine positive Deutung gefunden. Als Schakal, dem Kopf und Läufe abge-

---

[134] Altenmüller, *Synkretismus in den Sargtexten*, S. 328.

[135] Köhler, *Das Imiut*, S. 450.

trennt sind, symbolisiert das Imiut, nach Köhler, den ungefährlich gemachten Caniden. In den frühesten Vorstellungen bezeichnet der Balg das Tier als Behälter der verspeisten Knochen, später die Mumienbinden, die als Umhüllung die Gebeine vollständig erhalten, vereinen und in einem Gehäuse zur Regeneration bereithalten.[136] Anubis' Funktion ist die rituelle Vorbereitung der Leiche, welche in der als „Gotteshalle" bezeichneten Reinigungs- und Balsamierungsstätte stattfindet. Dort wacht er zusammen mit anderen Schutzgöttern nachts über die Tote und leitet die Stundenwachen.[137] Bei ihm ist die Verstorbene, die ja selbst in Mumienbinden gewickelt im Sarg liegt, in guten Händen. An das Epitheton „Herr des heiligen Landes" wird die Bitte um ein schönes Begräbnis unmittelbar angeschlossen. Die Verstorbene wird im Bereich der Nekropole und des Himmels, wo sie bei dem „Großen Gott, Herrn des Himmels" ist, von Anubis betreut. Hierbei fällt Anubis die Umhüllung, der Schutz des Körpers, seine Erhaltung und Reinheit zu. In der vertikalen Inschrift der Westwand erhofft ein anonymer Sprecher für Senebi das Herausgehen aus der Nekropole unter der Führung des Gottes Thot:

> Mögest du herausgehen zum Himmel unter den Göttern.
> Möge deine Hand von Thot ergriffen werden, ehrwürdige Senebi.
> *prjj.ṯ r pt mm nṯrw*
> *sšp.tw ꜥwy.ṯ in Ḏḥwty imꜣḫyt Śnbj*

Die Ebene der Götter wird beibehalten. Thot ist ein Gott, der Übergänge zwischen unterschiedlichen ontologischen Bereichen bewältigt. Besonders seine Verbindung zum Mond als Auge, das von ihm aufgefüllt und gerettet wird, und zum Sonnenauge, das er aus der Ferne nach Ägypten zurück bringt, sind für rituelle Übergänge unentbehrliche Funktionen dieses Gottes. Krauss untersucht die Laufbahn des „Thot-Mond" als Fährmann, der den Toten auf die östliche Seite des Nachthimmels bringt.[138] In der horizontalen Formel der Südwand (siehe Taf. 7) wird die Tote zu dem „Großen Gott" in Beziehung gesetzt:

> Die Ehrwürdige bei dem Großen Gott.
> *imꜣḫyt ḫr nṯr ꜥꜣ*

Mit dem „Großen Gott" ist hier wohl Osiris gemeint, der dasselbe Epitheton im Spruch auf der Ostwand erhalten hat. Durch die Aussage ist die

---

[136] Köhler, *Das Imiut*, S. 357.

[137] *RÄRG*, S. 41ff.

[138] Krauss stützt sich hierbei auf pyr. 594a (Krauss, *Astronomische Konzepte und Jenseitsvorstellungen in den Pyramidentexten*, S. 31.)

Person Osiris anheim gegeben. Der Status einer „Ehrwürdigen“ betont, dass die Tote zu dieser Stellung bei Osiris berechtigt ist. Diese Wirkung des Beinamens, den sie bereits auf der Ost- und Nordseite erhalten hat, wird durch seine Wiederholung auf der Südseite auf einen weiteren Bereich ausgedehnt. In dem Nutspruch der Südwand spricht die Himmelsgöttin selbst:

> Worte gesprochen von Nut: Ich habe dir Isis an deine Füße gebracht.
> *ḏd mdw ỉn Nwt ỉnj.n.(ỉ) n.ṯ ꜣst ḫr rdwy.ṯ*

Da alle Menschen während des Mittleren Reiches mit dem Kopf im Norden begraben wurden, befindet sich Isis nach dieser Aussage auch wirklich an den Füssen der Verstorbenen. Nut bringt der Sarginhaberin Isis, die im Mythos als Schwestergattin des Osiris den Toten beklagt, die Glieder des Ermordeten aufsammelt, seinen Samen entgegennimmt, sein Kind Horus austrägt, es beschützt und für dieses das Recht der Nachfolge erkämpft. In den Texten handelt wiederum eine Göttin. Das bedeutet, dass alle Aussagen in den senkrechten Schriftbändern auf einer rituell erreichten Götterebene angesiedelt sind. Auf dem Deckel des Sarges M5C (siehe Taf. 8), der sich über der Verstorbenen schließt und somit ihre Anwesenheit in der Nekropole besiegelt, steht:

> Ein Opfer, das der König und Anubis, Herr von Sepa, der vor der Gotteshalle, geben, damit du auf den schönen Wegen der Nekropole gehen mögest, die Ehrwürdige bei Anubis, Senebi.
> *ḥtp dj nswt Ỉnpw nb spꜣ ḫntj sḥ-nṯr*
> *sḏꜣ.ṯ ḥr wꜣwt nfrwt nt ẖrt-nṯr ỉmꜣḫyt ḫr Ỉnpw Śnbj*

Die Verstorbene bekommt nun vom König und Anubis ihre Opfer. Sie ist jetzt bei Anubis, dem „Herrn von Sepa“, das heißt, in der Nekropole. Als „Ehrwürdige“ ist sie dort bei ihm anerkannt. Als Canide zeichnet den Schakalgott auch die Funktion des Wegeöffners aus. Senebi kann sich erst, indem ihr die Wege geöffnet und Gefahren beseitigt werden, im Bereich des Gottes Anubis fortbewegen und mehrere Stadien in ihrem Regenerationsprozess durchlaufen. Auf Grund der Inschriften auf den Außenseiten kann die Funktion des zusammengesetzten aber noch nicht verschlossenen Sarges im Bestattungsritual wie folgt ermittelt werden.

Die kulttopographische Wiedergabe

Die Ostwand des Sarges verkörpert den Aufenthaltsort der Lebenden. Demzufolge entspricht sie diesem im Bestattungsritual erzeugten perspektivischen Bereich. Entsprechendes gilt für die Westwand des Sarges. In der

Außendekoration wird kulttopographisch der Weg, den die Tote bei der Bestattung beschreibt, wiedergegeben. Dies geschieht, indem die Götter auf den entsprechenden Sargseiten durch ihre Beinamen mit den jeweiligen Orten assoziiert werden. Der Weg verläuft von Ägypten, via Wüste, Balsamierungsstätte und Nekropole zum Himmel. Das Reinigungszelt als ein Ort, der die Grenze zwischen einem profanen und einem heiligen Bereich definiert, wird dabei nicht wiedergegeben. Deshalb könnte meines Erachtens gerade der Zweck des Rituals, den Weg als fortlaufend darzustellen, einen Grund für das Weglassen des Reinigungszeltes in der kulttopographischen Wiedergabe auf dem Sarg bilden. Der Prozessionsweg wird als Strecke einer Reise dargestellt, die bis zum Himmel und aus diesem wieder heraus führt. Auf dem Sarg wird folglich kulttopographisch der Weg nach der Ankunft in der Nekropole noch fortgesetzt.

Perspektivische Bereiche

Perspektivische Bereiche werden als zusammenhängende Bereiche auf dem Sarg dargestellt. Osten und Westen werden jeweils in der Person der Götter Osiris und Anubis durch deren Zuständigkeitsbereiche miteinander verbunden. Dies geschieht, indem Osiris in derselben Aussage durch seine Hauptkultorte Busiris und Abydos mit dem Land Ägypten verknüpft, und durch das Epitheton „Vornehmster der Westlichen" mit dem Totenreich verbunden wird. Anubis wird durch seine Epitheta mit der Wüste und der Balsamierungsstätte verknüpft und, indem er in derselben Aussage als „Herr des heiligen Landes" tituliert wird, mit dem Westen verbunden. Die Göttin Nut verbindet durch ihren gebeugten Körper beide Bereiche miteinander. Darüber hinaus handeln in den Opferformeln König und Gott gemeinsam: Der ägyptische Landesherr und Osiris versorgen zusammen den Ka der Toten mit Anrufungsopfern. Pharao und Anubis treten gemeinsam als Geber eines schönen Begräbnisses auf.

Außer den horizontalen Bereichen in den waagerecht angebrachten Opferformeln geben die auf dem Sarg senkrecht angebrachten Nutformeln eine vertikale Perspektive wieder. Die Orientierung Erde-Himmel (wobei der Norden für den Himmel steht) konnte in der Darstellung des Bestattungsrituals bei Pepi-anch nicht beobachtet werden. Es gibt aber einen in diesem Zusammenhang interessanten Beleg aus den thebanischen Gräbern der 18. Dynastie, in dem die Süd-Nord-Orientierung durch das Zurechtrücken des Sarges auf dem Schlitten rituell hergestellt wird. Bei dieser Tätigkeit wird folgender Text zitiert: „Zu sprechen vom Ka-Diener: Ich bin es, der ihn nach Süden zieht. Zu sprechen vom Balsamierer: Ich bin es, der ihn nach Norden zieht." Nach Settgast ist immer diese Rollenverteilung gegeben.[139] Der Balsamierer ist stets mit dem Norden assoziiert. Das entspricht der Verbindung von Anubis mit dem Herrn des Himmels in dem Schriftband auf der Westseite.

Die vertikale Orientierung kann beim Bestattungsritual außer durch den Aufstieg zum Grab über eine Rampe oder eine Treppe auch durch das Aufheben und Tragen des Sarges rituell erzeugt werden. Dass dem so ist, erweisen das Tragen auf der Löwenbahre, die, wie Westendorf gezeigt hat, den Himmel symbolisiert,[140] und Sprüche, die das Hineintragen durch die Horussöhne oder „Neun Freunde" begleiten. Nach dem Wortlaut der abschließenden Szene, die bei Antefoker im Grab Theben 60 bereits im Mittleren Reich belegt ist, wird bei dem Tragen des Sarges durch die ‚Neun Freunde' rezitiert: „Kinder des Horus, eilt mit eurem Vater! Tragt ihn! Er soll sich nicht von euch entfernen, tragt ihn! N, Horus hat dir seine Kinder unter dich gegeben, dass sie dich tragen und du Macht über sie hast. [...] O N! Sie tragen dich wie Horus in der Henu-Barke. Sie (die Barke) erhebt dich als Gott in deinem Namen Sokar".[141] Durch diese rituelle Handlung wird der Tote, der im Sarg liegt, erhoben wie ein Gott.[142]

Reziprozität

Der Sarg vermittelt den Teilnehmern am Ritual den Charakter der Reise und der reisenden Person. Auf dem Sarg lässt sich die reziproke Wirkung der durch das Ritual erzeugten Perspektiven auf die Teilnehmer beobachten. Nach den Aussagen in den Opferformeln auf den Seitenwänden lebt die Sargbesitzerin in den Augen ihrer ägyptischen Umwelt als Individuum weiter: Dieses kommt in ihrem Namen zum Ausdruck und darin, dass die Verstorbene als eine Person angesprochen wird, die durch ihren Ka weiterhin lebt. Der ihr auf allen Sargseiten in dem Beinamen „Ehrwürdige" zuer-

---

[139] Settgast, *Untersuchungen zu altägyptischen Bestattungsdarstellungen*, S. 110.

[140] Westendorf, Die „Löwenmöbelfolge" und die Himmels-Hieroglyphe, *MDAIK* 47, S. 425–434.

[141] Theben 60, Szene 73a–h: „Tragen zur Kapelle". Übers. Otto, *Das ägyptische Mundöffnungsritual* II, S. 165. Belege aus den PT bei Roeder, *Mit den Augen sehen*, S. 155ff.

[142] Ob der Sarg dabei als Götterschiff ritualisiert wird, ist fraglich: Erstens, wenn Klebs' Behauptung zutrifft, dass die Mumie oder der Sarg nicht von den verhältnismäßig leichten Sargschiffchen nach der Nilfahrt herunter gehoben wurde (Klebs, *Die Reliefs und Malereien des Mittleren Reiches*, S. 64), dann wird die Mumie in jedem Falle auf einem Ritualschiff getragen. Dieses würde in diesem Fall die Henu-Barke darstellen. Zweitens, Funde im thebanischen Grab des Wah aus der 11. Dynastie bestätigen, dass schwere Holzsärge erst in der Grabkammer verschlossen wurden. Auf dem Boden der Kammer fanden die Ausgräber Holzstücke, die zum Aufsetzen des Deckels benützt, und nach dem Verschließen des Sarges abgesägt worden waren (Hayes, *The Scepter of Egypt* I, S. 304f). Wenn die Mumie erst im Grab in den Sarg gelegt wurde, kann der Sarg ebenfalls nicht die Henu-Barke des Sokar symbolisieren.

kannte Status berechtigt sie zur Aufnahme bei dem „Großen Gott“ und bei Anubis. Die Bezeichnung „Gerechtfertigte“ ermöglicht ihr die Nachfolge, das heißt die Horusschaft. Indem der Sarg diese Verhältnisse wiedergibt, werden sie auf die Sarginhaberin übertragen. Diese wird als eine Person aufgefasst, die sich bei dem Balsamierungsgott Anubis und bei dem „Herrn des Himmels“ aufhält. Sie ist dort nicht eingeschlossen, sondern wird (dem Spruch auf der Westwand zufolge) von dem Gott Thot geleitet zum Himmel herausgehen, das heißt, die Nekropole verlassen. Als weitere Funktion erzeugen die Nutsprüche auf dem Sarg bei den Beteiligten die Auffassung von einer Lebenden, die in Begleitung unterwegs ist, und die Wegstrecke ohne Unterbrechungen und Schwierigkeiten bewältigt: Nut breitet sich über die Tote. Diese besteht damit als Gott im ganzen Bereich des Himmels bei einer Göttin, die für ihre ungehinderte Fortbewegung sorgt, weil sie „ohne Feinde ist“, Isis an den Füßen und Nephthys am Kopfende hat.

Inhalt und Anordnung der Inschriften auf Deckel und Außenseiten bestätigen jene Funktionen des Sarges als rituellen Gegenstand, die anhand des Bestattungsrituals aufgezeigt worden sind. Darüber hinaus erweitern die Texte durch ihren Inhalt die rituell erzeugten Perspektiven: sie dehnen den Existenzbereich der Toten nach Süden und Norden und bis in den Himmel aus, machen – da sie den Himmel verlassen kann – ihr die Bewegung zwischen allen Bereichen möglich, und lassen sie immer bei den Göttern sein. Der Zweck des Begräbnisrituals ist demnach, bei den Lebenden eine Auffassung von der Verstorbenen zu erreichen, auf Grund derer diese lebt, als Gott sich ungehindert fortbewegen kann, fortlaufend in angrenzenden Bereichen unterwegs ist, und sich ständig in Begleitung befindet.

Die Götter Anubis und Osiris kümmern sich um die Erhaltung und Versorgung des einbalsamierten Körpers, der in der Erde liegt. Thot um die Bewegung von der Erde zum Himmel, womit alle drei männlichen Gottheiten für die physischen Eigenschaften des Körpers Sorge tragen. Die weiblichen Gottheiten schützen die Verstorbene, indem sie bei ihr sind und sie von den Feinden abschirmen. Der Spruch auf dem Deckel, der als letztes vor dem Hinabsenken des Sarges und Zuschütten des Grabschachtes gelesen werden kann, beschreibt die ungehinderte Fortbewegung als den Wunsch, den die Lebenden für die Verstorbene hegen. Er formuliert den Zweck des Bestattungsrituals, nämlich die ungehinderte Fortbewegung der Toten darzustellen, und dehnt diese Zielsetzung als Wunsch auf den verborgenen Bereich ihrer Existenz aus. Nachdem die Funktion des Sarges als ritueller Gegenstand vor und während der Bestattung festgestellt worden ist, soll nun die Frage nach seiner Funktion im Grab aufgeworfen werden.

Die Funktion des geschlossenen Sarges

Nachdem im Felsengrab der Sarg verschlossen worden ist, verbirgt er die *Person*. Die rituellen Funktionen des Sarges als Behältnis für eine *Person* im Existenzbereich der Toten, das heißt, wenn sie im Sarg verborgen ist, lässt sich anhand der Byblosepisode bei Plutarch[143] zeigen: Der Sarg des Osiris treibt nach Byblos und wird hier Bestandteil eines Baumes, der wegen seines Wuchses vom König von Byblos gefällt und als Säule verwendet wird. Dieses erfährt Isis und kommt nach Byblos. Sie scheitert bei dem Versuch, dem Sohn der Königin Unsterblichkeit zu verleihen. Isis verlangt die bewusste Säule und befreit den Osirissarg daraus. – Der Kern der Erzählung ist, wie Beinlich anhand einer Parallele dargelegt hat, das Auffinden des Holzes für den Osirissarg.[144] Die Parallele bildet das Auffinden von Deckel und Sargwanne Mentuhoteps IV. nach den Inschriften im Wadi Hammamat.[145] In beiden Fällen wird der Werkstoff, dessen Form bereits im verborgenen Holz, beziehungsweise Stein, vorgezeichnet ist, durch göttliche Personen gefunden. Der Sarg als Behältnis der Toten befindet sich in der Erde, die als Daseinsbereich der Toten auch der Bereich angelegter Existenzformen ist. Meines Erachtens ist dieses Auffinden, das unter besonderen Formen geschieht, ein Indikator dafür, dass der Sarg – in der Episode und den Inschriften erhöht zu einem Gegenstand, zu dessen Entdeckung es eines göttlichen Wesens bedarf – als ‚der Verborgene, indem er verbirgt' konzipiert wird.

Die durch das Hineinlegen der Mumie und das Verschließen des Sarges geschaffene Situation löst die rituellen Handlungen, die *im* Sarg stattfinden werden, aus. Die Funktion des Sarges ist von diesem Zeitpunkt an die einer regenerativen Umhüllung, in der die (nach den Fugeninschriften) müde und gefesselte *Person* aktiviert und ihr die Bewegungsfreiheit ermöglicht werden soll. Durch Sprach- und Bildhandlungen werden die aktuelle Situation und der Zustand, in dem sich die Sarginhaberin befindet, so wiedergegeben, dass sie zu einer Auffassung von sich selbst gelangt, auf Grund derer sie ihr Dasein weiterführt. Zu diesem Zweck wird rituell die *Religiöse Welt* erzeugt. Die Ergebnisse der bisher untersuchten Ritualkomplexe sollen abschließend in den Ritualisierungsprozess der Sarginhaberin eingeordnet werden.

---

143 Plutarch, *De Iside et Osiride*, Kap. 15–16.

144 Beinlich, Osiris in Byblos, *WdO* XIV, S. 63–66.

145 Inschriften Hamm. M 110, Hamm. M 192 (a), Hamm. M 191.

Die drei Ritualkomplexe in der Gesamtheit des rituellen Geschehens

Ausgehend von Bells Ansatz, dem zufolge Rituale Tätigkeiten darstellen, die grundsätzlich in einer aktuellen Situation angesiedelt sind, bildet die Beschriftung mit religiösen Texten, sein Verwendungszweck als Behältnis einer Mumie, oder seine besondere Ausgestaltung kein ausreichendes Kriterium, um den Sarg als rituellen Gegenstand zu definieren. Erst die Verwendung des Sarges im Ritual macht ihn dazu, da erst während des Ritualvollzugs durch Interaktion eine Beziehung zwischen ihm und der *Person* hergestellt wird.

Die Wirkung der Texte und Bilder beruht auf der Funktion des Textträgers. Je nachdem für welche Person oder Personengruppen der Sarg einen rituellen Gegenstand bildet, in welchen Ritualen er verwendet wird und in welchem Zustand er sich jeweils befindet, kann er in mehrfacher Hinsicht einen rituellen Gegenstand darstellen und in den jeweiligen Ritualen unterschiedliche Funktionen ausüben. Hierbei lassen sich drei Ritualkomplexe, die mit dem Anbringungsort der Texte auf dem Sarg und ihrer entsprechenden Sichtbarkeit übereinstimmen, feststellen. Diese sind:

- *Die Fugeninschriften auf den Holzteilen des Sarges, die vor dem Zusammensetzen lesbar sind. Durch sie wird ein Bezug zwischen der Toten und dem Sarg vor dessen Fertigstellung geschaffen.*
- *Die Außendekoration auf den Oberflächen des Kastensarges. Durch sie wird während des Begräbnisses die Beziehung zwischen der Toten und Personen in ihrer Umgebung wiedergegeben.*
- *Die Texte und Bilder im Innenraum des geschlossenen Sarges. Durch sie wird eine rituelle Umgebung für die darin liegende Person hergestellt.*

Die aktuelle Situation ist durch den Tod der *Person* eingetreten. Dieser Umstand motiviert alle kommenden rituellen Handlungen. In diesem Zusammenhang bilden die Fugeninschriften die erste Phase eines aus drei Ritualkomplexen bestehenden Prozesses, in dem der Sarg als ritueller Gegenstand verwendet wird. Dabei reproduziert er jeweils die Situation, in der sich die Tote zu diesem Zeitpunkt befindet und die die folgende rituelle Handlung stimuliert.

In Phase 1 verkörpern die auf den Gehrungen beschrifteten Wände des noch unverfugten Sarges den Übergangszustand einer *Person*: Sie liegt noch nicht im Sarg, da sie noch nicht bei der Göttin Nut (der Personifikation des Sarges) ist. Nut kommt nicht einer Leblosen entgegen, sondern trifft die *Person* vor der Schädigung, die ihr durch den Balsamierer im Bestattungsritual zugefügt werden wird. Nach den Inschriften sieht sich die Verstorbene als müden, trägen, matten und in seinen Mumienbinden gefesselten Körper. Ihre Körperteile sind in dieser Phase noch nicht vereint. Durch die Wiedergabe dieses Zustandes auf den einzelnen Holzteilen werden die Sargwände zur Aufnahme des Körpers der Toten vorbereitet. Phase 1 charakterisiert die bestehende Situation durch die spätere Fertigstellung des Sarges und die Aufnahme der Mumie als zeitlich begrenzt.

In Phase 2 verkörpert der Sarg das Gehäuse, das die *Person* auf allen Wegstrecken einer ununterbrochenen Reise trägt und begleitet. Man könnte darüber spekulieren, ob in den Rufen der Sargträger während des Begräbnisrituals: „Sieh, dies ist die Begleitung eines Ehrwürdigen" nicht der Sarg selbst, „die Begleitung" der Toten ist. Für diese Möglichkeit spricht eine Quelle aus der 21. Dynastie (etwa 1000 v. Chr.). Es ist der Totenbrief des Schreibers Butehamun aus Deir el-Medineh an seine verstorbene Frau. Verhoeven stellt zu diesem Brief fest: „Der erste Teil des Briefes ist [...] an den Sarg, den ‚edlen Kasten', in dem seine zu Osiris gewordene Gattin liegt, gerichtet. Der Sarg soll ihm zuhören und es der Frau weitererzählen, da er jetzt ‚an ihrer Seite sei', an dem Ort also, den zu Lebzeiten Butehamun selbst eingenommen hat".[146] Durch die Handhabung des mittlerweile fertiggestellten, aber noch nicht verschlossenen Sarges beim Bestattungsritual wird das Bild einer abwechselnd durch angrenzende Bereiche geleiteten Ehrwürdigen erzeugt. Diese Wirkung wird durch den Verbleib des Sarges bei den Lebenden, das Aufheben und Tragen auf der Löwenbahre und das ständige Mitführen in der Prozession erreicht. Die Schriftbänder auf den Außenseiten vermitteln im Bestattungsritual den Teilnehmern folgende Auffassung von der *Person*: Sie ist in der Nekropole und am Himmel unterwegs, kann sich ungehindert fortbewegen und ist immer bei den Göttern. Sie ist eine existierende, mit Lebenskraft ausgestattete *Person*, die durch Opfer und Götterhilfe erhalten, und in allen kosmischen Bereichen versorgt wird. Phase 2 charakterisiert die bestehende Situation als fortlaufende Bewegung und als Reise, die abwechselnd zwischen Osten und Westen verläuft.

In Phase 3 schließlich verkörpert der verschlossene Sarg, der die Mumie verbirgt, die rituell erzeugte Umwelt zur Aktivierung und Wiedergeburt der nun in ihm liegenden *Person*. Seine Funktion als regenerative Umhüllung, die in der Bezeichnung des Sarges als ‚Herr des Lebens' zum Ausdruck kommt, wirft ein Licht auf die oben erwähnte Byblosepisode, nach der Isis die Wiederbelebung des Sohnes der Königin *vor der Auffindung des Sarges*

[146] Verhoeven, Post ins Jenseits. In: *Bote und Brief*, S. 44.

nicht gelingt. Im Sarg liegt Senebi, die, wie das Gehäuse in dem sie liegt, auch selbst auf ihr Dasein in ihrem zukünftigen Existenzbereich vorbereitet worden ist. Welches Bild die Umwelt von der *Person* im Sarg hat, konnte anhand der Außenbeschriftung gezeigt werden. Während der Vorbereitung der *Person* im Rahmen des Bestattungsrituals ist der Sarg bei den Lebenden. Er erfüllt deshalb in der Balsamierungshalle keine Funktion im Hinblick auf die Tote. Letztere erhält er erst wieder durch das Hineinlegen der Mumie, weil dadurch die Beziehung zwischen Sargraum und *Person* hergestellt wird. Deshalb ist es von Bedeutung, in welchem Zustand sich die *Person* bei dieser Gelegenheit befindet. Eine übergreifende Darstellung der rituellen Vorbereitungen der *Person* in der Balsamierungshalle soll deshalb das Kapitel abschließen.

2.4 Die Funktion des Bestattungsrituals für die Person

Damit die „ehrwürdige Senebi" ihr Dasein mittels einer Interaktion von *Person* und *Realwelt* fortsetzen kann, ist außer der *Realwelt*, das ist der Sarg, auch die *Person* erforderlich. Der natürliche Verwesungsprozess, der mit dem Tod eintritt, erfordert eine Haltbarmachung. Das Verfahren zur Konservierung betrifft nicht nur den biologischen Körper, denn diese Sichtweise ginge von einer Aufspaltung in Leib und Seele aus, die für die ägyptische Auffassung vom Menschen nicht belegt ist. Die Einheit, die im Bestattungsritual erhalten werden soll, kann als Körperbegriff umrissen werden, wie ihn Moltmann-Wendel charakterisiert: „Der Körper ist nicht vergängliche sterbliche Hülle eines ewigen Geistes, sondern der Raum, von dem aus wir denken".[147] Die Erhaltung und Vorbereitung einer als Ganzheit aufgefassten *Person* erfolgt während des Mittleren Reiches in zwei wichtigen rituellen Handlungen, die im Rahmen des Bestattungsrituals ausgeführt werden. Diese sind Reinigung und Balsamierung.[148]

Die Reinigung

Über die Vorgänge im Reinigungszelt herrscht nach wie vor Unklarheit, da die Interpretationen archäologischer Befunde stark voneinander abwei-

---

[147] Moltmann-Wendel, *Wenn Gott und Körper sich begegnen*, S. 39.

[148] Ein Mundöffnungsritual das an der Mumie vollzogen wurde ist m. W. nicht vor der 18. Dynastie belegt.

chen[149] und bisher keine Belege zu einem rituellen Verfahren, das dort stattgefunden hat, existieren. Blackman vermutet, dass die Reinigungsriten an einem Toten von Priestern in den Rollen des Horus und Thot oder Horus und Seth ausgeführt wurden.[150] Man kann davon ausgehen, dass der Aufenthalt im Reinigungszelt zur Leichenwäsche diente. Auf Grund der dafür benötigten Wassermenge nimmt Germer an, dass die, nur für das Bestattungsritual gebrauchte Konstruktion in der Nähe des Nilufers errichtet wurde. Ihre Annahme wird gestützt durch Reste von am Ufer wachsenden Pflanzen, die an Mumien festgeklebt waren.[151]

Die Balsamierung

Den auf die Leichenwäsche folgenden Teil zur Ritualisierung der *Person* bildet die Balsamierung. Das Ziel dieses Verfahrens ist ein ritualisierter Körper, der einem Toten zu seiner Umwandlung in der Nekropole und den von ihm aufgesuchten ontologischen Bereichen zur Verfügung steht, damit er „aus ihr [der Mumienhülle] heraus die Wiedergeburt erlangen und nach vollendetem Lebenszyklus wieder in sie zurückkehren kann".[152] Das Balsamierungsritual ist in zwei Papyri aus griechisch-römischer Zeit überliefert.[153] Die dort belegten Auffassungen sind somit relativ spät. Der Text soll deshalb nur dazu dienen, die Grundzüge der Ritualisierung, wie sie im pBoulaq 3 greifbar sind, zusammenzufassen. Bei der Darstellung des Balsamierungsrituals beschränke ich mich deshalb auf die Anweisungen, die in der Balsamierungshalle die Mumie herstellen und Texte, die die dort aktuelle Behandlung der *Person* aufgreifen. Dies geschieht anhand auszugsweise wiedergegebener Zitate, die kommentiert werden. Sie werden in chronologischer Reihenfolge behandelt.

Der Text ist in elf Abschnitte gegliedert. Zu Beginn jedes Abschnittes steht die technische Anweisung für die Behandlung des Körperteils mit Salben, Harzen, pflanzlichen und mineralischen Konservierungsstoffen.[154] Auf sie folgt die Rezitationsanweisung für den Priester. Die Rezitationen bestehen, erstens, aus einem mit dem Anruf an den Toten eingeleiteten und

---

[149] Kurth, Reinigungszelt, *LÄ* V, Sp. 221.

[150] Blackman, Some Notes on the Ancient Egyptian Practice of Washing the Dead, *JEA* 5, S. 117.

[151] Germer, *Das Geheimnis der Mumien*, S. 96.

[152] Sternberg-el-Hotabi, Balsamierungsritual pBoulaq 3. In: *TUAT* II, S. 406.

[153] Diese sind pBoulaq 3 und pLouvre 5158. Ich richte mich nach der von Heike Sternberg-el-Hotabi vorgenommenen Übersetzung des pBoulaq 3 in *TUAT* II, S. 405–431. Siehe dort auch Einzelheiten zu den Textausgaben. Die Belegstellen weisen ebenfalls auf die in der Übersetzung benützte Zählung hin.

[154] Zur Mumifizierungstechnik im Mittleren Reich siehe S. 32f.

zu ihm gesprochenen Text und zweitens, den verbalisierten Hoffnungen, Wünschen und Versicherungen, die an seinen präparierten und bandagierten Körper geknüpft sind, und in die ebenfalls Anrufe an den Verstorbenen eingestreut sind. Die Anrufe sind in rot geschrieben. Die Anrede des Toten erfolgt mit „Osiris NN", das heißt seinem Namen, und als Sohn des [Namen des Vaters] und Kind der [Namen der Mutter]. Er wird durch die Bezeichnung „Osiris", seinen Namen und die Nennung seiner Eltern als eine *Person* in ihrem Osiris-Sein adressiert, die nicht aus ihrem irdischen Familienverband (und damit ihrer Abstammung) gelöst ist, sondern mit Hilfe dessen identifiziert und in einen sozialen Zusammenhang gebracht wird. Am Kopf wird begonnen. Bei der Räucherung wird zu ihm gesagt:

> Der Duft des Großen Gottes beräuchert dich, der angenehme Duft, der unvermischt ist und durch den deine Gestalt unverändert bleibt.[155]

Als nächstes wird von den Schultern hinab bis zu den Füssen die Vorderseite des Körpers zweimal gesalbt. Bei dem Auftragen der zehn Öle, unter denen sich, laut Anweisung, auch diejenigen der Mundöffnung befinden, fordert der Sprecher den Toten auf, die einzelnen Spezereien entgegenzunehmen:

> Empfange du den Festgeruch, der deine Glieder vollkommen gestaltet. [...] Es komme zu dir das Ladanum [ein Harz], um deine Glieder zu behandeln und dein Herz mit dem zu weiten [zu erfreuen], was aus Re heraustritt. Er lässt dich in Frieden zur Duat ziehen, und sein Ladanum wird dich in den Bezirken des Totenreiches wohlriechend sein lassen [...] Empfange das Zedernöl [...] Empfange die Medjet-Salbe am Ort des Salbens, damit [deine Glieder] im Salbhaus richtig [zusammengefügt] werden.[156]

Die Salbung der Vorderseite wird abgeschlossen mit:

> Du wirst in den beiden Ländern so handeln können, wie du es wünschst, dank des Gottesschweißes, der aus Punt kommt.[157]

Durch die Worte, die der Vorlesepriester in der Balsamierungshalle an die *Person* richtet, vervollkommnen und vereinigen die Salböle ihre Glieder und machen sie wohlriechend, sie wird deshalb in Zukunft zum Handeln fähig sein. Die zuerst genannten und wichtigsten Eigenschaften gegen den

---

[155] PBoulaq 3: 2,3.

[156] PBoulaq 3: 2,8.

[157] PBoulaq 3: 2,5–2,15.

Verwesungsprozess sind Wohlgeruch und Zusammenhalt der Glieder. Die Eingeweide werden in die Kanopengefäße gegeben:

Die Eingeweide sind mit dem Schweiß, der aus dem Gottesleib hervortritt, gut durchtränkt [und] mit ihnen das Gesicht dieses Gottes, damit er auf sie blickt. Lasse sie in dem Kasten ruhen, bis man sie von neuem untersucht.[158]

Dieser Anweisung zufolge sollen die Organe in ihrem Kasten ruhen. Durch diese Maßnahme wird bei den Innereien das, was sie zu Lebzeiten kennzeichnet, nämlich das Eingeschlossensein in einem Körper, erhalten. Dieser, bereits von Lüscher geäußerte,[159] Gedanke gewinnt durch die spätere Form der Eingeweidekrüge als Körper der Götter Anschaulichkeit. Während die Innereien dort verborgen sind, sollen sie von dem Gott erblickt und dadurch belebt werden. Danach wird der Tote auf den Bauch gedreht und der Rücken mit dem Öl, das vorher benutzt wurde, eingerieben. Der Balsamierer wird angehalten:

[Dann sollst du] veranlassen, dass sein Rücken (in die Stellung) gebracht wird, wie er war als er noch auf Erden weilte, denn man führt an ihm alle Tätigkeiten im schönen Haus aus.[160]

Die Tätigkeiten bestehen im Ölen und im Wickeln des Rückenoberteils. Das Balsamierungsbett soll währenddessen erhöht stehen. Die Salböle werden als Flüssigkeiten, die aus Göttern herauskommen bezeichnet. Die Binden werden einzelnen Göttern zugeordnet. Dadurch sind die bei der rituellen Handlung verwendeten Materialien von alltäglichen Flüssigkeiten und Geweben durch einen religiösen Symbolismus unterschieden. Der Wunsch für die zukünftige Wirkung von Ölen, Pflanzen, Binden, Fett, Wachs und Mineralien wird jeweils eingeleitet mit: „Es komme zu dir, das was dir zukommt, o du Osiris". Sie sollen dem Toten in der Duat seine Füße zur Benutzung geben, seinen Körper bedecken und in den Binden wohlbehalten sein lassen, ihn erhöhen (dieser Wunsch ist mit der Erhöhung des Balsamierungstisches rituell geschaffen worden), seine Knochen in der intakten Binde trefflich gestalten, ihn schützen und mit Nahrung versorgen. Die technische Anweisung zur Lagerung des Körpers nach der Salbung des Rückens nimmt ebenfalls auf die Körperposition eines lebenden Menschen Bezug:

---

[158] PBoulaq 3: 2,16–2,17.

[159] Lüscher, *Untersuchungen zu ägyptischen Kanopenkästen*, S. 9.

[160] PBoulaq 3: 2, 18.

Danach aber, nachdem man seinen Rücken mit Öl eingerieben und auf ein Gewand gelegt hat in der Art, wie er war als er noch lebte, vermeide man ihn auf seinen Bauch und seine Brust umzudrehen, die mit den Präparaten angefüllt sind; ebenso (vermeide man), dass die Götter, die sich in seinem Leib befinden, von ihrer Stelle fortbewegt werden. Dann sollst du seinen Kopf nach oben drehen, so wie er vordem war.[161]

Beim Anbringen der Fingerlinge aus Gold und dem Gold an den Zehen, jeweils von der Wurzel bis zur Spitze des Nagels, wird zu dem Verstorbenen gesprochen:

Du wirst durch Gold vollkommen gemacht, durch Elektron verjüngt, und deine Finger werden im Tempel des Osiris in der Wabet [der Balsamierungsstätte] von Horus selbst beweglich gemacht.[162]

Danach werden die Finger und Zehen mit Stoffbinden aus rotem Leinen umwickelt. Zu den Wünschen für die Zukunft des Toten gehört außer dem Gehen jetzt auch das Erheben der Arme. Die weiteren Prospektive verwenden vor allem die Leuchtkraft der Edelmetalle und beziehen sich mit dieser auf das Sonnenlicht. Die Beweglichkeit von Füßen und Händen ist der Inbegriff für Lebendigkeit. Nun setzt sich der Der-über-dem-Geheimnis-des-Gotteszeltes-ist[163], das ist ein Priester in der Rolle des Anubis, an den Kopf des Toten und keiner der Vorlesepriester darf sich der Mumie nähern, solange er und der ihm helfende Oberpriester der Balsamierer Kopf und Mund des Toten mit den Ölen namens „den Kopf knüpfen und das Gesicht knüpfen" salben. Die Binden für das Einwickeln des Kopfes sind wiederum alle mit Götternamen bezeichnet. Im Zusammenhang mit der Tätigkeit am Kopf des Toten wird in den praktischen Anweisungen das Sehen und die Zwei als Prinzip der Bindenzahl berücksichtigt:

Untersuche den Zustand der Abbildungen in Gegenwart des Herisescheta, denn es ist notwendig, das, was aufgezeichnet wurde, zu betrachten. Du sollst sehen, die Binde der [+ Göttername][164]

Nach der Wickelung soll der Kopf erneut gesalbt und die Öffnungen am Kopf mit dickflüssigem Öl verstopft werden – eine Tätigkeit, deren Wirkung unmittelbar durch die Rezitationen rituell aufgehoben wird. Im Anschluss an das Verstopfen der Öffnungen spricht nämlich der Priester:

---

[161] PBoulaq 3: 3,13–3,14.

[162] PBoulaq 3: 3,17–3,18.

[163] Herisescheta, „Der-über-dem-Geheimnis-des-Gotteszeltes-ist" ist eine Bezeichnung des Anubis. *LGG* V, S. 381.

[164] PBoulaq 3: 4,11.

O du Ehrwürdige, o du Große, Herrin des Westens, Fürstin des Ostens: komme und dringe an die Ohren des Osiris NN.[165]

Die Öffnung der übrigen Sinne wird für den zukünftigen Daseinsbereich des Toten erbeten:

O du zweimal Große, o du zweimal Göttliche, o du zweimal Große, Herrin des Westens, Fürstin des Ostens: gib in der Duat Atem an den Kopf des Osiris [...] Mögest du veranlassen, dass er mit seinem Auge sehen, mit seinen Ohren hören, mit seiner Nase atmen, mit seinem Munde sprechen und mit seiner Zunge urteilen kann in der Duat.[166]

Eine der rituellen Gegenmaßnahmen zum praktisch erfolgten Verstopfen der Öffnungen am Kopf besteht darin, die Wirkung des dickflüssigen Öls ins Positive zu verkehren. Zu dem Verstorbenen wird nämlich gesagt:

Es komme zu dir das dickflüssige Öl und versehe deinen Mund mit Leben.[167]

Für den Gebrauch der Sinne in der Duat werden Auge, Ohren, Nase und Mund mit Göttern gleichgesetzt. Götter werden für den Toten handeln. Schließlich erfolgt eine dritte Salbung des Kopfes wiederum mit Öl, das „den Kopf knüpfen und das Gesicht knüpfen" heißt. Zuletzt lege man „unter seinen Kopf einen klebenden Belag, der aus Myrrhenpulver und flüssigem Harz des Wacholderstrauches zusammengesetzt ist".[168] Die mittels des Kissens erstrebte Verbindung von Kopf und Rumpf wird dem Toten in der Aussage, die die Prozedur abschließt, zugesichert:

Dein Kopf wird zu dir kommen und sich nicht von dir entfernen. Er wird gewiss mit dir eintreten und sich nicht (von dir) trennen, ewiglich![169]

Offene Sinne sollen dem Toten die gegenseitige Verbindung mit seiner Umwelt allerorts ermöglichen. Dazu bedarf es offener Wege in den Körper hinein und aus dem Körper heraus und der Zusammenhalt von Kopf und Rumpf muss gewährleistet sein. Auch bei der Wicklung der Hände wird auf deren Funktion bei einem Lebenden Bezug genommen. So soll der Balsamierer die Hände der Mumie zur Faust geballt salben und wickeln. Den Salben für die Hände werden Natron, Harz und Pflanzenextrakte beige-

[165] PBoulaq 3: 4,18.
[166] PBoulaq 3: 4,17–4,19.
[167] PBoulaq 3: 4,20.
[168] PBoulaq 3: 7,2.
[169] PBoulaq 3: 7,6–7,7.

mischt. Durch diese Maßnahme wird dem Toten die Reinheit an die Hände gegeben. Er bekommt auch Götter an die Hand. So soll beispielsweise der Balsamierer, nachdem der Tote eine mit „Umfasse du die Sonne und packe den Mond" beschriftete Binde in die rechte Hand gelegt bekommen hat, veranlassen, „dass er [der Tote] sowohl die Sonne und den Mond umfasst als auch seine Schwester Isis und seine Schwester Nephthys, dank derer er sich seiner rechten Hand bedienen kann, so wie er es tat, als er noch auf Erden weilte. Nach dem Salben und Einwickeln ruft der Priester den Toten an:

> [...] Es komme zu dir das feine Öl, um deine Glieder vollkommen zu machen. Es wird dich herrlich gestalten [...]. Es komme zu dir das Öl, das aus der Gottessache herausgelöst wurde. Es wird dein Fleisch von deinen Knochen trennen, aber es wird deine Peri-Binden an ihrem Platz und deine Siat-Binden an ihrem Ort halten, wo sie hingehören. Das feine Öl bewahrt deinen Namen in deinen Wicklungen und macht gleichfalls deine Glieder mit dem Öl geschmeidig, mit dem sie auf das vorzüglichste gesalbt wurden.[170]

Seine beiden Fußsohlen, seine Schienbeine und seine Schenkel soll man mit dem Öl eines Minerales salben, das schwärzt. Nachdem die Beine einzeln gewickelt wurden, wird der Balsamierer angewiesen: „Mische vier Portionen von Anchimi-Pflanzen, Natron und Menen-Harz und gib sie an seine Fußsohle. Lass sie mit Wasser und Gummi des Ebenholzbaumes zusammenkleben. Drei (andere) davon (gib) an seinen rechten Fuß und drei an seinen linken Fuß".[171] Nach der Wicklung der Füße und Beine wird der Tote aufgefordert:

> Es komme zu dir das feine Öl, um dein Gehen vollkommen zu machen, es komme zu dir das Öl, das schwärzt, um deine Ohren [= die wachsamen Ohren des Schakalgottes] im gesamten Land hören zu lassen.[172]

Auch die Position eines aufrecht gehenden Menschen ist in diesem späten Text bedacht: „Es komme zu dir [Weihrauch, Myrrhe, Natron, Anchimi-Pflanzen, Harz und Gummi] Mögen sie in deine Füße eindringen und dein Gleichgewicht garantieren."[173]

---

[170] PBoulaq 3: 8,20–9,2.

[171] PBoulaq 3: 9,16.

[172] PBoulaq 3: 9,19–9,20.

[173] PBoulaq 3: 10,16–10,17.

Die Erhaltung und Vorbereitung der Person

Wie aus den Fugeninschriften auf M3C hervorgeht, sieht sich die Verstorbene selbst nicht als leblos, sondern nur als passiv, kann aber hören. Das trifft nach pBoulaq 3 auch für den Toten während seines Aufenthaltes in der Balsamierungshalle zu, da er angesprochen und an ihm gehandelt wird, während er selbst passiv verbleibt. Aufforderungen an ihn zu handeln (oder diesbezügliche Wünsche) betreffen seinen zukünftigen Aufenthaltsort in der Nekropole. Während der eigentlichen Balsamierung soll der Tote jedoch hören, riechen und das, was zu ihm kommt, empfangen, beziehungsweise sich der Gottheit, die kommt, zugesellen oder deren Schweiß oder Ausfluss in sich eindringen lassen.

Der Tote wird durch die an ihm ausgeführten rituellen Handlungen mit dem Körper eines Menschen „wie er war als er auf der Erde weilte" versehen: Name und Abstammung des Toten sind erhalten. Die Gestalt ist unverändert und wohlriechend, die Glieder halten zusammen. Wie vorher im Körperinneren, so ruhen die Organe nun in Gefäßen verborgen. Der Körper ist in die liegende Position eines lebenden Menschen gebracht. Er wird im Funktionieren seiner Glieder begriffen. Der Leib ist bedeckt und wohlbehalten, die Glieder sind geschmeidig, der Kopf bleibt an den Leib geknüpft. Die Hände verkörpern eine Griffbewegung. Die zum Aufrechtgehen nötige Balance ist gewährleistet.

Der durch die Mumifizierung aufbereitete (Frauen-)körper ist aber nicht ausschließlich zu einem Menschen ritualisiert, der sein irdisches Dasein fortsetzt, sondern Unterschiede bestimmen seine gegenwärtige Verfassung: Die/der Tote ist nach wie vor inaktiv und sie kann bisher auch nur hören. Die rituellen Handlungen, die in der Balsamierungshalle stattfinden, rüsten sie jedoch für eine aktive Existenz in der Nekropole aus: Sie ist zu einem Gottesleib des Osiris ritualisiert worden: In dessen Leib sind Götter. Das Fleisch ist von den Knochen getrennt. Gold und andere Edelmetalle machen das Gesicht hell und die Glieder beweglich, sobald die Sonne sie zum glänzen bringt. Seine Hände sind rein, Götter sind ihm beigegeben.

Die durch das Balsamierungsritual erzeugte *Person* besteht folglich aus menschlichen und göttlichen Komponenten. Die menschlichen Komponenten verkörpern bestimmte Eigenschaften einer auf der Erde lebenden *Person*. Sie dienen der Erhaltung des Menschen. Sie werden erzeugt, indem sie den Verwesungsprozess durch rituelles Handeln verhindern und stehen der *Person* zur Fortdauer ihres Lebens in der Nekropole zur Verfügung. Die göttlichen Komponenten hingegen finden sich als inkorporierte Götter in ihrem Leib und als Möglichkeiten zur Reaktion auf Umwelteinflüsse an ihrer Körperoberfläche. Sie bereiten sie für die mit ihrem neuen Dasein verbundenen Veränderungen vor. Sie stehen der *Person* für die Entstehung ihres Lebens bei den Göttern zur Verfügung. Durch die Balsamierung wird die *Person* so versorgt, dass sie an ihren beiden zukünftigen Aufenthaltsorten handlungsfähig ist. Wie man sich ihr Handeln in griechisch-römischer Zeit vorgestellt hat, wird in den Rezitationen des pBoulaq 3 spezifiziert sowie laut ausgesprochen und auf diese Weise der *Person* akustisch vermittelt.[174] Wie man sich im Mittleren Reich bei einer weiblichen Privatperson die *Person* vorgestellt hat, die im Sarg durch rituelles Handeln erzeugt wird, soll im folgenden Kapitel an Senebis Sarg M3C untersucht werden.

[174] Zur Entwicklung einiger in den Pyramidentexten verwendeter Begriffe für den Körper siehe Sethe, *Zur Geschichte der Einbalsamierung bei den Ägyptern und einiger damit verbundener Bräuche.*

KAPITEL 3

Der Sarg als rituelle Umgebung

3.1 Textgeschichte der Sargtexte

Das Textkorpus umfasst eine Auswahl von 11 Sprüchen unterschiedlicher Länge, die nach ihrem Textträger „Sargtexte" (abgekürzt CT) genannt werden und in de Bucks synoptischer Ausgabe als Frauensarg der Senebi mit der Sigle M3C aufgenommen sind,[175] die Opferliste (eine Mischform aus Opferliste A und B[176]) und die Schriftbänder auf den Innenseiten. Zu den Schriftbändern siehe Textbeilage III.[177] Die Ostseite (siehe Taf. 9–11) wird ganz von der Opferformel, der Prunkscheintür, dargestellten Speisen, Tisch und Libationsvasen und der Opferliste eingenommen. Die Opferliste ist mit schwarzer Tinte auf einen papyrusgelben Untergrund geschrieben, nur die Töpfe sind in Rot ausgeführt. Die ersten beiden Kolumnen sind leer. Die Nordseite (siehe Taf. 12) beginnt wie alle Sargwände mit einer durch ihre Größe und Sorgfalt als Rede über Götter gekennzeichneten Formel, für deren Hieroglyphen die gleichen Farben wie in den Friesen (Weiß, Schwarz, Rot, Blau und helles Ocker) benützt wurden. Unterhalb der Formel sind Schminke und Salbgefäße abgebildet. Der Spruch CT 533 nimmt den übrigen Raum der Nordwand ein. Dieser ist wie alle Sargtexte auf M3C in schwarzer Tinte deutlich auf einen blassgelben Untergrund geschrieben und trägt keinen Titel. Auf der Westseite (siehe Taf. 13–17) zieht sich unterhalb der Opferformel der Fries mit dem Inventar über die ganze Länge der Wand. Unter diesem steht die Spruchfolge CT 94–97 und der Sargtextspruch CT 534. Auf der Südseite (siehe Taf. 18) füllen Kornspeicher unter dem auf Säulen getragenen Unteren Himmel, daneben Tür und Sandalenpaare, die ganze Breite der Sargwand. Darunter stehen die Sprüche CT 418 und CT 114. Die stilistische Ausführung des Textes auf dem Deckel, Spruch CT 75 (siehe Taf. 19–23), unterscheidet sich in keiner Weise von den anderen Sprüchen. Auch der Boden (siehe Taf. 24–26) weist keinerlei

---

175 Buck, *The Ancient Egyptian Coffin Texts* I–VII.

176 Willems, *Chests of Life*, S. 232 Anm. 224.

177 In der Textbeilage sind von mir die Texte mit Namen und Personalpronomen der ursprünglichen Sarginhaberin Senebi wiedergegeben worden.

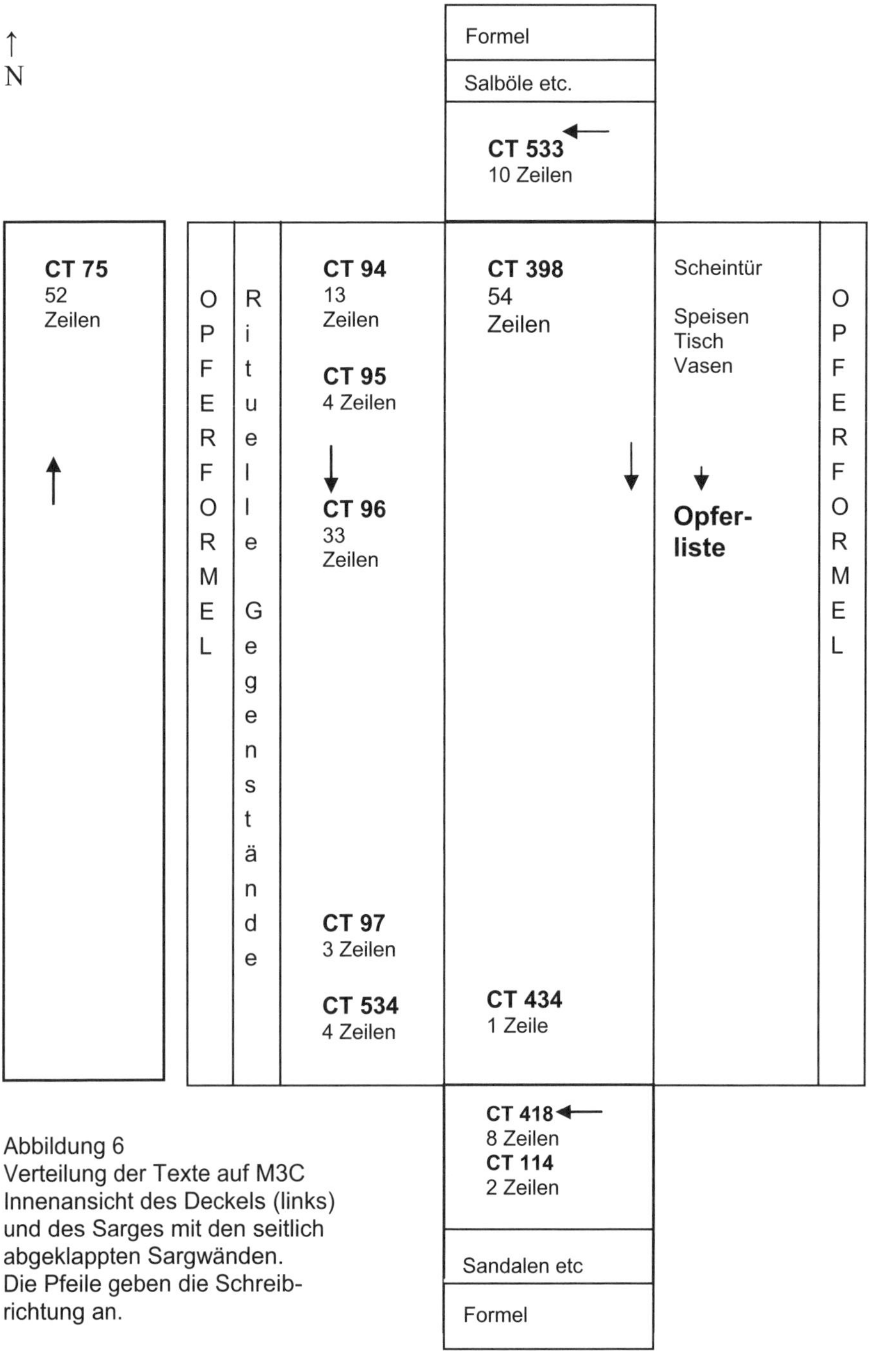

Abbildung 6
Verteilung der Texte auf M3C
Innenansicht des Deckels (links)
und des Sarges mit den seitlich
abgeklappten Sargwänden.
Die Pfeile geben die Schreib-
richtung an.

Hervorhebungen in der Schrift auf. Die Bodentexte CT 398 und CT 434 sind ebenso mit schwarzer Tinte in großen Hieroglyphen geschrieben. Sie sind mit einer doppelten feinen schwarzen Linie eingerahmt. Die Zusammenstellung der Texte auf den Innenseiten des Sarges M3C hat keine Parallele unter den erhaltenen und veröffentlichten Särgen. Einige Texte sind jedoch auch auf anderen Särgen aus derselben Nekropole verwendet worden, beispielsweise CT 533 am Nordende. Dieser Hathorspruch ist nur in Meir belegt und dort auf insgesamt vierzehn Särgen. Dieses lässt an eine lokale Anknüpfung an Hathor, die Stadtgöttin von Qusae, dessen Nekropole Meir war, denken. Auch der Deckeltext CT 75, der mit einundzwanzig Parallelen in de Bucks Ausgabe überhaupt zu den am häufigsten verwendeten Sargtexten gehört, befindet sich auf neun weiteren in Meir gefundenen Särgen. Der Bodentext CT 398 ist noch auf elf anderen Särgen aus dieser Nekropole zu finden. Von Spruch CT 534 sind keine Parallelen bekannt. Die Lokalisation der Sargtexte, die außer auf M3C auch auf anderen Särgen aus Meir angebracht sind, ist in Tabelle 1 zusammengefasst. Die Angaben sind de Bucks Publikation und Leskos Index[178] entnommen und mit Hilfe von Jürgens Datenbank[179] auf den aktuellen Stand gebracht.

Tabelle 1

Anbringungsort der Sprüche von M3C auf anderen Särgen aus Meir

O = Ostseite, N = Nordseite, W = Westseite, S = Südseite, D = Deckel, B = Boden. In den Fällen, wo die Sargseite nicht näher zu bestimmen ist, steht „Seite". Frauensärge sind durch Fettdruck kenntlich gemacht.

M3C Ostseite:

Opfer-	**M1C** O+N	M7C O	M13C O	M45C N	M1War O
liste	M12War O+W	M13 War O			

M3C Nordseite:

CT 533	M4C N	M6C W	**M10C** N	M11C N	M12C S
	M23C Seite	M22C W	M13War W	M13C W	
	M52C Seite	**M1Be** N+S	M1Bas W	M3Ann Seite	

M3C Westseite:

CT 94	M13C N	M28C W	M31C Seite		M37C W
CT 95		M28C W			M37C W
CT 96		M28C W		M30C Seite	M37C W
CT 97		M28C W	M13War S		M37C W

[178] Lesko, *Index of the Spells on Egyptian Middle Kingdom Coffins and Related Documents.*

[179] Jürgens, Coffin Text Index Datenbank Internetadresse: http://www.uni-goettingen.de.

M3C Südseite:

CT 418	**M5C** B	M2Ny N
CT 114	M4C S	

M3C Deckel:

CT 75	M4C W	**M5C** D	M6C D	**M20C** D	M28C D
	M23C Seite	**M1Be** W	M1Bas N	M1War D	

M3C Boden:

CT 398	M4C B	**M5C** B	M6C B	M13C B	M21C B	M46C B
	M9War B	M13War B	M3Bas B	**M1Be** B	M2Ny B	
CT 434	M22C O	M1War N				

Wie aus dieser Aufstellung ersichtlich, ist mit Ausnahme der Sprüche CT 533 und CT 434 der für die Sargtextsprüche übliche Anbringungsort auf dem Textträger M3C gewählt worden.

Die Texte auf den Innenseiten liegen durch Faulkner in englischer und durch Barguet in französischer Übersetzung vor. Eine Übersetzung von Spruch CT 75 ins Deutsche veröffentlichten Zandee[180] und Jürgens[181]. Dieser Spruch bildet den ersten Teil einer die Texte CT 75–80 umfassenden Spruchfolge, die sich in unterschiedlicher Länge auf Särgen befindet, die in der Mehrzahl aus Assiut, el-Bersheh und Meir stammen. Spruch CT 75 ist einer der am häufigsten verwendeten Sargtexte. Neuere Literatur siehe Bickel, *La Cosmogonie égyptienne avant le Nouvel Empire*, Englund *The Eye of the Mind and Religious Experience in the Shu Theology from the Egyptian Middle Kingdom* und Willems, *The Coffin of Heqata*. Jürgens hat mit Hilfe einer traditionsgeschichtlichen Untersuchung die Rekonstruktion einer ursprünglichen Fassung von CT 75 vorgenommen.[182] Willems diskutiert die Interpretationsgeschichte des Namens Schu in der Forschung und gibt einen textgeschichtlichen Überblick dieser Spruchfolge.[183] Derselbe Autor hat außer CT 75 auch CT 398 erneut ins Englische übersetzt und kommentiert. Für den texthistorischen Überblick von Spruch CT 398 wird der Leser ebenfalls auf Willems' Arbeit verwiesen.[184]

[180] Zandee, Sargtexte, Spruch CT 75, *ZÄS* 97.

[181] Jürgens, *Grundlinien einer Überlieferungsgeschichte der altägyptischen Sargtexte*.

[182] Jürgens, *Grundlinien einer Überlieferungsgeschichte der altägyptischen Sargtexte*.

[183] Willems, *The Coffin of Heqata*, S. 270ff.

[184] Willems, *The Coffin of Heqata*, S. 157ff.

Die Liste mit Schiffsteilidentifikationen kann als eine lokale Besonderheit der aus Meir stammenden Särge angesehen werden.[185] Die schon in den Pyramiden vorkommenden Fährmannstexte werden in die Sargtexte umgearbeitet und bilden die Vorläufer des Totenbuchkapitels 99. Diesen widmet Kees eine *Zur lokalen Überlieferung des Totenbuchkapitels 99 und seiner Vorläufer* betitelte Studie.[186] Bidoli sieht in seinem texthistorischen Überblick, für den die „Jenseitsbezogenheit" der Fährmannstexte als Kriterium gewählt worden ist, den Sargtext CT 398 als die jüngere Spruchvariante an.[187] Derselbe Autor stellt einige Parallelen zwischen der Identifikation von Schiffsteilen und der mythischen Zuordnung von Netzteilen in den Listen der so genannten Fangnetzsprüche[188] fest. Bickel hat alle bekannten Spruchvarianten des Dialogs zwischen dem/der Toten und dem Fährmann als ideengeschichtliche Tradition untersucht.[189]

Lapp stellt beim Vergleich der Spruchfolgen auf den Särgen für die, die Sprüche CT 94–97 umfassende Komposition eine Papyrusvorlage fest.[190] Die Spruchfolge ist von Assmann,[191] Barta[192] und Žabkar[193] auszugsweise behandelt worden. CT 533 liegt in einer Übersetzung von Allam[194] vor.

Als Fundort zeichnet Meir der verhältnismäßig große Anteil von Frauensärgen aus.[195] Dieser Umstand ist möglicherweise durch Qusae als Hathorstadt zu erklären. Die Priesterinnen der Hathor[196] stammten aus dem

---

[185] Lapp, Die Spruchkompositionen der Sargtexte, *SAK* 17, S. 223.

[186] Kees, Zur lokalen Überlieferung des Totenbuch-Kapitels 99 und seiner Vorläufer. *Festschrift H. Grapow*, S. 176–185. Ein weiterer Sargtext auf M3C, der in das Totenbuch (abgekürzt Tb) Eingang gefunden hat, ist CT 97, dessen stark redigierte Variante Tb Kap. 92 bildet, und dessen Anfang sich in Tb Kap. 8, Z. 1–5 wiederfindet.

[187] Bidoli, *Die Sprüche der Fangnetze in den altägyptischen Sargtexten*, S. 26ff.

[188] Diese Spruchgruppe umfasst CT 473–CT 481.

[189] Bickel, D'un monde à l'autre: le thème du passeur et de sa barque dans la pensée funéraire. In: *D'un monde à l'autre. Textes des Pyramides et Textes des Sarcophages*, S. 91–117.

[190] Lapp, Die Papyrusvorlagen der Sargtexte, *SAK* 16, S. 171–202. Die Textgruppe entspricht Lapps Spruchfolge Nr. 7 „Herausgehen am Tage".

[191] Assmann, *Tod und Jenseits im Alten Ägypten*, S. 125f.

[192] Barta, *Das Gespräch eines Mannes mit seinem Ba*, S. 94.

[193] Žabkar, *A Study of the Ba Concept in Ancient Egyptian Texts*, S. 72ff.

[194] Allam, *Beiträge zum Hathorkult*, S. 148.

[195] Dieser Befund ist seit der Aufnahme der sich heute im Nationalmuseum in Warschau befindenden Särge durch Dabrowska-Smektala, die alle Männersärge sind, weniger auffallend.

[196] Der Titel ist (mit Ausnahme der Tochter Ramesses II) bis ins frühe Mittlere Reich belegt (vergl. Gillam, Priestesses of Hathor, *JARCE* 32, S. 211). Ob die in Meir bestatteten Frauen alle Hathorpriesterinnen waren ist nicht zu überprüfen, da in den Särgen ihren Namen keine Titel beigefügt wurden.

Landadel und bekamen als solche kostbare Särge in den Felsengräbern ihrer Familien. Die Lokalisierung und den Raum, den die Texte und Bilder im Sarg in etwa beanspruchen, kann der Leser Abbildung 6 entnehmen. Zur Verteilung der Bodentexte siehe auch den Plan von M3C bei de Buck.[197]

Die Lesefolge der Texte ergibt sich aus der Position der *Person* in Relation zu ihrer rituellen Umgebung, das heißt der Lage des Körpers im Sarg und der Personifikation der Sargseiten als Göttinnen. Die Mumie liegt in Nord-Süd-Richtung im Grab. Sie ruht auf ihrer linken Seite.[198] Ihr Gesicht ist dem Sonnenaufgang zugewendet. Ihr Haupt wird durch eine Kopfstütze gehalten. Sie hat in der Nekropole durch die Sprüche auf den Außenseiten die Göttin Nut über sich, Nephthys bei ihrem Kopf und Isis bei ihren Füßen. Das Lesen oder Hören der Texte auf den Sarginnenseiten ist dadurch wie folgt. Es beginnt mit der Ostseite, welche die Tote vor Augen hat. Es folgt die Schmalseite der Göttin Nephthys, die auf M3C am Nordende sitzt. Dem schließt sich die Lesung der Westseite an. Als nächstes wird die Schmalseite der Göttin Isis, der auf M3C die Südseite entspricht, gelesen. Anschließend wird der Text auf dem Deckel und zuletzt wird der Bodentext gelesen. Die Reihenfolge kann auf M3C nicht durch die Anschlüsse der Texte überprüft werden, wird aber durch einen anderen Sarg, wo dies möglich ist, bestätigt.[199] Die Texte auf den Innenseiten des Sarges werden in der Reihenfolge, in der sie gelesen werden, vorgestellt. Die breiten Schriftbänder leiten die Sargwand ein.

Worte, die von mir zum besseren Verständnis in der Übersetzungssprache ergänzt wurden, sind in runde Klammern () gesetzt. Heute unleserliche Stellen auf dem Sarg stehen in eckigen Klammern [ ]. Ergänzungen im ägyptischen Text sind durch spitze Klammern < > kenntlich gemacht. Die Ergänzungen erfolgten mit Hilfe von Paralleltexten auf anderen Särgen in de Bucks Ausgabe, wobei Särgen aus Meir der Vorzug gegeben wurde. Abbildungen werden entsprechend ihrem Anbringungsort eingefügt. Die Beschreibung der abgebildeten Gegenstände wird durch Kursivschreibung von den Texten abgesetzt. Bei den Anmerkungen zur Übersetzung wird in dieser religionshistorischen Arbeit der Vorrang den Lesern, die nicht in der Ägyptologie zuhause sind, eingeräumt.

---

[197] Plan of bottom M3C in Buck, *The Ancient Egyptian Coffin Texts* V, S. 163.

[198] *RÄRG*, S. 657; Ikram und Dodson, *The Mummy in Ancient Egypt*, S. 35.

[199] Es handelt sich um den ebenfalls in Meir gefundenen Frauensarg JdE 42826 (M5C) (Meyer-Dietrich, *Nechet und Nil*, S. 89). Dadurch dass die Göttinnen der Schmalseiten dort vertauscht sind, ergibt sich allerdings eine Lesung im Uhrzeigersinn (Ost-Süd-West-Nordseite), während auf Senebis Sarg M3C, obwohl ihm dasselbe Prinzip zugrunde liegt, die Texte auf den Seitenwänden gegen den Uhrzeigersinn (Ost-Nord-West-Südseite) zu lesen sind.

3.2 Die Texte und Bilder im Innenraum des Sarges M3C (JdE 42825)

Ostseite des Sarges

Schriftband

Ein Opfer, das der König, Osiris[200] und Thot[201] geben: Die oberägyptische Landeskapelle, die unterägyptische Landeskapelle, die große Neunheit[202], die in Heliopolis[203] ist und alle Götter: Mögen sie dir die Riten vollziehen, ehrwürdige[204] Senebi, die Gerechtfertigte.[205]

Abbildungen

Neben der in weiß, hellblau und rot ausgeführten Darstellung einer Prunkscheintür befinden sich drei Register mit Opferspeisen, die zum Verzehr

---

[200] Osiris, der Sohn von Geb (die göttliche Personifizierung der Erde) und Nut (die göttliche Personifizierung des Himmels), ist nach seinem Tod zur Erzeugung neuen Lebens fähig. Er zeugt mit Isis seinen Sohn Horus. Osiris' posthume Zeugungsfähigkeit bezeichnet das in den Sargtexten mehrfach für ihn verwendete Epitheton „Herr des Lebens" (Belegstellen bei Altenmüller, *Synkretismus in den Sargtexten*, S. 48).

[201] Die Rolle des Mondgottes Thot (*Ḏḥwty*) als Totengottheit ist nach Altenmüller in den Sargtexten folgende: Thot ist einer der vier Götter in der Reinigungsformel des Opferrituals, durch die er zu einem Vertreter des Westens wird. Bei den Totenfesten reinigt er die schönen Wege des Westens für die Verstorbenen. Bei der Szene der viermaligen Räucherung, die gemeinsam mit der Libation den Reinigungen des Opferrituals vorangeht, ist Thot im zugehörigen Ritualtext einer der Götter, die zu ihren Kas gehen. Thot bekleidet den Verstorbenen, öffnet ihm den Mund, verklärt ihn und sorgt für seine Gliedervereinigung, da er als Mondgott zählt und vollständig macht. Er schützt den Verstorbenen und reicht ihm seinen Arm. Siehe Altenmüller, *Synkretismus in den Sargtexten*, S. 240f.

[202] Die Neunheit (*psḏt*) ist die Bezeichnung für eine im Urwasser Nun gezeugte Götterfamilie. Sie beschreibt die Entstehung der Welt als Göttergenealogie, die mit der Masturbation Atums (die göttliche Verkörperung der im Urwasser ruhenden Zeugungsfähigkeit) beginnt.

[203] Heliopolis (*Iwnw*) war das religiöse Zentrum Ägyptens im Alten Reich. Die Stadt lag im Nordosten des heutigen Kairo. Der Kultname der Stadt lautete „Haus des Re". Von den beiden Haupttempeln der Stadt war einer Atum und der andere Re-Harachte geweiht. (Raue, *Heliopolis und das Haus des Re*). Ein Nebenheiligtum gehörte der „Herrin von Hetepet", mit dem Beinamen „Gotteshand, die die Neunheit gebar" (*RÄRG*, S. 298).

[204] Die Übersetzung von *im3ḫyt* mit „ehrwürdig" erfolgt in dem von Jansen-Winkeln vorgeschlagenen Sinn. Es handelt sich um die Anerkennung des Status der Toten und ihre Anerkennung durch die Götter: „Kurz gesagt bedeutet *jm3ḫw ḫr* + Gottesname, dass die Tote in die Wirkungssphäre dieses Gottes ‚eingebunden' sein soll." Jansen-Winkeln, Zur Bedeutung von *jm3ḫ*, *BSEG* 2, S. 35.

[205] Bei den Opferformeln folge ich Lapps Übersetzungsvorschlägen (siehe Lapp, *Die Opferformel des Alten Reiches*, passim).

bereit sind. Im oberen Register liegen runde Brote und Kuchen auf einer Opfermatte, neben dieser eine Gans mit umgedrehtem Hals, ein großes Fleischstück und ein Beinknochen mit Fleisch. Im mittleren Register liegt ein Rinderschenkel. Im unteren Register befindet sich ein weißer Tisch unter dem zwei weiße Hes-Vasen stehen. Die weiteren Speisen in den zwei unteren Registern sind nicht mehr eindeutig zu bestimmen.

Die Opferliste

Oberes Register:

Ausgießen von Wasser[206]
Weihrauch aufs Feuer
Wasserspende und zwei Kugeln Natron[207]
Die sieben Salböle[208]
Grüne und schwarze Augenschminke
Kleiderstoffe
Weihrauch aufs Feuer
Wasserspende und zwei Kugeln Natron[209]
Der Opfertisch für das Hervorkommen der Stimme[210]

(Die Aufforderung des Priesters ertönt:) Komme mit dem Königsmahl!

Das Opfer des Königs![211]
Das Opfer des Palastes![212]
Sitz nieder zum Mahl![213]

(Die Übergabe der Speisen beginnt, indem die Speisen ausgerufen und gezeigt werden:[214])

---

[206] Nach Lapps Rekonstruktion des *s3ṯ mw*-Rituals wird die Reinigung des Opfertisches durch zwei Priester ausgeführt: Der eine kniet, der andere steht hinter ihm. Der kniende Priester hält die Hände direkt auf die Opferplatte, auf die der hinter ihm stehende Wasser (über den Kopf des Knienden hinweg) gießt (Lapp, *Die Opferformel des Alten Reiches*, S. 168). Auf M3C sind die ersten zwei Kolumnen frei, dann beginnt die Opferliste mit den einleitenden Handlungen.

[207] In das Libationswasser werden zwei Kugeln Natron gegeben und die Lauge über der Toten zur Reinigung in ein Gefäß gegossen.

[208] Der Priester nimmt mit dem kleinen Finger die Salbe auf, um sie auf die Stirn der Verstorbenen zu streichen.

[209] In das Wasser werden zwei Kugeln Natron gegeben und die Lauge über der Toten zur Erfrischung, in der Form einer Libation, ausgegossen. Das *ḳbḥw-ṯ3*-Ritual zur Reinigung der Toten wird von zwei Priestern wie die Reinigung des Opfertisches ausgeführt, nur dass das Wasser nicht auf die Opferplatte gegossen, sondern in einem Gefäß aufgefangen wird, das der Kniende in den Händen hält und dem er anschließend zwei Kugeln Natron beigibt (Lapp, *Die Opferformel des Alten Reiches*, S. 173).

[210] Der Opfertisch wird aufgestellt.

[211] Ein Opfer das der König gibt, damit der Gott veranlassen möge, dass der Verstorbenen die Stimme hervorgebracht werde.

[212] Ein Opfer, das der König gibt, und die Opferbrote aus der Breiten Halle.

[213] Die Tote wird aufgefordert: Sitz nieder und iß die Opfermahlzeit!

Das Frühstück!
Ein Stück Fleisch!
Ein Napf Wasser!
Natron![215]
(Der Priester sagt:)[216] Oberägyptische und unterägyptische Seru-Körner[217]
Schik-Körner[218]
Darbringen des Milchkruges[219]
Der Menesa-Krug und die Straußenfeder[220]
Darbringen zweier Hatsches-Krüge[221]
Ein unbeschädigtes Pat-Brot[222]
Das Pat-Brot des Opfers[223]
Das Opfer der zwei Depety-Brote![224]

---

[214] Die Speisenübergabe, nach Lapps Rekonstruktion, beginnt mit dem Lesen der Worte durch den Vorlesepriester. Der Priester im Henu-Gestus wiederholt den Spruch viermal, indem er dabei die Fäuste rhythmisch gegen die Brust schlägt. Der Vorlesepriester gibt die Anweisung *ḥḏw*. Der Priesterdiener erhebt die Gabe (vergl. Lapp, *Die Opferformel des Alten Reiches*, S. 189). Die Handlung des Priesters im Henu-Gestus verstärkt die Wirkung des Speisenaufrufs durch das rhythmische Trommeln auf die Brust.

[215] Das große Speisenritual wird erneut mit einer Reinigung eingeleitet, zu welcher ein Napf Wasser und Natron benötigt werden.

[216] Hier schiebt sich die Nennung der Gaben ein, die in den Pyramidentexten von den Ritualsprüchen begleitet werden, die auf die Mundöffnung folgen. Die Sprüche werden von einem stehenden Vorlesepriester, dessen Tätigkeit als „verklären" bezeichnet wird, laut gelesen. Die eigentliche Mundöffnung mit dem Pesesch-Kef-Gerät, PT 37 und PT 38, ist ausgelassen. Stattdessen folgt auf die Opfergaben des kleinen Morgenmahles die rituelle Gabe von ober- und unterägyptischen Seru-Körnern, zu welcher in den Pyramidentexten PT 39 zitiert wurde, gefolgt von den Gaben, zu welchen im Alten Reich die Opfersprüche gesprochen wurden, die hier in den Anmerkungen angeführt werden, um dem Leser einen Eindruck der Opferhandlung zu vermitteln. Auf M3C sind nur die Gaben selbst aufgeführt. Zur Rekonstruktion des Opferrituals, die sich auf Material aus Privatgräbern des Alten Reiches stützt, siehe Lapp, *Die Opferformel des Alten Reiches*, S. 181ff.

[217] PT 39: „Oberägyptische und unterägyptische Seru-Körner als Symbol des Horusauges lege ich dir in den Mund."

[218] PT 40: „Nimm dir die Schik-Körner, die der Schik des Osiris sind."

[219] PT 41: „Nimm die Spitze von Horus' eigener Brust, indem du diesen Krug mit Milch an deinen Mund führst."

[220] PT 42: „Nimm die Brust deiner Schwester Isis, der Stillenden, in Form eines Menesakruges und einer Straußenfeder." Zur Übersetzung siehe Barta, *Die altägyptische Opferliste von der Frühzeit bis zur griechisch-römischen Epoche*, S. 81.

[221] PT 43: „Nimm die beiden Augen des Horus, das schwarze und das weiße, ergreife sie dir für deine Stirn. Mögen sie dir das Angesicht erleuchten – Hochheben eines (schwarzen und eines weißen) Hatsches-Kruges."

[222] PT 46: „Nimm dir das Horusauge, in Form eines Pat-Brotes vom Opfer, für deinen Ka."

[223] PT 44: „Nimm dir ein unversehrtes Pat-Brot zum Ausdruck dafür, dass Tag und Nacht dir gewogen sind."

[224] Ab jetzt folgt die Aufzählung der Speisen der großen Opfermahlzeit, wie sie im Mittleren Reich üblich war. Die Rezitationen, die zur Opferliste aus dem Mittleren Reich erhalten sind, finden sich auf zwei Särgen, G1T und dem von Willems behandelten A1C (JdE 36418). Zur Opferliste siehe auch Bartas Listentyp B (Barta, *Die altägyptische Opferliste*

Ein Starkbier-Krug[225], der vor ihr Angesicht gebracht wird!
Wein in einem Hatsches-Krug aus schwarzem Stein!
Wein in einem Hatsches-Krug aus weißem Stein.
Bringen des Kruges!
Wein in einem schwarzen Henut-Steinkrug!

Unteres Register:

[ ] Brot![226]
Hetscha-, Neheru-, Depety-Brot!
Pesen-Fladen!
Schenes-Brot!
Landbrot! (es folgen noch weitere Brotsorten)
Vier Zwiebeln!
Vier oberägyptische Opferkuchen
Vier unterägyptische Opferkuchen!
Vorderschenkel des Rindes![227]
Rohes Beinfleisch!
Rohes Sut-Fleisch!
Nierenfett!
Rippenstück!
Gebratenes Ascheret-Fleisch![228]
Leber!
Milz!
Vier Fleischstücke!
Brustfleisch!
Sr-, Tscherep-, Set- und S-Gans!
Taube!

---

von der Frühzeit bis zur griechisch-römischen Epoche) und CT VII 134–143. Parallelen zur Opferliste auf dem Sarg M3C sind Jürgens CT-Index Datenbank zu entnehmen.

[225] Übersetzung von *ḏsrt* mit „Starkbier" nach Hannig, *Hwb*, S. 1016.

[226] Auch im unteren Register sind die ersten zwei Kolumnen frei, die nächsten unleserlich, danach wird der Aufruf der Brotsorten fortgesetzt. Assmann stellt anhand der Pyramidentexte fest, dass Getreideprodukte wie Brot, Bier und Kuchen im allgemeinen aus der ‚Breiten Halle' kommen, während Fleischstücke in der Regel direkt aus dem Schlachthof gebracht werden (Assmann und Bommas, *Totenliturgien in den Sargtexten des Mittleren Reiches* I, S. 356.) Der Rinderschenkel und vermutlich auch die anderen rohen Fleischstücke sollten noch zuckend, quasi prallgefüllt mit Lebenskraft, bei dem Toten ankommen: „Flesh itself possesses, and retains even after it's removal from the body, innate properties to move, to contract, to respond to stimuli" (Gordon und Schwabe, „Life Flesh" and „Opening-of-the-Mouth" biomedical, ethnological, and Egyptological Aspects, *Proceedings of the Seventh International Congress of Egyptologists*, S. 464).

[227] Die Begleittexte zu CT VII 143 stellen alle anderen Opfergaben mit dem Horusauge gleich, nur der Rinderschenkel wird mit Geb identifiziert. Eine weitere Ausnahme sind die Zwiebeln, die auf Grund eines Wortspiels, mit den Zähnen von Horus identifiziert werden.

[228] Eine eingehende Behandlung des Ascheret-Fleisches als Grillklein sowie anderer Fleischstücke und deren Zubereitungsart findet sich bei Verhoeven, *Grillen, Kochen, Backen im Alltag und im Ritual Altägyptens*, S. 16–64.

Tasif-Gebäck!
Vier Schat-Kuchen!
Meswt-Gebäck!
Festbier und saures Bier[229]
jeweils zur rechten Zeit im Jahr.[230]

Nordseite des Sarges

Schriftband

Die Ehrwürdige bei Osiris

Abbildungen

Sieben Gefäße mit den Salbölen und zwei Beutel Augenschminke auf einem weißen Tisch

Sargtexte Spruch 533

VI 127b–d	Ich bin ein am Kopf Gesalbter,
	Einer, der vorne am Scheitel ist, der die beiden Arme vereint,
VI 127e–	ein Vorlesepriester, ein Schreiber der schönen Worte,
128a	der Gefährte Sias[231],
VI 128b–	ein Schreiber dessen, was im Register als Hotep[232] steht,
129a	der in Sia ist,
	Vorleser der Opfersprüche
	[im Inneren] des Horizontbereiches der Hathor.[233]
VI 129b	Möge ich die Uch-Symbole[234] zu ihren Plätzen geleiten (2 mal)
	am Tag der Zuweisung der Maat.
VI 129c	Möge Hathor ihre beiden Arme mir entgegenstrecken.
VI 130a	Ich bin ihr Schreiber, der von ihr geliebt wird,
	der jeden Tag das tut, was sie liebt.

---

[229] Saures Bier (*ḥnkt ꜥmꜣ*) Hannig, *Hwb*, S. 541.

[230] Zur Konnotation „zur rechten Zeit" bei dem Lexem *tr* siehe Kadish, Seasonality and the Name of the Nile, *JARCE* 25, S. 189.

[231] Sia (*siꜣ*) ist die göttliche Personifizierung der Erkenntnis, „the special faculty, that enabled the gods to perceive an event the instant it occurred, together with the reasons for its occurrence" (Meeks und Favard-Meeks, *Daily Life of the Egyptian Gods*, S. 95).

[232] Die Bezeichnung der Speiseopfer, die von den Priestern im Tempel dargebracht werden.

[233] Die Göttin Hathor war die Stadtgöttin von Qusae. Sie ist die Göttin des Tageshimmels. Sie wird anthropomorph abgebildet oder als Kuh, die die Sonnenscheibe zwischen ihren Hörnern trägt. Ihr Name bedeutet „Haus des Horus". In ihrer Mutterrolle verschmilzt sie mit Isis. Sie ist die Tochter Res, das Sonnenauge, das im Mythos nach Ägypten zurückgeholt wird.

[234] Der Uch ist ein Symbol, das als Kultgerät durch seine Darstellung im Grab des Uchhotep in Meir belegt ist (Blackman, *Meir* II, Taf. 15, besprochen in Blackman, *Meir* III, S. 3. Diskutiert von Allam in *Beiträge zum Hathorkult*, S. 29ff). Er wird von Personen getragen, die bei einer Festlichkeit im Rahmen des Hathorkultes den Vorsitz führen.

VI 130b	Um für Ikenset[235] das Sistrum[236] zu spielen bin ich gekommen. (2 mal)
VI 130c	Um für Atum[237] das Brot bereitzustellen bin ich gekommen.
VI 130d	Für Hathor begründe ich den Speisetisch.
VI 130e, f	Für die ehrwürdige Senebi, die Gerechtfertigte, öffne ich die Türen.[238]

Westseite des Sarges

Schriftband

Ein Opfer, das der König und Anubis geben: ein Anrufungsopfer, bestehend aus Brot, Bier, Rindern und Geflügel zum Monatsanfangsfest,[239] zum Halbmonatsanfangsfest,[240] zum Neujahrsfest,[241] zu den fünf Schalttagen[242] und zum Wagfest[243] für die ehrwürdige Senebi.

---

[235] Ikenset  auf M3C ist ein unbekanntes Wort. Es ist nur hier belegt. Auf M6C steht „Hathor". Vielleicht ist *Iknst* ein Epitheton für Hathor, das die Göttin mit dem Land Kenset verbindet. Es würde dann ungefähr „die Nubierin" bedeuten und den Aspekt der Göttin als Sonnenauge, das aus Nubien heimgeholt wird, ansprechen. Auch in den Pyramidentexten wird das Sehen mit dem Land Kenset verbunden. Dort heißt es: „Morgenstern, Horus von der Dat, göttlicher Falke, Grünlingvogel, gegrüßt seist du in diesen deinen vier gnädigen Gesichtern, die sehen, was in Knst ist, nachdem das Gewitter vertrieben ist [zugunsten des] Friedens" (pyr. 1207a–d, Übers. Sethe, *Übersetzung und Kommentar zu den altägyptischen Pyramidentexten* V, S. 519).

[236] Das Sistrum ist das im Hathorkult verwendete Musikinstrument, eine Rassel, die das Rascheln des Schilfes nachahmen soll.

[237] Atum (*Itm*) ist der heliopolitanische Urgott. Er personifiziert die Zeugungsfähigkeit im Urwasser Nun, sein Epitheton ist deshalb auch „Stier der Götter". Es wird besonders seine selbsttätige Entstehung betont: „als er noch allein im Urwasser war" oder „der seinen Namen schuf" (*RÄRG*, S. 71).

[238] An dieser Stelle endet der Text am Ende der Nordseite.

[239] Die Feste werden von den Ägyptern selbst als „Feste des Himmels" und als „Feste der Zeitläufe" klassifiziert. Die Feste sind mit Heliopolis verknüpft. Belege hierzu bei Assmann, *Liturgische Lieder an den Sonnengott*, S. 134 Anm. 21. Das Monatsanfangsfest (*tpj 3bd*) ist ein Mondfest.

[240] Das Halbmonatsanfangsfest (*tpj smdt*) wird am 15. Tag des Mondmonats gefeiert. Es wird ebenso wie das Monatsanfangsfest in den Festlisten der Gräber des Alten Reiches als „Fest der Zeitläufe" geführt. Siehe Altenmüller, Feste, *LÄ* II, Sp. 173.

[241] Das Neujahrsfest leitet das astronomische Jahr ein. Es ist unter den „Festen des Himmels" das wichtigste. Seit dem Mittleren Reich heißt es nach dem heliakischen Aufgang des Sothis-Sternes *prt spdt* oder „Eröffner des Jahres" (*wpj rnpt*). Siehe Altenmüller, Feste, *LÄ* II, Sp. 174.

[242] Die fünf Tage (Epagomenen) zwischen Jahresende und Jahresanfang gelten schon im Alten Reich als die Geburtstage der fünf Götter Osiris/1. Tag, Horus/2. Tag, Seth/ 3. Tag, Isis/4. Tag und Nephthys/5. Tag. Als Schutz für die bevorstehenden fünf Epagomenen findet am Abend zuvor, das heißt dem letzten Tag des Wandeljahres, eine Festmahlzeit statt. Siehe Altenmüller, Feste, *LÄ* II, Sp. 179.

Abbildungen

Zwei weiße Tische, auf diesen befinden sich:
ein weißer Maa-her Spiegel,
eine weiße Kopfstütze,
ein breiter blauer Halskragen, der unten von einer Reihe Tropfenperlen abgeschlossen wird,
zwei bunte Troddeln und zwei Menits[244] *(nicht eindeutig bestimmbar),*
vier blau-, weiß- und rotgestreifte Armbänder,
zwei Perlenarmbänder
Ein weißer Tisch, auf diesem befinden sich:
ein weißer königlicher Schurz,
ein mit Kobras geschmückter Perlenüberschurz
ein weißer Schurz mit bunten Perlenschnüren,
ein schwarz-weißes Löwenbett,
eine weiße Kopfstütze mit rotem Fuß und ein weißer Kleiderstoff[245] *liegen auf dem Bett,*
zwei Stoffballen liegen unter dem Bett.
Ein weißer Tisch, auf diesem befinden sich:
ein Anech-m-per-ef-Spiegel mit Futteral,
ein Sechem-Zepter[246]*, eine Hedsch-Keule*[247]*, ein Mekes-Zepter*[248]*,*

---

[243] Das Wagfest ist vermutlich ein altes Mondfest. Es wird am Beginn des Wandeljahres im Monat „Thot" gefeiert.

[244] Menits sind auf dem Rücken hängende Gegengewichte, die dafür sorgten, dass die schweren Kragen glatt auf der Brust lagen. Ihre rituelle Verwendung ist aus dem Kult der Göttin Hathor, u.a. aus Darstellungen in Meir, bekannt. Dort wurden sie von Tänzerinnen der Göttin entgegengehalten.

[245] „Ein archaisches Wickelgewand lässt sich aus einem rechteckigen Stoff von etwa 150 mal 250cm Größe rekonstruieren" (Vogelsang-Eastwood, *Die Kleider des Pharaos*, S. 73). Die Größe des abgebildeten Stoffstückes stimmt (im Verhältnis zur Größe des dargestellten Bettes) mit den Maßen eines Kleiderstoffes überein.

[246] Das Sechem-Zepter weist zwischen Griff und Vorderteil eine Papyrusdolde auf. Es ist eine Amtsinsignie des königlichen Auftrags. Unter anderem geben Privatleute mit dem schräg gehaltenen Sechem das Zeichen zum Überweisen des Opfers und zum Fahren des Schiffes. In den Gerätefriesen heißt das Sechem-Zepter auch *ʿb3* oder *ḥw*. Siehe Kaplony, Zepter, *LÄ* VI, Sp. 1374.

[247] Einen Beleg aus den Pyramidentexten zur *ḥḏ*-Keule als Machtzeichen bringen Assmann und Bommas in *Totenliturgien in den Sargtexten des Mittleren Reiches* I, S. 404. In pyr. 1165c–1166 heißt es: „Setz dich doch auf jenen deinen Thron von Erz, nimm dir deine *ḥḏ*-Keule und deine *3ms*-Keule, damit du die im Nun leitest und den Göttern Befehle erteilst."

[248] Das Mekes-Zepter ist ein langer, oben spitzer Stock zum Erstechen der Feinde. Gedeutet als Lattich oder Lotosknospe heißt das Zepter *nḥbt*. Es hat in der Mitte eine napfförmige Verdickung. Beim Kampf wird das Mekes-Zepter mit beiden Händen vor der Verdickung

ein unten gegabelter Stock, ein Was-Zepter[249]*,*
zwei rot-weiße Bogen,
ein roter Köcher mit vielen weißen Pfeilen[250]*,*
eine Schlinge oder Bogensehne.
Ein weißer Tisch, auf diesem befinden sich:
vier rote Spazierstöcke,
zwei rote und zwei weiße Wurfhölzer,
eine Mineb-Axt, ein weißer Dächsel, zwei Lochbeitel, ein Meißel,
eine Säge und ein schwarz-weißer Dächsel.

Sargtexte Spruch 94

II 67c, d Ich bin dieser große Ba[251] des Osiris,[252]
dem die Götter befohlen haben, dass er[253] mit ihm koitiere,[254]

---

gepackt. Es erscheint in dieser Geste in der Hieroglyphe  für „heilig" oder „abgesondert" (*ḏsr*). Siehe Kaplony, Zepter, *LÄ* VI, Sp. 1374.

[249] Das Was-Zepter in der Hand des Königs galt als Göttergeschenk. Es ist das Machtsymbol des Schöpfergottes.

[250] Bogen sind Jagdwaffen der Götter Neith und „Atum in Heliopolis", die damit aus der Ferne ihre Feinde vernichten und so die Wege öffnen. „Rituell ist der Gedanke, die Feinde bis in alle Fernen zu erlegen und damit den Herrschaftsanspruch zu verkünden" (Brunner-Traut, Atum als Bogenschütze, *MDAIK* 14, S. 26). Die Bogen und Pfeile im Köcher sind m. E. in dem Kontext des Grabes in erster Linie zu den königlichen Machtzeichen, neben denen sie auf dem Sarg dargestellt sind, zu rechnen. Zur Verteidigung hatte die Tote ja vor allem ihr Wissen, d. h. ihre Zaubersprüche (siehe CT 418, Komm. S. 141ff). Sollte die Sarginhaberin die dargestellten Gegenstände nicht nur bei ihrem nächtlichen Dasein im Sarg, sondern auch bei Tage benützen, so könnten die Pfeile auch Sonnenstrahlen symbolisieren. Belegstellen zu dieser Vorstellung finden sich ebenfalls bei Brunner-Traut 1956, Atum als Bogenschütze, *MDAIK* 14, S. 27.

[251] Der Ba des Osiris (*bꜣ Wsir*) ist die Verkörperung der Zeugungsfähigkeit, speziell der Fähigkeit Horus zu zeugen. Um sich mit der Sonne zu vereinigen benötigt der Ba die Bewegungsfreiheit, die ihn über den Horizont in die Tageswelt gelangen lässt. Siehe die Untersuchung der Personenkonstituenten, S. 190ff.

[252] Auf zwei Särgen aus el-Bersheh trägt Spruch CT 94 einen Titel. Auf B1L ist er überschrieben „Herausgehen bei Tage", auf B1C „Entfernen des Bas vom Leichnam – ein anderes Buch, um herauszugehen bei Tage". Barta bemerkt zu Spruch CT 94: „Von der Ersten Zwischenzeit an wird dann das so bedeutsame, den Wunsch nach Wiedergeburt einschließende Verhältnis zwischen Re und Osiris durch immer eindringlichere Formulierungen charakterisiert. So wird der Vorgang der Zeugung des Re in Osiris im Sargtextspruch 94 ausführlich geschildert" (Barta, *Untersuchungen zum Götterkreis der Neunheit*, S.145).

[253] Das Personalpronomen „er" bezieht sich auf den Ba, das Dativ-Objekt „mit ihm" auf Osiris. Der Ba soll also mit Osiris koitieren. Barta (*Das Gespräch eines Mannes mit seinem Ba*, S. 72), Barguet (*Les textes des sarcophages égyptiens du Moyen Empire*, S. 233) und Faulkner, *The Ancient Egyptian Coffin Texts* I, S. 94) haben die Stelle ebenso verstanden. Mit Žabkar (*A Study of the Ba Concept in Ancient Egyptian Texts*, S. 94) versteht Assmann hingegen die Aussage so, dass Osiris sich durch den Ba sexuell betätigen soll und übersetzt entsprechend: „[der Ba] für den die Götter befohlen haben, dass er

II 68a	der bei Tag in der Höhe lebt,
II 68b	den Osiris aus der Flüssigkeit[255] seines Fleisches[256] gemacht hat,
II 68c	das Sperma, das aus seinem Phallus herausgekommen ist,
II 68d	um bei Tag hinauszugehen, auf dass er[257] mit ihm koitiere.
II 69a	Ich bin der Sohn des Osiris, sein Erbe in[258] seiner Würde.[259]
II 69b	Ich bin sein Sohn[260] in seinem Blut.[261]
II 69c–70b	Ich bin der, der diese unterägyptische Krone[262] des Osiris enthüllt, deren Enthüllung die Götter fürchten,
II 70c	weil ich dieser große Ba des Osiris bin,
II 70d–72a	[dem die Götter] befohlen haben, dass er mit ihm [koitiere], der bei [Tag] in der Höhe lebt, [den Osiris aus] der Flüssigkeit seines Fleisches [gemacht hat],

mittels seiner kopuliere" (Assmann, *Tod und Jenseits im Alten Ägypten*, S. 125 und S. 549 Anm. 29). Assmanns Verständnis des Textes prägt auch seine weitere Übersetzung, die sich stark an Žabkars anlehnt.

254 „Koitieren" (*nk*) ist auf M3C  geschrieben und signalisiert dem Leser nicht nur den Samenerguss, sondern auch, dass das Sperma (*mtwt*) aufgefangen wird.

255 Lesung *rḏw* nach allen Parallelen, ausgenommen M28C. Eine positive Konnotation des Lexems *rḏw* als Ausfluss des Osiris liegt ebenso in CT III 323f–324b vor. Siehe Willems, *The Coffin of Heqata*, S. 244f (unter Hinweis auf Zandee). Weitere Belege zu der „Flüssigkeit" oder dem „Ausfluss des Osris" in seiner positiven Ausdeutung als Wasser, Nilüberschwemmung, „Schweiß der Götter" und „Verjüngtes Wasser" bei Assmann, *Tod und Jenseits im Alten Ägypten*, S. 426ff und Münster, *Untersuchungen zur Göttin Isis vom Alten Reich bis zum Ende des Neuen Reiches*, S. 63ff.

256 Das Lexem *jwf* für „Fleisch" bezeichnet den Körper im Existenzbereich der Toten oder des Sonnengottes Re während seiner Nachtfahrt. Zu Götterbezeichnungen, die mit diesem Lexem gebildet sind, siehe *LGG* I, S. 183f.

257 Das Pronomen bezieht sich auf den Ba.

258 Die Schreibung in II 69a  „in seiner Würde" (*m-ḫnw sꜥḥw.f*) und ebenso in II 69b  „in seinem Blut" (*m-ḫnw dšrw.f*) betont buchstäblich das Sich-im-Innern-eines-Körpers-befinden.

259 Englund vermutet, dass es sich bei „Würde" (*sꜥḥ*) um die Eigenschaft einer Person handelt, die mit einem Auftrag betraut worden ist (mündliche Kommunikation).

260 Nur auf M3C und M28C steht „sein Sohn" (*sȝ.f*), alle anderen Särge haben „Ba".

261 „Sein Sohn in seinem Blut" (*sȝ m-ḫnw dšrw.f*) ist eine Umschreibung für die Sonne, die bereits in den Pyramidentexten belegt ist. Dort wird die aufgehende Sonne begrüßt: „Sei gegrüßt o Ba, der in seinem Blut ist, der seinen Platz am Scheitelpunkt des Himmels einnimmt" (pyr. 854a, c).

262 Barta macht unter dem Hinweis auf pyr. 824 und pyr. 781 auf die Verbindung der unterägyptischen Krone (*bjtj*) zu Nut und Neith aufmerksam (Barta, *Das Gespräch eines Mannes mit seinem Ba*, S. 72f). Billing untersucht das Verhältnis der ägyptischen Kronen zur Göttin Nut. Er kommt, indem er sich auf PT 215 stützt, zu folgendem Ergebnis: „The space/motherly aspect of *bjtj* in the God Atum is [...] reflected in the allotment of the same title to Nut. She too carries within herself Horus and Seth and their Great of Magics. Within their bodies, (Re-)Atum and Nut encapsulate the opposites/duality of cosmos (Life) and kingship (Hegemony)" (Billing, *Nut*, S. 102). Hierbei ordnet ders. Autor unter der Kategorie „Hegemonie" folgende Motive ein: Palast, Horus und Seth, König. Der Kategorie „Leben" rechnet er folgende Motive zu: Sarg, Schu und Tefnut, Körper.

	das Sperma, das [aus] seinem Phallus herausgekommen ist,
	um bei Tag hinauszugehen, damit [er] mit ihm koitiere.
II 72b, c	Ich bin es, der die Türen geöffnet hat,
	wirkungsvoll in Bezug auf [die Stirn].[263]

Sargtexte Spruch 95

II 72d	Hüter der Öffnungen![264]
II 73a	Der die Gebärmutter erhitzt,
	der die Gesichter beschädigt,
	an der Seite dessen, der aus seinem Feuer herauskommt.
II 73b–74b	Als sein Ba und in [seiner] Gestalt (*ỉrw*) an diesem Tag
	bin ich heute herausgekommen
	zu seinem Platz, der ihr Papyrusdickicht[265] schluckt,
II 74c	(als) die zur Mitte gehörende, die sich am Scheitel salbt.[266]

Sargtexte Spruch 96

II 75a	Geb[267] [hat] die Tür geöffnet.
	Möge ich durch sie hinausgehen,
II 76a	um das nördliche der Ufer des Hu[268] [zu durchfahren].

---

[263] Mit dem als „Stirn" wiedergegebenen Lexem *ḥꜣwt* ist speziell das Antlitz Gottes, die Stelle der Uräen gemeint (Hannig, *Hwb*, S. 508). Der Ausdruck ist in allen Textparallelen ohne Personendeterminativ geschrieben. *LGG* gibt als Übersetzung des Götternamens *špt-ḥꜣt* „Der mit entschlossenem Antlitz" mit Beleg CT VI 266f, mit Kommentar: „Er wird auch der mit großer Kraft (*ꜥꜣ-pḥty*) genannt, der die Feinde des Osiris (*ḫftjw-nw-Wsir*) niedermetzelt (*mds*)" *LGG* VI, S. 283.

[264] Auf M3C ist das Determinativ von „Öffnungen" (*snš*) ein Winkel, wie in Meir das mit *sb* bezeichnete Mundöffnungsgerät, das mehrmals auch in den Opferlisten anderer Nekropolen vor dem *psš-kf*-Gerät erscheint (Belegstellen bei Otto, *Das Ägyptische Mundöffnungsritual*, S. 18 Anm. 1), auf M28C und auf S2C hat das Wort als Deutzeichen Türen.

[265] Das Papyrusdickicht ist der Ort, in dem Isis Horus gebiert und verbirgt. In der Nähe von Buto im Delta lag die Insel „Ach-Bit" (*ꜣḫ-bjtj*). Der Name der Insel bedeutet „Papyrusdickicht des unterägyptischen Königs" (Bonnet *RÄRG*, S. 131); Bergman führt zu dieser Vorstellung Belege aus der Spätzeit an (Bergman, *Ich bin Isis*, S. 138 Anm. 5). Auf B1C, B1L, S2C[a] und S2C[b] ist „Papyrusdickicht" (*ꜣḫ.s*) mit dem Deutzeichen für Feuer  geschrieben. Zur Entwicklung der Schreibung von *ꜣḫ bitj* siehe Fairman, Notes on the Alphabetic Signs employed in the Hieroglyphic Inscriptions of the Temple of Edfu, *ASAE* 43, S. 237. Die Schreibung mit  ist dort nicht belegt.

[266] Analog zum kosmischen Ereignis der Sonnenbahn nimmt „die zur Mitte gehörende (*ḥryt-ib*), die sich am Scheitel salbt" Bezug auf den Scheitelpunkt des Himmels, an dem sich Ost und West treffen. Die Apposition definiert den Ba des Osiris als Re, der am Mittag im Zenit steht. *LGG* belegt *Ḥryt-ib* (+ Ortsname) als Bezeichnung von Göttinnen. *Ḥryt-ib Ỉwnw* „Die inmitten von Heliopolis ist" ältester Beleg (pyr. 728a), im Mittleren Reich auf einem Bruchstück aus Armant (Statue CG 998 Mond und Myers, Temples of Armant, Tf. 99,4) als Bezeichung, für die Göttin Innt belegt. Vergl. *LGG* V, S. 411.

[267] Der Gott Geb ist die Personifizierung der Erde.

[268] Die Schreibung  in allen Textparallelen macht deutlich, dass es sich hierbei um Hu, die göttliche Personifikation der Nahrung und des schöpferischen Ausspruchs handelt.

II 76b	[Mögen] zwanzig Felder [ganz vorne liegen],
	am Tag der Vereinigung des Himmels,[269]
II 77a –78a	[weil] ich dieser [große] Ba des Osiris bin,
	dem die Götter befohlen haben, dass er mit ihm koitiere,
	der bei Tag in der Höhe lebt,
	den Osiris aus der Flüssigkeit seines Fleisches [gemacht hat],
	das Sperma, das aus [seinem] Phallus herausgekommen ist,
	um bei Tag hinauszugehen, auf dass er mit ihm koitiere.
II 78d–79a	„Dein Ba [wird hinausgehen]“ sagen die Götter [zu] Osiris.[270]
II 79b–80a	„Geht hinaus aus eurem Mund!“ sagen die Götter,
	„die ihr für Osiris als sein lebender Ba (*bꜣ ꜥnḫ*) gemacht worden seid,
	gemäß dem Befehl der Götter.“
II 80c–81a	Als sein Ba und in seiner Gestalt,[271] auf dass [er mit] ihm koitiere,
	bin ich herausgekommen,
	zu seinem Platz, der ihr Papyrusdickicht schluckt,
	(als) die zur Mitte gehörende, die sich am Scheitel salbt.
II 81b–82b	Osiris hat diesen meinen Mund gewaschen
	mit [der Milch] der roten Kuh,[272]
	die aus dem Licht herauskommt und die Re täglich gebiert.
II 82d–83a	Ich bin über den Himmel gefahren.
	Ich habe das Sonnenlicht durchzogen.
II 83b	Ich bin durch den Westen gefahren
	und habe den Himmel im Osten durchzogen.
II 83c	Es ist Re,[273] der meinen Ba für mich <macht>,[274] und vice versa.
II 84a	Zu dir, Ibw-weret,[275] bin ich gekommen,

[269] Bei Sonnenaufgang öffnet Geb die Horizonttüren, damit die Sonne hinausgehen kann (CT II 75a). In CT II 76b ist deshalb wohl die Vereinigung von Tag- und Nachthimmel gemeint, die sich durch den Sonnenaufgang ereignet.

[270] Barta übersetzt CT II 78d–79a als Imperativ: „Komme hervor und kopuliere mit Deinem Ba, sagen sie, die Götter, (zu) Osiris“ (Barta, Zum Wesen des Gottes Osiris nach Zeugnissen der älteren Totenliteratur, *ZÄS* 117, S. 92).

[271] Nach Meeks ist die „Gestalt“ (*irw*) die individuelle Manifestation eines Gottes in der Tageswelt: „This projection [of a state of his being or one of his performed actions] called the *irw*, was a perceptible, intelligible manifestation of the god, accentuated, as a rule, by various material attributes“ (Meeks und Favard-Meeks, *Daily Life of the Egyptian Gods*, S. 54).

[272] Die „rote Kuh“ ist die Göttin Hathor. Das Auswischen des Mundes erinnert an die Reinigung des Neugeborenen, die auch im Mundöffnungsritual (Szene 32) als notwendige Handlung eines Belebungsrituals ihren Platz einnimmt. Es ist in diesem Zusammenhang das vom „Sohn, der liebt“ mit dem Finger aus *ḏꜥm*-Gold ausgeführte „Ausfegen des Mundes“ (Otto, *Das Ägyptische Mundöffnungsritual*, S. 90). Zur Schreibung des Fingers siehe Helck, Einige Bemerkungen zum Mundöffnungsritual, *MDAIK* 22, S. 27–41. Zur Rolle des bei der Mundöffnung rituell verwendeten kleinen Fingers bei Geburt und Reife eines Kindes siehe Roth, Fingers, Stars, and the „Opening of the Mouth“: The Nature and Function of the *nṯrwj*-Blades, *JEA* 79, S. 63ff.

[273] Der Gott Re ist die Personifikation der Sonne, die, solange sie am Tageshimmel sichtbar ist, Leben auf der Erde erzeugt.

[274] „Macht“ (*ir*) ersetzt nach B3L, B1C[a], B1L.

	Torhüter des Kampfplatzes der Götter,
II84b, c	Wächter des Bösen, dem die Wächter der Felder öffnen.
II 85a–c	Ich bin der Wächter.
	Ich bin der Messerscharfe, der herausgeht bei Tage,
	indem ich Macht habe über meine Feinde.
II 85d–86a	Möge der Weg für mich gebahnt sein!
	Möge ich Macht über meine Füße haben!
II 86b, c	Möge ich bei Tag hinausgehen!
	Möge ich Macht über meine Feinde haben!
II 86e–87c	Aus dem Götterkollegium bin ich heute gekommen.
	Mein Wort ist mit ihm[276] gehört worden,
	sodass ich gerechtfertigt bin.
II 87d	<Der Weg> ist mir von Sefegiru[277] gegeben worden.[278]
II 88b, c	Ich habe den Wind von seiner (des Gegners) Nase weggenommen
	noch bevor sein Tag gekommen war.
II 88d–89a	Er hat mich zu euren Sitzen gebracht,
II 89b	indem meine Nahrung auf der Erde existiert,
II 89c	indem meine Zaubersprüche meine Formeln sind,[279]
II 89d	und ich mich mit ihm auf der Erde salbe,
II 89e–90b	sodass er meinen Gegner dort zu mir bringen möge,
	wie sie es dem Sefegiru zusammen mit Dem-mit-vielen-Namen
	befohlen haben:[280]

---

[275] Der Name Ibw-weret (*Ỉbw-wrt*) wird von Barguet als „Der große Durstige" (Barguet, *Les textes des sarcophages égyptiens du Moyen Empire*, S. 321) übersetzt. *LGG* schlägt möglicherweise „Der Durstige der Großen" vor. In CT II 55 b, CT II 63d und CT V 334d ist er ebenfalls der Türwächter. In CT II 60b bewacht der *Ỉbw-wrt* den Verstorbenen, der einen Stab aus Elektron in der Hand hält, und zwischen den Schenkeln der Sothis lebt. Vergl. *LGG* I, S. 211.

[276] Das „mit ihm" bezieht sich nach Grieshammer auf den Gegner bei der Gerichtsverhandlung (Grieshammer, *Das Jenseitsgericht in den Sargtexten*, S. 80).

[277] Der Name des Gottes Sefegiru (*sfg ỉrw*) ist (ausgenommen von Grieshammer) als „Der mit verborgener Gestalt" gedeutet worden. Der Bestandteil *sfg* in seinem Namen ist aber immer noch ungeklärt (vergl. Verhoeven, Sefegiru, *LÄ* V, Sp. 823). Eine Verbindung von Sefegiru und dem Sperma findet sich ebenfalls in Spruch CT 180, wo es vom Toten heißt: „Luft ist in der Nase des NN, Samen ist in seinem Phallus wie in dem des Sefegiru" (CT III 73g–74c) und in der Parallele pyr. 1061a–c in den Pyramidentexten, auf die Topmann hinweist (Topmann, *Die Abscheu-Sprüche der altägyptischen Sargtexte*, S. 66).

[278] Lesung „der Weg ist mir gegeben worden" nach allen Textparallelen, die hierin übereinstimmen.

[279] Siehe Anm. 294 in der Übersetzung zu Spruch CT 418 (CT V 254c) auf der Südwand, wo ebenfalls *ḥkꜣw* und *ꜣḫw* mit „Zauberspruch" und „Formeln" übersetzt werden.

[280] Der Zusatz „zusammen mit Dem-mit-vielen-Namen"  steht nur auf den Särgen M3C und M28C (mit Götterdeterminativ). Auf M37C ist die Stelle unleserlich. Nach den im *LGG* II, S. 217 aus dem Mittleren Reich angeführten Belegen wird die Prädikation für Osiris (CT VII 469a) oder für den Verstorbenen verwendet: „Der mit vielen Namen im Mund der Neunheit" (CT VII 469d). Wie auch im vorliegenden Text weist die Bezeichnung den Verstorbenen zum Zeitpunkt der Aussage als im Nachtbereich verweilend aus, setzt ihn aber zur vollzogenen Schöpfung ins Verhältnis.

II 90c, e „Schicke den irgend einen hier (*mn pn*) aus,
(denn) sein Ba ist mit ihm zusammen hinter ihm!“

Sargtexte Spruch 97

II 91b Mögen die Stricke gelöst[281] werden!
Möge das zu Versiegelnde hinter mir versiegelt werden!
II 91c Ich bin Thot,[282] der Vortreffliche.
II 91d Horusauge![283] Nehme mich fort mit dir,
II 92a damit ich meinen Ba und meinen Schatten[284]
am Scheitel Res sehen werde![285]

Sargtexte Spruch 534

VI 131j Möge ich die Maat[286] vor dem Allherrn[287] sehen!
VI 131k Möge ich die Maat zum Herrn des Alls aufsteigen lassen![288]

---

[281] Vermutlich sollen hier die Mumienbinden gelöst werden. Im Gegensatz zu „knoten“ als bildlicher Ausdruck für die Schwangerschaft ist „lösen“, worauf Hannig aufmerksam macht, auch die Metapher für Gebären (Hannig, Die Schwangerschaft der Isis, *Festschrift Jürgen von Beckerath,* S. 94).

[282] Am Nachthimmel ist der Gott Thot (*Ḏḥwty*) der Mond. Krauss hat die Funktion des Thot-Mondes als Fährmann untersucht, der den Toten über den Ha-Kanal auf die östliche Seite des Nachthimmels bringt. Der Autor stützt sich hierbei auf pyr. 594a (Krauss, *Astronomische Konzepte und Jenseitsvorstellungen in den Pyramidentexten* S. 31, zur lunaren Natur des Fährmannes in den Sargtexten S. 76–85).

[283] Im Thronfolgestreit kämpfen Osiris’ Bruder Seth und der rechtmäßige Erbe, Osiris’ Sohn Horus, gegen einander. Dabei reißt Horus dem Seth die Hoden aus, das heißt er macht ihn zeugungsunfähig. Seth verstümmelt Horus, indem er ihm beim Kampf das „Auge“ ausreißt. Im Rahmen der Sargtexte bildet das „Horusauge“ (*irt Ḥr*) eine Metapher für alles, was der Toten zu einer Existenzform als Lebende verhilft. Es bildet das fehlende Objekt, in CT II 91d das Transportmittel, das die Tote braucht, um zu einem Horus zu werden, das heißt mit der Morgensonne aufzugehen. Auf M3C ist das Lexem *irt Ḥr* mit dem Deutzeichen für einen Weg  geschrieben.

[284] Der Schatten des Menschen (*šwt*) ist einer seiner Personenkonstituenten. Er gehört zu den Eigenschaften, die das ganze Wesen und die Lebenskraft eines Individuums ausmachen. Unter anderem zeichnen ihn Beweglichkeit, Schutz und Kühle aus. Der Schatten des Verstorbenen wird mit Opfergaben versorgt. Siehe George, *Zu den altägyptischen Vorstellungen vom Schatten als Seele*, S. 20.

[285] Die Meir-Varianten unterscheiden sich von den Textparallelen aus anderen Nekropolen. B3L, B1L und B4C haben *ptr.i ḥꜣt.k r šwt.ṯ m wpt Rꜥ*.

[286] Maat (*mꜣꜥt*) ist das soziale Netzwerk, das die ägyptische Gesellschaft zusammenfügt und an die Götter bindet. Sie ist Richtschnur für das angemessene Verhalten, damit die Welt geordnet und funktionstüchtig ist und nicht aus den Fugen gerät.

[287] Der „Allherr“ (*nb tm*) ist ein Epitheton Atums.

[288] In einem ‚Darbringen der Maat’ genannten Ritual wird die Maat in Gestalt eines kleinen Götterbildes dem Gott auf der Handfläche dargereicht. Assmann sieht darin eine „spezifisch solare Form des Opfers“ und definiert Maat als „die immaterielle Speise (Lebenssubstanz) der Himmlischen, im besonderen des Sonnengottes“. Assmann, *Liturgische Lieder an den Sonnengott*, S. 162. Siehe dort auch Belegstellen.

VI 131l–m Weil ich so handle wie er es befiehlt, werde ich existieren,
zusammen mit dem Herrn des Lebens.[289]

VI 131n–p Möge ich hervorkommen und aufsteigen in der Nachtbarke[290]
zusammen mit denen, die in seinem Gefolge sind,
ehrwürdige Senebi, die Gerechtfertigte.

Südseite des Sarges

Schriftband

Die Ehrwürdige bei Anubis.[291]

Abbildungen

(*von Ost nach West*)

Ein mittelblauer Kornspeicher mit fünf Luken. Oberhalb diesem erheben sich auf ihrer weißen runden Basis aus einem dunkelblauen Grund drei Papyrusdoldensäulen, die den Gegenhimmel tragen; Himmel und Säulen sind in Rot ausgeführt.

Eine weiße Tür in rotem Rahmen mit einem kleinen angedeuteten roten Riegel ist durch eine feine schwarze Linie optisch abgesetzt, daneben sind zwei Paar weiße Sandalen mit schwarzen Riemen abgebildet.

Sargtexte Spruch 418

V 252b, c Zurück ihr Wurfhölzer, ihr Sausenden, ihr Eilenden![292]
Boten der Götter,

V 253a die die Götter von den beiden Ufern des Ha-Kanals[293] senden,
um sich ihren Kindern zu nähern.

V 254a, b Zauberer, die ihre Formeln wissen,

---

[289] Ein Epitheton für Osiris, aber auch eine Bezeichnung für den Sarg.

[290] „Herr des Lebens" (*nb ꜥnḫ*) ist ein Epitheton des Osiris und eine Bezeichnung für den Sarg. In der Nachtbarke *msktt* fährt die Sonne über den Nachthimmel.

[291] Anubis ist der Totengott. Seine Aufgabe als Balsamierungsgott ist die Vorbereitung der Leiche: Reinigung, Einbalsamierung, Schutz und Verklärung. Er tritt außerdem als Totenrichter, Wegeöffner und Wächter auf und leitet die Stundenwachen.

[292] Wurfhölzer wurden vor allem zur Vogeljagd in den Deltasümpfen verwendet. George geht auf die Assoziationen des Wurfholzes mit der Vernichtung des Bösen und der Wiedergeburt ein (George, Drei altägyptische Wurfhölzer, *Medelhavsmuseet Bulletin* 15, S. 13).

[293] Zur Übersetzung des herkömmlich als „gewundener Wasserlauf" wiedergegebenen *mr n ḫꜣ* als „Ha-Kanal" siehe Krauss, *Astronomische Konzepte und Jenseitsvorstellungen in den Pyramidentexten*, S. 17. Der Ha-Kanal ist, laut Krauss, mit dem ekliptikalen Streifen, das ist der jährliche Bahnstreifen der Sonne, gleichzusetzen. Er verläuft vom sommerlichen nordöstlichen Aufgangspunkt der Sonne bis in den Bereich nördlich des Orion (vergl. Krauss, *Astronomische Konzepte und Jenseitsvorstellungen in den Pyramidentexten*, S. 59).

V 254c	um ihre Zaubersprüche[294] zu rauben,
	um ihre Formeln wegzunehmen.[295]
V 255a	Ihr Wurfhölzer, (die) für mich (bestimmt sind),
V 255b, c	Boten der Götter, die die Götter senden,
V 255d–256a	ihr fallt und weicht von eurer Bahn ab!
V 256b	Mein Körper[296] wird euch fortgenommen werden.[297]

Sargtexte Spruch 114

II 131e	Ich bin ein wohlausgestatteter Schu.[298]
II 132a, b	Ich werde nicht zur Hinrichtungsstätte des Gottes hingezogen werden, weil ich mit dem Schilfumhang umhüllt bin.[299]
II 132c	Ich werde die Hinrichtungsstätte nicht betreten.
II 132g	Ich habe Schu und Tefnut[300] hinter mir[301] gesehen (2 mal).
II 132h	Ich werde nicht umwunden werden (2 mal).
	Ich werde nicht umschlungen werden (2 mal).

---

[294] Müller übersetzt CT V 254a–c als „the magicans who know their spells, to take away their magic and steal their power" (Müller, An early egyptian Guide to the Hereafter, *JEA* 58, S. 122). Die Übersetzung „Zaubersprüche" für das Lexem *ḥkꜣ* (Heka) wurde von mir gewählt, weil es sich hier um das Wissen der Toten handelt: „Heka was what resulted from giving form to all the energies (ka) one absorbed; it constituted an inward, personal sort of knowledge distinct from the universal or collective type of knowledge. Heka […] served essentially as a means of self-protection" (Meeks und Favard-Meeks, *Daily Life of the Egyptian Gods*, S. 92). Heka als ein inkorporiertes Wissen verlässt in Form des Ausspruchs den Körper und wird dadurch wirksam. In demselben Sinne erfolgt dann auch die weitere Übersetzung des Satzes von *ꜣḫw* als „Formeln". Das Thema wurde bereits auf der Westwand in Spruch 96 (CT II 89c) von der Sprecherin aufgegriffen. Zu Heka in den Sargtexten als inkorporierte Kraft, die beim Verlassen des Körpers durch den Mund gefährlich werden kann, siehe auch Meyer-Dietrich, Die göttliche Mahlzeit vor Sonnenaufgang im Alten Ägypten. In: *Le Repas de Dieu. Das Mahl Gottes*, S. 24.

[295] CT V 254d Fehlschreibung auf M3C, auf dem anderen Meir-Sarg, M2Ny, ist die Stelle leider unleserlich; die übrigen Särge haben: *ḥy.ṯn r.ṯn*.

[296] „Körper" ist hier mit dem Lexem *ḏt* bezeichnet. Siehe hierzu Diskussion der Köperbegriffe, S. 201 und S. 262.

[297] Meine Übersetzung stützt sich auf das Verständnis des Textes als Sprechhandlung der Toten in der Rolle der Göttin Isis, die diese Sargseite verkörpert. Deshalb wird die Intention, ihren Körper zu schützen in CT V 256b nicht mit Möge…, d.h. als Wunsch, den die Tote an die Götter richtet, sondern als Zuversicht übersetzt.

[298] Schu (*Šw*) ist die göttliche Personifikation der Luft und somit auch Trägersubstanz des Lichtes.

[299] Der Schilfumhang *knj*, Schreibung auf M3C  wird oft mit „Brustlatz" übersetzt. Laut Assmann heißt er „der Umarmende" (Assmann, *Tod und Jenseits im Alten Ägypten*, S. 456).

[300] Die Zwillinge Schu und Tefnut sind die ersten Kinder des Urgottes Atum. Dieser erzeugt sie, indem er Schu ausatmet und Tefnut ausspuckt.

[301] Assmann liest nur das *ḥꜣ.i* als zweifach und führt es als Beleg für den reduplizierten Gebrauch der Präposition *ḥꜣ* an. *ḥꜣ.i ḥꜣ.i* im Sinne von „einer jemand von allen Seiten umschliessenden ‚Konstellation'" (Assmann, *Liturgische Lieder an den Sonnengott*, S. 48 Anm. 48).

Innenseite des Sargdeckels

Sargtexte Spruch 75[302]

I 314b	Ich bin der Ba des Schu, des Gottes, der-von-selbst-entsteht.[303]
I 316a	Im Körper[304] des Gottes, der-von-selbst-entsteht, bin ich entstanden.[305]
I 316b–318a	Ich bin der Ba. [Im] Körper des Gottes, der verborgen ist, was die Gestalt betrifft, bin ich entstanden.
I 318b	Im Körper des Gottes, der-von-selbst-entsteht, habe ich mich zusammengefügt.
I 318c–320a	Ich bin einer im Grenzbereich[306] des Gottes, der-von-selbst-entsteht in welchem ich entstanden bin.
I 320b	Ich bin es, der den Himmel für ihn zum Schweigen bringt. Ich bin es, der die Erde für ihn zittern lässt.
I 320d–322a	Ich bin es, der [ihn] ankündigt, wenn er aus dem Horizont hervorkommt,
I 322b	und denen, die seinen Namen erforschen, Ehrfurcht einflößt.
I 322c	Ich bin einer unter den Hehu,[307] der die Worte[308] der Hehu hört.

---

[302] Die Einteilung in Abschnitte, die sich bei der späteren Analyse des Textes ergibt, ist von mir auch in der Übersetzung zur Verdeutlichung und besseren Lesbarkeit vorgenommen worden.

[303] „Der Gott, der-von-selbst-entsteht" (*nṯr ḫpr ḏs.f*) ist ein Epitheton des Gottes Atum, belegt auch in CT IV 344g und als Beiname zu Atum als Bogenschütze im Zweiwegebuch (Spruch CT 1126). In den Sargtexten wird der Beiname außerdem für Re (CT IV 270m) und für Nun (CT IV 188–189a) verwendet. *LGG* V, S. 703–705. Zu diesem Epitheton Atums siehe auch Myśliwiec, *Studien zum Gott Atum* II, S. 175f. Der Name Atum ist jedoch in Spruch CT 75 weitgehend vermieden worden. Die Lücken im Text entsprechen ziemlich genau denen in de Bucks Ausgabe, es scheint also damals schon der Deckel an dieser Stelle gebrochen gewesen zu schein.

[304] Für „Körper" steht hier das Lexem *ḥʿw*. Siehe auch die Diskussion der Körperbegriffe, S. 216f.

[305] Schu ist nicht nur der Gott der Luft und des Lichtes, sondern auch der Demiurg, der im Körper Atums entstand, weshalb er auch die Eigenschaften und das Wesen Atums teilt. Als Einer, der im Urwasser ruht, kennt niemand seine Gestalt. Jürgens übersetzt dementsprechend: „Ich bin der Ba des Schu, ein Gott *wie* der Selbstentstandene: aus dem Leib des selbstentstandenen Gottes bin ich entstanden. Ich bin der Ba des Schu, ein Gott *wie* der von verborgener Gestalt" (Jürgens, *Grundlinien einer Überlieferungsgeschichte der altägyptischen Sargtexte*, S. 153, meine Kursivschreibung, bei Jürgens in Klammern gesetzt). Der Text beschreibt die Kosmogonie mit Hilfe der Beziehung zwischen Atum und Schu. Schu wird dargestellt als das Bindeglied zwischen der Einheit Atums, das heißt der Zeugungsfähigkeit im Urwasser, und der Vielfalt, in der sich diese als Kosmos manifestiert.

[306] Der Grenzbereich *ḏr* ist auf kosmischer Ebene der Körperbereich des Schöpfergottes Atum. Siehe hierzu auch Komm. S. 144f.

[307] „Shu and the potential entities the Hehu-Gods are encapsulated within the primordial unit. They are all merged together. And it is within this unit of multiple possibilities that the energies are activated….The multitude within the primordial unit is called Hehu"

I 324a Ich bin es, der die Worte des Gottes, der-von-selbst-entsteht, zu seiner Menge trägt.
I 324b–326a Ich bin es, der seine Schiffsmannschaft leitet, indem ich stärker und zorniger als jede Neunheit bin.
I 326b Ich habe die Worte der Götter vor mir vor den nach mir entstandenen (Göttern) wiederholt,
I 326c–328a indem sie nach meinen Entstehungsformen im Nun[309] fragen.[310]

I 328b In dem großen Boot,[311] das Der-von-selbst-entsteht fährt, sehen sie mich mächtig.
I 330a, b Meinen Glanz, so wie er meiner Gestalt[312] gemäß ist, zeigend, bin ich unter sie gesetzt und ihnen zugesellt worden.[313]
I 330c–332a Ich spreche, wenn die Neunheit ruhig geworden ist und die Götter Wohlgeruch verströmen.[314]

(Englund, The Eye of the Mind and Religious Experience in the Shu Theology from the Egyptian Middle Kingdom. In: *Being Religious and Living through the Eyes* S. 94ff).

308 Das Wort ist Ausdruck für die Schöpfungsabsicht, die sich als Wort verwirklicht. Schu wirkt, indem er das kreative Wort Atums als Bindeglied zur vollzogenen Schöpfung hört und weiterträgt. Schus Funktion ist die eines Boten Atums, der die Worte überbringt: Er trägt sie in die Menge, er ist Kommandeur der Schiffsmannschaft und er wiederholt sie als Erzähler seiner Entstehung.

309 Der Nun ist das Urwasser, in dem alles Sein entsteht, und in dem die Zeit kein Vorher und kein Nachher hat. In ihm nimmt die Kosmogonie ihren Anfang, er umgibt die Erde. Die hervorstechende Eigenschaft des Nun ist seine Trägheit, ein Zustand, der im Ägyptischen durch das Adjektiv *nnj* bezeichnet wird. Der Nun ist form-, licht- und bewegungslos, „inert" und lebensträchtig (Assmann, *Liturgische Lieder an den Sonnengott*, S. 317). ‚Inert' charakterisiert den Nun als kreatives Potential, in dem alle Gestaltungsmöglichkeiten eingeschlossen sind.

310 Das auf den ersten Blick widersprüchlich erscheinende: „Ich habe die Worte der Götter vor mir vor den nach mir entstandenen (Göttern) wiederholt" wird verständlicher durch die Aussage „indem sie mich nach meinen Entstehungsformen im Nun fragen". Dieser Satz charakterisiert die Worte Schus als eine Aussage im Urwasser, das heißt in dem Milieu, in dem der Zeitenlauf aufgehoben ist.

311 Das Sonnenboot.

312 An dieser Stelle ist „Gestalt" mit *ḫprw* bezeichnet. Cheperu bezeichnet, nach Buchberger, die Veränderung einer körperlich/materiellen Erscheinungsform. Buchberger, *Transformation und Transformat*, S. 539.

313 Diese Var. haben nur die Meir-Särge, die übrigen haben *ꜥḥꜥ.n.ỉ ḥmsi.n.ỉ m-m.sn*. M4C hat eine Kombination aus beiden: *ꜥḥꜥ.n.ỉ ḥmsj.n.ỉ m-m.sn.*

314 Die Bedeutung des Wortes *ỉdy* ist zweifelhaft. Eine alternative Übersetzung, für die sich u. a. Zandee und Willems entscheiden, ist die als Imperative in der direkten Rede: „Ich sage: Schweigt Neunheiten! Seid still Götter!" Die hier gewählte Übersetzung gründet sich auf die Verwendung der Wortwurzel *id* in dem Bericht der Schöpfung auf der zweiten Säule im Tempel von Esna (Den Hinweis auf den Esna-Text verdanke ich Gertie Englund). In der Veröffentlichung des Textes (Sauneron, *Le Temple d'Esna*, S. 29) wird in Abschnitt 206 §4 die Entstehung des Lichtes unter der Verwendung des Begriffes *„id"* als *terminus technicus* für den Augenblick der Entstehung beschrieben. Die Vorstellung von Wohlgeruch (*ỉꜣdt*) mit dem ein Gott seine Gegenwart ankündigt, bevor er kreativ wird und einen anderen Gott entstehen lässt, ist in der Legende von der Geburt der Hat-

I 332b	Ich will euch von meinen eigenen Entstehungsformen erzählen.
I 332c	Fragt nicht Nun nach meiner Entstehung,
I 334a, b	denn Nun[315] sah mich erst, nachdem ich entstanden war.
	Er kennt nicht den Ort, an dem ich entstanden bin.
I 334c	Er sah [nicht] meine Entstehung mit seinem Gesicht.
I 336a	Im Körper des großen Gottes, der-von-selbst-entsteht,
	bin ich entstanden.
I 336c–338a	In seinem Herzen[316] schuf er mich.
	Mit seiner Achu-Kraft[317] machte er mich.
I 338c	Ich bin der Gott, der, was seine Gestalt betrifft, ausgeatmet wurde,[318]
I 338d–340b	derjenige, den dieser herrliche Gott, der-von-selbst-entsteht,
	der den Himmel mit seiner Schönheit bestreut,[319] geschaffen hat,
I 340d	der, dessen Name die Götter, die ihn rudern, nicht kennen
I 342a	und dem das Sonnenvolk folgt.[320]
I 342b–c	In seinen Beinen bin ich aufgewachsen,
	in seinen Armen bin ich entstanden,
	in seinen Gliedern habe ich mich erhoben.
I 344a–b	In seinem eigenen Herzen schuf er mich.
	Mit seiner Achu-Kraft machte er mich.
I 344c	Ich bin doch nicht durch Geburt geboren.
I 344d–346a	Für mich wurden die Pflanzen auf dem Feld von Sehel[321] hergestellt.

schepsut belegt (Urk. IV, 215ff). Die Legende wird von Brunner wesentlich früher als die 18. Dynastie datiert (Brunner, *Die Geburt des Gottkönigs*, S. 48). Als Einleitung zu Schus Erzählung von seiner Entstehung ist der Kontext für diese Bedeutung der Wurzel *id* in CT I 333a gegeben. Die Schreibung auf M3C sowie M28C, M20C und auf B1C stützen dieses Verständnis des Textes.

[315] Schreibung „Nun" auf allen Särgen nicht mit Determinativ sondern .

[316] Das Herz (*ib*) ist der Sitz der Absicht, des Willens, der Gesinnung und des Fühlens. Es ist als solches das Zentrum des Körperinneren, von dem alles ausgeht. Die Entstehung Schus beginnt im Herzen.

[317] Achu ist die zur Verwirklichung einer Idee benötigte, im Verborgenen wirksame Kraft.

[318] Die Übers. „Der mit ausgeschnaubter Gestalt" (*Nfꜣw irw*) *LGG* IV, S. 206, berücksichtigt eine kräftige Ausatmung, an die hier wohl auch gedacht ist. Dennoch wird von mir eine Übersetzung bevorzugt, die eher an die Ausatmung beim Menschen denken lässt, als das Wort „schnauben".

[319] Das hier mit „bestreut" übersetzte Lexem *wpš* bedeutet „(Kostbarkeiten) ausstreuen" oder „erhellen" und „erleuchten". Es geht bei dieser Apposition um das Licht am Himmel. Die Übersetzung ist gewählt um die Verteilung des Lichtes als Strahlen und Sterne, um die es sich m. E. hier handelt, zum Ausdruck zu bringen.

[320] Die Frage ist, ob sich aus den im Text verwendeten Epitheta ein Hinweis auf die Situation des Sprechers herleiten lässt. Bickel sieht die Umstände für die Erzählung Schus in einer Anfrage der Götter, die im Nun erfolgt. Deshalb präsentiert sich Schu seiner Zuhörerschaft ebenfalls im Nun (Bickel, *La Cosmogonie égyptienne avant le Nouvel Empire*, S. 258).

[321] Das „Feld von Sehel" (*sṯt*) ist im Gebiet des 1. Kataraktes gelegen. Als erster Ort in Ägypten, wenn man den Nil von Süden herabkam, war er ein Umschlagplatz für Waren. Die Göttin Anukis war die Herrin der Insel von Sehel. Zandee zitiert zu dieser Stelle

I 346b	Ich bin es, der eure Götterbrote herstellt.
I 346c–348a	Ich bin derjenige, der in seinem Umkreis, dem des Herrn über die grünen Felder[322] in der Duat,[323] ist.
I 348b–d	O Atum! O Nun! Ich bin es, der die Speisen weiterreicht, die Hu wachsen lässt für Osiris,[324]
I 348e–350a	vor dem sich die in ihren Höhlen fürchten.
I 350b	Ich habe die Speisen weitergereicht, ich habe Hu für Osiris wachsen lassen,
I 350c–352a	weil ich im Körper dieses herrlichen Gottes, der-von-selbst-entsteht, entstanden bin,
I 352b, c	der den Himmel mit seiner [Schönheit] bestreut, indem er die Gestalt eines jeden Gottes vereinigt hat.[325]
I 352d	Herr der Maat, der das Haus wegen des Raubens versiegelt,
I 354a	wenn ich für ihn meine Gestalt (*irw*) vereinige.

I 354b	Ich bin derjenige, der, was seine Gestalt betrifft, ausgeatmet wurde.
I 354c	Er gebar mich nicht aus seinem Mund, er hat mich nicht in seiner Faust empfangen.
I 356a–c	Durch sein Nasenloch atmete er mich aus. In der Mitte seiner [Luftröhre][326] machte er mich, der die, die im Verborgenen sind, jauchzen lässt.
I 356d–358a	[Er bestreut] den Himmel mit seiner Schönheit,[327]
I 358b, c	er, der alle Himmel [zu] den Göttern aufsteigen lässt. Die in ihren Pforten sind [schauen sein] Licht.[328]

pyr. 1116a–b: „Mich reinigt die Satis mit ihren vier Krügen im Elefantenlande" und interpretiert CT I 344d–350b als Opfertext, der von der Wasserspende handelt. Zandee, Sargtexte, Spruch 75, *ZÄS* 98, S. 162.

322 Die grünen Felder werden am Himmel nahe dem östlichen Horizont gedacht (Willems, *The Coffin of Heqata*, S. 303).

323 Duat ist der ägyptische Name der nächtlichen Welt. Ihr Ideogramm ist ein von einem Kreis umschlossener Stern. Sie ist eine nicht eindeutig lokalisierbare mythische Region, die den Übergangsraum darstellt (siehe Jacq, *Recherches sur le Paradis de l'autre Monde d'apres les Textes des Pyramides et les Textes des Sarcophages*, S. 32), in den alles mit Sonnenuntergang eintritt und mit Sonnenaufgang wieder hervorkommt. Dunkelheit, Verborgenheit und Wasser prägen das Milieu der Duat (Beaux, La Douat dans les Textes des Pyramides, *BIFAO* 94, S. 5).

324 Der Gott Hu ist die Verbindung von Ausspruch und Nahrung (Zandee, Sargtexte Spruch 75, *ZÄS* 98, S. 150). Die Beziehung von Hu zu Atum ist die zwischen dem das Leben hervorrufenden Gott Atum und dem das Leben erhaltenden Gott Hu (Bickel, *La Cosmogonie égyptienne avant le Nouvel Empire*, S. 111).

325 Nur auf M3C steht hier ein *sḏm.n.f*.

326 Zum Innersten, „in der Mitte" (*m-ḥry-ib*) als Ort der Entstehung, siehe Komm. S. 148.

327 Ab CT I 356d sind die folgenden in [ ] gesetzten Stellen in de Bucks Ausgabe noch vorhanden, doch auf dem Sarg ist die Farbschicht bei Z. 112–118 inzwischen teilweise abgeplatzt.

328 Zur Verbindung Atums (*itm*) mit dem Himmel als Schöpfer (CT IV 60e), als Sonnenscheibe (CT IV 335c–d) und dem Horizont (CT IV 185b–186c, CT IV 227b) siehe Myśliwiec, *Studien zum Gott Atum* II, S. 143–153.

I 358d–360a	Ich bin der Gott, der, was die Gestalt betrifft, ausgeatmet worden ist,
	[derjenige, der den grünen Feldern vorsteht],
I 360b	derjenige, der die verborgenen Dinge,
	die im Haus der Sechs[329] sind, [scheidet].
I 360c–362a	Ich habe meinen Ba [hinter mir] geschaffen.
I 362c	Er brennt nicht auf meiner Leiche (*ẖ3t*).[330]
I 362d–364a	Mein Ba wird nicht bewacht von denen,
	die die Kammer[331] des Osiris bewachen.[332]
I 364b	Ich zeuge. Mein Ba zeugt.
I 364c–366a	Die Menschen, die auf der Insel Neserser[333] sind, zeugt mein Ba.
I 366b	Göttinnen zeuge ich.
I 368b	Ich sprach (mein Nemestuch) dem zu,
	der mir auf meinen Kopf mein Nemestuch[334] herbeiträgt.
I 370b–372a	Der, der in seiner Gestalt ist, hebt meine Würde (*sꜥḥw*) hoch,
	nachdem ich die Würde derer, die in ihren Höhlen sind,
	ergriffen habe.
I 372b, c	Ich gehorche nicht Heka, da ich vor ihm entstanden bin.
I 373d–374a	Der Wind des Lebens ist mein Kleid.
I 374b	Um mich herum war er aus Atums Mund hervorgekommen.
I 374c, d	In den Gott, der-von-selbst-entsteht,
	den Einen, der größer ist als die Götter, habe ich mich verwandelt.
I 376a	Ich bin es, der ihm die Höhen des Himmels vereint.
I 376b, c	Ich bin es, der ihm seine Achu-Kraft bringt,
	der ihm seine Millionen Kas[335] vereint,

---

[329] Willems weist auf die Möglichkeit eines Wortspiels mit *ḥwt sisw* hin, bestehend aus der doppelten Bedeutung der Worte als „sechs Häuser“ oder „die Häuser der sechs Weberstoffe“ (Willems, *The Coffin of Heqata*, S. 308).

[330] Zandee (Sargtexte Spruch 75, *ZÄS* 98, S. 153) deutet CT I 363c als eine hoffnungsvolle Aussage, dass der Ba nicht verbrennt und dadurch zerstört werde. Entgegen Zandee verstehe ich CT I 363c als eine Aussage, die sich auf den toten Körper bezieht. Der Ba brennt nicht auf einem toten, sondern auf einem zeugungsfähigen Körper. Die Zeugungsfähigkeit wird dem Mumienkörper dank der Beweglichkeit des Ba zugeführt. Der Körper benötigt den Kontakt mit diesem Träger der Persönlichkeit. Der Ba des Schu ist hier ebenfalls in der Rolle des Vermittlers, der die von Atum empfangene Lebenskraft weitergibt (Bickel, *La Cosmogonie égyptienne avant le Nouvel Empire*, S. 130).

[331] „Kammer“ (*ꜥt*) auf M3C, B3C, B1C, B2L, M20C, die Var. „Glieder“ (*ꜥt*) haben S1C, S2C, T3C, B1Bo, M23C, G1T und A1C. Mit „der Kammer des Osiris“ ist der Körper der Toten gemeint. Näheres hierzu siehe Konzeptionen des Körpers als Behälter, S. 233ff.

[332] Dieses kann man als eine Aussage zur Bewegungsfreiheit des Ba deuten, der nach dieser Feststellung den Körper verlassen und wieder zu diesem zurückkehren kann.

[333] Die Insel Neserser ist die Flammeninsel, der Ort des Sonnenaufgangs.

[334] Das Nemestuch ist eines der Würdezeichen des Königs. Seit dem Mittleren Reich wird es mit dem Horusfalken assoziiert und als Symbol für die tägliche Wiedergeburt der Sonne verstanden (Goebs, Untersuchungen zu Funktion und Symbolgehalt des *nms*, *ZÄS* 122, S. 180).

[335] Der Ka bezeichnet hier eine Einheit innerhalb der differenzierten Schöpfung. Siehe Diskussion der Personenbegriffe S. 220ff.

	die zum Schutz seiner Anbefohlenen[336] aufgestellt sind,
I 378a, b	wenn ich das Feuer lösche und die Wepset[337] abkühle[338]
I 378c–380a	und die, die inmitten ihrer Röte ist,
	die Feurige, die das Zusammengefügte der Götter trennt,
	zum Schweigen bringe.
I 380b	Ich bin es, der die Flamme der Glut entfacht.
I 380c	Mich brennt der Gluthauch ihres Mundes nicht.
I 380d–382a	Ich bin es, der Wepsets Ba hinüberfährt,
I 382b, c	der, der den Schmerz von der Flamme der Roten,
	der Feurigen, die das Haar der Götter teilt, behandelt.[339]
I 382d–384a	Eure Herzen haben schon zu mir geredet, o Götter,
	bevor etwas aus eurem Mund hervorkam,
I 384b–385a	da ich durch die entsprechende Handlung entstand,
	und hervorkam aus dem Mund dieses herrlichen Gottes,
	der-von-selbst-entsteht, die ehrwürdige Senebi.

Innenseite des Sargbodens

Sargtexte Spruch 398

V 120a–c	„O Fährmann,[340] der du Horus zu seinem Auge bringst
	und Seth zu seinen Hoden, der du das Horusauge zu ihm bringst,
	indem es flieht und fällt[341]

---

[336] Übers. mit Jürgens, *Grundlinien einer Überlieferungsgeschichte der altägyptischen Sargtexte*, S. 171 mit Anm. 122.

[337] Wepset ist die zornige Form des Sonnenauges. Willems behandelt treffend Schus Rolle in der Legende von der Heimholung des Sonnenauges aus Nubien. Interessant ist sein Hinweis auf die ungefährliche und beschützende Rolle des Feuers (Willems, *The Coffin of Heqata*, S. 320). Der „Schutz seiner Anbefohlenen" ist m. E. aber weniger ein Ring zum Schutz und zur Abwehr der Feinde, sondern eher der bildliche Ausdruck für den Übergang zur Vielheit, für den der Strahlenkranz am Horizont bei Sonnenaufgang das kosmische Vorbild geliefert haben mag.

[338] Da es sich hier um rituelle Handlungen handelt, werden die *sdm.n.f*-Formen als Performative übersetzt.

[339] Für *wḏꜥt sꜣmt* gibt es die unterschiedlichsten Übersetzungsvorschläge: „die die Trauer der Götter scheidet" (Zandee, Sargtexte Spruch 75, *ZÄS* 98, S. 48.) oder „die das Haar der Götter entwirrt" (Englund, The Eye of the Mind and Religious Experience in the Shu Theology from the Egyptian Middle Kingdom. In: *Being Religious and Living through the Eyes,* S. 99). Englund vermutet ein Wortspiel von „Haar" (*sꜣmt*) und „brennen" (*sꜣm*), sie bezieht sich dabei auf Borghouts' Kommentar zu CT VI 126m (Borghouts, *The Magical Texts of Papyrus Leiden* I 348, S. 199–209).

[340] Übersetzungen des Spruches bei Barguet, *Les textes des sarcophages égyptiens du Moyen Empire*, S. 352ff; Faulkner, *The Ancient Egyptian Coffin Texts* II, S. 33ff und Willems, *The Coffin of Heqata*, S. 415ff (siehe dort auch Textgeschichte und philologischer Kommentar). Die Lücken kommen durch das Fehlen eines Bodenbrettes zustande. Der Text folgt der Lesbarkeit in de Bucks Ausgabe, der offensichtlich noch den ganzen Bodentext zu seiner Verfügung hatte.

V 121a, b	im östlichen Bezirk von jenem See,[342] geraubt von Seth!
V 121c, d	O Fährmann, der dies bringt!“[343]
V 121e	„Wer bist du?“
V 122a	„Ich bin einer, den sein Vater liebt und dein Vater liebt dich.“[344]
V 122b–d	„Möge dich dein Vater lieben. Was willst du für ihn tun?“
V 122e	„Ich werde ihm seine Knochen zusammenknüpfen,
V 123a, b	nachdem ich ihm seine Glieder versammelt und ihm mein Anrufungsopfer gegeben habe, wie ich es wünsche.“[345]
V 123c	„Der Ach-Zustand für ihn! Der Ach-Zustand für seine Nachkommen auf Erden!
V 124a–b	Sieh, du! Sie ist auf der Werft, ohne ausgehöhlt zu sein!“[346]
V 124c	Höhle sie aus, zimmere sie und füge sie zusammen gemeinsam mit Sokar,[347] dem Herrn der Henu-Barke!“[348]
V 125a	„Ihre Bugverzierung ist die Stirn des Ha, dem Herrn des Westens.[349]
V 125b	Ihr Heck ist die Vorderseite [Sobeks von] Ra-Qemau.[350]

---

[341] „Fliehen“ (*wꜥr*) und „fallen“ (*ẖr*) sind in den PT für die Zirkumpolarsterne verwendete Verben, die dieses nämlich nicht tun. „Bei dem ‚Fallen‘, ‚Entgleiten‘ denkt man unwillkürlich auch an die Sternschnuppen, bei denen die Sterne vom Himmel zu stürzen, zu ‚fallen‘ scheinen“ (Junker, Der sehende und der blinde Gott, *SBAW* 7, S. 86).

[342] Nach Krauss’ Übertragung der geschilderten Ereignisse auf astronomische Verhältnisse (die er anhand der Textparallele pyr. 594a –f vornimmt) findet der Kampf, bei dem sich Horus und Seth gegenseitig verstümmeln, auf der nördlichen Seite des Ha-Kanals statt. In diesem Zusammenhang kann der Fährmann mit dem Mond identisch sein (Krauss, *Astronomische Konzepte und Jenseitsvorstellungen in den Pyramidentexten*, S. 31, S. 77).

[343] Die Metapher für die Vollzähligkeit aller Körperteile ist das Horusauge, das im Mythos verletzt und wieder geheilt wird und somit das Vorbild für alle Ergänzungen liefert. Die performative Aufgabe des Spruches ist, laut CT V 122e–123a, die Herstellung der körperlichen Vollständigkeit. Diese wird mit der Vollständigkeit des Schiffes gleichgesetzt.

[344] Indem sich die Tote als „Einer, den sein Vater liebt“ ausweist, charakterisiert sie sich als Inhaberin der von Assmann als „Horus-Konstellation im Totenkult“ dargestellten Sohnesrolle. In dieser Rolle rechnen sowohl die Aufgaben des Totenkultes, die sie wahrnimmt (das Anrufungsopfer), als auch die Nachfolge des Vaters zu ihren Pflichten. Siehe Assmann, *Stein und Zeit*, S. 118.

[345] In der ursprünglichen Fassung stand: „Ich werde ihm seine Knochen zusammenknüpfen, ich werde ihm seine Glieder sammeln, ich werde ihm seinen Mund öffnen“ (Kees, Zur lokalen Überlieferung des Totenbuch-Kapitels 99 und seiner Vorläufer, *Festschrift H. Grapow*, S. 77–96).

[346] Auf den unvollständigen Körper Senebis wird durch die Analogie zum Boot, das auf der Werft erst noch fertiggestellt werden muss, angespielt. Auf M3C wird die Gleichsetzung von Schiffsteilen und Körperteilen der Götter im Spruch CT 398 durch die Präposition *m* verdeutlicht.

[347] Falkenköpfiger Totengott mit ungegliedertem Leib.

[348] Die Henu-Barke ist ein mit Steuerrudern ausgestattetes Boot, das am Bug in einen Stierkopf und am Heck in einen Antilopenkopf ausläuft.

[349] Ha ist ein bereits in den Pyramidentexten belegter Gott des Westens.

[350] Ortsname.

V 126a Ihre Wandung ist das Rückgrat des Feldes der Weihe.[351]
V 126b Ihre vier Öffnungen sind Imset, Hapi, Duamutef und Qebeh-senuef.[352]
V 127a [Ihre zwei Holzpflöcke zur Befestigung der Taue] sind die beiden ältesten und vornehmsten Götter [von Nedit].[353]
V 127b Ihre Chesefut[354] sind die großen Götter, die im Nun sind.
V 128a [Ihr Rumpfbrett] ist Horus, der mit Seth streitet auf dem Wüstenplateau auf der Hebung [des Landes] in Nedit.
V 128b [Ihre Riemen] sind die Lippen des Herrn von Dep.[355]
V 129a Ihre Rumpf-Seile sind die Verbindungstaue, [die die Henubarke] zusammenhalten.
V 129b [Ihr Chesefu ist der Vorderschenkel] des Herrn über das Rechytvolk.
V 130a [ ] ist [die Kniescheibe] Atums.
V 130b [ ] sind der Bart des Bas [von Kenset].[356]
V 131a [ ] sind die Augen des weiblichen Achs, den Horus gesehen hat.
V 131b [ ] sind [die Eingeweide von] Isis und Osiris.
V 132a [ ] der Phallus Babas.[357]
V 132b [ ] Osiris Finger.
V 133a [ ] ist der Geifer am Mund von Osiris.
V 133b [ ] sind die Zähne des Osiris, wenn er hinfällt, [nachdem er die Erde von Nedit umarmt hat].
V 134a Ihre [Holzverbindungen] sind das, was die Schenkel der Großen spreizt.
V 134b [Ihre Decksbalken] sind die Rippen [der Nephthys].

---

[351] Isis lässt sich in der Gestalt einer Weihe auf Osiris nieder, um dessen Sperma zu empfangen.

[352] Imset, Hapi, Duamutef und Qebeh-senuef sind die vier Horussöhne. Sie sind die Schutzgötter und Personifizierungen der Eingeweidekrüge, in denen die Innereien der Toten gesondert aufbewahrt werden.

[353] Die vornehmsten Götter von Nedit sind Osiris und Seth. Nedit, das, falls es von dem Verb „niederstrecken" (*ndj*) kommt, „Mordstätte" bedeutet, ist „der Ort, an dem Osiris dem Anschlag des Seth erlag und auf dessen ‚Gewässer' der Vergeltungskampf gegen die Feinde des Gottes stattfand" (Bonnet *RÄRG*, S. 508).

[354] Nicht näher zu bestimmendes Schiffsteil.

[355] Dep ist der altägyptische Name für Buto, „Herr von Dep" ist eine für Osiris verwendete Bezeichnung. Erwägungen eines Zusammenhangs zwischen diesem Epitheton und dem Titel „Herr über das Rechytvolk" (in CT V 129b) bei Willems, *The Coffin of Heqata*, S. 432f.

[356] Nur als Vergottung eines Schiffsteils belegt. Gottheit in Gestalt eines Widders. Kenset ist eine Bezeichnung für Nubien.

[357] Gott in Paviangestalt, der in der Totenliteratur seiner Zeugungsfähigkeit halber eine Rolle spielt (Altenmüller, *Synkretismus in den Sargtexten*, S. 56f). Derchain hat gezeigt, dass Baba in erster Linie als zeugungsfähig, als Sohn der Nut und als Öffner der Himmelstüren charakterisiert ist (Derchain, Bébon, le dieu et les mythes, *RdÉ* 9, S. 46). In CT V 12e (auf T1L) trägt er den Beinamen „ältester Sohn der Nut". Hornung vermutet, dass es diese Rolle ist, die Baba, den „Stier der Nacht", zum Herrn von Nuts Kindern und damit des gestirnten Nachthimmels macht (Hornung, *Nacht und Finsternis im Weltbild der Alten Ägypter*, S. 23).

V 135a	[Ihr Zufluchtsort sind die Rippen von Isis und Osiris].
V 135b	[Ihre Intu][358] ist die Achsel [Babas].
V 136a	[Ihre Maau][359] sind das Hesemut-Ungeheuer, [das die Libyer frisst].
V 136b	[ ] sind die Fremdartigen, die im [Nun] sind.
V 137a	[Ihre Ruderpinnen] sind die Haut des Ba[360], [in dem Horus und Seth sind].
V 137b	[Ihre Sitzplanken] sind die Sitze des Horus [der (den Sand vom Körper) abgeschüttelt hat].
V 138a	[Ihre Sechet sind die Opfer dessen, der in Tschemat ist].
V 138b	[Ihre Schöpfkelle ist Heket[361] an der Mündung ihres Teiches].
V 139a	[Ihre Ruder sind das, was die Beine Babas spreizt, wenn er die Erde umkreist].
V 139b	Das Schattendach ihrer Kajüte sind [die Göttin und der Gott von Neteru].[362]
V 140a	Ihre Stützen für das Ruder sind der Unterkiefer von Isis und Osiris.[363]
V 141a	Ihr Nefu[364] ist die Schlaffheit [von Babas Arm].
V 141b	Ihr vorderes Tau ist die große Helligkeit [Res].
V 140b	Ihr Mast ist der Stern, nachdem er [die Sturmwolken am Himmel] geschlichtet hat.
V 142a	Ihr Tau, das von der Mastspitze zum Heck gespannt ist, ist der Stachelschwanz des leuchtenden Skorpions.[365]
V 143a	Ihre Segeltaue sind das Rückgrat Nehebkaus.[366]
V 142b	Ihre Ka- und Sesepet-Taue sind die Götter und Bas von Pe.[367]
V 143b	Ihre Steuerbordseite ist der rechte Arm [Atums].
V 144a	Ihre Backbordseite ist der linke Arm [Atums].
V 144b	Ihr Ruderpfosten ist Sachmet,[368] wenn sie beschützt.
V 145a	Ihre Ruderpinne ist Sachmet, wenn sie schützt.
V 145b	Ihr Segel ist Nut, die Wohlausgestattete.

---

[358] Nicht näher zu bestimmendes Schiffsteil.

[359] Nicht näher zu bestimmendes Schiffsteil.

[360] Der Ba ist der heilige Bock von Mendes.

[361] Göttin in Gestalt einer Kröte, die bei der Geburt hilft und Schutzfunktionen hat. Sie ist als Urgottheit gerne Gefährtin des Chnum (Hornung, *Der Eine und die Vielen*, S. 274). In CT II 61d ist der Verstorbene der Große, den Heket erschaffen hat.

[362] Altägyptischer Name von Behbeit el-Hagar. Nefus Stadtgötter waren Isis und Osiris.

[363] „Die Kinnladen sind eigentlich Glieder des Osiris" schreibt Hornung in seinem Kommentar zum Fährmanngespräch im Tb Kap. 99A. Hornung, *Das Totenbuch der Ägypter*, S. 476.

[364] Nicht näher zu bestimmendes Schiffsteil.

[365] Hier handelt es sich vermutlich um ein Sternbild, das aber nicht mit unserem gleichnamigen Sternbild identisch ist.

[366] Wörtlich bedeutet sein Name: „der die Ka-Kräfte einsammelt".

[367] Pe im 6. unterägypt. Gau ist die alte Residenz des Westdeltas. *RÄRG*, S. 129.

[368] „Göttin mit der zwielichtigen Natur des Löwen, meist als Frau mit Löwenkopf dargestellt. Sie sendet und heilt die Krankheiten, den feindlichen Mächten begegnet sie als verderbenbringendes Sonnenauge" (Hornung, *Der Eine und die Vielen*, S. 278).

V 146b	Ihre Ruder und Bootsstangen sind die Götter und Bas von Nechen.[369]
V 147b	Ihre Laufplanke ist die Bewegung in Horus' Arm, wenn er zur Richtschnur des Horizontes [reist].
V 148a	Ihre vorderen und hinteren Taue sind der Götterbart und der Schwanz des großen Wildstieres.
V 149a	Ihr vorderer Landepflock ist die weiße Krone, wenn sie die Uräusschlange trägt.
V 149b	Ihr hinterer Landepflock ist Nechbet,[370] mit ihren Armen um Horus.
V 149c	Ihr Schlägel ist der Rückenwirbel des Ba."[371]

Sargtexte Spruch 434

V 283c	Zu dem Haus der Göttin Hut[372] [bin ich emporgestiegen als der Gott Hu].
V 284a	Ich bin Imi-chau-her.[373]
V 284b	[Ich suche] Osiris bis nach Heliopolis.
V 285a	Ich bin ausgesandt worden von diesem Großen, dem Allherrn, der nicht stirbt.

3.3 Der Ritualisierungsprozess im verschlossenen Sarg

Die Situation, die die rituellen Handlungen, die im Sarg stattfinden, auslöst, ist mit dem Verschließen des Sargdeckels gegeben. Von diesem Augenblick an sind alle Einzelteile des Sarges zusammengefügt und es ist für die Verstorbene ein geschlossener Raum entstanden, der sie umhüllt und verbirgt. Durch das Hineinlegen der im Bestattungsritual vorbereiteten Toten in den Sarg ist eine Verbindung zwischen der *Person* und ihrer jetzigen Umwelt hergestellt. Von da an ist Senebi bei ihrer Mutter Nut und hat ihre Geschwister bei sich: Nephthys am Kopf und Isis zu ihrem Schutz bei den

[369] Altägyptischer Name von Hierakonpolis.

[370] Oberägyptische Schutzgöttin des Königs in Geiergestalt.

[371] Anstatt des Ba kann hier auch der Bock von Mendes gemeint sein.

[372] Nur M3C hat die Göttin *Ḥwt*  Bei dem anderen Sarg aus Meir, M22C ist die Stelle leider zerstört. Die übrigen Särge haben die Göttin *Ḥwrt* 

[373] Der Göttername Imi-Chau-Her (*Ỉmj-ẖ3w-ḥr*) ist sonst nirgends belegt. Vergl. *LGG* I, S. 247. Faulkner versucht eine Übersetzung von CT V 284a mit: „He who is with the face-measurer" (Faulkner, *The Ancient Egyptian Coffin Texts* II, S. 74); Barguet lässt den Götternamen unübersetzt (Barguet, *Les textes des sarcophages égyptiens du Moyen Empire*, S. 326).

Füßen. Sie liegt mit gestreckten Beinen auf ihrer linken Seite, der Kopf ist gestützt.[374] Ihre Selbsteinschätzung ist zu diesem Zeitpunkt identisch mit der Auffassung, der sie in den Fugeninschriften Ausdruck verliehen hat: Sie sieht sich als eine müde, träge und matte Person in ihren Mumienbinden. Sie ist wie eine Schlafende gelagert worden, der Sarg umschließt sie als eine regenerative Umhüllung, um sie zu aktivieren, aus ihren Fesseln zu befreien und (entsprechend dem Nutspruch auf der westlichen Gehrung der Nordwand) zu schützen.

Mit Hilfe der reproduzierten Personenkonstituenten, die im Sarg greifbar sind, wird im Laufe des Ritualisierungsprozesses durch Bild- und Sprechhandlungen im Bereich der *Religiösen Welt* ein Bild von der *Person* erzeugt. Wie sich dieses für die Sargbesitzerin Senebi gestaltet, soll nun untersucht werden. Die gesamte bildliche und textliche Ausstattung des Innenraumes wird im Hinblick auf die im Sarg liegende *Person* analysiert. Dabei wird entsprechend ihrer Hörbarkeit oder Sichtbarkeit von dem Blickwinkel der Toten ausgegangen. Anhand dieser Rekonstruktion sollen anschließend die *an die Person gebundenen Faktoren* untersucht werden.

Die Fragen, die im Rahmen der Untersuchung an das Material gestellt werden, betreffen die Gebrauchssituation der Bilder und der Aussagen, ihren semantischen Kontext innerhalb des Ritualisierungsprozesses und die Wirkung als rituelle Bild- oder Sprechhandlungen: Wer ist der Sprecher oder Geber? Wer sind die Adressaten oder Empfänger? Wann wird was gesagt oder gegeben? Welchen Handlungsraum nimmt die *Person* durch die Ritualisierung in Besitz? Wie verändert sich die Auffassung, die die *Person* von sich selbst gewinnt, beziehungsweise die Einschätzung ihrer Situation? Da in der vorliegenden Arbeit das Interesse den Faktoren gilt, die an die *Person* gebunden sind, sollen die oben genannten Funktionen der Texte und Bilder nur soweit ermittelt werden, dass sie die Rekonstruktion des Handlungsverlaufs und dessen Wirkungen für die *Person* in der aktuellen Situation erlauben. Zunächst soll der gesamte Ritualisierungsprozess rekonstruiert werden.

---

[374] Seidlmayer hat bei den Gräbern der 11. Dynastie in Elephantine festgestellt, dass die Kopfstütze oft dieselbe war, die der Begrabene auch zu Lebzeiten benützt hat (Seidlmayer, Die Ikonographie des Todes. In: *Social Aspects of Funerary Culture in the Egyptian Old and Middle Kingdoms,* S. 227).

Ostseite des Sarges

Schriftband

Übersetzung siehe S. 79

Wie die bisherige Untersuchung erwiesen hat, wird am Beginn der Ritualisierung von einer zwar passiven aber nicht leblosen *Person* ausgegangen. Sie kann hören und ihre Worte werden von einer Göttin vernommen, die auf die Klagen der Toten hin auch handelt. Der Sprecher ist anonym, er handelt stellvertretend für die Verstorbene. Das Ritual wird mit einem Wunsch für diese eingeleitet: Alle Götter mögen ihr die Riten vollziehen. Wie Schott gezeigt hat, werden die Götter versammelt, die, wie einst für Atum, nun für die Tote zusammenkommen.[375] Die Götter Osiris und Thot repräsentieren den ontologischen Bereich, in dem die Tote sich nun befindet. Das Land Ägypten ist durch den König als Opferherr, sowie seine beiden Landeskapellen und das religiöse Zentrum Heliopolis als Orte des Ritualvollzugs vertreten.

Der Sprecher richtet das Wort an die „ehrwürdige Senebi, die Gerechtfertigte" im Sarg. Senebi wird mit ihrem Namen angesprochen. Ihr Name ist im Mittleren Reich sehr häufig belegt.[376] Er bedeutet ungefähr: „Sei gesund" und wurde sowohl Knaben als auch Mädchen gegeben. Nach Vernus wurden Personennamen um des wesenhaften Zusammenhanges willen, der zwischen Signifikant und Signifikat besteht, gewählt.[377] In der Bezeichnung Atums als Schöpfergott, „der seinen Namen schuf"[378] zeigt sich die Korrelation von Namensträger und Sein. Eine Folge von der Wirkungsmächtigkeit des Namens ist, dass die Anrede mit dem Namen seinem Träger die Existenz sichert. Bonnet beachtet den akustischen Effekt: „[Der Name] hält für das Ohr eine bestimmte Wirklichkeit fest und schließt sie damit wesenhaft in sich".[379] Der Verlust des Namens bedeutet den Verlust der Identität. Daraus ergibt sich die an ägyptischem Material gut belegte Verwundbarkeit oder gar Tilgung des Individuums, wenn sein Name nicht genannt wird.

Die Bedeutung, die Geburtsumständen bei der Namensgebung beigemessen wurde, wird von Junge als Faktor aufgegriffen, der zur Wirkung des Namens als Ausdruck für Identität und Wesen eines Menschen beiträgt.

---

[375] Schott, Die Opferliste als Schrift des Thoth, *ZÄS* 90, S. 106.

[376] Ranke, *Die ägyptischen Personennamen* I, S. 313.

[377] Vernus, Name, Namengebung, *LÄ* IV, Sp. 320.

[378] CT IV 188.

[379] *RÄRG*, S. 501.

Junge sieht die Vorgänge um Empfängnis und Geburt als den Namen motivierend, und zwar in erster Linie, weil die Namensgebung bei der Empfängnis oder der Geburt selbst geschieht und „ein Ereignis bei Geburt/Empfängnis ganz bewusst mit einem Wort belegt werden kann, das den erwünschten Namen lautlich einführt“.[380] Der Name ist Ausdruck für die Umstände unter denen ein Mensch ins Leben tritt. Derselbe Autor schließt daraus, dass den Vorgängen um Empfängnis und Geburt ein entscheidender Einfluss auf Persönlichkeit und Schicksal zugemessen wird. Als Aussage über seinen Träger gewinnt dann der Name selbst intensionale Bedeutung. Junges These bietet eine mögliche Erklärung für die Bedeutung des Namens als Konstituente der sozialen *Person*: Der Name repräsentiert die *Person* und die *Person* ist soviel Wert wie ihr Name. Schenkel weist ebenfalls darauf hin, dass der Name zwar konstitutiver Bestandteil einer *Person* ist, jedoch nicht mit dieser identisch.[381] Er führt als Gründe den zeitlichen Abstand zwischen der Entstehung einer Sache und ihrer Namensgebung, die Vielnamigkeit und die mögliche Namenlosigkeit bei Göttern an. Demnach umfasst der Name zwar die ganze *Person*, sie erschöpft sich aber nicht in ihrem Namen.

Oosten schreibt bezüglich der praktischen Handhabung der Konzeption ‚Person' in westlichen Kulturen: „The concept ‚person' is used to indicate the human individual to whom certain rights can be assigned and who may be held responsible for his actions“.[382] Dieses trifft im Hinblick auf die Erhaltung des Individuums auch auf das pharaonische Ägypten zu. Die Bezeichnung „Gerechtfertigte“ ermöglicht der Verstorbenen als juridische Person die Nachfolge, das heißt die Horusschaft. Der zugesprochene Status vermittelt ihr die Aufnahme bei den Göttern als jemand, der richtig gehandelt hat. Dieses konsequenzethische Prinzip könnte meines Erachtens auch dem Beinamen „Ehrwürdige“ zugrunde liegen. Die Anrede sichert der Toten, auch wenn sie im Sarg liegt, alle Eigenschaften, die im Begräbnisritual die Gesellschaft der Lebenden dem Ka der Toten zuerkannt hat.[383]

Durch die Anrede im Sarg erfolgt die Konstituierung der sozialen *Person* in ihrer neuen Umgebung.[384] Die Wirkung des Sprechaktes lässt sich

---

[380] Junge, Zur „Sprachwissenschaft“ der Ägypter, *Festschrift Westendorf* I, S. 266.

[381] Schenkel, Sprachbewußtsein, *LÄ* V, Sp. 1173.

[382] Oosten, A Few Critical Remarks on the Concept of Person. In: *Concepts of Person in Religion and Thought,* S. 25.

[383] Und zwar auch dort in der ersten Formel, mit der die Tote (im Schriftband auf der Ostseite des Sarges) angesprochen wird. Siehe S. 51.

[384] Die Anrede der Toten durch einen anonymen Sprecher steht im Gegensatz zu der von Servajean angenommenen Situation bei performatorisch wirkenden Sprechhandlungen, die der Tote vollzieht. Nach ihm werden diese in der Präexistenz ausgeführt, in der noch

anhand von Judith Butlers Auffassung von performatorischer Sprache zeigen: „Language sustains the body not by bringing it into being or feeding it in a literal way; rather, it is by being interpellated within the terms of language that a certain social existence of the body first becomes possible".[385] Dieser Effekt trifft in besonderem Maße auf einen Dialog zu, in dessen Verlauf Personen auf verschiedenen ontologischen Ebenen adressiert werden, da durch die Ritualisierung den Sprechern durch Göttlichkeit ein hoher Grad an Autorität zuerkannt wird. Form und Inhalt des Sprechaktes erzeugen die Intention zu einer rituellen Handlung, die im Interesse der *Person* liegt, durch Opfer initiiert wird, und durch die Götter ausgeführt werden soll. Durch die Anrede mit ihrem ehrenwerten Namen wird Senebi an ihrem jetzigen Aufenthaltsort als soziale und juridische *Person* konstituiert.

Abbildungen

Beschreibung siehe S. 79f.

Die Prunkscheintür nimmt fast die ganze Höhe der Ostwand auf der Innenseite des Sarges ein. Sie ist in Kopfhöhe der Toten aufgemalt. Bolshakov hat sehr unterschiedliche Lokalisierungen der Scheintür in den Gräbern festgestellt.[386] Sie befindet sich nur in wenigen Gräbern vor dem ‚Westen', das heißt vor dem Grabschacht. Stattdessen ist sie einem Vorratsraum vorgelagert oder an der Süd-, Ost- oder Westwand, einmal sogar an allen vier Wänden angebracht. Auf Grund dieser Befunde kann aus der Lokalisierung der Scheintür im Grab nicht auf die im Sarg geschlossen werden. Bolshakovs Untersuchung der Inschriften bestätigt hingegen die Funktion der Scheintür als der wichtigste Platz zur Ausübung des Totenkultes, der Ort, an dem die Opfergaben abgelegt werden und sie der Grabbesitzer entgegennehmen kann. In der Grabkapelle, das heißt auf der den Lebenden zugewendeten Seite der Scheintür, kann der Grabbesitzer die Speisen auf unterschiedliche Weise entgegennehmen: Erstens, in den Inschriften in der Form seines Namens oder seines Ka, zweitens, als Bild, das ihn häufig am Opfertisch sitzend darstellt oder, drittens, als seine Ka-Statue. In einer Inschrift aus Saqqara kommt der vom Grabbesitzer ernannte Totenpriester

---

kein „Du" exisitiert. Servajean, *Les formules des transformations du Livre des Morts à la lumière d'une théorie de la performativité*, S. 15.

[385] Butler, *Excitable Speech*, S. 5.

[386] Bolshakov, *Man and his Double in Egyptian Ideology of the Old Kingdom*, S. 135–143.

durch die Scheintür hervor, um seinem Herrn zu dienen und ihm die Opfer zu bringen.[387]

Bei ägyptischen Türen wird immer nur die Außenansicht dargestellt.[388] Die Prunkscheintür im Sarg ist folglich die der Toten zugewendete Außenseite der Scheintür in der Grabkapelle. Assmann[389], Bolshakov[390], Kristensen[391] und o'Brien[392] wenden den Symbolgehalt einer Tür als Horizontübergang für den Toten auch auf die Scheintür an. Mit Brunner[393] ist jedoch sorgfältig zwischen dem Osttor und dem Westtor zu unterscheiden. Dementsprechend ist meines Erachtens zwischen dem Ausgang aus dem Grab und der Scheintür zu trennen. Der Ausgang aus dem Grab führt in die Tageswelt hinaus und repräsentiert deshalb stets symbolisch eine Übergangsstelle, die der Tote am östlichen Horizont benützt. Die Scheintür hingegen bildet den Eingang zum Westen und stellt als solche einen Ort zur Kommunikation zwischen den Lebenden und der Toten in der Nekropole dar. Für diese Trennung spricht auch die Schreibung von Hathor beziehungsweise Nephthys auf dem Sarg M5C, wo 𓉗 *ḥwt* mit zwei sich diagonal gegenüberliegenden Türen und einem Trennstrich in der Mitte geschrieben ist.[394]

Das auf der Außenseite des Sarges an derselben Stelle angebrachte Augenpaar bietet ebenso eine Vorderansicht und dient als solches zur Kommunikation der besonnten Welt mit der Sarginhaberin. Die Augen fungieren meines Erachtens als Übergangsstelle für die Sonnenwirkungen (in den Texten als „Erzeugnisse Res" bezeichnet),[395] die zur Toten in der Form ihres Ba und ihres Schattens zurückkehren. Dieses Verständnis spricht gegen Willems' Vermutung, der als Funktion für ein außen auf der

---

[387] Grab des *Jꜣrtj*, Türsturz CG 1634, siehe Bolshakov, *Man and his Double in Egyptian Ideology of the Old Kingdom*, S. 139f.

[388] Brunner, Die Rolle von Tür und Tor im Alten Ägypten. In: *Das hörende Herz*, S. 249.

[389] Assmann, *Tod und Jenseits im Alten Ägypten*, S. 286.

[390] Bolshakov, *Man and his Double in Egyptian Ideology of the Old Kingdom*, S. 142.

[391] Kristensen, *Life out of Death*, S. 109.

[392] O'Brien, The Serekh as an Aspect of the Iconography of Early Kingship, *JARCE* 33, S. 134f.

[393] Brunner, Die Rolle von Tür und Tor im Alten Ägypten. In: *Das hörende Herz*, S. 251.

[394] Wiedergabe der Schreibung 𓉗 im Photo von der Südwestecke des Sarges auf dem Titelblatt von Meyer-Dietrich, *Nechet und Nil*. Sie ist als Schreibung des Hauses in dem Götternamen Nephthys auch auf einem Sarg aus el-Bersheh belegt, MSS Gardiner Coffin B2, Photos 49–72.

[395] So heißt es z.B. in CT V 240d, e: Mögest du meinen Ba und meinen Schatten in den Ach-Zustand versetzen, auf dass sie Re in seinen Erzeugnissen sehen.

Ostseite des Sarges angebrachtes Augenpaar annimmt, dass der Tote damit die Opferspeisen sehen kann.[396]

Die Erzeugnisse der Lebenswelt kommen außerdem in der Form niedergelegter Speisen und Gegenstände zur Toten. Der Kontakt seitens der Lebenden vollzieht sich als Übergabe von Lebenskraft mittels Opfergaben, akustisch durch Aufrufe der Opfer oder Gebete in der Grabkapelle und schriftlich durch Briefe an die Toten, die dort hinterlegt wurden.[397] Die unmittelbar neben der Prunkscheintür auf M3C abgebildeten Opferspeisen sind zum Verzehr bereit. Man kann sie sich vor der Tür oder auf dem Speisetisch liegend denken.[398] In beiden Fällen befinden sie sich durch ihre Wiedergabe auf der Sargwand in Reichweite vor der Toten. Die Bildhandlungen bewirken im Ritualisierungsprozess: Die Prunkscheintür als Ort der Kommunikation zwischen den Lebenden und der Toten und die in der Grabkapelle dargebrachten Opfer werden reproduziert. Sie gelangen somit in die *Religiöse Welt* des Sarges hinein. An der Prunkscheintür, die vor ihrem Gesicht aufgemalt ist, kann Senebi im Sarg die vor ihrer Tür im Kultraum hingelegten Speisen entgegennehmen.

Die Opferliste

Übersetzung siehe S. 80ff

Neben dem Speisetisch nimmt die Opferliste den verbleibenden Platz auf der Sargwand ein. Die Geber der dargestellten Opferspeisen werden in der Formel oberhalb der Abbildungen genannt. Außer dem König und Osiris gibt Thot die Opfer. Schott hat die auf den Sarg gemalte Opferliste als Schrift des Gottes Thot gedeutet, der als Vorlesepriester die Ritualhandlungen für die Tote vollzieht.[399] Da die Tote sich im Sarg befindet, ist sie auf die akustische Übermittlung der Gaben angewiesen. Der Aufruf bildet auch das strategische Mittel zum rituellen Empfang des Opfers. Der Platz vor der Toten ist meines Erachtens gewählt, damit Senebi den Aufruf der Speisen

---

[396] Willems, *The Coffin of Heqata*, S. 48. Ebenso soll m. E. ein Augenpaar, das in manchen Särgen auf die Scheintür aufgemalt ist, dem Eindringen des Lichtes dienen. Auf M3C ist kein Augenpaar auf die Scheintür im Sarg gemalt.

[397] Bommas greift die Belege zu Briefen an die Toten aus dem Mittleren Reich auf. Da von der 11.–18. Dynastie an die Briefe auf die zu jener Zeit üblichen Ess- und Trinkgefäße aus Keramik geschrieben (Bommas, Zur Datierung einiger Briefe an die Toten, *GM* 173, S. 59) und in einer Schale Rosinen gefunden wurden, die der Witwer seiner verstorbenen Gattin gab (Verhoeven, Post ins Jenseits. In: *Bote und Brief*, S. 35), kann m. E. angenommen werden, dass Briefe, die nicht bereits ins Grab mitgegeben worden sind (gesichert durch Fundzusammenhang), vor der Scheintür niedergelegt wurden.

[398] Schäfer, *Principles of Egptian Art*, S. 219f.

[399] Schott, Die Opferliste als Schrift des Thoth, *ZÄS* 90, S. 104. Er bezieht sich dabei in erster Linie auf Quellen aus den Nekropolen Meir und el-Bersheh.

deutlich hören und auf diese Weise die Opfer entgegennehmen kann. Das bei der Seitenlage des Körpers frei liegende rechte Ohr gilt als Eingang für den Hauch des Lebens.[400]

Der Text der Opferformel, welche die Ostseite einleitet, definiert die Herkunft der Opfer aus den Tempeln und den Vollzug der Riten durch die Götter. In den Sargtexten ist die Vorstellung, dass ein Toter seine Opfer aus den Tempeln des Landes bezieht, mehrfach durch Angaben belegt, mit denen Tote die Frage nach ihrer Nahrung beantworten.[401] Die Opfer werden von Thot genannt. Die an der rituellen Handlung beteiligten Partner sind die Heiligtümer Ägyptens, die in der Opferformel aufgezählt werden, der Gott Thot, der die Gaben aufruft, und die Tote, welche die Gaben durch ihre Ohren in ihren Körper eindringen lässt. Die *Person* nimmt an einer für die Götter bestimmten und durch Götter gewährleisteten rituellen Mahlzeit teil.

Außer der Aufzählung der Speisen sind in die Opferliste Anweisungen zur Reinigung des Opfertisches, zur Räucherung und zum Kommen, sich Setzen, Darbringen und Zeigen der Speisen eingestreut. Die *Person* bekommt zuerst die für eine Teilnehmerin an einem Gottesmahl zur rituellen Reinheit benötigten Pflegemittel (Natronlauge, Schminke für die Augen, Salböle für die Haut) und Kleidung. Nachdem der Tisch genannt ist, wird sie zum Sitzen und Essen aufgefordert. Die weitere Liste besteht aus einem Sortiment von Speisen und Getränken, deren Angaben zu Art, Menge und Zubereitung die Vielfalt eines reich gedeckten Tisches verraten. Seidlmayer hat Keramikfunde mit den auf den Opferlisten abgebildeten Gefäßen verglichen und kommt zu dem Ergebnis, dass die Gefäßbeigaben nicht auf die Bevorratung des Verstorbenen zielen.[402] Die Funktion der Opferliste ist somit zweifach: Sie erweitert das aktuelle Speisenangebot für die Tote mit für Götter bestimmte Opfer. Sie sorgt durch Aufruf des Bedarfs und Anweisungen dafür, dass die Mahlzeit unter rituellen Formen dargereicht und eingenommen wird. Der Tisch und die Hes-Vasen zur Lustration sind durch ihre Darstellung unterhalb der Speisen vorhanden. Die Sprech- und Bildhandlungen bewirken: Die *Person* wird zum Sitzen

---

[400] Westendorf, *Grundriss der Medizin der Alten Ägypter* VII, S. 397.

[401] Eine häufige Formulierung ist z.B. „fünf Mahlzeiten aus Heliopolis, drei Mahlzeiten sind am Himmel bei Re. Zwei Mahlzeiten sind auf der Erde bei Geb“ (CT VI 282p–r). Weitere Belegstellen bei Assmann und Bommas, *Totenliturgien in den Sargtexten des Mittleren Reiches* I, S. 135ff, bei Meyer-Dietrich, Die göttliche Mahlzeit vor Sonnenaufgang im Alten Ägypten. In: *Le Repas de Dieu. Das Mahl Gottes*, S. 28 Anm. 46 und bei Topmann, *Die »Abscheu«- Sprüche der altägyptischen Sargtexte*, S. 90f.

[402] Seidlmayer, Die Ikonographie des Todes. In: *Social Aspects of Funerary Culture in the Egyptian Old and Middle Kingdoms*, S. 242.

und Essen in einer reinen Umgebung aufgefordert. Sie nimmt die Opfer akustisch in ihren Körper auf und bekommt für Götter bestimmte Opferspeisen und -getränke in ihren Leib.

Nordseite des Sarges

Schriftband

Übersetzung siehe S. 83

Ausgehend von dem engen Zusammenhang von Sprech- und Bildhandlungen auf der Ostseite, können Texte und Bilder auf der Nordseite ebenfalls als rituelle Tätigkeiten, die sich aufeinander beziehen, betrachtet werden. Durch sie wird im Präsens in chronologischer Reihenfolge der Ritualverlauf entwickelt. Die erste Aussage erfolgt durch einen anonymen Sprecher. Durch die Nennung des Gottesnamens wird zunächst der ontologische Bereich des Gottes Osiris, der über den Existenzbereich der Toten herrscht, hergestellt. Die Tote wird dort als Ehrwürdige angekündigt. Dass das Kommen der Sarginhaberin in neuen Bereichen angekündigt wird, ist auf einem Kastensarg aus derselben Nekropole durch pyr. 155a–159b belegt.[403]

Die dargestellten Gegenstände sind Salböle und Augenschminke. Die auf die Darstellung folgende Sprechhandlung ist eine Installationsrede des Schreibers der Hathor, der am Kopf gesalbt ist. Es geht aus seinen Worten eindeutig hervor, dass er die Salböle verwendet hat. Die Salbung, die einen Rechtsakt zur Autorisierung eines Beamten bei der Einsetzung in sein Amt darstellte, berechtigt den Schreiber im Bereich der Götter für Senebi zu handeln. Dadurch kann sich die Sargbesitzerin der Götterwelt nähern. Der auf dieser Sargseite skizzierte Handlungsverlauf wird durch die Ankündigung bei einem Gott eingeleitet. Er macht somit obige Interpretation der einleitenden Formel im Schriftband als Ankündigung der *Person* bei einem Gott plausibel.

Abbildungen

Beschreibung siehe S. 83.

Zwei Beutel Augenschminke und sieben Gefäße mit Salbölen stehen auf einem Tisch. Auf der Ostseite war durch Bildhandlungen der Ort der akustischen Kontaktaufnahme (Scheintür) und das Mittel zur Kommunikation (Opfer) in der *Religiösen Welt* hergestellt worden. Auf der Nordseite folgt nun die Bereitstellung der Mittel (Salben und Schminke) zur berechtigten (in der Rolle des Schreibers) und optischen Kontaktaufnahme der Toten mit

---

[403] M5C, Westseite pyr. 155a–159b.

ihrer Umwelt. Da sich die Präparate am Kopfende befinden, sind sie für das Schminken der Augen und Salben der Stirne schon griffbereit an dem Platz, an dem sie verwendet werden. Als Gaben an den Toten ist die Aufzählung von Augenschminke und Salbölen, wie sie im Opferritual erfolgt, in den Pyramidentexten und auf den Särgen G1T und A1C überliefert.[404]

Die Augen, die in Ägypten immer von vorne und dadurch auch ganz abgebildet werden, sind in der Mumienmaske, auf die sich während des Mittleren Reiches die Bemühungen konzentrieren, groß und deutlich herausgearbeitet. Zur Ausstattung ihres Körpers mit Augen bekommt die Tote nun in der Form der erforderlichen Kosmetika auch die Mittel um ihre Augen zu pflegen und gesund zu erhalten. Sie sind nicht nur als Schönheits-, sondern auch als Heilmittel zu betrachten, da sie, wie Roeder gezeigt hat, bei ihrer Verwendung im Ritual zur Restitution des Gesichts dienen.[405] In Spruch CT 934 wird der Effekt der Augenschminke für die Verstorbene genannt: „Ein Beutel grüner Augenschminke, ein Beutel schwarzer Augenschminke. Jener Osiris NN, ich gebe dir das schwarze und das weiße Horusauge, mögen sie sich deinem Antlitz anfügen, mögen sie dein Gesicht erhellen (*sḥḏ*)“.[406] Die Gabe des Horusauges in Form der Schminke erhellt das Gesicht der Verstorbenen in der Morgendämmerung. Roeder macht in diesem Zusammenhang auf *ḥḏ* als gemeinsamen Wortstamm in den Begriffen „Morgendämmerung“ (*ḥḏ-tꜣ*), „Gesichtserhellung“ (*sḥḏ-ḥr*) und „Hellsein gegen“ (*ḥd r*) als Feindvernichtung aufmerksam.[407] Die Helligkeit des Gesichtes schützt die *Person* in ihrem Osiris-Dasein auch gegen ihre Feinde: „Horus hat dir dein Auge geöffnet, mögest du mit ihm sehen in seinem Namen Wegeöffner“.[408] Die Sehfähigkeit der Toten muss täglich durch Ba und Schatten, die die Tote „am Scheitel Res“ sehen wird,[409] aufgefrischt werden. Diese kehren, aus der Tageswelt kommend, abends zum Körper der Toten zurück. Der von Roeder angenommene Zeitpunkt für die Gesichtserhellung lässt sich mit dem Licht des Sonnenaufgangs und den kosmischen Ereignissen, an denen die *Person* auf der Erde teilnimmt, in Einklang bringen. Der Zeitpunkt stimmt jedoch nicht mit der Rückkehr von Ba und Schatten zu Mumie und Gesicht (beziehungsweise Mumienmaske) im Sarg überein.

---

[404] PT 50, CT 933 und CT 934. Auf G1T sind die Rezitationen unter die Darstellung der Gegenstände im Gerätefries geschrieben, vergl. Buck, *The Ancient Egyptian Coffin Texts* VII, S. 134 Anm. 1.

[405] Roeder, *Mit dem Auge sehen*, S. 320.

[406] CT VII 134i. Übers. Roeder, *Mit dem Auge sehen*, S. 320.

[407] Roeder, *Mit dem Auge sehen*, S. 321.

[408] Pyr. 643a.

[409] So lautet die Formulierung auf der Westseite in CT II 92 a.

Nach Roeder[410] ist die Wirkung verschiedener Salböle, die der Toten gegeben werden, folgende: Sie bewirken, dass die *Person* die Freude der Götter weckt,[411] sie rechtfertigen sie,[412] sie vergöttlichen sie[413] und verleihen ihr Macht und Ansehen.[414] Der für die Wirkung von Schminke und Salben gebräuchliche Ausdruck „Erhellung des Gesichtes“ (*sḥd-ḥr*) und die Wirkung der Salben, die Freude der Götter zu wecken deutet meines Erachtens darauf hin, dass die Mittel der Verstorbenen darüber hinaus zur Pflege ihrer Schönheit im Sinne von Vollkommenheit (*nfrw*) dienen. Nach Schoske ist der Zweck der kultischen Versorgung mit Salbölen im täglichen Tempelritual die Schönheit der Götter zu erhalten. Besonders ist die Göttin Hathor mit diesem Schönheitsideal verknüpft.[415] Die Darstellung einer Schminkszene auf einem Kalksteinrelief der 11. Dynastie[416] und Frisierszenen auf den Steinsärgen der Prinzessinnen Kawyt und Kemsit[417], dem Sarg des Henui[418] sowie im Grab der Königsgemahlin Nofru[419] verweisen auf die Bedeutung der rituellen Körperpflege einer Verstorbenen. Auch Senebi geht es um die Vollkommenheit und Anziehungskraft ihrer Erscheinung, wenn sie sich im folgenden Spruch als „Schreiber der Hathor, der von ihr geliebt wird“ vorstellt.

Sargtexte Spruch 533

Übersetzung siehe S. 83f

Die Sprecherin ist Senebi. Sie ergreift zum ersten Mal das Wort. Sie präsentiert sich als Schreiber der Göttin Hathor. In ihren Aussagen, die unterhalb der Salbengefäße und Schminkbeutel stehen, bezeichnet sie sich als eine *Person*, bei der diese Gaben angewendet worden sind:

VI 127b–d Ich bin ein am Kopf Gesalbter,
Einer, der vorne am Scheitel ist, der die beiden Arme vereint,

---

410 Roeder, *Mit dem Auge sehen*, S. 100ff.

411 Pyr. 1803a–1804a.

412 CT VII 105n–u, CT VII 138k, CT VII 49a–r.

413 CT VII 49a–r mit Anmerkungen und Textparallelen bei Roeder, *Mit dem Auge sehen*, S. 101 Anm. 333 und S. 102 Anm. 336.

414 Pyr. 2071–2073 und pyr. 2074–2075.

415 Schoske, *Schönheit – Abglanz der Göttlichkeit*, S. 5ff.

416 Stead, *Egyptian Life*, S. 53, Abb 72. Quellenangabe nach Schoske, *Schönheit – Abglanz der Göttlichkeit*, S. 31 Anm. 30.

417 Klebs, *Die Reliefs und Malereien des Mittleren Reiches*, S. 32f und Abb. 20–22.

418 1. Zwischenzeit. Schoske, *Schönheit – Abglanz der Göttlichkeit*, Abb. 16.

419 11. Dynastie, Grabrelief aus dem Grab der Nofru, Deir el-Bahari. Heute Brooklyn Museum 54.49. Quellenangabe nach Wildung, *Sesostris und Amenemhet*, Abb. 45.

ink ḥkn m tp.f
ḫnty wpwt dmḏ ꜥwy

Die Salbung wurde als Rechtsakt vollzogen. Durch sie wurde der Beamte zur Ausübung seines Amtes vom Pharao autorisiert.[420] Nach Kutsch stellte die Salbung eines Beamten die Ermächtigung durch eine übergeordnete Instanz dar, der gegenüber der Gesalbte in einem Abhängigkeits-, zugleich aber auch in einem Schutzverhältnis steht. Sie bezieht sich mehr auf das Verhältnis des Gesalbten zu dem der ihn gesalbt, „ermächtigt" hat, als auf sein Verhältnis zu seinen Untertanen.[421] Solcherart ist auch die Beziehung der Sprecherin als Schreiber der Hathor zu der ihm übergeordneten Instanz (Hathor und Atum) im vorliegenden Text. Ausgehend von der Wirkung der Salbung als Rechtsakt bei der Amtseinsetzung eines Beamten, präsentiert sich Senebi in ihrer Schreiberrolle als eine *Person,* die für ihre Stellung als Schreiber einer Göttin ermächtigt ist. Sie notiert und rezitiert die Texte zu den Gaben, die in den Tempeln der Göttin Hathor geopfert werden. Ihre spezielle Fähigkeit kommt in der Apposition „ein Gefährte Sias" zum Ausdruck, die besagt, dass ihr Können mit Erkenntnis (*siꜣ*)[422] gepaart ist. Sie verbindet mit ihrer Tätigkeit als Schreiber und Vorlesepriester folgende Intentionen:

VI 129b Möge ich die Uch-Symbole zu ihren Plätzen geleiten (2 mal)
am Tag der Zuweisung der Maat.
sšm.i wḫw r swt.sn (2×)
hrw ip mꜣꜥt

Der Uch ist ein Gegenstand, der im Hathorkult verwendet wird. In der Abbildung auf der Westwand der Grabkapelle B2 in Meir[423] wird der Uch von dem Grabbesitzer in der Hand gehalten. Der Griff des Gerätes ist als Wasser gekennzeichnet. Oberhalb der Hand teilt sich der Griff in drei Papyrusstengel. Auf den Papyrusblüten wird ein Pylon[424] von zwei Falken

[420] Eine weitere Möglichkeit wäre auch die Bedeutung der Salbung als Rechtsakt bei der Antrauung eines vornehmen Mädchens. Durch die Salbung wird der Ausschluss des Rechtsanspruches eines jeden Dritten auf das Mädchen dargestellt und bewirkt. (Kutsch, *Salbung als Rechtsakt im Alten Testament und im Alten Orient*, S. 27–33.) Diese Möglichkeit ist jedoch für Ägypten nicht bezeugt und auf Grund der Sprecherrolle und des Textinhalts von CT 533 kaum in Betracht zu ziehen.

[421] Vergl. Kutsch, *Salbung als Rechtsakt im Alten Testament und im Alten Orient*, S. 34f. Siehe auch Bonnet, *RÄRG*, S. 648. Auch die Apposition zum Schreiber „der von ihr geliebt wird" kann als Ausdruck dieses Verhältnisses gelesen werden.

[422] Siehe Anm. 231 in der Übersetzung.

[423] Blackman, *Meir* II, Taf. 15.

[424] Pylon ist ein Tempeltor oder der Ausgang eines Götterschreins.

flankiert, die jeder eine Federkrone tragen. In einem Text aus der 19. Dynastie wird der Gegenstand angeredet: „Du großer Uch, welcher im Himmel beginnt und in die Unterwelt reicht“.[425] Die Symbolkombination des Uch setzt sich somit aus dem Urwasser, der erzeugten Dreiheit und dem Himmel zusammen. Der Gegenstand kann deshalb als Ausdruck für die Vereinigung mit dem Tageshimmel dienen, die von der Toten beabsichtigt ist. Aussagen zur Vereinigung der Toten mit der Göttin Hathor (in ihrer Rolle als deren Schreiber) werden von Senebi zweimal gesprochen. Dieses ist der Fall in dem oben zitierten CT VI 129b und ebenso in:

VI 130b Um für Ikenset das Sistrum zu spielen bin ich gekommen. (2 mal)
ỉj.n.ỉ ḫnj.ỉ Ỉknst (2×)

Die Tote beschreibt ihre Rolle bei der Vereinigung mit der Göttin des Tageshimmels als „Einer, der die beiden Arme vereint“ (CT VI 127d). Auf die Metapher „Arme“ greift die Sprecherin zurück, wenn sie der Hoffnung auf diese Vereinigung Ausdruck verleiht:

VI 129c Möge Hathor ihre beiden Arme mir entgegenstrecken.
dj Ḥwt-ḥr ꜥwy.s r.ỉ

Außer sich selbst schreibt die *Person* auch der Göttin Hathor die Ausführung der Vereinigungsgeste zu. Durch die Beteiligung beider Partner an der Umarmung und die zweifache Ausführung der Sprechhandlung bewirkt die Sarginhaberin ein gegenseitiges Agieren. Die Zuneigung der Göttin, die sie sich durch ihr eigenes verdienstvolles Handeln in der männlichen Rolle des Schreibers erwirbt, soll die Geste jedoch motivieren:

VI 130a Ich bin ihr Schreiber, der von ihr geliebt wird,
der jeden Tag das tut, was sie liebt.
nk sš.s mrry.s
ỉrr mrrt.s rꜥ nb

Die Tote erwirkt sich durch ihr Tun als Schreiber der Hathor die Zuneigung der Göttin des Tageshimmels. Zwei Eigenschaften der Göttin sind in diesem Text angesprochen und werden von Senebi für ihre Zwecke eingesetzt: Hathor ist die Göttin der Liebe (CT VI 130a) und der Musik (CT VI 130b). Allam bringt Belege, in denen das Verweilen der Göttin am Himmel betont wird.[426] Dementsprechend wird durch die Vereinigung mit Hathor der Auf-

---

[425] Lange, *Der magische Papyrus Harris*, S. 72, II 1–4; Komm. S. 75f.

[426] Allam, *Beiträge zum Hathorkult*, S. 100ff.

stieg zum Himmel ins Werk gesetzt. Er wird von der Toten in der *Religiösen Welt* als die Verwendung von Uch und Sistrum wiedergegeben.

Aus der rituellen Handhabung dieser Gegenstände, die ikonographisch belegt ist, lässt sich schließen, dass diese zum Ausdruck einer spiegelbildlichen Vereinigung dienen:[427] Der Grabbesitzer oder die Priesterinnen der Hathor stehen aufrecht. Die Position des Ritualisten verkörpert eine Aufwärtsbewegung. Im Erheben der Hand mit dem Kultgerät etwa in Augenhöhe und dem häufig leicht schrägen Halten des Uchs oder des Sistrums werden die Symbole der Göttin gezeigt. Durch die Geste wird ein Gesehen- und Ansichtigwerden der Göttin rituell erzeugt. Dass sich die Begegnung der Sprecherin mit Hathor ebenfalls von Angesicht zu Angesicht vollzieht, wird in der Einführung ihrer Rede deutlich, in der sie sich als „Einer, der vorne am Scheitel ist" (CT VI 127c) vorstellt. Sie betont, dass sie mit der beabsichtigten Vereinigung von Göttin und Schreiber (Verwendung der Prospektive in CT VI 129b, c) für die Götter handelt. Die Umarmung vollzieht sich zur Versorgung von Nachtbereich und Tagesbereich mit Nahrung (CT VI 130c–d), wobei der Nachtbereich als der Gott Atum und der Tagesbereich als die Göttin Hathor personifiziert werden.

Es erfolgt noch keine direkte Anrede eines Gottes mit Namen. Die rituelle Funktion der Sprechhandlung besteht deshalb in der Präsentation eines Schreibers, der die Verbindung zwischen der Verstorbenen und der Göttin Hathor herstellt. Er stellt sich mit einer Installationsrede vor: Er bezeichnet sich durch die Salbung als autorisiert. Er qualifiziert sich durch seine Tätigkeiten. Er verleiht seinen Hoffnungen auf Zusammenarbeit Ausdruck und begründet seine weiteren Absichten positiv als ein Handeln, um Hathor zu erfreuen und diese Göttin und Atum mit Opferspeisen zu versorgen. In der letzten Aussage des Spruches (CT VI 130e, f), mit der auch die Sargseite abschließt, wird der Zweck seiner Handlungen innerhalb der *Religiösen Welt* genannt: Er öffnet für Senebi die Türen.

Da der Schreiber seine Tätigkeiten „im Inneren des Horizontbereiches der Hathor" (CT VI 129a) verrichtet, handelt es sich bei den Türen um die Horizontpforte, welche die Tote durchschreitet, wenn sie in die Tageswelt hinaustritt. Durch die Aussage wird die Horizontgegend als Umfeld der Göttin Hathor in die *Religiöse Welt* eingebracht. Die *Person* dringt dort in die Götterwelt vor. Bei der, in Buchbergers Terminologie, „ontischen Ebenentransgression" handelt es sich um eine Plausibilisierungsstrategie für die Kontinuität personaler Existenz über den Tod hinaus. Sie stellt den Verstorbenen „in den Sinnhorizont der Götterwelt, wodurch ihm, *via* ‚Ana-

[427] Blackman, *Meir* I, Taf. II, Meir II, Taf. XV. Manniche, *Music and Musicians in Ancient Egypt*, Abb. 74, Grab in Kom el-Hisn.

logie' oder ‚Identifikation' (besser: ‚Spezifikation' bzw. ‚Qualifikation') zumindest näherungsweise ‚göttlicher Status' zugesprochen wird".[428]

Westseite des Sarges

Schriftband

Übersetzung siehe S. 84

Auf der Westseite werden Senebi die Opfer zu den Festtagen zugesichert. Der Sprecher ist anonym. Die Tote wird nicht direkt angesprochen. Der König und Anubis geben ihr die Anrufungsopfer zu allen Festen des Himmels und des Zeitenlaufes, die einen Neubeginn kennzeichnen oder (wie die fünf Schalttage) diesem unmittelbar vorangehen. Für die Form des Opfers gilt das oben Gesagte: die *Person* ist weiterhin im Sarg und als solche auf die akustische Übermittlung der Gaben angewiesen. Schott schreibt im Hinblick auf Darstellungen des Grabherrn: „Insofern die Bilder das Leben des Grabherrn bekunden, können sie seine Teilnahme am Talfest als die eines der Lebenden einschließen".[429] Seidlmayer legt das Gewicht auf die Aufrechterhaltung der physischen Funktionen des Verstorbenen, denn nur „mit Toten, die essen und trinken ist es möglich [...] in einer rituell geregelten sozialen Beziehung zu verbleiben.[430]

Die Feste der Nekropole betten den Verstorbenen in das Festjahr der Lebenden ein und verbinden ihn dadurch mit der Welt der Lebenden. Die Lebenden verbinden sich als Teilnehmer an den Festen in der Nekropole mit der Welt der Toten. Dieses geschieht nach Assmann, durch die im Fest stattfindende „Transzendierung des Alltags".[431] Das Aufeinander-bezogensein bestimmt laut Seidlmayer die gesamte räumliche Disposition der Friedhofsanlage.[432] Durch die Opfer, die die Opferherren aus beiden Bereichen zusammen geben – dem der Lebenden, vertreten durch den König, und dem der Toten, repräsentiert durch Anubis – wird Senebi erneut gestärkt. Sie bekommt ihrem Leib Speise und Trank zugeführt und wird in das Festjahr der Lebenden eingebettet.

---

428 Buchberger, *Transformation und Transformat*, S. 156.

429 Schott, *Das schöne Fest vom Wüstentale*, S. 7. Das Talfest ist ein Fest der thebanischen Nekropole.

430 Seidlmayer, Die Ikonographie des Todes. In: *Social Aspects of Funerary Culture in the Egyptian Old and Middle Kingdoms,* S. 244f.

431 Assmann, Der zweidimensionale Mensch: Das Fest als Medium des kollektiven Gedächtnisses. In: *Das Fest und das Heilige,* S. 17.

432 Zu diesem Ergebnis kommt Seidlmayer bei der Nekropole von Elephantine. Siehe Seidlmayer, Die Ikonographie des Todes. In: *Social Aspects of Funerary Culture in the Egyptian Old and Middle Kingdoms,* S. 245.

Abbildungen

Beschreibung siehe S. 85f.

Im Westen bekommt die *Person* mittels der Bildhandlungen die Gegenstände, die sie zur Fortsetzung ihrer Existenz bei den Göttern benötigt. Nach der Inschrift in Grab Theben 60 nehmen der Grabbesitzer Antefoker und seine Frau Senet die Gaben am Neujahrsfest entgegen.[433] Das lässt sich gut mit dem auf M3C oberhalb der Gegenstände geäußerten Vorhaben in Einklang bringen, demzufolge die Tote ihre Opfer zu den Festen erhalten wird. Seidlmayer stellt anhand der Grabfunde in Elephantine fest, dass die Objekte geschlechtsbezogen verteilt sind, nämlich, dass Frauen generell eine viel reichere und kostspieligere Ausstattung als Männer haben.[434] Ihnen wurden Spiegel, Schmuck und Schatullen mitgegeben, Männern hingegen Stäbe, Bogen, Pfeile und Knüppel.[435] Dieser archäologische Befund lässt sich nicht auf den Frauensarg M3C aus Meir übertragen, denn Senebi sind durch die Abbildungen außer Mitteln und Dingen zur Pflege und Ausstattung ihres Körpers ebenfalls Waffen, Stäbe und Tischlerwerkzeug in den Sarg gegeben. Ihr Besitz gestattet der Toten die Entwicklung eines von ihr erstrebten Lebensstils im Sinne von Bourdieus *Habitus*,[436] denn, wie Seidlmayer konstatiert, aus den Grabausstattungen – und das gilt gleichermaßen für die Innenausstattung des Sarges – erfahren wir nichts darüber, womit die Menschen ihr Leben zugebracht haben.[437]

Die ihr mittels Bildern auf der westlichen Sargwand gegebenen Gegenstände sind durch die physische Nähe zur Toten als ihr persönlicher Besitz, buchstäblich als ‚zu ihrem Körper gehörig' (*n ḏt + Suffixpronomen*) wie der ägyptische Ausdruck für Privatbesitz lautet, ausgewiesen.[438] Die Kennzeichnung von Objekten als persönliche Habe wird durch archäologi-

---

[433] Davies, *The Tomb of Antefoker, Vizier of Sesostris I and of his Wife Senet*, Theben 60, Taf. XIV, Komm. und Übers. S. 17.

[434] Entgegen Meskell, die Beipiele für Frauen bringt, die nur einen Bruchteil der Ausstattung von Männern haben. Meskell, *Archeologies of Social Life*, S. 185ff.

[435] Seidlmayer, Die Ikonographie des Todes. In: *Social Aspects of Funerary Culture in the Egyptian Old and Middle Kingdoms,* S. 233.

[436] Bourdieu definiert ‚Habitus' als „das generative und vereinheitlichende Prinzip, das die intrinsischen und relationalen Merkmale einer Position in einen einheitlichen Lebensstil rückübersetzt, das heißt in das einheitliche Ensemble der von einem Akteur für sich ausgewählten Personen, Güter und Praktiken" (Bourdieu, *Praktische Vernunft. Zur Theorie des Handelns*, S. 21).

[437] Seidlmayer, Die Ikonographie des Todes. In: *Social Aspects of Funerary Culture in the Egyptian Old and Middle Kingdoms,* S. 240.

[438] Zur Bezeichnung des persönlichen Besitzes in den Privatgräbern siehe Perepelkin, *Privateigentum in der Vorstellung der Ägypter des Alten Reiches,* S. 29ff.

sche Funde bestätigt. Rote Keramik aus Uch-hoteps Grab in Meir, die in die 12. Dynastie datiert wird, trägt den Namen ihrer Eigentümerin.[439]

Senebis persönlicher Besitz sind Luxusgegenstände und königliche Gewänder. Spiegel und Schmuck dienen ihrer Schönheitspflege und vervollkommnen ihre Erscheinung, Stoffe und Schurze kleiden sie und symbolisieren ihren Status. Kopfstützen und ein Löwenbett sind Ausdruck für die Lagerung eines erhöhten Körpers. Machtzeichen wie Zepter, Stäbe und Jagdwaffen sichern der *Person* das Recht über ein Herrschaftsgebiet und die Ausdehnung eines Handlungs- und Existenzbereiches, den sie in ihrem Dasein unter den Menschen nie eingenommen hat. Nach Seidlmayer vollzieht sich der Wandel von der Schlafstellung des Toten zur mehr idolhaften Aufbereitung als Mumie schon ab der ersten Zwischenzeit:

> Die ikonographischen Implikationen der neuen Bestattungsform werden besonders an Kartonagen und Särgen deutlich. Langes, oft blaues Haar, Hautfarbe als Silber und Gold, besonders aufgemalte Lotusdiademe [...] zeigen, dass in dieser Darstellungsweise nun die mythologischen Obertöne dominieren. Dies hat für die Interpretation des Todes eine direkte Auswirkung. Der Tod ist als Schlaf nicht mehr ausreichend gedeutet; er wird Transformation in eine andere Seinsweise[440]

Luxusgegenstände und Machtzeichen integrieren Senebi in ihren jetzigen ontologischen Bereich, indem sie dessen Geschmack[441] entwickelt. Durch ihren persönlichen Besitz auf der Westseite unterscheidet sich Senebi von ihrem irdischen Dasein und übernimmt als Präferenzsystem die Herrscher- und Göttersphäre, um im weiteren Verlauf der Ritualisierung dort als Ehrwürdige geschätzt zu sein und selbst achtungsgebietend auftreten zu können.[442]

---

[439] Die Opfergefäße befinden sich heute im Puschkin Museum der Schönen Künste in Moskau: Pushkin Museum I.1.a.5137, I.1.a.5138, I.1.a.5139, I.1.a.5140, I.1.a.5142. Datierung durch Hodjash und Berlev, An Early Dynasty XII Offering Service from Meir, *Essays in honour of Prof. Dr. Jadwiga Lipińska*, S. 284 und Taf. LIV–LVI.

[440] Seidlmayer, Die Ikonographie des Todes. In: *Social Aspects of Funerary Culture in the Egyptian Old and Middle Kingdoms,* S. 230. Seine Untersuchungen betreffen die Nekropole von Elephantine. Sie werden hier wegen der Datierung der Veränderung in der Auffassung vom Tod als Schlaf zum Tod als neue Daseinsform zitiert. Zur Lage des Toten in der Nekropole Meir ist nur zu sagen, dass, von der Ausgestaltung einmal ganz abgesehen, auch die Maße des Meir-Sarges JdE 42825 (Länge 195cm, Breite 48cm, Höhe 52cm) für eine Seitenlage der Mumie sprechen, da er mehr hoch als breit ist.

[441] Der Begriff „Geschmack" in diesem Zusammenhang ist ebenfalls von Bourdieu übernommen. Bourdieu, *Praktische Vernunft. Zur Theorie des Handelns*, S. 21.

[442] Zum achtungsgebietenden Auftreten einer *Person* im Daseinsbereich der Toten siehe Bickel, Furcht und Schrecken in den Sargtexten, *SAK* 15, S. 17–25.

Eine Möglichkeit die Tischlerwerkzeuge zu deuten ergibt sich durch die Identifikation von Dächsel, Meißel und Säge des Fischerbootes mit den Zähnen des Ha in dem Fangnetzspruch CT 479.[443] Der Gott Ha wird auch auf M3C in der Schiffsteilliste genannt, und zwar unmittelbar, nachdem die Tote aufgefordert worden ist, die Fähre auszuhöhlen, zu zimmern und zusammenzufügen.[444] Dementsprechend könnte das Werkzeug des Zimmermanns auch zur Fertigstellung des noch auf der Werft liegenden Bootes dienen, von dem auf M3C im Spruch CT 398 die Rede ist. Eine weitere Stützung erfährt diese Annahme durch die Darstellung der Tischlerwerkzeuge auf einem Sarg aus el-Bersheh. Dort sind diese nämlich an der „Treppe" abgebildet.[445] Ihre Platzierung an der Anlegestelle des Bootes legt ebenfalls die Verwendung beim Schiffsbau nahe. Die *Person* bezieht sich auf die Verwendung der Werkzeuge in einem Text, der auf dem Sargboden steht. Dieser wird als vorletzter im Ritual gesprochen. Die Lokalisierung der Tischlerwerkzeuge als letzte Gegenstände des dargestellten Inventars stimmt folglich mit dem Zeitpunkt ihres Gebrauchs überein.

Die Werkzeuge belegen die Interaktion Senebis mit ihrer rituell erzeugten Umgebung. Als Bildhandlungen im Ritualisierungsprozess versorgen die durch den Gerätefries in die *Religiöse Welt* gebrachten Gegenstände die *Person* mit den Paraphernalien, die sie zu ihrer Ritualisierung benötigt. Sie versetzen sie in die Lage zu handeln und den Lebensstil der Götterwelt anzunehmen. Mit letzterem ist für die *Person* das Erreichen eines neuen Status und des von ihr erstrebten Erscheinungsbildes verbunden. Diese Wirkung der Bildhandlungen für die *Person* kann als Gewinn an Würde und Ausstrahlung, bis hin zur Herrlichkeit eines Herrschers, charakterisiert werden.

Sargtexte Spruchfolge 94–97

Übersetzung siehe S. 86ff

Die Sprecherin ist wiederum Senebi. In der Spruchfolge auf der Westseite identifiziert sie sich mit dem Samen des Gottes Osiris, der Zeugungsfähigkeit einer *Person* im Existenzbereich der Toten:

---

[443] CT VI 38z–38aa: „sein Dächsel, sein Meißel, seine Säge: das sind die Zähne des Ha in jenen Nächten der Nephthys". Übers. Bidoli, *Die Sprüche der Fangnetze in den altägyptischen Sargtexten*, S. 101.

[444] Bodentext, Spruch CT 398 (V 125a), Übers. S. 100.

[445] Fußende auf dem Sarg des Nfrj, B16C. MSS Gardiner Coffin 2,1 Photos 73–106. Die Aufnahmen konnte ich freundlicherweise im British Museum einsehen. Der Ausschnitt mit den Werkzeugen ist als Zeichnung wiedergegeben bei Lapp, *Typologie der Särge und Sargkammern von der 6. bis 13. Dynastie*, Abb. 94.

II 67c, d	Ich bin dieser große Ba des Osiris,
	dem die Götter befohlen haben, dass er mit ihm koitiere,
II 68a	der bei Tag in der Höhe lebt,
II 68b	den Osiris aus der Flüssigkeit seines Fleisches gemacht hat,
II 68c	das Sperma, das aus seinem Phallus herausgekommen ist,
II 68d	um bei Tag hinauszugehen, auf dass er mit ihm koitiere.
	ỉnk bꜣ pw ꜥꜣ n Wsỉr wḏ n nṯrw nk.f ỉm.f
	ꜥnḫ ḥr ḳꜣj m hrw
	ỉr.n Wsỉr m rḏw ỉwf.f
	mtwt prt <m> ḥnn.f r prt m hrw nk.f ỉm.f

Sie verlässt den Körper als Sperma. Eine Parallele für den Samen des Osiris findet sich in dem Sargtextspruch CT 148. Die Einleitungsworte sind in Hannigs sinngemäßer Übersetzung: „Isis wacht auf und ist schwanger durch den Samen ihres Bruders Osiris“.[446] Die Tote spricht in diesem Fall als Isis. Sie beansprucht von den Göttern Schutz für den Sohn in ihrem Leib. Sie begründet ihr Begehren damit, dass er der Same des Osiris sei, und mit der Rolle, die er spielen werde: „[der Same ist es] der diese Erde beherrschen wird, der den Vater Geb beerben wird, der Fürsprache einlegen wird für seinen Vater, der Seth, den Feind seines Vaters Osiris, töten wird“.[447] Diese Aufgaben finden sich auch in der Spruchfolge auf M3C. Die Betonung des Samens als Erbe und Herrscher:

II 69a	Ich bin der Sohn des Osiris, sein Erbe in seiner Würde.
II 69b	Ich bin sein Sohn in seinem Blut.
II 69c–70b	Ich bin der, der diese unterägyptische Krone des Osiris enthüllt,
	deren Enthüllung die Götter fürchten,
	ỉnk sꜣ Wsỉr ỉwꜥw.f m-ẖnw sꜥḥw.f
	ỉnk sꜣ.f m-ẖnw dšrw
	ỉnk kf bỉt tw n Wsỉr
	snḏ nṯrw kft.s

Die Hoffnung auf den Sieg über die Feinde. Diese wird von Senebi in zwei Aussagen aufgegriffen, als erhoffter Sieg über Feinde, die sie an ihrer Fortbewegung hindern könnten:

II 86b, c	Möge ich bei Tag hinausgehen!
	Möge ich Macht über meine Feinde haben!
	pr.ỉ m hrw
	sḫm.ỉ m ḫftyw.ỉ

---

[446] CT II 210a–c. Hannig, Die Schwangerschaft der Isis, *Festschrift Jürgen von Beckerath*, S. 94.

[447] CT II 212d–213b bei Münster, *Untersuchungen zur Göttin Isis vom Alten Reich bis zum Ende des Neuen Reiches*, S. 196.

und als eine Konfrontation, die auf der Erde stattfinden soll, da sie vor Gericht als Fürsprecher ihres Vaters erfolgreich gewesen ist:

II 88b, c	Ich habe den Wind von seiner (des Gegners) Nase weggenommen noch bevor sein Tag gekommen war.
II 88d–89d	Er hat mich zu euren Sitzen gebracht, indem meine Nahrung auf der Erde existiert, indem meine Zaubersprüche meine Formeln sind, und ich mich mit ihm auf der Erde salbe,
II 89e	sodass er meinen Gegner dort zu mir bringen möge, *ꞽw nḥm.n.ꞽ ṯꜣw m fnḏ.f n ꞽyt hrw.f* *ꞽw ꞽn.n.f wj r swt.ṯn šbw.ꞽ wn tp-tꜣ* *ḥkꜣw.ꞽ m sꜣḫ.ꞽ* *ḥkn.ꞽ ꞽm.f tp-tꜣ* *ꞽnt.f n.ꞽ ḫfty.ꞽ ꞽm.f*

Aus den bisher aufgegriffenen Stellen wird deutlich, dass der Ba des Osiris sich in beiden kosmischen Bereichen aufhalten wird. Die Bewegungsfreiheit des Ba ist weder an körperliche noch an kosmische Grenzen gebunden. Das zeigt die Herkunft des Ba, die folgendermaßen gedacht wird:

II 68b	den Osiris aus der Flüssigkeit seines Fleisches gemacht hat, *ꞽr.n Wsꞽr m rḏw ꞽwf.f*

Hornung bemerkt in seinem Kommentar zur dieser Stelle in der späteren Totenbuchversion Tb 92: „Es geht um die freie ungehinderte Bewegung des Toten, wobei die leibliche Komponente [„seiner Füße mächtig sein“] mit einbezogen ist“.[448] Von einer leiblichen Komponente lässt sich ebenfalls bei der Herkunft des Ba aus dem Fleisch sprechen. Das Fleisch bildet eine Substanz im Körper, der die Flüssigkeit durch die Mumifizierung entzogen wird. Die „Flüssigkeit seines Fleisches“ versinnbildlicht somit die Kraft, die in den Muskeln eines lebendigen Körpers vorhanden ist.[449] Verhoeven hat anhand der Pyramidentexte gezeigt, wie der Tote sich diese Kraft in der Form eines Fleischextraktes,

---

448 Anm. S. 472 zu Tb Kap. 92, Z. 6–7: „Ich bin weit ausgeschritten und habe die Knie gestreckt, ich habe einen großen Weg gemacht, und mein Fleisch ist beruhigt“. Hornung, *Das Totenbuch der Ägypter*, S. 183.

449 Ebenso Blackman, der sich auf Belege aus den PT stützt: „The corpse of the deceased is dry and shrivelled. To revivify it the vital fluids that have exuded from it must be restored, for not till then will life return and the heart beat again.“ Blackman, The Significance of Incense and Libations in Funerary and Temple Ritual, *ZÄS* 50, S. 71.

durch das Kochen einer Kraftbrühe aneignen will.[450] Als Ausgangssubstanz für den Ba repräsentiert die Flüssigkeit des Fleisches die Muskelkraft, die Arme und Beine (hier wohl in erster Linie die Beine) stark macht. Die Beweglichkeit der Beine ist Ausdruck für einen funktionstüchtigen Körper. Auf sie richtet sich die Hoffnung einer *Person,* die in ihrem aktuellen Zustand durch die Schlaffheit ihrer Glieder gelähmt und an ihren Aufenthaltsort gefesselt ist.

Ausgehend von der positiven Bedeutung des Lexems „Flüssigkeit" (*rḏw*) in diesem Zusammenhang[451] bezeichnet das Wort „Fleisch" (*jwf*) einen starken Körper, der der Sonne ausgesetzt war.[452] Dazu passt auch die Einbeziehung des Fleisches in einen vollständigen Körper. Sie findet sich in den Pyramidentexten: „Dieser Pepi ist heil mitsamt seinem Fleisch (*jwf*)"[453] und desgleichen in einem Reinigungstext zur Restitution des lebendigen Körpers: „Deine Wasserspende wird geschüttet von Isis, Nephthys hat dich gereinigt, das sind deine beiden sehr großen Schwestern, die dein Fleisch (*jwf*) sammeln, die deine Glieder hochheben, die deine beiden Augen, die Abend- und die Morgenbarke an deinem Kopf erscheinen lassen".[454] Demzufolge macht Osiris nachdem er gelebt hat und im besonnten Teil der Welt gewesen ist aus ‚dem Saft' seiner Muskeln seinen Samen. Auf die Paarung des Begriffes Ba mit physischer Kraft (*pḥty*) und sinnverwandten Begriffen weist Bickel hin: „[Es] ergänzen sich der Begriff *bꜣ*, Wörter des Begriffsfeldes ‚Furcht–Schrecken' sowie Wörter des Begriffsfeldes ‚Kraft–Macht' zu einer Sinneinheit, zu *einer* einzigen Kraft".[455] Sie zitiert hierzu Spruch CT 312 in dem die Macht des Stärkeren auf seine Umgebung wirken soll: „Du (Horus) erhöhst den Ba dieses NN, du gibst die Angst vor diesem NN, du schaffst die Ehrfurcht vor diesem NN, damit die Bewohner der Unterwelt mich fürchten".[456]

Der aus dem Fleischsaft gemachte Ba kommt als Samenflüssigkeit aus dem Körper heraus. Bereits aus den Worten, mit denen sich die Tote als Same des Osiris präsentiert, geht hervor, dass es sich in der Spruchfolge CT

---

[450] Pyr. 413a–b. Verhoeven, *Grillen, Kochen, Backen im Alltag und im Ritual Altägyptens*, S. 104.

[451] Siehe Anm. 255 in der Übersetzung.

[452] So beispielsweise auch in einem Anruf an einen „der lebt nachdem er tot war": „Komm hervor, Großer! Der, der hervorkommt aus der Flüssigkeit (*rḏw*) ist entstanden im Körper der Menschen" (CT II 105f).

[453] Pyr. 908a.

[454] Pyr. 1981a–1982a, Var. CT VI 384a–g zitiert bei Münster, *Untersuchungen zur Göttin Isis vom Alten Reich bis zum Ende des Neuen Reiches*, S. 63.

[455] Bickel, Furcht und Schrecken in den Sargtexten, *SAK* 15, S. 22.

[456] CT IV 67a–e. Übers. Bickel, Furcht und Schrecken in den Sargtexten, *SAK* 15, S. 20.

94–97 um die Beschreibung eines geschlossenen Kreislaufs handelt. Senebi sagt von sich selbst „Ich bin dieser große Ba des Osiris, dem die Götter befohlen haben, dass er mit ihm koitiere (…) das Sperma, das aus seinem Phallus herausgekommen ist“. Der Ba ist in dieser, an drei Stellen im Text wiederholten Identifikation (die alle vor der Schilderung vom Wiedereintritt, CT II 81b –83b, stehen), sowohl durch den Austritt des Samens aus dem Körper als auch durch die Aufnahme in den Körper des Osiris als Zeugungsfähigkeit, die wieder auf den eigenen oder einen anderen Körper (wie den Res) übertragen werden kann, charakterisiert. Dieses wird aus dem Textinhalt und aus der Schreibung  deutlich, die nicht nur den Samenerguss darstellt, sondern auch die Aufnahme des Spermas in einem Gefäß, eine Kombination, die, nach Goldwasser, sowohl die Frau als auch das lebende Wasser bezeichnet.[457] Ein weiterer Aspekt von Osiris’ Ba ist seine Herstellung durch die Sonne:

II 83c Es ist Re, der meinen Ba für mich (macht), und vice versa.
in Rꜥ <ir> bꜣ.i n.i ṯs

Die Vorstellung vom Sperma, das von Re geschaffen wird, ist auch in Spruch CT 334 belegt. Der „Verwandlung in einen Sistrumspieler“ betitelte Text beginnt: „O ihr Götter […] Ich bin dieser erste Samen des Re, der mich geschaffen hat im Schoß meiner Mutter Isis“.[458] Die Sprecherin (in der Rolle des Horus) beschreibt die Entstehung des Ba im Körper der Isis. Gemeinsam ist beiden Sargtexten die Schaffung des Ba durch einen Gott oder eine Göttin, die als intrakorporale Entstehung charakterisiert wird. Der Ba kann als Kraft auf einen anderen (er macht den Ba des Re) übertragen werden kann. Nachdem der Ba sich vorgestellt hat und dabei als Zweck seines Daseins das Koitieren mit Osiris nennt, sind die Ereignisse in der Reihenfolge wie sie im Text des ersten Spruches CT 94, in dem der Ba sich präsentiert, genannt werden:

- das Sperma kommt aus seinem Phallus heraus (CT II 68c)
- er ist der Sohn in seinem Blut, das heißt, die Morgensonne (CT II 69b)
- er hat die Türen geöffnet, wobei es sich um die Horizonttüren handelt (CT II 72b)

---

457 Goldwasser, *Prophets, Lovers and Giraffes*, S. 85 Anm. 76. Interessant ist in diesem Zusammenhang auch die Schreibung  als Determinativ von *ṯꜣy* „Mann“ in der von Morenz behandelten Selbst-Präsentation des Anchtifi in dessen Grabkapelle in Moalla aus dem Mittleren Reich, Inschrift I β 3. Morenz, Ein Text zwischen Ritual(ität) und Mythos. In: *Text und Ritual*, S. 142.

458 CT IV 179c–d. Der Spruch ist nur einmal belegt, und zwar auf dem Männersarg G1T.

Das Verlassen des Körpers wird nach CT II 89e–90e auf den Befehl der Götter hin geschehen. Die Ereignisse bilden auf kosmischem Niveau die Beschreibung des Aufgangs der Sonne, die nach ägyptischer Vorstellung morgens aus einem Körper eines Gottes hervorkommt, den Tageshimmel durchwandert, abends verschluckt und morgens wieder geboren wird. Beide, der gewünschte Ausflug in die Tageswelt und die Rückkehr in den Körper[459] sind im Wesen der Toten vereinigt, indem sie in ihrem Osiris-Dasein als Ba aus sich hervorkommt und beim Koitus zu sich zurückkehrt. In dem sich anschließenden Spruch CT 95 wird das Umschlossensein der Sonne im Körper während der Nacht geschildert:

II 72d	Hüter der Öffnungen!
II 73a	Der die Gebärmutter erhitzt, der die Gesichter beschädigt,
	an der Seite dessen, der aus seinem Feuer herauskommt.
	ỉrj snš
	stȝȝ ḥmwt snkn ḥrw
	r-gs prr m ḥwt.f

Das ‚Erhitzen der Gebärmutter' beschreibt die glühende Energie der Sonne, die auch im Körper vorhanden ist. Die Vorstellung von der Sonne, die in der Nachtwelt im Körper eingeschlossen ist, um in dieser feurigen Umhüllung herauszutreten, und auf diese Weise geschützt den Horizontübergang zu bewältigen, hat Assmann an den Sonnenhymnen festgestellt. In einem thebanischen Sonnenhymnus ist der Tote als Sonnengott Re im Auge Atums inkorporiert:

> Das Auge des Atum hat dich aufgenommen,
> du bist verborgen in seinem Innern.
> Es wehrt ab den Aufruhr für dich,
> es lässt dich heil sein zu (vollem) Leben,
> es umgibt dein Fleisch (*jwf*) mit seiner Schutzkraft.[460]

In seinem Kommentar zu diesem Text schreibt Assmann: „Der Sonnengott wird von Atums, also seinem eigenen ‚Auge' aufgenommen und ‚verbirgt' sich darin. Das ‚Auge' verteidigt ihn nach außen und belebt ihn nach innen. In seiner schützenden Umhüllung ist der Gott ‚Fleisch', d.h. im Zustand unterweltlich-gestorbener, ‚verklärter' Leiblichkeit".[461] Der Körper für den

---

[459] Zur Rückkehr des Ba in den Körper der/des Toten siehe auch die von Assmann und Bommas gesammelten Belegstellen, *Totenliturgien in den Sargtexten des Mittleren Reiches* I, S. 204f.

[460] Hymnus Text I.2, Z. 16–20; Übers. Assmann, *Liturgische Lieder an den Sonnengott*, S. 37.

[461] Assmann, *Liturgische Lieder an den Sonnengott*, S. 49.

Ba des Osiris, das heißt die Sonne, ist in CT 95 spezifiziert als „Gebärmutter“, das heißt als die umgebende und belebende Hülle, in der sich ein Kind entwickelt, und aus der es mit der Nachgeburt zusammen herauskommt. Interpretiert man CT II 73a als Schilderung des physiologischen Geburtsvorgangs, so kann zumindest nicht ausgeschlossen werden, dass „an der Seite dessen, der herauskommt aus seinem Feuer“ als Beschreibung der Nachgeburt zu verstehen ist. Dass es sich um zwei Formen handelt, die den Leib verlassen, wird in der folgenden Aussage bestätigt:

II 73b–74b Als sein Ba und in seiner Gestalt an diesem Tag
bin ich heute herausgekommen
zu seinem Platz, der ihr Papyrusdickicht schluckt,
II 74c (als) die zur Mitte gehörende, die sich am Scheitel salbt.
pr.n.ỉ m hrw pn
m bꜣ.f m ỉrw.f m hrw pn
r st.f wnmt ꜣẖ.s
ḥyrt-ỉb ḥknt m wpt

„Als die zur Mitte gehörende, die sich am Scheitel salbt“ ist eine Umschreibung der Sonne. Diese ist somit der Ba und die Gestalt (*ỉrw*) des Osiris. Ihr Herauskommen wird in der Zeitlichkeit verankert, indem es als aktuelles Ereignis, das heute geschehen ist, geschildert wird. „Sein Platz, der ihr Papyrusdickicht schluckt“ ist rätselhaft, einerseits lässt der Ausdruck im Rahmen des Zeugungs- oder Geburtsvorgangs an die Schambehaarung denken, auf mythologischer Ebene an die Schenkel der Nut, die das Tagesgestirn gebiert, oder das Sumpfdickicht der Göttin Hathor oder Isis, die darin Horus verbirgt. Diese Deutung folgt Desroches Noblecourts Definition des symbolischen Papyrusdickichts im Hathorkult als Wiedergeburts- und Wassermilieu, in dem der Keim dessen, der noch nicht Gestalt angenommen hat, fortschreitet bis zum Erreichen der himmlischen Welt.[462] Andererseits vollzieht sich das Herauskommen zu einem Platz „der schluckt“, und bildet dementsprechend einen Mund, das heißt, einen Ort zur Aufnahme in den Körper.

Das Papyrusdickicht als ein Ort, an dem der Ba entgegengenommen wird, hat Altenmüller am Lied des Kälberhirten aus dem Mittleren Reich untersucht.[463] Entsprechend Altenmüllers Untersuchungsergebnis handelt es sich dort um die Aufnahme des Ba bei der Rückkehr des Grabherrn. Folglich entspricht das Papyrusdickicht im vorliegenden Fall wie im Lied des Hirten dem Ort, an dem im Rahmen eines sich wiederholenden Entstehungsprozesses ein Zyklus vollendet wird.

---

[462] Desroches Noblecourt, *Amours et fureurs de La Lointaine*, S. 56.

[463] Altenmüller, Kälberhirte und Schafhirte, *SAK* 16, S. 1–19.

Zum Zeitpunkt der Sprechhandlung befinden sich Ba und Gestalt des Osiris an einem Platz „der schluckt“, wobei offen bleiben muss, ob mit diesem der Mund oder der Muttermund (als Ort der Aufnahme in die Gebärmutter, von der in der ersten Hälfte des Spruches die Rede ist) gemeint ist. Ba und *ỉrw*-Gestalt sind charakterisiert als Zeugungsfähigkeit in einer im Werden begriffenen Gestalt, die, nachdem sie in der Tageswelt waren, inkorporiert sind, im Körperbereich verbleiben, Sonnenkraft in den Körper hinein bringen und diesen erhitzen.

Auch im anschließenden Spruch CT 96 spricht die Tote noch eingehüllt in die nächtliche Welt. Diese wird als Tätigkeitsfeld von Osiris beschrieben. Der Horizontübergang im Westen vollzieht sich auf der Körperebene. Die Tote wird als Neugeborenes dargestellt, da ihr Mund von Osiris mit der Milch der Göttin Hathor so ausgewaschen wird, wie eine Hebamme den Mund eines Neugeborenen von Schleim- und Fruchtwasserresten befreit:[464]

II 81b–82b Osiris hat diesen meinen Mund gewaschen
mit der Milch der roten Kuh,
die aus dem Licht herauskommt und die Re täglich gebiert.
ỉw ỉꜥ.n Wsỉr r.ỉ pn m ỉrtj <nt> ỉdt dšrt
prrt m jꜣḫw msst Rꜥ hrw nb

Osiris als Herr des nächtlichen Daseins handelt bei dem Eintritt des Ba in seinen Bereich. Das wovon er den Mund reinigt, ist die Milch der Hathor, die Nahrung der Göttin, die in Gestalt einer Kuh den Tageshimmel verkörpert. Die Göttin Hathor ist ikonographisch mehrfach belegt als Kuh, die den Sohn Res stillt.[465] Sie wird in den Sprechakten auf M3C als eine das Tagesgestirn Gebärende charakterisiert. Bereits in CT II 76a–b wird ausgesprochen, dass es der Toten darum geht, bei Tage zu ihrer Nahrung zu kommen. Der Name des Gottes Geb, der die Erde personifiziert, zeigt an, dass sich der Übergang zur Tageswelt auf kosmischem Niveau ereignet:

II 75a Geb hat die Tür geöffnet.
Möge ich durch sie hinausgehen,
II 76a–b um das nördliche der Ufer des Hu zu durchfahren.
Mögen zwanzig Felder ganz vorne liegen,
am Tag der Vereinigung des Himmels
ỉw wḏꜥ.n Gb sbꜣ
pyr.ỉ ỉm.f
r ḏꜣt mḫtt ỉdbw Ḫw

---

[464] Siehe Anm. 272 in der Übersetzung.

[465] Erstmalig belegt durch ein Relieffragment aus der Grabanlage Mentuhotep II. in Deir el-Bahari, 11. Dyn., heute Kestner-Museum Hannover Inv.-Nr. 1935.200.82. Drenkhahn, *Die ägyptischen Reliefs im Kestner-Museum Hannover,* Abb. 18.

<dj> sḫt 20 m ḫnty st hrw ỉʿb ḥrt

Das Verlassen des Körpers geschieht auf den Befehl der Götter hin:

II 79b–80a „Geht hinaus aus eurem Mund!" sagen die Götter,
„die ihr für Osiris als sein lebender Ba gemacht worden seid,
gemäß dem Befehl der Götter."
pr m r.ṯn r.ṯn i.ỉn.sn nṯrw
ỉrw n Wsỉr m bꜣ.f ʿnḫ
ḫft mdw nṯrw

Durch das Götterwort tritt die *Person* in den zwei oben beschriebenen Formen, nämlich als Ba und als Gestalt (*ỉrw*) des Osiris aus dem Mund heraus (CT II 80c –81a). Der Mund wird gewaschen, nachdem der „lebende Ba" über den ganzen Himmel in der Reihenfolge Tageshimmel – Sonnenlicht – Westen – Osten gefahren ist (CT II 82d–83b). Nach den Aussagen auf M3C tritt das Sperma aus dem Phallus Osiris' aus, verbleibt im Papyrusdickicht im Körperbereich, woraufhin zwei Formen (Ba und *ỉrw*-Gestalt) seinen Körper verlassen. In der heliopolitanischen Kosmogonie hingegen tritt das Sperma aus dem Phallus Atums aus. Zwei Wesen (Schu und Tefnut) werden aus seinem Mund (oder Mund und Nase) ausgestoßen. Bei Atum nimmt die Entstehung ihren Anfang in der Präexistenz und vollzieht sich jeweils als Emanation aus Atum. Im Gegensatz zur Urform in Heliopolis handelt es sich bei dem in CT II 79b–83c dargestellten Prozess um einen Kreislauf: Bei Osiris vollzieht sich die Genese, nachdem er aus der Tageswelt kommend in das Milieu des Undifferenzierten eingetaucht ist. Diesen Unterschied zwischen der Präexistenz und den in den Sargtexten dargestellten Ereignissen konstatiert Bickel: In den Sargtexten werden die Ereignisse nicht als Beginn der Schöpfung, sondern als Phasen innerhalb eines Schöpfungsprozesses beschrieben.[466]

Der Ba des Osiris entsteht aus einem Produkt der Tageswelt (Saft des Fleisches). Er bringt die Hitze Res in die Gebärmutter und hat in seinem Mund die Nahrung der Hathor. Folglich verfügt die Verstorbene in ihrem Osiris-Dasein in ihren Körperhöhlen über Energien aus dem besonnten Kosmos. Als Sperma und Milch, das heißt, als Flüssigkeiten zur Zeugung und Ernährung sind sie in ihr.[467] Auch bei der Identifikation mit der Rolle

---

[466] Bickel, *La Cosmogonie égyptienne avant le Nouvel Empire*, S. 31. In dem von ihr angeführten Beispiel geschieht dieses mittels der Verwendung des *n sḏmt.f*, durch den unterschiedliche Phasen in einem Prozess zeitlich zueinander in Beziehung gesetzt werden. Der kreative Akt erhält durch die Konstruktion z.B. „...bevor Himmel und Erde getrennt wurden" den Wert eines Folgegeschehens.

[467] Weitere Belege zur Zeugungsfähigkeit über die ein Toter in verschiedenen Göttergestalten verfügt, nachdem er/sie in der Tageswelt war, sind CT III 73a–74d (im Phallus des

des Wächters, der mit Horus identisch ist,[468] zeigt sich, dass es sich bei dem Ba des Osiris um die Sonne handelt:

II 84a –c Zu dir, Ibw-weret, bin ich gekommen,
Torhüter des Kampfplatzes der Götter,
Wächter des Bösen, dem die Wächter der Felder öffnen.
II 85a–c Ich bin der Wächter.
Ich bin der Messerscharfe, der herausgeht bei Tage,
indem ich Macht habe über meine Feinde.
i͗j.n.i͗ ḫr.k I͗bw-wrt
i͗rj n Ꜥḥꜣt nṯrw
sꜣwtj nbḏ snš.n.f. sꜣwtj sḫwt
i͗nk nḥs i͗nk mds pr m rꜤ
sḫm.i͗ m ḫftyw.i͗

In der anderen Belegstelle zu Ibw-weret (*I͗bw-wrt*) in den Sargtexten, CT II 55, tritt dieser ebenfalls als Wächter am Kampfplatz der Götter auf. Bei den Feldern, die „die Wächter der Felder“ bewachen, handelt es sich vermutlich um die Opfer- oder Binsengefilde, die am östlichen Himmel lokalisiert sind. Demnach nähert sich der Ba dem Horizont im Osten. Diese Horizontgegend wird als Szenarium eines ambivalenten Übergangsbereiches geschildert: Sie ist ein Kampfplatz, ein Ort bei dem man vor dem Bösen auf der Hut sein muss und ein Platz, der zum Guten hin (hier beschrieben als die „Felder“) geöffnet ist. Dieser gefährliche Ort will von der Toten überwunden werden, indem sie selbst zum Wächter wird. Als solcher ist sie scharf wie ein Messer und hofft, dass dadurch der Weg für sie gebahnt sei (CT II 85d). Sie wünscht sich die Macht über ihre Füße und die Macht über ihre Feinde. Letztere bekommt sie durch ihre Rechtfertigung (CT II 86e–87c). Als Ba motiviert sie ihren Aufenthalt am Horizont mit der Existenz ihrer Nahrung auf der Erde, der Kenntnis ihrer Zaubersprüche und der Salbung (CT II 89b–d).

Sowohl aus der Verwendung von Prospektiven ab CT II 85d, als auch aus der letzten Aussage von Spruch CT 96 geht hervor, dass auch die zweite Hälfte dieses Spruches von der Sarginhaberin in ihrem nächtlichen Bereich gesprochen wird. Das Hervorkommen aus der Dunkelheit in den Tag wird von der Sprecherin als ein Befehl geäußert, den die Götter dem Sefegiru zusammen mit „Dem-mit-vielen-Namen“ (CT II 90b) erteilen:

Sefegiru), CT IV 179 (im Schoße der Isis), CT VI 191a–n (im Phallus des Baba). Siehe zur Zeugungsfähigkeit des Baba auch Derchain, Bébon, le dieu et les mythes, *RdÉ* 9, S. 3–47.

[468] Pyr. 632a–d. Behandelt bei Münster, *Untersuchungen zur Göttin Isis vom Alten Reich bis zum Ende des Neuen Reiches*, S. 5.

II 90c, e „Schicke den irgend einen hier aus,
(denn) sein Ba ist mit ihm zusammen hinter ihm!"
h3b r mn pn
b3.f ḥnꜥ.f m-ḫt.f

Der-mit-vielen-Namen ist ein Bild für die Schöpfung, die als eine sich vollziehende Differenzierung angelegt ist. Vor dem Übergang des Horizontes am Morgen können sich Gestalt und Namen noch nicht manifestieren, weshalb der Befehl an Sefegiru (das heißt, Den mit verborgener Gestalt) und mit ihm zusammen an die kommende Vielfalt der Namen gerichtet ist. Auch die Sprecherin selbst hat vor ihrer Wiedergeburt, die sich erst mit Sonnenaufgang ereignen wird, noch keinen Namen. In dieser Phase ihres Entwicklungsprozesses bezeichnet „den irgend einen hier" (*mn pn*) eine in der Entstehung begriffene[469] und von daher noch namenlose *Person*, die sich zum Zeitpunkt des Sprechaktes in der Gegenwart der Götter befindet. Ihre Intention ist es, den Horizont als eine vollständige Einheit, bestehend aus ihr selbst und ihrem Osiris-Ba, das heißt, als zeugungsfähige *Person* zu überwinden.

Im letzten Spruch der Folge, CT 97, bittet die Tote um das Lösen der Stricke. Dabei handelt es sich vermutlich um die Befreiung von den Mumienbinden zur Erlangung der Bewegungsfreiheit oder um das Lösen des Ba, den man sich mit Stricken an den Körper gefesselt vorstellt. Das im Körper jedoch, was inkorporiert bleiben soll, wie beispielsweise Heka, wird von der Lösung ausgenommen, indem es als „das zu Versiegelnde" bezeichnet und eigens gebunden wird (CT II 91b). Die gewünschte Bewegungsfreiheit betrifft nur den Ba und den Schatten (CT II 92a). Die Tote will die bevorstehende Aufgabe, nämlich „das Herausgehen am Tage" (siehe oben) bewältigen, indem sie in der Rolle des Thot handelt:

II 91c Ich bin Thot, der Vortreffliche.
II 91d Horusauge! Nehme mich fort mit dir,
ink Ḏḥwty iḳr
Irt Ḥr šd wj ḥnꜥ.ṯ

Die Tote identifiziert sich mit dem Mond- und Schreibergott Thot. Vor allem dessen Fähigkeit, Grenzen zu überschreiten, lässt ihn Wegbereiter oder

[469] Zu dieser Annahme berechtigt die Untersuchung der Texte auf der Westwand auf dem Meir Sarg der Nechet-Hathor, dem Sarg M5C. Ein Text mit derselben Funktion, nämlich der Entstehung als „Same eines Gottes, der nicht vergeht" (pyr. 145a) steht dort ebenfalls auf der Westwand. PT 215 (pyr. 140a–149d) bewirkt dort als performatorische Sprechhandlung, dass die Tote, die als „du, wie du auch heißen magst" (pyr. 147a) adressiert wird, zu sich und ihrem Ka dualisiert wird. Siehe Meyer-Dietrich, *Nechet und Nil*, S. 103ff, Komm. S. 156ff.

Begleiter der Toten sein. Er ist der Gott, der die Maat überbringt, die als Sonnenauge und Tochter des Re personifiziert ist. Im Gegensatz zu dem, später datierten, Mythos von der Heimholung des Sonnenauges[470] holt auf M3C nicht Thot das entwichene Auge des Re nach Ägypten zurück, sondern die Aufgaben sind umgekehrt. Hier ist es das Horusauge, das Thot (beziehungsweise Senebi, die in dessen Rolle geschlüpft ist) „mit sich fortnehmen" soll.[471] Das Horusauge übernimmt somit in der *Religiösen Welt* die Aufgabe des Transportmittels über den Nachthimmel.

Die Vereinigung soll sich für Senebi (ebenso wie in der von ihr auf der Nordseite geäußerten Intention) von Angesicht zu Angesicht ereignen, wenn sie zwei ihrer Personenkonstituenten am Scheitel der Sonne sieht:

II 92a damit ich meinen Ba und meinen Schatten
am Scheitel Res sehen werde!
ptr.i b3.i šwt.i m wpt Rꜥ

Mit dieser Zielsetzung wird die Spruchfolge abgeschlossen. Die hier als Ba und Schatten konkretisierten Aspekte der *Person* am Tageshimmel sind im Text zuvor von der Sprecherin als „der [für Osiris als sein lebender Ba gemachte] Ba (*b3.f ꜥnḫ*) und seine Gestalt" (*irw*) (CT II 80a–c) und als „den irgend einen hier (*mn pn*), (denn) sein Ba ist mit ihm zusammen hinter ihm" (CT II 90c, e) umrissen worden. Dem Wortlaut von Senebis Wunsch zufolge soll am Scheitel Res, das heißt in der Tageswelt, „ihr Schatten" (*šwt*) die freie Stelle in diesem Begriffspaar besetzen.

An den Sprechhandlungen in dieser Spruchfolge sind Senebi als Ba des Osiris, der angesprochene Hüter der Öffnungen, die Götter, Ibw-weret, Senebi in der Rolle des Wächters, der einen Befehl entgegennehmende Sefegiru und Senebi in der Rolle des Thot beteiligt. Das Gespräch entfaltet sich auf reiner Körperebene (CT II 67c–74c) und führt durch die zunehmende Einführung göttlicher Personen (beginnend mit Geb in CT II 75a) zur Einbindung der *Person* in den kosmischen Zyklus der Sonne. Die *Person* wird durch die Eingliederung in kosmische Prozesse, an denen sie als Ba eines Gottes beteiligt ist, in die Götterwelt aufgenommen.

Als Wirkung für die *Person* ergibt sich mit der ontischen Transformation[472] die Erlangung eines zeugungs- und bewegungsfähigen Körpers.

---

[470] Von Hornung in die Nachamarnazeit datiert. Siehe Hornung, *Der Ägyptische Mythos von der Himmelskuh*, S. 81.

[471] Belege für die Entfernung des Sonnenauges in den Sargtexten z.B. CT II 5a–d oder CT VI 343–344.

[472] Unter dieser versteht Buchberger eine „Sozialisation des Verstorbenen in die Götterwelt", bei der die alte personale Substanz [Mensch] erhalten bleibt, „während sich die

Dieser wird dadurch funktionstüchtig, dass der Ba „bei Tag in der Höhe lebt“ und dort die Zeugungsfähigkeit der Sonne holt, um sie der *Person* zuzuführen, indem er sie in ihren Körper hineinbringt. Ihr Osiriskörper bildet in diesem Zusammenhang die Ausgangssubstanz (Flüssigkeit aus dem Fleisch), den Körperbereich innerhalb dessen Übergänge stattfinden (Phallus – Papyrusdickicht/Schamgegend), die Umhüllung (Gebärmutter) und den Ausgang (Mund).

Das Bild, das die *Person* von sich selbst durch die Spruchfolge CT 94–97 gewinnt, ist das einer Einheit, die ihre Kraft aus der Tageswelt (im Fleisch) erhält und mit ihrem Körper über alle Organe verfügt, die zum Vollzug eines Regenerationszyklus nötig sind. Regeneration wird als abwechselnd intra- und extrakorporaler Bewegungsablauf begriffen. Sie bedarf der Energiezufuhr durch die Vereinigung mit der Sonne. Das Verlassen des im Nachtbereich existierenden Körpers vollzieht sich als die kreative Einheit Schatten und Ba, die aus zwei voneinander abhängigen Komponenten besteht.

Sargtexte Spruch 534

Übersetzung siehe S. 91f

Die Sarginhaberin, die hier wiederum in der ersten Person Singular von sich spricht, hatte sich in CT II 91c mit dem Gott Thot identifiziert. Es ist anzunehmen, dass sie weiterhin in der Rolle dieses Gottes spricht, wenn sie die Maat in der Form des Sonnenauges zu Re bringen und in der Nachtbarke aufsteigen[473] will, hatte sie doch im vorausgehenden Text das Horusauge um die Mitnahme gebeten. Jetzt sieht sich die Tote in der Rolle des Gottes Thot selbst, der die Maat „aufsteigen lässt“.[474] Nach Assmann ist die Maat, die Thot dem Re darbringt, das unversehrte Horusauge, nämlich das heile Udjat-Auge.[475] In den Sargtexten ist die Heimholung des Sonnenauges in Spruch CT 76 belegt.[476]

---

ehemalige ‚Erscheinungsform‘ [Mensch] in die neue Form [Gott] transformiert“. Buchberger, *Transformation und Transformat*, S. 400.

[473] Parallelen in den CT zum Aufstieg in der Nachtbarke bei Assmann und Bommas, *Totenliturgien in den Sargtexten des Mittleren Reiches* I, S. 117.

[474] Zur Aufgabe Thots als Bringer der Maat siehe Altenmüller, *Synkretismus in den Sargtexten*, S. 237. Diese Aufgabe wird zwar in unserem Text bisher nicht erwähnt, ergibt sich aber aus dem folgenden Spruch.

[475] Assmann, *Ma'at*, S. 178.

[476] CT II 5a–d. Dort schickt Re sein Auge aus, um Tefnut und Schu heimzuholen. Wie die Göttin Maat so ist auch Tefnut die Tochter des Sonnengottes Re und sein Auge.

Die letzte Sprechhandlung auf der Westwand des Sarges beginnt mit der Schilderung der erhofften Begegnung des Sonnenauges mit Atum, die sich durch die *Person* vollziehen soll:

VI 131j Möge ich die Maat vor dem Allherrn sehen!
VI 131k Möge ich die Maat zum Herrn des Alls aufsteigen lassen!
mȝ.i mȝꜥt m-bȝḥ nb tm
sꜥr.i mȝꜥt n nb r-ḏr

Assmann beobachtet den Wert, der in den Texten auf den Ort der Maat gelegt wird. Dieser ist immer „vor dem Sonnengott, sei es nun vor ihm, ihm gegenüber, vorn in der Barke, an seiner Stirn oder an seiner Nase".[477] In den von ihm angeführten Belegstellen weist er auch auf die gemeinsame innertextliche Situation dieser Aussagen hin. Die Maat wird nämlich in den Belegen nach einer ihr vorausgehenden Bedrohung der Ordnung „bleibend", „erscheint", „wird vor jemanden gesetzt" oder „gegeben" und „öffnet".[478] „Die Maat [Maat *vor* Re] ist die Göttin, mit deren Hilfe der Sonnengott den Kosmos in Gang hält".[479] Nach Assmann ist Maat „Weltordnung als Gerechtigkeit" und bezeichnet als solche „das Programm einer politischen Ordnung, die nicht nur unter den Menschen soziale Gerechtigkeit herstellen, sondern dadurch Menschen- und Götterwelt in Einklang bringen und die Welt insgesamt in Gang halten will".[480]
Die Maat verkörpert die von Bell als „Redemptive Hegemony" bezeichnete Ordnung der Dinge (siehe S. 17). Als das kulturspezifische Ordnungsprinzip bewirkt sie, dass einzelne Handlungsbereiche definiert und somit auch gegeneinander abgegrenzt werden. Als soziale Konzeption konstituiert Maat Praxis, indem sie die Handlungsfreiheit bestimmt, die einem Mitglied der Gesellschaft gegeben ist. Das Handeln nach der Maat wird als Ideal in den Lebenslehren gepriesen und spielt als Wissen um das angemessene und erwartete soziale Verhalten auch eine Rolle für das Fortbestehen eines Verstorbenen bei Osiris oder Anubis, wovon die Funktion dieser beiden Götter als Richter beim Eintritt in die Sphäre der Toten zeugt.

Als eine Richtlinie für korrektes Handeln, die in allen kosmischen Bereichen gilt, vereinigt die Maat die Existenzbereiche der Lebenden und der Toten miteinander, weil beide Handlungsbereiche darstellen, die einem

[477] Assmann, *Liturgische Lieder an den Sonnengott*, S. 177.

[478] Die Übersetzungen sind den Belegstellen (7)–(12) in der bei Assmann gegebenen Reihenfolge (*Liturgische Lieder an den Sonnengott*, S. 178) entnommen.

[479] Assmann, *Ma'at*, S. 177.

[480] Assmann, *Ma'at*, S. 34.

einheitlichen ethischen Prinzip untergeordnet sind.[481] Auch für Senebi dreht es sich um das richtige Handeln, in Assmanns Terminologie, die „Vertikale Solidarität“,[482] wenn sie ihr Dasein in der Nachtwelt fortsetzen will. Selbst Garant der Ordnung, handelt die Tote, indem sie sich dem Befehl eines Gottes unterordnet:

VI 131l–m Weil ich so handle wie er es befiehlt, werde ich existieren, zusammen mit dem Herrn des Lebens.
wnn.i ḥnꜥ nb ꜥnḫ
ir.i mj wḏt.f

Durch diese Sprechhandlung wird eine Identität zwischen ihrem eigenen Tun (sie lässt die Maat aufsteigen) und ihrer Haltung (sie handelt gemäß dem Befehl des Herrn des Lebens) hergestellt.[483] Die Identität von Haltung und Handlung kommt auch in Assmanns Betrachtung zur Darbringung der Maat zum Ausdruck: „Das Aufsteigen der Maat, das heißt die Versprachlichung der kosmischen Vorgänge, erfüllt den Kosmos mit einem Sinn, in dem der Mensch sich wiederzuerkennen vermag. Die Maat, die der Mensch zum Sonnengott aufsteigen lässt, damit der kosmische Prozess gelingt, ist dieselbe Maat, die auch sein eigenes Leben gelingen lässt, wenn er es versteht, sich ihr anzupassen“.[484] Haltung und Handeln sollen Senebi die Existenz als Lebende ermöglichen und sie – in Beantwortung des von ihr erwarteten Verhaltens als Gerechtfertigte – in ihre neue Umgebung einfügen.

Im vorliegenden Text handelt es sich um die Maat, die in der vorausgehenden Spruchfolge CT 94–97 auf dem Kampfplatz der Götter bedroht war, (die Wächter der Felder hatten dem Wächter des Bösen geöffnet). Diese bildet für Senebi, die beim „Herrn des Alls“ (*nb r-ḏr*) ist, ein aufs neue zu erkämpfendes und somit zu seinem Recht zu verhelfendes Prinzip. Dieses ist in der Tageswelt die Aufgabe des Pharaos. Die *Person* handelt folglich in der Rolle des Königs, die Assmann im Zusammenhang mit dem auch hier verwendeten Verb *sꜥr* (oder *sjꜥr*) als rituelle Handlung beschreibt:

> „*sjꜥr, jnj Mꜣꜥt*: das ‚Aufsteigenlassen’ und (Zurück)bringen der Ma’at. Dieser Umgang mit Ma’at bezieht sich exklusiv auf den Kult und sein himmli-

---

[481] Siehe zur einigenden Funktion der Maat auch Meyer-Dietrich, The City God – an Expression for Localization. In: *Hellenisation, Empire and Globalisation: Lessons from Antiquity*, S. 140–161 passim.

[482] Assmann, *Ma’at*, S. 92–121.

[483] Zur Identität einer Handlung, die auf den Befehl der Götter hin ausgeführt wird, siehe auch Bickel, *La Cosmogonie égyptienne avant le Nouvel Empire*, S. 110 Anm. 104, wobei sie CT II 80a als Beleg mit anführt.

[484] Assmann, *Ma’at*, S. 198.

> sches Spiegelbild, den Sonnenlauf. Es ist die Rolle des Thot bzw. Onuris, ihres irdischen Ebenbilds, des Königs, und seiner Delegierten, der Priester. Es handelt sich um ein ‚Sprachopfer', einen kultischen Sprechakt, der als solcher ‚performativ' ist und dem daher, unter den genau festgelegten und peinlich zu beobachtenden Bedingungen des kultischen Kontexts, ‚eine Kosmos schaffende Funktion innewohnt'. Die Kosmos schaffende Funktion besteht in der Bändigung des Chaos, der Inganghaltung der Welt.[485]

In seinen Ausführungen zu *sjꜥr Mꜣꜥt* versteht Assmann das Darbringen der Maat als „ein Sprachopfer". Er begründet dies damit, dass im Sonnenkult Rezitationen die Hauptrolle spielen.[486] Der von Assmann beschriebene „kultische Kontext" der Sprechhandlung liegt im Sarg als die Gebrauchssituation vor, in der die Verstorbene eine rituelle Sprechhandlung ausführt.

Ebenfalls ein Verstorbener ist der Sprecher des Sargtextes CT VI 70d, der von Assmann als Beleg für das Aufsteigen der Maat als sprachliche Handlung angeführt wird: „Eile Dich, mein Ba, mein Ach, mein Zauber, mein Schatten, bemächtige dich deiner Füße, auf dass du Re die Maat bringst".[487] Nach Assmann ist für diese ‚sprachliche Opferhandlung' charakteristisch, dass es sich hierbei nicht um das Hervorbringen einer präexistenten Ordnung handelt, sondern um die Inganghaltung der Welt. Dieses geschieht durch „die Einbeziehung des Kosmos in die Sphäre sprachlicher Kommunikation [...]. Der Sonnenkult ist als ‚das Aufsteigenlassen der Maat' die Form, in der der Mensch die sinnhafte Ordnung der Welt sprachlich nach- und mitvollzieht. Denn kultisches Sprechen ist ein ins Werk setzender Vollzug dessen, was da zur Sprache kommt".[488]

Als performatorisch wirkender Sprechakt im Dialog mit den Göttern kann die Sprechhandlung der Toten mit derjenigen des Sonnenpriesters verglichen werden. Auch für die Tote dreht es sich bei der Maat um das Garantieren einer Ordnung, die zwei Bereiche miteinander vereint. Im Tagesbereich soll die Maat aufsteigen. Bei dieser Aufgabe handelt Senebi in der Rolle des Thot. Damit Senebi die Maat „am Scheitel Res" beziehungsweise „vor dem Allherrn" sehen, und in der Nachtbarke aufsteigen kann, handelt sie in ihrer jetzigen Situation gemeinsam mit Osiris (CT VI 131l). Osiris wird in diesem Zusammenhang als der „Herr des Lebens", bezeichnet. Dieses Epitheton zeichnet einen Gott aus, dessen Befehl (*wḏt*) zu folgen eine Lebensnotwendigkeit darstellt. Die Fähigkeit zum richtigen Handeln war Senebi im vorausgehenden Text (CT II 86e–87c) durch das

---

[485] Assmann, *Ma'at*, S. 204.

[486] Assmann, *Ma'at*, S. 192f.

[487] Assmann, *Ma'at*, S. 193.

[488] Assmann, *Ma'at*, S. 195.

Götterkollegium zugesprochen worden. Sie verdient sich in der Rolle eines Maatbringers durch ihre Zusammenarbeit mit Osiris in beiden kosmischen Bereichen die Prädikation „die Gerechtfertigte" *mꜣꜥt-ḫrw* (CT VI 131p), die von ihr selbst nur in diesem Zusammenhang verwendet wird.[489]

Die Sprechhandlung bewirkt, dass Senebi sich als eine *Person* auffasst, der das richtige Handeln durch einen Gott befohlen wird, die mit einem anderen gemeinsam handelt und hofft, diese Aufgabe zu erfüllen. Dadurch wird sie zur Inganghaltung des Kosmos beitragen und selbst erhalten. Im Rahmen des Ritualisierungsprozesses besteht für die *Person* die begründete Intention (weil sie gerechtfertigt ist) ihren Daseinsbereich auf Nacht- und Tagesbereich auszudehnen.

Südseite des Sarges

Schriftband

Übersetzung siehe S. 92

Der Sprecher ist anonym. Die *Person* wird als eine Ehrwürdige charakterisiert. Als solche wird sie bei dem Gott Anubis angekündigt. Anubis tritt in einem Pyramidentext, der auf einem Frauensarg aus dem Mittleren Reich steht, als Totenrichter auf. Dort öffnet sein Richteramt der Verstorbenen die Wege, indem diese bei den Göttern des Westens und ihren Achs angekündigt wird: „geschmückt am Hals wie Anubis, der gebietet über das westliche Hochland, indem sie die Herzen (*ib*) zählt und sich der Herzen (*ḥꜣty*) bemächtigt".[490] In den Sargtexten gewährt der Schakalgott dem Toten durch die Räucherung oder die Gabe von Weihrauch[491] und den guten Duft[492] die zum Wandern in seinem Götterbereich erforderliche kultische Reinheit.[493] Die Stätte für die richterliche Funktion von Anubis, und die Sandalen, um die von ihm gegebene Reinheit zu bewahren, werden durch Bildhandlungen auf derselben Sargwand in die *Religiöse Welt* eingebracht (siehe unten). Ebenfalls bildet der dort dargestellte Gegenhimmel den Wirkungsbereich

---

489 Siehe zu *mꜣꜥ ḫrw* als Richtspruch des Göttertribunals der den gesamten göttlichen Bereich, in dem sich Osiris oder der Tote aufhält, umfasst Bickel, Héliopolis et le tribunal des dieux. In: *Études sur l'Ancien Empire et la nécropole de Saqqâra dédiées à Jean-Philippe Lauer* I, S. 116ff.

490 Pyr. 157b–c. Der Spruch steht auch auf dem Frauensarg M5C aus Meir.

491 CT I 256h–257a.

492 CT I 195g.

493 Die Beteuerung des Rechten zur Erlangung kultischer Reinheit nach Belegen im Neuen Reich und später siehe Assmann, Confession in Ancient Egypt. In: *Transformations of the Inner Self in Ancient Religions*, S. 237ff, Assmann, *Ma'at*, S. 143ff und Assmann, *Tod und Jenseits im Alten Ägypten*, S. 111.

von Anubis, denn, wie aus seiner Verbindung mit den sieben Achu hervorgeht,[494] nimmt dieser Gott das Amt des Wegeöffners am Nachthimmel wahr.

Abbildungen

Beschreibung siehe S. 92.

Der momentane Aufenthaltsort der Toten sowie die dort herrschende Dunkelheit sind als „Gegenhimmel" vergegenwärtigt. Senebi befindet sich an einem Ort, der sich aus dem nachtdunklen Grund auf Papyrusdolden erhebt. Der Himmel ist dadurch als Wasser- und Geburtsmilieu dargestellt. Die Säulen, die ihn tragen, versinnbildlichen eine Erhöhung oder Aufwärtsbewegung.

Der Kornspeicher ist stets im Süden abgebildet. Ein Grund hierfür könnte der Verlauf der Nilüberschwemmung sein. Das Wasser, das die Fruchtbarkeit bringt und damit die materielle Versorgung des Landes gewährleistet, kommt von Süden und breitet sich nach Norden aus. Es liegt deshalb nahe, am Südende die Versorgung im Grab durch Kornspeicher zu sichern. Die Tür kann sowohl als Eingang des Vorratshauses, der sich auf dessen Seitenwand befindet, als auch als Ausgang aus dem Sarg betrachtet werden. Für ihre Deutung als Ausgang aus dem Sarg spricht, dass die weiße Tür in rotem Rahmen in die Helligkeit führt. Sie entspricht damit dem Osttor, durch das die Tote den Sarg verlassen und in die Welt bei Tage hinaustreten kann. Das Tor war im alten Ägypten auch der Ort des Gerichts.[495] Die Beschreibung des Sonnenaufgangs als der Augenblick, in dem die Tote als Richter vor das Angesicht der Schöpfung tritt[496] bezeugt, dass die Vorstellung vom Tor als Stätte der Rechtsprechung in die *Religiöse Welt* übertragen wurde. Ihre Anwendung im Sarg ist durch Aussagen in den Sargtexten belegt.[497] Außer den Ort der Kommunikation mit der Tageswelt und einen Ort der Rechtsprechung stellt der Ausgang in die Helligkeit auch das Ziel der Weiterreise dar. Die Helligkeit in der Türöffnung kontrastiert mit der Dunkelheit des Gegenhimmels und kennzeichnet den roten Türrahmen als Übergangsort zwischen zwei Bereichen.

---

[494] Nach Altenmüller könnten die sieben Achu im Gefolge des Anubis (CT IV 258–270a) mit den sieben Achu identisch sein, die Re tragen (CT III 147c, 148d–e) und nach CT II 141b die Wegbereiter (*ḫntjw Ἰnpw*) des großen Gottes sind. Vergl. Altenmüller, *Synkretismus in den Sargtexten*, S. 23.

[495] Brunner, Die Rolle von Tür und Tor im Alten Ägypten. In: *Das hörende Herz*, S. 256 und Grieshammer, *Das Jenseitsgericht in den Sargtexten*, S. 105f.

[496] Beispielsweise CT VI 262j–m.

[497] Beispielsweise CT I 76e–77a.

Die Sandalen sind direkt neben der Tür abgebildet. In ihrer Untersuchung weist Schwarz auf die Symbolik der Sandalen bei einem Rechtsakt, der dem Toten das Nutzungsrecht eines Landstückes einräumt, hin.[498] Das macht die Darstellung der Sandalen gleich bei den Kornspeichern verständlich, nämlich zur Aufnahme der Ernte von einem Landstück, über das die Tote verfügen kann. In den Sargtexten belegt Spruch CT 25 die Vorstellung, dass ein Toter zu seiner Versorgung ein Grundstück hatte. Dort heißt es: „O Osiris N, gegeben worden ist dir ein Acker (*šdw*) im Wüstental und das Brot des Westens zu essen".[499] Die Fußbekleidung, die sie zur Erhaltung ihrer Reinheit benötigt, soll nach den Inschriften „griffbereit" sein.[500] Das bedingt ihre Platzierung am Fußende. Ob das zweite Paar ein Ersatzpaar sein soll oder verschiedene Schuhe für verschiedene Bereiche stehen, kann ich nicht entscheiden. Die Sandalen sind weiß, die Farbe der Reinheit[501] und der Götterschuhe.[502] Der Wunsch nach ungehinderter Fortbewegung ist der Toten im Bestattungsritual von ihrer Umwelt (und eventuell auch durch den Vorlesepriester bei der Balsamierung) mit ins Grab gegeben worden. Die Fußbekleidung ermöglicht ihr das Gehen und die Vermeidung der Berührung von Unreinem. Die Mobilität soll sich nach pyr. 1215 über die ganze Erde erstrecken, denn dort heißt es von Horus: „... damit er das Land durchfahre mit seinen beiden weißen Sandalen, als er ging um seinen Vater Osiris zu suchen".[503] Die Bildhandlungen bewirken die Auffassung Senebis im Hinblick auf ihre aktuelle Situation. Vorausgesetzt, dass die Analyse des Tores und der Schuhe im Hinblick auf die Rechtsprechung zutrifft, genießt die *Person* einen rechtlichen Status, der ihr die Versorgung durch Landbesitz und das Verweilen bei dem Wegeöffner Anubis sichert, indem sie mit Nahrung versehen und mit Götterschuhen[504] ausgestattet ist.

---

[498] Schwarz, Zur Symbolik weißer und silberner Sandalen, *ZÄS* 123, S. 70.

[499] CT I 76a–c. Assmann weist auf die Bedeutung der *šdw*-Grundstücke als Gut hin, das vom Vater auf den Sohn (der für die Versorgung des toten Vaters zuständig ist) übergeht. In diesem Zusammenhang erwähnt er auch spätere Belege zur Aktenkundigkeit, das heißt zum Rechtsstatus, von Landbesitz (Assmann, *Ma'at*, S. 95).

[500] Lacau, Sarcophages antérieurs au Nouvel Empire II, 18, 44, 48f (Quellenangabe nach Schwarz).

[501] Belege von weißen Sandalen in Reinigungstexten siehe Schwarz, Zur Symbolik weißer und silberner Sandalen, *ZÄS* 123, S. 72.

[502] Pyr. 1197a–e.

[503] Pyr. 1215. Übers. Sethe, *Übersetzung und Kommentar zu den altägyptischen Pyramidentexten* V, S. 96.

[504] Im Alten Reich bestand das Fundgut aus Alltagsdingen, mit denen die Menschen wirklich gelebt haben, Kleider, die Frauen wirklich getragen haben. Ab der ersten Zwischenzeit wandelt sich das Bild, die Funde repräsentieren Idealbilder, die Geschlechterrollen

Auf allen bisher untersuchten Innenseiten des Sarges M3C ist durch Bildhandlungen für die *Person* eine rituelle Umgebung geschaffen worden, die der Kontaktaufnahme mit ihrer Umwelt dient: auf der Ostseite die vor der Scheintür niedergelegten und zu deren Empfang im Westen aufgerufenen Opfer, auf der Nordseite die Mittel zur Kontaktaufnahme mit den Göttern, speziell der Göttin des Tageshimmels, auf der Westseite der Bedarf um den Lebensstil einer *Person* zu pflegen, die bei Sonnenaufgang in Herrlichkeit im Osten erscheint. Die Südseite folgt diesem Prinzip mit der Schaffung des Weges. Wiederum werden sowohl der Ort selbst, als auch die Mittel diesen zu erreichen, in die *Religiöse Welt* eingebracht. Am Fußende bilden die Versorgung mit Korn, die in den Torwegen ausgeübte Gerichtsbarkeit und die Schuhe der Reinheit die Mittel, um den Weg über den Unteren Himmel zu gehen. Mit dem Tor in die Helligkeit ist durch die Bildhandlung gleichzeitig der Ort der Kontaktaufnahme, die am östlichen Horizont stattfindet, hergestellt.

Sargtexte Spruch 418

Übersetzung siehe S. 92f

Durch den letzten Satz des Spruches CT 418, in dem die *Person* im Sarg von ihrem Körper (*ḏt*) spricht, kann die Tote als Sprecherin identifiziert werden. Nachdem sie die Opfer bekommen hat und aus der Tageswelt kommend an den Nachthimmel gelangt ist, ergreift Senebi zum Schutz ihres Körpers das Wort. Dieser ist am Ha-Kanal bedroht. Der Ha-Kanal bildet ein ambivalentes, jedoch in erster Linie gefährliches Gewässer am Himmel.[505] Der Aussage entsprechend bedrohen die Wurfhölzer die Verstorbene auf beiden Seiten des Gewässers, das heißt immer und überall am Himmel. Wurfhölzer werden bei der Vogeljagd verwendet.[506] Die Hölzer werden nach der Toten geworfen, um sie gleich einem Vogel zu erjagen. Warum Senebi gejagt wird, ergibt sich aus:

---

sind nicht mehr an den Grabbeigaben festzustellen. Die Götterschuhe bestätigen den von Seidlmayer anhand seiner Untersuchungen in Elephantine festgestellten Wandel in der Auffassung vom Tod, der sich in der 11. Dynastie vollzog, auch für Meir (siehe Komm. S. 119 mit Anm. 440). Die weißen Sandalen sind eine rituelle Ausstattung, die die Auffassung vom Tod als einer neuen Seinsform spiegelt.

505 Siehe Altenmüller, „Messersee", „gewundener Wasserlauf" und „Flammensee", *ZÄS* 92, S. 91. Die positive Eigenschaft des gewundenen Wasserlaufs als ein vom Toten erstrebtes Gewässer kommt in dem Fangnetzspruch CT 473 zum Ausdruck, wenn es dort in CT VI 15g–h heißt: „Ihr gewährt mir den gewundenen Kanal, damit ich die Ewigkeit verbringe beim Gott seiner Nut-Gewässer" (Übers. Bidoli, *Die Sprüche der Fangnetze in den altägyptischen Sargtexten*, S. 91).

506 George, Drei altägyptische Wurfhölzer, *Medelhavsmuseet Bulletin* 15, S. 7–15.

V 254a–c Zauberer, die ihre Formeln wissen,
um ihre Zaubersprüche zu rauben, um ihre Formeln wegzunehmen
ḥkꜣw rḫw rꜣ.sn
r iṯt ḥkꜣw.sn r nḥm ꜣḫw.sn

Der Zauber als Macht des Wortes oder des Spruches über die die Tote verfügt, spielt eine vergleichbare Rolle in dem Fangnetzspruch CT 473, wo der Tote den Gefahren der Gefangennahme ebenfalls am Ha-Kanal ausgesetzt ist.[507] Die Tote verleibt sich Heka ein.[508] Dementsprechend bildet Heka ein im Körper aufbewahrtes Wissen, das wirkungsvoll und gefährlich ist, sobald es zur Anwendung kommt.[509] Senebi wendet diesen Mechanismus selbst an, denn durch ihre Befehle kann sie die Wurfhölzer von sich abwenden.

In Sargtextspruch CT 261, spricht der Tote, der sich in Heka verwandeln will: „Ich bin einer, den der Einherr schuf, ehe noch die Zweiheit in diesem Lande entstand. Ich bin Heka".[510] Der Sprecher skizziert die Umstände vor der ersten Differenzierung und sein eigenes Zustandekommen in dieser vorgegebenen Einheit. Er verdeutlicht auch die Umwandlung der aufgenommenen Nahrung in den wirksamen Ausspruch, indem er Atum als einen „der isst und mit seinem Mund spricht" preist.[511]

Die Bedeutung, die sich aus dem Sargtext CT 261 (der nicht bei Senebi steht) für den Begriff Heka zeigen lässt, ist ein im Inneren einer Einheit entstandenes Vermögen zur Schöpfung durch das Wort, das vor einem Schöpfungsverlauf durch Differenzierung bereits vorhanden ist,[512] aber die Energiezufuhr durch Nahrung braucht. Letzteres erklärt die innertextliche Position der Sprechhandlung, die durch Senebi ausgeführt wird, *nach* dem Empfang der Opfer und der Ernährung durch die Göttin Hathor. Laut pyr. 397b–c, CT III 321c–e und CT VI 272d–h ereignet sich die Nahrungsaufnahme, um Heka im eigenen Leib zur Verfügung zu haben, auf der Flammeninsel. Heka ist charakterisiert als eine Größe, die in einer Einheit angelegt ist. In Senebis Fall stellt der Körper (*ḏt*) der Toten diese Einheit dar.

---

[507] Bidoli, *Die Sprüche der Fangnetze in den altägyptischen Sargtexten*, S. 91. Dort ist der Ha-Kanal als „gewundener Kanal" übersetzt.

[508] Belegstellen in den Sargtexten sind z.B. CT I 118a, CT I 149b, CT III 321e, CT IV 19e, CT IV 58a, CT V 322e–j und CT VI 178j–k. Desgleichen bereits in pyr. 397b.

[509] Siehe hierzu auch Münster, *Untersuchungen zur Göttin Isis vom Alten Reich bis zum Ende des Neuen Reiches*, S. 193f und Meyer-Dietrich, Die göttliche Mahlzeit vor Sonnenaufgang im Alten Ägypten. In: *Le Repas de Dieu. Das Mahl Gottes*, S. 20ff.

[510] Spruch CT III 389c.

[511] Spruch CT III 383a–384c.

[512] Ebenso Hornung, *Der Eine und die Vielen*, S. 166. Siehe auch Meeks' Definition von Heka in der vorliegenden Arbeit, Anm. 294 in der Übersetzung.

Isis personifiziert die Sargseite, auf der Spruch CT 418 angebracht ist. Die pragmatische Position auf M3C kann dadurch erklärt werden, dass Senebi in der Rolle dieser Göttin handelt. Der entscheidende Aspekt der Isis, im Hinblick auf die im Sarg handelnde *Person* und entsprechend auf den Textinhalt, wird in ihrem Beinamen „die Zauberreiche" ausgedrückt. Münster hat auf die Verbindung von Wissen und Zaubermacht der Isis hingewiesen und stellt in diesem Zusammenhang fest: „Die Zaubermacht der Isis ist auch die Grundlage der Aktivität der Göttin, die einer ihrer Wesenszüge im ganzen Mythos ist".[513] Isis beweist ihr Wissen in einem Dialog, den sie auf anderen Särgen in Spruch CT 148 mit Atum führt. Dort *erwacht* sie mit dem Samen des Osiris in ihrem Leib und *weiß*, dass es der Same eines Gottes ist, den sie in sich trägt.[514]

Aus dem oben Gesagten ergibt sich für M3C als rituelle Funktion der Sprechhandlung CT 418 Gefahren abzuwehren, die Senebis Körper (*ḏt*) aus der Luft drohen,[515] weil sie das Wissen, das sie in ihrer gegenwärtigen Lage benötigt, im Leib hat. Aus dem Textinhalt ist zu schließen, dass Senebi sich als wissende und zuversichtliche *Person* versteht, welche die Möglichkeiten hat, ihr Wissen anzuwenden, aktiv zu werden, und sich auf diese Weise (durch die Kraft ihres Ausspruchs) vor Gefahren zu schützen. Die Funktion des Spruches ergibt sich durch Senebis sprachliches Handeln in der Rolle von Isis. In dieser Rolle ist sie eine *Person,* die die Möglichkeit zur Verwirklichung eines Schöpfungsvorganges in ihrem Körper hat.

Sargtexte Spruch 114

Übersetzung siehe S. 93

Die Sprecherin ist weiterhin die Tote. Sie identifiziert sich mit dem Luftgott Schu. In dieser Gestalt ist sie nicht länger vom Untergang bedroht. Der Untergang bestünde in dem Verharren in einer Einheit, die sich nicht differenzieren kann. Als Schutz gibt sie die Umhüllung mit dem im Ägyptischen als Keni (*ḳnj*) bezeichneten Umhang an. Der Keni wird im Ritual des dramatischen Ramesseumpapyrus verwendet. Assmann macht darauf aufmerksam, dass die entscheidenden Aussagen zu diesem rituellen Kleidungsstück seine Bedeutung als Umarmung verdeutlichen: „Horus ist das, der seinen

---

[513] Münster, *Untersuchungen zur Göttin Isis vom Alten Reich bis zum Ende des Neuen Reiches*, S. 196.

[514] Spruch CT II 215c–216b.

[515] In Spruch CT 62 ist die Wirkung des Wurfholzes bei der Vogeljagd geschildert. Dort heißt es: „Du hast dein Wurfholz nach ihnen (den Vögeln) geworfen, und schon sind Tausend gefallen durch das Geräusch seines Luftzugs" (CT I 269h–i). Übers. Assmann, Spruch 62 der Sargtexte und die Ägyptischen Totenliturgien. In: *The World of the Coffin Texts,* S. 18).

Vater umarmt und sich an Geb wendet“ (Horus spricht zu Geb:) „Ich habe diesen meinen Vater, der müde geworden war, umarmt, bis er wieder ganz gesund geworden ist“.[516] Trifft diese Aussage auch für den Schilfumhang in CT 114 zu, dann wird die Verstorbene durch den Keni umarmt[517] bis sie „wieder ganz gesund geworden ist“. Auf diese Art umhüllt kann ein Entstehungsprozess durch Differenzierung beginnen. Das Vorbild für diese Form der Entstehung sind die Zwillinge Schu und Tefnut, die Atum aus seinem Mund hervorbringt:

II 132g	Ich habe Schu und Tefnut hinter mir gesehen (2 mal)
II 132h	Ich werde nicht umwunden werden (2 mal)
	Ich werde nicht umschlungen werden (2 mal)
	iw mꜣꜣ.n.ỉ Šw Tfnt ḥꜣ.ỉ (2 x)
	n pẖr.ỉ (2 x) n šnj. ỉ (2 x)

Anthes zieht auf Grund des später für *šnj* in der Bedeutung „bannen“ verwendeten Determinativs eine Gedankenverbindung zum Wurfholz und bemerkt hierzu: „Das Determinativ scheint dann zum Ausdruck zu bringen, dass die Bannung aus der Ferne erfolgen kann“.[518] Diese Möglichkeit wird auf M3C durch den Ko-Text von CT II 132h (siehe oben) bestätigt. CT II 132g und der Schluss des Spruches werden zweimal gesprochen. Die zweifache Aussprache von Aussagen im Kontext eines Schöpfungsvorgangs durch Differenzierung konnte schon auf dem Sarg M5C aus Meir beobachtet werden.[519] Dort wird die Aussage nicht von einem Sprecher wiederholt, sondern von zwei Sprechern, Schu und Tefnut, gleichzeitig ausgesprochen. Auf beiden Textträgern gibt die Verdoppelung sprachlich, und als gesprochene Worte auch akustisch, eine Differenzierung wieder, von der im Text berichtet wird. In beiden Fällen ereignet sich dieses unmittelbar nachdem die Existenz der Toten gefährdet war und sie an einer

[516] Dram. Ramesseum Papyrus, Szene 33; Assmann, Altägyptische Kultkommentare. In: *Text und Kommentar,* S. 94f; Assmann, *Tod und Jenseits im Alten Ägypten*, S. 456 und Assmann und Bommas, *Totenliturgien in den Sargtexten des Mittleren Reiches* I, S. 26ff.

[517] Das Deutzeichen bei „umhüllt“ (*ʿfn.kwj*) auf M3C erinnert an ein Kopftuch, das bis über die Schultern hinabreicht, oder auch an den Tekenu, die symbolische Umhüllung, die eine *Person* umschließt. Bezieht man das Determinativ in die Untersuchung mit ein, so ist Senebi durch den Schilfumhang nicht nur geschützt, sondern befindet sich unter diesem auch in einer regenerativen Umhüllung. Auf dem anderen Meir-Sarg, M4C, ist das Determinativ von *ʿfn.kwj* leider nicht erhalten; die übrigen Särge (S1C und G2T) haben die Schreibung mit , dem Deutzeichen *dmḏ* „verbinden“ oder „vereinen“.

[518] Zur Bedeutung des Verbums *šnj* von „in magischem Bann halten“ siehe Anthes, Das Verbum *šnj* „umschließen“, „bannen“ in den Pyramidentexten, *ZÄS* 86, S. 89.

[519] Pyr. 147a–149d. Meyer-Dietrich, *Nechet und Nil*, Übers. S. 103, Komm. S. 156–159.

Richtstätte oder ihren Richtern unbeschadet vorbeigekommen ist.[520] Für Senebi waren auf derselben Sargseite der Ort der Rechtsprechung durch Bildhandlungen und zudem die Gefährdung durch Wurfhölzer durch die vorausgehende Sprechhandlung in der *Religiösen Welt* hergestellt worden.

Die Existenz der Toten ist jedoch weiterhin gefährdet, denn erst als Zweiheit ist ihr Bestehen gesichert. Die Tote spricht in der Rolle des Schu und will sich in Schu und Tefnut differenzieren. Die Differenzierung erfolgt demnach, wie es auch in der Spruchfolge auf der Westseite zu beobachten war, in die *Person* selbst und eine weitere Form, die ebenfalls von ihr ausgeht.

Ausgehend von der Ambivalenz, die jeder Kraft innewohnt, da sie missbraucht werden kann, können die letzten zwei Aussagen (CT II 132h) das Gegenmittel einer endgültigen Umhüllung und der damit verbundenen Gefahr der Isolation, der Unbeweglichkeit und somit den Untergang bedeuten. Die Worte sind an niemanden gerichtet. Der Zweck der Sprechhandlung kann deshalb als Selbstpräsentation interpretiert werden, durch die der Gott Schu in die *Religiöse Welt* eingeführt wird, sich Senebi in einer Götterrolle vorstellt, die ihren gegenwärtigen Zustand als Umhüllte wiedergibt und die Zuversicht der Toten stärkt, indem sie Senebi des Schutzes durch den Umhang und der Möglichkeit zur Differenzierung versichert.

Innenseite des Sargdeckels

Sargtexte Spruch 75

Übersetzung siehe S. 94ff

Senebi identifiziert sich mit dem Ba des Luftgottes Schu, der den Himmel von der Erde getrennt und dadurch den Luftraum geschaffen hat. Sie sagt von sich selbst:

I 314b	Ich bin der Ba des Schu, des Gottes, der-von-selbst-entsteht.
I 316a	Im Körper des Gottes der-von-selbst-entsteht, bin ich entstanden.
	ink bꜣ Šw nṯr ḫpr ḏs.f
	ḫpr.n.i m ḥꜥw n nṯr ḫpr ḏs.f

Die Entstehung vollzieht sich aus eigener Kraft im Körper des Gottes, der das Prinzip der Selbstzeugung verkörpert und dessen Wesen Senebi in der

520 Bei Mitgliedern der Neunheit wertet Barta die richtende Tätigkeit als typische Eigenschaft einer Ahnenreihe. Auch bei dem von ihm hierfür gebrachten Beleg vollzieht sich die richtende, das heißt, scheidende Tätigkeit Schus und Tefnuts an einer Richtstätte. Barta, *Untersuchungen zum Götterkreis der Neunheit*, S. 89 und S. 94. Als Beleg aus den Sargtexten führt er CT VI 404q–r an.

Rolle seines Ba teilt. Aus dem eigenen (im Sarg verborgenen) Körper der *Person* gestaltet sich der Ba des Schu spontan heraus: „L'idée de l'autogenèse de Chou semble être le message spécifique de ce *spell*".[521] Der Gott Schu ist die Personifizierung der Luft. Die Sprecherin verlässt den Körper nachdem sie sich „im Körper zusammengefügt hat" (CT I 318b) und kommt als Ausatmung durch die Nase hervor (CT I 338c). Sie identifiziert sich mit der Luft die ausgeatmet wird. Ihre intrakorporale Entstehung wird von der Sprecherin als ein unsichtbarer Vorgang geschildert:

I 334a–c denn Nun sah mich erst, nachdem ich entstanden war.
Er kennt nicht den Ort, an dem ich entstanden bin.
Er sah nicht meine Entstehung mit seinem Gesicht.
m33.n wj Nw ḫpr.kwi
n rḫ.f bw ḫpr.n.i im
n m33.f ḫprw.i m ḥr.f

Der Ba qualifiziert seine Entstehung demnach sowohl im Körper als auch im Nun verborgen. Mit dem Verlassen des Körpers befindet er sich innerhalb des Grenzbereiches (*ḏr*) von Atum (CT I 318c). Laut Zandee bedeutet das im Grenzbereich (*ḏr*) sein, „dass Schu ganz nahe bei Atum ist. Überall, wo Atum ist, die ganze Himmelsbahn entlang, ist das der Fall, denn Atum kann ohne Schu, den Atem des Lebens, nicht leben. Gewissermaßen ist Atum von Schu abhängig".[522] Während Zandee die Nähe zu Atum betont, berücksichtigt Hornung die Ausdehnung der Djergrenze als „nicht mehr überschreitbar, als äußersten Horizont und als Mittel zur Differenzierung der Welt".[523] Bickel greift den Zeitaspekt des Grenzbereiches auf: „il [Chou] était déjà présent dans l'espace (*ḏr*) de la préexistence, le Noun".[524] Dass der Gott Atum im Spruch nicht namentlich genannt wird, kennzeichnet ihn ebenfalls als präexistent. Der mit dem Lexem *ḏr* bezeichnete Grenzbereich bildet nach den für ihn oben aufgeführten Merkmalen – Nähe zu Atum, Mittel zur Differenzierung und Präexistenz – den Körperbereich Atums, in dem sich der Ba des Schu nach der Ausatmung aufhält. Er kann auf Grund der Natur Atums als präexistenter Gotteskörper, aus dem die differenzierte Schöpfung emaniert, als der Bereich klassifiziert werden, innerhalb dessen Schöpfung in der

---

[521] Bickel, *La Cosmogonie égyptienne avant le Nouvel Empire*, S. 85.
[522] Zandee, Sargtexte, Spruch 75, *ZÄS* 99, S. 158.
[523] Hornung, Von zweierlei Grenzen im Alten Ägypten, *Eranos* 49, S. 412 passim.
[524] Bickel, *La Cosmogonie égyptienne avant le Nouvel Empire*, S. 52.

Nacht virtuell vorhanden oder angelegt ist.[525] Erst beim Passieren der Djergrenze am Morgen ereignet sich Schöpfung als Hervortreten des Gottes aus dem Horizont. Der Ba übernimmt bei der Hierophanie Atums, die ein ungeheures Ereignis darstellt, das Himmel und Erde erzittern lässt, die Aufgabe des Herolds:

I 320d–322b Ich bin es, der ihn ankündigt,
wenn er aus dem Horizont hervorkommt,
und denen, die seinen Namen erforschen, Ehrfurcht einflößt.
ink sr sw pr.f m ꜣḫt
rdj.i nrw.f n dꜥr rn.f

In der Rolle des Übermittlers bringt sie durch einen Sprechvorgang Inneres, noch Unbenanntes, nach außen. Sie verwandelt die Möglichkeit zur Differenzierung und Erzeugung der Vielfalt (letztere wird von der Sprecherin als „Worte der Hehu"[526] vernommen) in Etwas, das sich differenziert hat:

I 322c –324a Ich bin einer unter den Hehu, der die Worte der Hehu hört.
Ich bin es, der die Worte des Gottes, der-von-selbst-entsteht,
zu seiner Menge trägt.
ink imy Ḥḥw sḏm mdw Ḥḥw
ink sbb mdw nṯr ḫpr ḏs.f.
n ꜥšꜣt.f

Sie ist es, die die Schiffsmannschaft leitet (CT I 324b). Zurufe der Bootsleute waren als ein akustisches Mittel zur Verbindung verschiedener Bereiche im Begräbnisritual klassifiziert worden (siehe S. 48). Deutet man den Leiter der Schiffsmannschaft als einen, der den Bootsleuten etwas zuruft, so gibt die Sprecherin in der Rolle des Ba das Gehörte weiter. Sie gewinnt durch diese Tätigkeit einen Vorsprung, sie ist „stärker" (*wsr*) und „zorniger" (*dnḏ*) als jede Neunheit (CT I 326a). Sie wird als Vermittler zwischen Einheit und Vielheit zwar selbst zum Schöpfer, wenn sie die Grenze zwischen Präexistenz und Kosmos überschreiten wird, aber sie zeichnet sich als Ba des Gottes Schu bereits im Körperbereich oder Umfeld Atums durch ihre Stärke aus.

Die in CT I 320b–328a von der Sprecherin ausgeführten Tätigkeiten sind: zum Schweigen bringen (*sgr*), zittern lassen (*sdd*), ankündigen (*sr*), Ehrfurcht einflößen (*rdj nrw*), hören (*sḏm*), Worte hinaustragen (*sbb mdw*), leiten (*srr*), Wörter wiederholen (*wḥm mdw*). Die in diesem Abschnitt des

---

[525] Diese Auffassung wird durch den Ablauf der heliopolitanischen Kosmogonie gestützt, demzufolge Schu und Tefnut als erstes und damit *vor* der Geburt des Lichtes (als Re oder Horus) aus Atum ausgestoßen werden.

[526] Siehe Anm. 307 in der Übersetzung.

Textes vorherrschenden akustischen Handlungen definieren den *ḏr*-Bereich, in dem sie sich abspielen, (CT I 318c) als einen Raum, der sich so weit erstreckt, wie ein Ton vernommen werden kann.

Nach Englund wird im Sargtext CT 75 die Vorphase des Entstehungsprozesses, der in der Ureinheit stattfindet – ruhende Potentialität – und Schus Entstehung durch Ausatmung grammatikalisch berücksichtigt:

> The inertia is metaphorically expressed in the grammatical construction of the text. This can be called a structural metaphor. There are only nominal and adverbial sentences in this section (I 314b –326a) i.e. sentences that describe a state without any notion of time. The active aspect of it is the low grade activation of the faculties of Shu described in these static sentences. [...] Then comes a phase of upgraded activity (I 326b–358c), marked with a change of grammatical construction. The text starts off with the grammatical form *ỉw sḏm.n.f* which is the indicative verb form of the past tense – *ỉw wḥm.n.ỉ mdw* ‚I reiterated the words'. The idea that Shu recapitulates a paradigmatic intra-divine pattern is emphasised many times in the spells.[527]

Englund unterscheidet bei den Verben drei Wortgruppen: „All the verbs of action used, with only a few exceptions, belong to three clusters. There is a cluster concerned with procreation, one with motion, and one with communication".[528] Durch ihre Identifikation mit dem Ba des Schu kann Senebi mit ihrer Umgebung kommunizieren:

I 326b –328a Ich habe die Worte der Götter vor mir
vor den nach mir entstandenen (Göttern) wiederholt,
indem sie nach meinen Entstehungsformen im Nun fragen.
ỉw wḥm.n.ỉ mdw nṯrw m-bꜣḥ ḫprw r-sꜣ.ỉ
nḏ.sn ḫprw.ỉ m-ꜥ nw

Auf diese Beschreibung der Existenz des Hörbaren folgt – nachdem Ruhe eingetreten ist (CT I 330c) – die des Sichtbaren. Die Sprecherin wird der Ba dessen, „der den Himmel mit seiner Schönheit bestreut" (CT I 340b). Bei dieser Apposition kann es sich sowohl um den Nachthimmel als auch um den Tageshimmel handeln. Für den Nachthimmel, der mit den Sternen als vielfältige Manifestation des Lichtes bestreut wird, spricht CT I 340d, da durch die Aussage, „der, dessen Name die Götter, die ihn rudern, nicht kennen" der Zustand Atums vor der Manifestation des Namens beschrieben wird. Sterne (und Sternbilder) auf der Innenseite des Sargdeckels der

[527] Englund, The Eye of the Mind and Religious Experience in the Shu Theology from the Egyptian Middle Kingdom. In: *Being Religious and Living through the Eyes*, S. 94.

[528] Englund, The Eye of the Mind and Religious Experience in the Shu Theology from the Egyptian Middle Kingdom. In: *Being Religious and Living through the Eyes*, S. 106.

Aschayt[529], ein Sternenhimmel auf der Südseite des Sarges M3C und eines Sarges aus Assiut[530] sowie die Personifikation des Sargdeckels als Nut, sprechen ebenfalls für den Nachthimmel. Die Prädikation wäre dann eine Aussage zu Atum als ein Gott, der im Nachtbereich schöpferisch tätig ist. Dieses steht im Einklang mit dem Inhalt (der Autogenese) und der Gebrauchssituation des Spruches. Für den Tageshimmel spricht hingegen die Schönheit oder Vollkommenheit (*nfr*) der Schöpfung, die sich erst mit Sonnenaufgang manifestiert.

Auf eine dritte Möglichkeit, nämlich die Apposition als Ausdruck für eine beide Himmel umfassende Schöpfertätigkeit Atums zu verstehen, geht Myśliwiec ein. Sie ist durch die Gleichsetzung von Atum mit Chepri gegeben:

> Bereits bekannt seit dem Alten Reich, entstand dieser Zusammenhang [Skarabäus und Atum] auf Grund einer Gleichsetzung von Atum und Chepri in ihrer Funktion als Selbstgeschaffene. Als zwei parallele Phasengötter, wahrscheinlich als zwei Elemente des „Horus beider Horizonte" begriffen, nehmen diese Götter in einem ununterbrochenen Lauf der Sonne teil, wo der Übergang zwischen benachbarten Phasen flüssig ist.[531]

Obwohl derselbe Autor die Ausdehnung des Bereiches für Atums schöpferische Tätigkeit erst für die Zeit des Neuen Reiches ansetzt,[532] kann meines Erachtens die Stelle so verstanden werden, dass beide Himmel durch den Schöpfergott mit ihrer Schönheit, das heißt, ihrem Licht bestreut werden. Für diese Interpretation spricht auch die kommunikative Tätigkeit des Ba als Bote und Vermittler.

Luft ist die Trägersubstanz für das Licht. Luft und Licht bilden als sinnlich erfahrbare kosmische Manifestation eine der „innerweltlichen Seinsformen Atums".[533] Von diesem konkreten Konzept wird in diesem Abschnitt des Schu-Textes ausgegangen. Ihre Handlungen als Ba des Luftgottes kennzeichnen die Sprecherin als Herold des Lichtes. Sie ist für diese Aufgabe ausgerüstet, da ihre Macht (*wsr*) im Boot gesehen wird (CT I 328b) und ihr Glanz (*f3w*) sie (CT I 330a, b) in einer Umgebung sein lässt, in der „die Götter Wohlgeruch verströmen" (CT I 332a). Sie verfügt über diese Eigenschaften dank ihrer Entstehung im Innersten:

---

529 Kairo JdE 47355, Mittleres Reich.

530 Kairo JdE 44981, Mittleres Reich.

531 Myśliwiec, *Studien zum Gott Atum* I, S. 77.

532 Myśliwiec, *Studien zum Gott Atum* I, S. 77.

533 Jürgens, *Grundlinien einer Überlieferungsgeschichte der altägyptischen Sargtexte*, S. 145.

I 336c–338a In seinem Herzen schuf er mich.
Mit seiner Achu-Kraft machte er mich.
mꜣꜣ.n.f. wj m ib.f
ir.n.f wj m ꜣḫw.f

Sie entsteht innerhalb einer Einheit durch den Beschluss und das Vermögen ihn zu verwirklichen. So zentral das „Herz" Atums ist, muss es einem Grenzbereich (*ḏr*) zugerechnet werden, da es gerade noch von außen her durch die Luftröhre erreichbar ist, und doch so tief im Innern liegt, dass es eigentlich ganz Atum zugerechnet werden muss. Hier kann der Ba aus Atum hervorgehen, und hier können sich Schus Ba und Atum wieder treffen. Von hier aus kann die Luft aufsteigen und hierher kann die eingeatmete Luft zurückkehren. Ihre Autogenese durch seine Achu-Kraft (*ꜣḫw.f*) im Inneren (*ib*) des Selbstentstandenen wird von der Sprecherin in CT I 344a–b wiederholt und rahmt dadurch die Beschreibung von ihrer Entstehung im Verborgenen ein. Die Entstehungsweise selbst entspricht der Funktion der Körperteile (CT I 342b–c): Der Ba des Schu ist in den Beinen gewachsen (*rd.n.i*), hat sich in den Armen gebildet (*ḫpr.n.i*) und sich in den Gliedern erhoben (*šw.n.i*). Er bleibt dabei der Ba, der von selbst entstanden ist, denn Atum dient nur als Körper, in dem sich der Ba aus eigener Kraft im Verborgenen erheben kann: „Tous les verbes utilisés expriment l'apparition spontanée de Chou qui vient à l'existence non pas par création, mais par sa propre force".[534]

Im folgenden Abschnitt (CT I 344c–354a) zählt die Sprecherin ihre Tätigkeiten in der Duat auf. Alle beziehen sich auf die Weitergabe der Nahrung innerhalb der nächtlichen Welt, die in diesem Zusammenhang von ihr als Umkreis „des Herrn über die grünen Felder in der Duat" (CT I 348a) bezeichnet wird:

I 348b–d O Atum! O Nun!
Ich bin es, der die Speisen weiterreicht,
die Hu wachsen lässt für Osiris.
i Ỉtm Nw
ink sḥtpt ḏfꜣw swꜣḏ Ḥw n Wsir

Die Nahrungskette beginnt mit dem schöpferischen Ausspruch (*ḥw*). Sie wird mit der Vereinigung abgeschlossen:

I 352b–354a der den Himmel mit seiner Schönheit bestreut,
indem er die Gestalt eines jeden Gottes vereinigt hat.
Herr der Maat, der das Haus wegen des Raubens versiegelt,

[534] Bickel, *La Cosmogonie égyptienne avant le Nouvel Empire*, S. 84f.

wenn ich für ihn meine Gestalt vereinige.
wpš pt m nfr.f
ḏmḏ.n.f irw nṯr nb
nb m3ꜥt ḫtm pr ḥr ꜥw3yw di.f
dmḏ.i n.f irw.i

Die *Person* stellt durch ihre Sprechhandlung eine Analogie zwischen der vollzogenen Vereinigung eines Gottes durch Atum und der, von ihr selbst beabsichtigten Vereinigung ihrer Gestalt (*irw*) her. Sie wird durch das Weiterreichen der Nahrung das kreative Bindeglied zwischen ihrer intrakorporalen Entstehung und der Entstehung des vielfältigen Lebens im Kosmos. Sie ist der Energielieferant für ihren Osiriskörper. Wie schon in dem auf der Westseite stehenden Spruch CT 97, so wird auch an dieser Stelle der Körper in dem Moment, in dem der Ba einen Atumbereich verlässt, versiegelt. Das kann als Sicherung des Hauses (das ist der Sarg) oder Körpers der Toten bis zur Rückkehr des Ba (der in der Tageswelt unterwegs sein wird, um sich mit seiner Gestalt zu vereinigen) verstanden werden. Wahrscheinlicher scheint mir jedoch ein Verständnis des Textes auf ontologischem Niveau, das von dem ‚versiegelten Haus' als Synonym für Atums Körper ausgeht. Atums Körper bildet als Schöpfungspotential die präexistente Einheit, in der alle erzeugenden Kräfte gesammelt, vereint und bewahrt sind. Sie müssen, wie Atums Name/Wesen in der Erzählung von der List der Isis (siehe S. 189) vor Widersachern geschützt werden.

In den folgenden Aussagen CT I 354b–360b verlässt die Luft den Körper. Sie wird noch in der Nachtwelt ausgeatmet. Die kosmische Parallele dieses Vorgangs besteht in der Sichtbarwerdung Atums „der den Himmel bestreut". Sie wird in der *Religiösen Welt* durch Aussagen zu den Sternen am Himmel, dem in der Dunkelheit sichtbaren und vervielfältigten Licht erzeugt. „Die in ihren Pforten sind, schauen sein Licht" (CT I 358c) lokalisiert die Ausatmung des Ba ebenfalls innerhalb der Nacht. Der Vorgang resultiert in einer Trennung:

I 358d–360a Ich bin der Gott, der, was die Gestalt betrifft, ausgeatmet worden ist,
derjenige, der den grünen Feldern vorsteht,
I 360b derjenige, der die verborgenen Dinge,
die im Haus der Sechs sind, scheidet.
ink nṯr nf3 irw
ḫnty sḫwt w3ḏwt
wḏꜥ-mdw m iḫt imnt imywt ḥwt 6

Gemacht von dem Gott „der diejenigen, die im Verborgenen sind, jauchzen lässt" entsteht die Sprecherin ebenso in der Verborgenheit, die sie im folgenden Abschnitt verlassen will. Ab CT I 360c schildert die Sprecherin, die sich nun zu den Jauchzenden zählt, ihre Existenz als Doppelaspekt:

I 360c–362a	Ich habe meinen Ba hinter mir geschaffen.
I 362c	Er brennt nicht auf meiner Leiche.
	iw kmꜣ.n.i bꜣ.i ḥꜣ.i
	n nsr.n.f ḥr ẖꜣt.i

Sie besteht aus sich und aus ihrem Ba. Sie ist beides, sowohl der Körper in seinem Mumienzustand (*ẖꜣt*) und Osiris-Dasein (CT I 364a) als auch der bewegliche Ba. Der Ba ist in diesem Text, der ja vom Ba des Luft- und Lichtgottes Schu handelt, die Verkörperung der angefachten und entflammten Zeugungsfähigkeit. Diese Kraft brennt und verweilt nicht auf dem Körper, sondern macht sich auf den Weg.

Die Verwendung des Lexems *ẖꜣt* ist den Totentexten vorbehalten und bezeichnet den hergerichteten Mumienkörper.[535] Englunds Durchsicht der Belegstellen in den Sargtexten hat für *ẖꜣt* ausschließlich die Paarung mit dem Begriff Ba ergeben.[536] Hornung betont im Verhältnis der beiden Personenkonstituenten (Ba und Körper) zueinander die Bedeutung des Körpers. Dieser bildet die sinnvolle Ergänzung zum Ba des Schu, die erst die Vereinigung beider begründet und dadurch menschliches Dasein erneuert. Derselbe Autor schreibt: „Der Leib hat sogar etwas Göttliches, und es ist bezeichnend, dass Erhebung zur Götterwelt und Einswerden mit den Göttern, wie es für die Verstorbenen möglich wird, über den physischen Leib erfolgen, obgleich auch hier die Ba-Seele mitbeteiligt ist".[537] So bittet der Gott Thot beispielsweise: „Öffne mir, auf dass ich meinen Körper (*ẖꜣt*) sehen möge. Ich bin ein lebender Ba".[538] Die Freiheit der Bewegung wird als Unbewachtsein (CT I 362d) beschrieben. Dank der Beweglichkeit des Ba können dieser und der Körper die gleiche Funktion an verschiedenen Orten ausüben:

I 364b	Ich zeuge. Mein Ba zeugt.
I 364c–366a	Die Menschen, die auf der Insel Neserser[539] sind, zeugt mein Ba.
I 366b	Göttinnen zeuge ich.
	iw.i sṯ.i iw bꜣ.i sṯ.f
	sṯt bꜣ.i m rmṯ imyw iw nsrsr
	sṯt.i m nṯrwt

535 Hornung, Fisch und Vogel, *Eranos* 52, S. 459.

536 Englund, Kropp och själ i samspel, *RoB* LVIII–LIX, Abb. 2.

537 Hornung, Fisch und Vogel, *Eranos* 52, S. 473.

538 CT III 327c–d.

539 Die Insel Neserser ist die Flammeninsel.

Zur Flammeninsel Neserser bemerkt Zandee: „An dieser Stelle, wo die Sonne aus eigener Kraft emporstieg, kann auch der Tote neue Potenz empfangen“.[540] Die Insel bildet als Ort, an dem die Menschen gezeugt werden, einen ontologischen Bereich, an dem die Existenz der Lebenden beginnt oder in Erscheinung tritt. Dieser Ort wird vom Ba des Schu besucht. Der Ba, den die *Person* aus eigener Kraft aus sich selbst hervorgebracht hat, ist Träger der Zeugungsfähigkeit und wirkt durch dieselbe auf der Flammeninsel. Der Ba wirkt dort als eine schöpferische Kraft, die sich in ihrem Atumkörper gebildet hat. Senebis Körper hingegen existiert nur im ontologischen Bereich göttlicher Existenzformen. In diesem bleibt ihre Zeugungsfähigkeit auf die Götterwelt begrenzt.

Im folgenden Abschnitt (CT I 368b–372a) wird die gegenseitige Entflammung mit Zeugungsfähigkeit von der Insel Neserser und der Götterwelt innerhalb der *Religiösen Welt* durch die Symbole des königlichen Kopftuches (*nms*) und der Würde (*sꜥḥw*) zum Ausdruck gebracht. In der rituellen Verwendung von Symbolen aus dem Königskult dominiert die Vertikale: Das Nemestuch wird *auf den Kopf* herbeigetragen, die Würde wird *hoch* gehoben. Das Nemes ist ein gold-blaues Strahlentuch, welches das Gesicht umrahmt. Die Belege aus dem Alten Reich und dem Mittleren Reich bekunden einen engen Bezug des *nms*-Tuches zum Horusfalken. Das Nemestuch legitimiert, nach Goebs, das Kommen und Gehen (in Vogelgestalt) von dem Ort, an dem Osiris weilt zur Flammeninsel.[541] „Die Würde derer, die in ihren Höhlen sind“ (CT I 372a) ergreift Senebi in der göttlichen Umgebung, in der sie sich selbst befindet.

In den verbleibenden Aussagen CT I 372b–385a wird die Autogenese des Ba als ein voraussetzungsloser, spontaner Vorgang betont, der alle anderen existentiellen Gegebenheiten übertrifft:

I 372b, c	Ich gehorche nicht Heka, da ich vor ihm entstanden bin.
I 373d–374a	Der Wind des Lebens ist mein Kleid.
I 374b	Um mich herum war er aus Atums Mund hervorgekommen.
I 374c–d	In den Gott, der-von-selbst-entsteht, den Einen, der größer ist als die Götter, habe ich mich verwandelt. *n sḏm.n.ỉ n ḥkꜣ ḫpr.ỉ tp-ꜥwy.f* *ḥbs.ỉ pw ṯꜣw n ꜥnḫ* *pr.n.f ḥꜣ.ỉ m rꜣ n Ỉtm* *ḫpr.n.ỉ m nṯr ḫpr ḏs.f wꜥ wr r nṯrw*

[540] Zandee, Sargtexte Spruch 75, *ZÄS* 98, S. 154.

[541] Goebs, Untersuchungen zu Funktion und Symbolgehalt des *nms*, *ZÄS* 122, S. 158–168, passim.

Sie ist der Erste, der Vorderste, der Größte. Umgeben vom Lebenshauch (*ṯꜣw n ʿnḫ*) ist sie unschlagbar. Umgeben von diesem Luft- und Lichtkleid wird sie zum einigenden und umschließenden erzeugenden Prinzip: Sie verwandelt sich in den Einen. Sie vereint die Höhen des Himmels für ihn (CT I 374c–376a). Sie vereint für ihn den differenzierten Kosmos:

I 376b, c Ich bin es, der ihm seine Achu-Kraft bringt,
der ihm seine Millionen Kas[542] vereint,
die zum Schutz seiner Anbefohlenen aufgestellt sind,
I 378a, b wenn ich das Feuer lösche und die Wepset abkühle,
ỉnk ỉnn<.ỉ> n.f ꜣḫw.f
ỉʿb<.ỉ> n.f ḥḥw.f n kꜣ wdw m-sꜣ wnḏwt.f
ʿḫm.n.ỉ sḏt sḳbb.n.ỉ Wpst

Die Sprecherin sprüht vor Zeugungsfähigkeit. In ihren weiteren Auslegungen schildert sie die Wildheit der Wepset, das ist die zornige Form des Sonnenauges, die „zum Schweigen gebracht" werden muss, weil sie sonst „das Zusammengefügte der Götter trennt" (CT I 380a). [543] Sie facht das Feuer an, sie ist gegen die Gefahren der Flammen in ihrem Mund gefeit (CT I 380b, c). Die aus der Erzählung von der Heimholung des Sonnenauges[544] bekannte Ambivalenz des Sonnenauges, die dort in der wilden Sachmet personifiziert ist und zur Bastet besänftigt werden muss, hat in dem Sargtext CT 75 ihre Vorgängerin in der wilden Wepset, die abgekühlt werden muss. Diese Deutung der aus Atum entstandenen Flamme steht im Einklang mit Bonnets und Assmanns Verständnis der Bastet-Tefnut als Fackel.[545] Ab CT I 380d übernimmt die *Person* die Aufgabe des die wilde Sachmet besänftigenden Gottes Thot, der in der Erzählung von Re nach dem Sonnenauge ausgesendet wird. Als Überbringer und Begleiter ist nun die Sprecherin selbst derjenige „der den Schmerz von der Flamme der Roten, der Feurigen, die das Haar der Götter teilt, behandelt" (CT I 382b, c).

---

[542] Der Ka bezeichnet ein Teil der differenzierten Schöpfung, siehe S. 51ff.

[543] Die Beruhigung vor einem Zeugungsakt wird auch in dem Hymnus an Sobek von Schedyt angesprochen: „vertreibe Deinen Zorn, lass vorbeigehen Dein Rasen … Deine Schönheit kommt … Herrscher der Flüsse, Fürst der Winde; Begattender Stier, Herr der Liebe; Herr der Nahrung, der sich selbst beschenkt; Gelockter, der die Raserei liebt; Groß an Schrecken … [Lob des Gottes, Opferhandlung] Hoch sei Dein Ba! – Den Gott preisen mit dem was er liebt – Erhebe Dich, Kämpfe für Deinen Leib, Seiender Gott, Zeugender Stier" pRam IV, Übers. Morenz, *Beiträge zur Schriftlichkeitskultur im Mittleren Reich und in der 2. Zwischenzeit*, S. 149f.

[544] Brunner-Traut, *Altägyptische Märchen*, S. 162–167.

[545] Bonnet, *RÄRG*, S. 190f sowie Assmann und Bommas, *Totenliturgien in den Sargtexten des Mittleren Reiches* I, S. 313.

In ihrer letzten Aussage (CT I 382d–385a) verankert Senebi ihre Autogenese in einem Entstehungsvorgang der aus einer intra- und einer extrakorporalen Komponente besteht: Ihre Entstehung ist von einer Idee oder einem Beschluss im Herzen der Götter abhängig, welcher letztlich nicht einmal des Ausgesprochenwerdens bedarf. Sie selbst ist durch die Verwirklichung des Götterbeschlusses als das Hervortreten aus dem Körper entstanden.

Die Analyse der Sprechhandlungen zeigt: Die Bewegung der Luft bei der Atmung wird im Bereich der *Religiösen Welt* als Abhängigkeit von Körper und Atemluft dargestellt. Die Atmung wird als eine Lebensäußerung beschrieben, die mit der Ausatmung beginnt und die die *Person* aus ihrem eigenen Körper hervorbringt. Die Luft trägt den Ton und das Licht weiter. Das Licht repräsentiert die in Atum entstandene und am Himmel sichtbare göttliche Zeugungsfähigkeit. Die Ritualisierung mittels dieses Textes befähigt die *Person* ihren Ba, das ist die Verkörperung der Zeugungsfähigkeit, auf die Flammeninsel auszusenden. Die Zeugungskräfte können sich dadurch in beiden ontologischen Bereichen aufhalten und sich dort sowohl gegenseitig anfachen als auch beruhigen. Die *Person*, die in dieser Phase der Ritualisierung mit ihrer rituellen Umwelt kommunizieren kann, während sie sich in einem Körper befindet, kommt dadurch zu einer neuen Auffassung von sich selbst. In das neue Selbstbild ist die Fähigkeit zur Autogenese innerhalb der Götterwelt, zur Überführung der Kräfte in andere Existenzbereiche und zur Kommunikation mit einbezogen.

Innenseite des Sargbodens

Sargtexte Spruch 398

Übersetzung siehe S. 99ff

Der Dialog, der sich zwischen Senebi und dem Fährmann entspinnt, entspricht einem Prüfungsgespräch, bei dem die Tote ihr Wissen unter Beweis stellen muss, um als Gott Aufnahme zu finden. Derartige Sprechhandlungen wurden von Topmann anhand der Abscheusprüche untersucht.[546] Der initiale Sprechakt erfolgt durch Senebi mit einem Vokativ. Sie ruft für Ihre Überfahrt von Westen nach Osten den Fährmann, der Horus zu seinem Auge und Seth zu seinen Hoden bringt, herbei. Die fehlenden Körperteile repräsentieren die Möglichkeit, mit beiden Augen sehen und somit Dinge unterscheiden zu können, sowie die Aussicht auf das Weiterleben in einem

[546] Topmann, *Die »Abscheu«- Sprüche der altägyptischen Sargtexte.*

Sohn. Senebi wendet sich an den Fährmann, um diese Fähigkeiten auf dem Wege über die Vollständigkeit ihres Körpers zu erlangen:

V 120c der du das Horusauge zu ihm bringst, indem es flieht und fällt
V 121a–d im östlichen Bezirk von jenem See, geraubt von Seth!
O Fährmann, der dies bringt!
ỉnn ỉrt Ḥr wꜥr.s ḫr.s
m ꜥ ỉꜣbty n š pf nḥm.tj m-ꜥ Stḫ
ỉ mḫntj ỉnn nw

Die Fähre selbst wird als das Horusauge bezeichnet. Es liegt dadurch eine Identität zwischen dem erwünschten körperlichen Zustand Senebis (Gewinn der Vollständigkeit mit dem Erhalt des fehlenden Auges) und dem Mittel, mit dessen Hilfe sie diesen erreicht (die Fähre als Horusauge) vor. Der Fährmann will die Zugangsberechtigung der Toten klären. Er reagiert auf ihren Ruf mit der Gegenfrage, wer sie sei. In ihrer Antwort beruft Senebi sich auf ihre Existenz als Sohn:

V 122a Ich bin einer, den sein Vater liebt und dein Vater liebt dich.
ỉnk mrrw ỉt.f mrr.ṯw ỉt.k

Durch diese Identifikation weist sie sich als eine *Person* aus, die die nötigen Voraussetzungen mitbringt, um ein Horus mit beiden Augen zu werden. Die Zuneigung des Vaters impliziert eine Antworthandlung, einen Gefallen, den die Tote ihrem Vater tut. Der Fährmann fragt sie, worin dieser Dienst bestehe (CT V 122b–d). Senebi will ihrem Vater und seinen Nachkommen auf Erden dazu verhelfen ein Ach zu werden. In ihrer Antwort zählt sie auf, was sie für ihren Vater tun will:

V 122e Ich werde ihm seine Knochen zusammenknüpfen,
V 123a, b nachdem ich ihm seine Glieder versammelt und
ihm mein Anrufungsopfer gegeben habe, wie ich es wünsche.
ṯs.ỉ n.f ḳsw.f
sꜣḳ.n.ỉ n.f ꜥt.f
dj.n.ỉ n.f prt-ḫrw.ỉ r mrr.ỉ

Durch ihre Antwort zeigt die *Person* einerseits, dass sie weiß, was ihrem Vater (nämlich dem, der sie gezeugt hat) fehlt und wie sie vorzugehen hat, um diesen Mangel zu beheben. Andererseits motiviert dadurch die Sprecherin ihre Horizontüberschreitung als Tat für den Vater. Der in der Götterwelt beheimatete Fährmann wünscht dem Vater den Ach-Zustand und der Toten damit gleichzeitig das Gelingen ihrer Aufgabe. Sein Wunsch: „Der Ach-Zustand für ihn!“ wird ergänzt durch: „Der Ach-Zustand für seine Nachkommen auf Erden“ (CT V 123c). Nach Englund ist das Mittel, um den

Ach-Zustand zu errreichen, die Transformation von einem statischen in einen dynamischen Zustand:

> *ꜣḫ* relie ce qui est fixé, figé, statique et stable et ce qui est mobile, changeant et dynamique car le statique est virtuellement dynamique et le dynamique est la manifestation de l'inertie statique, chargée de potentialités. *ꜣḫ* est l'énergie incluse dans les ténèbres et l'énergie qui se fait jour à tout niveau où ce phénomène se passe. *ꜣḫ* est la puissance d'autogénération, qui supprime toute fixation dans ce qui est statique, qui fait que ce qui est statique n'est que momentané et passager puisqu'il contient toujours son complément dynamique. De ce fait, il garantit la stabilité et la permanence de ce qui est créé.[547]

Der Wunsch des Fährmanns gilt dem Vater und seinen Nachkommen auf Erden. Somit werden mit ihm die Personen bedacht, von denen jeweils eine zum Erreichen des Ach-Zustandes der anderen nötig ist.[548] Ach ist, worauf Englund in ihrer Arbeit hinweist, kein dualistischer Begriff, sondern bezeichnet stets eine Einheit.[549] Diese birgt die Anlage sowohl zur ruhigen nächtlichen als auch zur beweglichen lichten Seinsform in sich. Mit dem Bezwingen des Horizontes geht die eine dieser Seinsformen in die andere über. Der Fährmann wünscht der *Person* mit dem Ach-Zustand die Verwandlung in beide miteinander abwechselnde Aspekte, die sich mit jedem Horizontübergang jeweils vollzieht und als ständiger Zustandswechsel die Voraussetzung zur Wiederholung der Schöpfung bildet.

Mit der Feststellung, dass das Schiff gerade auf der Werft zusammengefügt wird, leitet der Fährmann zur Prüfungssituation über, in der die Tote ihre Kenntnis von den Namen der Schiffsteile beweisen soll.[550] Mit dem Hinweis auf die Werft führt er für Senebi den Ort ihrer rituellen Tätigkeit in die *Religiöse Welt* ein. Die Tote reagiert mit der Feststellung, dass das Schiff nicht ausgehöhlt sei. Des Fährmanns nächste Aussage ist eine Direktive:

V 124c	Höhle sie aus, zimmere sie und füge sie zusammen gemeinsam mit Sokar, dem Herrn der Henu-Barke! *šd s sp s dmḏ s ḥnꜥ Škr nb ḥnw*

[547] Englund, *Akh – une notion religieuse dans l'Égypte pharaonique*, S. 211.

[548] Abhängigkeit und Zusammenspiel von Vater und Sohn in Bezug auf den Ach-Zustand siehe Englund, *Akh – une notion religieuse dans l'Égypte pharaonique*, S. 63.

[549] Englund, *Akh – une notion religieuse dans l'Égypte pharaonique*, S. 18f.

[550] Auch an den Gliedervergottungs-Varianten bei den Fangnetzsprüchen CT 473–CT 475 wird deutlich, dass der Sprecher seine Kenntnis der Namen unter Beweis stellen soll.

Durch seine Anweisung bestätigt der Fährmann der Toten indirekt die Unvollständigkeit ihres Körpers. Die daraufhin erfolgende Vergottung der Schiffsteile (CT V 125a–149c) ist die Ausführung des an die Tote zur Erfüllung ihrer Sohnespflicht ergangenen Auftrages. Mit der Fähre wird ein Gegenstand zum rituellen Erlangen der Vollständigkeit in die *Religiöse Welt* hineingebracht.

Nach Bidoli handelt es sich bei der Liste, nicht zuletzt auf Grund der verwendeten Fachtermini, um die Befragung eines neuen Mitglieds bei der Aufnahme in den Berufsstand der Schiffsbauer: „Wir hätten dann hier ein altägyptisches Beispiel von einer Einweihung in die ‚Geheimnisse' eines Berufes, und zwar in der typischen Form einer Prüfung in festgesetzten Wechselreden, wie sie im Handwerksbrauchtum ... oft begegnet".[551] Die unterschiedliche Zuordnung von Schiffsteilen zu Körperteilen der Götter in den Quellen zur Schiffsteilidentifikation deutet darauf hin, dass die Entsprechung im Einzelnen willkürlich gehandhabt wurde.[552] Diese Willkür wird von Bickel dahingehend gewertet, dass es sich nicht um die Beherrschung aufzählbarer Fakten oder Details handelt, sondern um ein kulturspezifisches Wissen:

> Elle s'explique par le concept même selon lequel le défunt se forge sa future identité à travers la recomposition symbolique d'une barque où chaque pièce est un élément du monde divin. C'est donc la diversité et la quantité de faits mythologiques évoqués qui comptent et qui garantissent la plénitude du caractère divin que le défunt cherche à se constituer. Plutôt que d'affirmer des identifications précises, ces textes visent à intégrer le monde divin dans sa globalité en se référant autant aux grandes divinités du panthéon et aux thèmes mythologiques majeurs qu'à des dieux de moindre portée ou des figures et des faits mytologiques plus populaires (...). Ce qui intéressait les rédacteurs et utilisateurs anciens était l'énumération des constituants divins dans leur ensemble; les équivalences individuelles n'étaient guère porteuses d'une signification profonde, même si elles étaient basées sur une association formelle ou phonétique.[553]

Wie Kristensen erkannte, nimmt die Verstorbene Anteil an der göttlichen Natur des Bootes.[554] Die Liste gibt innerhalb der *Religiösen Welt* sinnbildlich das Einsammeln der Glieder und das Zusammenknüpfen der Knochen wieder. Die Aufzählung der Schiffsteile (eigentlich ihrer Körperteile)

---

[551] Bidoli, *Die Sprüche der Fangnetze in den altägyptischen Sargtexten*, S. 30.

[552] Massart, À propos des ‚listes' dans les textes égyptiens funéraires et magiques, *Analecta Biblica 12,* S. 241.

[553] Bickel, D'un monde à l'autre: le thème du passeur et de sa barque dans la pensée funéraire. In: *D'un monde à l'autre. Textes des Pyramides et Textes des Sarcophages*, S. 111f.

[554] Kristensen, *Life out of Death*, S. 101.

ermöglicht der Sprecherin die Identifikation mit dem differenzierten Göttlichen, das durch Vollzähligkeit und Verknüpfung zu einem göttlichen Ganzen wird. Sie stellt den Körper als ein Gefüge dar, in dem jeder Knochen und jedes Glied göttlich und seiner Bestimmung zugeführt wird. Die performatorische Wirkung der Gliedervergottung besteht somit in der Herstellung der körperlichen göttlichen Vollständigkeit im Stadium der Differenzierung. Diese rituelle Handlungsweise basiert auf der in dem Gott Atum personifizierten Vorstellung, dass Schöpfungsprozesse einen vollständigen Organismus voraussetzen, der eine funktionstüchtige Einheit, die sich differenzieren und erneut vereinen kann, bildet.[555] Der Körper der Toten wird, ebenso wie seine kosmische Parallele, der Körper Atums, als eine Einheit vorgestellt, in der eine potentielle Vielfalt angelegt ist. Dieses Verständnis des Körpers geht aus den Texten auf der Westseite hervor, wo der Befehl an den Sefegiru zusammen mit dem „Der-mit-vielen-Namen“ ergeht (CT II 89e–90e). Die Vorstellung ist ebenso in dem Text auf dem Deckel belegt, wo die Tote dem Gott, der-von-selbst-entsteht seine Achu-Kraft bringt und ihm seine Millionen Kas vereint (CT I 376b, c).

Senebi soll das Schiff unter Mithilfe des Gottes Sokar, „dem Herrn der Henu-Barke“ zusammenfügen. Das Epitheton des Gottes gibt nach Altenmüller einen Hinweis auf seine Funktion beim Sokarfest. Bei diesem Fest symbolisiert die Henu-Barke Horus, der seinen Vater Osiris trägt.[556] Aus dem verwendeten Bild des Vaters und der Funktion der fehlenden Körperteile Horusauge und Hoden des Seth geht hervor, dass es der Sarginhaberin im Ritualisierungsprozess darum geht, einen Nachkommen für sich zu zeugen, indem ihr die entfliehenden (*wꜥr*) und fallenden (*ḫr*) Kräfte (wie es eingangs in CT V 120c heißt) durch einen Sohn zugeführt werden. Zu diesem Zweck übernimmt Senebi die Sohnesrolle. Den erwünschten Ach-Zustand erreicht sie mit dem Horizont.

Sargtexte Spruch 434

Übersetzung siehe S. 103

In der letzten Sprechhandlung stellt die Tote fest, dass sie zu dem Hause der Göttin Hut, das ist wohl der Tageshimmel, emporgestiegen ist. Dann macht sie sich auf den Weg:

V 284b Ich suche Osiris bis nach Heliopolis.

---

[555] Assmann sieht die spezielle Funktion der Gliedervergottung darin, eine geordnete Vielheit aufeinander bezogener Kräfte, zu schaffen, die als Gesamtheit für den Gott eine „Sphäre der Seinigen“ bildet. Assmann, *Liturgische Lieder an den Sonnengott*, S. 349.

[556] Altenmüller, *Synkretismus in den Sargtexten*, S. 174.

V 285a Ich bin ausgesandt worden von diesem Großen,
dem Allherrn, der nicht stirbt.
iw.i ḥḥ.i Wsir r iwnw
iw.i h3b.kwj n ꜥ3 pw
nb tm iwty mnj.f

Bereits in den Pyramidentexten macht sich Osiris' Nachkomme auf die Suche nach seinem Vater: „[Isis räuchert vor Horus], damit er das Land durchfahre mit seinen beiden weißen Sandalen, als er ging, um seinen Vater Osiris zu sehen".[557] Sethe erwähnt in seinem Kommentar zu diesem Pyramidentext zwei für die vorliegende Untersuchung wichtige Details: „Gehen" ist mit dem sonst für das Fahren mit dem Schiff gebräuchlichen Verb *ḏ3j* geschrieben und „weiß" (*ḥḏ*) ist durch einen senkrechten Strich als Ideogramm markiert.[558] Beide Besonderheiten der Schreibung weisen auf die Fahrt mit dem Sonnenschiff am Tageshimmel hin: Das üblicherweise für die Seefahrt verwendete Verb, das auch in pyr. 128b und CT V 166a für das Überqueren des Himmels gebraucht wird, und die Sandale, die in den Sargtexten[559] mit einem Schiff identisch sein kann. Die Markierung von „weiß" als Ideogramm konnotiert die Helligkeit der Sonne oder des Tageshimmels.

In einem Hymnus an Sobek aus der 13. Dynastie wird der Zweck der Suche nach Osiris explizit formuliert: „Du durchziehst das See-Land, Du durchstreifst das große Grüne, Du suchst deinen Vater Osiris. Du hast ihn gefunden, Du hast ihn belebt".[560] Die Frage nach dem Ort, an dem die Sprecherin Osiris finden wird, hat sich bereits Sethe gestellt, wenn er in seinem Kommentar zu pyr. 1215b schreibt: „*m33* ‚Sehen' = ‚Wiedersehen'? Jedenfalls sucht der Sohn den verstorbenen Vater, aber wo? Nur auf Erden die Leiche oder auch im Himmel, um ihn eventuell im ‚Gefilde der Opferspeisen' zu finden?".[561] Senebi nennt ihr Reiseziel, da sie Osiris bis nach Heliopolis suchen will. Als der Gott Hu, der schöpferische Ausspruch, tritt

---

[557] Pyr. 1215.

[558] Sethe, *Übersetzung und Kommentar zu den altägyptischen Pyramidentexten* V, S. 96.

[559] In CT V 172g ist die Tote im Schiff übergesetzt auf „Seths' Sandale". Ebenfalls eine Überquerung des Wassers liegt in CT III 31b vor, wo die Tote die beiden Ufer zusammengebracht hat, „indem ihre Sandalen wie die der Hathor sind". Assmann und Bommas weisen (unter Berufung auf Kees) auf die Formelhaftigkeit dieses Ausdrucks zur Himmelsüberquerung hin und sehen in ihr die „sakramentale Ausdeutung" des Bestattungszuges. Vergl. Assmann und Bommas, *Totenliturgien in den Sargtexten des Mittleren Reiches* I, S. 116.

[560] pRam. IV, Gardiner Z. 50–53. Hymns to Sobk in a Ramesseum Papyrus, *RdE* 11, Taf. 2. Komm. zu dieser Stelle bei Morenz, *Beiträge zur Schriftlichkeitskultur im Mittleren Reich und in der 2. Zwischenzeit*, S. 148.

[561] Sethe, *Übersetzung und Kommentar zu den altägyptischen Pyramidentexten* V, S. 116.

sie hervor und macht sich auf den Weg in die Helligkeit. Nach dem bei Senebi auf der Westseite stehenden Text will sie „das nördliche der Ufer des Hu“ am „Tag der Vereinigung des Himmels“ durchfahren (CT II 76a–b). Dieses kann als ein Hinweis auf die Opfergefilde, die nach Krauss am nördlichen Himmel liegen,[562] gewertet werden.

Die Verstorbene hat mit dieser Aussage das Ziel ihrer Ritualisierung, die Wiedergeburt, erreicht. Sie sieht sich als eine *Person*, die aus einem Gehäuse heraustritt, kommunizieren kann und in der Tageswelt handelt um (so der ihr in CT II 67d erteilte Auftrag) mit Osiris zu koitieren, das heißt, sich wieder mit ihrem in der Erde liegenden Osiriskörper zu vereinen und diesem die Zeugungsfähigkeit zuzuführen. Den Auftrag dazu hat sie von dem Gott Atum bekommen.

Die Schritte in Senebis Ritualisierungsprozess sollen nun in einer Tabelle zusammengefasst werden. In der ersten Spalte, „Handlungspartner“ überschrieben, werden die Sprecher und die rituellen Gegenstände aufgeführt, die an der Interaktion beteiligt sind, durch die die *Religiöse Welt* aufgebaut wird. Weil von Sprech- und von Bildhandlungen ausgegangen wird, repräsentieren sowohl Sprecher und angesprochene Personen als auch abgebildete Gegenstände die Akteure in einer gegenseitigen Wechselbeziehung zwischen der *Person* und ihrer *Religiösen Welt*. In der zweiten Spalte, „Inhalt“ überschrieben, wird der Inhalt der in den Texten gemachten Aussagen und durch die Bildhandlungen in die *Religiöse Welt* eingebrachten Vollzugsorte und rituellen Gegenstände zusammengefasst, um zu zeigen, worin die praktische Handlung im Rahmen des Ritualisierungsprozesses besteht. In der dritten Spalte, „Wirkung“ überschrieben, werden die Wirkungen eingetragen, die im Verlauf des Ritualisierungsprozesses Senebi als eine lebende *Person* konstituieren, die sich durch ihre allmorgendliche Geburt in beiden Daseinsbereichen im Kosmos aufhalten kann. Dabei soll in erster Linie die Wirkung der rituellen Handlungen auf die *Person* berücksichtigt werden. Die Tabelle wird mit der Situation, die zu Beginn des Ritualisierungsprozesses im Sarg besteht, begonnen.

[562] Krauss, *Astronomische Konzepte und Jenseitsvorstellungen in den Pyramidentexten*, S. 59.

Tabelle 2
Der Ritualisierungsprozess für Senebis Existenz als eine lebende Person

Handlungspartner	Inhalt	Wirkung
Fugeninschriften Dialog: Klagen der Senebi und Antworten der Göttin Nut Hineinlegen der Toten und Verschließen des Sarges	Senebi ist eine müde, träge Person in ihren Mumienbinden, sie hat Isis und Nephthys bei sich und ist im Sarg bei Nut	Ausgangssituation für den Ritualisierungsprozess *Person*: Senebi existiert durch ihren Namen (*rn*) und ihren Mumienkörper, sie liegt in einer regenerativen dunklen Umhüllung, ist passiv, kann hören
Ostseite **Schriftband** Der Sprecher ist anonym Er spricht für und zu Senebi König, Osiris und Thot geben ein Opfer	Sie wird adressiert mit ihrem ehrenwerten Namen sowie als eine Gerechtfertigte Wunsch: Vollzug der Riten für sie in allen religiösen Institutionen des Landes und durch alle Götter	Konstituierung der sozialen und juridischen *Person in der Religiösen Welt* Intention einer Handlung, die durch alle Götter, die bereits für Atum gehandelt haben ausgeführt wird, und im Interesse der Person liegt
Bildhandlungen Interaktion Senebi und rituelle Objekte Ort der Kommunikation zwischen Osten und Westen und Bedarf für die rituelle Mahlzeit	Prunkscheintür zum Verzehr bereite Opferspeisen Hes-Vasen zur Libation Tisch	Grabkapelle und dort abgelegte Speisen und Gegenstände sind in der *Religiösen Welt* vorhanden und befinden sich in Reichweite der *Person*
Opferliste Ritualanweisungen und Aufruf der Gaben werden von Senebi gehört Thot ruft die Opfer auf Alle in der Opferformel genannten Akteure handeln für sie	Ritualanweisungen vor und während der Opfermahlzeit Nennung der Gaben: Sie erhält Salböle und Augenschminke, Kleiderstoffe, für Götter bestimmte Speisen und Getränke, einige Krüge werden vor ihr Gesicht gehalten	Die Mahlzeit wird unter rituellen Formen dargereicht und eingenommen *Person*: Sie wird zum Sitzen und Essen aufgefordert, nimmt die Opfer akustisch in ihren Körper auf, bekommt für Götter bestimmte Nahrung in ihren Leib, entwickelt keine Eigeninitiative

Handlungspartner	Inhalt	Wirkung
Nordseite **Schriftband** Der Sprecher ist anonym	Sie ist ehrwürdig bei Osiris	Sie wird im Bereich des Osiris angekündigt
Bildhandlungen Interaktion Senebi und rituelle Objekte	Zwei Beutel Augenschminke, und sieben Gefäße mit Salbölen	Rechtsakt, Erhellung ihres Gesichts, Wohlgeruch, Attraktivität
CT 533 Senebi präsentiert sich als Schreiber der Göttin Hathor (Sprechhandlungen Uch/Sistrum werden zweimal ausgeführt) Sie handelt für die Götter Hathor und Atum und für Senebi	Sie ist am Scheitel gesalbt, ist vorne, Gefährte Sias Sie präsentiert sich und schildert ihre Tätigkeiten als Schreiber und Vorlesepriester Bringt Atum Brot, Hathor Speisen, öffnet Senebi die Türen	Installationsrede Intention: Vereinigung von Angesicht zu Angesicht, Öffnen der Türen für Senebi *Religiöse Welt*: Umfeld der Hathor *Person:* ontische Ebenentransgression
Westseite **Schriftband** Der Sprecher ist anonym, er handelt im Interesse der *Person* König und Anubis geben ein Anrufungsopfer	Zu den Festen wird der ehrwürdigen Senebi ein Opfer bestehend aus Speisen und Bier zuteil	Opferherren aus beiden Bereichen handeln für die *Person* Zu allen zeitlichen Neuanfängen wird sie gestärkt und in das Festjahr der Lebenden eingebettet
Bildhandlungen Interaktion Senebi und rituelle Objekte (sie hat diese vor den Augen, nachdem sie sich gedreht hat) Ihr neuer Lebensstil ist durch Bildhandlungen vergegenwärtigt	Tische mit Spiegeln, Schmuck, Schürzen und Stoffe, Bett, Kopfstützen, Zepter, Stöcke, Pfeile und Bogen, Schlinge, Wurfhölzer, Zimmermannswerkzeuge	*Religiöse Welt*: *Habitus* eines Herrschers und einer *Person* mit Würde, Ausstrahlung *Person*: Sie hat die Königswelt als neues Präferenzsystem, entwickelt dessen Geschmack, hat Waffen zur Verteidigung und Werkzeug zum Bootsbau mit Sokar

Handlungspartner	Inhalt	Wirkung
Spruchfolge CT 94–97 **CT 94**		
Senebi spricht in der Rolle des Ba von Osiris	Sie präsentiert sich als Ba des Osiris	Intention: Hinausgehen in die Tageswelt um mit Osiris zu koitieren
Sie handelt auf Befehl der Götter	Laut Götterauftrag soll sie mit Osiris koitieren Bei Tage lebt sie in der Höhe, ist aus der Flüssigkeit seines Fleisches gemacht, als Sperma aus seinem Phallus ausgetreten, ist der Erbe in seiner Würde, der Sohn in seinem Blut, sie hat die Türen geöffnet, ist wirkungsvoll in Bezug auf die Stirn	*Person*: Der Ba (*bꜣ*) ist Extrakt aus Osiris' Muskeln (*jwf*) nachdem er in der Sonne gewesen ist und die, den Erben hervorbringende Flüssigkeit, die heraustritt, um sich wieder mit dem Körper (aus dem sie kommt) zu vereinen
CT 95 Sie adressiert den Hüter der Öffnungen	Eintritt in die Gebärmutter und Herauskommen aus dem Feuer als Ba und Gestalt	Insemination, Geburtsvorgang bewirkt Dualisierung in Ba (*bꜣ*) und Gestalt (*irw*)
CT 96 Sie begründet ihr Vermögen herauszugehen mit Handlungen der Götter	Geb hat für sie die Tür geöffnet Der Sonnenaufgang bildet die Vereinigung des Himmels	*Religiöse Welt*: Kreislauf der Sonne, auf kosmischem Niveau handeln Götter für die *Person*
Die Götter sprechen zu Osiris Die Götter sprechen zu Senebi als dessen Ba	Der Ba kommt auf das Götterwort hin aus Osiris' Mund (um auf der Erde zu ihrer Nahrung und Salben zu kommen)	Sie kommt aus Osiris' Mund als sein lebender Ba (*bꜣ.f ꜥnḫ*) und seine Gestalt (*irw*) heraus
Osiris handelt (Sprechhandlung Re/Osiris' Ba vice versa)	Osiris reinigt ihren Mund von Hathors Milch	Osiris behandelt sie wie ein Neugeborenes Osiris' Ba bringt die Nahrung Hathors und die Hitze Res in den Körper der *Person*
Sie adressiert: Ibw-weret Sie spricht in der Rolle des Wächters	Sie wendet sich an den Türhüter Sie ist selbst der Wächter am Kampfplatz	Intention: Wegeöffnung übernimmt eine Aufgabe

Handlungspartner	Inhalt	Wirkung
Forts. CT 96 Voraussetzungen werden durch das Götterkollegium für die *Person* geschaffen	Sie wird gehört, bekommt die Fähigkeit richtig zu handeln und den Weg zuerkannt	*Person:* Sie wird als juridische *Person* behandelt, ist gerechtferigt motiviert ihr Dasein als Horus mit dem, was auf der Erde vorhanden ist, bzw. sich dort ereignet
Die Götter fordern den Sefegiru und Den-mit-vielen-Namen auf	„Schicke den irgend einen hier aus, sein Ba ist mit ihm zusammen hinter ihm"	Intention: Als kreative Einheit hinausgeschickt zu werden *Person* ohne Namen Ontische Transformation
CT 97 Senebi spricht in der Rolle des Gottes Thot	Sie wünscht sich das Lösen der Stricke Versiegeln des zu Versiegelnden	Intention: Bewegungsfreiheit für Ba und Schatten (*šwt*) Bewahrung der inkorporierten Kräfte
Sie addressiert das Horusauge	Das Horusauge soll sie mitnehmen	*Person*: Sie ist eine Einheit, die ihre Kraft aus der Tageswelt mitgebracht hat und mit ihrem Körper über alle Organe verfügt, die zum Vollzug des Regenrationszyklus nötig sind
CT 534 Senebi spricht (vermutlich weiterhin in der Rolle des Thot)	Wunsch: Die Maat zu sehen und aufsteigen zu lassen Auf Götterbefehl hin zu handeln und dadurch zu existieren Mit anderen zusammen hervorzukommen und aufzusteigen	Intention: Als Gerechtfertigte die bedrohte Weltordnung in Gang zu halten und sich einzufügen *Person*: Haltung und Handlung ermöglichen ihr die Existenz
Südseite **Schriftband** Der Sprecher ist anonym	Die Ehrwürdige bei Anubis	Die *Person* wird bei dem Gott der richtet, reinigt und die Wege öffnet angekündigt

Handlungspartner	Inhalt	Wirkung
Bildhandlungen Interaktion Senebi und rituelle Gegenstände Ihr derzeitiger Aufenthaltsort, Gebäude, Ort der Kommunikation zwischen Westen und Osten und ihr ritueller Bedarf sind vergegenwärtigt	Gegenhimmel auf Papyrusdoldensäulen Kornspeicher Tür in die Helligkeit zwei Paar weiße Sandalen bei den Füßen	*Religiöse Welt*: Dunkelheit und Helligkeit, Ort der Rechtsprechung *Person*: Bestätigung als juridische Person: sie verfügt rechtmässig über die Ernte eines Ackers, kann ihre Reinheit in Götterschuhen erhalten, ist motiviert in den Tag hinauszugehen
CT 418 Senebi spricht zu den Wurfhölzern (vermutlich in der Rolle der Isis) Interaktion Senebi und rituelle Objekte	Sie bezeichnet die Gegenstände als Boten der Götter und Zauberer und schickt sie dahin zurück wo sie herkommen	*Religiöse Welt*: Sie ist am Himmel, von überall drohen ihr durch die Götter ausgesandte Gefahren *Person*: Sie präsentiert sich als wissend, rettet das in ihrem Körper (*ḏt*) aufbewahrte Wissen (*ḥkꜣ*) vor dem Zugriff der Zauberer
CT 114 Senebi spricht in der Rolle des Gottes Schu Sprechhandlungen am Ende des Spruches werden zweimal ausgeführt	Sie präsentiert sich als wohlausgestatteter Schu, umhüllt durch den Keni wird sie die Richtstätte nicht betreten Sie sieht Schu und Tefnut hinter sich	*Person*: Sie macht sich Mut, umhüllt bleibt sie erhalten, ihre Zukunft als Paaraspekt ist nahe, die in ihrem Körper benötigten Kräfte sind nicht entgültig eingeschlossen
Sargdeckel **CT 75** Senebi spricht in der Rolle des Ba von Schu Sie spricht zur Neunheit und zu den Göttern von ihren Entstehungsformen	Sie präsentiert sich als Ba des Gottes-der-von selbst-entsteht, verborgen an Gestalt, gemacht im Herzen durch die Achu-Kraft, gestaltet in der Luftröhre, ausgeatmet durch die Nase	*Person*: Spontangenese im Körper (*ḥꜥw*) eines Gottes *Religiöse Welt*: Bereich (*ḏr*), so weit wie ein Ton gehört werden kann *Person*: Herold des Hör- und Sichtbaren

Handlungspartner	Inhalt	Wirkung
Forts. CT 75		*Person und Religiöse Welt*:
Sie adressiert Atum und Nun	Reicht die Speisen weiter, scheidet, ihr Ba wird nicht bewacht auf ihrer Leiche (*ẖꜣt*), sie zeugt Göttinnen, ihr Ba zeugt Menschen	Übertragung der Lebensenergie vom Körper zur Sonne Zeugungsfähigkeit in der Götterwelt (am Sternenhimmel) und auf der Flammeninsel
	Sie bringt Atum seine Achu-Kraft und seine Millionen Kas (*kꜣ*) zurück Sie entfacht das Feuer und bändigt es	*Religiöse Welt und Person*: Rückführung der Vielfalt und der Zeugungsfähigkeit in die Einheit
Sie sichert sich die Zustimmung der Götter	„Eure Herzen haben schon zu mir geredet…“	Ihre Entstehung ist im Sinne der Götter
	Mittler zwischen Einheit und Vielfalt	*Person*: Autogenese im Körper (*ḥʿw*) Fähigkeit zur Kommunikation in- und außerhalb des Körperbereichs
Sargboden **CT 398**		
Dialog: Senebi und Fährmann Senebi ruft den Fährmann herbei	Der Fährmann bringt Horus zu seinem Auge und Seth zu seinen Hoden	Intention: Rückführung der entfliehenden Kräfte in ihren Körper, Zeugung eines Nachfolgers
Der Fährmann fragt Senebi wer sie sei, was sie tun will Senebi handelt in der Sohnesrolle	Senebi will eine funktionsfähige Einheit herstellen durch die Vervollständigung des Körpers	erst diese ermöglicht Nachfolge und Ach-Zustand (*ꜣḫ*) für Vater und Sohn
Bildhandlung Interaktion Senebi und rituelle Gegenstände	Fährmann zeigt ihr die Werft	
Werkzeuge zum Bootsbau finden sich im Gerätefries auf der dem Sargboden anliegenden westlichen Sargwand	Axt, Dächsel, Beitel, Meißel und Säge Fähre ist das Horusauge	*Identität von Religiöser Welt und Person*: Einzelne Teile werden ihrer Bestimmung
Analogie von Teilen der Fähre/Göttern/ Gliedern der *Person*	Schiffsteilvergottung ist Gliedervergottung	zugeführt und somit zu einem göttlichen Ganzen verbunden

Handlungspartner	Inhalt	Wirkung
CT 434 Senebi spricht in der Rolle des Gottes Hu	Sie ist emporgestiegen zu dem Haus der Göttin Hut, sie sucht Osiris	Ausgesandt um sich zu vereinen befindet sich die *Person* am Tageshimmel, sie hat das Ziel ihrer Ritualisierung erreicht

Der Überblick in Tabelle 2 bestätigt die Leserichtung, von der bei M3C ausgegangen wurde. Der Beginn des Ritualisierungsprozesses auf einer bestimmten Sargseite und thematische Anschlüsse der jeweiligen Bild- und Sprechhandlungen auf den folgenden Seiten sind durch eine Rede, die sich an einen bestimmten Adressaten wendet, die Rolle, in der die Tote spricht, oder den Verlauf der Handlung gegeben: Die Ostseite wird zuerst gelesen. Auf ihr wird durch die Scheintür als erstes ein Ort in der Nekropole in die *Religiöse Welt* hineingebracht. Sie bildet (nach dem Sarg) die nächstliegende Umwelt der *Person* und einen Berührungspunkt mit dem Bereich der Lebenden. In den Opferformeln wird die Sarginhaberin nur auf der Ostseite direkt angesprochen. Durch diese allererste Sprechhandlung wird Senebi als soziale *Person* in ihrer jetzigen symbolischen Umwelt konstituiert. Der anonyme Sprecher führt damit die Verstorbene, die an sie gerichtete Worte hören kann, als Hauptperson in die *Religiöse Welt* ein.

Die Nordseite wird als zweites gelesen. Die Tote wird im Bereich des Osiris angekündigt. Die Sprecherin hält eine Einsetzungsrede, in der sie sich präsentiert und ihre Vorhaben, Aufgaben und den Zweck ihrer Handlungen darlegt. Sie bezeichnet explizit Senebi als Nutznießerin ihrer Handlungen und etabliert die Tote dadurch als diejenige um derentwillen das Ritual durchgeführt wird. Sie nennt als Intention ihre Begegnung von Angesicht zu Angesicht mit der Göttin Hathor und das Öffnen der Horizonttüren. Die Einordnung dieser Sargseite am Beginn des gesamten Handlungsablaufs wird dadurch bestätigt, dass die *Person* auf ihr zum ersten Mal das Wort ergreift und sich dem Götterbereich nähert.

Auf der als nächstes zu lesenden Westseite spricht die Tote als Ba des Osiris. Die Feststellung, dass sie die Türen geöffnet hat, die Apposition „wirkungsvoll in Bezug auf die Stirn“, sowie der Text, in dem Osiris den Mund von Hathors Milch reinigt, verknüpfen inhaltlich die Ereignisse auf der Westseite mit den zuvor auf der Nordseite geschilderten. Die Bildhandlungen auf der Westseite bringen die rituellen Gegenstände in der Reihenfolge in die *Religiöse Welt* hinein, wie sie von der *Person* für ihre Handlungen am Nordende und auf den folgenden Sargseiten benötigt werden: Der Spiegel für die Vereinigung mit der Göttin Hathor (Nordseite), Schmuck und Schürzen um als Herrscher mit Ausstrahlung aufzutreten (Westseite), Machtzeichen und Jagdwaffen um als Gerechtfertigte die bedrohte Weltordnung in Gang zu halten (Westseite), Wurfhölzer, die sie zurückschickt (Südseite), und Axt, Dächsel, Beitel, Meißel und Säge um die Fähre zu vervollständigen und funktionsfähig zu machen (Boden). Sie verfügt mit ihrem Körper über alle Organe zur zyklischen Regeneration.

Die Südseite wird als viertes gelesen. Durch die Bildhandlungen wird mit dem Gegenhimmel das aktuelle Reisegebiet der Toten produziert. Die *Person* bringt sich in die *Religiöse Welt* mit ihrem Körper ein, in den schützende und bewahrende Kräfte eingeschlossen sind. Heka ist eine inkorporierte Kraft, die der Nahrungszufuhr auf der Flammeninsel, dem Geburtsort der Sonne, bedarf. Die Nahrung hat die Sprecherin vorher durch die Göttin Hathor, die auf der Westseite als Rote Kuh und Gebärerin Res beschrieben wird, bekommen. Sie präsentiert sich am Ende der zuletzt gelesenen Seitenwand des Kastensarges als der umhüllte Gott Schu.

Die Rolle der Sprecherin als Ba des Luft- und Lichtgottes Schu, der in einem Körper aus eigener Kraft im Verborgenen entsteht und die Körperhülle verlässt, verbindet den Text auf dem Deckel sowohl durch die Sprecherrollen als auch thematisch mit der Südseite, auf der sie sich als eingehüllter Schu charakterisiert hatte.

Die Lesung der verbleibenden Seite, dem Sargboden, als letztes, wird durch die Parallelität von Bildhandlungen (die Tischlerwerkzeuge sind als letztes abgebildet) und Sprechhandlungen (Fertigstellen der Fähre) gestützt. Die Fähre ist das Horusauge, das die Verstorbene am Ende der Westseite (welcher technisch der Boden angefügt ist) in ihrer Rolle als Thot gebeten hatte, sie mitzunehmen. Auch die die Bodentexte abschließende Aussage bestätigt die Anordnung in der die Texte zu lesen sind, denn die Sprecherin konstatiert, dass sie emporgestiegen ist, womit sie das Ziel ihrer Ritualisierung erreicht hat.

Die durch den Ritualisierungsprozess gewonnene Selbstauffassung einer *Person* unterscheidet sich stark von derjenigen, der sie am Beginn des Rituals Ausdruck verliehen hat. Von der Selbsteinschätzung der *Person* als müde und matte Mumie ohne Eigeninitiative bis zu einem Bild von sich selbst als Gott, der sich nach Heliopolis begibt, um mit Osiris zu koitieren, ist es ein großer Schritt. Der Unterschied, den die *Person* in der Einschätzung ihrer Lage und ihrer eigenen Möglichkeiten erreicht, ist frappant. Das Resultat eines geglückten Rituals wirft Fragen nach der Handlungsweise auf, die zu diesem enormen Gewinn an Selbstsicherheit, Aktivität und Prestige führt: Wodurch wird das neue und für die Tote bei Tagesanbruch gewonnene Selbstbild erreicht? Welche strategischen Mittel werden bei der

Ritualisierung eingesetzt? Welche Schritte unternimmt die *Person*? Im folgenden Abschnitt soll aufgezeigt werden auf welche Weise Senebi zum Erreichen ihres Zieles einen Handlungsraum in der *Religiösen Welt* aufbaut.

3.4 Text – Bild – Körperlichkeit: Der Handlungsraum

Wie im Einleitungskapitel vermerkt (siehe S. 9) nimmt die *Person* im Laufe des Ritualisierungsprozesses einen Handlungsraum für sich in Besitz, welcher zu großen Teilen durch andere sein Aussehen erhält. Um sich ein Bild davon zu machen, wie sich dieser für die Sarginhaberin Senebi gestaltet und welche Wirkungen sich daraus für die *Person* ergeben, soll der Handlungsverlauf schematisch dargestellt werden. Zu diesem Zweck werden die an der Ritualisierung beteiligten Sprecher oder Geber und die Richtung der Sprech- oder Bildhandlungen im Hinblick auf die Adressaten in chronologischer Abfolge eingetragen. Aus dieser Darstellung (Schema 1) ergeben sich aufeinander folgende Aktionsfelder für die Analyse. In diesen steht im Zentrum jeweils die *Person*, die durch die Ritualisierung zu einer neuen Auffassung von sich selbst gelangt.

Schema 1

Die Darstellung der Handlung unter Berücksichtigung der Adressaten

Die Pfeile geben die Richtung der Sprech- und Bildakte an. Sie sind jeweils im Uhrzeigersinn um die Sarginhaberin angeordnet, wobei bei 12 Uhr begonnen wird.

Aktionsfeld I

Opferformel
Sprecher anonym
konstituiert die soziale und juridische Person
König und Götter geben

Intention:
Vollzug der Riten durch alle Götter und die Heiligtümer des Landes
↓

Bilder
situieren sie in der Nekropole am Ort der Kommunikation der Lebenden mit ihr
← bekommt ihre Opfer und die dazu benötigten rituellen Gegenstände

Senebi

↑
Opferliste
Sprecher Thot

Aufruf der Gaben
Aufforderung sich an den Tisch zu setzen

Formel
Sprecher anonym
kündigt sie bei dem Gott Osiris an

Aktionsfeld II

Bilder
Geber anonym

Rechtsakt der Salbung, bekommt die Mittel zur Erhellung ihres Gesichtes, Wohlgeruch, Attraktivität
↓

CT 533
Sprecherin Senebi
Installationsrede
als Schreiber der Hathor
↔ geliebt von dieser
Intention:
↔ Füreinanderhandeln
Zweck:
← öffnet für Senebi die Türen am Horizont
Nahrung für Atum und Hathor

Ontische Ebenentransgression

Senebi

↑
Formel
Sprecher anonym

Intention:
König und Anubis geben Anrufungsopfer zu den Festen

Bilder
produzieren ihren neuen Lebensstil

Geber anonym →

sie bekommt alle von ihr bei der Ritualisierung benötigten Gegenstände in der entsprechenden Reihenfolge

Aktionsfeld III

CT 97
Sprecherin Senebi
als Thot
Horusauge ←

Intention:
Horusauge soll sie mitnehmen, damit sie ihren Ba und ihren Schatten sieht

Ontische Transformation ist vollzogen

CT 94
Sprecherin Senebi
präsentiert sich als Ba des Osiris

Intention:
Auf Befehl der Götter
mit Osiris zu koitieren
(↓↑)

Senebi

↑
die Götter → Osiris
CT 96
Sprecherin Senebi als Ba des Osiris
↓
Ibw-weret
Intention:
Hinausgehen
Macht über Feinde
↑
bekommt Weg von Sefegiru
(nachdem sie im Götterkollegium gehört worden ist)

Götter → Sefegiru zusammen mit Dem-mit-vielen-Namen → Hinausschicken des irgend einen hier mit seinem Ba

CT 95
Sprecherin Senebi
als Ba des Osiris

→ Hüter der Öffnungen

Aktionsfeld IV

CT 418
Sprecherin Senebi

Wurfhölzer ← (befiehlt)
→
die von den Göttern geschickt werden

CT 534
Sprecherin Senebi

Intention:
Die Maat sehen und aufsteigen lassen
selbst in der Nachtbarke aufzusteigen

Senebi

↑
Bilder
Geber der Schuhe anonym
situieren sie am Nachthimmel
Osttor am Horizont ist Ort der Rechtsprechung
sie ist versorgt

Formel
Sprecher anonym

kündigt sie bei Anubis an

Aktionsfeld V

CT 434
Senebi spricht als Hu

begibt sich auf die
Suche nach Osiris

CT 114
Sprecherin ist Senebi
Präsentiert sich als Schu

↑↑ sie hat Schu und Tefnut hinter sich gesehen

Intention:
(↔) nicht umwunden
(↔) nicht umschlungen

Senebi

↓↑
CT 398
Dialog Senebi – Fährmann

Senebi handelt für ihren Vater
Fährmann beauftragt sie zusammen mit Sokar zu handeln

Vergottung der einzelnen Schiffsteile
↔ (viele Teile/Namen)

CT 75
Sprecherin ist Senebi
als Ba des Schu

hört und wiederholt (→→)
wird gesehen
Neunheit schweigt

→ Nun, Atum
→ Götter

Ihre Entstehung ist im Sinne der Götter

Die schematische Darstellung lässt den Aufbau des Handlungsraumes erkennen, den die *Person* für sich durch die Ritualisierung erreicht. Die Aktionsfelder sind nicht mit den Handlungen identisch, die auf jeweils einer Sargseite ausgeführt werden. Sie berücksichtigen ausschließlich den Handlungsverlauf und dessen chronologische Abfolge in einem als Gesamtheit gesehenen Prozess. Die Aktionsfelder unterscheiden sich voneinander durch die Aktionsart und -richtung (Ankündigung, Monolog, Dialog) die Sprecherrollen, die Adressaten, die Form der Sprechhandlung (Prospektiv, Vokativ, Imperativ), die Anzahl der Teilnehmer und die Autorität, die Personen zuerkannt wird, indem sie als Richter oder Götter angeredet werden. Die einzelnen Aktionsfelder sollen nun besprochen werden.

Aktionsfeld I

In der Opferformel wird Senebi von einem anonymen Sprecher adressiert. Durch die Anrede wird sie an ihrem aktuellen Aufenthaltsort in der Nekropole als soziale und juridische *Person* konstituiert. Die Aussage besteht in einer Intention, die im Interesse der *Person* liegt: König und Götter sollen für sie handeln. Die Kommunikation geschieht akustisch über die Grenzen der Existenzbereiche hinweg. Diese sind die Bereiche des Königs und der Lebenden, beziehungsweise der Götter und der Toten. Mittels der Reproduktion der Prunkscheintür als der Ort, an dem die Lebenden mit ihr in der Grabkapelle kommunizieren, wird der Verbindungsort erzeugt. Die Kommunikation erfolgt einseitig. Die Tote hört, spricht aber nicht selbst. Die erstellte rituelle Umgebung beeinflusst die *Person*: die Prunkscheintür als Ort der Entgegennahme bestimmt Senebi als Empfängerin der Opferspeisen. Die Scheintür mit dem weißen Tisch repräsentiert jedoch ebenso den rituell aufgebauten Berührungsort zweier ontologischer Bereiche innerhalb der Nekropole. Ebenfalls mittels Bildhandlungen bekommt die *Person* die zum rituellen Verzehr des Opfers benötigten Paraphernalien. Durch die Einladung sich zum Mahl hinzusetzen wird Senebi zu einer Handlung aufgefordert und so die Voraussetzung zur Kontaktaufnahme mit den Göttern geschaffen. Ein anonymer Sprecher kündigt sie im Bereich des Gottes Osiris an. Wie sich deutlich in den ersten Schritten abzeichnet, ist im Aktionsfeld I das Charakteristikum ihrer Umgebung, für die Tote zu handeln:

- Intention für Senebi zu handeln
- Es wird für sie geopfert
- Sie wird aufgefordert sich an den Tisch zu setzten, das heißt, die Opfer entgegenzunehmen
- Sie wird angekündigt

Die Aktivität der *Person* ist auf die Befolgung der Aufforderung und die Entgegennahme der Opfer in der Grabkapelle beschränkt. Sie kann keinerlei Eigeninitiative ergreifen.

Aktionsfeld II

Bildhandlungen bringen die zur Salbung und zur Erhellung des Gesichtes benötigten Öle in Senebis Reichweite. Ohne sich dabei an einen bestimmten Adressaten zu wenden ergreift nun Senebi zum ersten Mal das Wort. Durch den als vollzogen dargestellten Rechtsakt der Salbung markiert sie ihre Aufnahme in das Amt des Schreibers der Göttin Hathor, der von dieser geliebt wird. Als solcher kann sie für die Tote handeln. Die Tote nähert sich somit auf zweifache Weise – nämlich einmal durch ihre Sprecherrolle als Schreiber der Hathor und daraufhin ebenso als Senebi – der Götterwelt, die im Sprechakt als Horizontbereich der Hathor aufgegriffen und als Umfeld der Göttin wiedergegeben wird.

Ihre Präsentation als Schreiber ist als Installationsrede aufgebaut: Sie beschreibt ihre Tätigkeiten und motiviert sie damit, Hathor zu erfreuen, diese Göttin und Atum zu versorgen und für Senebi die Türen zu öffnen. Somit nennt sie die Nutznießer und den Zweck ihrer Handlungsweise. Darüber hinaus verleiht sie ihren Hoffnungen auf Zusammenarbeit Ausdruck, indem sie ihre Tätigkeiten als Füreinanderhandeln charakterisiert. Durch die Wiederholung der Aussagen zu Gesten und Musik mit denen sie Hathor begegnen will, stellt sie rituell die gewünschte Gegenseitigkeit her. Zur Vereinigung der kosmischen Bereiche Nacht und Tag werden die im Hathorkult in den ägyptischen Tempeln verwendeten Gesten in die *Religiöse Welt* übernommen.

Die übrigen Sprecher in Aktionsfeld II sind anonym. Sie äußern Intentionen, die im Interesse der *Person* liegen. König und Anubis handeln für die Tote. Nach wie vor geschieht die Kommunikation akustisch über die Grenzen der Existenzbereiche hinweg. Durch Bildhandlungen wird der von der *Person* erstrebte neue *Habitus* hergestellt, um den Lebensstil einer in Herrlichkeit erscheinenden Persönlichkeit zu pflegen. Senebi erhält alle Gegenstände, die von ihr bei der Ritualisierung im Sarg verwendet werden, in der entsprechenden Reihenfolge. Deren Geber sind nicht genannt, nur die Geber der Anrufungsopfer werden namentlich aufgeführt.

Das Aktionsfeld II ist durch das Vordringen der Person in die Götterwelt charakterisiert. Rituell wird das Umfeld der Göttin Hathor aufgebaut, der sich Senebi nähern kann. Die Sprecherin agiert als Schreiber der Göttin Hathor, um in dieser Rolle für Götter und für sich selbst zu handeln. Die im Aktionsfeld I von ihrer Umgebung geäußerte Intention für die Tote zu handeln wird durch das Engagement des Schreibers der Hathor bestätigt.

Aktionsfeld III

Die Sprecherin ist jeweils die *Person*, doch sind mehrere Götter an der Ritualisierung beteiligt. Senebi spricht als Ba des Gottes Osiris. Sie legitimiert das Ziel ihrer Handlungen mit dem Hinweis, dass sie auf den Befehl der Götter hin mit Osiris koitieren will. Nachdem sie sich als eine auf diese Weise ermächtigte *Person* präsentiert hat, adressiert sie zum ersten Mal jemanden direkt. Dieser ist der „Hüter der Öffnungen". In der folgenden Sprechhandlung bestätigt sie die Funktion des Angesprochenen und nennt in diesem Zusammenhang seinen Namen: „Geb hat die Tür geöffnet". Das weitere Gespräch in diesem und den folgenden Aktionsfeldern findet ausschließlich auf Götterebene statt. Alle von der *Person* aufgeführten Sprecher sind Götter (Geb, Osiris) oder personifizierte Funktionen in der Götterwelt (das Göttertribunal, Sefegiru, Ibw-weret, der Wächter der Felder). Die Sprechakte der Götter sind an andere Götter oder an die Tote als eine im Entstehen begriffene *Person* gerichtet: Als „irgend einer" mit seinem Ba hinter sich soll sie auf ein Gotteswort hin den Osiriskörper verlassen. Sie tritt in die Götterwelt ein. Durch ihre Identifikation mit dem Gott Thot, der in allen ontologischen Bereichen zuhause ist, bestätigt sie den geglückten Vollzug dieses Schrittes. Für ihr Weiterkommen ist sie auf ein Transportmittel angewiesen. Unverzüglich bittet sie das Horusauge sie mitzunehmen und motiviert dies mit dem Wunsch ihren Ba und ihren Schatten am Scheitel Res zu sehen.

Im Aktionsfeld III wird für die Sprecherin die Aufnahme in die Götterwelt, in Buchbergers Terminologie die „ontische Transformation“ erreicht. Senebi legitimiert ihr Handeln, indem sie sich auf die Entscheidung juridischer und göttlicher Institutionen beruft: sie ist im Tribunal gehört worden und sie handelt auf Befehl der Götter. Ereignisse werden bekräftigt, indem von ihnen als Direktive aus dem Munde der Götter berichtet wird.

Aktionsfeld IV

Die Sprecherin steigert ihre Intentionen durch eindringliche Formulierungen, die sie, ohne jemanden zu adressieren, quasi in den Raum stellt. Sie erstrebt deren Realisierung durch das vertikale Solidaritätsprinzip: sie basiert ihr Tun auf der Maat, sie handelt mit dem „Herrn des Lebens“ zusammen und wird deshalb in die Gefolgschaft im Sonnenboot aufgenommen. Ein anonymer Sprecher kündigt sie im Bereich des Anubis an. Bildhandlungen schaffen durch die Wiedergabe des Horizonttores den Ort der Gerichtsbarkeit, an dem Senebi versorgt wird, und des Übergangs. Mit der Dunkelheit des Himmels und der Helligkeit der Tür im Osten werden bildlich zwei kontrastierende angrenzende Seinsbereiche erzeugt. Diese Umgebung versetzt die Tote an den Nachthimmel, der als Gegenhimmel und (durch das Osttor) als Passage charakterisiert ist. Der Aufenthalt Senebis an diesen Orten ist durch Anubis, dem einzig namentlich genannten Gott, gewährt. Ansonsten sind Götter und Personen nur durch Oberbegriffe bezeichnet (Götter, Zauberer, Boten, Kinder der Götter). Wurfhölzer, die der Toten auf beiden Ufern des Ha-Kanals nachgesendet werden, symbolisieren die Gefahren, die während der Überfahrt eines Durchgangsgebietes lauern. Sie bevölkern die Umgebung der Toten und bilden rituelle Gegenstände, mittels derer die *Person* zeigt, dass sie sich schützen kann und (da sie von den Göttern kommen) interagiert. Der Körper der *Person* wird in diesem Zusammenhang als Erzeugnis und Zielscheibe einer göttlichen Handlung definiert. Dank dieser Eigenschaft kann die Tote selbst den Dingen befehlen.

Im Aktionsfeld IV ist eine deutliche Vergöttlichung des Handlungsraumes zu verzeichnen. Durch die Maat, den Richter- oder Götterstatus von Personen, beziehungsweise Gegenständen gibt sie die Machtstruktur ihrer Umgebung wieder, die auch ihre eigenen Handlungen motiviert und autorisiert. Ihre jetzigen Hoffnungen zeugen (im Gegensatz zu den im Aktionsfeld II gehegten) von dem Selbstbewusstsein einer *Person*, die von der

Richtigkeit ihres Tuns überzeugt ist. Bestand im Aktionsfeld II die Intention der Sprecherin in einer Nähe zur Göttin, einem Sehen und von ihr gesehen und geliebt werden, so richten sich ihre Hoffnungen nun auf einen Platz im Sonnenschiff, der ihr dank ihrer richtigen Handlungsweise als Überbringer der Maat zusteht. Das Aktionsfeld zeichnet vertikale Solidarität und die Integration einer göttlichen *Person* unter ihresgleichen aus.

Aktionsfeld V

Die Sarginhaberin präsentiert sich erneut in der Rolle eines Gottes und als Ba desselben. Dieser ist Schu, der als Luft- und Lichtgott den Raum für die Tageswelt geschaffen hat. Die Sprechhandlung zeichnet sich durch eine steigende Anzahl von Zuhörern aus, die von der *Person* namentlich (Nun, Atum), kollektiv (Götter), oder durch ihre Funktion (Fährmann) adressiert werden. Sie motiviert ihre Entstehung als im Sinne der Götter. Sie handelt als Mittler, der beide Seinsbereiche im Kosmos miteinander verbindet. In den Sprechakten stellt sie die ontologische Ebene der Götter beziehungsweise der Menschen auf der Flammeninsel her. Die erwünschte Vereinigung des Existenzbereiches der Toten mit dem der Lebenden und vice versa bewirkt die maximale Ausweitung ihres Handlungsbereiches und eine Umkehrung ihrer Aktionsrichtung. Ein herbeigerufener Fährmann ergreift ebenfalls das Wort. Er schafft in einem Sprechakt die Werft als Ort der Vervollständigung.

Die *Person* charakterisiert die sich herausschälende Situation als Entstehungsprozess durch Differenzierung und ritualisiert diesen mit den Mitteln der Sprache, indem sie durch die Wiederholung der Aussagen über Schu und Tefnut Zweiheit, und mittels der Vergottung der Schiffsteile Vielfalt herstellt. Der Horizontübergang, das heißt ihre Wiedergeburt, wird als Tat für den Vater motiviert. Ein Verhör bestätigt der *Person*, dass sie die nötigen Voraussetzungen zur Erfüllung ihrer Sohnespflicht mitbringt. Sie bekommt den Auftrag mit dem Gott Sokar zusammen zu handeln. Sie bestätigt ihr Hervortreten in der Tageswelt und erzeugt in ihrer Sprechhandlung den Weg vom Horizont im Osten nach Heliopolis, der den Kreis ihres Daseins schließt und erneuert.

Im Aktionsfeld V ist die Umkehrung ihrer Aktionsrichtung von einer entgegennehmenden in eine gebende *Person* sowie eine deutliche Ausweitung des Handlungsbereiches (bis hin zur maximalen Größe) zu verzeichnen. Durch Götterbeschluss ermächtigt, kann sie für einen Gott (Atum, ihren Vater Osiris) handeln, eine Person in der Götterwelt herbeirufen, mit einem Gott zusammen handeln und schließlich selbst als Gott hervortreten.

Zusammenfassend lässt sich feststellen: Durch Institutionalisierung und die Autorität, die Sprechern und Göttern in ihrer Umgebung zugemessen wird, wird eine Machtstruktur aufgebaut: göttliche Herkunft (Ba des Osiris, Kind der Götter, Ba des Schu), die Autorität von Richtern und göttlicher Befehl sind die von Senebi hierzu eingesetzten Mittel. Wenn sie sich als Schreiber im Horizontbereich der Hathor präsentiert, reproduziert und nutzt sie für ihre Zwecke das Ansehen dieser Institution im pharaonischen Ägypten.[563]

Im gesamten Verlauf der Ritualisierung sind Sprecher, durch die die *Person* in einem neuen Bereich angekündigt wird, anonym. Butlers Kriterium für Sprechhandlungen im sozialen Raum, nämlich dass diese performatorisch wirken, indem sie an jemanden gerichtet sind,[564] kann in den Texten bei allen wörtlichen Reden der Götter beobachtet werden. Die Motivierung als Tätigkeiten, die auf einen von Göttern gefassten Beschluss hin ausgeführt werden oder als Ausführung eines Befehls, der aus dem Munde der Götter erfolgt, gibt Senebi das Recht zu handeln. Die Selbst-Präsentation der Sprecherin in ihren verschiedenen Rollen dominiert die Sprechhandlungen. Die *Person* umgibt sich mit den Statussymbolen ihres neuen Lebensstils.

Indem Senebi mit ihrer rituell produzierten Umgebung interagiert, eignet sie sich einen Handlungsraum an. Bell beschreibt die Aneignung und Positionierung in einem Raum, in dem die Sprecherin handeln kann, als „the play of power in the micropolitics of social action", wobei sie Macht als Sozialprestige und „the concern to secure the dominance of models of reality that render one's world coherent and viable" definiert.[565] Als Beispiel hierfür kann dienen, wie Senebi sich durch die Feststellung, dass ihre Worte im Tribunal gehört worden sind, Glaubwürdigkeit verschafft, oder wie sie durch ihre Identifikation mit dem Wächter das Ansehen einer Person gewinnt, die mit einer gefährlichen Aufgabe betraut worden ist. Diese Beispiele zeigen, wie die Sprecherin die von ihr produzierten Machtverhältnisse zum Aufbau ihres sozialen Ansehens und zur Steigerung ihrer eigenen Macht verwendet. Sie ermöglichen ihr darüber hinaus die Macht anderer für sich zu nutzen: Dies ist der Fall, wenn sie als Ba des Schu denen, die seinen Namen erforschen, Furcht einflößt. Im Hinblick auf Senebi sind die kontinuierliche Zunahme ihres Handlungsraumes und parallel dazu eine Steigerung ihrer Aktivität zu verzeichnen.

---

563 Jäger, *Altägyptische Berufstypologien,* bes. S. 293–301.

564 Butler, *Excitable Speech*, S. 5.

565 Bell, Performance. In: *Critical Terms for Religious Studies*, S. 206.

Neben institutionalisierten Tätigkeiten bestimmt die Maat den sozialen Handlungsraum Senebis. Das pharaonische Ägypten bietet das Bild einer solidarischen Gesellschaft. Die allen gemeinsame Verpflichtung, im Sinne der Maat zu handeln, wird von ihr nicht angegriffen. Im Gegenteil, sie nützt die Maat für ihre eigenen Zwecke, um durch sie ihren jetzigen Existenzbereich einer Toten mit dem der Lebenden zu vereinigen. Sie präsentiert sich als Gott Thot, lässt die Maat aufsteigen und entspricht damit den Erwartungen, das Richtige zu tun. Indem die *Person* den Erwartungen, die in der Gesellschaft an sie gestellt werden, genügt, kann sie zum Überbringer der Maat avancieren und diese „aufsteigen lassen". Ihre Handlungsfreiheit in den Grenzen der Maat ist unverändert. Gerade weil sie diese Grenzen beachtet wird ihr Tätigkeitsbereich ausgedehnt.

Die *Person* beschreibt die Entwicklung bis zu ihrer Wiedergeburt durch physiologische Vorgänge. Wie sich die Tote durch ihre Personenkonstituenten in die *Religiöse Welt* einbringt, sie kosmische Ereignisse durch körperliche Funktionen beschreibt und sich mit Hilfe dieser Gleichsetzung in den Sonnenlauf integriert um am kosmischen Geschehen teilzuhaben, bildet das Hauptanliegen der Arbeit. Auf sie wird im nächsten Kapitel eingegangen.

Abbildung 7
Grabkapelle des Uch-hotep, Raum B Westwand, südliche Szene, Ausschnitt. Die Tochter des Grabbesitzers Nebet-hut-henut-sen kniet auf einem Papyrusnachen. Nach Blackman, Meir VI, Taf. XIV.

KAPITEL 4

Die Personenkonstituenten im Sarg

4.1 Voraussetzungen der Person

Wie im Eingangskapitel formuliert fungieren die Personenfaktoren in einem Ritualisierungsprozess als Aspekte, mittels derer sich die *Person* in ihrer Komplexität schrittweise selbst reproduziert und in den Bereich der *Religiösen Welt* einbringt. Durch die Wiedergabe wird die *Person* innerhalb des religio-symbolischen Bereiches konstituiert und in einem physischen und sozialen Raum lokalisiert, der ihren Handlungsraum bestimmt. Wie die Rekonstruktion des Ritualisierungsprozesses ergeben hat, ist im Vergleich zur Ausgangssituation vor der Ritualisierung dieser Raum bei der Sargbesitzerin Senebi stark erweitert. Aus der Tatsache, dass in beiden Seinsbereichen die Richtlinie für ein Handeln als Mitglied der Gemeinschaft durch das Prinzip der Maat festgelegt ist, ergibt sich keine Veränderung ihrer Handlungsfreiheit. Hingegen vergrößert sich ihr geographischer und ontologischer Tätigkeitsbereich und ihre Art und Weise mit der Umwelt zu interagieren ändert sich: aus einer passiven, entgegennehmenden *Person* wird eine aktive, gebende *Person*. Die Steigerung ihrer Aktivität und die Umkehrung ihrer Aktionsrichtung werden durch den rituellen Aufbau eines Selbstbildes erreicht. Wie dieses im rituellen Kontext der Wiedergeburt aussieht, soll an dem rekonstruierten Handlungsverlauf, wie er im Sarg M3C dokumentiert ist, untersucht werden. Die zu seiner Herstellung aufgegriffenen Personenfaktoren gewinnen ihre Bedeutung in diesem Funktionskontext. Die Wirkung einzelner Aspekte oder Konstituenten ist an der Position, die sie im Text- und Bildgefüge einnehmen, erkennbar. Bevor mit der Untersuchung begonnen werden kann, sollen die hermeneutische Basis errichtet und die im Zusammenhang mit der *Person* verwendeten Begriffe ‚Personenfaktoren', ‚Körper', ‚Individuum', ‚Person' und ‚Selbst' terminologisch geklärt werden.

Terminologie

Personenfaktoren

Die Begriffe ‚Personenfaktoren', ‚Personenkonstituenten' und ‚Personenaspekte' bilden Äquivalente. Die Bezeichnung ‚Personenfaktoren' dient als Oberbegriff, um sie im Gegensatz zu den Ökofaktoren im Modell der *Dynamischen Religionsökologie* zusammenzufassen. Der Terminus ‚Personenkonstituenten' betont ihre Funktion im Ritualisierungsprozess, da sie die *Person* im Bereich der *Religiösen Welt* konstituieren. Der Begriff ‚Personenaspekte' hingegen verweist auf ihre Eigenschaft, einen spezifischen Aspekt der *Person* herauszugreifen.

Körper

Die *Person* ist durch ihren Namen und ihren Körper im Sarg anwesend. Als Mumie verkörpert sie kulturspezifische Auffassungen von der Unentbehrlichkeit des Körpers für die Fortsetzung ihrer Existenz: Mumienbinden, Müdigkeit und Mattheit ihrer Glieder bilden einen vorübergehenden Zustand, der einer Wiedergeburt vorausgeht. Durch das Balsamierungsritual bleibt ihr menschlicher Körper erhalten. Dieser wird auf die Wiedergeburt und die Teilnahme an kosmischen Prozessen vorbereitet, indem sich in seinem Inneren Götter befinden und er an seiner Oberfläche auf Umwelteinflüsse reagieren kann.[566] Amulette, die in die Mumienbinden mit hineingewickelt sind,[567] die Umhüllung mit Stoffen und einem oder mehreren Särgen, die Unzugänglichkeit im zugeschütteten Grab und schließlich die Wünsche um Götterbeistand auf den Sargaußenwänden bezeugen Vorstellungen von der Schutzbedürftigkeit des Körpers. Ihre Körperposition im Sarg sowie die Ausrüstung ihres Körpers[568] mit Kleidung, Sandalen, Schmuck, Salbölen, Perücke und Maske vermitteln die Identität eines Osiriskörpers.[569]

Dieser Komplex aus Vorstellungen ist nicht identisch mit dem Körper der Toten. Der im Sarg liegende Leib verkörpert diese Vorstellungen

[566] Siehe hierzu die Analyse der Fugeninschriften und die Zusammenfassung der Hauptgedanken, die dem Balsamierungsritual zugrunde liegen, in Kap. 2.

[567] Schützende Amulette aus dem Mittleren Reich beispielsweise bei Andrews, *Amulets of Ancient Egypt*, Abb. 41 (a), 42 (a–c), 43 (a, c), 76 (e) und 78 (c).

[568] In manchen Fällen handelt es sich bei der Ausrüstung als Osiris auch um die Vervollständigung des Körpers mit künstlichen Gliedern. Siehe Germer et al. Pseudo-Mumien der ägyptischen Sammlung Berlin, *SAK* 21, S. 82f.

[569] „Beim Begräbnis und überall dort, wo er betont als ein ‚Osiris' verstanden wird, erscheint der Tote als Mumie." Vergl. Hornung, Vom Sinn der Mumifizierung, *WdO* XIV, S. 168.

jedoch und indem er dies tut, bilden sie ein Kriterium des Daseins als Mumie. Berthelots Körperbegriff berücksichtigt den Unterschied zwischen einem Körper und der Verkörperung von Vorstellungen, Konzepten, Erfahrungen etc. durch den Körper:

> An embodied body represents, and is, a lived experience where the interplay of natural, social, cultural, and psychical phenomena are brought to fruition through each individual's resolution of external structure, embodied experience, and choice.[570]

Aus Berthelots Definition folgt für die Anwendung des Begriffes ‚Körper' im Modell der *Dynamischen Religionsökologie*: Der Körper ist eine Einheit, die die unterschiedlichen Phänomene, die auf ihn einwirken, inkorporiert hat und zum Tragen bringt. Er ist Repräsentant, das heißt, an ihm kann das Ergebnis dieses Zusammenspiels abgelesen werden. Der Körper stellt das Produkt eines Entschließungsvorganges dar, an dem dieselben Verhandlungspartner wie an einem Ritualisierungsprozess beteiligt sind, nämlich *Person* (= an embodied experience) und *Realwelt* (= external structure). Der dritte Faktor, die Wahlfreiheit (choice), bildet in Bells Ansatz die entscheidende Voraussetzung zu der Veränderung der Machtverhältnisse, die durch rituelles Handeln erreicht werden kann:

> People reproduce relationships of power and domination, but not in a direct, automatic, or mechanistic way; rather, *they reproduce them through their particular construal of those relations*, a construal that affords the actor the sense of a sphere of action, however minimal.[571]

Der Körper verfügt dank seiner kulturellen Disposition über Handlungsschemata, die es ihm ermöglichen soziokulturelle Situationen zu erzeugen, die er auch beherrschen kann.[572] Folglich ist, nach Bell, der Körper den sozialen Prägungen nicht nur ausgesetzt, sondern schafft diese auch,[573] verändert sie und verfügt über sie.

Individuum

Die *Person* ist ein Individuum. Die Tote verkörpert, wenn sie in den Sarg gelegt wird, die Summe ihres Lebens. Dieses Individuum ist über ihren physischen Tod hinaus in ihrem Namen und in der Erinnerung ihrer lebenden Umwelt erhalten, es muss aber für die Forschung anonym verbleiben,

---

[570] Berthelot, Sociological Discourse and the Body. In: *The Body: Social Process and Cultural Theory*, S. 395–398.

[571] Bell, *Ritual Theory, Ritual Practice*, S. 84, meine Kursivschreibung.

[572] Bell, *Ritual Theory, Ritual Practice*, S. 98.

[573] Bell, *Ritual: Perspectives and Dimensions*, S. 82.

denn außer dem, was wir durch den Sarg über sie erfahren, ist über die Sargbesitzerin Senebi nichts bekannt. Von einer Konzeption des Individuums als eine kulturelle Konstruktion, die – von Zeit und Umständen abhängig[574] – ständig neue Formen annimmt, kann aber im Hinblick auf die *Person,* die rituell handelt, ausgegangen werden. Meskell hat den Begriff für seinen Gebrauch innerhalb der Archäologie definiert und ihn auf klare Weise gegen die historisch-kulturelle Konzeption des ‚Individualismus'[575] abgegrenzt.

Meskell argumentiert für den Gebrauch des Terminus ‚Individuum' bei alten Gesellschaften, da er das Individuum als Aktivisten einführt, der soziokulturelle Prozesse anregt, sie in Bewegung hält und ihnen die Variationsbreite verleiht. Sie definiert den Begriff folgendermaßen:

> I use the terms ‚individual' or ‚individuality' to refer to a single person as the fount of agency, consciousness, interpretation and creativity in cultural and social life, by virtue of his or her sole ownership of discrete, corporeal, sense-making apparatuses.[576]

Im Gegensatz zu einem anonym verbleibenden ‚social actor', der auf seine soziale Funktion reduziert ist, bildet der *terminus technicus* ‚Individuum' ein Analyseinstrumentarium, das Möglichkeiten wie Intention, Wahl, Ergreifen der Initiative und andere Faktoren in der Dynamik kultureller Prozesse berücksichtigt.

Das Individuum, wie es von Meskell definiert worden ist, steht im Einklang mit den theoretischen Grundlagen des Modells der *Dynamischen Religionsökologie,* da in diesem von einer *Person* ausgegangen wird, die zu ihrer Integration über einen Vorrat an kulturellen Vorbildern verfügt, den sie in unterschiedlichen Kontexten durch ihr eigenes Handeln nuancieren kann, wodurch sie Unterschiede schafft.[577] Es ist für diese Aufgabe durch ein *common sense* Wissen von sozialen Beziehungen und möglichem Spielraum ausgerüstet, das es sich im Miteinander und in der Auseinandersetzung mit seiner Umgebung aneignet. Als Besitzer sinngebender Mechanismen beeinflusst das Individuum stets eine Wirkungsgeschichte, die mehr

---

[574] „The individual is always situated relationally and relationships with the social and material environment are always in a state of flux". Vergl. Meskell, *Archeologies of Social Life*, S. 20.

[575] Individualismus definiert Meskell als „a particular historico-cultural conception of the person – the social actor as ostentatiously distinct, sovereign and autonomous. Individualism refers to independence of thought and action and is linked to notions of church and state, political philosophy and law, liberalism and so on" (Meskell, *Archeologies of Social Life*, S. 10).

[576] Meskell, *Archeologies of Social Life*, S. 9.

[577] Siehe Kap. 1.3 (unter Hinweis auf Bell, *Ritual Theory, Ritual Practice*, S. 99).

Existenz als Reflektion ist. Varianten bezeugen dies. Die Grenzen des Spielraumes sind durch die jeweilige Tradition abgesteckt. Veränderungen sind deshalb von der Traditionsverankerung des Individuums abhängig. Die Individualität der Sargbesitzerin Senebi ist (da die Mumie leider fehlt) in ihrem Namen und der Ausformung ihres Sarges erhalten.

Person

Die Quellen bestehen aus Bildern und Texten. Personen sind auf dem Sarg M3C nicht abgebildet. Zur Untersuchung von Texten aus demselben rituellen Kontext, wie er hier vorliegt, umreißt Buchberger den Terminus ‚Person' als „eine semantische Denomination derjenigen Elemente einer sprachlichen Äußerung, die als Subjekt z. B. eine Transformation ausführen bzw. an denen, als ‚logischem Subjekt', z. B. eine Transformation vollzogen wird".[578] Seine Definition ist rein funktionell. Er behandelt ‚Person' als analytischen Terminus, der die Person als Partner in einer rituellen sprachlichen Interaktion berücksichtigt, in der sie einmal der Ausübende, ein andermal der Nutznießer einer Handlung ist. Die Voraussetzungen, die, nach Buchberger, eine *Person* im rituellen Kontext auszeichnen, sind ihre Zugehörigkeit zu einer ontischen Ebene, die die Realwelt oder die Götterwelt sein kann.[579]

An Voraussetzungen, die die *Person* zum Aufbau ihrer neuen Selbsteinschätzung mitbringt, können genannt werden: Ihre Mumie bildet als Verkörperung kulturspezifischer Auffassungen ein Kriterium ihres Daseins. Sie verfügt dank ihrer kulturellen Disposition über Handlungsschemata, die es ihr ermöglichen soziokulturelle Situationen zu erzeugen, die sie beherrschen kann. Sie repräsentiert ein Individuum, an dem eine Form oder Variante des Zusammenspiels kulturspezifischer Einflüsse abgelesen werden kann. Wie die Rekonstruktion des Ritualisierungsprozesses bereits erkennen lässt, kann die *Person* in Abhängigkeit von einem bestimmten Kontext zu einem komplexen, durch mehrere Aspekte ausgedrückten Bild von ihrem *Selbst* gelangen.

Selbst

Die neu gewonnene, aktuelle Sichtweise, die sich von der Auffassung unterscheidet, die die *Person* von sich hat, wenn sie in den Sarg gelegt wird, gibt das *Selbst* – und damit verbunden die Einschätzung ihrer Situation – wieder, das die Tote durch ihr rituelles Handeln erreicht. Mit dem aufgebauten neuen Bild von sich selbst präsentiert sich die Tote am Ende

---

[578] Buchberger, *Transformation und Transformat*, S. 292.
[579] Buchberger, *Transformation und Transformat*, S. 293.

der Ritualisierung ihrer Umwelt. Um diese Selbstdarstellung von dem im Modell *Person* bezeichneten Bereich auch terminologisch abzugrenzen, wird in der weiteren Arbeit für die *Person*, die innerhalb der *Religiösen Welt* reproduziert wird, der Terminus *Selbst* verwendet. Da das neue *Selbst,* wie sich im Ritualisierungsprozess abgezeichnet hat, schrittweise aufgebaut wird, bildet es eine Konstruktion, die aus der Wiedergabe der *Person* in einem kulturspezifischen Kontext resultiert. In der ägyptischen Sprache existiert das Lexem „selbst" zum Hinweis auf die Eigenständigkeit einer Person. Es wird vorwiegend als reflexive Form (*ḏs+Suffixpronomen*) gebraucht. Von ihr wird in dem Sargtext CT 75, der bei Senebi auf dem Deckel steht, ausgiebig Gebrauch gemacht.

Auf Grund der Annahme, dass die *Person* als Mumie im Sarg gelegen hat, für die der Sarg ursprünglich angefertigt worden ist, ist von ihrer körperlichen Anwesenheit beim Ritualisierungsprozess auszugehen. Der Untersuchung der Aspekte, mittels derer das *Selbst* von Senebi im Dialog mit ihrer Umwelt und durch ihre Selbstpräsentationen aufgebaut wird, ist der folgende Abschnitt gewidmet. Es werden nur die Belegstellen behandelt, in denen die Personenkonstituenten unter Verwendung des entsprechenden Lexems ausgesprochen werden.

4.2 Die einzelnen Personenkonstituenten

Zwei Personenkonstituenten, Name und Ka, sind auf der Außenseite des Sarges genannt worden und erscheinen auf der Innenseite wieder. Ausgehend von ihrer Sichtbarkeit waren die Texte auf der Außenseite des Sarges als Aussagen über die Tote im Bestattungsritual interpretiert worden. In dieser Situation bilden Name und Ka zwei Faktoren, die der Toten von der lebenden Umwelt beigemessen werden. Dieses Ergebnis deckt sich mit Bolshakovs Ergebnissen im Hinblick auf das gemeinsame Auftreten von Ka und Name: „The *k3* is an image evoked by human memory".[580] Von diesen beiden Konstituenten ist im Sarg M3C nur der Name für die Reproduktion der *Person* verwendet worden.[581]

[580] Bolshakov, *Man and his Double in Egyptian Ideology of the Old Kingdom*, S. 151.

[581] Einen Gegensatz hierzu bildet der Sarg M5C, auf dem ein erheblicher Teil der Texte auf der Westseite dem Ka gewidmet ist.

Der Name

In der ersten Aussage, die im Sarg überhaupt gemacht wird, der Opferformel auf der Ostseite, wird dem Handeln der Götter und aller übrigen durch die Nennung von Senebis Namen eine bestimmte Richtung gegeben:

Ein Opfer, das der König, Osiris und Thot geben: Die oberägyptische Landeskapelle, die unterägyptische Landeskapelle, die große Neunheit, die in Heliopolis ist, und alle Götter: Mögen sie dir die Riten vollziehen, ehrwürdige Senebi, die Gerechtfertigte.

Der Vollzug der Riten wird als Handeln für die Tote spezifiziert. Senebi wird durch die namentliche Anrede in ihrem neuen Seinsbereich eingesetzt. Für die Konstituierung einer *Person* durch die performatorisch wirkende Anrede war auf Butlers Theorie zur Performativität zurückgegriffen worden.[582] Wie Schiller bemerkt, „ist [Performativität für Butler] nicht Artikulation in einem Vakuum, sondern immer Artikulation einer vorgängigen Formulierung, in diesem Sinne also Re-Artikulation. Der begrenzende Rahmen von *‚Performativität'* ergibt sich daher aus dem Umstand, dass jeder Bezeichnungsvollzug in einer Reihe steht und immer nur innerhalb dieser historischen Reihung agieren kann".[583]

Die Konstituierung Senebis durch den Namen, auf den sie in ihrem Erdendasein gehört hat, und den diesem beigegebenen Eigenschaften ‚ehrenwert' und ‚gerechtfertigt' vollzieht sich dank der historischen Artikulation, die im pharaonischen Ägypten mit der Nennung des Namens bewirkt wurde. Der Name bezeichnet eine *Person* als seiend.[584] Da das Wort auf der Seite im Sarg an sie gerichtet wird, die die Prunkscheintür als Berührungspunkt der Lebenden mit der Toten in der Grabkapelle wiedergibt, wird durch die Lokalisierung des Sprechaktes Senebi als eine *Person* klassifiziert, die sich in ihrem Namen wieder erkennt und ihr Dasein in der Nekropole fortsetzt. Die Beinamen bekräftigen die Erhaltung des Individuums, da durch sie Senebi als eine Tote bezeichnet wird, die unverschuldet in die Lage, in der sie sich befindet, geraten ist[585] und die sich kein Vergehen gegen die Maat, das ihren Namen tilgen und sie aus der

[582] Siehe S. 106f.

[583] Schiller, Verschiebungen der Körpergrenzen: Die wechselnden Perspektiven von Judith Butler, Susanne Langer und Elaine Scarry auf ein mobiles Phänomen. In: *Sprachformen des Körpers in Kunst und Wissenschaft*, S. 117.

[584] Vernus, Name, Namengebung, *LÄ* IV, Sp. 321.

[585] Siehe Fugeninschriften, S. 34 sowie Assmanns Ausführungen zu „Der Tod als Feind" in Assmann, *Tod und Jenseits im Alten Ägypten*, S. 89ff.

Gemeinschaft ausschließen könnte, zuschulden kommen lassen hat. Die nächste Nennung ihres Namens erfolgt auf der Nordseite in Spruch CT 533 durch den Schreiber der Göttin Hathor:

VI 130c	Um für Atum das Brot bereitzustellen bin ich gekommen.
VI 130d	Für Hathor begründe ich den Speisetisch.
VI 130e, f	Für die ehrwürdige Senebi, die Gerechtfertigte, öffne ich die Türen.

In dieser Aussage gibt wiederum der Sprecher seinem Handeln eine bestimmte Richtung. Er ordnet den Nutzen seiner Tätigkeiten einer bestimmten Personengruppe zu. Er bestimmt es als Handeln sowohl für die Götter Atum und Hathor als auch für Senebi. In der Opferformel auf der Westseite dient der Name der Toten ebenfalls zur Kennzeichnung einer Tätigkeit, wobei es in diesem Fall um eine Opferhandlung geht:

Ein Opfer, das der König und Anubis geben: ein Anrufungsopfer, bestehend aus Brot, Bier, Rindern und Geflügel zum Monatsanfangsfest, zum Halbmonatsanfangsfest, zum Neujahrsfest, zu den fünf Schalttagen und zum Wagfest für die ehrwürdige Senebi.

Durch den Namen der Empfängerin wird das Opfergut seiner Bestimmung zugeführt. Die Sargseite wird mit Senebis Namen nicht nur begonnen, sondern auch damit (in dem zuletzt stehenden Spruch CT 534, der vom Aufsteigenlassen der Maat handelt) abgeschlossen:

VI 131n–p	Möge ich hervorkommen und aufsteigen in der Nachtbarke zusammen mit denen, die in seinem Gefolge sind, ehrwürdige Senebi, die Gerechtfertigte.

Die Sprecherin ist die Tote. Sie verweist am Ende des Spruches mit der Nennung ihres Namens auf sich selbst. Sie führt dadurch ihr eigenes Handeln einer Bestimmung zu. Auch der auf dem Deckel in Spruch CT 75 geschilderte Entstehungsprozess findet seinen Abschluss in der Nennung ihres Namens:

I 382d–384a	Eure Herzen haben schon zu mir geredet, o Götter, bevor etwas aus eurem Mund hervorkam,
I 384b–385a	da ich durch die entsprechende Handlung entstand, und hervorkam aus dem Mund dieses herrlichen Gottes, der-von-selbst-entsteht, die ehrwürdige Senebi.

Die Tote schließt den Kreis ihrer Autogenese mit der Erwähnung ihres Namens. Senebi schlägt mit der Aussage von ihrem Hervorkommen eine

‚Brücke' von innen nach außen, und beschreibt ihre eigene Entstehung als diese Verbindung zwischen den beiden Sphären.[586]

In den behandelten Textstellen zeichnet sich als Funktion des Namens und seiner Verwendung im Hinblick auf die Sarginhaberin Senebi ab: Die Konstituierung und Erhaltung des Individuums Senebi und die Schaffung des Bezugspunktes für die Aktionen und Interaktionen die im Sarg stattfinden. Dabei fällt als Besonderheit auf, dass die Tote, wenn sie in eigener Person agiert („Ich bin …"), nicht in der Rolle der Senebi spricht. Eine Ausnahme hiervon bildet der Dialog mit dem Fährmann, den sie (in Spruch CT 398 auf dem Sargboden) kurz vor ihrem Horizontübergang führt. In diesem Fall nennt Senebi aber nicht ihren Namen, sondern bezeichnet sich selbst nur durch die Umschreibung „Ich bin einer, den sein Vater liebt" (CT V 122a).

Die Steigerung der Aktivität, die durch den Ritualisierungsprozess erreicht wird, wird auch an der Verwendung des Namens deutlich. Senebis Name tritt in chronologischer Reihenfolge in folgenden Funktionskontexten auf:

- Konstitution Senebis und Intention, dass alle Götter für sie handeln mögen
- Die Sprecherin handelt als Schreiber einer Göttin sowohl für Götter als auch für Senebi
- Der König und ein Gott handeln für Senebi
- Intention, dass sie durch die Maat für sich selbst handeln möge
- Die Intention der Götter und ihr Handeln haben Senebi hervorgebracht

Eine weitere Funktion des Namens wird in den Texten auf der Westseite dieses Sarges in Anspruch genommen:

II 89e –90b	sodass er meinen Gegner dort zu mir bringen möge, wie sie es dem Sefegiru zusammen mit Dem-mit-vielen-Namen befohlen haben:
II 90c, e	„Schicke den irgend einen hier aus, (denn) sein Ba ist mit ihm zusammen hinter ihm!"

Der Befehl liegt vor dem Hinausgeschicktwerden. Der Text macht sich die Funktion des Namens zunutze, die Manifestation einer Person oder eines Gottes kenntlich zu machen. Münster beobachtet die Vermeidung des Namens an dem von Kees bearbeiteten Götterhymnus[587] und im Hinblick auf

[586] Assmann setzt das frühe Mittlere Reich und die Osirisreligion als Beginn der Auffassung, die bei einer Person „Innen" und „Außen" unterscheidet, an. Assmann, Persönlichkeitsbegriff und -bewusstsein, *LÄ* IV, Sp. 973.

[587] Kees, *ZÄS* 57, S. 92–120.

den Gott Nefertem in dem Sargtext CT 660: „Der wirkliche Name des Gottes wird offenbar nicht ausgesprochen, der Gott wird nur beschrieben".[588] Dementsprechend kann das Weglassen oder das Ersetzen des Namens durch einen nicht differenzierenden Begriff zur Bezeichnung einer Entwicklungsphase dienen, die *vor* der Manifestation, im Falle der Senebi vor ihrer Wiedergeburt (die als Austritt aus einem Körper definiert worden war) liegt. Hornung schreibt zum Phänomen der potentiellen Schöpfung:

> ‚Zwei Dinge' und ‚Millionen' meinen hier die Grenzen des gleichen Phänomens: der Differenziertheit des Seienden, die für das Nichtseiende verneint wird. Das Nichtsein ist Eines und undifferenziert. Zwischen ihm und dem Sein steht vermittelnd und trennend der Weltschöpfer als der anfänglich Eine, der aus dem Nichtsein hervortritt und den ‚Anfang' des Entstehens setzt, indem er sich zur Vielheit der ‚Millionen' differenziert, zur Fülle des Seins, zur Fülle der Götter.[589]

Senebi trifft die oben zitierte Äußerung (CT II 89e–90e) als Ba des Osiris. Ihre Aussage bezieht sich auf ihre Wiedergeburt. Die Samenflüssigkeit in der Mundhöhle Osiris' bildet die potentielle Schöpfung, die sich (ebenso wie bei Schu und Tefnut) mit dem Austritt aus seinem Körper als Geschöpfe, die einen Namen haben, manifestiert. Da „Dem-mit-vielen-Namen" der Befehl zusammen mit Sefegiru erteilt wird – der (obwohl sein Name immer noch nicht ganz geklärt ist) hier jedenfalls als inkorporierte Gestalt innerhalb des nächtlichen Existenzraumes fungiert – handelt es sich hierbei um eine Bezeichnung der potentiellen Schöpfung. Mit dem Heraustreten des Ba werden sich die vielen Namen manifestieren. Auch „irgend einer" (*mn*) wird einen Namen bekommen. Die Asymmetrie des Entstehungsvorgangs gibt der Sprecherin die Möglichkeit als eine unter Millionen an der als Differenzierung aufgefassten Schöpfung teilzuhaben.

Auf dem Deckeltext (in Spruch CT 75) wird mit Hilfe des Namens das Wesen eines Gottes charakterisiert. Es handelt sich hier um Appositionen zum Gott Atum:

I 320d–322a	Ich bin es, der ihn ankündigt,
	wenn er aus dem Horizont hervorkommt,
I 322b	und denen, die seinen Namen erforschen, Ehrfurcht einflößt.

Der Ba des Schu, in dessen Rolle die Tote hier spricht, vermittelt die Furchtbarkeit Atums. Diese gehört zum Wesen des Gottes. Letzteres ist in seinem Namen festgelegt. Beachtenswert ist in diesem Zusammenhang,

---

[588] Vergl. Münster, *Untersuchungen zur Göttin Isis vom Alten Reich bis zum Ende des Neuen Reiches*, S. 81.

[589] Hornung, *Der Eine und die Vielen*, S. 171.

dass in dem ganzen Text der Name des Gottes, nämlich Atum, nicht genannt wird. Das kann dahingehend interpretiert werden, dass auch der Schöpfergott Atum selbst durch die konsequente Umschreibung mit „der-von-selbst-entsteht“ als Schöpfungspotential bezeichnet wird. Dass es sich bei obiger Stelle um das im Namen dargelegte Wesen eines Gottes handelt wird bestätigt, wenn es um die Kenntnis des Namens geht:

I 338c	Ich bin der Gott, der, was seine Gestalt betrifft, ausgeatmet wurde,
I 338d–340b	derjenige, den dieser herrliche Gott, der-von-selbst-entsteht,
	der den Himmel mit seiner Schönheit bestreut, geschaffen hat,
I 340d	der, dessen Name (*rn*) die Götter, die ihn rudern, nicht kennen

Brunner schreibt zur Formulierung „dessen Namen man nicht kennt“: „Im Grunde ist der Name so unbekannt wie das (in diesem Namen beschlossene) Wesen und seine Gestalten“.[590] Die Kenntnis des Namens als Wissen und damit auch Macht über das Wesen eines anderen ist durch die Geschichte von der List der Isis belegt. In der Erzählung versucht die Göttin mit Hilfe ihrer Zauberkraft Atums geheimen Namen zu erfahren. Zwei Stellen im Gespräch zwischen Isis und Atum verdeutlichen den Namen als Ausdruck des Wesens. Atum versucht zuerst die Göttin mit allen seinen anderen Namen zufrieden zu stellen. Er sagt unter anderem:

> Mein Vater und meine Mutter haben mir meinen Namen genannt, aber ich habe ihn in meinem Leib verborgen seit meiner Geburt, um zu verhindern, dass Macht erhielte Zauberer oder Zauberin gegen mich.[591]

Isis genügt seine Antwort nicht:

> Dein wirklicher Name ist nicht unter denen, die du mir genannt hast. Nenne ihn mir, dann wird das Gift austreten! Denn ein Mann lebt, dessen Name ausgesprochen wird!

Daraufhin spricht Atum zu Isis:

> Leih mir dein Ohr meine Tochter Isis, auf dass mein Name aus meinem Leibe übergehe in deinen Leib. Der göttlichste Gott hat ihn verborgen, damit mein Platz in der Sonnenbarke mächtig sei!

Brunner weist auf die Macht hin, die Isis durch Kenntnis seines Namens/Wesens über Atum erringen will.[592] Es wird jedoch, was im Zusam-

---

[590] Brunner, Name, Namen, Namenlosigkeit Gottes im Alten Ägypten. In: *Das hörende Herz*, S. 144.

[591] PTurin und pChester Beatty XI. Übers. und Komm. Brunner-Traut, *Altägyptische Märchen*, S. 156–161.

menhang mit den Sargtexten von Belang ist, auch die Verborgenheit des Namens im Körper angesprochen. Nur als geheimer Name, der im Körper (*ḥꜥw*) verborgen ist, kann er als Kraft bewahrt, vor Missbrauch geschützt und bei Bedarf als Macht eingesetzt werden. Die Apposition „der, dessen Name die Götter, die ihn rudern, nicht kennen“ (CT I 340d) beschreibt Atum folglich als Gott, über den die anderen Bootsinsassen keine Macht haben.

Außer der Funktion des Namens als Personenkonstituente wird seine Vermeidung im Sarg zur Kennzeichnung der Präexistenz verwendet. Die Phase vor der Manifestation wird bei Osiris als potentielle Schöpfung und bei Senebi als „irgend einer“ durch einen nicht differenzierenden Begriff beschrieben. Die Unkenntnis des Namens wird darüber hinaus zur Charakterisierung des Schöpferpotentials als eine zu fürchtende und verborgene Kraft eingesetzt. Die nächste Personenkonstituente, die von der *Person* in M3C aufgegriffen wird, ist der Ba.

Der Ba des Osiris

Sobald sich die Sarginhaberin der Götterwelt genähert hat, identifiziert sie sich (beginnend auf der Westseite in Spruch CT 94) mit dem Ba des Osiris:

II 67c, d	Ich bin dieser große Ba des Osiris,
	dem die Götter befohlen haben, dass er mit ihm koitiere,
II 68a	der bei Tag in der Höhe lebt,
II 68b	den Osiris aus der Flüssigkeit seines Fleisches gemacht hat,
II 68c	das Sperma, das aus seinem Phallus herausgekommen ist,
II 68d	um bei Tag hinauszugehen, auf dass er mit ihm koitiere.

Die Sprecherin ist durch ihren mumifizierten Körper im Sarg anwesend. Sie spricht von sich selbst als Ba des Osiris, der von Osiris gemacht worden und aus ihm herausgekommen ist. Sie bedient sich folglich für ihre Wiedergeburt der Osiriseigenschaften ihres Körpers. Da der Ba bei Tag in der Höhe, das heißt, am Himmel über dem besonnten Ägypten, lebt und aus der Flüssigkeit des Fleisches gemacht worden ist, geht die Tote von ihrem eigenen Körper, der bereits auf der Erde gelebt hat, aus. Als Grundsubstanz zur Herstellung des Ba benützt sie die Flüssigkeit, die durch die Mumifizierung dem Fleisch entzogen wurde.

Da sich die *Person*, um wiedergeboren zu werden, mit Osiris identifiziert, sollen die Lebensfunktionen dieses Gotteskörpers kurz rekapituliert werden: Osiris’ physiologische Eigenschaften sind die eines Gottes in

[592] Brunner, Name, Namen, Namenlosigkeit Gottes im Alten Ägypten. In: *Das hörende Herz*, S. 141.

Menschengestalt, der, nachdem er auf der Erde gelebt hat und getötet worden ist, noch einmal ejakulieren kann. Sein Sperma nimmt Isis als Vogel, der sich auf seinem Phallus niederlässt, entgegen. Sie gebiert Horus und verbirgt das Kind im Sumpfdickicht auf der Erde bis es herangewachsen ist, um die Nachfolge seines Vaters anzutreten.

Diesem Vorbild entspricht Senebis Körper im Grab: Sie ist ein Mensch, der, nachdem er auf der Erde gelebt hat und ihm (laut Fugeninschrift von Nephthys) der Tod gebracht worden ist, noch einmal ejakuliert. Um diesen Vorgang rituell zu vollziehen, identifiziert sich Senebi mit dem Ba, nämlich dem Sperma, das aus Osiris' Phallus herausgekommen ist, um zu koitieren. Sie verdeutlicht durch die Nennung von Horus' Aufgaben, dass es sich um das Sperma, aus dem Horus entstehen wird, handelt, und bringt die Bedeutung des Vorgangs zum Ausdruck:

II 69c–70b	Ich bin der, der diese unterägyptische Krone des Osiris enthüllt, deren Enthüllung die Götter fürchten,
II 70c	weil ich dieser große Ba des Osiris bin,

Das nächste Aufgreifen des Ba in Spruch CT 95 setzt die Erzählung der körperlichen Handlungen fort:

II 73b–74b	Als sein Ba und in seiner Gestalt an diesem Tag bin ich heute herausgekommen zu seinem Platz, der ihr Papyrusdickicht schluckt
II 74c	(als) die zur Mitte gehörende, die sich am Scheitel salbt.

In Bells Ansatz ist der Körper Ausdruck und Zentrum ritueller Handlungen und Wirkungen: „Ritualization is embedded within the dynamics of the body defined within a symbolically structured environment".[593] Als körperliche Handlungsweise – und um eine solche handelt es sich hierbei, auch wenn die Mumie gezwungenermaßen mit den Mitteln der Sprache operiert – hat die Ritualisierung mit dem Tanz die direkte unmittelbare Wirkung gemeinsam. Witzler schreibt zur Performativität körperlicher Handlungen:

> Tanz kann nicht lügen. Der Ausdruck des Körpers ist ein direkter. Eine Information, die sichtbar gemacht wird, ist als Realität existent. Es gibt keinen Weg tänzerisch auszudrücken, dass etwas sein könnte. In dem Moment, in dem der Körper es darstellt, ist es. Tanz erzählt im Präsens […] In der Entwicklung des Handlungsablaufs muss es also zu einer Entflechtung der

[593] Bell, *Ritual Theory, Ritual Practice*, S. 93.

Vorlage kommen, zu einer Konzentration von Szenen, die in chronologischer Reihenfolge den Fortgang der Geschichte schildern.[594]

Bei dieser Lesung von Spruchfolge CT 94–97 ergeben die einzelnen Sprüche Szenen, die in chronologischer Reihenfolge den physiologischen Kreislauf der Wiedergeburt schildern. In CT 95 führt die Sprecherin die nächste Szene der Osiris-Erzählung durch: Sie hat als Sperma den Phallus verlassen und wird daraufhin (im Papyrusdickicht) wiederum verschluckt, das heißt, in einem Körper verborgen. Im folgenden Abschnitt (CT 96) der ‚Ba-Erzählung' schildert sie, wie sie den Körper durch den Mund verlässt:

II 78d–79a	„Dein Ba wird hinausgehen" sagen die Götter zu Osiris.
II 79b–80a	„Geht hinaus aus eurem Mund!" sagen die Götter, „die ihr für Osiris als sein lebender Ba gemacht worden seid, gemäß dem Befehl der Götter."
II 80c–81a	Als sein Ba und in seiner Gestalt, auf dass er mit ihm koitiere, bin ich herausgekommen, zu seinem Platz, der ihr Papyrusdickicht schluckt, (als) die zur Mitte gehörende, die sich am Scheitel salbt.

Bei der Schilderung des Übergangs verwendet die Sprecherin den Ausdruck „lebender Ba" (*bꜣ.f ꜥnḫ*). Englund charakterisiert die Passage des Horizontes als einen Vorgang, der den Ba erkennbar werden lässt: „By crossing the border of the unknown world, the *ba* could manifest itself to the living".[595] Als ein zum Leben führender Vorgang stellt die Horizontüberschreitung ein Geschehen dar, das nur durch Götterbefehl ins Werk gesetzt werden kann. Die Auffassung, dass die Grenze für die den Menschen erlaubte Zauberkraft bei der Vergabe des Lebens liegt, ist durch die Wundergeschichte des Papyrus Westcar belegt. Dort antwortet der Zauberer auf die Aufforderung durch den Pharao, einen geköpften Gefangenen zu beleben: „Doch nicht an einem Menschen, König, mein Herr. Es ist doch verboten, so etwas an der heiligen Herde (Gottes) zu tun".[596]

Die Sprecherin verwendet mit dem Ausdruck „der ihr Papyrusdickicht schluckt" eine ontologische Metapher.[597] Körpergrenzen gehören nach

---

[594] Witzler, Othello. Die Entstehung eines gemeinsamen choreographischen Projektes, *Dramaturgie*, S. 8.

[595] Englund, The Border and the Yonder Side. In: *Gold of Praise: Studies on Ancient Egypt in Honour of Edward F. Wente*, S. 101.

[596] PWestcar, Papyrus 3033 von Berlin. Übers. und Komm. Brunner-Traut, *Altägyptische Märchen*, S. 53. Die hieratische Handschrift beruht auf einer Vorlage aus der 12. Dynastie, siehe Brunner-Traut, *Altägyptische Märchen*, S. 310.

[597] „The essence of metaphor is understanding and experiencing one kind of thing in terms of another". Lakoff und Johnson, *Metaphors We Live By*, S. 5.

Lakoff und Johnson zu Erfahrungen, die den Grund für ontologische Metaphern legen:

> We are physical beings, bounded and set off from the rest of the world by the surface of our skins, and we experience the rest of the world as outside us. Each of us is a container, with a bounding surface and an in-out orientation. We project our in-out orientation onto other physical objects that are bounded by surfaces.[598]

Das Hinausgehen aus dem Mund stellt durch den Gebrauch als Metapher das Verlassen eines ontologischen Bereiches dar. Diesem entspricht in der Nacht der Körper des stets mit einer Mumienhülle ummantelten Gottes Osiris und am Morgen der Körper Hathors, „der roten Kuh, die Re täglich gebiert“. Durch die Verwendung von Metaphern erreicht die Sprecherin, dass sie mittels Bewegungen, die sich außerhalb ihres Körpers abspielen, einen rituellen Aktionsraum herstellt, durch den sie sich in das kosmische Geschehen einfügen kann. Das Verlassen des Mundes bringt den Ba des Osiris über die Körpergrenze, die ontologisch als Horizont verstanden wird. In den folgenden Aussagen werden Bereiche, die außerhalb des Körpers liegen, als kosmische Räume, durch die sich der Ba fortbewegt, aufgeführt:

II 82d–83a	Ich bin über den Himmel gefahren. Ich habe das Sonnenlicht durchzogen.
II 83b	Ich bin durch den Westen gefahren und habe den Himmel im Osten durchzogen.
II 83 c	Es ist Re, der meinen Ba für mich macht, und vice versa.

Die Szene schildert die Belebung des Ba durch das Sonnenlicht. Mittels der Aneinanderreihung ihrer Reiseetappen schildert die Tote den Sonnenlauf (da sie ihn bereits durchlaufen hat) als einen sich wiederholenden Prozess, durch den der Ba entsteht und dessen Phasen sich gegenseitig bedingen. Sie schafft mit dieser Schilderung das Wirkungsfeld für die Funktion des Ba, die in dieser auf anderen Textträgern „Hinausgehen am Tage“ betitelten Spruchfolge das Hauptthema bildet. Die Sprecherin beendet ihre Schilderung mit der Situation, die für sie zu dem Zeitpunkt, an dem sie die Worte spricht, aktuell ist:

II 90c, e	„Schicke den irgend einen hier aus, (denn) sein Ba ist mit ihm zusammen hinter ihm!“

[598] Lakoff und Johnson, *Metaphors We Live By*, S. 29.

Sie macht ihre Aussage auf der Westseite des Sarges, auf der sie sich, wie der Ritualisierungsprozess ergeben hat, als Ba bei Osiris und in der Götterwelt befindet. Sie selbst will mit dem von ihr innerhalb der *Religiösen Welt* geschaffenen Ba zusammen ihren Körper (der auf persönlicher Ebene ihr Körper und auf ontologischer Ebene der Seinsbereich der Toten ist) verlassen. Der Aufforderung hinausgeschickt zu werden folgt in Spruch CT 97 die Bitte zur Realisierung der nächsten Szene, dem Transport über die Grenzen ontologischer Bereiche hinweg:

II 91d	Horusauge! Nehme mich fort mit dir,
II 92a	damit ich meinen Ba und meinen Schatten
	am Scheitel Res sehen werde!

In dieser die Spruchfolge abschließenden Handlung wird das Ziel des nächsten Schrittes bei der Ritualisierung formuliert. Der Ba befindet sich zum Zeitpunkt der Sprechhandlung im Nachtbereich des Osiris. Er will zur Sonne, damit er dort (wie er es vorher durch seinen Reiseweg geschildert hat) zusammen mit ihrem Schatten von Senebi gesehen werde.

In dem Sarg M3C bildet der Ba des Osiris die erste Konstituente, die von der *Person* zur Erlangung ihres *Selbst* eingesetzt wird. Sie verwendet ihn in mehrfacher Hinsicht: Der Ba bildet das körperliche Produkt ihres Lebens auf der Erde.[599] Er ist Träger der Horuseigenschaften. Er durchläuft einen Entwicklungsprozess, indem er den Körper abwechselnd verlässt, beziehungsweise in ihn eintritt. Die einzelnen Stadien sind in der Reihenfolge:

- intrakorporal: (Schöpfungspotential und Substanz ist die Flüssigkeit aus dem Fleisch) Sperma des Osiris
- Übergang im Körperbereich: Sperma, das aus dem Phallus gekommen ist an dem Ort, der ihr Papyrusdickicht schluckt
- intrakorporal: heiße Gebärmutter/potentielle Schöpfung in Osiris' Mund
- extrakorporal: lebender Ba/Sohn in seinem Blut/Neugeborenes mit der Milch der Roten Kuh im Mund

Senebi schildert durch den Ba eine physiologische Entwicklung. Durch die metaphorische Auffassung extrakorporaler Bereiche bildet sie kosmische Räume durch die sich der Ba bewegt. Hieraus ergibt sich die Überträgerfunktion des Ba: Er macht die Zeugungskräfte, die Senebi im Inneren ihres

---

[599] „Für die Erkenntnis des Wesens des Bai ist es wichtig, die hier wie auch sonst zutage tretende Ungenauigkeit seines Aufenthalts im Jenseits zu beachten: Er gehört eben eigentlich gar nicht zu den wirklichen Jenseitsbegriffen“. Vergl. Otto, Die beiden vogelgestaltigen Seelenvorstellungen der Ägypter, *ZÄS* 77, S. 80.

Körpers gemacht hat, am Scheitel Res sichtbar und bringt sie nach der Belebung durch Re wieder zum Körper zurück, indem er mit Osiris in Heliopolis koitiert.

Der Schatten

Am Ende der Spruchfolge in CT II 92a bringt die Sprecherin die Rede auf ihren Schatten (*šwt*). Dieser Personenaspekt wird von ihr nur einmal innerhalb der *Religiösen Welt* genannt. Die Hoffnung, den Schatten am Scheitel Res zu sehen, sowie seine Paarung mit dem Ba, der in diesem Text ausdrücklich als Erzeugnis Res (CT II 83c) bezeichnet wird, betont seine Entstehung als Sichtbarwerdung durch die Sonne. Ba und Schatten sind somit an die Sonne gebunden und durch das Suffixpronomen als der *Person* zugehörig bezeichnet.

Was für den Ba gilt, gilt ebenso für den Schatten: Obwohl er im Verborgenen sein kann,[600] macht nur seine Verbindung mit der Sonne die Fortsetzung seiner Existenz möglich.[601] Dieser Umstand erfordert für den Schatten die gleiche Beweglichkeit, wie sie auch für den Ba gefordert wird. In mehreren Sprüchen der Sargtexte wird der Schatten auch ausdrücklich in die Liste all jener Aspekte, für die sich der Sprecher Beweglichkeit wünscht, aufgenommen.[602] George weist in diesem Zusammenhang auch auf die Verben der Bewegung „gehen" (*šm*), „fliegen" (*ꜥḫm*), „sich niederlassen" (*sẖn*) und „laufen" (*sẖs*) sowie Eigenschaften, die für den Schatten verwendet werden, wie „geschwind sein" (*ẖꜣẖ*), hin.[603] Die Beweglichkeit des Schattens wird auch durch die Schreibung deutlich, die nicht die Umrisse einer Mumie, sondern stets eines Körpers mit Armen und Beinen verbildlicht.

Der verborgene Ort ist bei dem Körper der Toten anzunehmen, dessen Umriss und Oberfläche der Schlagschatten wiedergibt. Diese Annahme wird durch die Aussage in einem Anruf an die Lebenden auf einer Stele aus dem Mittleren Reich bestätigt. Dort wendet sich der Grabherr an die Pas-

---

[600] CT I 8c „dein Schatten, der sich im Verborgenen (*štꜣw*) befindet". Var: „an verborgenem Ort".

[601] Als unentbehrliche Personenkonstituente wird in einigen Sargtexten die Erhaltung des Schattens gesichert, so wird der Schatten nicht verschluckt CT IV 314b, CT IV 327p, kann an gefährlichen Orten unbeschadet vorbeikommen (siehe George, *Zu den altägyptischen Vorstellungen vom Schatten als Seele*, S. 85) oder diejenigen, die Osiris' Glieder bewachen, haben keine Macht über ihn CT VI 81c (nach Sq12C).

[602] CT V 240d–241e, CT VI 67a–j, CT VI 69a, 71a–j, CT VI 71k, CT VI 78f–79d, CT VI 82a–83a und CT VI 83g–84b. Siehe auch George, *Zu den altägyptischen Vorstellungen vom Schatten als Seele*, S. 77ff.

[603] George, *Zu den altägyptischen Vorstellungen vom Schatten als Seele*, S. 85.

santen mit folgenden Worten: „ …die vorübergehen werden an diesem Grabe, das ich gemacht habe zu einem Schattenplatz für meinen Ba und zu einem Ruheplatz (*sḫn*) für meinen Schatten“.[604]

Auf der Westwand von M3C werden Ba und Schatten zusammen genannt. In den Sargtexten ist diese Paarung der Begriffe sehr häufig.[605] Auf die Paarung von Ba und dem dunklen Schlagschatten des Menschen geht Bonnet ein: „Insbesondere wird der Schatten mit der Seele [dem Ba] verbunden; er tritt damit an die Stelle des Leibes,[606] beziehungsweise der Mumie“.[607] Bonnets Deutung geht von einem unterschwelligen Leib-Seele-Dualismus aus, der für Ägypten nicht zutreffend ist.[608] Münster schlägt vor, die Gemeinschaft mit dem Schatten zur Kühlung des Ba zu verstehen.[609] In CT 94–97 besetzt der Schatten (*šwt*) in der Paarbildung mit dem Ba die Stelle, die zuvor die „Gestalt“ (*irw*) und danach „der irgend einer hier“ (*mn pn*) eingenommen haben.[610] Die beiden anderen Begriffe, die die Stelle des Schattens innehaben, sowie die Entstehung des Ba des Osiris im Körperinneren, sollen helfen die Bedeutung des Begriffes Schatten in seinem Funktionskontext zu erhellen.

Die zu Beginn aufgegriffene Iru-Gestalt wird von Assmann[611], Hornung[612] und Meeks[613] als Bezeichnung für die individuelle Gestalt

---

[604] Nr. 458 Steindorff, Ein Grabstein des Mittleren Reichs im Museum von Stuttgart, S. 117–121. Brunner, *Hieroglyphische Chrestomathie*, Taf. 11. Übers. George, *Zu den altägyptischen Vorstellungen vom Schatten als Seele*, S. 84.

[605] Siehe die häufige Kombination von ‚Ba' und ‚Schatten' auch in den Belegstellen bei George, *Zu den altägyptischen Vorstellungen vom Schatten als Seele*, passim.

[606] Die deutschen Wörter ‚Körper' und ‚Leib' werden in der vorliegenden Arbeit synonym verwendet. Auf die methodologische Unterscheidung der beiden Begriffe im Rahmen der Geschlechterforschung weisen die Herausgeberinnen Funk und Brück in ihrem Vorwort zu *Körper-Konzepte*, S. 8 hin.

[607] *RÄRG*, S. 675. Für weitere Deutungen in der Forschungsgeschichte zum Schatten sei der Leser auf George, *Zu den altägyptischen Vorstellungen vom Schatten als Seele*, S. 12–17 hingewiesen.

[608] Ebenso weist Žabkar (*A Study of the Ba Concept in Ancient Egyptian Texts*, S. 113) die Auffassung von Ba als ‚Seele' zurück. Leider findet sich in dem 1995 erschienen *Großen Handwörterbuch* von Hannig (S. 237) immer noch die Übersetzung von *bꜣ* mit ‚Seele'.

[609] Münster, *Untersuchungen zur Göttin Isis vom Alten Reich bis zum Ende des Neuen Reiches*, S. 28.

[610] CT II 73b–74c; CT II 80c–81a; CT II 90c, e.

[611] Assmann, *Liturgische Lieder an den Sonnengott*, S. 66 Anm. 114.

[612] Hornung, Der Mensch als Bild Gottes in Ägypten. In: *Die Gottebenbildlichkeit des Menschen,* S. 126ff.

[613] Laut Meeks ist die „Gestalt“ (*irw*) die individuelle Manifestation eines Gottes in der Tageswelt: „This projection [of a state of his being or one of his performed actions] called the *irw*, was a perceptible, intelligible manifestation of the god, accentuated, as a

verstanden. Der daraufhin bezeichnete „irgend einer" war in dem vorliegenden Text als ein im Werden begriffenes Individuum gedeutet worden (siehe S. 130). Der zuletzt genannte „Schatten" ist das Abbild der Körperform. Die Staffelung der Begriffe Gestalt (*ỉrw*) – irgend einer (*mn*) – Schatten (*šwt*) bewirkt als sprachliche Handlung die Mitwirkung des Ba bei der Entwicklung einer mit der Geburt hervorkommenden Gestalt (*irw*) über das sich durch einen Namen später manifestierende Individuum (*mn pn*) bis hin zum Abbild der Körperform (*šwt*). In diesem Prozess konstituiert der stets schwarz dargestellte Schatten das bewegliche Abbild des fertig entwickelten, dem Nachtbereich zuzurechnenden Individuums. Diese Interpretation gründet sich auf die kulturspezifische Innen-Außen-Konzeption des Körpers.

Assmann und Buchberger weisen auf die Innen-Außen-Konzeption des menschlichen Körpers, wie sie im pharaonischen Ägypten bestanden hat, hin. Assmann setzt die Entwicklung für diese Konzeption mit dem Durchbruch der Osirisreligion im Mittleren Reich an.[614] Buchberger führt anhand von Aussagen in dem Sargtextspruch CT 313 den Nachweis,[615] dass das semantische Merkmal ‚Äußerlichkeit' [Umriss der „körperlichen Erscheinungsform" *ḫpr.w*] durch das Semantem ‚Sehen' bestätigt wird.[616] Dieses Kriterium für das Lexem *ḫprw* gilt meines Erachtens ebenso der semantischen Bestätigung des Lexems *šwt* als sichtbare Form des *Selbst*.

Die Zuordnung des Schattens zur Dunkelheit ergibt sich aus dem Aufenthaltsort der Toten in der dunklen Erde und die Entstehung des Schattens aus ihrem Körper dort.[617] Der Ba des Osiris befindet sich, indem er im dunklen Körperschatten verborgen ist, in einem latenten Stadium. Eine Stützung erfährt diese Lesart durch den Nilhymnus. Dort heißt es von dem Gott Hapi, der personifizierten Nilüberschwemmung: „der du heraustrittst aus der Erde, kommend, um das schwarze Land leben zu lassen; der sein Wesen verbirgt, indem er Dunkelheit ist am Tage".[618] Im Gegensatz zum Schatten (der als schwarze Silhouette sichtbare Körper) vertritt der Ba die Zeugungsfähigkeit, die im Körperinneren entsteht und im Augenkontakt

---

rule, by various material attributes". Vergl. Meeks und Favard-Meeks, *Daily Life of the Egyptian Gods*, S. 54.

614 Assmann, Persönlichkeitsbegriff und –bewußtsein, *LÄ* IV, Sp. 973.

615 Es handelt sich hierbei um CT IV 91q, CT IV 92d und CT IV 93b.

616 Buchberger, *Transformation und Transformat*, S. 498.

617 „Osiris is the symbol of all that is dark, reposing, static and apparently dead, but nonetheless filled with potential life." Englund, The Border and the Yonder Side. In: *Gold of Praise: Studies on Ancient Egypt in Honour of Edward F. Wente*, S. 106.

618 Nilhymnus I, 2–3. Übers. und Komm. Meyer-Dietrich, *Nechet und Nil*, S. 44 und Anm. 101.

mit dem Licht wirkt. Auch für den Ba des Osiris kann deshalb meines Erachtens nicht ausgeschlossen werden, dass er in der Tageswelt, wo er sich mit Re vereinigt, sein Wesen als Zeugungspotential/Samenflüssigkeit im dunklen Schatten verbirgt. Dem Paaraspekt Schatten und Ba entspricht demzufolge das Abbild des im Nachtbereich existierenden Körpers, in der bei Tage der Ba als latente Zeugungsfähigkeit des Osiris geschützt, gekühlt und beruhigt über den Himmel reisen kann bis er bei Re angekommen ist.[619] Erst durch das Vorhandensein beider Personenkonstituenten „am Scheitel Res" kann Osiris' Ba gesehen werden, das heißt sein Wesen entfalten, und Res Ba machen (CT II 83c). Der Schatten umhüllt daraufhin den durch Re erstarkten Ba zum Schutz des künftigen Horus, bis er wieder bei Osiris, das heißt dem Körper der Toten, angelangt ist. Um zur Sonne zu gelangen erfordern Schatten und Ba für sich das Kriterium der Beweglichkeit. Dieses Verständnis von Bedeutung und Funktion des Schattens wird durch einen anderen Sargtext, Spruch CT 413, erhärtet:

V 240a	Aussenden des Ba aus der Totenstadt.
V 240b, c	Anubis ist zufrieden. Der Ach des Sohnes des Re ist zufrieden im Heiligen Auge.
V 240d, e	Mögest du meinen Ba und meinen Schatten in den Ach-Zustand versetzen, auf dass sie Re in seinen Erzeugnissen sehen.
V 241a	Er wird erbitten, dass er gehen und dass er kommen kann.
V 241b–e	Er wird seiner Füße mächtig sein, damit diese Nechet-Hathor ihn an jedem Ort, wo er ist, in ihrer Gestalt (*irw*) sehen wird.[620]

Die Tote erbittet für Ba und Schatten den Ach-Zustand damit diese zu Re gehen und ihn in seinen Erzeugnissen (das ist die Schöpfung) *sehen* können. Daraufhin soll der Ba zur Toten kommen, damit diese in ihrer Gestalt (*irw*) ihn (den Ba) an jedem Ort *sieht.* Ba und Schatten bilden auch in diesem Spruch, CT 413, der auf einem anderen Frauensarg aus Meir steht, den Paaraspekt zur Gemeinschaft zuerst mit Re und danach mit der Toten in ihrem Osiris-Dasein. Die Sprecherin motiviert ihre Bitte mit dem Sehen und Gesehenwerden des Ba. Die Rollen der Interaktionspartner sind hierbei am Tageshimmel auf Ba, Schatten und Re in seinen Erzeugnissen (Sehen) beziehungsweise in der Nacht auf Gestalt (*irw*) und Ba (Gesehenwerden) verteilt. Somit entsprechen in diesem Text ebenso Ba und Schatten inner-

619 Zum Aufenthalt der Finsternis als eines der Elemente, die den Zustand vor der Schöpfung ausmachen, sich aber auch in der geordneten Schöpfung befinden, siehe Hornung, *Der Eine und die Vielen*, S. 172.

620 CT V 240a–241e (nach M5C) meine Übers. Komm. siehe Meyer-Dietrich, *Nechet und Nil*, S. 145f.

halb der Schöpfung, die sich durch das Licht manifestiert hat, Ba und *irw*-Gestalt im Bereich der Toten.

Die Iru-Gestalt

Außer bei der Entwicklung von Osiris' Ba wird die durch das Lexem *irw* bezeichnete Gestalt auch dem Ba des Schu bei dessen Entstehung an die Seite gestellt. Um zu sehen, ob sich die Verwendung des Begriffes in beiden Fällen deckt, beziehungsweise worin sie sich unterscheidet, werden die Aussagen in der Reihenfolge ihres Gebrauchs miteinander verglichen. Zuerst die Entwicklung des Ba in CT 95–96, dem die *irw*-Gestalt an die Seite gestellt wird und am Ende als Schatten den Ba ergänzt:

(1) [Als der, der die Gesichter beschädigt] an der Seite dessen, der herauskommt aus seinem Feuer:

II 73b –74c	Als sein Ba und in seiner Gestalt (*irw*) an diesem Tag bin ich heute herausgekommen, zu seinem Platz, der ihr Papyrusdickicht schluckt, (als) die zur Mitte gehörende, die sich am Scheitel salbt.

(2) [Als lebender Ba für Osiris gemacht] kommt er aus dem Munde des Osiris:

II 80c–81a	Als sein Ba und in seiner Gestalt (*irw*), auf dass er mit ihm koitiere, bin ich herausgekommen, zu seinem Platz, der ihr Papyrusdickicht schluckt, (als) die zur Mitte gehörende, die sich am Scheitel salbt.

(3) [Als der Gerechtfertigte] erhält er den Weg bei der Vernichtung der Feinde:

II 87d	Der Weg ist mir von Sefegiru (*sfg-irw*) gegeben worden.
II 88b, c	Ich habe den Wind von seiner (des Gegners) Nase weggenommen noch bevor sein Tag gekommen war.

Nach den Aussagen im ersten Abschnitt der Spruchfolge (CT II 68b–69b) handelt es sich beim Ba des Osiris um die ‚Erbanlagen', das heißt, das Erbe des Osiris in einer von ihm stammenden Flüssigkeit. Im Körper des Osiris befinden sich diese zuerst als Flüssigkeit im Fleisch (*rḏw jwf.f*), beim Austritt aus dem Körper wird sie die Samenflüssigkeit (*mtwt*) und im Papyrusdickicht wird sie der Sohn in seinem Blut (*sꜣ.f m-ẖnw dšrw.f*). In allen zitierten Stellen wird die *irw*-Gestalt immer dann dem zukünftigen Horus zur Seite gegeben, wenn dieser sich einen Übergang zu erkämpfen hat. Sie wird mit dessen Aufgaben betraut und übernimmt damit quasi die Funktion eines Stellvertreters bis Horus selbst fertig entwickelt ist. Ebenso wird der

Ba in Spruch CT 75 mehrmals mit der *ỉrw*-Gestalt verknüpft. So heißt es dort vom Ba des Schu:

(1) Im Hinblick auf den Djer-Bereich:

I 316b–318a	Ich bin der Ba. Im Körper (*ḥʿw*) des Gottes, der verborgen ist, was die Gestalt betrifft (*sfg ỉrw*),[621] bin ich entstanden.

(2) Im Körper:

I 338c	Ich bin der Gott, der, was seine Gestalt (*ỉrw*) betrifft, ausgeatmet wurde,
I 338d–340b	derjenige, den dieser herrliche Gott, der-von-selbst-entsteht, der den Himmel mit seiner Schönheit bestreut, geschaffen hat,

(3) Bei Nun und Atum:

I 350c–352a	weil ich im Körper (*ḥʿw*) dieses herrlichen Gottes, der-von-selbst-entsteht, entstanden bin,
I 352b, c	der den Himmel mit seiner Schönheit bestreut, indem er die Gestalt (*ỉrw*) eines jeden Gottes vereinigt hat.
I 352d	Herr der Maat, der das Haus wegen des Raubens versiegelt,
I 354a	wenn ich für ihn meine Gestalt (*ỉrw*) vereinige.
I 354b	Ich bin derjenige, der, was seine Gestalt (*ỉrw*) betrifft, ausgeatmet wurde.

(4) Im Hinblick auf die grünen Felder:

I 358d–360a	Ich bin der Gott, der, was die Gestalt (*ỉrw*) betrifft, ausgeatmet worden ist, derjenige, der den grünen Feldern vorsteht,
I 360b	derjenige, der die verborgenen Dinge, die im Haus der Sechs sind, scheidet.
I 360c–362a	Ich habe meinen Ba hinter mir geschaffen.

(5) Im Hinblick auf die Gestalt:

I 370b–372a	Der, der in seiner Gestalt (*ỉrw*) ist, hebt meine Würde hoch, nachdem ich die Würde derer, die in ihren Höhlen sind, ergriffen habe.

Die in chronologischer Reihenfolge wiedergegebenen Belege für den Ba des Schu als Zeugungsfähigkeit, die in Spruch CT 75 im Bild der Flamme festgehalten ist, zeigen, dass der Ba von verborgener Gestalt (1), ausgetreten aus dem Körper aber im Verborgenen wirkend (3, 4, 5) oder, am Nachthimmel, von sichtbarer Gestalt (2) sein kann. Es wird eine Identität zwischen der *ỉrw*-Gestalt und dem Ba während seiner Entwicklung herge-

[621] Die unterschiedliche Übersetzung von *sfg ỉrw* hier (in CT I 318a) mit „der verborgen ist, was die Gestalt betrifft" bzw. mit „Sefegiru" beruht auf der Schreibung, die in CT II 87d (auf B3L und B1L) mit einem Götterdeterminativ erfolgt.

stellt. Das Lexem *irw* markiert als verborgene, ausgeatmete, vereinigte und sich vereinigende Gestalt unterschiedliche Phasen bei der Entstehung des Gottes. Der Gott erreicht dadurch einen Entwicklungsstand der ihn befähigt seinen Ba hinter sich zu schaffen. Auch in Spruch CT 75 besteht die Funktion der *irw*-Gestalt darin, die Entwicklung des Ba zu fördern. Sie besetzt dabei aber nicht die Rolle des Begleiters oder Stellvertreters, sondern ist identisch mit dem entstehenden Gott. Er handelt in ihr.

Durch das Bild der Flamme, das Verb „brennen", den Zeugungsort „Flammeninsel" (*nsrsr*), die Apposition „der den Himmel mit seiner Schönheit bestreut" und die Handlung als Gott, „der die Flamme der Glut [bei der Feurigen] entfacht", wird der Lichtcharakter des Gottes hervorgehoben. Es handelt sich folglich auch in diesem Text um die Zeugung des Nachfahren am Tageshimmel. Dieser ist Horus. Sein Name wird jedoch auf M3C nicht zur Anrede verwendet.[622]

Der Djet-Körper

Als dritte Personenkonstituente wird der Körper zur Sprache gebracht. Auf der Südseite äußert die Tote bei ihrer Verteidigung gegen die Wurfhölzer:

V 256b Mein Körper (*ḏt*) wird euch fortgenommen werden.

Nur an dieser Stelle wird das Lexem *ḏt* für den Körper verwendet. Meine Durchsicht der Belegstellen für seinen Gebrauch in den Sargtexten hat ergeben: Djet (*ḏt*) wird noch in einem weiteren Spruch in Zusammenhang mit dem Begriff Heka, die sich im Körper befindet, verwendet.[623] Wie auch im vorliegenden Text ist das zentrale Thema der Schutz des Körpers.[624] In allen Aussagen handelt es sich zweifelsfrei um den stofflichen menschlichen Körper. Eine Ausnahme hiervon bildet die Verwendung des Lexems in einem Epitheton. Chepri wird dort als „Urzeitlicher, dessen Leib (*ḏt.f*) die ewige Dauer ist (*ḏt*)" angerufen.[625] Die Versorgung des Körpers mit

622 „Horus" dient auf dem Sarg nur zur Nennung der Aufgaben des Fährmannes (zusammen mit Seth) und in vier Fällen zur Bezeichnung eines Schiffsteils in der Gliedervergottung. Als Götter innerhalb der heliopolitanischen Götterfamilie werden in der Elterngeneration nur die Götter Atum, Schu, Tefnut, Geb, Re, Osiris sowie die Göttin Hathor, bezeichnet als „Rote Kuh" und Gebärerin des Re, sowie Wepset genannt. Im Hinblick auf den Nachkommen werden verwendet: Erbe (in seiner Würde), Sohn in seinem Blut, Ibwweret, Einer, den sein Vater liebt und der Gott Hu.

623 Die Durchsicht erfolgte mittels van der Plas und Borghouts *Coffin Texts Word Index*, S. 323. In Zusammenhang mit Heka wird *ḏt* noch verwendet in CT VI 259a–e.

624 Um den Schutz des Körpers handelt es sich auch in CT II 116s, CT III 272, CT IV 56j, verbunden mit Ba und Schatten in CT VI 74i–75h sowie CT VI 77d.

625 CT IV 321d bzw. CT IV 329b.

Speise und Trank[626], Wohlgeruch in Form der Räucherung[627], Kleidung[628] und Kopfstütze[629] sowie das Zurücklegen des balsamierten Herzens[630] an seinen Ort zeigen, dass der mit *ḏt* bezeichnete Körper als lebend aufgefasst wird. Als stofflicher Leib kann er auch von Jagdwaffen (Wurfhölzer) getroffen oder geküsst (*sn ḏt*)[631] werden.

Die Konstitution des materiellen *ḏt*-Körpers findet durch die *Person* selbst statt, die in der Ersten Person Singular von ihrem Leib als „mein Körper" spricht und sich in diesem Spruch mit keiner anderen Rolle identifiziert. Ihr sind die Konstituierung der sozialen *Person* – mittels der Anrede durch einen anonymen Sprecher – und die Entwicklung der Personenkonstituenten „Ba des Osiris" und „Schatten" – die aus Körperflüssigkeit und Gestalt erfolgt – vorausgegangen. Ba und Schatten waren als Paaraspekt zur Sichtbarwerdung des zeugungsfähigen und beweglichen *Selbst* interpretiert worden. Aus seiner Position im Verlauf der Ritualisierung (nach der auditiven und optischen Konstituierung) lässt sich für den *ḏt*-Körper schließen, dass er die *Person* als lebende, materielle Einheit in die *Religiöse Welt* einbringt. Als solcher ist er Angriffen ausgesetzt und deshalb schutzbedürftig.

Der Ba des Schu

Der Personenaspekt Ba wird in Spruch CT 75, der auf dem Deckel steht, noch einmal aufgegriffen. Die Tote spricht in der Rolle des Ba des Schu. Wie in dem Text auf der Westseite, der vom Ba des Osiris handelt, so beginnt auch die Entstehung vom Ba des Schu in einem Körper:

I 314b	Ich bin der Ba des Schu, des Gottes, der-von-selbst-entsteht.
I 316a	Im Körper (*ḥꜥw*) des Gottes, der-von-selbst-entsteht, bin ich entstanden.
I 316b–318a	Ich bin der Ba. Im Körper (*ḥꜥw*) des Gottes, der verborgen ist, was die Gestalt (*irw*) betrifft, bin ich entstanden.

Die Autogenese des Ba im Inneren eines Körpers bildet das Thema aller Aussagen am Beginn des Textes. Im Gegensatz zur Westseite betont die Sprecherin nunmehr nicht die Substanz, aus der sie entsteht, sondern die Bedeutung liegt auf der Entstehungsweise. Es wird unmittelbar eine Paral-

---

[626] CT III 179e.

[627] CT VI 121 nur auf Sq1Sq.

[628] CT VI 221a, r und CT VI 358g.

[629] CT III 300c.

[630] CT I 56c.

[631] CT IV 64c, d.

lele hergestellt, die zeigt, dass der Ba durch seine eigene Entstehung die Eigenschaften des Urgottes teilt. Dieser wird als Selbstentstandener und Verborgener charakterisiert. Beide Eigenschaften kennzeichnen die gegenwärtige Situation der Toten: Sie ist mit ihrem Mumienkörper im Sarg und in der Dunkelheit verborgen. Unter diesen Umständen bildet eine mögliche Entstehungsart die Autogenese. Der Zustand des Verborgen- oder Umhülltseins wird auf drei Sargseiten ausgesprochen: In den auf der Westseite stehenden Texten vom Ba des Osiris, CT 94:

II 69c–70b	Ich bin der, der diese unterägyptische Krone des Osiris enthüllt, deren Enthüllung die Götter fürchten

und CT 534:

VI 131n–p	Möge ich hervorkommen und aufsteigen in der Nachtbarke zusammen mit denen, die in seinem Gefolge sind

als nächstes in dem auf der Südseite, in der Rolle des Gottes Schu selbst, gesprochenen Text CT 114:

II 132a, b	Ich werde nicht zur Hinrichtungsstätte des Gottes hingezogen werden, weil ich mit dem Schilfumhang (*knj*) umhüllt bin

und schließlich in dem oben zitierten Spruch CT 75, der auf dem Deckel steht. Die Konnotationen des Verborgenseins sind in der Reihenfolge des Handlungsverlaufs:

- Die Beendigung dieses Zustandes ist ein ungeheures Ereignis, das selbst bei Göttern Furcht oder Ehrfurcht auslöst
- Das Hervorkommen aus dem Verborgenen beendet das Alleinsein und gliedert die Tote in die Gefolgschaft Res im Sonnenboot ein
- Umhüllung gibt Schutz
- Für den Ba des Schu ist Verborgensein ein Kriterium bei der intrakorporalen Entstehung

Diese Befunde können als positive Auslegung eines unumgänglichen Zustandes gewertet werden.[632] Nach der Einleitung erfolgt in Spruch CT 75 die Nennung des Begriffes Ba erst wieder von dem Augenblick an, an dem der Sprecher zwischen sich und dem Ba des Schu unterscheidet:

I 360c–362a	Ich habe meinen Ba hinter mir geschaffen.
I 362c	Er brennt nicht auf meiner Leiche (*ẖ3t*).

[632] Negativ wird hingegen das Gefesseltsein durch die Mumienbinden aufgefasst, wie die Aussagen in CT 97 (II 91b) und CT 114 (II 132h) erkennen lassen.

I 362d–364a Mein Ba wird nicht bewacht von denen,
die die Kammer (*ʿt*) des Osiris bewachen.
I 364b Ich zeuge. Mein Ba zeugt.
I 364c–366a Die Menschen, die auf der Insel Neserser sind, zeugt mein Ba.
I 366b Göttinnen zeuge ich.

Von diesem Zeitpunkt an ist der Ba, wie die Untersuchung (siehe S. 150) ergeben hat, die Manifestation der Zeugungsfähigkeit. Dieses Ergebnis deckt sich mit der Verwendung des Lexems *b3* auf der Westseite, wo es für das Sperma verwendet wird. Der Ba des Osiris, der von Osiris als seine Samenflüssigkeit gemacht worden ist, durch den Anblick der Sonne belebt wird und den Ba des Re erzeugt (*ir*), verkörpert Flüssigkeit und Substanz, die ein zeugungsfähiger Körper braucht. Im Unterschied hierzu verkörpert der Ba des Schu, der von dem Selbstentstandenen als Luft ins Licht ausgeatmet wird, die Zeugungsfähigkeit als Akt und Bewegung. Bekleidet mit dem „Wind des Lebens" gelangt die Zeugungsfähigkeit über den Horizont, zeugt auf der Flammeninsel die Menschen und wirkt in der Schöpfung, die sich manifestiert hat. Die Sprecherin schildert ihr Handeln durch den Ba des Schu als Zeugung von Menschen und Göttinnen, die sich demzufolge in beiden kosmischen Bereichen, jedoch auf verschiedenen ontologischen Ebenen ereignet. Die Wirksamkeit des Ba in beiden kosmischen Bereichen gilt für jeden Ba-Aspekt der Sprecherin, denn auch Osiris' Ba zeugt (wenn er Res Ba macht) im Tagesbereich, bevor er die Zeugungsfähigkeit im Nachtbereich auf den menschlichen Körper der Sprecherin Senebi überführt, hierbei wird allerdings die ontologische Ebene der Götter beibehalten, da sie ihren eigenen Körper als den des Osiris in Heliopolis bezeichnet. Zum letzten Mal wird die Personenkonstituente Ba bei der Überfahrt in den anderen Existenzbereich aufgegriffen:

I 380d–382c Ich bin es, der Wepsets Ba hinüberfährt,
der, der den Schmerz von der Flamme der Roten,
der Feurigen, die das Haar der Götter teilt, behandelt.

Der Ba wird hier als wilde, aber bezähmte Kraft dargestellt. Mit dem Ba wird von der *Person* ihre Fähigkeit zur Zeugung, die auf einen anderen Körper übertragen werden kann, konstituiert. Diese Bestimmung des Begriffes stimmt nicht mit den in der Forschung bisher für den Ba vorgeschlagenen Deutungen überein. Das macht eine Überprüfung des Ergebnisses notwendig.

Die hier vorgeschlagene und die forschungsgeschichtliche Deutung des Begriffes Ba

Die *Person* bringt sich mittels ihres Ba in mehrfacher Hinsicht in die *Religiöse Welt* ein: Der Ba bezeichnet die Substanz zur Zeugung, den Willen zur Zeugung, die Fähigkeit zur Zeugung und schildert auch deren Wirkung. Dieses Spektrum hat auch die Untersuchung des Begriffes Ba durch Wolf-Brinkmann erbracht. Sie unterscheidet zwischen dem Ba in der Bedeutung „Gestaltfähigkeit", die sie als „die Möglichkeit des Gottes, sich selbst in einer Gestalt zu offenbaren" definiert, und dem Ba in der Bedeutung „Gestaltungsvermögen", unter der sie „die Fähigkeit, Pläne in die Tat umzusetzen, seine [eines Gottes] Tat-Kraft" versteht.[633] Die Verschiebung des Wortgebrauchs vom Sein zum Handeln und Wirken ist nach Wolf-Brinkmann bereits in den Pyramidentexten spürbar, wird aber vor allem in den Zeugnissen der ersten Zwischenzeit offenbar.[634] Als Beleg führt sie pyr. 253a, b an: „Es kommt zu euch Horus mit blauen Augen. Hütet euch vor dem Horus mit roten Augen, der schlimm ist an Zorn, dessen Ba man nicht widerstehen kann".

An den Sargtexten war ebenfalls die Wirkung des Ba beobachtet worden, bei seinem Hervorkommen Furcht auszulösen. Sie ist stets an das Erscheinen des Ba gebunden, der wirkt, indem er sich als ‚lebender Ba' manifestiert.[635] Die von Wolf-Brinkmann zur Wirkung des Ba zitierten Belege geben einen Hinweis darauf, dass bereits in den Pyramidentexten der ‚lebende Ba' (das ist der Ba, der den Körperbereich verlassen hat[636]) seine fürchterliche Wirkung der Fähigkeit zur in- und extrakorporalen

---

[633] Wolf-Brinkmann, *Versuch einer Deutung des Begriffes ‚b3' anhand der Überlieferung der Frühzeit und des Alten Reiches*, S. 23. Wolf-Brinkmanns Quellen sind die Pyramidentexte. Sie stützt sich bei ihrem Übersetzungsvorschlag auf Personennamen, die mit ‚Ba' gebildet werden und nach denen der Ba zwar erscheint, aber ebenso auch schützt, zufrieden oder göttlich ist. Nur einer ihrer Belegstellen aus den PT bezeichnet den Ba als gesehene oder erschienene Gestalt. Dieser ist pyr. 396c: „Die Führerin des N ist an seiner Stirn, deren Ba man sieht, eine Uräusschlange, indem sie versengt." In dieser Aussage wird der Ba als Flamme angesprochen, ein Bild, das auch von dem Sprecher in den Sargtexten für den Ba verwendet wird.

[634] Wolf-Brinkmann, *Versuch einer Deutung des Begriffes ‚b3' anhand der Überlieferung der Frühzeit und des Alten Reiches*, S. 85.

[635] Dieses gilt auch für die Aussage: „Ich bin es, der ihn ankündigt, wenn er aus dem Horizont hervorkommt, indem ich denen, die seinen Namen erforschen, Ehrfurcht einflöße" (CT I 320d–322b), da hier der Ba des Schu als Herold tätig ist, der die Reaktion auf eine bevorstehende Manifestation ankündigt.

[636] Das lässt sich zumindest aus dem Inhalt von CT II 79b–80a schließen. Dort heißt es: „Ihr, geht hinaus aus eurem Mund!" sagen die Götter, „die ihr, gemäß dem Befehl der Götter, für Osiris als sein lebender Ba gemacht worden seid."

Bewegung[637] und seiner Eigenständigkeit[638] verdankt. Dieser Befund stimmt mit dem in den Sargtexten CT 94–97 geschilderten Bewegungsablauf und der in Spruch CT 75 betonten Autogenese des Ba überein.

Žabkar hat in seiner Arbeit über den Ba ein Kapitel der Konzeption des Ba, wie sie in den Sargtexten des Mittleren Reiches vorliegt, gewidmet. Er sieht den Ba als eine Personifikation aller lebenswichtigen Kräfte, deren sexuelle Betätigung nur eine unter den übrigen physischen Aktivitäten einer Person ist: „The Ba is not a part nor an element of a man but is one of the forms in which he fully lives after death; the ba is the man himself, his personified alter ego".[639] In Übereinstimmung mit diesem Autor gilt auch in der vorliegenden Arbeit der Ba (wie alle anderen Personenkonstituenten) der ganzen *Person*, doch entgegen Žabkar bezeichnet der Ba meines Erachtens einen spezifischen Personenaspekt, nämlich die Zeugungsfähigkeit. Die Untersuchung einzelner, aus ihrem Kontext herausgelösten Belege führt bei Žabkar zu einer Deutung des Ba als die Summe aller Lebensfunktionen des Verstorbenen. Diese entpuppen sich jedoch bei einer differenzierten Betrachtung der Quellen als eigentliche Charakteristika des Ba. Die von Žabkar angenommenen Funktionen des Ba sind: Triumph über die Feinde, Bewegungsfreiheit, Essen und Trinken und sexuelle Aktivität.[640] Vermutlich handelt es sich hierbei um Funktionen des Ba als Zeugungsfähigkeit und Eigenschaften des Ba als Personifikation derselben. Um dieses zu prüfen sollen die Texte, anhand derer Žabkar zu seinen Ergebnissen gelangt, und die oben genannten Charakteristika des Ba in den Quellen zu der vorliegenden Studie betrachtet werden.

Triumph über die Feinde

Die Schilderung von der Entstehung des Ba wird mit der Beendigung des intrakorporalen Daseins, das die Bewältigung einer Grenze darstellt, abgeschlossen. Der Übergang wird als ein ungeheures Ereignis dargestellt, das selbst Göttern oder „denen, die seinen Namen erforschen", Ehrfurcht einflößt. Der Triumph über die Feinde wird in den Texten auf M3C mehrmals aufgegriffen. Er wird beim Ba des Osiris als Uräusschlange, dem Symbol des feurigen Sonnenauges, beschrieben:

---

637 Pyr. 1557b–c.

638 Pyr. 1098c–1099b und pyr. 2110c–d.

639 Žabkar, *A Study of the Ba Concept in Ancient Egyptian Texts*, S. 113. Seiner Deutung des Ba schließt sich te Velde an: „The *ba* is an alter ego of humans both in a psychic and a corporeal sense." Vergl. Velde, Some Remarks on the Concept ‚Person' in the Ancient Egyptian Culture. In: *Concepts of Person in Religion and Thought*, S. 92.

640 Žabkar, *A Study of the Ba Concept in Ancient Egyptian Texts*, S. 90–114 passim. Žabkar führt als eigentliche Eigenschaft des Ba nur dessen Abhängigkeit vom Körper an.

II 72b, c	Ich bin es, der die Türen geöffnet hat, wirkungsvoll in Bezug auf die Stirn. […]
II 73a	Der die Gebärmutter erhitzt, der die Gesichter beschädigt, an der Seite dessen, der aus seinem Feuer herauskommt. […]
II 85a–c	Ich bin der Wächter. Ich bin der Messerscharfe, der herausgeht bei Tage, indem ich Macht habe über meine Feinde.

Dem Ba des Osiris ermöglichen die Eigenschaften der brennenden Flamme den Sieg über die Feinde. Anders verhält es sich beim Ba des Schu. Anstatt über die Feinde zu triumphieren beruhigt er den Aufruhr, da er gegen die Uräusschlange gefeit ist:

I 376b, c	Ich bin es, der ihm seine Achu-Kraft bringt, der ihm seine Millionen Kas vereint, die zum Schutz seiner Anbefohlenen aufgestellt sind,
I 378a, b	wenn ich das Feuer lösche und die Wepset abkühle
I 378c–380a	und die, die inmitten ihrer Röte ist, die Feurige, die das Zusammengefügte der Götter trennt, zum Schweigen bringe.
I 380b	Ich bin es, der die Flamme der Glut entfacht.
I 380c	Mich brennt der Gluthauch ihres Mundes nicht.
I 380d–382a	Ich bin es, der Wepsets Ba hinüberfährt,
I 382b, c	der, der den Schmerz von der Flamme der Roten, der Feurigen, die das Haar der Götter teilt, behandelt.

Alle Aussagen von dem Triumph über die Feinde oder der Beruhigung des Aufruhrs durch den Ba bedienen sich spezifischer Eigenschaften der als Flamme verbildlichten Zeugungsfähigkeit. Sie weisen auf Eigenschaften hin, die den Ba befähigen als Flamme in die Tageswelt zu gelangen und sich dort mit dem feurigen Sonnenauge zu vereinigen. Da die Person des Toten meines Wissens nirgends mit einer Flamme verglichen wird, bildet das Feuer eine Eigenschaft, die den Ba auszeichnet. In dem Sargtextspruch CT 67, ein Anruf an Osiris, werden sowohl die entflammte Zeugungsfähigkeit als auch die Beruhigung des Ba angesprochen:

Du [Osiris] hast den Tag vollbracht, indem du gewacht hast, Großer an Wachsamkeit, Gewaltiger an Schlaf, du schlummertest in deinem Namen Ba.
Ich werde nicht zulassen, dass du schläfst in deinem Namen Phönix.[641]

[641] CT I 287c–f. Übers. Assmann und Bommas, *Totenliturgien in den Sargtexten des Mittleren Reiches* I, S. 365. Das Verb „schlummern“ *b3n* nur auf T9C und B10C.

Hier werden die beiden Seiten des Ba den Phasen Tag und Nacht, die durch unterschiedliche Aktivitätsgrade gekennzeichnet sind, zugeordnet. Dass es sich auch in diesem Spruch um die Zeugungsfähigkeit handelt, wird durch die Varianten bestätigt, die anstatt „schlummern“ (*bꜣn*) das Verb „zeugen“ (*bnn*) haben.[642]

Žabkar geht bei der Entwicklung der Ba-Konzeption von einem (in den Pyramidentexten erkennbaren) Ba als königliches Vorrecht aus, das dann in den Privatgräbern des Mittleren Reiches in zunehmendem Maße personifiziert wurde. In dieser Entwicklung sieht er den Grund dafür, dass erst in den Sargtexten die Entstehung des Ba thematisiert wird. Die von ihm angeführten Belegstellen aus den Sargtexten[643] betreffen in erster Linie die gemeinsame Verwendung der Begriffe Macht und Ba im Hinblick auf den Toten. Die dadurch erzeugte Überlegenheit soll dem/der Toten helfen, alle Hindernisse bei der Wiedergeburt zu überwinden.

Die Konnotation zum Ba mit sexueller Potenz und ihre Bedeutung für die Wiedergeburt in der Form des Horus kann nicht ausgeschlossen werden. In den Sargtexten ist diese Konnotation jedoch ausschließlich an den Begriff Ka geknüpft und im so genannten Kamutef-Motiv belegt.[644] Für den Ba ist sie durch einen Hymnus an Sobek, der in die 13. Dynastie datiert wird, nachgewiesen.[645] Dort wird der Krokodilgott *Sbk-šdty* als „der begattende Ba“ (*bꜣ-sṯ*)[646] für seine Zeugungsfähigkeit gerühmt. Auch in dem von Brunner-Traut zitierten Abschnitt des Papyrus Bremner–Rhind zur Durchbohrung der Feinde durch den feurigen Blick aus dem Auge des Horus geht es um die sexuelle Zeugungsfähigkeit. Die Vernichtung gilt dort ausdrücklich der Zeugungsfähigkeit des Feindes, indem Ba und Schatten (*šwt*) durch Feuer zerstört werden.[647] Der Angriff auf den Ba ist ebenfalls bezeugt durch

---

642 T2C und Sq3C.

643 CT I 194e, CT I 396c, CT V 391d–k und CT V 392d–f.

644 Kamutef, wörtlich „der Stier seiner Mutter“, auch „Begatter (*mnmn*) seiner Mutter“ sind Epitheta des ithyphallischen Gottes Min, „dem Herrn der Zeugungsfähigkeit“. *RÄRG*, S. 462. Hinweis auf die Datierung ins Mittlere Reich bei Münster, die als Beleg CT I 237b anführt. Münster, *Untersuchungen zur Göttin Isis vom Alten Reich bis zum Ende des Neuen Reiches*, S. 84 mit Anm. 963.

645 Sobek Hymnus pRam. IV, Gardiner, Hymns to Sobk in a Ramesseum Papyrus, *RdE* 11, S. 43–59. Assmann, *Ägyptische Hymnen und Gebete*, S. 458ff. Morenz, *Beiträge zur Schriftlichkeitskultur im Mittleren Reich und in der 2. Zwischenzeit*, S. 147ff, siehe dort auch Literaturangaben zur Datierung des Hymnus in die Zeit Amenemhets III.

646 PRam VI, Z. 95, Gardiner, Hymns to Sobk in a Ramesseum Papyrus, *RdE* 11, Taf. 3. Im Mittleren Reich als Epitheton zu *Šbk- šdty* nur an dieser Stelle belegt (*LGG* II, S. 697).

647 pBremner–Rhind 24, 6–8 und 25, 17–18. „O all ye foes of Re and all ye foes of Horus, it shall pierce you, it shall turn you back, it shall destroy you. Be ye annihilated because of it, be ye destroyed because of it, may ye neither become erect nor copulate for ever and

einen Spruch, in dem der Tote als Hilfe für seinen bedrohten Ba Atum anruft:

Er (Atum) möge mich bewahren vor dem üblen Gemetzel und vor dem, was Menschen, Götter, Verklärte und Verbannte sagen, was sie gegen meinen Ba tun wollen.[648]

Diese Befunde stützen das Verständnis des Ba als Zeugungsfähigkeit. Als solche garantiert er das Fortleben und kann, wie ja auch der Name, zur Vernichtung eines Feindes eingesetzt werden. Er ist deshalb gefährdet.

Bewegungsfreiheit

Für Derchain repräsentiert der Ba eher eine Funktion als einen Aspekt der Person. Derselbe Autor sieht den Ba als Verkörperung des Göttlichen, dessen Aufgabe in der Verbindung zweier Seinsbereiche miteinander besteht. Den Ba zeichnet seine Beweglichkeit aus. Er verbindet „les deux faces de l'être, le réel et l'imaginaire" in beide Richtungen.[649]

Auf M3C hat die Untersuchung der Spruchfolge auf der Westseite (siehe S. 132) gezeigt, dass die Bewegungsfreiheit des Ba eine notwendige Eigenschaft ist, um seiner Aufgabe als Zeugungsfähigkeit nachzukommen. Die Untersuchung des Textes auf dem Deckel verdeutlicht, dass sich die Beweglichkeit des Ba aus seiner Entstehungsweise ergibt. Entgegen Derchain wird in der vorliegenden Arbeit die Mobilität nicht als primäre Funktion des Ba gewertet, sondern bildet eine sekundäre Eigenschaft. Die hauptsächliche Funktion des Ba ist die Zeugungsfähigkeit. Jedenfalls ist im Rahmen der rituellen Wiedergeburt die Beweglichkeit des Ba seiner Bestimmung Horus zu zeugen untergeordnet. Für das Primat der Zeugungsfähigkeit spricht ebenfalls die Rede des Horus in Spruch CT 312. Dort heißt es in Brunners Übersetzung:

Setze deinen Ba (= Ba des Osiris) in Bewegung, lass ihn herausgehen und mächtig sein über seine Beine, dass er weit ausschreite und Geschlechtsverkehr habe unter den Menschen (Var. dass dir dein Same aus ihm hervorgehe unter den Menschen)![650]

---

ever" (25, 17–18) Übers. Faulkner, *JEA* 23, S. 171. Komm. Brunner-Traut, Atum als Bogenschütze, *MDAIK* 14, S. 25.

[648] CT VI 93d–e. Übers. Roeder, *Mit dem Auge sehen*, S. 53.

[649] Derchain, Anthropologie, Égypte pharaonique, *Dictionnaire des Mythologies,* S. 47. Ähnlich ist die Auffassung vom Ba bei Lloyd, der den Ba als „the capacity for movement and effectiveness" definiert. Vergl. Lloyd, Psychology and Society in the Ancient Egyptian Cult of the Dead. In: *Religion and Philosophy in Ancient Egypt,* S. 120.

[650] CT IV 71f–72b. Übers. Brunner, Zum Verständnis des Spruches 312 der Sargtexte. In: *Das hörende Herz*, S. 310.

Aus dem Titel der Spruchfolge CT 94–97 „Den Ba sich entfernen zu lassen vom Leichnam (*ẖ3t*), ein anderes Buch um Herauszugehen bei Tage“ auf den Särgen aus el-Bersheh, sowie einer dem Balsamierungsritual zugrunde liegenden Auffassung von einem Körper, der dank der Tätigkeit seiner Glieder funktionstüchtig ist (siehe S. 68), ergibt sich jedoch die Frage nach der Gleichrangigkeit von Beweglichkeit und Zeugungsfähigkeit des Ba. Sie kann für den hier untersuchten Sarg nur anhand des pragmatischen Aspektes der Sprechhandlungen entschieden werden.

Mobilität wird der Toten bereits in zwei Sprüchen auf der Außenseite des Sarges[651] gewünscht und durch die Bildhandlungen auf der Südseite werden ihr zwei Paar Sandalen mitgegeben. Hingegen wird die Zeugungsfähigkeit weder in den Außen- noch in den Fugeninschriften thematisiert. Der Spruchtitel erscheint auf M3C nicht. Die Sprechhandlung beginnt:

II 67c, d	Ich bin dieser große Ba des Osiris,
	dem die Götter befohlen haben, dass er mit ihm koitiere,
II 68a	der bei Tag in der Höhe lebt,
II 68b	den Osiris aus der Flüssigkeit seines Fleisches gemacht hat,
II 68c	das Sperma, das aus seinem Phallus herausgekommen ist,
II 68d	um bei Tag hinauszugehen, auf dass er mit ihm koitiere.

Die Zeugung wird an erster Stelle genannt und durch Götterbefehl motiviert. Durch die Position der Aussagen wird die Zeugung als wichtigste Aufgabe des Ba vermittelt. Um diese Funktion zu erfüllen muss er hinausgehen. Nach einem dazwischenliegenden Abschnitt, in dem die Bedeutung des Sohnes für Osiris (und nicht die Bewegungsfähigkeit!) entwickelt wird (CT II 69a–b), werden die hier zitierten Aussagen wiederholt. Sie werden mit der Wegeöffnung abgeschlossen:

II 72b, c	Ich bin es, der die Türen geöffnet hat,
	wirkungsvoll in Bezug auf die Stirn.

Diese Aussage bestätigt die Tatkraft des Ba und leitet zur nächsten Phase über. In CT 94 überwiegt somit die Zeugungsfähigkeit. Ihre Dominanz ergibt sich aus der wiederholten Nennung des Koitierens als Aufgabe des Ba und die Aufgaben des Sohnes. Im folgenden Spruch CT 95 wird das „Herauskommen“ öfter erwähnt. Dies beginnt mit dem einleitenden Anruf

[651] Im Thotspruch auf der Westseite: „Mögest du herausgehen zum Himmel unter den Göttern. Möge deine Hand von Thot ergriffen werden, ehrwürdige Senebi.“ Und in der Opferformel auf dem Sargdeckel: „Ein Opfer, das der König und Anubis, Herr von Sepa, der vor der Gotteshalle, geben, damit du auf den schönen Wegen der Nekropole gehen mögest, die Ehrwürdige bei Anubis, Senebi“.

„Hüter der Öffnungen!“ (CT II 72d) und setzt sich in der geschilderten Wegeöffnung und Feindvernichtung als parallele Handlung fort:

II 73a– 74a Der die Gesichter beschädigt,
an der Seite dessen, der aus seinem Feuer herauskommt.
Als sein Ba und in seiner Gestalt an diesem Tag
bin ich heute herausgekommen

Die Aussagen zur Bewegung halten sich mit Aussagen zur Zeugungsfähigkeit die Waage. Letztere wird als erhitzendes und andere schädigendes Feuer verbildlicht. Im folgenden Text CT 96 wird im ersten Drittel des Spruches die Aufgabe des Ba zu koitieren dreimal als Begründung für sein Hinausgehen verwendet. Es wird jedoch ab jetzt auch die Reisebewegung begründet und diesem Zweck durch seine Position am Beginn des Spruches Gewicht beigemessen:

II 75a Geb hat die Tür geöffnet.
Möge ich durch sie hinausgehen,
II 76a um das nördliche der Ufer des Hu zu durchfahren.

Nach der Wiederholung des Refrains wird das Hinausgehen durch Götterwort bewirkt:

II 78d–79a „Dein Ba wird hinausgehen“ sagen die Götter zu Osiris.
II 79b „Geht hinaus aus eurem Mund!“ sagen die Götter,

Auch diese Bewegung wird (in CT II 80c) mit dem Koitieren motiviert. Der weitere Text beschreibt den Sonnenlauf und die gegenseitige Erneuerung von Ba des Osiris und Ba des Re. Dadurch überwiegt in der zweiten Spruchhälfte zweifellos die Bewegung. Hierbei darf aber nicht übersehen werden, dass die Aussagen in diesem Abschnitt von dem gezeugten und geborenen Horus handeln, dem Nahrung und Salbung auf der Erde zuteil werden, „(denn) sein Ba ist mit ihm zusammen hinter ihm!“ (CT II 90e). Folglich ist die Bewegung als solche dem Motiv der Ernährung und Salbung des Körpers untergeordnet. Erwägt man nun, dass, wie beim Balsamierungsritual festgestellt wurde, der Körper im Funktionieren seiner Glieder begriffen wird, dann ist die Beweglichkeit, die durch Ba und Schatten dem Körper der Toten zugeführt werden, eine Wirkung des Ba als Zeugungsfähigkeit auf der besonnten Erde.

Als Aufgabe des Ba des Schu in CT 75 dominiert die Zeugung. Erst in der letzten Sprechhandlung auf dem Sarg wird von der Toten wiederum die Beweglichkeit thematisiert, aber ohne dabei den Begriff Ba aufzugreifen. Die Funktion des Ba besteht nach den Texten auf M3C in der Zeugung.

Das Resultat bildet das in der Tageswelt sichtbare und über den Himmel wandernde „Feuer“.

Essen und Trinken

Durch ihren Ba kann der Toten Nahrung auf der Erde zuteil werden. Dieses Motiv wird bei Senebi mehrere Male aufgegriffen. Zum ersten Mal leitet es Spruch CT 96 ein:

II 75a	Geb hat die Tür geöffnet.
	Möge ich durch sie hinausgehen,
II 76a	um das nördliche der Ufer des Hu zu durchfahren.
II 76b	Mögen zwanzig Felder ganz vorne liegen,
	am Tag der Vereinigung des Himmels,
II 77a	weil ich dieser große Ba des Osiris bin,

Es wird im selben Spruch erneut aufgenommen wenn die Toten von sich und ihrer Nahrung, die sie als Neugeborenes am Tageshimmel erhält, erzählt:

II 81b–82b	Osiris hat diesen meinen Mund gewaschen
	mit der Milch der roten Kuh,
	die aus dem Licht herauskommt und die Re täglich gebiert.

und wenn die Tote von der Überwindung ihres Widersachers spricht:

II 88d–89a	Er (Sefegiru) hat mich zu euren Sitzen gebracht,
II 89b	indem meine Nahrung auf der Erde existiert,
II 89c	indem meine Zaubersprüche meine Formeln sind,

Auf ihre Tätigkeit als Überbringer der Nahrung geht die Sprecherin in Spruch CT 75 ein:

I 344d–346a	Für mich wurden die Pflanzen auf dem Feld von Sehel hergestellt.
I 346b	Ich bin es, der eure Götterbrote herstellt.
I 346c–348a	Ich bin derjenige, der in seinem Umkreis,
	dem des Herrn über die grünen Felder in der Duat, ist.
I 348b–d	O Atum! O Nun! Ich bin es, der die Speisen weiterreicht,
	die Hu wachsen lässt für Osiris,
I 348e–350a	vor dem sich die in ihren Höhlen fürchten.
I 350b	Ich habe die Speisen weitergereicht,
	ich habe Hu für Osiris wachsen lassen,

Das nächste Mal greift der Ba des Schu die Sorge um die Nahrung für Osiris auf, wenn er einige Zeilen später selbst die Rolle des „Herrn über die grünen Felder“ einnimmt:

I 358d–360a	Ich bin der Gott, der, was die Gestalt betrifft, ausgeatmet worden ist,
	derjenige, der den grünen Feldern vorsteht,
I 360b	derjenige, der die verborgenen Dinge,
	die im Haus der Sechs sind, scheidet.
I 360c–362a	Ich habe meinen Ba hinter mir geschaffen.

Die Rolle des Versorgers mit Nahrung wird nicht nur in Sprüchen aufgegriffen, die vom Ba handeln. Wie ein roter Faden zieht sie sich durch alle Texte. Das beginnt bereits wenn die Tote als Schreiber der Hathor das Wort ergreift:

VI 130c	Um für Atum das Brot bereitzustellen bin ich gekommen.
VI 130d	Für Hathor begründe ich den Speisetisch.

Es setzt sich in den Sprüchen als Ba des Osiris und Ba des Schu fort, wird schließlich im Fährmannsspruch als Aufgabe des Sohnes für den Vater formuliert:

V 123a, b	nachdem ich ihm seine Glieder versammelt und
	ihm mein Anrufungsopfer gegeben habe, wie ich es wünsche.

und wird am Ende des Rituals bestätigt:

V 283c	Zu dem Haus der Göttin Hut
	bin ich emporgestiegen als der Gott Hu.[652]

In ihrem pragmatischen Kontext betrachtet ist die Versorgung mit Nahrung eine Aufgabe des Nachkommen, damit die Tote als Osiris versorgt ist. Die Aussagen betreffen in chronologischer Reihenfolge das Bereitstellen der Speisen, Vorbeifahren an den nördlichen Feldern des Hu, Ernähren des Neugeborenen (durch die Göttin des Tageshimmels), zur Nahrung auf der Erde gelangen, Weiterreichen der Speisen, den grünen Feldern vorstehen, den Vater mit Opfern versorgen und als Gott Hu hervortreten. In allen Fällen, also auch wenn sie in der Rolle des Ba spricht, wirkt die Sprecherin als eine *Person*, die durch ihre Handlungen die Götter, und auf diesem Wege sich selbst, mit Nahrung versorgt. Das wird besonders deutlich an folgendem Kreislauf: Sie begründet den Speisetisch für Hathor woraufhin Osiris ihren Mund von Hathors Milch reinigt. Wie sich aus den oben zitierten Sprechhandlungen ergibt, ist die Versorgung mit Nahrung eine Funktion des Ba. Sie bestätigt die Definition des Ba als Zeugungsfähigkeit (des

[652] Der Gott Hu ist nicht nur die göttliche Personifikation des schöpferischen Wortes, sondern ebenso der Nahrung.

Osiris in der Duat), die auf die Erde (Re am Tageshimmel) übertragen wird, zumindest für die Verwendung des Begriffes in der 11./12. Dynastie.

Sexuelle Aktivität

Auch im Hinblick auf die sexuelle Aktivität des Ba ist von der Situation auszugehen, in der sich die Tote zum Zeitpunkt der Sprechhandlung befindet: Senebi ist mit ihrem soziobiologischen Körper anwesend, sie befindet sich im Zustand der Mumifizierung, ist allein und im Grab verborgen. Die Tote, die sich Osiris' postmortale Ejakulation zum Vorbild nimmt, will als Zeugungsfähige ihre Situation verändern:

- Aus ihrem Körper (der in der Tageswelt mit Luft, Sekret und Blut gefüllt gelebt hat) kommt der Ba des Osiris hervor
- Die impotente und unfruchtbare vertrocknete Mumie wird zu Osiris, der seinen Sohn zeugt
- Der Ba des Osiris wird am Scheitel Res für die Tote sichtbar
- Der Ba des Schu wird zum Vermittler und Boten, er zeugt die Menschen auf der Flammeninsel
- Der von Re gemachte Ba koitiert mit Osiris

Dieser Handlungszyklus bildet den Kontext für jene Sprechhandlungen, die die Tote sowohl fortpflanzungsfähig macht als auch schwängert, den Ba in die Gemeinschaft Res, der Menschen und Osiris' bringt und dem Körper die Zeugungsfähigkeit erneut zuführt.

Žabkar bringt einige Belege aus den Sargtexten zur Gemeinschaft des Ba mit einem anderen Gott.[653] Auch auf M3C wird diese in mehreren Aussagen aufgegriffen. In der ersten Aussage zu diesem Motiv formuliert Senebi das Ziel ihrer Konstituierung als zeugungsfähiges *Selbst*, nämlich wenn sie als Ba des Osiris am Tageshimmel Re begegnen wird:

II 83c	Es ist Re, der meinen Ba für mich (macht) und vice versa.

und

II 92a	damit ich meinen Ba und meinen Schatten am Scheitel Res sehen werde!

Daraufhin ist die körperliche Überführung der Zeugungsfähigkeit auf Osiris in Heliopolis das Ziel. Sie wird rein physiologisch als sexuelle Aktivität beschrieben:

[653] CT II 94d–96b, CT II 106d–109d, CT II 110a–k.

II 67c, d Ich bin dieser große Ba des Osiris,
dem die Götter befohlen haben, dass er mit ihm koitiere,

Die Zusammengehörigkeit von Schus Ba mit dem Körper ist dadurch gegeben, dass er in der nächtlichen Welt im Körper (*ḥꜥw*) des Gottes, der-von-selbst-entsteht, entsteht und wieder zu diesem zurückkehrt.[654] Dies lässt sich so verstehen, dass für die *Person*, auch wenn sie im Sarg liegt, die Zeugungsfähigkeit auf dem Körper basiert und durch die Rückkehr zum Körper auf diesen übertragen wird.[655] Als Ba des Schu entsteht sie aus einem Körper, der mit Heka angefüllt (CT 418), umhüllt (CT 114) und wie im Urwasser verborgen und alleine ist (CT 75). Diese Umstände für ihre Fortpflanzungsfähigkeit werden durch Sprechhandlungen auf Südseite und Sargdeckel hergestellt. Ebenso werden durch den Inhalt des Deckelspruches performatorisch Schöpfungswillen des Erzeugers, Ort und Handlungsweise zur Autogenese von Schus Ba veranlasst:

I 336a Im Körper des großen Gottes, der-von-selbst-entsteht,
bin ich entstanden.
I 336c–338a In seinem Herzen schuf er mich.
Mit seiner Achu-Kraft machte er mich.
I 338c Ich bin der Gott, der, was seine Gestalt betrifft, ausgeatmet wurde,
I 338d–340b derjenige, den dieser herrliche Gott, der-von-selbst-entsteht,
der den Himmel mit seiner Schönheit bestreut, geschaffen hat,
I 340d der, dessen Name die Götter, die ihn rudern, nicht kennen
I 342a und dem das Sonnenvolk folgt.

Sie schildern den Körper des Gottes (*ḥꜥw*) als Entstehungsort (CT I 336a), lokalisieren den Willen zur Zeugung in seinem Zentrum (CT I 336c), beschreiben eine Kraft, die ohne erkennbare Ursache entstehen lässt[656] (CT I 338a), und die Zeugung selbst als einen Vorgang, dessen Resultat am Himmel sichtbar ist (CT I 340b).

---

[654] Die Rückkehr wird als Tätigkeiten des Ba für Atum formuliert, zur Herstellung der Einheit die einer Schöpfung vorausgeht CT I 376b, c.

[655] Entgegen Assmann, der die Aussage im Harfnerlied BM 55337 „Gebt mir mein Herz auf seinen Platz, meinen Ba beim Anblick der Sonne“ folgendermaßen kommentiert: „ […] steht beim Ba nicht der Wunsch nach Vereinigung, sondern umgekehrt nach ‚Herausgehen‘ im Vordergrund, ‚um‘ – wie es immer wieder heißt –‚die Sonne zu schauen‘. Der Ba ist mit der Oberwelt, dem Sonnenlicht und dem Himmel verbunden. Der Tote wünscht sich nicht die Gemeinschaft mit seinem Ba, sondern als Ba die Möglichkeit anderer Gemeinschaft, vor allem die des Sonnengottes“. Vergl. Assmann, Harfnerlied und Horussöhne, *JEA* 65, S. 71.

[656] Jansen-Winkeln, „Horizont“ und „Verklärtheit“: Zur Bedeutung der Wurzel *ꜣḫ*, *SAK* 23, S. 210.

Am Ende des Ritualisierungsprozesses, macht sich die Sprecherin als der Gott Hu, die Personifikation des schöpferischen Ausspruchs, auf den Weg zu Osiris, nachdem sie „zu dem Haus der Göttin Hut" emporgestiegen ist:

V 284b Ich suche Osiris bis nach Heliopolis.
V 285a Ich bin ausgesandt worden von diesem Großen,
dem Allherrn, der nicht stirbt.

Die Gemeinschaft mit Osiris wird nach dem Übergang des Horizontes als Intention ausgesprochen. Sie begründet den Austritt in die Tageswelt als Suche zur Vollendung des Zyklus, durch den die Ausgangssituation wieder hergestellt und die Wiederholung der Geburt/Kosmogonie eingeleitet und ermöglicht wird. Der Ba des Osiris gelangt nach seiner Wanderung durch die Tageswelt wieder nach Heliopolis,[657] wo er in den Osiriskörper eintritt.

Wie die Untersuchung zeigt, ergeben sich die Eigenschaften des Ba aus seiner Funktion als Zeugungsfähigkeit. Hierzu bedarf es der Vereinigung der/des Körpers als Voraussetzung für die Zeugung. Für den Ba des Osiris wird diese als Wunsch (Koitieren), für den Ba des Schu wird sie hingegen als Ausgangssituation (Einsammeln der Kas, Vereinigen der Gestalt) in die *Religiöse Welt* eingeführt. Im Gegensatz hierzu handeln Aussagen über die Gesellschaft des Ba mit mehreren anderen Personen nicht von seiner eigenen Entstehung oder der Zeugung. Sie betreffen stattdessen den Ba als Mitglied einer zahlreichen Gruppe.[658]

Der Hau-Körper

Außer dem Lexem *ḏt* (siehe oben) wird auf M3C ein weiterer Begriff für den Körper verwendet. Es ist das Lexem *ḥꜥw*, mit dem die Sprecherin den Leib des Gottes, der-von-selbst-entsteht, bezeichnet. Das Lexem kommt dort nur in dieser Apposition vor. In welcher Hinsicht wird der Körper als

[657] Zu Heliopolis als Ort im Seinsbereich der Toten, wo der Körper des Osiris verweilt, siehe Assmann und Bommas, *Totenliturgien in den Sargtexten des Mittleren Reiches* I, S. 213. Siehe dort auch weitere Belege aus den Sargtexten.

[658] Auf M3C findet in CT I 322a–332a die Produktion eines Milieus, in dem der Ba des Schu sozial agieren kann, statt. Sie setzt mit dem Stichwort des Ba: „Ich bin es der ihn ankündigt, wenn er aus dem Horizont hervorkommt" ein und kennzeichnet ihn als Verbindungsglied zur Menge, Schiffsmannschaft, Neunheit, Götter und den Insassen eines großen Bootes, d. h. der differenzierten Schöpfung. Die Zeugungsfähigkeit wird in diesem Zusammenhang als ontologische Metapher im Lakoffschen Sinne personifiziert, d.h. der Ba wird als Person behandelt, indem er menschliche Positionen, wie sitzen oder stehen einnimmt, hört, spricht, Fragen beantwortet und den Wohlgeruch der Götter riecht.

ḥʿw-Körper bezeichnet und wie unterscheidet er sich vom *ḏt*-Körper der *Person* oder vom Leichnam? Folgendes wird über ihn in CT 75 ausgesagt:

I 316a	Im Körper (*ḥʿw*) des Gottes, der-von-selbst-entsteht, bin ich entstanden.
I 316b–318a	Ich bin der Ba. Im Körper (*ḥʿw*) des Gottes, der verborgen ist, was die Gestalt betrifft, bin ich entstanden.
I 318b	Im Körper (*ḥʿw*) des Gottes, der-von-selbst-entsteht, habe ich mich zusammengefügt.

Das Lexem *ḥʿw* bezeichnet den Körper eines Gottes. Er bildet einen Raum für Entstehungsprozesse, die in seinem Inneren verborgen stattfinden. Die Entstehung ist als „zusammenfügen" (*ṯs*) gekennzeichnet. Folgende Äußerungen charakterisieren den Körper durch seine Bestandteile:

I 336c–338a	In seinem Herzen (ib) schuf er mich. Mit seiner Achu-Kraft machte er mich.
I 338c	Ich bin der Gott, der, was seine Gestalt betrifft, ausgeatmet wurde, […]
I 342b–c	In seinen Beinen bin ich aufgewachsen, in seinen Armen bin ich entstanden, in seinen Gliedern habe ich mich erhoben. […]
I 356a–c	Durch sein Nasenloch atmete er mich aus. In der Mitte seiner Luftröhre machte er mich, […]
I 368b	Ich sprach (mein Nemestuch) dem zu, der mir auf meinen Kopf mein Nemestuch herbeiträgt.
I 370b–372a	Der, der in seiner Gestalt ist, hebt meine Würde hoch […]
I 374b	Um mich herum war er aus Atums Mund hervorgekommen.

Der Körper des Gottes wird durch die genannten Organe und Glieder (Herz, Beine, Arme und Glieder, Nasenloch, Luftröhre, Kopf, Mund) als anthropomorphe Göttergestalt beschrieben. Generell könnten die Körperteile auch einem Tier gehören, jedoch schreiben die im Text gemachten Aussagen dem Gott auch Willen, Worte, Würde und Schöpferkraft zu, wodurch sein *ḥʿw*-Körper als anthropomorpher Körper klassifiziert wird. Seine Sinnesfunktionen und das Ausatmen kennzeichnen ihn als lebenden Körper. Die Entstehung im Körperinneren wird wiederum betont. Intrakorporal befindet sich der Ba des Schu (das ist der Sprecher) in allen Gliedern des *ḥʿw*-Körpers. Das kann zweierlei bedeuten: Einerseits, dass für die Entstehung des Ba der ganze Körper die Ausgangssubstanz bildet.

Diese Interpretation wird, wie Bickel hervorhebt,[659] durch die Entstehungsart in den einzelnen Körperteilen gestützt. Andererseits kann es auch dahingehend verstanden werden, dass der Ba des Schu vor seinem Austritt den ganzen Körper mit Zeugungsfähigkeit füllt. Diese Interpretation stützt sich auf die Aussage, in der die Sprecherin sowohl von ihrer eigenen Aktivität als auch von der ihres Ba spricht:

I 362d–364a	Mein Ba wird nicht bewacht von denen, die die Kammer des Osiris bewachen.
I 364b	Ich zeuge. Mein Ba zeugt.
I 364c–366a	Die Menschen, die auf der Insel Neserser sind, zeugt mein Ba.
I 366b	Göttinnen zeuge ich.

Die *Person* bestätigt durch diese Sprechhandlung die Zeugungsfähigkeit nicht nur ihrem Ba, der in der Tageswelt aktiv ist, sondern auch ihrem *Selbst*, das in dem ontologischen Bereich der Göttinnen aktiv ist. Die Zeugungsfähigkeit, die ohne die Gemeinschaft Res weder Menschen noch Götter erzeugen kann, und deshalb zur Sonne gelangen muss, wird in folgenden Wendungen beschrieben:

I 380d–382c	Ich bin es, der Wepsets Ba hinüberfährt, der, der den Schmerz von der Flamme der Roten, der Feurigen, die das Haar der Götter teilt, behandelt.

Die Aussage schildert die Überführung der Zeugungsfähigkeit als Überfahrt des Ba. Hierbei wird von der Sprecherin der Ba, der ausnahmslos als aus dem Körper männlicher Götter stammend[660] dargestellt wird, zum Ba einer entflammten Göttin. Das Umschlagen des Geschlechts, das ohne einen Hinweis auf Verwandlungsprozesse oder andere besondere Umstände geschieht, weist auf die Eigenschaft des *ḥꜥw*-Körpers als zweigeschlechtlicher Organismus hin. Die Androgynität ist bei dem Schöpfergott Atum durch die heliopolitanische Kosmogonie bezeugt, nach der er das erste geschlechtliche Paar, den männlichen Schu und die weibliche Tefnut, aus seinem Köper heraus kommen lässt. Die Göttin Wepset gilt als Gestalt der Tefnut[661], deren Eigenschaften als Löwin und Uräusschlange[662] im Ko-Text angesprochen werden.

---

[659] Bickel, *La Cosmogonie égyptienne avant le Nouvel Empire*, S. 84.

[660] Osiris (CT 94), Schu und Atum (CT 75), und auf einem anderen Sarg auch Nepri (CT 101).

[661] *RÄRG*, S. 842.

[662] *RÄRG*, S. 772f.

Zusammenfassend kann der mit dem Lexem *ḥꜥw* bezeichnete Körper als anthropomorpher, androgyner, lebender Gotteskörper beschrieben werden, der als Raum für Entstehungsprozesse fungiert.[663] Der *ḥꜥw*-Körper hat mit dem *ḏt*-Körper (siehe S. 201f) Lebensfunktionen und Form eines menschlichen Körpers gemeinsam. Er unterscheidet sich vom *ḏt*-Körper in erster Linie durch die Betonung seiner räumlichen Eigenschaften. Der Schwerpunkt liegt vor allem auf dem Körper als Innenraum, wenngleich seine Abgrenzung ebenfalls (in zwei Aussagen: CT I 318c, CT I 346c–348a) aufgegriffen wird. Demgegenüber stehen beim *ḏt*-Körper die materielle Versorgung und der Schutz des Körpers im Blickpunkt. Beide Bezeichnungen für den Körper (*ḥꜥw, ḏt*) unterscheiden sich vom Leichnam (*ẖꜣt*) indem sie einen zeugungsfähigen Körper benennen.

Der Leichnam

Die Entstehung des Ba wird in den Sargtexten stets im Zusammenhang mit dem Körper geschildert.[664] Durch seine Entstehung aus der Flüssigkeit des Fleisches, die aus dem Körper ausgetreten ist (Ba des Osiris, in anderen Sargtexten auch Ba des Nepri)[665] oder als Autogenese (Ba des Schu) im Körper verweist der Ba auf die Situation, in der der Begriff verwendet wird. Im Kontext der Wiedergeburt ist die Funktion des Ba, die Zeugungsfähigkeit des *Selbst* für einen Körper zu konstituieren, der aus einer von Salben durchtränkten Hülle besteht, in der sich das Fleisch, dem die Flüssigkeit entzogen worden ist, sowie Herz und Luftröhre als einzige Organe befinden. In diesem Zustand bedarf die Tote ihres Ba zur Zeugung des Horus in allerhöchstem Maße. In folgender Aussage nimmt der Ba des Schu durch die Verwendung des Lexems *ẖꜣt* auf einen Osiriskörper im dem beschriebenen Zustand der Mumifizierung Bezug:

I 360c–362a	Ich habe meinen Ba hinter mir geschaffen.
I 362c	Er brennt nicht auf meiner Leiche (*ẖꜣt*).
I 362d–364a	Mein Ba wird nicht bewacht von denen, die die Kammer des Osiris bewachen.
I 364b	Ich zeuge. Mein Ba zeugt.

663 Zu materiellen Substanzen und immateriellen Kräften des *ḥꜥw* -Körpers bei der Schöpfung siehe auch Bickel, *La Cosmogonie égyptienne avant le Nouvel Empire*, S. 83ff und S. 205ff. Siehe dort auch Belegstellen zu dieser Vorstellung in weiteren Sargtexten.

664 Weitere Belege (außer den hier untersuchten Sprüchen CT 94–97 und CT 75) sind CT II 94d–95e, CT II 100a–103b und CT IV 71e–72c.

665 CT II 94d–95e.

Durch diese Sprechhandlung wird der Leichnam (*ẖ3t*) zwar in die *Religiöse Welt* hineingebracht, aber bereits im Augenblick seiner Nennung werden Impotenz und Bewegungslosigkeit einer Leiche verneint, indem diese Personenkonstituente mit dem Ba, der auf ihm brennt und sich von ihm lösen kann,[666] als zeugungsfähig konnotiert wird. Wenn der Ba der Tagessonne (Re) zu Osiris gebracht wird, bildet der Leichnam (*ẖ3t*) den Empfänger der Zeugungsfähigkeit. Damit kann diese im Verborgenen zur Wirkung gelangen. Diese Funktion des Körperbegriffes *ẖ3t* ist ebenfalls in anderen Sargtexten belegt.[667]

Der Ka

Die Konzeption Ka[668] wird von Senebi zur Konstitution ihres *Selbst* nicht verwendet. Sie nennt den Ka jedoch im Rahmen einer Tätigkeit, die sie als Ba des Schu für Atum, der in diesem Zusammenhang anstatt als „Gott, der-von-selbst-entsteht" mit seinem Namen genannt wird, ausführt:

I 373d–374a	Der Wind des Lebens ist mein Kleid.
I 374b	Um mich herum war er aus Atums Mund hervorgekommen.
I 374c, d	In den Gott, der-von-selbst-entsteht, den Einen, der größer ist als die Götter, habe ich mich verwandelt.
I 376a	Ich bin es, der ihm die Höhen des Himmels vereint.
I 376b, c	Ich bin es, der ihm seine Achu-Kraft bringt, der ihm seine Millionen Kas vereint, die zum Schutz seiner Anbefohlenen aufgestellt sind,
I 378a, b	wenn ich das Feuer lösche und die Wepset abkühle,

Der Ka wird auf dem Sarg M3C ausschließlich der Schöpfung, die sich manifestiert hat, zugeordnet: Der Ka der Senebi wird nur auf den Außenseiten genannt, wo ihn die Lebenden beim Begräbnisritual lesen können. Der Ko-text, in dem von Atums Millionen Kas die Rede ist, zeigt, dass

[666] In diesem Sinne verstehe ich den Ausdruck des Nicht-bewacht-werdens von Osiris' Kammer (*ʿt*). Zur Verwendung der Metapher „Kammer" (*ʿt*) für den Körper siehe den Abschnitt Konzeptionen des Körpers, bes. S. 237.

[667] CT I, 278c–f. Weitere Belegstellen zu Ba und Leichnam bei Assmann und Bommas, *Totenliturgien in den Sargtexten des Mittleren Reiches* I, S. 205.

[668] Schweitzer definiert den Begriff wie folgt: „Er [der Ka] ist die Kraft, die den Menschen erst zum Leben befähigt und die ihn, metaphysisch gesprochen, ewig dauern lässt, indem sie ungeachtet des physischen Todes, dem jeder Irdische unterworfen ist, in Sohn und Enkel sich erneuert, um durch die Generationen hindurch unablässig weiterzuwirken" (Schweitzer, *Das Wesen des Ka im Diesseits und Jenseits der Alten Ägypter*, S. 39). Aus dieser Beobachtung folgt für die Konstituierung des *Selbst*, dass der Ka durch den Vater auf die Sprecherin, die sich in der Sohnesrolle befindet, übertragen wird. Die Übertragung der Ka-Kräfte erfolgt nach pyr. 1335–36 durch die Umarmung. Es findet sich, wie gesagt, keine diesbezügliche Aussage auf den Innenseiten von M3C.

diese zu vereinen eine Handlung ist, welche die Sprecherin an der Schöpfung ausführt. Dieses wird durch die Verwendung des Gottcsnamens und aus den vorausgehenden Aussagen deutlich, die die Situation der Sprecherin als manifestierte Schöpfung kennzeichnen,[669] indem sie, wenn sie die Kas einsammelt, mit dem Wind des Lebens hinter sich, aus Atums Mund hervorgekommen ist.

In den Königstitulaturen des Alten Reiches und des Mittleren Reiches wird der Ka ebenfalls mit der Tageswelt assoziiert. Dies zeigen die Verbindungen des Ka mit Horus und mit Re, die Vergöttlichungen der Morgen- beziehungsweise der Mittagssonne darstellen, auf.[670] Schweitzer trifft in diesem Zusammenhang die bedeutsame Feststellung:

> Nicht nur der Sonnengott ist es, der auf den Irdischen einwirkt, sondern auch sein Ka. Dieser erscheint geradezu als Träger der göttlichen Kräfte, die er alle in sich *vereint*, und als Mittel, dessen der Gott bedarf, um sie *weitergeben* zu können.[671]

In Spruch CT 75 ist „vereinen" die zentrale Tätigkeit der Sprecherin. Sie wird von ihr in der Parallele „der ihm die Höhen des Himmels vereint" (*dmḏ*) und „der ihm seine Millionen Kas vereint (*jꜥb*), die zum Schutz seiner Anbefohlenen aufgestellt sind", ausgeführt. Dasselbe Verb tritt in einer Apposition zu Atum auf, wodurch dieser *vor* dem Sprechakt, der das Ausatmen des Ba vollzieht, als einigender Schöpfergott bezeichnet wird:

I 352b, c	der den Himmel mit seiner Schönheit bestreut (*wpš*),
	indem er die Gestalt (*irw*) eines jeden Gottes vereinigt (*dmḏ*) hat.
I 352d	Herr der Maat, der das Haus wegen des Raubens versiegelt,
I 354a	wenn ich für ihn meine Gestalt vereinige (*dmḏ*).

In dieser Apposition bildet „vereinigen" eine Tätigkeit, die der Schöpfung (als Differenzierung) vorausgeht und sie ermöglicht. Entsprechend bildet das Vereinen (*jꜥb*) der Kas in CT I 376b, c die Rückführung der ausgestreuten (*wpš*) Schöpfung in eine Einheit, die als Vorphase die kommende Schöpfung einleitet. Dieses Verständnis des Textes wird gestützt indem das Einen der Kas mit einer weiteren Tätigkeit, dem Bringen der Achu-Kraft, gepaart ist. „Achu" stellt nach Jansen-Winkeln „Wirkungsvolles, dessen

---

[669] Komm. derselben Stelle (CT I 376a–c) und Belegstellen zu den „Millionen Kas des Schöpfergottes" als Umschreibung der manifestierten Schöpfung bei Bickel, *La Cosmogonie égyptienne avant le Nouvel Empire*, S. 154ff.

[670] Schweitzer, *Das Wesen des Ka im Diesseits und Jenseits der Alten Ägypter*, S. 26–29.

[671] Schweitzer, *Das Wesen des Ka im Diesseits und Jenseits der Alten Ägypter*, S. 29, meine Kursivschreibung.

Ursache man nicht kennt (oder sieht)“ dar.[672] Die Sprecherin vereint durch ihre Tätigkeit für Atum die Teile der Schöpfung und führt dadurch dem „versiegelten Haus“, das heißt Atum, das, was in der Einheit wirkungsvoll und verborgen ist, zu.

Die Aussage wird in der abschließenden Sequenz der Sprechhandlung als Ba des Schu gemacht. Sie liegt damit kurz vor der Herbeirufung des Fährmannes zur Überfahrt. Mit der Entwicklung der osirianischen Lehre übernimmt, nach Schweitzer, der Ka die Rolle des Vermittlers zwischen Osiris und Horus. Der Tote kommt zu seinem Vater Osiris, um ihm seinen Ka zurückzubringen und sich in Erfüllung dieser Aufgabe mit ihm zu vereinigen.[673] In dieser Vereinigung verkörpert der Ka nicht die Kontinuität der Generationsfolge Vater-Sohn sondern die Bindung an die Herkunft Sohn-Vater. Nach Roeder bildet das Vereinen der Vielfalt für Atum eine Parallele zum Versammeln (*s3ḳ*) der Glieder des Vaters[674]: In beiden Fällen wird eine differenzierte Schöpfung in die Einheit zurückgeführt. Wenn Senebi als „Einer den sein Vater liebt“ ihre Intentionen im Fährmannsspruch CT 398 präsentiert wird aber der Ka nicht genannt, sondern es wird nur von den Knochen und Gliedern des Vaters sowie dem Anrufungsopfer für ihn gesprochen. Der Vater wird durch diese Versorgung seines Körpers als Atum und Osiris dargestellt.

Durch den Ka wird von der Sprecherin ein tätiges *Selbst* konstituiert. Sie sammelt als Ba des Schu auf der Ebene der Götter für Atum die Manifestationen der differenzierten Schöpfung (mit deren Wirkungen) ein und vereinigt dadurch den gesamten Kosmos. Der gleichen Handlungsstruktur folgt die Tätigkeit, die sie in der Sohnesrolle für ihren Vater ausübt. Sie sammelt für Osiris die Glieder ein, knüpft seine Knochen zusammen und versorgt ihn mit Anrufungsopfern. Meine Interpretation, dass es sich hierbei um die gleiche Tätigkeit handelt, die einmal auf kosmischer, ein andermal auf körperlicher Ebene vollzogen wird, erfährt eine Stützung durch die bei Leitz bekräftigte Beobachtung „dass Gundel sicher recht hat, wenn er das Vorbild der späteren Dekanmelothesie in den Gliedervergottungstexten sieht“.[675]

---

672 Jansen-Winkeln, „Horizont“ und „Verklärtheit“: Zur Bedeutung der Wurzel *3ḫ*, *SAK* 23, S. 210.

673 Schweitzer, *Das Wesen des Ka im Diesseits und Jenseits der Alten Ägypter*, S. 43.

674 Roeder, *Mit den Augen sehen*, S. 128–134. Vereinen bes. der Kas auch in CT VI 392g–p.

675 Leitz, *Altägyptische Sternuhren*, S. 39 unter Hinweis auf Gundel, *Dekane und Sternbilder*, S. 262–287. Siehe auch Quack, Dekane und Gliedervergottung. Altägyptische Traditionen im Apokryphon Johannis, *JbAC* 38, S. 97–122 mit weiteren Literaturangaben (S. 104 Anm. 49). Der Begriff Melothesie beschreibt die Suche nach konkret-fassbaren Beziehungen und Zusammenhängen zwischen den Körperteilen des Menschen und den Dekanen.

Als Bindeglied zwischen den Generationen, das einerseits (zu Lebzeiten) vom Vater den Ka cmpfängt und andererseits (als Tote) die Kas für ihn vereint, verändert die Sprecherin durch den Ka ihre Aktionsrichtung. Der Ka konstituiert die *Person* als Manifestation der differenzierten Schöpfung, die in Atum vereint wird, und durch die Tätigkeit, die sie dabei für Atum ausführt, als aktives *Selbst*. Das *Selbst* ist somit in einem Interaktionsnetz, in dem die Generationen durch gegenseitiges Handeln verbunden werden, für andere (Atum, beziehungsweise der Vater) regenerativ tätig. Als letzte Personenkonstituente wird der Ach in den Sprechhandlungen aufgegriffen.

Der Ach

Der Ach (*ꜣḫ*) wird in dem Dialog Senebis mit dem Fährmann konstituiert. Der Fährmann stellt ihr die Frage:

V 121e	„Wer bist du?“
V 122a	„Ich bin einer, den sein Vater liebt und dein Vater liebt dich.“
V 122b–d	„Möge dich dein Vater lieben. Was willst du für ihn tun?“
V 122e	„Ich werde ihm seine Knochen zusammenknüpfen,
V 123a, b	nachdem ich ihm seine Glieder versammelt und ihm mein Anrufungsopfer gegeben habe, wie ich es wünsche.“
V 123c	„Der Ach-Zustand für ihn! Der Ach-Zustand für seine Nachkommen auf Erden!
V 124a–b	Sieh, du! Sie ist auf der Werft, ohne ausgehöhlt zu sein!“

Senebi beruft sich in ihrer Antwort auf die Akzeptanz, die ihr durch ihren Vater widerfährt. Der Fährmann bringt durch seine Frage die Erwartung ins Gespräch, die in der ägyptischen Gesellschaft an einen Sohn gestellt wird. Assmann schreibt zur Vater-Sohn-Beziehung:

> Die ägyptischen Begriffe von Vater und Sohn umfassen offenbar mehr als dieses natürliche Band, das unaufkündbar, aber eben nicht alles, ja nicht einmal das Entscheidende ist. Aus dieser umfassenden Bedeutung des Vaterbegriffs ergibt sich nicht nur die Aufkündbarkeit sondern auch deren Gegenteil, die „Eingehbarkeit“ der Vaterschaft. Mit der Zeugung ist sie noch nicht gegeben. Der Vater hat den Sohn als solchen anzuerkennen. Das geschieht indem er sich in ihm wiedererkennt. Das aber ist nicht eine Sache der natürlichen physiognomischen Ähnlichkeit des ‚Blutes’ sondern einer geistigen Ebenbildlichkeit, die sich im Handeln und Verhalten manifestiert.[676]

Senebi erfüllt die an sie als Sohn gestellte Erwartung. Daraufhin wünscht der Fährmann dem toten Vater und dem lebenden Sohn, ein Ach zu sein. In

[676] Assmann, *Stein und Zeit*, S.98.

seinem Wunsch sind beide Daseinsbereiche bedacht. Das Zwiegespräch bildet die letzte Sprechhandlung zur Konstituierung des *Selbst* vor dem Verlassen des Sarges.

Von Englund ist der Horizont als transformatorisch wirkender Ort definiert worden, an dem ein Toter den Ach-Zustand erreicht, indem er aus der Verharrung in eine bewegliche Seinsform hinüberwechselt.[677] Sie stützt sich auf den Sargtextspruch CT 312.[678] Nach diesem Schöpfungsbericht manifestiert sich der Sprecher als Ach, indem er die kreative Einheit Atums, in der er als virtueller Ach existiert, verlässt.[679] Den virtuellen Aspekt des Ach betont auch Loprieno, wenn er von dem „prospektivischen Status eines kompetenten Ach (*ꜣḫ jḳr*) im Jenseits" spricht.[680] Der Fährmann spricht zu Senebi vor der Gliedervergottung, das heißt, zu einem Zeitpunkt, an dem das Schiff noch nicht fertig gestellt ist. Ein fähiger Ach, der sich manifestiert, ist ein Wissender, einer der die Sprüche kennt und sie anwenden kann. Ein Beleg hierfür ist der in diesem Zusammenhang von Loprieno zitierte Text auf einem Sarg aus el-Bersheh:

Ich bin es: ich will Nun und Atum sehen, denn ich bin ein ausgestatteter Ach, der an den Wächtern vorbeigehen kann. Sie können nicht sprechen aus Angst vor dem, dessen Name verborgen ist und der in meinem Körper (*ẖt*) ist. Ich kenne ihn, ich verkenne ihn nicht. Ich bin jemand, dessen Ach ausgestattet ist und der die Tore öffnen kann. Jeder Mann, der diesen Spruch kennt, wird wie Re im östlichen Himmel und wie Osiris in der Unterwelt: er wird zum Feuerkreis hinabsteigen und keine Flamme wird in alle Ewigkeit gegen ihn sein.[681]

Senebi beweist durch die Benennung der Schiffsteile und deren Zweckbestimmung ihr Wissen von der Beschaffenheit einer geordneten göttlichen Schöpfung.[682] Kompetent, ihre eigenen und die Glieder ihres Vaters zu vervollständigen, erreicht sie den Ach-Zustand. Dieses wird durch ihre letzte Sprechhandlung, in der sie konstatiert, dass sie zu dem Haus der Göttin Hut emporgestiegen und zu Osiris unterwegs ist, bestätigt.

---

677 Siehe S. 155.

678 CT IV 68a–86w. Übers. von de Buck, siehe Buck, The earliest Version of the Book of the Dead 78, *JEA* 35, S. 87–97 und Brunner, Zum Verständnis des Spruches 312 der Sargtexte, *Das hörende Herz*, S. 309–315.

679 Englund, *Akh – une notion religieuse dans l'Égypte pharaonique*, S. 135. Siehe dort auch weitere Belegstellen zu Ach in den Sargtexten, S. 70–74.

680 Loprieno, Drei Leben nach dem Tod. Wieviele Seelen hatten die alten Ägypter? In: *Grab und Totenkult im Alten Ägypten*, S. 212.

681 CT VII 469g–471g. Übers. (nach B1L) Loprieno, Drei Leben nach dem Tod. Wieviele Seelen hatten die alten Ägypter? In: *Grab und Totenkult im Alten Ägypten*, S. 213.

682 Siehe S. 156.

Der Ach bildet eine Personenkonstituente am Ende des Ritualisierungsprozesses. Er bewirkt beim *Selbst* die bevorstehende Manifestation. Diese wird als Austritt aus dem Körper (Wiedergeburt) zum Wiedereintritt in den Körper aufgefasst und ist an das Äußern des inkorporierten Wissens gebunden. Der Ach konstituiert somit ein *Selbst*, das über alle Personenaspekte die eine Wiedergeborene auszeichnen verfügt und diese inkorporierten Kenntnisse auch anwendet.[683] Um zu sehen, wie sich die im Einzelnen besprochenen Personenkonstituenten ergänzen, sollen sie nun im Zusammenhang mit dem Körper betrachtet und ihre Abgrenzung vorgenommen werden.

4.3 Das Selbst

Als Grundlage für die Abgrenzung der Personenkonstituenten wird zunächst das bisherige Ergebnis zusammengefasst. Ausgehend von der Prämisse, dass Signifikanten ganz bestimmte Eigenschaften des Signifikats bezeichnen, konstituieren Begriffe, die zum Aufbau des *Selbst* verwendet werden, unterschiedliche Personenaspekte. Sie sind deshalb, entgegen der in der Forschung häufig vertretenen Auffassung[684], nicht austauschbar oder können gar als „Lebenskräfte" im weitesten Sinne beliebig an der entsprechenden Stelle im Text eingesetzt werden.

---

[683] Ebenso Lloyd: [The Ach] is nothing less than the deceased reconstituted and placed in all respects in a position where he can function according to the Egyptian concept of the blessed dead" (Lloyd, Psychology and Society in the Ancient Egyptian Cult of the Dead. In: *Religion and Philosophy in Ancient Egypt,* S. 120, unter Hinweis auf Kees, Zandee, Englund, Demarée und Friedman).

[684] Um nur drei Beispiele anzuführen: „Der Schatten scheint später eingefügt worden zu sein. Immerhin lässt dies darauf schließen, dass er bedeutungsvoll genug war, doch ist es kaum möglich, sein Wesen gegen das des Ba abzugrenzen." (George, *Zu den altägyptischen Vorstellungen vom Schatten als Seele*, S. 77). „Auch in Spruch 312 (CT IV 73) wird der Begriff Ach als Wesen besonderer Art auch gegenüber den Göttern hingestellt. Doch ist ein solch spezieller Gebrauch des Wortes Ach und seiner Ableitungen die Ausnahme" (Otto, Ach, *LÄ* I, Sp. 50). „Die Gestaltfähigkeit scheint eine typisch göttliche Eigenschaft zu sein, daher kann Ba auch für den Begriff Gott eintreten" (Wolf-Brinkmann, *Versuch einer Deutung des Begriffes ‚b3' anhand der Überlieferung der Frühzeit und des Alten Reiches*, S. 8).

Die bisherigen Ergebnisse

Die Personenkonstituenten, die das *Selbst* auf M3C innerhalb der *Religiösen Welt* konstituieren, sind in der Reihenfolge ihrer Nennung im Ritualisierungsprozess:

Name (*rn*)
Ba / lebender Ba des Osiris (*bꜣ* / *bꜣ ꜥnḫ*)
Schatten (*šwt*)
Gestalt (*irw*)
Körper (*ḏt*)
Ba des Schu (*bꜣ*)
Körper (*ḥꜥw*)
Leichnam (*ẖꜣt*)
Ka (*kꜣ*)
Ach (*ꜣḫ*)

Der Name „Senebi" wird sowohl durch einen anderen Sprecher eingeführt als auch von der *Person* selbst bestätigt. Der Ba des Osiris (*bꜣ Wsir*), das ist die durch Flüssigkeiten und den physiologischen Gefäßen für diese gewährleistete Zeugungsfähigkeit, der Ba des Schu (*bꜣ Šw*), das ist die durch Luft, Innenräume und Handeln gewährte Zeugungsfähigkeit, der Schatten (*šwt*) und die drei Körperbegriffe Djet (*ḏt*), Hau (*ḥꜥw*) und Leichnam (*ẖꜣt*) werden nur von Senebi selbst konstituiert. Der Begriff Ka (*kꜣ*) wird auf Atum bezogen und durch Senebi nur auf diesem Weg in die *Religiöse Welt* eingebracht. Der Ach-Zustand (*ꜣḫ*), den sie erst mit dem Überschreiten des Horizontes erreicht, wird ihr durch einen anderen indirekt (auf dem Umweg über den Vater und seine Nachkommen auf Erden) gewünscht.

Folgende Funktionen der Personenfaktoren zur Konstitution des Selbst[685] *zeichnen sich nach der bisherigen Untersuchung in den Texten auf M3C ab:*

Name

Durch die als erstes verwendete Konstituente, den Namen, geschehen sowohl Konstituierung als auch Erhaltung des Individuums. Er dient außerdem zur Schaffung des Bezugspunktes für die Aktionen und Interaktionen, die im Sarg stattfinden. Die Verwendung des unbekannten Namens kenn-

685 Weitere Personenfaktoren, die hier nicht gesondert behandelt werden, sind der Rekonstruktion des Ritualisierungsprozesses in Tab. 2 zu entnehmen.

zeichnet die Phase der Präexistenz und charakterisiert das Schöpferpotential als eine zu fürchtende und verborgene Kraft.

Ba des Osiris

Mit dem als zweite Konstituente eingesetzten Ba des Osiris wird von der *Person* ihre Zeugungsfähigkeit, die auf einen anderen Körper übertragbar ist, konstituiert. Als Sperma bildet der Ba das körperliche Produkt ihres Lebens auf der Erde. Er ist Träger der Horuseigenschaften. Der Ba durchläuft einen Entwicklungsprozess, indem er den Körper abwechselnd verlässt, beziehungsweise in ihn eintritt, wobei er jedoch im Körperbereich verweilt. Erst auf Grund des metaphorischen Gebrauchs extrakorporaler Bereiche bewegt sich der Ba als „lebender Ba" durch kosmische Räume. Hieraus ergibt sich auch seine Überträgerfunktion: Der Ba verlässt Osiris' Mund, macht als „lebender Ba für Osiris" die Zeugungskräfte, die Senebi im Inneren ihres Osiriskörpers gemacht hat, am Scheitel Res sichtbar und koitiert mit Osiris in Heliopolis.

Schatten

Der Schatten, der als dritte Konstituente genannt wird, entwickelt sich ebenfalls aus der *Person*. Die Staffelung der Begriffe vollzieht die Entwicklung des Schattens von einer mit der Geburt hervorkommenden Gestalt (*irw*) über das sich durch einen Namen später manifestierende Individuum (*mn pn*) bis hin zum Schatten als dunkles Abbild der Körperform (*šwt*). In seiner Eigenschaft Körperumriss und Körperoberfläche eines Individuums sichtbar werden zu lassen begleitet der Schatten den Ba des Osiris. Er umhüllt als sichtbares bewegliches Abbild des nächtlichen Körpers der Toten den Ba, welcher eine Fähigkeit im Körperinneren verbildlicht. Als dunkle Umhüllung schützt, kühlt und beruhigt der Schatten die in ihm verborgene Zeugungsfähigkeit, bis beide bei Re und wieder bei Osiris angelangt sind.

Iru-Gestalt

Die als viertes aufgegriffene *irw*-Gestalt markiert unterschiedliche Phasen bei der Entstehung des *Selbst*. Sie besetzt die Rolle des Begleiters oder Stellvertreters neben dem Ba des Osiris bis die Sprecherin einen Entwicklungsstand erreicht, der sie befähigt ihren Ba hinter sich zu schaffen. Bei dem entstehenden Ba des Schu ist die *irw*-Gestalt identisch mit der Hülle, in welcher er während seiner Entwicklung handelt. Die Entwicklungsstadien werden als verborgene, ausgeatmete, vereinigte und sich vereinigende Gestalt gekennzeichnet.

Djet-Körper

Die als fünftes eingeführte Konstituente *ḏt* bringt den Körper als lebende materielle Einheit in die *Religiöse Welt* ein. Als solche ist er Angriffen ausgesetzt und deshalb schutzbedürftig.

Ba des Schu

Durch den Ba des Schu wird von der *Person* als sechstes ihre Fähigkeit zur Selbstzeugung und zur Vereinigung der Gestalt (*ỉrw*) konstituiert. Der Ba bildet sich in ihrem Körperinneren und verlässt den Körper (*ḥꜥw*) als ausgeatmete Luft. Aus seiner Bedeutung als „Wind des Lebens“ ergibt sich seine Wirkung: Er bringt die Zeugungsfähigkeit über den Horizont, zeugt auf der Flammeninsel die Menschen und wirkt somit in der Schöpfung, die sich durch das Licht manifestiert hat. Auf kosmischem Niveau vereinigt der Ba die Kas für Atum und schafft so die Voraussetzung für eine neue als Differenzierung verstandene Kosmogonie.

Hau-Körper

Der mit dem Lexem *ḥꜥw* bezeichnete Körper schafft als siebente Konstituente den Raum für intrakorporale Entstehungsprozesse. Er kann als anthropomorpher, androgyner, lebender Gotteskörper beschrieben werden.

Leichnam

Der Leichnam (*ẖꜣt*) wird als achter Personenbegriff zwar in die *Religiöse Welt* hineingebracht, aber bereits im Augenblick seiner Nennung werden Impotenz und Bewegungslosigkeit einer Leiche verneint, indem diese Personenkonstituente mit dem Ba, der auf dem Körper brennt und sich von ihm lösen kann, als zeugungsfähig konnotiert wird.

Ka

Der Ka bezeichnet die Erzeugnisse der differenzierten Schöpfung. Er konstituiert die Tote als aktives *Selbst*. Senebi sammelt auf der Ebene der Götter für Atum die Manifestationen der differenzierten Schöpfung (mit deren Wirkungen) ein und vereinigt dadurch den gesamten Kosmos. Als Bindeglied zwischen den Generationen, das einerseits (zu Lebzeiten) vom Vater den Ka empfängt und andererseits (als Tote) die Kas für ihn einsammelt, verändert die Sprecherin durch den Ka ihre Aktionsrichtung. Das *Selbst* ist dadurch in einem Interaktionsnetz, in dem die Generationen durch gegenseitiges Handeln verbunden werden, für ihre Vorfahren regenerativ tätig.

Ach

Die zuletzt genannte Konstituente Ach bezieht ihre Funktion aus ihrer Position am Ende des Ritualisierungsprozesses. Sie bewirkt die bevorstehende Manifestation des *Selbst*. Diese wird als Austritt aus dem Körper (Wiedergeburt) und Äußerung des inkorporierten Wissens aufgefasst. Ach konstituiert ein *Selbst*, das alle Personenkonstituenten, die eine Wiedergeborene auszeichnen, in sich vereinigt und die inkorporierten Kenntnisse angewendet hat.

Sich ergänzende Begriffe

Einige Personenkonstituenten bilden ein Aspektpaar oder wirken gemeinsam. An Ergänzungen sind bisher notiert worden:

Ba und Schatten

Die beiden Personenkonstituenten Ba des Osiris und Schatten ergänzen sich zu einem Aspektpaar, um die Zeugungfähigkeit des *Selbst*, die sich im nächtlichen Körperbereich aufhält, an den Tageshimmel zu Re zu bringen, wo sie erneuert wird. Mit Hilfe der Funktion der *ỉrw*-Gestalt, die darin besteht, als verborgene, hervorkommende und vereinigende Gestalt einzelne Phasen in einem Entwicklungsprozess zu kennzeichnen, werden Ba und Schatten schon während ihrer Entstehung miteinander verbunden.

Ba und Körper

Der Ba durchläuft eine physiologische Entwicklung. Im Hinblick auf das Verhältnis des Ba zum Körper, in den besprochenen Texten, bildet der materielle Körper (*ḏt*) als Körper einer *Person*, die bereits in der besonnten Welt gelebt und dort Flüssigkeit in ihrem Fleisch hatte, die Voraussetzung dafür, dass die Zeugungsfähigkeit überhaupt konstituiert werden kann. Der anthropomorphe göttliche Körper (*ḥʿw*) macht die Konstituierung der Zeugungsfähigkeit möglich, indem er mit Körperbereich und Innenraum den Ort der Entstehung, Entwicklung und Handlungen des Ba darstellt. Der Leichnam (*ẖꜣt*) schließlich, bildet als Körper des Osiris den Empfänger der Zeugungsfähigkeit, die damit im Verborgenen zur Wirkung gelangen kann.

Ach und die übrigen Konstituenten

Als Verkörperung der vollendeten Entstehung des *Selbst* ist der Ach von allen anderen Personenkonstituenten abhängig.

Außer der Eigenschaft sich zu ergänzen ist in der Untersuchung der oben genannten Personenfaktoren eine Konzeption vom Körper zutage getreten, die eine Voraussetzung bei allen Personenaspekten bildet, die intrakorporal produziert werden und den Körper verlassen. Es ist die Auffassung vom Körper als Gefäß oder Behälter. Als solches besteht er aus einem Innenraum und einem Mantel. Der Innenraum wird nirgends als Vakuum geschildert. Er wird stattdessen stets mit einem Inhalt, der unterschiedlicher Natur sein kann, in Zusammenhang gebracht. Diese und andere Konzeptionen des Körpers strukturieren nach Lakoff und Johnson unser Verständnis.[686]

Wie die bisherige Untersuchung ergeben hat, bilden alle bei der Ritualisierung verwendeten Personenkonstituenten Körperbegriffe oder hängen vom Körper ab. Das berechtigt zu der Annahme, dass Auslegungen vom Körper bei der Verwendung der Personenkonstituenten die konzeptuelle Basis bilden. Deshalb sollen zunächst die den Sargtexten zugrunde liegenden Konzeptionen des Körpers aufgezeigt werden. Die Prüfung ihrer Funktion als kontextspezifische, konzeptionelle Schemata (siehe unten) zur Wiedergabe des *Selbst* innerhalb der *Religiösen Welt* erfordert die Ausweitung der Materialbasis. Sie wird auf die Sargtexte aus dem Mittleren Reich in de Bucks Veröffentlichung ausgedehnt. Ohne einen Anspruch auf Vollständigkeit zu erheben, erfolgt der Nachweis für die einzelnen Grundauffassungen vom Körper durch aussagekräftige Beispiele.

In den Sargtexten verwendete Konzeptionen des Körpers

Bei der Untersuchung zur Bedeutung der Personenfaktoren war stets pragmatisch von der konkreten Situation der Toten sowie dem Zustand ihres Körpers ausgegangen worden. Die Analyse hat erwiesen, dass sich die Tote durch mehrere unterschiedliche Körperauffassungen in die *Religiöse Welt* einbringt. Nach CT 75 bilden die in der Mumie vorhandenen Hohlorgane den Raum für Entstehungsprozesse. Der Ba des Luftgottes Schu wird im Herzen beschlossen, entsteht in der Luftröhre, dehnt sich im gesamten Körper aus, wird durch das Nasenloch ausgeatmet und als „Wind des Lebens“[687] positiv konnotiert.[688] Als im Körper erzeugte Zeugungsfähigkeit

---

[686] Lakoff und Johnson, *Metaphors We Live By*, S. 56ff.

[687] CT I 373d–374a.

[688] Eine Liste von „Konnotationen als Definitionsbedeutung“ (und in diesem Sinne kulturelles Erbe) bis „Konnotationen als globale axiologische Konnotationen“ (eine Konnotationskette besitzt einen positiven oder negativen Wert) bei Eco, *Einführung in die Semiotik*, S. 108ff. Eco behandelt die Bedeutung, die der Interpretant sprachlichen und bildlichen Denotationen oder Lexemen beimisst. Im Gegensatz hierzu geht Lakoff in seiner generativen Semantik von der Bedeutung aus, die Konzeptionen dadurch erhalten, dass sie erfahrungsgemäß in einer gewissen Situation beheimatet sind. Lakoff spricht von dieser Situation als „scenario“. Siehe Lakoff, *Women, Fire, and Dangerous Things,* S. 286.

charakterisiert er das Körperinnere als generativen Raum. Unter den Konzeptionen des Körpers findet sich somit ein räumliches Körperbild.

Der Ba des Osiris stellt nach den Aussagen in den Sargtexten CT 94–96 ein Produkt intrakorporaler Umwandlungs- und Entwicklungsvorgänge dar. Die Identifikation mit Osiris, der aus der Flüssigkeit seines Fleisches Sperma herstellen kann, über das er nach seinem Tode verfügt, beruht auf Konzeptionen des lebenden Körpers. Die Flüssigkeit die bei der Mumifizierung dem einst lebenden Körper durch das Salz entzogen wird, wird als Materie zur Entwicklung neuen Lebens verstanden und positiv gewertet. Folglich demonstriert Osiris als Organismus, der auf der Erde gelebt hat, die Unverzichtbarkeit des Körpers für einen Toten. Die existenzielle Auslegung des Körpers wird besonders in den Texten auf der Westseite greifbar.

Darüber hinaus bildet die Lage der Mumie im Sarg ein Kriterium des Daseins: Erstens, da nur eine Person im Sarg liegt. Zweitens, indem sie auf der Seite liegt und sich mittels dieser Körperposition auf ihre rituelle Umgebung bezieht.[689] Räumliche, beziehungsorientierte und existenzielle Auffassungen vom Körper sollen als konzeptionelle Basis zur Erfassung des Zusammenspiels einzelner Personenfaktoren und zu deren Abgrenzung untersucht werden.

Die räumliche Auslegung des Körpers

Die Leben erzeugende Luft füllt die Mumie und verleiht ihr Volumen. Die für die Ausdehnung in den Gliedern – nämlich in Beinen (*rdwy*), Armen (*ʿwy*) und Gliedern (*ʿt*) – verwendeten Verben sind „wachsen“ (*rd*), „entstehen“ oder „werden“ (*ḫpr*) und „sich erheben“ (*šw*). Sie beschreiben die zunehmende Ansammlung der Luft, wodurch das Fassungsvermögen des Körpers, vermutlich bis auf seine natürliche Größe als Lebender, wieder hergestellt wird. In den Sargtexten findet sich als Hinweis auf die Ausdehnung der Luft der *ḏr*-Bereich Atums (CT I 318c). Die Ausatmung bringt daraufhin den Luftstrom als „Wind des Lebens“ (*ṯ3w n ʿnḫ*) hervor. Dieses Verständnis des Textinhaltes von CT 75 gründet sich einerseits auf die Auffassung vom Körper als Raum und andererseits auf eine Konzeption der Luft, *die im Körper ist.* Als Zeugungsfähigkeit füllt diese dort die Räume und macht aus der Mumie einen lebensfähigen Körper, der seine Lunge ausdehnen kann, wenn er tief Luft holt, eine starke Muskulatur hat und

689 In diesem Zusammenhang sei nur an die Lokalisierung der Sprechhandlungen sowie die Interaktion zwischen dargestellten Gegenständen bzw. Örtlichkeiten und der Toten erinnert. Zum Sarg als ein, dem Körper der Toten angepasster, sie umgebender und abgrenzender Raum siehe Meyer-Dietrich, *Nechet und Nil*, S. 131ff.

kräftig ausatmet. Diese Konzeption der Luft findet ihren religio-symbolischen Ausdruck auch in den Tätigkeiten des Luftgottes Schu, der den Raum herstellt und Herr über die Winde ist.[690]

Die körperliche Erfahrung beim Atmen (der mit dieser verknüpften Bewegung der Muskeln, Ausdehnung des Brustraumes, Hebung der Brust in liegender Körperposition, Spüren des Luftstromes an der Nase) bildet als Wahrnehmung die Grundlage für *image*-Schemata, wie sie von Johnson beschrieben werden. Unser konzeptuelles System behandelt Erfahrungen und Erlebnisse auf zwei Ebenen: Die elementare Ebene, auf der wir das sinnlich Wahrgenommene unterscheiden können, und die Ebene von *image*-Schemata, auf der unser Verstehen geformt wird. Johnson definiert Schemata zur kognitiven Verarbeitung – im Sinne einer körperliche Erfahrungen einordnenden, vergleichenden und Zusammenhänge schaffenden Aktivität – folgendermaßen:

> A schema is a recurrent pattern, shape, and regularity in, or of, these ongoing ordering activities. These patterns emerge as meaningful structures for us chiefly at the level of our bodily movements through space, our manipulation of objects and our perceptual interactions.[691]

Mit Hilfe dieser dynamischen, wiederkehrenden Grundformen organisieren wir unsere Erfahrungen, messen ihnen Bedeutung bei, verstehen und wenden wir neue Erfahrungen an. Es sind sinnreiche Strukturen, die sich aus den motorischen, kinesthetischen und sinnlichen Erfahrungen als Mensch mit einer bestimmten Körperlichkeit ergeben. Als wirkungsvolle Gestaltstrukturen der Imagination und des Verständnisses begrenzen *image*-Schemata die Möglichkeiten, unsere Erfahrungen zu verstehen. Sie bilden einen Fundus wiederkehrender Muster.[692] Derselbe Autor betont den konstruktiven Aspekt und die Flexibilität der *image*-Schemata, die ihre Verwendung in den unterschiedlichsten Kontexten erlaubt.[693] Hübler fasst die wichtigsten Konsequenzen, die sich aus Johnsons Ansatz ergeben, zusammen: Erstens, dass Wissen als menschliches konzipiert sein muss. Zweitens, dass Wissen in einer Verstehensgemeinschaft geteilt wird, und drittens:

> dass ein Verstehen, welches man mit anderen teilt, nicht nur eine Frage von Konzepten und Propositionen ist, die man mit anderen teilt, sondern auch eine Frage von verkörperlichten Strukturen des Verstehens, wie es die

---

690 *RÄRG*, S. 685.

691 Johnson, *The Body in the Mind*, S. 29.

692 Johnson, *The Body in the Mind*, S. 208.

693 Johnson, *The Body in the Mind*, S. 30.

image-Schemata darstellen. Sie bilden sich in unserem körperlichen Funktionieren und operieren als wiederkehrende Muster beim dynamischen Erfahren/Erleben (*experience*) von Welt, sie strukturieren die Interaktion zwischen uns/unserem Organismus und der Umwelt.[694]

Von Johnson vorgeschlagene[695] *image*-Schemata, die dem Körper als Raum und damit verbundenen physiologischen Prozessen zugrunde liegen, sind:

- *Containment* – der Körper als Behälter
- *In-out orientation* – die Interaktion mit der Umgebung
- *Boundedness* – die Begrenzung des Raumes

Ihr Vorkommen in den Sargtexten soll in dieser Reihenfolge geprüft werden.

Containment – der Körper als Behälter

Das Lexem *ḥꜥw*, das, nach der bisherigen Untersuchung, für den Körper im Sinne eines generativen Raumes verwendet wird, erscheint in den Sargtexten in Spruch CT 105. Dort beruft sich der Tote auf Osiris als seinen Fürsprecher:

Osiris hat über mich gesagt:
„Mögen ihm seine Knochen gegeben,
seine Glieder gebracht
und ihm sein Körper (*ḥꜥw*) vereinigt werden!"
Und so sind mir meine Knochen gegeben,
mein Körper (*ḥꜥw*) gebracht
und meine Glieder für mich vereinigt worden,
so wie mein (*ḥꜥw*) Körper isst.[696]
Mein Körper (*ḥꜥw*) ist mir gegeben worden,
so wie die Große den, der auf seiner Seite ist, vervollständigt.
Meine Augen sind mir von Mechenty-n-irty geöffnet worden.
Meine Ohren sind mir von Mechenet-wr geöffnet worden.
Ich habe den Beifall aus dem Mund des Hofstaates gehört.[697]

„Der auf seiner Seite ist" ist eine Bezeichnung für Osiris oder den Toten, die die Position des Körpers, der ja in einem Kastensarg in Seitenlage ruht, wiedergibt. Einem Körper (*ḥꜥw*), in dem etwas gesammelt und vereint wird, indem es gegessen wird, liegt das *image*-Schema *Containment* zugrunde. Der Zugang zu diesem Behälter sind der Mund, die Augen und die Ohren,

---

694 Hübler, *Das Konzept ‚Körper' in den Sprach- und Kommunikationswissenschaften*, S. 286.

695 Johnson, *The Body in the Mind*, S. 126.

696 Derselbe Ausdruck erscheint auch in CT II 117d–e, der auf einem Sarg aus Beni Hassan steht.

697 CT II 113k–114g nach G2T.

die geöffnet werden, damit, wie es in dem oben zitierten Spruch heißt, „der Beifall“ eindringen kann. In der Aufforderung, die in dem als nächstes angeführten Spruch, CT 235, an den Toten ergeht, ist das *image*-Schema *Containment* durch die Auffüllung des Behältnisses mit Flüssigkeit gegeben[698]:

Du hast deine Beine, erhebe deinen Körper (*ḥꜥw*)!
Vereine dir deine Glieder!
Wende deine Schritte hin zum Tribunal,
zu dem Ort, an dem die Götter sind,
damit sie dir die Flüssigkeit (*rḏw*) geben, die aus dir gekommen ist!
Dein Herz wird deshalb nicht ermattet sein.
Ziehe dahin! Ziehe dahin, du bist nicht länger müde!
Durchfahre den Himmel und die Erde,
du bist nicht länger müde![699]

Der von Roeder besprochene Sargtext CT 149, durch den der Tote in einen Falken verwandelt werden möchte, um in dieser Gestalt seinen Feind zu überwinden, verwendet den Ausdruck „menschlicher Leib“ (*ḥꜥw rmṯ*):

Ein Mann spricht, versehen mit zwei Sandalen, rotem Leinen und einem Brustschurz:
„Ich besitze einen menschlichen Leib,[700]
der ärgerlich aus der Flammeninsel kommt.
Es wird mir geöffnet im Tribunal wegen dessen, was mir angetan wurde
– des Unrechts durch meinen Feind.
Ich erbitte mir die Verwandlung in einen Falken, der wie die Menschen geht.
Ich komme heraus aus dem Horizont ohne dass mich ein Gott behindert.“[701]

Hier wird das Lexem *ḥꜥw*, der Leib, ausdrücklich auf das menschliche Dasein auf der Erde bezogen. Der Spruch handelt im Übrigen von der Verwandlung in eine Erscheinungsform (*ḫprw*), die somit das Äußere der körperlichen Erscheinung aufgreift. Das könnte die Ursache dafür sein, dass im ganzen Text nirgends im Körper liegende Hohlräume, Organe, Fleisch oder eine andere physiologische Substanz als Schöpfungsmaterie bei einer internen Entstehung aufgegriffen werden. Hingegen ist das Grundkonzept – Verwandlungsprozesse, die sich intrakorporal oder in Räumen verborgen

[698] Weitere Belege in CT 237–CT 239.

[699] CT III 301c–302e nach T3C, Schluss ergänzt mit G1T.

[700] Grieshammer macht auf die Betonung des menschlichen Leibes, auf den der tote Sprecher hinweist, aufmerksam: „Die Hss aus el-Bersheh, der Pap. Berlin, S2C[C] und S2C[d] betonen *ḥꜥ-rmṯ* durch das Demonstrativum *nw* + *n* + folgenden partitiven Genitiv.“ Vergl. Grieshammer, *Das Jenseitsgericht in den Sargtexten*, S. 135 Anm. 2.

[701] CT II 227b–232a, Übers. Roeder, *Mit den Augen sehen*, S. 27.

vollziehen – im Text beibehalten. Es wird nämlich vom Toten als Ort seiner Verwandlung (von Menschengestalt in den Falken) „das Haus des Chontamenti“[702] angegeben. Die äußere Erscheinung einer Person dient dazu, das Wesen eines Menschen zu offenbaren. Zu dieser Auffassung bringt Buchberger einige Belege aus den Sargtexten. Am klarsten kommt dies in folgender Aussage zum Ausdruck:

Dass mein Feind Angst vor mir hat (und) auf sein Doppelgesicht fällt, ist, wenn er mich sieht, mein Gesicht als Falke geformt (und) meine Cheperugestalt der des Re vergleichbar.[703]

Im selben Text wird kurz darauf der Anblick des Gesichtes bestätigt: „so hast du, Atum, mich betreffend gesagt, als du mich sahst“ (CT IV 92b). Im Gegensatz zu obigem Gebrauch von *ḥꜥw* für den Leib der Menschen wird in Spruch CT 312 das Lexem für den Leib der Götter verwendet. Dort präsentiert sich der Sprecher:

Ich bin der, der im Iachu (*iꜣḫw*) ist,[704]
ich bin ein Ach, entstanden und geschaffen, und vice versa,
im Leib (*ḥꜥw*) des Gottes.
Ich bin einer von den Göttern und von den Achs, die im Licht sind,
die Atum aus seinem Fleisch geschaffen hat,
die entstanden sind aus der Wurzel seines Auges.[705]

In der hier geschilderten Kosmogonie wird der Leib Atums ebenfalls als ein Gefäß in dem sich Schöpfung ereignet konzipiert. Dieses lässt sich aus der näheren Beschreibung der Schöpfung, die „im Leib des Gottes“ (*m ḥꜥw nṯr*) „aus seinem Fleisch“ (*jwf.f*) und seiner Augenwurzel (*wꜣb n irt.f*) erfolgt, schließen. Wie in den Sargtexten CT 94 und CT 312, so bildet auch in Spruch CT 39 das Fleisch die im Körper vorhandene Schöpfungsmaterie:

Mein Erzeuger hat mich aus dem Körper (*ḥꜥw*) seines Fleisches und dem Sperma, das aus seinem Phallus hervorgekommen ist, gemacht.[706]

---

[702] CT II 241b.

[703] CT IV 91o–q, Übers. Buchberger, *Transformation und Transformat*, S. 498.

[704] Nach Englund (mündliche Kommunikation) bezeichnet das Dasein im Iachu (*iꜣḫw*) den Sprecher als einen potentiellen Ach.

[705] CT IV 74g–75b. Bickel, *La Cosmogonie égyptienne avant le Nouvel Empire*, S. 119; Brunner, Zum Verständnis des Spruches 312 der Sargtexte, *Das hörende Herz*, S. 310; Buck, The Earliest Version of the Book of the Dead 78, *JEA* 35, S. 93 und Englund, *Akh – une notion religieuse dans l'Égypte pharaonique*, S. 74ff.

[706] CT I 169b–c (nach B16C).

Die potentielle Schöpfung tritt in Form einer Flüssigkeit aus dem regenerativen Körper des Gottes Osiris hervor. In CT 39 und CT 94 bildet das Sperma diese Flüssigkeit. In CT 1130 erschafft Atum durch Schweiß und Tränen, die aus seinem Körper hervortreten. In Spruch CT 47 wird der Körper als Innenraum metaphorisch als Barke aufgefasst:

Möge sie (Hathor von Punt) dich salben (Var. dir geben) mit Myrrhe im großen Haus unter denen, die aus der Barke des Leibes hervorgekommen sind.[707]

Die „Barke des Leibes" wird, worauf Buchberger in den Anmerkungen zu demselben Spruch hinweist,[708] ebenfalls im Grab des Antefoker in einem Hymnus für Hathor gebraucht: „Erste an Rang in der Barke des Leibes".[709]

Die in Sargtext CT 47 hergestellte Identität von Körper und Schiff ist außer auf den Särgen aus el-Bersheh auch in dem verbreiteten Spruch CT 398 belegt.[710] Beim metaphorischen Gebrauch des Körpers nach dem *image*-Schema *Containment* werden in diesem Text Glieder (*ꜥwt*) und Knochen (*ḳsw*) genannt. Sie repräsentieren einzelne und feste Bestandteile des menschlichen Organismus. Auf dem Weg über die Schiffsteilvergottung werden sie im Körper rituell versammelt und verbunden.[711] Durch den Fährmann, der den Auftrag dazu erteilt, wird der Leib als Innenraum dargestellt. Dieser sagt über die Fähre:

„Sieh, du! Sie ist auf der Werft, ohne ausgehöhlt zu sein!
Höhle sie aus, zimmere sie und füge sie zusammen…"[712]

Der Fährmann stellt das Boot als auszuhöhlenden (*šdj*) Schiffskörper dar. Dieser soll in ein Gefäß verwandelt und seine Einzelteile geordnet und ihrer Bestimmung übergeben werden. Die Analogie zwischen dem als Innenraum konzipierten Körper und dem ausgehöhlten Boot entsteht durch den metaphorischen Gebrauch eines *image*-Schemas (Spenderdomäne) beim Umgang mit dem Objekt „Boot" (Empfängerdomäne). Im nächsten Spruch,

---

707 CT I 204f–205a. Assmann übersetzt „unter denen, die in der Barke des Leibes aufsteigen". Assmann und Bommas, *Totenliturgien in den Sargtexten des Mittleren Reiches* I, S. 252.

708 *Anmerkung* 1 bei Buchberger, *Transformation und Transformat*, S. 485.

709 Grab Theben 60 [13]. Weitere Belege aus den Sargtexten bietet CT IV 88p; 93m–n: „Deine Liebe [*mrwt.k* Var. Deine Mutter *mwt.k*] ist in der Barke des Leibes. […] Ich bin Osiris, Gebs Sohn, Res Stellvertreter. Meine Liebe/Mutter ist in der Barke des Leibes (*wjꜣ n ḥꜥw*)". Übers. *Buchberger, Transformation und Transformat*, S. 479. Schreibung von Leib (*ḥꜥw*) ist auf B5C mit .

710 CT 398 ist belegt auf Särgen aus Meir, Gebelein, Assuan und Theben.

711 CT V 122e–123a.

712 CT V 124a–c.

CT 49, taucht das Lexem *ḥꜥw* in dem von Assmann und Bommas als Sequenz der Stundenwachen behandelten Text auf:

Seid wachsam, ihr in der Reinigungshalle,
passt auf, ihr in der Balsamierungshalle,
seht der Gott,
sein Leib (*ḥꜥw*) ist in Furcht vor den Feinden, die sich verwandelt haben!
Zündet die Fackeln an, ihr Hüter der Kammer, ihr Götter in der Finsternis![713]

In den Anmerkungen zu ihrer Übersetzung richten Assmann und Bommas ihr Augenmerk auf ein interessantes Detail, nämlich dass die „Finsternis" durch das Raum-Determinativ als dunkler Ort bezeichnet wird. Es könnte sich deshalb meines Erachtens bei der Aufforderung an die Götter um eine Identität von Körperinnenraum und Kammer (*ꜥt*) handeln, zumal im Balsamierungsritual die Götter als sich *im* Leib befindend gedacht werden.[714] Diese Annahme wird durch Textparallelen einer Aussage in CT 75 gestützt, die anstatt „Mein Ba wird nicht bewacht von denen, die die Kammer des Osiris bewachen" die Variante „Mein Ba wird nicht bewacht von denen, die die Glieder des Osiris bewachen"[715] haben. Auch das Essen[716] und Schlucken von Körperteilen findet sich in den Sargtexten. So werden das Auge[717] und die Halswirbel von dem Toten geschluckt, wobei dieser die Rolle einer Schlange oder Göttin annimmt.[718]

Nachdem der Ba die Zeugungsfähigkeit des Osiris auf Re übertragen hat und seinerseits durch Re dessen Fähigkeit zur Zeugung bekommen hat,[719] kehrt er zum Körper der Toten zurück. Die Rückkehr des Ba ist auf M3C als Koitieren mit Osiris formuliert worden. In Spruch CT 44 wird die Rückkehr der Zeugungsfähigkeit mit folgender Wirkung im Leib verbunden:

Möge veranlasst werden, dass du dich zu den Insassen der Barke gesellst
durch die im Gefolge, (als) einer der verklärt wurde durch Strahlen wie Re,

---

[713] CT I 216b–f. Übers. Assmann und Bommas, *Totenliturgien in den Sargtexten des Mittleren Reiches* I, S. 267. „Seht der Gott, sein Leib" *mtn nṯr ḥꜥw.f* mit B12C, B10C[c], B16C. Die anderen Särge haben „Gottesleib" *ḥꜥw nṯr*.

[714] PBoulaq 3: 3,13–3,14.

[715] CT I 362d–364a.

[716] Siehe die auf S. 233 zitierten CT II 113k–114g.

[717] CT II 207c; CT II 315c.

[718] Der Tote in der Rolle des Nehebkau schluckt die sieben Uräen = sieben Halswirbel in CT V 36g–37a, als „Die Große des Atum" in CT II 51e (nach T1L), CT II 52h und als Hathor in CT II 54a. Näheres bei Meyer-Dietrich, Die göttliche Mahlzeit vor Sonnenaufgang im Alten Ägypten. In: *Le Repas de Dieu. Das Mahl Gottes*, S. 29f.

[719] Formuliert als „Ba auf der Erde" in CT I 56d.

indem du erschienen bist als einzelner Stern.
Leben gehöre dir, Sein gehöre deinem [...] und Heil deinen Gliedern,
indem du wachst über deinem Leichnam (*ẖ3t*) und nicht ausgesperrt wirst
durch die *sḏtjw* im Jenseits.
Das Herz deines Ba, es möge sich deines Leibes (*ẖt*) erinnern,
damit er das Ei (*swḥt*) glücklich mache, das dich geschaffen hat.[720]

Žabkar behandelt diesen Spruch als Beispiel für die gegenseitige Abhängigkeit von Ba und Körper. Sein Kommentar zu „Das Herz deines Ba, es möge sich deines Leibes erinnern, damit er das Ei glücklich mache, das dich geschaffen hat" lautet: „[a text which] emphasizes the interdependence of the Ba and the corpse sometimes in rather bizarre terms".[721] Ausgehend vom Verständnis des Ba als Zeugungsfähigkeit, die durch Re erzeugt oder aufs Neue erstarkt worden ist, verliert die Textstelle ihre Absonderlichkeit: Die Erinnerung gewährt die Rückkehr des Ba zum Körper des Sargbesitzers (und nicht zu irgendeinem anderen Toten). „Damit er das Ei glücklich mache" (*smꜥr*) bildet meines Erachtens eine Parallele zu CT 95, ein Text, der ebenfalls von der Wirkung der Zeugungsfähigkeit im Körper selbst handelt.[722] Im oben zitierten Spruch CT 44 bewirkt der Ba die Beglückung des Eies, das ist der Uterus, in dem sich ihr Erzeuger (Re) entwickelt, in Spruch CT 95 das Erhitzen der Gebärmutter. Wenn Atum in Spruch CT 80 seine Kinder schildert, bildet ebenfalls das „Ei im Körper" (*swḥt m ẖt*) einen Raum, in dem der Sohn wirkt.[723] Dort sagt Atum über Schu, dem er den Namen „Leben" gibt:

Es ist mein Sohn der lebt, den ich in meinem Namen erzeugte (*wtṯ*),
weil er den am Leben zu erhalten weiß, der im Ei im Leib (*ẖt*) ist,[724]
(nämlich) die Menschen, die aus meinem Auge hervorkommen,
das ich ausgeschickt hatte als ich allein war.[725]

In den Augen seines Vaters Atum besteht die Aufgabe des Gottes Schu in der Erhaltung des Lebens, das sich noch als Foetus im Leib befindet.[726]

---

720 CT I 181f–182g. Übers. Assmann. Weitere Belegstellen zur Kommunikation zwischen Leichnam und Ba, in denen es sich um die Erinnerung des Ba handelt, bei Assmann und Bommas, *Totenliturgien in den Sargtexten des Mittleren Reiches* I, S. 205.

721 CT I 182f–g. Žabkar, *A Study of the Ba Concept in Ancient Egyptian Texts*, S. 109. Siehe dort auch weitere Belegstellen zur gegenseitigen Abhängigkeit von Ba und Körper.

722 Entgegen Assmann, der das Ei mit der Mumie gleichsetzt und die Sarglegung als *regressus in uterum* ausdeutet. Assmann, *Tod und Jenseits im Alten Ägypten*, S. 128.

723 Späte Textzeugen (Osirisinschrift zu Nysa, Diodorus Siculus I, 27,5) zum Ei des Osiris, in dem sich das Licht entwickelt, bei Bergman, *Isis-Seele und Osiris-Ei*, S. 73ff passim.

724 Zandee übersetzt CT II 32c mit „der im Ei ist im zugehörigen Mutterleibe".

725 CT II 33b–e nach B2L.

Schu selbst charakterisiert sich als Resultat einer Schöpfung die in der Präexistenz stattgefunden hat, indem er eine Entwicklung, die sich (wie bei Re) im Ei/Uterus ereignet, verneint:

Dieser N ist (Var. Ich bin) Schu, den Atum erzeugt (*km3*),
in welchem Re entsteht.
Ich bin nicht im Leib (*ẖt*) geformt (*ḳd*), ich bin nicht im Ei (*swḥt*) geknüpft (*ṯs*).[727]
Ich wurde nicht empfangen (*iwr*) in einer Empfängnis.
Aus dem Speichel seines Mundes spuckte (*išš*) Atum mich aus,
zusammen mit meiner Schwester Tefnut.[728]

In Spruch CT 75 macht sich die Tote ebenfalls Kräfte zunutze, die in ihrem Körper wirken, ohne dass sie empfangen wurden, auf irgendeine andere Weise in den Körper hineingebracht, dort geformt oder durch eine Verwandlung im Körper entstanden sind. Es handelt sich hierbei um die schöpferischen Kräfte des Beschlusses „in seinem Herzen (*ib*) schuf er mich"[729] und der Verwirklichung „mit seiner Achu-Kraft (*3ẖw*) machte er mich".[730] In beiden Fällen ist von einer im Körper des Schöpfergottes vorhandenen und dort wirksamen Kraft die Rede. Bickel schreibt zu dieser Stelle:

> Les verbes utilisés en relation avec *ib* sont *ḳm3*, *jr* et *ḳd*, des termes qui expriment l'action de créer et de façonner. Il ne peut donc s'agir de l'organe du cœur qui n'a aucune possibilité de projeter directement un élément créé hors du corps. Dans le contexte qui nous occupe, *jb* n'est pas le cœur du créateur, mais sa volonté qui émane du cœur. C'est une puissance qu'il tire de lui-même et qu'il émet. Cette émanation, invisible mais non moins efficace, a la même valeur que les sécrétions plus physiques.[731]

Als im Körper vorhandene Kräfte, die dort etwas erschaffen, machen oder bilden, charakterisieren sie das Körperinnere als Schöpfungsort. Andere

---

726 Die Unterscheidung von Urzustand bzw. Erhaltung der Schöpfung ist von Bickel herausgearbeitet worden. Bickel, *La Cosmogonie égyptienne avant le Nouvel Empire*, insbes. S. 123ff.

727 Zu Knoten *ṯs* als Schwängerung der Isis in CT 148 siehe Hannig, Die Schwangerschaft der Isis. In: *Festschrift Jürgen von Beckerath*, S. 93ff.

728 CT II 3d–4a (nach B1P).

729 Te Velde betont beim Herzen auch die physische Komponente: „The hearts of gods, humans, and also animals, in so far as in the latter case this is not a poetic metaphor, were regarded as a purely physical matter. The heart of man is his core. […] The heart as man's centre ‚speaks', i. e., beats, in his members (Book of the Dead 27) and directs (Sauneron, *Les Fêtes religieuses d'Esna*, S. 96)". Vergl. Velde, Some Remarks on the Concept ‚Person' in the Ancient Egyptian Culture. In: *Concepts of Person in Religion and Thought,* S. 93.

730 CT I 336c –338a.

731 Bickel, *La Cosmogonie égyptienne avant le Nouvel Empire*, S. 87.

Kräfte befinden sich als Fähigkeiten im Körper und werden erst wirksam, indem sie aus diesem heraustreten. Die mit dem Verlassen des Körperinneren verbundene Wirkungsweise basiert auf einer beziehungsorientierten Auffassung vom Körper. Es handelt sich um das *image*-Schema *In-out orientation.*

In-Out Orientation – die Interaktion mit der Umgebung

Die Innen-Außen-Orientierung spielt in den Sargtexten eine Rolle bei einem Körper, der, wenn er aus der Lebenswelt kommt, Erfahrung, Wissen und Kraft mitbringt. Sie ist bereits von mehreren Autoren beobachtet worden. Assmann geht auf die positive Bewertung des Inneren bei einem Mitglied der Gesellschaft ein. Er schreibt als Ergänzung zum Begriff der Person im Lexikon der Ägyptologie:

> Die Zweiteilung in Leib und Seele ist den Ägyptern fremd, nicht dagegen die Unterscheidung von ‚Innen' und ‚Außen'. Belege für diese Unterscheidung finden sich in folgenden Kontexten: a) Ausdrücke für königliche, göttliche und richterliche ‚Allwissenheit', die ins verborgene ‚Innere' der Menschen dringt. b) Ausdrücke für ‚Arcandisziplin' (Verschwiegenheit) und Selbstkontrolle, wo das ‚Innere' entweder als Ort des Wissens ‚verhüllt' oder als Sitz der Emotionen unterdrückt wird. c) Ausdrücke für die ‚Innerlichkeit' loyalistischen oder religiösen Engagements.[732]

Von diesen drei Anwendungsbereichen einer Innen-Konzeption ist für Tote die erwünschte Konnotation von einem im Körper verborgenen Wissen belegt. Auf M3C wird auf das inkorporierte Wissen zur Verteidigung in Spruch CT 418 angespielt, wenn die Sarginhaberin Zaubersprüche (*ḥkꜣ*) und Formeln (*ꜣḫw*) bewahren kann, indem sie ihren Körper (*ḏt*) verteidigt. Dass auch ein im Körper verborgener Name schützt, ist in den Sargtexten durch den bereits oben zitierten Spruch CT 1130 belegt:

Sie können nicht sprechen aus Angst vor dem, dessen Name (*rn*) verborgen ist und der in meinem Körper ist. Ich kenne ihn, ich verkenne ihn nicht.[733]

Der Name kann erst zur Wirkung gelangen, indem er ausgesprochen wird:

Ich bin es. Ich bin mein Name.
Gott ist mein Name. Nicht vergesse ich ihn, diesen meinen Namen.
O Bat-Isis, versiegle nicht meinen Namen!
Gott ist mein Name. Nicht vergesse ich ihn diesen meinen Namen.[734]

---

[732] Assmann, Persönlichkeitsbegriff und -bewußtsein, *LÄ* IV, Sp. 973.

[733] CT VII 470d–f.

[734] CT V 236d–237d. Übers. Münster.

Hierzu kommentiert Münster: „Wenn der Mund ‚versiegelt', verschlossen wird, kann der Name nicht mehr ausgesprochen werden; damit ist er keine Wirklichkeit mehr".[735] Auch die Prüfungsgespräche, in denen der Sargbesitzer sein Wissen beweisen muss, bilden als Aussprechen der Namen, von beispielsweise Schiffsteilen, eine Schöpfung, die sich durch die Äußerung von Kenntnissen ereignet. Die eine Beziehung herstellende Funktion des *image*-Schemas *In-out orientation* wird durch die Position der Prüfungstexte erhärtet. Sie stehen in der Regel an Übergangsstellen: die Fährmannstexte und das Zweiwegebuch nahe des Horizontes,[736] dasselbe gilt für die Abscheusprüche und die Gerichtsverhöre.[737]

Als göttliche Personifikation des schöpferischen Ausspruchs (*Ḥw*)[738] verlässt Senebi ihren Sarg. Auch er gelangt zur Wirkung, indem er den Raum verlässt. Das *image*-Schema *In-out orientation* des Körpers (Spenderdomäne) wird außer bei dem Sarg (Empfängerdomäne) auch bei Gebäuden angewendet.[739] So schreibt Arnold zum ägyptischen Tempel:

> Der Gegensatz Innen-Außen kommt in jedem Einzelbild durch die Ausrichtung seiner Handlung zum Vorschein. In allen Bildern wendet sich die Tätigkeit der Menschen […] nach innen, während die verehrte Gottheit stets aus dem Tempel herausblickt. Durch diese allgemeine Handlungsrichtung zieht durch alle Darstellungen eine fortlaufende Bewegung, die an der Tempelfassade beginnt und an der Rückwand des Allerheiligsten hinter dem Kultbild endet.[740]

Dieselbe Grundauffassung prägt auch die Sichtweise vom Land Ägypten. Buchberger behandelt die Innen-Außen-Orientierung anhand eines Verspaares in der Lehre des Amenemhet: „Ich zog nach Elephantine und wieder zurück ins Delta. Ich stand auf den Grenzen des Landes und sah sein Inneres. Dass ich die Grenzen (genauer) die Grenzfestungen erreichte, war in meiner Kraft und in meiner Cheperu-Gestalt".[741] In seinem Kommentar zu

[735] Münster, *Untersuchungen zur Göttin Isis vom Alten Reich bis zum Ende des Neuen Reiches*, S. 197.

[736] Gegeben durch Lokalisierung der Sprüche auf dem Sargboden und den Textinhalt.

[737] Siehe Gerichtsorte bei Grieshammer, *Das Jenseitsgericht in den Sargtexten*, S. 100–106.

[738] CT I 350b.

[739] Siehe hierzu auch meinen Vortrag „Der Tempel als Körper. Das Verhältnis zwischen architektonischer und religiöser Praxis" bei der 7. Ägyptologischen Tempeltagung in Löwen (in Vorbereitung).

[740] Arnold, *Wandrelief und Raumfunktion in ägyptischen Tempeln des Neuen Reiches*, S. 128. Siehe zu diesem Punkt auch die von Roeder herausgearbeitete Vater-Sohn-Konstellation des Eintritts in das Kultgebäude. Roeder, *Mit den Augen sehen*, S. 272f.

[741] Lehre des Amenemhet, pMillingen 2,11.

dieser Aussage schreibt Buchberger: „Aus der Stilistik des in Rede stehenden Verspaares lässt sich unschwer die Bedeutung [KÖRPERLICHKEIT] ableiten. Formal ist die Struktur der beiden Verse die eines Chiasmus: *ḏr+w (w.) ḫpš.wt / ḫpš=i ḫpr.w=i*. [...] Der Term „Grenzen“ im Sinne von „Umriss“ bildet ein Element/eine Teilklasse des Terms Gestalt.“[742] Buchberger betrachtet in diesem Zusammenhang das Verhalten nach „innen“ als die Sorge um Nahrung und Ordnung und nach „außen“ als Abwehr gegen Feinde.[743]

Während durch Schlucken, Essen, Sehen und Hören etwas in den Körper hineingelangt, tritt durch Spucken, Ausatmen und Aussprechen etwas aus dem Körper heraus. Ein- und Austritt verschiedener Flüssigkeiten und weiterer Kraftträger stellen eine Überschreitung von Körpergrenzen dar. Die Bewegung in den Körper hinein wird als Einverleibung von Substanzen aufgefasst, die Kraft geben, ihren Träger zu Leistungen befähigen, ihn anderen überlegen sein lassen, oder ihn mit Macht ausstatten.[744] Es handelt sich bei einem Sprecher, der etwas isst oder schluckt nicht um ein bloßes Ersetzen verloren gegangener Kräfte, sondern, wie bereits von Verhoeven festgestellt, um ein Mehr, einen zusätzlichen Gewinn an Potentialität.[745]

Gefährliche Kräfte werden durch die Aufnahme in den Körper aus ihrer Umgebung eliminiert und stehen ihrem Träger bei Bedarf zur Verfügung. Inkorporiertes ist somit ein spezifischer Ausdruck für die Möglichkeiten ihres Wirtes etwas durchzusetzen oder zu verwirklichen.[746] Die Bewegung aus dem Körper heraus stellt dann die Aktualisierung der potentiell vorhandenen Möglichkeiten dar. Sie wird als Schöpfung konzipiert.[747] Als Kraft schützt sie ihren Träger, befähigt ihn, sich seiner Umwelt zu stellen und es mit dieser aufzunehmen.

Sargspruch CT 45 belegt für mehrere Personenkonstituenten die Überlegenheit, die einem Toten durch Kräfte verliehen wird, die er sich in der Tageswelt einverleibt hat. Der Text schildert den Empfang des Toten im Westen. Der Wegeöffner Wep-wawet spricht zum Toten:

---

742 Übers. und Komm. Buchberger, *Transformation und Transformat*, S. 502f.

743 Buchberger, *Transformation und Transformat*, S. 482.

744 Siehe zu Kräften, die sich der Tote einverleibt auch Goebs, Zerstörung als Erneuerung in der Totenliteratur, *GM* 194, S. 29–48.

745 Verhoeven, *Grillen, Kochen, Backen im Alltag und im Ritual Altägyptens*, S. 195f.

746 Anhand von PT 273–274 mit Belegstellen aus den CT behandelt in Meyer-Dietrich, Die göttliche Mahlzeit vor Sonnenaufgang im Alten Ägypten. In: *Le Repas de Dieu. Das Mahl Gottes*, passim.

747 Zu diesen in den Sargtexten belegten Schöpfungsweisen siehe Bickel, *La Cosmogonie égyptienne avant le Nouvel Empire*, S. 72–83.

Ich aber bin es, der dir deinen Weg öffnet,
dir deinen Feind niederwirft und dir seine Bande bestraft,
die gegen dich (der Tote), deine Speisen, deine Würde (*sꜥḥ*) antreten,
über die ich meinen Arm ausstrecke an diesem Tage,
an dem dein Ka sich daran befriedigt hat zusammen mit deinem Ba.
Ich bin Wep-wawet, der Erbe der beiden Brüder, der Sohn des Osiris.
N hier, gerechtfertigt:
Ich habe Heka zu deinem Schutz bestellt
und die Ach-Kraft (Var. die Verklärungen) der Isis zu deiner Stärkung.
Siehe du bist *ꜣḫ*-kräftig und *bꜣ*-mächtig
mehr als die südlichen und nördlichen Götter.[748]

Wep-wawet adressiert den Toten im Westen als gegenwärtig. Dass es sich bei Ba und Ach um eine Potentialität des Toten handelt, die sich durch das Überschreiten der Körpergrenze manifestiert, ist durch den Sprecher gegeben, denn der Wegeöffner handelt nur beim Übertritt in die Tageswelt. In seinen Epitheta bezieht sich Wep-wawet als „Erbe" und „Sohn" ja auch auf die Kontinuität des Daseins. Heka, das ein Wissen im Körper darstellt, wird den Toten schützen. Die Möglichkeit am Horizont im Osten zu einem Ach zu avancieren und wie Osiris im Westen einen Nachkommen zu zeugen steht dem Toten offen[749] und lässt ihn den Göttern im Süden und im Norden überlegen sein. Die Ach-Werdung kann als die Wirkung definiert werden, die durch das eigentliche Herausgehen hervorgerufen wird. Sie ist in den Sargtexten als Aktualisierung einer inkorporierten Kraft durch das Verlassen des Körpers gut belegt.[750] Kräfte im Körper sind entweder wie der Ba des Schu dort entstanden, oder wie die Speisen, Heka und die Knochen hineingekommen. Die Einverleibung der Knochen kann als Vorbedingung für den Ach-Zustand durch den Gott Nehebkau geschehen:

Ich bin die Nau-Schlange, der Stier der Neunheit,
der diese sieben Uräen geschluckt hat,
als Nehebkau, die sich aufrichtet,
die den Ach-Zustand jenen verleiht, die in ihren Höhlen sind.[751]

Die sieben Uräen (*iꜥrwt*) entsprechen den sieben Nackenwirbeln (*nḥbwt*). Nehebkau, dessen Name „Der mit den Ka-Kräften versehen ist" bedeutet,[752]

---

748 CT I 193b–194e. Übers. Assmann und Bommas, *Totenliturgien in den Sargtexten des Mittleren Reiches* I, S. 234. Die Überlegenheit ist auch belegt in CT I 244d.

749 Verwendung des Stativs in CT I 194e.

750 Belegstellen bei Englund, *Akh – une notion religieuse dans l'Égypte pharaonique*, S. 70–74, S. 85–89, S. 102–105 und S. 110–116.

751 CT II 53i–54c (nach M6C).

752 *LGG* IV, S. 273.

ist, nach CT VI 392h der Ka jeden Gottes. Meines Erachtens entspricht auf M3C das Einsammeln der Knochen auf Körperebene (in CT 398) dem Einsammeln der Kas für Atum auf kosmologischem Niveau (CT 75). Während Horus oder Nehebkau Knochen oder Kas in den Körper/die Einheit geben, kann Re die Kräfte in den Toten hinein geben, die dieser zu seiner Ach-Werdung benötigt:

Mein Vater Re hat mir die Kraft (*pḥṯy*) des Himmels und der Erde
in meine Glieder gegeben. Ich bin sein Sohn, der aus ihm hervorgekommen ist.
Ich bin wirklich einer unter denen, die dir, Re, folgen,
weil ich nach dir, Re, gekommen bin.
Ich bin wirklich ein Ach, der hervorkommt aus Hapi,
der hervorkommt aus Nun.[753]

Bei den zur *In-out orientation* zitierten Sprüchen handelt es sich immer um eine Kraft, die aus der vollendeten Schöpfung herrührt. Die Interaktion mit der Umgebung, um die es sich bei diesem *Image*-Schema handelt, wird aus den Umständen deutlich, die den Austritt aus dem Körper begleiten: Alle Tore sind geöffnet,[754] der Ach genießt göttlichen Status.[755]

Die *image*-Schemata zur Kommunikation mit der Umwelt berücksichtigen motorische, kinesthetische Bewegungen und Gesten kaum. Man könnte darüber spekulieren, ob die Gestenarmut in den Sargtexten sich aus der Ruhelage der Mumie erklären lässt, denn Gesten und Bewegungen werden auf dem Sarg M3C nur in Aussagen genannt, die sich auf den Tagesbereich beziehen: Das sind, zum einen, Anweisungen zu Gesten in den Opferhandlungen, die für die Sargbesitzerin vollzogen werden. Zum anderen, Gesten der Sargbesitzerin selbst, wenn sie als Schreiber der Hathor für diese Göttin durch Gesten rituelle Handlungen ausführt (CT VI 129b, 130b) sowie wenn sich die Tote das Hinausgehen bei Tage (CT II 78a) und das Aufsteigen in der Nachtbarke (CT VI 131n) wünscht. Außer diesen Bewegungen der Glieder sind Gesten auf den Kopf bezogen: Das Reinigen des Mundes, das an der Wiedergeborenen durch Osiris geschieht (CT II 81b), wenn die Sprecherin sich als „einer der sich am Scheitel salbt“ (CT II 81a) bezeichnet und schließlich in der Apposition zu Wepset „die das Haar der Götter teilt“ (CT I 382c). Das dritte auf körperlichen Erfahrungen aufbauende *image*-Schema ergibt sich durch den Körper als ein von seiner Haut umschlossener begrenzter Raum.

---

[753] CT VII 20k–o, der Spruch ist nur einmal auf einem Sarg aus Theben belegt.

[754] CT I 75b–i.

[755] CT I 142c–143d.

Boundedness – die Begrenzung des Raumes

Auf die Verwendung des Körpers, der das schützt, was sich in seinem Inneren befindet, ist in dem Abwehrspruch gegen die Wurfhölzer, der auf M3C am Fußende steht, und den Aussagen zum Namen, der sich im Körper befindet, bereits eingegangen worden. Sie gründet sich einerseits auf das *image*-Schema *Containment* andererseits aber auch auf *Boundedness*. Die Begrenzung des Körpers ist die Haut. Sie schützt und bewahrt den Inhalt, nämlich das im Leib (*ẖt*) inkorporierte Wissen. Dabei ist zu beachten, dass dieses praktische inkorporierte Wissen nicht mit der individuellen persönlichen Erfahrung identisch ist, sondern der Tote dazu kommen kann, indem er es sich aus dem Leib anderer (Vorfahren und Götter) nimmt[756] oder der Wegeöffner für ihn Heka bestellt.[757]

Nach CT 418 bildet der Körper (*ḏt*) eine Angriffsfläche für Wurfhölzer. Dieses signalisiert die Verwundbarkeit und Gefährdung der Körperoberfläche. Meskell geht, auf Grund des materiellen archäologischen Befundes – den bei einer Mumie verschlossenen Körperöffnungen – von einem verschlossenen Körper der *Person* aus. Sie deutet das Abdichten des Körpers als Maßnahme um die körperliche Vollständigkeit zu erhalten sowie Verstümmelung und Verletzung, das heißt Gefahren, die den Körper von außen her bedrohen, zu verhindern.[758] Möglicherweise wird der abgedichtete Körper in der *Religiösen Welt* als „versiegeltes Haus“ (CT I 352d) wiedergegeben. Die in Spruch CT 45 gemachte Aussage:

O mögest du gezählt und geheilt sein in dieser deiner Würde die vor mir ist.[759]

weist auf „Würde“ (*sꜥḥ*) als einen ebenfalls an den Körper gebundenen Aspekt hin. Das Konzept des Respektes für die Würde des anderen als eine Kulturtechnik, um eine (underpriviligierte) Gemeinschaft zu integrieren, exemplifiziert Kriesel am Beispiel der brasilianischen Gesellschaft:

> Das Konzept der Würde und die damit einhergehende Forderung nach Respekt sichert in Brasilien den moralisch geschützten Bereich und die Integrität der Personen trotz der hierarchisierten Beziehungen in der Gesellschaft. Wo Menschen durch Gewalt in der Integrität ihres Körpers bedroht werden, zeigt sich am schärfsten die Missachtung des Respektes für die Würde des anderen.[760]

---

[756] CT VI 178a.

[757] CT I 194c (nach B10C und B1Y).

[758] Meskell, *Embodied Lives*, S. 144ff.

[759] CT I 198e.

[760] Kriesel, *Der Körper als Paradigma*, S. 36.

In dem oben zitierten Wunsch (CT I 198e) zur Vollzähligkeit und Heilung kann meines Erachtens Würde als Ausdruck für die Integrität des Körpers, die durch den Tod bedroht worden ist, gemeint sein. Im Zusammenhang mit dem Körper konnotiert der Begriff Würde (*sꜥḥ*) anstatt Rang eher Unantastbarkeit oder Unnahbarkeit.[761] An der Furcht vor dem Umwunden- und Umschlungenwerden (CT II 132h) kann eine negative Konnotation von Begrenzungen, in diesem Fall als Behinderung oder Einengung, abgelesen werden.[762] In Spruch CT 492 öffnen sich die Horizonttüren für Ba, Ach, Heka und Schatten um zu Re zu gelangen und diesen in seiner wahren Form zu sehen. Die Wächter, die das Geheimnis des Osiris bewachen, sollen seinen Ba nicht gefangen halten. Dieses begründet der Tote wie folgt:

Das ist dieser Ba des Stieres des Westens,
dem gegeben worden ist, auf Erden zu koitieren.[763]

Folgendes Beispiel bestätigt die Auffassung der Sargtexte CT 94–97, derzufolge sich die Zeugungsfähigkeit (*bꜣ*) im konkreten Körper (*ḏt*) des Toten befindet und dem Leichnam, der mit dem Lexem *ẖꜣt* bezeichnet ist, zugeführt werden soll:

Mein Ba gehört mir, durch den ich zeuge.
Ich bin aus Mendes, (wo) das, was getan werden soll, das ist, was ich sage.
Nicht wird mein Leichnam (*ẖꜣt*) verhaftet und eingesperrt.
Ich bin der Leichnam (*ẖꜣt*) um den Atum geweint hat
und der von Anubis bestattet worden ist.
Mein Ba ist für meinen Körper (*ḏt*).[764]
Mein Schatten ist neben ihm.[765]

Die Ambivalenz der einerseits beengenden andererseits schützenden und verletzlichen Begrenzung bleibt bestehen, wenn das *Image*-Schema *Boundedness* auf die Begrenzung des Himmelsraumes übertragen wird. Der Horizont wird als Zone der Gefährdung, Überwindung von Hindernissen und des Triumphes über feindliche Kräfte, die eine Vereinigung beidseits des Horizontes liegender Gebiete verhindern könnten, konnotiert.

---

[761] Da Literatur zur Würde als Integrität des Körpers anhand ägyptischer Verhältnisse fehlt, ist an dieser Stelle nicht ohne Bedenken auf Kriesels Untersuchung der brasilianischen Kultur zurückgegriffen worden. Wünschenswert wäre eine Untersuchung dieses Begriffes anhand ägyptischer Quellen.

[762] Zum Öffnen der Augen etc. siehe die auf S. 233 zitierten Aussagen CT II 113k–114g.

[763] CT VI 72h–i.

[764] Ergänzung der Lacuna zu *bꜣ.i n ḏt.i* nach CT VI 77d entsprechend de Bucks Vorschlag.

[765] CT VI 74c–i (nach B3L).

Als Öffnungen an der Körperoberfläche bilden die in der Spruchfolge CT 94–97 verwendeten Begriffe Phallus (*ḥnn*), Mund (*r*) und Gebärmutter (*ḥmwt*) Orte zum Verlassen des Körpers.[766] Die Körperoberfläche ist demnach durchlässig, die Öffnungen werden jedoch laut CT II 72d bewacht. In dem folgenden Beispiel wird der Missbrauch einer Körperöffnung (in diesem Fall des Mundes, weil er etwas Schlechtes sagt) durch die im Körper aufbewahrte Heka bestraft:

Was anbetrifft jeden Gott, was anbetrifft jede Göttin,
was anbetrifft jeden Verklärten,
was anbetrifft jeden Verbannten und jede Verbannte,
der seinen Mund öffnen sollte gegenüber jenem NN an diesem Tag:
Er fällt dem Schlachtblock anheim,
dem Zauber (*ḥkꜣ*) der in jenem Körper (*ẖt*) jenes NN ist,
den schmerzenden Flammen, die vor diesem seinem Mund sind,
der Furcht vor dem NN, wenn sie ihn sehen.
Denn jener NN ist erhaben,
einer, der zuerst herauskommt,
einer, der keine Schwäche hat.[767]

In diesem Text wird, wie sonst der Horizont, der Mund als Ort des Gerichts, hier insbesondere des Strafvollzugs, dargestellt. In CT 94–96 wird sowohl der Austritt von Osiris' Ba aus dem Mund und als auch der aus dem Muttermund als Überwindung von Hindernissen aufgefasst. Die Geburt als Feindüberwindung mit Hilfe des Wegeöffners findet sich auch in dem Hymnus an Wep-wawet auf dem Kenotaph in der Kapelle des Wenemi, Gottessiegler von Abydos:

Gruß dir, Wep-wawet, der den Himmel von der Erde trennt,
Oberägyptischer Schakal, hervorgegangen aus der Nut,
indem du dein Gesicht erscheinen lässt auf ihren beiden Schenkeln
in diesem deinem Namen „Oberägyptischer Schakal".
Es zittern vor dir die Götter in (deinem) Zorn
in diesem deinem Namen des „Wegeöffners".
Es zittern die Götter in (deiner) Wut
in diesem deinem Namen „Herzzerbrecher".
Es zittern vor dir die Herren an der Spitze des Landes.
Es zittern vor dir die Götter in der großen Fürstenhalle von Heliopolis.

---

[766] Ebenfalls bildet der Mund den Übergang für den Ba in Spruch CT 576, wo es heißt: „Mein Same ist in meinem Mund" (CT VI 191l, n).

[767] CT IV 19b–20b. Übers. Roeder, *Mit dem Auge sehen*, S. 51f. Ein sehr später Beleg (Trajan) derselben Vorstellung ist die Theogonie von Esna, nach der der Rebell Apophis am Herauskommen in die Schöpfung gehindert werden soll, indem die Götter den Speichel, der über die Lippen der Neith kommen will, zurückstoßen. Esna, Säule II, 206, 10. Sauneron, *Le Temple d'Esna* III, S. 32, § 14.

Herr des Gemetzels, mit hoch aufgerecktem Hals,
weiter vorn befindlich als irgendein Gott.
Du bist stark im Himmel und gewaltig auf Erden.
Den alle Götter miteinander nicht abwehren können.
Groß auf deinen beiden Pfeilern.
Der die beiden Herrinnen (Schlangengöttinnen) hochhebt.
Zufrieden inmitten des Opfers.
Weiter vorn als alle Götter.
Mögest du mich der Macht empfehlen.
Mögest du mich bei der Maat (aufgenommen) sehen.[768]

Hingegen beschreibt die, in der Spruchfolge auf M3C für den Ba des Osiris gebrauchte Wendung „der ihr Papyrusdickicht schluckt“ das Herauskommen des Spermas nicht als Feindüberwindung, sondern als Verweilen des Samens im Körperbereich:

II 73b–74b	Als sein Ba und in seiner Gestalt an diesem Tag bin ich heute herausgekommen zu seinem Platz, der ihr Papyrusdickicht schluckt,
II 74c	(als) die zur Mitte gehörende, die sich am Scheitel salbt.[769]

Die Ejakulation wird durch die Charakterisierung des Platzes unmittelbar in eine Inkorporierung, die sich durch Schlucken ereignet, umgewandelt. Wie die Gebärmutter so bildet, bei diesem Verständnis der Stelle, das Papyrusdickicht bei der Entwicklung des Samens in Horus einen verborgenen Ort. Beide Orte (Schamgegend/Papyrusdickicht und Gebärmutter) sind auch in anderen Texten, die ebenfalls von der Geburt des Horus handeln, belegt. Eine Parallele zum Papyrusdickicht als ein Wassermilieu, in dem sich Horus im Verborgenen entwickelt, bietet ein Hymnus, in dem sich Isis mit folgenden Worten Schutz für ihren Sohn erhofft:

Erforsche uns doch eine lebende Macht,
die denjenigen dem Horus für dieses Jahr bringen könnte,
der den Himmel als Wolke bringen soll und die Erde als Nebel,
mit ruhigem Schritt und leiser Sohle,
damit der Schädling, der Sohn der Nut,[770] nicht den Weg zu ihm finden kann.[771]

---

[768] Abydos, Kapelle des Wenemi, 12. Dyn. Heute: Hannover Kestner Museum Inv. Nr. 1976.80 a/b. Der Gebetsgestus richtet sich aus dem Grab heraus auf den Prozessionsweg.

[769] CT II 73b–74c und ebenso CT 96 II 80c–81a.

[770] Gemeint ist Seth.

[771] Kees, Ein alter Götterhymnus als Begleittext zur Opfertafel, *ZÄS* 57, S. 92–120. Komm. bei Münster, *Untersuchungen zur Göttin Isis vom Alten Reich bis zum Ende des Neuen Reiches*, S. 82.

Eine Parallele zu Papyrusdickicht (hier als Chemnis bezeichnet) und Gebärmutter als der vom Samen „erhitzte" Ort (wie in CT II 73a) findet sich in Spruch CT 660:

Ihr Menschen, seht auf diesen Osiris NN, den Sohn der Isis (Var. des Osiris),
der empfangen worden ist in Pe, der geboren worden ist in Chemnis;
aufgezogen worden ist NN (Var. er verweilt) im Gefilde seines Feuers …
Dieser NN ist zum Horizont geflogen.[772]

Der Weg, den der Same/Ba des Osiris beschreibt, besteht, wie die Untersuchung von CT 94–97 ergeben hat, eigentlich aus zwei Kreisen, die der Sprecher quasi parallel schaltet. Jeder Kreis besteht aus einer Phase im Körper oder Körperbereich und einer extrakorporalen Phase. Im ersten Kreis bildet der Ba des Osiris eine intrakorporale Flüssigkeit, die durch die Existenz in der besonnten Tageswelt vorhanden ist. Sie tritt ungehindert aus dem Phallus hervor und unmittelbar wieder in den Körper ein. Erst wenn der Ba des Osiris als der „der die Gesichter beschädigt"[773] aus der Gebärmutter austritt, handelt es sich um eine Beseitigung von Hindernissen. Im zweiten Kreis kommt der „lebende Ba" (*b3.f ꜥnḫ*) des Osiris auf Götterbefehl hin aus dem Mund hervor.[774] Sowohl die Geburt als auch das Herauskommen aus dem Mund stellen jeweils eine Überwindung der Körpergrenzen und ein Verlassen des Körperbereiches dar. Es wird auch nur in diesen beiden Fällen ein „Hüter der Öffnungen", beziehungsweise der Gott Geb angerufen, um die Tür am Horizont zu öffnen. Die unterschiedliche Behandlung und Bewertung der Vorgänge (die rein physiologisch in allen Fällen Austritte aus dem Körper darstellen) – einmal (bei Mund und Muttermund) als Überwindung der Körpergrenzen gewürdigt, das andere Mal (beim Phallus) eliminiert durch die Umkehrung der Richtung, wodurch das Sperma im Körperbereich und dadurch verborgen bleibt – beruht auf dem Regenerationszyklus, innerhalb dessen sie sich ereignen.

Beide Kreise, die das Sperma des Osiris zur Entwicklung des Horus beschreibt, finden in der Nacht statt und enden mit dem Austritt aus dem Körper am Morgen. Zusammen mit dem Dasein im Licht bilden sie einen vollen Regenerationszyklus. Die Nachtkreise werden mit dem Tageskreis verbunden, indem die Tote als Neugeborene oder aus der Tageswelt kommend geschildert wird: sie hat die „Milch der roten Kuh, die Re täglich

---

772 CT IV 37e–m. Übers. Münster, *Untersuchungen zur Göttin Isis vom Alten Reich bis zum Ende des Neuen Reiches*, S. 73.

773 CT II 73a.

774 CT II 79b–80a.

gebiert“ im Mund,[775] sie lebt als Ba „bei Tag in der Höhe“ und sie beschreibt ihren Weg, den sie über den Himmel genommen hat. Auch Münster stellt in ihrer Untersuchung von Isis fest, dass es sich bei der Wiedergeburt eigentlich um drei Kreisläufe handelt.[776] Isis ist als Mutter des Horus und als Gattin des Re daran beteiligt. Münster trifft in diesem Zusammenhang die wichtige Feststellung:

> Die Rolle der Muttergattin geht gewöhnlich nicht von der Auffassung einer Göttin als Gemahlin eines Gottes, sondern als Mutter eines Gottes aus.[777]

Dieser für alle Sargtexte zur Wiedergeburt zutreffende Ausgangspunkt bietet meines Erachtens eine Erklärung dafür, warum im Regenerationszyklus durch das Sperma nur die Geburt des Horus und das Heraustreten von Osiris’ Ba aus dessen Mund nebeneinander gestellt, als wirkliche Zeugung und als dramatische Ereignisse fokussiert werden. Die Parallele ermöglicht der Sprecherin sowohl die Geburt aus der Mutter (sei diese nun Isis, Hathor, Bat oder Wepset) als auch die Generationsfolge aus dem Munde des Vaters Osiris (die Verfassung der Toten selbst) zu vollziehen.

Die unterschiedliche Bewertung des Samenaustrittes als Entwicklungsphase oder als Schöpfungsakt wird auch in dem von Münster als Wiedergeburtstext untersuchten Spruch CT 334 gemacht. Der Text ist durch einen Männersarg aus Gebelein belegt und steht am Kopfende.[778] Der Tote stellt sich dort vor:

Ich bin jener erste Same[779] des Re,
im Leib (*ẖt*) meiner Mutter Isis hat er mich geschaffen […]
stark im Himmel, mächtig (auf) Erden.
Meine Absicht (*sẖr*) besteht darin, bei meinem Vater Re und meiner Mutter Isis / Hathor[780] auf dieser Erde mit den Lebenden zusammen zu sein.[781]

In dieser Aussage wird die Befruchtung wiederum nicht dramatisch geschildert, sondern nur als eine Tat, die im Körper ausgeführt wird, erwähnt.

---

775 Zur Erneuerung der Toten durch das Säugen siehe Münster, *Untersuchungen zur Göttin Isis vom Alten Reich bis zum Ende des Neuen Reiches*, S. 78.

776 Münster, *Untersuchungen zur Göttin Isis vom Alten Reich bis zum Ende des Neuen Reiches*, S. 74.

777 Münster, *Untersuchungen zur Göttin Isis vom Alten Reich bis zum Ende des Neuen Reiches*, S. 92.

778 G1T, Kopfende Z. 65–80 nach de Bucks Zählung.

779 Faulkner bemerkt zu „Same“: „Note that *mtwt* ‚seed’ is construed as a plural like other fluids.“ Vergl. Faulkner, *The Ancient Egyptian Coffin Texts* 1, S. 259 Anm. 1.

780 Beide Namen der Göttinnen passen in die Lacuna.

781 CT IV 179 c–h.

Nachdem der Sprecher sich als Ihy, Hathors geliebter Sohn in der Tages- oder Menschenwelt und Nephthys' beschützender Sohn in der Götterwelt bezeichnet hat, schildert er sein furchteinflößendes Erscheinen als „Herr des Gefolges". Daraufhin beschreibt er in der Rolle von „Hathors Sohn" seine Wiedergeburt:

Ich bin das Sperma, das sich ergoss,
ich floss heraus ein Ausfließen,
das sich zwischen ihren Schenkeln befand,
in diesem, meinem Namen „Schakal der Dämmerung".
Aus dem Ei bin ich hervorgebrochen,
indem das, was in (ihrem Ei) war, gestern mir gehörte.[782]
Auf ihrem Blut (*snf*) bin ich geglitten.
Ich bin der Herr des Roten.
Ich bin der Stier des Tumults.[783]

Das Aufbrechen des Eies (*swḥt*), das ist der Uterus,[784] das Verlassen der Gebärmutter und die Passage ihrer (=Isis/Hathors) Schenkel schildern die eigentliche Geburt. Sie wird durch den Gebrauch des Verbs „aufbrechen" (*sḏ*), den Beinamen „Schakal der Dämmerung" (*s3b iḫḫw*) und die Szenerie eines „Tumults" (*ḫnnw*) für das Neugeborene als Wegeöffnung und somit Überwindung einer Körpergrenze konnotiert. Die genannten Stadien der Entwicklung des Gotteskindes Ihy (Same des Re) entsprechen dem auf M3C geschilderten nächtlichen Kreis, der mit der Geburt am Morgen endet. Bei der vom Sprecher in der Rolle des Wegeöffners daraufhin als eigene Tat geschilderten Parallele wird die Grenzüberschreitung als das eigenständige Hervorkommen und Heranwachsen zur Osiris-Nachfolge geschildert:

Dass meine Mutter Isis mich hinausgleiten ließ war,
weil sie ihren Leib (*ḏt*) nicht kannte unter den Fingern des Herrn der Götter,[785]
welchen er[786] aufgebrochen (*sḏ*) hatte an jenem Tag der Übergabe (*f3w*)
[…] für den Herrn der Götter an jenem Tag des Aufruhrs,
ehe die Hälse angeknüpft und die Köpfe der Götter abgeschnitten wurden,

---

[782] Die Übersetzung „indem das, was in (ihrem Ei) war, gestern mir gehörte" (*3s n.i m-sf*) ist fraglich. Faulkners Vermutungen, dass es sich bei *3s* um Fließen, *sf* um Eiweiß und dementsprechend bei *snf* um Eigelb handelt, sind m. E. zu spekulativ. Faulkner, *The Ancient Egyptian Coffin Texts* I, S. 259 Anm. 16.

[783] CT IV 181e–h.

[784] Brunner-Traut, Der menschliche Körper – eine Gliederpuppe, *ZÄS* 115, S. 12.

[785] Laut Englund wird das Lexem *ḏt* für den autonomen Körper verwendet. Es bezeichnet in dem hier zitierten Spruch deshalb den Körper, der unwissend um die Einwirkung anderer ist. (Mündliche Kommunikation).

[786] Das Personalpronomen bezieht sich auf das Kind, das hervorkommt.

ehe die Sonnenscheibe an den Hörnern befestigt wurde
und ehe das Gesicht der Bat[787] angeknüpft wurde.
Ich entstand ein Entstehen,
ich kreiste ein Kreisen,
ich kroch ein Kriechen,
ich gedieh ein Gedeihen.[788]

Der Sprecher schließt seine Präsentation als Ihy mit seinem Ruhm ab:

Meine Schlange ist vor mir, sie bereitet Schrecken vor mir bei den Göttern
und Respekt im Gefolge des Re.
Ich bin der Herr des Schreckens, groß an Ansehen.[789]

Beide Kreisläufe – die Entwicklung vom Samen im Körperbereich bis zur Geburt aus Isis und die Wegeöffnung als erkämpfte Sukzession – werden, wie dies auch in der Spruchfolge CT 94–97 zu beobachten war, mit der Phase des Daseins in der Tageswelt verbunden:

Ich sauge an meiner Mutter Isis und koste von ihren Süßigkeiten.[790]

In Spruch CT 660 wird die Beschreibung der Geburt nach dem Modell des Gottes Nefertem vollzogen. Der Spruch beginnt mit der Schilderung des Gottes als einer, der Hindernisse aus dem Weg räumt:

Dieser NN schneidet eure Köpfe ab,
o, die (ihr) seinen Weg versperren wollt!
Erhebt eure Köpfe vor ihm,
denn seine Geburt ist die Geburt eines Gottes
an diesem Tag der Geburt der *ḥḏn*-Blume.[791]

Die Ereignisse werden mit der Beschreibung des präexistenten Zustandes eingeleitet und als eine problemlose durch andere Gottheiten gewährleistete Bereitung des Weges geschildert:

Osiris und Isis waren noch nicht entstanden,
Seth und Nephthys waren noch nicht entstanden,
(da) wurde dieser NN schon geboren in der Geburt der Isis.
Es kommen die, die auf ihren *k3k3*-Blumen sind, die in ihren *mjnt*-Gewässern sind.
Sie geleiten Sokar, um die Augen abzuwischen,[792]

---

787 Kuhgesichtige Göttin, Pendant zu Hathor und mit dieser manchmal ausgetauscht.

788 CT IV 181j–q.

789 CT IV 182a–c.

790 CT IV 182f.

791 CT VI 280n–r. Übers. und Komm. Münster, *Untersuchungen zur Göttin Isis vom Alten Reich bis zum Ende des Neuen Reiches*, S. 81f.

wenn sie diesem NN den Weg bereiten,
der landet unter denen, die im Himmel und auf der Erde sind.
Er setzt sich, er wendet sich um, er bereitet seinen Thron.[793]

Wie schon von Münster bemerkt, wird in diesem und dem oben behandelten Text CT 334 die Präexistenz durch das Fehlen des Namens (*rn*) gekennzeichnet.[794] Der im Entstehen begriffene Tote/Gott wird durch die Bezeichnungen „*ḥḏn*-Blume“, „die *wnb*-Blume seiner Mutter“[795], der älteste Sohn des *ỉmtw*“[796] und in Spruch CT 581 nach seinem Hervortreten als „Schlange, die aus Chemnis gekommen ist“[797] umschrieben. Nach Münster führt vor allem die Selbstdarstellung als Thronerbe dazu, (in Texten in denen sich die Verwandlung in Horus durch die Geburt aus Isis vollzieht)[798] die Geburt dramatisch zu beschreiben. Demgegenüber handelt es sich bei der Geburt des Gotteskindes aus Sothis, die einzig Freude auslöst, in erster Linie um Verjüngung, Erneuerung und Wiederholung des Lebens.[799] Diese Beispiele zeigen, dass die Überwindung der Körpergrenze, je nachdem, was im Rahmen der Geburt hervorgehoben werden soll, variieren kann. Es kann der siegreiche Horus (Legitimation des Erben durch die Geburt aus Isis), die stetige Erneuerung im Kind (Geburt durch Sothis und Empfang) oder die Aufnahme in den Westen (Anerkennung der Geburt durch Isis) im Blickpunkt des Interesses stehen.[800] Bei der zuletzt genannten Variante handelt es sich um die Rückkehr des Körpers aus der Tageswelt. Sie spiegelt die Auffassung von einem bestehenden Körper wieder.

---

[792] Im Kontext der Geburt könnte es sich m.E. beim Auswischen der Augen ebenso um eine Geste bei der Pflege des Neugeborenen handeln wie beim Auswischen und Reinigen des Mundes von der Milch der Hathor in CT II 81b–82b.

[793] CT VI 281b–i.

[794] „Der wirkliche Name des Gottes wird offenbar nicht ausgesprochen, der Gott wird nur beschrieben“ Münster, *Untersuchungen zur Göttin Isis vom Alten Reich bis zum Ende des Neuen Reiches*, S. 81.

[795] CT VI 281s.

[796] CT VI 281t.

[797] CT VI 198c.

[798] Münster unterscheidet zwischen (1) Texten, in denen sich die Verwandlung in Horus durch die Geburt aus Isis vollzieht, (2) Texten, in denen sich der Tote mit Horus gleichsetzt, doch Isis ihn als ihr Kind anerkennen muss, und (3) Texten, in denen sich die Verwandlung in Horus nicht durch Geburt, sondern einfache Identifikation vollzieht. Siehe Münster, *Untersuchungen zur Göttin Isis vom Alten Reich bis zum Ende des Neuen Reiches*, S. 73. Als Beispiel für (1) bringt sie CT 313.

[799] Münster, *Untersuchungen zur Göttin Isis vom Alten Reich bis zum Ende des Neuen Reiches*, S. 74.

[800] Münster, *Untersuchungen zur Göttin Isis vom Alten Reich bis zum Ende des Neuen Reiches*, S. 75f.

Die existenzielle Konzeption des Körpers

Die Konzeption des Körpers als etwas Seiendes formuliert Buchberger in seinen Thesen zur Bedeutung des Verbs „entstehen" oder „werden" (*ḫpr*):

> §2 *Ḫpr* im Sinne von ‚entstehen' denotiert entgegen europäischer Semantik keine *creatio ex nihilo*: Wie der spezielle Fall der ‚transformationellen Kosmogonie' lehrt, ist der transzendente Schöpfergott als präexistente Potentialität immer schon vorhanden. Die durch eine Transformation ‚aus ihm entstehenden' Elemente der Welt sind demzufolge potentiell (im Sinne von ‚Ideen'?) ebenfalls im Schöpfer präexistent.
>
> §3 ‚Werden' wird ägyptisch offenbar **resultativ**, vom Ende her, definiert. Das aktuelle Resultat wird dabei als Element der Ebene sinnlicher Wahrnehmung aufgefasst.[801]

Die Untersuchung der Sargtexte hat gezeigt, dass einige Personenkonstituenten (wie beispielsweise der ehrenwerte Name) soziale Aspekte, die sich die Tote in ihrem Erdendasein erworben hat, oder (wie Ba und Schatten) physiologische Produkte zur Entwicklung eines lebenden Körpers darstellen. So wird der Ba aus Substanzen (die Flüssigkeit des Fleisches) oder in Organen (Luftröhre) gebildet und entwickelt sich in einem Körper (Gebärmutter, beziehungsweise Armen, Beinen und Gliedern). Sie charakterisieren dadurch den Körper als lebend und bestehend. Indem sich die Wiedergeburt rituell vollzieht oder der Ba des Re auf den Körper der Toten übertragen wird repräsentiert der Körper ebenso Aspekte eines Körpers, der sich entwickelt, oder einer Schöpfung, die sich wiederholt. Die oben zitierten, von Buchberger für das Lexem *ḫpr* untersuchten Bedeutungen kennzeichnen eine existenzielle Konzeption des Körpers, die auch an den Sprechhandlungen auf M3C erkennbar ist. Es handelt sich um den bestehenden, sich entwickelnden und sich wiederholenden Körper.

Der bestehende Körper

Eine Gruppe von Personenfaktoren garantiert die Existenz der *Person*, indem sie das *Selbst* durch Personenaspekte konstituiert, die sich auf ihr irdisches Dasein beziehen. Zu diesen Aspekten sind der Name, der Ka, das Handeln nach der Maat und der Körper zu rechnen.

Senebis Ka wird nur außen auf dem Sarg genannt. Er ist ein Erzeugnis der vollendeten Schöpfung, das schon vor ihr in Atum da war und bei der Geburt an sie weitergegeben wurde. Die *Person* ist durch ihren Ka in der Nekropole verkörpert. Als Ka wird sie den Lebenden erreichbar. Ihr Fortleben kann durch den Dienst des Sohnes und anderer, die mit der Lebenswelt

---

[801] Buchberger, *Transformation und Transformat*, S. 213f.

verbunden sind, beeinflusst werden. Ka und Name bestätigen die Tote als *Selbst*, indem sie ihr von anderen zugesprochen werden, und verleihen ihr auf diese Weise Kontinuität. Eigentlich gehören sie aber der Welt der Lebenden an. Dadurch verbinden sie die Tote mit den Lebenden. Assmann hat sich in besonderem Maße um das Verständnis sozialer Strukturen und Mechanismen zur Erhaltung der Kontinuität mit den Mitteln der Maat, der Erinnerung und der Vater–Sohn Konstellation verdient gemacht. Der Leser wird deshalb zu diesem Punkt auf die umfangreiche Produktion dieses Autors hingewiesen.

Alle auf dem Sarg M3C verwendeten Körperbegriffe beruhen auf der Konzeption eines Körpers, der auf der Erde gelebt hat. In den Texten bildet ein Körper, in dessen Fleisch einmal Flüssigkeit gewesen ist, die Ausgangssubstanz für die von Osiris produzierte organische Substanz zur Herstellung der Zeugungsfähigkeit, die Samenflüssigkeit des Osiris (*bꜣ Wsir*). Es ist zu beobachten, dass es sich in den Sargtexten bei Flüssigkeiten, die sich im Körper befinden, immer um weiße Flüssigkeiten (Sperma, Eiweiß[802] und Milch) handelt, die aus der Tageswelt mitgebracht worden sind. Erst vom Augenblick der Geburt an ist von einer roten Flüssigkeit (Blut) die Rede.[803] Wie die Untersuchung gezeigt hat, stellt der bestehende Körper auch den Raum zur Verfügung, in dem sich Schöpfung vollziehen kann. Im Rahmen dieser Funktion beherbergt der erhaltene Körper die Höhlen – Luftröhre und Nasenloch – und das Herz als Organ, in denen sich die Zeugungsfähigkeit (*bꜣ Šw*) bildet, sowie die Räume – Beine, Arme, Glieder – in denen sie sich ausbreitet. Auch der Schatten (als deren Abbild) beruht auf der Körperform eines im Nachtbereich erhaltenen Körpers. Schließlich setzen seine Ernährung mit Opferspeisen, seine Erhaltung mit Salben sowie seine Bedrohung durch Wurfhölzer den Körper voraus. Der Leichnam ist selbstverständlich ebenso Ausdruck für einen Körper, der auf der Erde gelebt hat, bevor er ins Grab gelegt worden ist.

Der sich entwickelnde Körper

Die Entwicklungsphasen des Ba von der Entstehung der Zeugungsfähigkeit bis zur Geburt als Sohn oder Überfahrt in den Tagesbereich bezeugen die

---

802 CT IV 181e–i.

803 Der Tote bringt nach den Texten auf M3C in seinem Körper nicht Blut (*dšrw*) sondern Flüssigkeit (*rḏw*) mit (CT 94–96). Die Zeugungsfähigkeit entsteht im Körper und verbreitet sich als Ba des Luftgottes Schu dort, ohne eine Flüssigkeit als Transportmedium in Anspruch zu nehmen (CT 75). Bardinet schließt hingegen nach späten Texten, dass sich die Lebensluft im Blut befindet und dort als göttlicher Aktivator wirkt, indem sie vom Blut überall im Körper hingebracht wird. Vergl. Bardinet, *Les Papyrus médicaux de l'Égypte ancienne*, S. 61.

Konzeption von einem sich entwickelnden Körper. Die Entwicklung findet nach den Texten ausschließlich im Körperbereich statt. Durch ihre metaphorische Verwendung, nämlich die (durch das *image*-Schema *In-out orientation* ermöglichte) Übertragung auf extrakorporale Bereiche, werden die in den Körperhöhlen entstehenden beziehungsweise inkorporierten Fähigkeiten aktualisiert. Die Aktualisierung selbst wird durch den Willen, der bei dem Gott im Herzen und damit ebenso *im* Körper lokalisiert ist, ausgelöst.

Die sich wiederholende körperliche Existenz

Die sich wiederholende Existenz wird durch Personenkonstituenten belegt, die, wie der Schatten, sowohl in der Nacht als auch in der Tagessonne wirken und dadurch die Kontinuität des Individuums garantieren oder die, wie der Ka, durch die Rückführung der Schöpfung in die Einheit des Atumkörpers eine neue Differenzierung ermöglichen.

Außerhalb des Körpers repräsentiert der schwarze Schatten die Körperform der Toten – da er ja nicht die Konturen einer Mumie hat – mit Rückgriff auf ihren lebendigen Körper. Der Schatten bildet Form und Fläche des Körpers im Grab ab und macht diese in der Sonne sichtbar. Dunkelheit, Beweglichkeit und Sichtbarkeit charakterisieren ihn als eine Personenkonstituente, die der Nacht zugeordnet wird, aber in beiden Seinsbereichen tätig ist. Er schützt die im Körper der *Person* latent vorhandene Zeugungsfähigkeit und bindet sie damit an das Individuum.

Als Körper für den Ba ist der Schatten in einer Darstellung aus dem Mittleren Reich belegt. Diese befindet sich im Grab des Netjernacht in Beni Hassan.[804] Ein Körper, der meines Erachtens als der Schatten gedeutet werden kann, ist im Begriff die Zeugungsfähigkeit der Sonne auf die Mumie (die auf einem Löwenbett liegt) zu übertragen. Ein Text, der den Schatten in dieser Funktion belegt, ist die von George zitierte Stelle auf dem Sarkophag des Senebnef.[805] Dort heißt es:

---

[804] Grab des Netjernacht BH 23. Shedid, *Die Felsgräber von Beni Hassan in Mittelägypten*, Abb. 56. 12. Dyn. Newberry, *Beni Hassan* II, S. 27. Ähnlich die Darstellung auf der Stele des Sobek-aa BM 1372. Wiedergabe und Komm. bei Desroches Noblecourt, Concubines de mort et mères de famille au Moyen Empire, *BIFAO* 53, S. 23f. Die Beischrift zu der Figur ist dort „Leben" *ꜥnḫ*. Sie sind m. W. die einzigen bekannten Darstellungen der Überführung der Zeugungsfähigkeit auf den Menschen durch eine menschliche Figur/Schatten aus dem Mittleren Reich. Als solche bilden sie möglicherweise Vorläufer der später üblichen Ikone mit dem Ba in Vogelgestalt, der sich auf der Mumie niederlässt.

[805] Gautier und Jequier, *Fouilles de Lisht* PL. XXIII, Z. 2ff Sarkophag des Senebnef. Kees, Ein alter Götterhymnus als Begleittext zur Opfertafel, *ZÄS* 57, S. 110 (ältester Beleg aus dem Mittleren Reich). Wb Belegstellen II 88 (Quellenangaben nach George). Komm. des

Sie [Schu und Tefnut] verabscheuen, wenn der Arm des Gottes auf sie fällt
und der Samenerguss des Schattens des Gottes auf ihnen ist.
Nicht tritt sein Same in [sie] ein.[806]

Um die Zeugungsfähigkeit auf das *Selbst* zu übertragen, bedarf es der körperlichen Übermittlung (Koitieren mit Osiris). Der hierfür benötigte Körper ist in der *Religiösen Welt* des Sarges oder Grabes der eigene Körper der *Person* in Form ihres Schattens. Als Abbild ihres Körpers zum Transport und zur Übertragung der Zeugungsfähigkeit (*bꜣ*) Res auf die Mumie bewirkt der Schatten die Wiederholung des Daseins für das *Selbst.*

Auch das Einsammeln der Kas durch den Ba des Schu bedeutet meines Erachtens die Rückführung der differenzierten Schöpfung zu Atum und bildet als solche die Voraussetzung für eine Wiederholung der Schöpfung. Diese Annahme wird durch folgende Aussagen zur Rückführung der Schöpfung in CT 75 gestützt:

I 326b	Ich habe die Worte der Götter vor mir vor den nach mir entstandenen (Göttern) wiederholt […]
I 350c–352a	weil ich im Körper dieses herrlichen Gottes, der-von-selbst-entsteht, entstanden bin,
I 352b, c	der den Himmel mit seiner [Schönheit] bestreut, indem er die Gestalt eines jeden Gottes vereinigt hat […]
I 376b, c	Ich bin es, der ihm seine Achu-Kraft bringt, der ihm seine Millionen Kas vereint, die zum Schutz seiner Anbefohlenen aufgestellt sind

Die Tote vereinigt die Kas für Atum. Der Ka ist in diesem Zusammenhang der Garant einer Schöpfung, die, indem sie vereinigt wird, die Ausgangssituation für eine erneute Differenzierung bildet. Der Ka bedient sich somit des Körpers als Verbindungsglied in einem unablässigen Schöpfungsverlauf aus sich abwechselnden Differenzierungs- und Vereinigungsphasen. Durch das Herstellen der Ausgangssituation (bestehend in einer schöpferischen Vielfalt, die in Atum inkorporiert ist) trägt das *Selbst* zur Kontinuität der Schöpfung aktiv bei.

Die auf körperlichen Erfahrungen basierenden Konzeptionen können folgendermaßen zusammengefasst werden: Die Sprecherin gibt den Körper,

---

ganzen Textes bei Münster, *Untersuchungen zur Göttin Isis vom Alten Reich bis zum Ende des Neuen Reiches*, S. 82f.

806 Übers. und Komm. George, *Zu den altägyptischen Vorstellungen vom Schatten als Seele*, S. 113ff.

durch den sie im Sarg anwesend ist, wieder. Sie geht bei der Ritualisierung von einem im Tageslicht gewesenen und bestehenden Körper, durch den sie über Energien aus dem besonnten Kosmos verfügt, aus. Sie basiert die Entstehung der Zeugungsfähigkeit und das Vorhandensein anderer Personenkonstituenten, die sie zu ihrer Geburt benötigt, auf das *image*-Schema *Containment* und deren Aktivierung auf das der *In-out orientation*. Der Körper als Behältnis und Innenraum wird niemals leer vorgestellt. Sein Inhalt kann aus Flüssigkeiten, Fleisch, Knochen, Herz, Luft, Luftröhre, Gebärmutter oder „Ei", Kräften (Achu) und Wissen (Heka, Name, Formeln) bestehen. Dadurch, dass keine der in den Kanopenkrügen separat aufbewahrten Innereien auf M3C genannt wird und somit nicht den Inhalt des Körpers bildet, ergibt sich ein zusätzliches Argument dafür, dass die *Person* bei der Ritualisierung ihren Körper in der Form in die *Religiöse Welt* einbringt, wie er im Sarg liegt. Auch die Wiederholung der Schöpfung und die Sprechhandlung zur Herstellung des virtuellen Ach beruhen auf dem Verständnis des Körpers als Behälter. In diesem Falle wird in ihm etwas versammelt (wie die Kas oder die Glieder) oder transportiert (beispielsweise – vorausgesetzt, die von mir angenommene Funktion des Schattens trifft zu – der Ba und die verknüpften Knochen oder Götter).

Durch den Spruch auf der Südseite wird der Körper als schutzbedürftig dargestellt. Die Verteidigung des Körpers beruht auf dem *image*-Schema *Boundedness*. Einerseits wird die Begrenzung des Körpers als verwundbar und beengend ausgelegt. Andererseits bildet die Körperoberfläche eine Umhüllung und dient zum Schutz des Inhalts. Die Mumie mit abgedichteten Körperöffnungen wird als das „Haus, das [der Herr der Maat] wegen des Raubens versiegelt" (CT I 352d) positiv konnotiert. Phallus und Schamgegend werden nicht als Körpergrenze aufgefasst, sondern liegen im Körperbereich. Das kann möglicherweise auch für die von außen erreichbaren Körperhöhlen Nasenloch und Luftröhre gelten, was aber noch genauer zu untersuchen wäre. Das Nasenloch wird vorerst als Ausgang klassifiziert, da es einen Raum zum Ausströmen der Atemluft darstellt. Die Körperöffnungen Mund und Geburtskanal werden hingegen als eine zu überwindende Begrenzung und Gerichtsort begriffen. Das Ohr bildet nach der bisherigen Durchsicht der Sargtexte stets einen Eingang. Das Auge bildet das Organ der Begegnung zur Überführung der Zeugungsfähigkeit auf einen anderen Körper. Auf Grund dieser Funktion bildet es einen Übergangsort an der Körpergrenze. Mit Hilfe einer Graphik sollen die bisherigen Ergebnisse übersichtlich dargestellt werden.

Abbildung 8

Die Personenkonstituenten in Beziehung zum mumifizierten Körper

Der große Kreis symbolisiert die Grenze des Körpers, die Kreisfläche den Körper als Innenraum und die Pfeile geben die Innen–Außen Orientierung der Konstituenten an. Der kleine Kreis stellt die Sonne am Tageshimmel dar. Ka, Opfer und Hu sind als Produkte der Tageswelt mit im Bild, aber in Klammern gesetzt. Die Richtung von links nach rechts (aus der Sicht des Betrachters) ergibt sich aus der Reihenfolge, in der die Personenbegriffe im Laufe der Ritualisierung genannt werden.

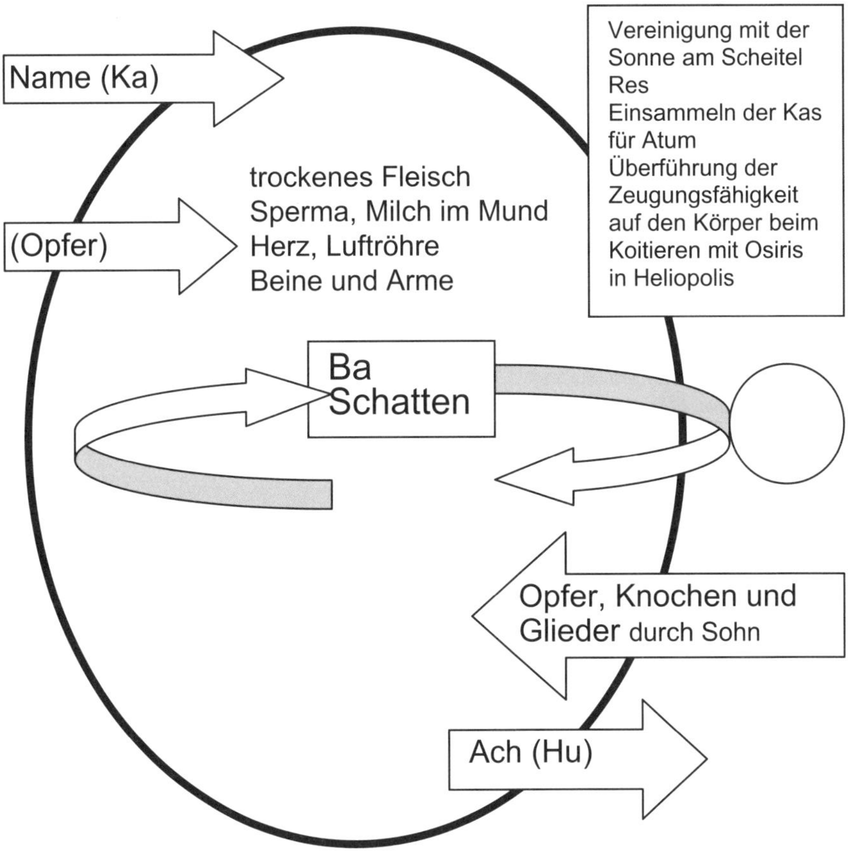

Eintrittsorte: Ohr

Austrittsorte:
Mund
Muttermund
Nasenloch

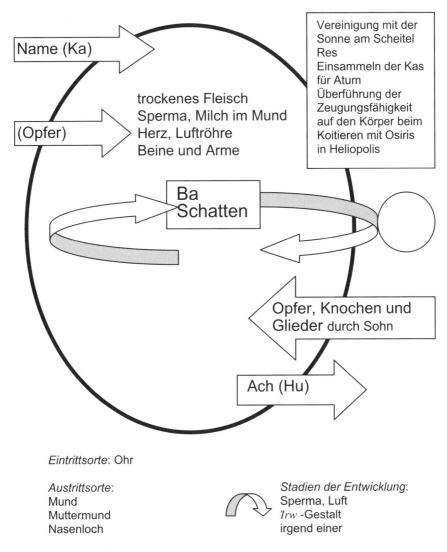

Stadien der Entwicklung:
Sperma, Luft
Irw -Gestalt
irgend einer

Orte zum Übergang innerhalb des Körperbereichs: Phallus, Schamgegend

Orte zum Übergang an der Körpergrenze: Auge

Die graphische Darstellung (Abb. 8) zeigt eine Parallelität zwischen der Reihenfolge, in der die Personenfaktoren im Verlauf der rituellen Handlung gebraucht werden, und ihrem Zusammenhang mit dem Körper, wobei ihre Verwendung auf *Image*-Schemata basiert, die auch anhand weiterer Sargtexte nachgewiesen werden konnten.

Name, Ka und Opfer

Die zuerst aufgegriffenen Personenaspekte (links im Bild, in den Pfeilen stehend) sind die durch das körperliche Dasein auf der Erde empfangenen Personenkonstituenten Name, Ka und Opfer. Sie erhalten die *Person* im Sarg mit Rückgriff auf ihr Leben in der besonnten Tageswelt. Da sie der Sargbesitzerin auf der Erde durch andere zuerkannt worden sind, bestehen sie entweder bereits bevor Senebi in den Sarg gelegt worden ist, oder werden ihr in den Heiligtümern Ägyptens (Tempel, Balsamierungshalle und Grabkapelle) auf dem Wege über die Götter oder ihrem Ka gegeben. Sie erhalten den Körper und begründen das *Selbst.* Opfer werden ihrem Ka auf dem Wege über König und Götter gegeben. Indem sie ihren Namen und die aufgerufenen Opfer hört dringen sie durch das Ohr in ihren Körper ein und lassen Senebi im nächtlichen Bereich des Grabes weiterhin bestehen. Der Ka wird der *Person* durch die in der Tageswelt Lebenden beim Bestattungsritual zuerkannt und – worauf es besonders beim Dienst des Sohnes zur Erhaltung des Körpers und zur Wiedergeburt seines toten Vaters ankommt – machen sie ab dann in der Nekropole den Lebenden erreichbar.

Körper

Den (in der Bildmitte) durch einen großen Kreis dargestellten Körper bringt die *Person* aus dem Tagesbereich mit. Senebi gibt ihren durch die Mumifizierung aufbereiteten und durch das Balsamierungsritual vorbereiteten Körper wieder. Dieser ist ein trockener, aber durch das Öl geschmeidig gemachter Hautsack mit Beinen und Armen. Er bildet ein mit trockenem Fleisch, Knochen, weißen Flüssigkeiten (diese sind Sperma und Milch), Herz und Hohlorganen gefülltes Behältnis. Die Öffnungen des Körpers sind links unten im Bild aufgeführt. Sie gewährleisten eine beidseitige Kommunikation mit der Umgebung – die Ohren das Eindringen, Mund, Muttermund und Nasenloch das Herausgehen. Phallus und Schamgegend ermöglichen den Übergang innerhalb des Körperbereichs, das Auge an der Körpergrenze. Die Vorstellung von Osiris, der aus der Flüssigkeit seines Fleisches Sperma herstellt, über das er nach seinem Tode verfügt, beruht auf einem Organismus, der aus der besonnten Welt kommt.

Ba und Schatten

Im Kreis stehen in der Abbildung außer den durch den Körper mitgebrachten Organen etc. auch die in ihm entstehenden Faktoren Ba und Schatten. Der Ba des Osiris wird durch seine Tätigkeit als Wegeöffner sowie Hitze und Beweglichkeit als aktiv charakterisiert. Zu seiner Reaktivierung benötigt er das Sonnenlicht. Er durchläuft einen Entwicklungsprozess, indem er den Körper abwechselnd verlässt, beziehungsweise in ihn eintritt, wobei er jedoch im Körperbereich (Phallus, Schamgegend) verbleibt (dieses wird durch den linken Pfeil innerhalb des Kreises angezeigt). Erst mit dem metaphorischen Gebrauch extrakorporaler Bereiche bewegt sich der Ba durch kosmische Räume (wie der rechte Pfeil, der herauskommt, die Sonne erreicht und wieder in den Körper eintritt, verdeutlicht). Hieraus ergibt sich auch seine Überträgerfunktion: Er verlässt Osiris' Mund, macht als „lebender Ba für Osiris" die Zeugungskräfte, die sich im Inneren ihres Körpers entwickelt haben, am Scheitel Res sichtbar und kehrt daraufhin zum Körper zurück, um der Mumie die Zeugungsfähigkeit des Re zuzuführen. Der Ba wird auf dieser Reise vom Schatten als bewegliches Abbild des im Nachtbereich existierenden Körpers begleitet. Die Tätigkeit als Bote, das Bild der Flamme sowie Beweglichkeit und Sichtbarkeit charakterisieren auch den Ba des Schu als aktiv. Er verlässt den Körper als ausgeatmete Luft. Bekleidet mit dem „Wind des Lebens" bringt er die Zeugungsfähigkeit über den Horizont, zeugt auf der Flammeninsel die Menschen und wirkt in der Schöpfung, die sich durch das Licht manifestiert hat. Die Überfahrt wird als „Löschen des Feuers", „abkühlen" und „die Feurige zum Schweigen bringen" formuliert.

Die Entwicklungsstadien, die die Personenfaktoren Ba, Schatten und Name durchlaufen, sind rechts unter der Abbildung aufgeführt. Diese sind: Samenflüssigkeit, Luft, Gestalt (*ỉrw*) und „irgend einer" (*mn*). Der Ba ist Ausdruck für die Zeugungsfähigkeit, die dem Körper durch Flüssigkeit und Luft zuteil wird. Er setzt den Körper in mehrfacher Hinsicht voraus: als Behälter von Schöpfungsmaterie, als generativen Raum und als Empfänger der Zeugungsfähigkeit.

Opfer, Knochen, Glieder, Ach und Hu

Rechts in den Pfeilen stehen die Tätigkeiten des Sohnes, die erst am Ende des Ritualisierungsprozesses aufgegriffen werden, sowie die den Körper verlassenden Personenfaktoren Ach und Hu. Durch den Sohn wird der Körper mit Nahrung (in der Form von Opfern) versorgt, seine Glieder werden versammelt und seine Knochen zusammengeknüpft, wodurch die einzelnen Teile zueinander gefügt und ihrer Bestimmung zugeführt werden.

Ach und Hu manifestieren sich, indem sie den Körper verlassen. Der vollkommen ausgestattete Körper erreicht den Ach-Zustand mit dem Durchdringen der Körperoberfläche/des Horizonts. Ach bezeichnet die Wirkung, die das Verlassen des Körpers hervorruft und für die Tote eine Zustandsänderung bewirkt. Hu verkörpert das Ergebnis der Ritualisierung. Als personifizierte Kommunikation konnotiert Hu die Weitergabe (Suche und impliziertes Auffinden) an Osiris. Unterwegs wird Hu die Speisen wachsen lassen, die er an Osiris weiterreicht. Die Weitergabe erfolgt durch den Eintritt in den Körper in der Form von Opfern.

Die in dem Quadrat rechts oben verzeichneten Punkte fassen die Wirkung der drei rituellen, auf den Körper bezogenen Handlungsweisen zusammen: Senebi sieht Ba und Schatten in der Tageswelt, sie sammelt die Kas für Atum ein und sie überträgt die Zeugungsfähigkeit auf ihren Osiriskörper. Mit dieser Darstellung der Personenkonstituenten ist die Vorarbeit zu deren Abgrenzung, wie sie sich durch ihre Gebrauchssituation, nämlich dem Wiedergeburtsritual ergibt, geleistet.

4.4 Das kontextspezifische Selbst

Die Personenaspekte Körper, Name, Ka, Ba, Schatten und Ach sind Zeugen eines spielerischen (im Sinne eines rituellen nuancierenden) Umgangs mit dem Körper, die aus ihrer Verwendung im Ritual ihre Bedeutung beziehen. Wie im Eingangskapitel dargelegt hängt ihre Funktion von ihrer Position im Ritualisierungsprozess ab. Um zu sehen, inwiefern die Personenkonstituenten zur Identitätsbildung der Sargbesitzerin, nämlich Senebis *Selbst*, beitragen, sollen sie abschließend in ihre Gebrauchssituation integriert werden. Hierbei wird von folgenden Arbeitsfragen ausgegangen: Welchen Beitrag leistet die Verwendung der Personenkonstituenten zur Veränderung und Erzeugung des *Selbst*? Mit welchen kulturspezifischen Modellen und Geschlechterrollen identifiziert sich die Tote? Sie sollen in dieser Reihenfolge beantwortet werden, sobald die bisherigen, von anderen Autoren vorgenommenen Abgrenzungsversuche von Personenaspekten, die bei der rituellen Wiedergeburt aufgegriffen werden, vorgestellt sind. Den Abschluss des vierten Kapitels bildet eine Zusammenfassung der gewonnen Identität als wiedergeborenes *Selbst* im Hinblick auf Zielsetzung und Zweck des Rituals.

Abgrenzung der Personenkonstituenten

Eine Abgrenzung einzelner Konstituenten im Vergleich mit anderen ist von Assmann beim Ka[807] und von Loprieno für Ka, Ba und Ach[808] vorgenommen worden. Assmann sieht den Tod als Dissoziation. Er greift aus dieser Perspektive zwei Unterschiede zwischen dem Ka – den er als „Sozialselbst" dem Ba als „Körperselbst" gegenüberstellt – und dem Ba auf: „(1) In Bezug auf den Ka spielt das Thema «Freizügigkeit» keine Rolle; für den Ba-Begriff ist es dagegen konstitutiv. (2) Der Ka hat mit dem Leichnam nichts zu tun. Er gehört nicht zur «Leib-Sphäre» des Menschen".[809] Laut Assmann wünscht sich der Tote jedoch, dass Ba und Ka sich nicht von ihm trennen:

> Worauf es nun ankommt [...] ist die Ermöglichung fortdauernder Interaktion unter den verschiedenen Aspekten bzw. Bestandteilen der Person, nun aber unter den neuen Bedingungen, die der physische Tod mit sich gebracht hat. Diese Aspekte und Konstituenten [Ba, Ka, Leichnam, Herz und Schatten] sind nicht mehr im Körper vereinigt, sondern auseinander getreten. Das ermöglicht ganz neue Formen kosmischer Existenz, über die der Mensch zu Lebzeiten, als er an seinen Körper gebunden war, nicht verfügte. Dafür müssen aber diese verschiedenen Aspekte zueinander in Beziehung gesetzt werden und auf das Ich als organisierendes personales Zentrum bezogen bleiben.[810]

Der Autor geht von Personenaspekten aus, die in verschiedene Weltgegenden davonstreben und zur *Person* zurückkehren sollen.[811] Assmann schließt von der kosmischen Existenz einzelner Personenfaktoren auf den Körper. Die Untersuchung der Texte auf M3C hat hingegen erwiesen, dass die Sprecherin von ihrem Körper ausgeht. Mit der zentralen Bedeutung des Körpers bei der Ritualisierung im Fokus fügt sich die Tote durch Personenkonstituenten, die von vornherein mit ihr vereint sind, in die Schöpfung ein. Erst indem diese den Körper verlassen nimmt sie am kosmischen Geschehen teil.[812]

Loprieno kontrastiert die Begriffe Ka als soziale Einbindung, Ba als theologischen Anspruch und Ach als intellektuelle Kompetenz. Er geht hierbei von der Verwendung der Begriffe in der Literatur aus, bevor er ihre

---

[807] Assmann, *Tod und Jenseits im Alten Ägypten*, Kap. IV, S. 116–159.

[808] Loprieno, Drei Leben nach dem Tod. Wieviele Seelen hatten die alten Ägypter? In: *Grab und Totenkult im Alten Ägypten*, S. 200–225.

[809] Assmann, *Tod und Jenseits im Alten Ägypten*, S. 131.

[810] Assmann, *Tod und Jenseits im Alten Ägypten*, S. 138f.

[811] Assmann, *Tod und Jenseits im Alten Ägypten*, S. 116.

[812] Siehe hierzu Tab. 4 Integration in den Kosmos, S. 267ff.

Anwendung im Hinblick auf die Existenz nach dem Tod und ihre religiöse Einbindung betrachtet. Die „religiöse Einbindung", die derselbe Autor als „Beziehung des Menschen zur Sphäre des *numinosum*"[813] definiert, erweist sich ihm zufolge als die Bedeutung, die die Begriffe durch ihren Gebrauch im Rahmen ritueller Handlungen erhalten: Der Ka dient der Neutralisierung der Gefahr, die vom Göttlichen ausgeht. Er wird demnach mit „Reinheit" (*wꜥb*) verknüpft. Der Ba beruht hingegen auf der Trennung zwischen der Sphäre des Menschlichen und der Sphäre des Göttlichen. Er wird dementsprechend mit „Trennung" (*ḏsr*) im Sinne von ‚heilig' zusammengebracht. Der Ach schließlich versetzt den Toten durch die performatorische Kraft des Wortes in die geheime westliche Welt. Der Begriff wird dementsprechend mit „Geheimnis" (*štꜣ*) assoziiert. Den irdischen Ka, den göttlichen Ba und den westlichen Ach vergleichend, kommt Loprieno zu dem Schluss:

> Sowohl der Ka als auch der Ach sind «orthopraktische» Größen und deshalb auf die Einhaltung ritueller Vorschriften seitens der Hinterbliebenen angewiesen. Allerdings liegt ein Unterschied zwischen ihnen darin, dass die Bedingungen zur Befriedigung des Ka mehr sozialen oder politischen, die zur Werdung eines Ach hingegen eher intellektuellen oder religiösen Charakters sind. Was Ba und Ach wiederum verbindet, ist ihre mangelhafte Verankerung in der wahrnehmbaren Welt und ihre relative Unabhängigkeit von gesellschaftlicher Einbindung. Der Ba ist lebendig und göttlich: Er hat mit Dialog, mit Bruch und mit dem sakralen Ort der Götter zu tun. Der Ach ist kompetent, ausgestattet, wirksam: Er hat mit Zauber, mit Sprüchen und mit der geheimen Stadt der Toten zu tun.[814]

Loprieno basiert seine Abgrenzung der Personenkonstituenten auf der Unterscheidung zwischen konkreten und abstrakten Bereichen in der Religion. Diese Unterscheidung hat für die Ägyptologie wissenschaftsgeschichtlich im Zuge des Evolutionismus eine Rolle gespielt, als in dem Bemühen, die ägyptische Kultur gegen den Vorwurf der Primitivität zu verteidigen, gezeigt werden sollte, dass die Alten Ägypter sehr wohl abstrakt denken konnten. Es ist nach meinem Dafürhalten jedoch zu bedenken, dass die ägyptische Religion vor dem griechischen Körper-Geist-Dualismus gelebt worden ist. Damit liegt sie historisch auch vor der scholastischen Abstraktion von Religion, wie sie beispielsweise Theologie- und Dogmengeschichte des Christentums geprägt hat. Im Hinblick auf die ägyptische Religion können derartige historische Einflüsse nicht geltend

[813] Loprieno, Drei Leben nach dem Tod. Wieviele Seelen hatten die alten Ägypter? In: *Grab und Totenkult im Alten Ägypten*, S. 219.

[814] Loprieno, Drei Leben nach dem Tod. Wieviele Seelen hatten die alten Ägypter? In: *Grab und Totenkult im Alten Ägypten*, S. 220.

gemacht werden. Aus diesem Anlass wird der ägyptischen Religion eine Untersuchung auf konkreter Basis eher gerecht. Im Kontext der rituellen Wiedergeburt wird die *Religiöse Welt* durch Vorstellungen geprägt, die sich auf den Körper als soziobiologische Einheit gründen, bei der nicht zwischen abstrakten vom Körper losgelösten und biologischen Bereichen unseres Begreifens und Umgangs mit der Welt getrennt wird. Nach der Kritik bisheriger Abgrenzungsversuche soll zur schärferen Profilierung der einzelnen Personenaspekte, die sich durch ihren Einsatz in einem bestimmten Ritualisierungsprozess gewinnen lässt, deren kontextspezifische Verwendung herausgearbeitet werden.

Veränderung und Erzeugung des lebenden Selbst

Der Gebrauch der Personenaspekte lässt sich in drei Kategorien einteilen, die sich durch ihre Position im Ritualisierungsprozess ergeben und auf Verstehensmustern in der ägyptischen Kultur basieren, die den Körper als Raum und die Überwindung seiner Grenzen als Schöpfung und Knüpfen einer Beziehung auslegen, eine Person als existent und gleichzeitig sich stets aufs neue entwickelnd begreifen und verwendet werden, um die Tote zu einem lebendigen *Selbst* zu ritualisieren. Die drei Kategorien sind:

I. Personenaspekte, die der *Person* während ihres Lebens gegeben wurden und im Nachtbereich die Identität eines fortlebenden *Selbst* bewirken, indem sie ihr bestätigt werden.
II. Personenaspekte, die innerhalb des mumifizierten Körpers entstehen und dadurch im Nachtbereich der *Person* die Identität eines lebensfähigen *Selbst* geben.
III. Personenaspekte, die außerhalb des Körpers im Tagesbereich existieren und dadurch die Identität eines lebendigen *Selbst* bewirken.

Um einen Überblick zu gewinnen werden zunächst die in Kapitel vier behandelten Textstellen in der Reihenfolge ihres Aufgreifens auf M3C in eine Tabelle eingetragen. Dabei werden, wie bereits in der vorausgehenden Untersuchung, nur die Belegstellen aufgeführt, in denen die Personenkonstituenten unter Verwendung des entsprechenden Lexems ausgesprochen werden. Die Körperbegriffe *irw* und *ḥꜥw* werden, um die Tabelle nicht unnötig zu verlängern, nicht mit allen Belegstellen zitiert. Die Einordnung der Aussagen geschieht im Hinblick auf ihre Funktion zur Ausbildung der Identität als wiedergeborenes *Selbst* in die drei oben genannten Kategorien, die in der Tabelle als: „I Fortlebend/Mensch“, „II Lebensfähig/Kind der

Götter“ und „III Lebendig/Gott“ bezeichnet sind. Die ontologische Identität der Sprecherin (siehe S. 278ff) ist in die Rubrik der Spalten mit aufgenommen.

Bisher hat sich in den Texten nirgends ein Hinweis gefunden, auf Grund dessen die *Person* von den Ägyptern nicht als Einheit gesehen worden wäre. Dieses gilt auch bezüglich der unterschiedlichen göttlichen Sprecherrollen.[815] Deshalb wird auch bei der Abgrenzung der Personenkonstituenten von der *Person* als „Individuum“ in der wörtlichen Bedeutung „unteilbares Lebewesen“ ausgegangen. Aus dieser hermeneutischen Ausgangsposition folgt: *Alle Personenkonstituenten betreffen jeweils die ganze Person.* Auch das Wissen ist hiervon nicht ausgenommen, indem es als von der *Person* inkorporiertes und durch sie verkörpertes Wissen begriffen wird.[816] Gegensatzpaare wie hell-dunkel, verborgen-sichtbar ergeben sich im Hinblick auf die *Person* durch die Innen-Außen-Orientierung, die ihrerseits bei der Toten eine konkrete körperliche Einheit (und beim Kosmos die Einheit Atums) voraussetzt.

[815] Atum als Einheit ist von Roeder als „itemw-Prinzip“ behandelt worden. Siehe Roeder, *Mit den Augen sehen*, S. 129f. Anubis ist als Einheit von Köhler untersucht worden. Vergl. Köhler, Das Imiut, passim. Osiris ist in der vorliegenden Arbeit als Einheit durch die *Image*-Schemata und die androgyne Konzeption vom Körper dargelegt worden.

[816] Bell, *Ritual Theory, Ritual Practice*, S. 95f.

Tabelle 3

Die Personenkonstituenten der Senebi

in der Folge ihrer Nennung im Ritualisierungsprozess zur Ausbildung der Identität als wiedergeborenes Selbst

I Fortlebend Mensch	II Lebensfähig Kind der Götter	III Lebendig Gott
Die Tote hört ihren **Namen**: „ehrwürdige Senebi, die Gerechtfertigte“ der Schreiber Hathors handelt „für die ehrwürdige Senebi, die Gerechtfertigte“ König und Anubis geben im Westen Opfer „für die ehrwürdige Senebi“		
	„Ich bin dieser große **Ba** des Osiris […],der	bei Tag in der Höhe lebt“
	„Ich bin der Sohn des Osiris, sein Erbe in seiner Würde. Ich bin sein Sohn in seinem Blut. Ich bin	der, der die unterägyptische Krone des Osiris enthüllt, deren Enthüllung die Götter fürchten“
	„Als sein Ba und in seiner Gestalt (*irw*) an diesem Tag bin ich heute herausgekommen […],	als die zur Mitte gehörende, die sich am Scheitel salbt“
	„Geb hat die Tür geöffnet. Möge ich durch sie hinausgehen, um das	nördliche Ufer des (Gottes) Hu zu durchfahren […] am Tag der Vereinigung des Himmels“
	„Dein Ba wird hinausgehen“ sagen die Götter, zu Osiris.	„Geht hinaus aus eurem Mund, die ihr für Osiris als sein lebender Ba gemacht worden seid“
	„Als sein Ba und in seiner Gestalt (*irw*), auf dass er mit ihm koitiere, bin ich	

I Fortlebend Mensch	II Lebensfähig Kind der Götter	III Lebendig Gott
	herausgekommen […]	als die zur Mitte gehörende, die sich am Scheitel salbt“ „Es ist Re der meinen Ba für mich macht, und vice versa“
	Schicke den irgend einen hier aus, denn	sein Ba ist mit ihm zusammen hinter ihm“
		„Horusauge! Nehme mich fort mit Dir, damit ich meinen **Ba** und meinen **Schatten** am Scheitel Res sehen werde!“
„Möge ich […] aufsteigen in der Nachtbarke zusammen mit denen, die in seinem Gefolge sind, ehrwürdige Senebi, die Gerechtfertigte“		
	„[Boten], die die Götter […], senden um sich ihren Kindern zu nähern. […] Mein **Körper** (*ḏt*) wird euch fortgenommen werden“	
	„Ich bin der **Ba** des Schu, des Gottes, der-von-selbst-entsteht. […] Im Körper (*ḥʿw*) des Gottes, der verborgen ist, was die Gestalt betrifft (*irw*), bin ich entstanden“	
	„Ich bin es, der ihn ankündigt […] und denen, die seinen Namen erforschen, Ehrfurcht einflößt“	
	„Ich bin der Gott, der, was seine Gestalt (*irw*) betrifft, ausgeatmet wurde, derjenige, den […] geschaffen hat, der, dessen Namen die	

I Fortlebend Mensch	II Lebensfähig Kind der Götter	III Lebendig Gott
	Götter, die ihn rudern, nicht kennen“	
	„Ich habe meinen Ba hinter mir geschaffen. Er brennt nicht auf meiner Leiche. Mein Ba wird nicht bewacht von denen, die die Kammer des Osiris bewachen.	Ich zeuge. Mein Ba zeugt. Die Menschen, die auf der Insel Neserser sind, zeugt mein Ba. Göttinnen zeuge ich
		„Ich bin es, der ihm seine Achu-Kraft bringt, der ihm seine Millionen **Ka**s vereint, […] wenn ich das Feuer lösche und die Wepset abkühle“
	„Ich bin es, der	Wepsets Ba hinüberfährt“
„da ich durch die entsprechende Handlung entstand und hervorkam aus dem Mund dieses herrlichen Gottes, der-von-selbst-entsteht, die ehrwürdige Senebi“		
	„Ich bin einer, den sein Vater liebt und dein Vater liebt dich.“ „[…] Was willst du für ihn tun?“ „Ich werde ihm seine Knochen zusammenknüpfen, nachdem ich ihm seine Glieder versammelt und ihm mein Anrufungsopfer gegeben habe, wie ich es wünsche“	
	„Der **Ach**-Zustand für ihn	Der **Ach**-Zustand für seine Nachkommen auf Erden!“ „Zu dem Haus der Göttin Hut bin ich emporgestiegen als der Gott Hu […] Ich suche Osiris bis nach Heliopolis“

In der ersten Kategorie, mit „I Fortlebend/Mensch“ überschrieben findet sich nur der Name. In der zweiten Kategorie „II Lebensfähig/Kind der Götter“ stehen Ba, Gestalt (*irw*), alle Körperbegriffe (*ḏt, ḥʿw, ẖ3t*), der noch unbekannte Name und der virtuelle Ach. Der dritten Kategorie „III Lebendig/Gott“ sind der lebende Ba, Schatten, der zeugende Ba, Ka, Ach und Hu, die Verkörperung des Ausspruchs, zuzurechnen. Die erste und zweite Kategorie stimmen sowohl durch den im Grab ausgesprochenen und gehörten Namen als auch durch den Körper der Toten mit dem Nachtbereich überein. Die dritte Kategorie entspricht als Region außerhalb des Körperbereichs dem Tagesbereich. Die Personenkonstituenten in den entsprechenden Kategorien sollen nun auf ihre rituelle Funktion hin betrachtet werden.

I. Personenaspekte, die der *Person* während ihres Lebens gegeben wurden und ihr im Nachtbereich die Identität eines fortlebenden *Selbst* verleihen, indem sie ihr bestätigt werden.

Wie Tabelle 3 aufzeigt genügt unter den Personenkonstituenten der ersten Kategorie der Name Senebis um ihre Identität als weibliches Individuum, das in der *Religiösen Welt* weiterlebt, zu erhalten. Da der Name einem Menschen mit der Geburt gegeben wird, bildet er eine Manifestation des Tagesbereichs. Während die Sarginhaberin ihren Namen hört, wird sie als dieselbe *Person* bestätigt, die auf Erden gelebt hat, und in welcher sie sich (durch die Beinamen) als ehrwürdige und gerechtfertigte Senebi wieder erkennt. Mehrmals wird in den weiteren Aussagen im Verlauf des Rituals die Sarginhaberin durch ihren Namen als Hauptperson und *Selbst* authentisch. Wie die langen freien Stücke in Spalte I darlegen wird ihr Name am Anfang genannt und dann erst wieder ausgesprochen, wenn der Ba des Osiris (mit der Maat assoziiert) beziehungsweise der Ba des Schu fertig entwickelt ist. Das Aussprechen (in Spalte I) beziehungsweise die Verborgenheit des Namens (in Spalte II) kennzeichnen ihre Entwicklungsstadien als Kind der Götter.

II. Personenaspekte, die innerhalb des mumifizierten Körpers entstehen und dadurch im Nachtbereich der *Person* die Identität eines lebensfähigen *Selbst* geben.

Sprechhandlungen der zweiten Kategorie vollziehen die Entstehung des Ba und des virtuellen Ach innerhalb des mumifizierten Körpers und schützen diesen. Sie tragen dadurch im Nachtbereich zur Identität eines körperlichen, zeugungs-, kommunikations- und bewegungsfähigen *Selbst* bei.

Der Ba bildet eine von den Göttern stammende oder gewollte Zeugungsfähigkeit, die den Körper verlassen und wieder auf den eigenen oder auf einen anderen Körper oder Raum übertragen werden kann. Der Ba des Osiris besorgt die Wiedergeburt Senebis durch ihre Entwicklung als göttliches Kind in ihrem Körper. Dabei wird von dem Körper als Mumie ausgegangen. Die Flüssigkeit, die sich bei einem lebenden Körper im Fleisch befindet, hat den Körper verlassen. Austrocknung und Schrumpfung einer Mumie werden in der *Religiösen Welt* als Fleisch, dem die Flüssigkeit fehlt, wiedergegeben. Der Austrocknungszustand wird ritualisiert, indem die Flüssigkeit zum Sperma des Osiris, das aus dem Phallus herausgekommen ist, gemacht wird. Sie kann somit als Grundstoff zur Entwicklung neuen Lebens verstanden und positiv gewertet werden.

Der Körper wird im Ritualisierungsprozess zum androgynen Körperbereich ergänzt, in dem sich die gesamte Entwicklung eines Kindes von der Zeugung bis zur Geburt vollziehen kann. Er bekommt dadurch die Eigenschaften, die ihn als Körper in dem sich Leben entwickeln kann charakterisieren. Obwohl also Senebis Körper innerhalb der *Religiösen Welt* den spezifischen Eigenschaften einer Mumie nachgeahmt wird, wird er mit Hilfe der ihm entzogenen, aber als Sperma durch Ejakulation und Empfängnis wieder in ihm vorhandenen Flüssigkeit sowie durch Schwangerschaft zu einem Körper ritualisiert, in dem sich Leben befindet und entwickelt. Weil der Ba des Osiris die Gebärmutter erhitzt und die Gesichter beschädigt ist er schon vor seinem Heraustreten, das heißt, bereits in dem Körper in dem er sich entwickelt, aktiv.

Wie die Untersuchung gezeigt hat, werden die Flüssigkeit seines Fleisches (*rḏw jwf.f*), Sperma (*mtwt*) und Blut (*dšrw*) sowie die Gestalt (*ỉrw*) und der Schatten (*šwt*) zur Kennzeichnung der jeweiligen Entwicklungsstadien eingesetzt. Die Verbindung von Tag- und Nachtbereich mit Hilfe von Osiris' Ba wird in der Tabelle 3 dadurch verdeutlicht, dass sich diesbezügliche Aussagen (ausgenommen die Belebung des Ba durch Re und der abschließende Wunsch um Mitnahme) alle über Spalte II und Spalte III erstrecken.

Nachdem die Entwicklung vom Ba des Osiris durch den erhofften Aufstieg in der Nachtbarke (siehe Spalte I) abgeschlossen ist, verteidigt die Tote (in Spalte II) ihren Körper (*ḏt*) gegen die „Boten der Götter", die sich ihr nähern. Die Körperoberfläche der Toten ist verwundbar, die Begrenzung des Körpers (*ḏt*) kann beengend sein und die Körperöffnungen werden bewacht. Der Schutzbedürftigkeit der Mumie wird rituell begegnet, indem der Körper (*ḏt*) als ein „Kind der Götter" gesehen wird.

Der Körper wird darüber hinaus durch ein in ihm ruhendes Wissen, nämlich Heka und Achu (nicht in die Tabelle 3 mit aufgenommen), in einen wehrhaften Körper verändert. Heka wird als ein Wissen konnotiert, das in den Körper aufgenommen worden ist. Es wehrt Gefahren ab, weil es geäußert und dadurch wirksam werden kann. Da Heka, sobald die Besitzerin sich seiner bedient, gefährlich werden kann, schützt es als Abwehrpotential den Körper in welchem es sich befindet. Es bildet einen Stimulus, dessen bloßes Vorhandensein schon Reaktionen bei anderen hervorruft. Heka (*ḥkꜣ*) und Achu (*ꜣḫw*) wirken auf diese Weise während sie sich innerhalb des Körperbereichs aufhalten. Sie sind nach den Sprechakten auf dem Sarg M3C auch auf diesen begrenzt.

Im Unterschied zum Ba des Osiris, der ja vor seinem Tod auf der Erde gelebt hat und von daher die Zeugungsfähigkeit mitbringt, bedingt der Ba des Schu durch die Analogie von Präexistenz und Körper die Identität eines zur Autogenese fähigen Körpers. Auch in diesem Zusammenhang wird von der Mumie ausgegangen. Die Mumie, ein mit Stoffen umwickelter Hautsack, in dem sich nach der Aussage im Balsamierungsritual Götter befinden, wird durch die Sprechhandlung der *Person* zur positiv konnotierten generativen Umhüllung – für den Ba des Schu wird sie zum Körper des Gottes, der-von-selbst-entsteht (*ḥꜥw n nṯr ḫpr ḏs.f*). Als solcher ist sie nicht länger beengend. Die eingeschrumpften, aber durch das Öl geschmeidig erhaltenen Glieder können sich ebenso mit Luft füllen. Sie dienen als Räume für die Zunahme der Luft. Folglich wird der ganze Körper als ein Gefäß begriffen. Die Mumie wird zu einem Körper ritualisiert, in dessen Innenraum sich die Luft von selbst bildet (*ḫpr ḏs.f*), sich ausbreitet – und der durch die in ihm entstehende Luft am Leben erhalten wird!

Zur Kennzeichnung der jeweiligen Entwicklungsstadien werden der Körper (*ḥꜥw*), die Gestalt (*irw*), der unbekannte Name (*mn*) und Atum eingesetzt. Nachdem seine Entstehung, die sich (wie es die freie Spalte III anzeigt) nur im Körperbereich ereignet, abgeschlossen ist, liegt die Aktivität des Ba ganz im Tagesbereich – außer der Überfahrt befinden sich nämlich alle weiteren Aussagen vom Ba des Schu in Spalte III, während Spalte II frei bleibt. Wie die Flüssigkeit im Fleisch des Osiris, so ist auch die Luft von vornherein mit dem Körper vereint, entwickelt sich oder breitet sich dort aus, verlässt ihn und kehrt (durch das Einsammeln der Kas) wieder in ihn zurück.

Mit Herz und Luftröhre sind jene Organe vorhanden, die bei der Balsamierung im Körper belassen, beziehungsweise nach der Balsamierung an ihren Platz zurückgelegt wurden. Sie stellen die einzigen Organe dar, die an der Entstehung von Schus Ba beteiligt sind. Im Herzen wirkt die Achu-Kraft (nicht in die Tabelle 3 mit aufgenommen). Sie wird als göttlich konnotiert. Bei der Ritualisierung bildet die Achu-Kraft (*ꜣḫw*) den Stimulus, der im Körper eine Genese auslöst.

Zu den Personenaspekten, die virtuell im nächtlichen Körper durch Sprechhandlungen herbeigeführt werden, jedoch erst außerhalb des Körpers im Tagesbereich existieren und dort die Identität eines lebendigen *Selbst* bewirken, ist der in Spalte II und Spalte III aufgeführte Ach zu rechnen. Die Sarginhaberin erreicht als ein von seinem Vater geliebtes Kind den Ach-Zustand. Durch den Ach-Zustand von Vater und Sohn wird ein lebendiges *Selbst*, das auf Akzeptanz und Göttlichkeit als Grundelemente der Schöpfung aufbaut, konstituiert.

Das Kind wird als angehender Ach anerkannt, weil es das Versammelte verknüpfen und seiner göttlichen Bestimmung zuführen wird. Indem der Ba des Schu die Kas am Himmel für Atum vereint, stellt er auf kosmischem Niveau den virtuellen Ach-Zustand her. Die Sprecherin überführt sich dadurch auch selbst in diesen (in Spalte II). Das Erreichen des Ach-Zustandes für Senebi wird performatorisch durch die Schiffsteilvergottung, als (bestandene) Prüfung zur Äußerung des Wissens um Aufbau und Bestimmung des Horus, erreicht. Der Körper wird hierbei als Kosmos, das heißt, als ein Gefüge, in welchem jeder Knochen und jedes Glied göttlich und seiner Bestimmung zugeführt worden ist, dargestellt und ihr somit der virtuelle Ach-Zustand bestätigt. Deshalb kann meines Erachtens die Schiffsteilvergottung als Beschreibung des (vor dem Erreichen des Horizontes noch virtuellen) Ach-Zustandes der sich manifestierenden Morgensonne und göttlichen Schöpfung verstanden werden.

III. Personenaspekte, die außerhalb des Körpers im Tagesbereich existieren, wodurch sich die *Person* mit einem lebendigen *Selbst* identifizieren kann.

Die Personenkonstituenten Ba, Schatten, Ka und Ach (in der dritten Kategorie) sorgen für die Existenz des *Selbst* im Tagesbereich.

Am Tageshimmel (der Wunsch nach dem Sehen steht in Spalte III) übernimmt der Schatten die schützende Funktion für den Ba des Osiris. Meines Erachtens ist der Schatten zu den Körperbegriffen zu rechnen, denn er bildet eine Form des Körpers, in welcher der Ba als latente Zeugungsfähigkeit über den Himmel reisen kann. Als dunkle Umhüllung schützt, kühlt und beruhigt der Schatten den Ba (*bꜣ Wsir*), bis beide bei den Personen oder Göttern, für die die Zeugungsfähigkeit bestimmt ist, angelangt sind. Der Weg führt den Schatten mit dem Ba des Osiris zuerst zu Re (dort stärken sich Osiris und Re jeweils gegenseitig mit ihrer Zeugungsfähigkeit) und daraufhin wieder zurück zu Osiris, um mittels Koitus der Mumie die

Zeugungsfähigkeit des Re zuzuführen. Auf dieser Reise bildet der Schatten die Umhüllung, um die Zeugungsfähigkeit im Körper zu verbergen bis sie bei Re beziehungsweise Osiris ankommt. Für die Bewegung im Stadium der „Beruhigung" oder „Abkühlung" gebraucht die Tote ihren Nachtkörper als Gefäß. In dieser Funktion bildet der Schatten die ritualisierte sichtbare Form des *Selbst*. Durch die Aufgabe, die ihr Schatten im Tagesbereich wahrnimmt, ist Senebis *Selbst* an der Vereinigung kosmischer Bereiche und somit an der Wiederholung der Schöpfung beteiligt.

Wenn Senebi, nach der Aussage auf dem Sargdeckel, die Kas für Atum, „der den Himmel mit seiner Schönheit bestreut" einsammelt, wirkt sie dadurch ebenfalls an der Wiederholung der Kosmogonie mit. Senebi sammelt auf der Ebene der Götter die Manifestationen der differenzierten Schöpfung (mit deren Wirkungen) für Atum ein und vereinigt dadurch den gesamten Kosmos. Als Bindeglied zwischen den Generationen, das einerseits (zu Lebzeiten) vom Vater den Ka empfängt und andererseits als Ba des Schu die Kas für Atum vereint, verändert Senebi ihre Aktionsrichtung. Der Ka bestimmt die Tote als aktives *Selbst*. Die auf kosmischer Ebene ausgeführte Handlung hat ihre körperliche Parallele in den Tätigkeiten des Sohnes. Dieser versorgt den Vater mit Nahrung, versammelt seine Glieder und knüpft die Knochen zusammen. Senebi erreicht dadurch den Ach-Zustand. Die Ach-Werdung gestaltet Senebi in einen Gott um, der an der Schöpfung mitwirkt. Der als Personenkonstituente der dritten Kategorie zuletzt genannte Ach bestätigt ein *Selbst*, das alle Personenkonstituenten, die eine Wiedergeborene auszeichnen, in sich vereinigt und die inkorporierten Kenntnisse und Fähigkeiten angewendet hat. Für den virtuellen Ach fungiert meines Erachtens die Fähre als Substitut für den Körper.

Die Ritualisierung der inaktiven *Person* in ein göttliches lebendiges *Selbst* beinhaltet die Bestätigung, Entwicklung, Erzeugung, Aussendung und Einsammlung ihrer Personenkonstituenten Name, Ba, Schatten, Körper, Ka und Ach. Diese Vorgänge schaffen die Unterschiede, die die *Person* im Zustand der Mumifizierung zeugungs-, bewegungs- und lebensfähig machen. Sie gründen sich in erster Linie auf die Auslegung des Körpers als Raum und Behälter, dem *image*-Schema *Containment* sowie der beziehungsorientierten Auslegung von Körperöffnungen durch das *image*-Schema *In-out orientation*. Alle Sprechakte zur Bekämpfung der Feinde basieren auf dem *image*-Schema *Boundedness*. Bei der Ritualisierung geht die Sprecherin von den gegebenen Verhältnissen, das heißt, dem gefährdeten Zustand der Mumifizierung, der Tatsache, dass sie allein im Sarg liegt, und dass sie aus der Tageswelt kommt aus. Die Körperbegriffe *ḏt* (stofflicher konkreter Körper) und *ẖꜣt* (Leichnam) geben diesen Zustand in den rituellen Sprechakten wieder. Als wirksamer Ausspruch *Hw* verlässt Senebi den Sarg und betritt mit der Tageswelt einen neuen Existenzbereich im Kosmos. Wie dieser aussieht wird im nächsten Abschnitt behandelt.

Persönlicher und kosmischer Lebensbereich

Die Umwelt zum Aufbau des kontextspezifischen *Selbst* bildet die rituell erstellte *Religiöse Welt*, die Senebi bei Sonnenaufgang das Hinausgehen in die Tageswelt, das heißt, ihre Geburt ermöglicht. Die dafür erforderliche persönliche Umgebung wird durch Bildhandlungen hergestellt.[817] Bildakte versetzen die *Person* an Orte. Durch diese wird sie in Situationen versetzt, die ihr folgendes ermöglichen: Auf der Ostseite kann sie die Opfer entgegennehmen. Auf der Nordseite wird sie zu einer Gesalbten. Auf der Westseite entwickelt sie im *Habitus* eines Herrschers Geschmack und Lebensstil einer strahlenden Erscheinung. Auf der Südseite wird sie an der Richtstätte versorgt. Indem die Bildhandlungen ihre Umgebung erzeugen, begrenzen sie diese auch, nämlich auf Nekropole, Duat, Nachthimmel und Ausgang.[818] Senebi und der Fährmann erweitern durch Sprechhandlungen diese mittels der Bildakte erzeugte Umwelt. In der Rolle des Schreibers gestaltet sie den Horizontbereich der Hathor. Der Fährmann bringt durch die Werft den Platz zum Bau der Barke mit dem Gott Sokar und die Anlegestelle für die Bootsreise über den Tageshimmel in die *Religiöse Welt* hinein. Ihren persönlichen Lebensbereich dehnt Senebi auf den gesamten Kosmos aus. Außer den genannten Weltgegenden handelt sie – weil sich ihr Ba und Schatten dort bewegen, Re sehen und dessen Ba machen – auf der Sonnenbahn am Tageshimmel, lebt als Ach auf der Erde und sucht als der Gott Hu Osiris bis nach Heliopolis. Wie am Ende von Kapitel drei (siehe S. 174ff) bereits kurz angesprochen, *integriert sich die Person* mit Hilfe einer Gleichsetzung von körperlichen mit kosmischen Funktionen in die kosmischen Regenerationszyklen. Dieses wird in der folgenden Tabelle 4 aufgezeigt.

---

[817] Ihre persönliche Umgebung besteht aus der Prunkscheintür mit dem Opfertisch, Libationsvasen und Speisen, den Mitteln zur Pflege ihres Körpers und ihrer Augen, Spiegeln, Schmuck, Bett und Kopfstützen, den Statussymbolen und Waffen eines Herrschers, dem Werkzeug eines Bootsbauers, Kornspeicher, Sandalen und der Tür, durch die sie in die Helligkeit hinaustreten kann.

[818] Siehe auch die Analysen der Bildhandlungen auf S. 107, S. 111, S. 118 und S. 137.

Tabelle 4

Integration in den Kosmos durch Entsprechungen der Konzeptionen des Körpers auf kosmischer Ebene

In der linken Spalte „Körperebene“ sind *image*-Schemata, Organe und Personenkonstituenten, die auf Konzeptionen des Körpers beruhen, in der Reihenfolge ihrer Nennung auf M3C eingetragen. Beispiele aus Texten die auf anderen Särgen stehen tragen einen entsprechenden Vermerk. In der rechten Spalte „Kosmische Ebene“ stehen die kosmischen Entsprechungen mit den Bezeichnungen, die für sie, ebenfalls auf M3C, verwendet worden sind.

Körperebene	Kosmische Ebene
Herkunft: **außerhalb des Körpers** Ort der Zeugung **innerhalb des Körpers** Herz und Luftröhre	 Flammeninsel
image-Schema Containment **Körper als Behälter** **zum Schutz und Transport:** Schatten Ba im Inneren Heka im Inneren Nahrung im Mund	 Horus Milch der „Roten Kuh“
Eintritt: Ohr	 Anrufungsopfer
androgyner Körper als Raum **für kreative Prozesse:** Fleisch-Flüssigkeit→Sperma = Ba + Iru-Gestalt Luftröhre-Glieder→Luft = Ba + Iru-Gestalt	
Übergang im Körperbereich Phallus – Ort der ihr Papyrusdickicht schluckt Verneinung der Geburt: Feld von Sehel, Umkreis der Duat	
Körperhöhlen für den Ba Gebärmutter - erhitzt Mund - gefüllt Ei in dem Re ist (in anderen CT)	

Körperebene	Kosmische Ebene
Image-Schema Boundedness **Begrenzung des Körpers**	Horizont
Image-Schema In-out orientation **Verlassen des Körpers** Ausatmung durch das Nasenloch Hervorkommen aus dem Mund Geburt	 Schaffung des Luftraumes Überfahrt des Ba von Wepset „der Feurigen" wird zum „lebenden Ba" des Osiris Vernichtung der Feinde
Erreichen des Ach-Zustandes als Sohn in seinem Blut	Morgensonne
außerhalb des Körpers Haus der Göttin Hut Ausspruch	Tageshimmel Der Gott Hu
Übertragung der Zeugungsfähigkeit auf den Körper: Horus zu seinem Auge bringen Seth zu seinen Hoden bringen	Ba und Schatten am Scheitel Res sehen Koitieren mit Osiris in Heliopolis

Die Tabelle 4 präsentiert als Grundlage Konzeptionen des Körpers (Spenderdomäne) und darauf aufbauende kosmische Metaphern (Empfängerdomäne). Das Verstehen körperlicher und kosmischer Vorgänge bedient sich folglich derselben *image*-Schemata. Bei Betrachtung der mit „Kosmische Ebene" überschriebenen Spalte erweist es sich, dass mit Ausnahme der Tätigkeiten für Atum, alle Entsprechungen im Tagesbereich liegen. Dieser Umstand sowie die freien Stellen in derselben Spalte verdeutlichen das *image*-Schema *Containment*. Bei diesem bildet der Körper ein Behältnis, in dem sich schöpferische Prozesse im Verborgenen abspielen. Auf den Kosmos angewendet führt dies dazu, dass Entwicklungen, die sich während der Nacht vollziehen, auf kosmischer Ebene keine Entsprechung haben. Die metaphorische Behandlung der Nacht hat ihr Pendant im Tageshimmel, der, als „Haus der Göttin Hut" bezeichnet, ebenfalls ein Behältnis bildet.

Übergänge im Körperbereich, wie Ejakulation und Empfängnis, und Tätigkeiten, die der Ba des Schu im Körperbereich (*ḏr*) Atums ausführt, werden auf einer Zwischenebene Körper/Kosmos angesiedelt und bezeichnen somit einen nicht einsehbaren Ort wie das Papyrusdickicht (im Mythos *versteckt* Isis ihren Sohn ja auch dort) oder den Nachthimmel.[819]

Die kosmische Entsprechung der Körpergrenze, der Horizont, basiert auf dem *image*-Schema *Boundedness*. Sie wird nicht als schmale Trennlinie, sondern als ein Gebiet zwischen zwei Existenzbereichen oder zumindest eine Strecke, die auf dem Wasser zurückgelegt werden muss, wie beim Körper der Mund und der Geburtskanal, aufgefasst. Ihre Passage bildet die Überführung in den Ach-Zustand.[820]

Beziehungen, die dadurch geschaffen werden, dass Flüssigkeiten, Luft, Worte und Wesen (Horus, Hu) den Körper verlassen, gründen sich auf das *image*-Schema *In-out orientation.* Tätigkeiten des Sohnes zur Herstellung der körperlichen Einheit seines Vaters haben ihre kosmische Entsprechung im Körper Atums, dem der Ba des Schu die Achu-Kraft bringt und für den er die Kas einsammelt. Nun zur zweiten im Hinblick auf das situationsabhängige *Selbst* gestellten Frage: Mit welchen kulturspezifischen Modellen und Geschlechterrollen identifiziert sich die Tote?

Kulturspezifische Modelle und Geschlechterrollen

Wie die Untersuchung gezeigt hat, schätzt sich die *Person* am Ende des Ritualisierungsprozesses als starkes und mächtiges *Selbst* ein und scheut sich auch nicht als Gott hervorzutreten. Dieses Resultat zeugt von der Entwicklung einer komplexen, aus mehreren Aspekten zusammengesetzten Persönlichkeit. Während dieser Entwicklung kristallisieren sich ihre ontologische Identität als Gott und mehrere geschlechtsbezogene Identitätsbildungen des *Selbst* heraus.

Ontologische Identität

Die Tote geht von ihrem menschlichen Körper aus und präsentiert sich am Ende als göttliches *Selbst*. Durch die Sprechhandlungen innerhalb der *Religiösen Welt* des Sarges wird die göttliche Identität des *Selbst* auf zweierlei Weise aufgebaut, zum einen durch die Herkunft und zum anderen durch die zukünftige Seinsweise am Tageshimmel.

Göttliche Herkunft

Senebi bezeichnet sich zur Verteidigung ihres Körpers (*ḏt*) als Kind der Götter (CT V 253a). Weil ihre Bas von den Göttern Osiris, Re, Atum und

---

[819] Zur religions-topographischen Ausdeutung des Papyrusdickichts und weiterer Orte bei der Wiedergeburt, siehe Desroches Noblecourt, *Amours et fureurs de La Lointaine*, S. 56.

[820] Zum Horizont als Bereich, siehe Assmann, *Der König als Sonnenpriester*, S. 48ff.

Schu gemacht werden und auf ein Götterwort hin ihren Körper verlassen, stammt ihre Zeugungsfähigkeit von den Göttern und wird auch von diesen aktualisiert. Sie hat die Milch der Göttin Hathor, von welcher der Gott Osiris ihren Mund reinigt, getrunken. Damit kümmern sich Götter um sie als Neugeborenes. Die göttliche Identität der Sprecherin bezieht sich demnach auf Herkunft und Mobilisierung ihrer kreativen Kräfte sowie auf ihr Dasein als Neugeborenes.[821] Göttlichkeit durch Zeugung und Geburt verleiht ihrem *Selbst* Kraft und Schutz. Dieses geht deutlich aus den Eigenschaften ihres Körpers (*ḏt*) und ihrer Ba-Aspekte hervor. Senebi versteht sich als wehrhaftes *Selbst,* das durch Heka Gefahren abwendet, als Ba die Feinde besiegt, die Gesichter beschädigt und gegen die Wut der Flamme gefeit ist.

Die Stadien ihrer Wiedergeburt folgen Zeugung, Schwangerschaft und Geburt des Menschen. Es werden hierbei jedoch Unterschiede zur Zeugung und Entwicklung eines Kindes im Mutterleib gemacht. Die Unterschiede bestehen in Nuancen,[822] durch die sie göttlich wird, indem sie während ihrer Entwicklung im Körperbereich des Gottes Osiris oder Atum verbleibt, ihre Entwicklung sich innerhalb einer Nacht vollzieht und (in Gestalt von Flüssigkeit und Luft) lediglich Lebenskräfte betreffen, die ihren als Mumie existierenden Körper füllen und ihn dadurch beleben und zeugungsfähig sein lassen. Diese Lebenskräfte sind identisch mit den hier behandelten Personenkonstituenten Ba des Osiris und Ba des Schu, die im Körper entstehen und gedeihen, dort wirken und wieder dorthin zurückkehren.

Schatten und Ka, die ebenfalls zum Körper der Toten, beziehungsweise der körperlichen Einheit Atums zurückkehren, aber sichtbare Körperform und Leben, das sich manifestiert hat, betreffen, sind in den Sprechakten auf M3C nicht durch ihre Herkunft göttlich konnotiert, sondern beziehen sich auf die Mumie zur Kontinuität und Wiederholung ihres Bestehens als Mensch.

Göttliche Zukunft

Wie die Schiffsteilvergottung zeigt, versteht sich die Sprecherin auch im Hinblick auf ihr künftiges Erdendasein als göttliches *Selbst*. Da ihre Knochen und Glieder durch den Nachkommen auf Erden für sie vereint werden und sie zum Leben außer Flüssigkeit und Luft auch Nahrung und Salben

---

[821] Zur Göttlichkeit durch Stillen und Übertragung der Lebenskraft, wenn Horus durch Isis oder Sothis gesäugt wird, siehe Münster, *Untersuchungen zur Göttin Isis vom Alten Reich bis zum Ende des Neuen Reiches*, S. 78f.

[822] Siehe Analyse der Spruchfolge CT 94–97 auf S. 120ff und CT 75 auf S. 143ff, die Behandlung dieser Texte in Kap. 4, S. 190ff, bzw. S. 202ff und der Abschnitt Androgynität, S. 280ff.

braucht, zu denen sie auf der Erde kommt,[823] identifiziert sie sich mit einem auf der Erde lebenden Ach. Der Horizontübergang erfolgt als göttlicher Ba. Die Göttlichkeit des *Selbst* auf Erden wird somit durch Ba, Ach und Hu konstituiert. Die auf der Westseite: „Es ist Re, der meinen Ba für mich (macht) und vice versa" (CT II 83c) und auf dem Deckel gemachten Aussagen: „Die Menschen, die auf der Insel Neserser sind, zeugt mein Ba. Göttinnen zeuge ich" (CT I 364c–366b) belegen die ontologische Identität des *Selbst* als ein Gott, der nicht nur auf der Erde weilt, sondern dort auch wirkt.

Geschlechtliche Identität

Die Sarginhaberin wird als weibliche Person angeredet. Senebi identifiziert sich als Frau auch durch ihren eigenen Körper (*ḏt*), den sie verteidigt.[824] Die Tote nimmt mehrere männliche Sprecherrollen an. Sie handelt als Schreiber der Hathor (CT 533) und als der Gott Thot (CT 97, CT 534) für Senebi. Sie identifiziert sich bei dem gesamten Geburtsverlauf mit der Zeugungsfähigkeit des Osiris (CT 94–96) und des Gottes Schu (CT 114). Sie ist als Selbstentstehender an der Schöpfung des Kosmos beteiligt (CT 75). Hingegen nimmt die Sprecherin keine weiblichen Götterrollen an. Sie verteidigt als ein Kind der Götter ihren Körper (CT 418) und handelt als ein von seinem Vater geliebtes Kind bei der Gliedervergottung (CT 398). Sie verlässt den Sarg als männlicher Gott Hu (CT 434). Senebis Identität ist demnach weiblich, männlich oder androgyn. Diesem Sachverhalt trägt die von Ferguson formulierte Perspektive von einem *Selbst*, das sich in einem bestimmten Kontext herausbildet[825] und bei dem mehrere Identitäten miteinander konkurrieren, Rechnung:

> If the self is seen as having many aspects, then it cannot be determined universally which are prior, more fundamental or more or less authentic. Rather, aspects of our selves are developed by participating in social practices which insist on certain skills and values. Furthermore the contents of masculinity and femininity *vary with the social practices they are connected to.*[826]

---

[823] Explizit so formuliert in CT II 89b–d.

[824] Diese Interpretation wird nicht ohne Vorbehalt gemacht, denn im Text (CT 418) ist diese Identität nicht explizit formuliert, sondern ergibt sich lediglich durch die Sprecherin – diese ist Senebi selbst – und die Lokalisierung des Sprechaktes auf der Sargseite, die die Göttin Isis verkörpert.

[825] „ [...] consciuos selfhood is an ongoing process in which both unique individual priorities and social constraints vie in limiting and defining one's self-identity." Ferguson, A Feminist Aspect Theory of the Self. In: *Science, Morality and Feminist Theory*, S. 350.

[826] Ferguson, A Feminist Aspect Theory of the Self. In: *Science, Morality and Feminist Theory*, S. 351. Meine Kursivschreibung.

In Senebis *Selbst* sind mehrere Identitäten inbegriffen. Diese Beobachtung leitet zu der jeweiligen Identität über, die sich im Kontext der Wiedergeburt bewährt und den Fähigkeiten und Werten, die dabei mit der in Anspruch genommenen Geschlechterrolle verknüpft sind.

Männliche Identität

Abgesehen von der Beziehung zur Göttin Hathor (in ihrem ersten Sprechakt) und zur Göttin Hut (in ihrem letzten Sprechakt), bezieht sich die Sprecherin nur auf männliche Götter und Personen: Diese sind die Gottheiten Osiris, Schu und Atum, im Fährmannsspruch ihr Vater und, wenn sie sich mit Osiris identifiziert, der Sohn in seinem Blut. Gemeinsam ist für die drei Götter Osiris, Schu und Atum eine schützende Umhüllung. Sie ist bei Osiris und Atum als Körper, bei Schu als Keni-Umhang definiert und garantiert diesen Göttern den Raum, in dem sich kreative Prozesse abspielen können. Durch die Gleichsetzung mit diesen Göttern geht die Sprecherin von ihrem mumifizierten Körper aus, der konkret aus einem öldurchtränkten und mit Stoffen umwickelten Hautsack besteht, in dem wie bei Osiris das Fleisch ohne Flüssigkeit, wie bei Atum die Luftröhre und das Herz vorhanden sind. Durch die Identifikation mit diesen männlichen Göttern entwickelt die Tote Aspekte ihres schöpferischen *Selbst,* die auf der Wiedergabe ihres Zustandes als Mumie basieren.

Als Schreiber und als Neugeborenes ist die Identität des *Selbst* männlich. Durch die weibliche Konnotation des Tageshimmels als Hathor oder „Haus der Göttin Hut" schafft sie sich durch die Identifikation mit dem männlichen Schreiber die künftige Beziehung zu einer Göttin, durch den Gott Hu, der Osiris sucht, zu einem Gott.

Im Sinne einer nächtlichen Vorphase zu den drei Phasen der Schöpfung, die ein Tag umfasst, figuriert der Körper als Behälter für die einverleibten Personenaspekte Ba und Heka in der Übergangszeit zwischen zwei Tagen und als generativer Raum in der Vorphase zu einem neuen „ersten Morgen". In dieser Situation liegt der Anreiz für die Identifizierung mit einem Körper, den die spezifischen Eigenschaften der Ejakulation, Empfängnis und Geburt auszeichnen. Es handelt sich um die androgyne Konzeption des Körpers.

Die zweigeschlechtliche Konzeption des Körpers

Die zweigeschlechtliche Konzeption des Körpers ist durch Aussagen in den Texten vom Ba belegt. In der Spruchfolge CT 94–97 spielt sich der Regenerationszyklus sowohl in einem weiblichen (Gebärmutter, Papyrusdickicht) als auch in einem männlichen (Sperma, Phallus, Mund des Osiris) Körper ab. Das Geschlecht ändert sich jeweils beim Austritt, beziehungsweise Eintritt in einen Körper, wobei es sich konkret stets um den Ba und Körper des *Selbst* handelt. Diese Änderung des Geschlechts lässt sich ebenfalls in CT 75 beobachten, wenn der Ba des Schu (maskulin) Wepsets Ba (das heißt den Ba einer Göttin) hinüberfährt,[827] und in CT 434, da die Sargbesitzerin (weiblich) als der Gott Hu (maskulin) den Sarg verlässt und zum Haus der Göttin Hut (weiblich) aufsteigt.[828]

Der Begriff Androgynität

Die Spruchfolge CT 94–97 findet sich sowohl auf Männer- als auch auf Frauensärgen. Die Aussagen zur Zweigeschlechtlichkeit sind somit vom Geschlecht des Toten unabhängig. Als solche können sie nicht als Reproduktion faktischer körperlicher Gegebenheiten, das heißt, als expressive Geschlechterzugehörigkeit des Sprechers verstanden werden. Als performierte Geschlechterzugehörigkeit gründen sie sich, mit Butler, nicht auf eine Wahrnehmung des Geschlechts als faktische Gegebenheit der primären Geschlechtsmerkmale, sondern konstituieren die Identität der Sprecherin.[829] Daraus ergibt sich die Frage, was von der Toten durch Androgynität rituell wiedergegeben wird, in Übereinstimmung mit welchem kulturellen Modell sie steht, und was für sie aus der Zuordnung der Androgynität zu ihrem Körper folgt?

Die im Sarg nachgewiesene und ebenso in anderen religiösen Texten gut belegte Zweigeschlechtlichkeit ist im Rahmen feministischer und psychoanalytischer Studien als Dominanz des männlichen Geschlechtes verabsolutiert worden:

> The creative role is attached *exclusively* to the male sex. [...] The absence of a female role in creation is also seen in Egyptian myths dealing with conception and birth. The sky goddess Nut for example, swallows the sun, and then gives birth to it, rejuvenated, but otherwise unchanged. Clearly, Nut has no effect on the sun; it simply passes through her.[830]

> In Egyptian existential writing, phallicism was there at the point of creation. Masculine sexuality was the driving force that generated, and kept the generative force of the world active in perpetuity.[831]

[827] CT I 380d–382a.

[828] CT V 283c.

[829] Butler, Performative Akte und Geschlechterkonstitution. In: *Performanz,* S. 315.

[830] Roth, Father Earth, Mother Sky. In: *Reading the Body,* S. 189. Meine Kursivschreibung.

[831] Meskell, *Embodied Lives*, S. 100.

In einer „phallischen Kultur“[832], in der die Schöpfung ausschließlich dem Mann zugeschrieben wird,[833] verwundert weder das Übergewicht göttlicher Sprecherrollen noch die Verwendung des osirianischen Modells bei der Ritualisierung, auch wenn diese in einem Frauensarg stattfindet. Die durch Roth und Meskell der ägyptischen Kultur überhaupt beigemessene maskuline Dominanz beantwortet jedoch nicht die oben gestellten Fragen. Görg schreibt zur „Geburt“ durch einen Gott:

> Die Verbindung der Basis *msj* „gebären“ mit dem göttlichen „Vater“ des Königs geht offensichtlich bis auf das Alte Reich zurück und steht exemplarisch für ein Verhältnis, das Jan Assmann als „Bündnis der Gottessohnschaft“ bezeichnet hat. Überdies aber ist sie ein unübersehbares Signal für die Konzeption einer „Zweigeschlechtlichkeit“ der höchsten Gottheit zur Bezeichnung ihrer Schöpferkraft.[834]

Die Androgynität des Urgottes Atum wird von demselben Autor in Beziehung zu den beim Akt der Schöpfung verwendeten Körperteilen Phallus, Hand und Mund sowie der durch seinen Schöpfungsakt hervorgebrachten Zweiheit gesehen:

> Die Dreiheit Atum–Schu–Tefnut stellt nach allem so etwas wie ein Grundmodell auf der Basis der Schöpfungslehre von Heliopolis dar, das eine im Primärgott Atum vorgestellte Selbstbefriedigung oder eher eine immanente Geschlechtsbeziehung zum Ausgangspunkt des Schöpfungsgeschehens macht.[835]

Die Ritualisierungssituation und die bisherigen Untersuchungsergebnisse sprechen dafür, dass es sich auch auf dem Sarg M3C für die *Person* um eine „immanente Geschlechtsbeziehung“, die innerhalb *eines* Körperbereichs besteht, handelt.[836] Denn erstens kann eine derartige Beziehung bei

---

[832] „The primacy of the phallus was determined at an early stage as the key determinate of difference: the visible, physical penis. Of course the penis is not the same as the phallus that inhabits the cultural sign of power. […] The structural concept [a guarantor of all meaning] of the phallus, supposedly derived from the ancient emblem of power, simultaniuously undercut by the fear of symbolic castration, provides the fulcrum upon which all other meanings are premised, even if precariously.“ Meskell *Embodied Lives*, S. 100.

[833] Wie anhand der Besprechung generativer Körperräume in der vorliegenden Untersuchung bereits klar geworden sein dürfte, teile ich Roths Auffassung (unter Berufung auf Lesko), dass der Körper weiblicher Gottheiten nur ein neutraler Raum zur Passage der Sonne bildet, nicht.

[834] Görg, Zweigeschlechtlichkeit bei ägyptischen Göttern. In: *Die zwei Geschlechter und der eine Gott,* S. 68.

[835] Görg, Zweigeschlechtlichkeit bei ägyptischen Göttern. In: *Die zwei Geschlechter und der eine Gott,* S. 73.

[836] Sie ist für Atum in den Sargtexten durch die Schreibung *ink pn tn* (CT II 161a) explizit formuliert. Vergl. Bickel, *La Cosmogonie égyptienne avant le Nouvel Empire*, S. 37f.

der Ritualisierung eines allein im Grab liegenden und mit seinem erhaltenen Körper anwesenden Toten eingesetzt werden. Zweitens beruht sie auf einer Konzeption des Körpers als Einheit, die sowohl zeugen als auch gebären kann, aber über diese aus dem Körper hervorkommenden sichtbaren Erzeugnisse hinaus auch den Körper als Raum begreift, in dem Zeugung und Entwicklung vor sich gehen. Androgynität basiert folglich auf einer Kombination aus den drei oben vorgestellten räumlichen *Image*-Schemata des Körpers (Behältnis, Innen-Außen-Orientierung und begrenzter Raum) mit einer männlich-weiblichen-Beziehung, die topisch performiert wird und innerhalb eines Körperbereichs durch Orte vorhanden ist. Nun bleibt zu prüfen, ob eine derartige Geschlechterbeziehung auch der Körperverfassung entspricht, die der ägyptischen Idee von jener Phase Ausdruck verleiht, die einem Schöpfungsmorgen vorausgeht.

Troy hat die Schöpfungsprozessen innewohnenden symbolischen Geschlechterbeziehungen untersucht. Sie ist bei ihrer Untersuchung des „femininen Prototyps" von Präexistenz als „primal duality [that] has a potential existence in the pre-creation state"[837] ausgegangen. Als Kriterium der Präexistenz wiederholt sich Dualität als „a composite of dualistic elements" in allen Stadien der Schöpfung und in allen Geschöpfen. Ihre Elemente finden sich, nach Troy, sowohl in der Charakterisierung androgyner Schöpfergottheiten als auch im Verhältnis mehrerer Götter zueinander, wenn diese an der Kosmogonie mitwirken:

> This mythic prototype is, consequently, a complex of dualistic elements, placed in symbolic opposition, with roles analogous to those of male and female. Dualistic symbolism continues to function even when applied to specifically masculine or feminine roles, or to role combinations such as that of mother and daughter. Thus the totality of the feminine prototype is expressed in dualistic terms, employing male as well as female symbolism. Feminine dualism has a generative function, equivalent to that of the male-female combination and reflects in its complementarity,[838] both the generational cycle of mother and daughter, and the androgyny of the source from it originates.[839]

Der weibliche Symbolismus, in Troys Terminologie „the uterin mode", besteht aus dem neues Leben tragenden Schoß der empfangenden Frau.[840]

---

[837] Troy, *Patterns of Queenship in ancient Egyptian myth and history*, S. 43.

[838] Unter „complementarity" versteht Troy „the expression of a totality in terms of polarity, the ability of these elements to interact and affect transformation and renewal". Troy, *Patterns of Queenship in ancient Egyptian myth and history*, S. 9.

[839] Troy, *Patterns of Queenship in ancient Egyptian myth and history*, S. 43.

[840] Der Uterus und alle damit verwandten und ikonographisch verwendeten Formen (beispielsweise Scheibe, Kreis, Mehenschlange und die das Gesicht einrahmende Haar-

Der männliche Symbolismus, „the phallic mode", ist Ausdruck für die Zeugungsfähigkeit. Beide werden, nach Troy, symbolisch verwendet um Gegensätze zu erzeugen, etwas zu einer Einheit zu ergänzen und Beziehungen durch Parallelität herzustellen.[841]

Auf Grund des bisher Gesagten kann bei der zweigeschlechtlichen Konzeption innerhalb der *Religiösen Welt*, mit Görg, von einer immanenten Geschlechterbeziehung und, mit Troy, von einer geschlechtlich konnotierten Zweiheit ausgegangen werden, die innerhalb des Körperbereichs eines Gottes oder einer Göttin besteht, sich ergänzt und sich reproduzieren kann. Von Androgynität wird dann gesprochen werden, wenn sowohl die weiblich als auch die männlich konnotierten sexuellen Funktionen innerhalb *eines* Körperbereichs vorhanden sind und *beide im Körperbereich miteinander in eine Wechselbeziehung treten.*

Die Ritualisierungssituation

Die Androgynität der Toten wird im Sarg rituell hergestellt. Die Sprecherin gewinnt ihre zweigeschlechtliche Identität durch die Schamgegend (das ist, „ihr Papyrusdickicht") und durch die Gebärmutter demnach vor der Wiedergeburt. Wie es ihrer Situation entspricht, identifiziert sie sich mit einem androgynen *Selbst*, weil Zweigeschlechtlichkeit die gesamte Entwicklung eines Kindes, einschließlich der Geburt, umfasst und sie auf diese Weise über einen postmortal zeugungsfähigen Körper, aus dem die Morgensonne geboren werden kann, verfügt. Als Ergänzung trägt die dem Körperbereich der Sprecherin innewohnende Geschlechterbeziehung der Tatsache Rechnung, dass sie für ihre Wiedergeburt nur einen (nämlich ihren eigenen) Körper zur Verfügung hat.

Wägt man die Aussagen zur männlichen gegen die zur weiblichen Beteiligung an der Fortpflanzung ab, so überwiegt die Aktivität des männlichen Samens. Das ist in CT 94–97 teilweise durch den Refrain bedingt, bildet aber auch den Schwerpunkt der Aussagen. Als einer, der die Gebär-

---

tracht bei Hathor) repräsentieren nach Troy den umschließenden Raum, der weiblich konnotiert ist. Auch Transport- und Schutzfunktion des Schoßes werden in den Ikonen: Hathor als Sonnenscheibe, Umarmung, Ei und Boot versinnbildlicht. (Besprechung dieser Formen mit ihren Belegstellen aus den Sargtexten bei Troy, *Patterns of Queenship in ancient Egyptian myth and history*, S. 22f). Troys Zuordnung dieser symbolischen Formen zum Weiblichen ist nicht mit den Befunden auf dem Sarg M3C zu vereinbaren, wo ausschließlich die männlichen Götter Osiris, Schu und Atum, sowie das Boot als Horusauge den umschließenden Raum symbolisieren. Nach Troy sind der Phallus und alle damit verwandten und ikonographisch verwendeten Formen (Pfeile, Strahlen, Hetes-Zepter und Uräus) männlich konnotiert. Von diesen kommen in den Texten auf M3C Phallus und Uch (falls man in diesem ein phallisches Symbol sehen will) vor.

[841] Troy, *Patterns of Queenship in ancient Egyptian myth and history*, S. 11.

mutter erhitzt und die Wege öffnet ist der Ba bereits im Mutterleib der Dynamische. Dementsprechend füllt ihre androgyne Identität Senebi mit dem tatkräftigen Samen des zukünftigen Horus und verkörpert in dieser Hinsicht die unmittelbare Vorphase der Wiedergeburt. Bei einer Gelegenheit gewinnt der als Sohn und Erbe männlich konnotierte Ba allerdings eine weibliche Konnotation. Diese erhält er, wenn er den Körper des Osiris am „Platz der ihr Papyrusdickicht schluckt" verlässt (CT II 74b; II 81a), als „die zur Mitte gehörende, die sich am Scheitel salbt".

Die Aussagen siedeln den sexuellen Akt in der Nacht, die einem neuen Schöpfungsmorgen vorausgeht, an. Dieser zeitliche Rahmen bedingt, dass sich die ganze Entwicklung bis zur Geburt mit der Morgensonne innerhalb einer Nacht vollziehen muss. Möglicherweise führt dieser Umstand zu einer sehr gedrängten Darstellung, die der Entwicklung des Kindes im Leib wenig Raum einräumt und nur die im Rahmen der Wiedergeburt wichtigen Fakten berücksichtigt.[842] Folgende Wendungen zu Empfängnis, Entwicklung und Nachtphase bestätigen diese Auslegung:

Seht diesen Osiris NN, der empfangen und geboren ist als Horus, der Erbe.
Ihr möget diesen Osiris NN zum Herrn der Neunheit machen.[843]

(Die Erzählung der Isis von der Geburt des Horus beginnt): Sein Same ist in meinem Leib. Ich habe die Gestalt eines Gottes gebildet im Ei als Sohn dessen, der an der Spitze der Neunheit ist.[844]

O ihr Beiden, die die Nacht geboren haben, möget ihr mich gebären!
O ihr Beiden, die Re empfangen haben, möget ihr mich, der im Ei ist, gebären![845]

Die Reduzierung der Entwicklungsdauer eines Kindes auf eine Nacht macht auch den Unterschied begreiflich, der bei der Bewertung der Grenzübergänge festgestellt wurde. Der als undramatisch geschilderte Übertritt des Samens in die Gebärmutter wird im Gegensatz zu dem späteren und thematisch betonten Verlassen des Körpers (Geburt der Sonne, Mund = Horizont) ausschließlich als Eintritt in den Körper (Schlucken) ausgelegt. Der Empfang des Spermas ist somit Ausdruck einer Vermehrung oder

---

842 Vergleiche im Gegensatz hierzu die ausführliche Beschreibung der Schwangerschaft im Nilhymnus. Meyer-Dietrich, *Nechet und Nil*, Kap. 2.

843 CT IV 37c–d.

844 CT II 111d–112c.

845 CT III 155c–156b (nach S1C).

Hinzunahme. Die Sprecherin vervollständigt ihr biologisches Geschlecht durch Androgynität.[846]

Im selben Text vollzieht Senebi durch ihre Sprechhandlungen auch eine Interaktion der nun in ihr angelegten zwei Geschlechter. Sie konstituiert ihre Zeugungsfähigkeit (*bꜣ*) und erzeugt rituell die Empfängnis durch das Epitheton „als die zur Mitte gehörende“ und die Lokalisierung „zu seinem Platz der ihr Papyrusdickicht schluckt“. Die Auslegung von Androgynität als eine körperliche Verfassung, die performatorisch sowohl Zeugung als auch Empfängnis umfasst, trägt mit der Undifferenziertheit[847] auch den Charakter der Gleichberechtigung, denn sie gestattet weiblichen und männlichen Sprechern gleichermaßen ihren Körper als vorher bestehend zu konstituieren. Indem die Tote in sich beide Geschlechter beherbergt, konstituiert sie einen Körper wie der von Atum, nämlich noch ohne eine differenzierte Geschlechterzugehörigkeit in seinem Inneren. Mit der performierten Zweigeschlechtlichkeit schafft die Tote sich folglich einen Körper, der die zum Zeitpunkt der Sprechhandlung bestehende Situation der Toten als Präexistenz wiedergibt.

Weibliche Identität

Die Tote ist selbst eine Frau. Durch ihren Namen wird das Ritual, das im Sarg ausgeführt wird, auf sie bezogen. Folglich handeln alle männlichen Sprecher für eine Frau. In den Worten des Schreibers der Hathor (CT 533) ist dies explizit formuliert. Die weibliche Identität des *Selbst* bestätigt der Nutznießerin des Rituals ihre expressive Geschlechterzugehörigkeit. Wie bereits mehrmals erwähnt ändert sich bei allen Übergängen die Identität des sich entwickelnden Neugeborenen:

(1) der Ba kommt aus dem männlich konnotierten Körper des Osiris und ist weiblich konnotiert:

II 73b–74b	Als sein Ba und in [seiner] Gestalt an diesem Tag bin ich heute herausgekommen zu seinem Platz, der ihr Papyrusdickicht schluckt,
II 74c	(als) die zur Mitte gehörende, die sich am Scheitel salbt.
II 75a	Geb hat die Tür geöffnet. Möge ich durch sie hinausgehen, […]

[846] Zum Körper des Urgottes als Vater *und* Mutter siehe auch Zandee, Der Androgyne Gott in Ägypten. Ein Erscheinungsbild des Weltschöpfers. In: *Religion im Erbe Ägyptens. Beiträge zur spätantiken Religionsgeschichte zu Ehren von Alexander Böhlig*, S. 270ff.

[847] Zum Undifferenzierten als Vorstadium der Geburt siehe Hornung, *Der Eine und die Vielen*, S. 165f.

II 79b–80a	„Geht hinaus aus eurem Mund!“ sagen die Götter, „die ihr für Osiris als sein lebender Ba gemacht worden seid, gemäß dem Befehl der Götter.“
II 80c–81a	Als sein Ba und in seiner Gestalt, auf dass er mit ihm koitiere, bin ich herausgekommen, zu seinem Platz, der ihr Papyrusdickicht schluckt, (als) die zur Mitte gehörende, die sich am Scheitel salbt.

(2) der Ba kommt aus dem weiblich konnotierten Körper der „Roten Kuh“, einer Bezeichnung für Hathor, und ist (als Re) männlich konnotiert:

II 81b–82b	Osiris hat diesen meinen Mund gewaschen mit [der Milch] der roten Kuh, die aus dem Licht herauskommt und die Re täglich gebiert.

(3) der Ba kommt aus dem männlich konnotierten Körper Atums und fährt den Ba der weiblich konnotierten Wepset über:

I 380d–382a	Ich bin es, der Wepsets Ba hinüberfährt,
I 382b, c	der, der den Schmerz von der Flamme der Roten, der Feurigen, die das Haar der Götter teilt, behandelt.

Wie ist dieses Umschlagen des Geschlechtes beim Ba zu deuten? Eine mögliche Erklärung bietet das weibliche Geschlecht der Sargbesitzerin. Ausgehend von diesem hofft Senebi ihr biologisches Geschlecht zu erhalten wenn sie in die Tageswelt hinaustritt. Dieses Verständnis ist im Einklang mit der existenziellen Konzeption vom Körper als Wiederholung des Daseins (siehe S. 256) und der Wiedergeburt. Ihre weibliche Identität ist durch ihren Namen erhalten und durch den Ba bei allen Übergängen, sowohl im Körperbereich (als „die zur Mitte gehörende, die sich am Scheitel salbt“ im Körperbereich des Osiris) als auch am Horizont (bei der Überfahrt als „Wepsets Ba“) gewahrt.[848]

Abgesehen von der Aufnahme des Samens in die Gebärmutter bildet in den Sprechakten die einzige weitere weibliche Aktivität das Stillen der aufs Neue Geborenen. Sie wird mittels der Apposition „mit der Milch der roten Kuh, die aus dem Licht herauskommt und die Re täglich gebiert“ (CT II 81b–82b) der Göttin Hathor zugesprochen, wodurch diese als Gebärende und Stillende den weiblichen Part zugesprochen bekommt. Hathors Rolle schließt die Schwangerschaft ab, liegt außerhalb des Körpers und betrifft das Aufziehen des Kindes im Tagesbereich.

---

[848] Entsprechend können sich Sargbesitzer mit den Aussagen zum Ba des Osiris, die Organe und physiologische Prozesse des männlichen Körpers aufgreifen, identifizieren und dadurch ihre biologische geschlechtliche Identität bewahren.

Die oben gestellten Fragen können im Hinblick auf die geschlechtliche Identität des *Selbst* folgendermaßen beantwortet werden: Senebis Identität mit männlichen Göttern bedient sich ihres mumifizierten Körpers im Sinne einer Umhüllung für Entstehungsprozesse. Durch Androgynität gibt die Sprecherin rituell ihre Situation als präexistent, auf die Nacht begrenzt und als allein im Sarg liegend wieder. Ihre Zweigeschlechtlichkeit steht in Übereinstimmung mit den kulturspezifischen Körperrollen des Schöpfergottes Atum als undifferenzierte, aber vollständige Gegebenheit und des postmortal fortpflanzungsfähigen Gottes Osiris. Durch die Wiedergabe ihres Körpers als undifferenzierte, aber vollständige Gegebenheit gewinnt die Tote ihre Identität als androgynes *Selbst*. Dank dieser beherbergt Sprecher oder Sprecherin den tatkräftigen Samen des zukünftigen Horus und verkörpert somit die Vorphase zur Geburt. Durch die Identifikation mit dem Ba des Osiris kann Senebi schon im Leib alle nötigen Taten ausführen und aus einem müden Körper aus eigener Kraft hervorstoßen. Im Zusammenhang mit Grenzübergängen ist eine weibliche Identität der Sprecherin beobachtet worden. Diese bewahrt die expressive Geschlechterzugehörigkeit der Sargbesitzerin zur Wiedergeburt im Sinne einer Wiederholung der Schöpfung.

Die von der Sprecherin in Anspruch genommenen Identitäten, sowohl die zunehmende Göttlichkeit als auch die jeweils situationsbezogene Geschlechterzugehörigkeit, die in dem tatkräftigen männlichen Erben resultiert, führen beim *Selbst* zu einem Statusgewinn, der sie als mächtig und unüberwindbar dastehen lässt. Erfüllt das Selbstbild allein durch diesen Machtgewinn Zweck und Ziel der Ritualisierung? Diese Frage soll abschließend gestellt und beantwortet werden.

Das wiedergeborene Selbst: Zielsetzung und Zweck des rituellen Handelns

Das *Selbst* gründet sich auf die Identität der Sargbesitzerin Senebi als die *Person*, die auf Erden gelebt hat, sich durch ihren allein im Grab liegenden Körper (*ḏt*) erzeugen und entwickeln kann und als Gott wiedergeboren wird. Dies zu bewerkstelligen ist die Funktion der Personenkonstituenten.

Ihr Name (*rn*), den sie auf Erden bekommen hat und in dem sie sich im Sarg wieder erkennt, gewährleistet ihre Identität. Durch ihren beweglichen Schatten (*šwt*), der im Tagesbereich ihre Körperform als einen der Nacht zugeordneten Körper wiedergibt, und durch ihr Dasein als einer unter den Kas (*kꜣw*), die sie für Atum einsammelt, garantiert sie das Fortdauern ihrer Identität innerhalb einer Schöpfung, an deren Inganghaltung sie mitwirkt.

Senebi verwandelt rituell ihren existierenden mumifizierten menschlichen Körper in einen zeugungsfähigen, wehrhaften, aktiv die Wiederholung der Schöpfung bewirkenden lebendigen Gotteskörper. Hierfür setzt sie die Personenkonstituenten Ba (*b3*) und Ach (*3ḫ*) ein. Diese unterscheiden sich von anderen Personenaspekten durch ihre Eigenschaft Entwicklungen (*b3 Wsir*), Entstehungsprozesse (*b3 Šw*, virtueller *3ḫ*) und deren Resultat (*3ḫ*) darzustellen und als performatorisch wirkende Sprechakte zu vollziehen. Die in diesen Prozessen zusammen mit dem Ba verwendeten Körperbegriffe sind Schatten (*šwt*), Gestalt (*irw*) und Leib (*ḥʿw*), das zusammen mit dem virtuellen Ach verwendete Substitut für den vergöttlichten Körper ist die Henu-Barke.

Die Untersuchung hat ergeben, dass der Tod der Sarginhaberin ein einziges Mal, nämlich durch die Verwendung des Wortes Leichnam (*ẖ3t*), konstatiert wird. Dadurch wird der physiologische Tod zwar in der *Religiösen Welt* wiedergegeben, aber bereits im Augenblick seiner Nennung werden Impotenz und Bewegungslosigkeit einer Leiche verneint, indem sie mit dem Ba, der auf dem Körper brennt und sich von ihm lösen kann, als zeugungs- und bewegungsfähig konnotiert wird. Die Zielsetzung des rituellen Handelns besteht folglich darin, die Identität der Sarginhaberin Senebi so aufzubauen, dass sie sich auch im Zustand der Mumifizierung als ein lebendiges *Selbst* einschätzt. Die rituelle Aufbereitung bei der Balsamierung hatte gezeigt, dass der Körper im Funktionieren seiner Sinne und seiner Glieder begriffen wird (siehe S. 69ff). Folglich muss die Inaktivität der *Person* überwunden und der Leichnam in einen bewegungsfähigen Körper, der im Vollbesitz seiner Sinne ist, verändert, oder, in Bells Terminologie, ritualisiert werden. Dies zu bewerkstelligen ist das Ziel, das mit den rituellen Handlungen erreicht werden soll.

Die Ritualisierung vollzieht durch performatorisch wirkende Bild- und Sprechhandlungen die Entstehung und Ausbreitung der Zeugungsfähigkeit (*b3 Wsir, b3 Šw*) im Körper sowie die belebende Wirkung von Flüssigkeiten und Luft, *die im Körper sind*, begrenzt sie aber nicht auf diesen Raum. Alle Vorgänge im Körperbereich umfassen nur einen Abschnitt im Zyklus der Wiedergeburt. Ba und Schatten verlassen den Körper, wirken an der Schöpfung mit und bringen die Zeugungsfähigkeit der Sonne zur Mumie zurück. Hierdurch wird der Aktionsradius der Toten auf den gesamten Kosmos ausgedehnt. Dieser durch den Ach-Zustand ermöglichte allumfassende Lebensbereich gestattet Senebi, Aufgaben wahrzunehmen, durch die sie *aktiv* an der Schöpfung mitwirkt: sie erzeugt (*ir*) durch ihren Ba die Zeugungsfähigkeit (*b3*) Res, sie lässt die Maat aufsteigen und vereinigt ihre Gestalt (*irw*), indem sie die Kas für Atum einsammelt.

Die Erfüllung dieser Aufgaben bildet den eigentlichen Zweck des rituellen Handelns. Sie beziehen sich auf den Tagesbereich (Res Ba), den Nachtbereich (Kas für Atum) und die Verbindung beider Bereiche durch Osiris' Körper (das Übertragen von Osiris Ba auf Re und Res Ba auf Osiris) und lassen sich als Inganghaltung kosmischer Prozesse zusammenfassen. Die ritualisierte *Person* wird durch diese Aufgaben, die das *Selbst* im Kosmos ausführt, ihrerseits als tätig und lebendig bestätigt. Sie erzeugen bei Senebi die Auffassung, dass sie *selbst* durch ihre Geburt und die damit verbundenen Entstehungs- und Entwicklungsprozesse an der Wiederholung der Schöpfung mitwirkt.

Die Handlungsweisen, die von Senebi zum Aufbau ihrer *Religiösen Welt* und damit auch zum Erreichen ihres Zieles eingesetzt werden, legen den Ritualisierungsprozess als einen Vorgang dar, der, laut Bell, von den Ausführenden einer rituellen Handlung nicht gesehen wird:

> [Ritualization] is a way of acting that sees itself as *responding* to a place, event, force, problem, or tradition. It tends to see itself as the natural or appropriate thing to do in the circumstances. Ritualization does not see how it actively creates place, force, event, and tradition, how it redefines or generates the circumstances to which it is responding. It does not see how its own actions reorder and reinterpret the circumstances so as to afford the sense of a fit among the main spheres of experience – body, community, and cosmos.[849]

Was, nach Bell, von den ausführenden des Rituals (das ist Senebi) nicht gesehen wird, ist, dass hierbei eine von ihr selbst garantierte Schöpfung die Voraussetzung für die Zeugungsfähigkeit (*b3 Rꜥ*), die Nahrung (*ḥw*) und die Salben, die sie ihrem eigenen Körper angedeihen lassen kann, sowie für die Opferspeisen, die sie den Göttern zukommen lässt, bildet und somit die Tote die Schöpfung, innerhalb der sich ihr Leben abspielt, *selbst produziert*. Die von Bell postulierte Blindheit setzt an dem Punkt an, an dem von Senebi der durch sie rituell erstellte Kosmos als ein Werk der Götter verstanden wird, wobei alle Autorität und Macht bei den Göttern liegt. Dass Senebi den Kosmos als göttlich im Sinne einer Machtstruktur auffasst ist daran ersichtlich, dass sie Wirksamkeit dem Götterwort zuschreibt, der Ba von Göttern gemacht wird und Hierophanien von ihr als zu fürchtende Ereignisse dargestellt werden. Als Fürsprecherin der Möglichkeit, durch Ritualisierung Machtverhältnisse in einem neuen Licht erscheinen zu lassen, argumentiert Bell, dass die den Göttern zugeschriebene Autorität ein Resultat der Ritualisierung darstellt, das von der *Person* nicht gesehen wird. Es wird stattdessen als eine Gegebenheit verstanden, auf die Senebi

---

[849] Bell, *Ritual Theory, Ritual Practice*, S. 109.

reagiert. Sie antwortet auf die göttliche Welt, indem sie zu ihrem Tun vom Göttertribunal ermächtigt sein muss, sie sich als Kind der Götter sieht, sie die Wurfhölzer, die von den Göttern gesandt werden, zurückweist und schließlich selbst zu einem Gott wird.

Wiedergeburt war als das Hervortreten einer *Person* aus einem Körper, die, nachdem sie tot war, erneut in einen Zustand versetzt wird, der es ihr ermöglicht zu handeln, mit ihrer Umwelt in Verbindung zu treten und mit dieser übereinzukommen (das heißt, sich in diese integrieren zu können), definiert worden (siehe S. 8). Senebi versteht sich als lebendes *Selbst.* Sie verfügt über die Sinnesfunktionen Hören, Sprechen und Riechen. Das Sehen wünscht sie sich mit Hilfe ihres Ba und Schattens. Ihre lebenswichtigen Funktionen werden in ihrem Körper erzeugt, entwickeln sich dort während der Nacht und werden durch die Tagessonne (Re) als Zeugungsfähigkeit für ihren in der Erde ruhenden Körper (Osiris) aufs Neue belebt. Sie *lebt* bei Tag in der Höhe.

Durch ihre drei geschlechtlichen Identitäten (männlich, weiblich und androgyn) wird Senebi in einen Zustand versetzt, der es ihr ermöglicht einen starken Nachkommen zu zeugen und sich als dieser den Weg in die Tageswelt zu erkämpfen. In der letzten Sprechhandlung wird die Wiedergeburt als Besitz der Sinne und den Auftrag sie zu gebrauchen klar zum Ausdruck gebracht:

V 283c	Zu dem Haus der Göttin Hut bin ich emporgestiegen als der Gott Hu.
V 284a	Ich bin Imi-chau-her.
V 284b	Ich suche Osiris bis nach Heliopolis.
V 285a	Ich bin ausgesandt worden von diesem Großen, dem Allherrn, der nicht stirbt.

Die Kommunikationsfähigkeit des *Selbst* wird durch die Identifikation mit Hu, der göttlichen Personifikation des Ausspruches, sowie dessen Auftrag, als Gesandter des Allherrn zu sprechen und Osiris zu suchen, performatorisch bewirkt. Sie handelt somit durch Sprechen. Durch die im Text aufgebaute Topographie – dem Haus der Göttin Hut, in dem wohl der Tageshimmel zu sehen ist, und Heliopolis als Aufenthaltsort von Osiris – verbindet sie Tag- und Nachtbereich miteinander. Die Sprecherin versteht sich folglich als ein *Selbst*, das mit ihrer Umwelt überall kommunizieren kann. Für den Austausch und die Verbindung zu anderen verwendet sie verschiedene Mittel:

- verbale Kommunikation: (schriftlich) als Schreiber der Hathor, (akustisch) im Nachtbereich durch Anrufungsopfer, als Ba des Schu mit den Hehu, den Göttern und den Insassen des Sonnenbootes, als Senebi wehrt sie die Wurfhölzer mit Hilfe ihrer Sprüche und Formeln ab; im Tagesbereich spielt sie das Sistrum für Hathor, sucht sie als der Gott Hu (das schöpferische Wort) Osiris

- ethische Kommunikation durch richtiges Handeln: sie lässt die Maat aufsteigen, handelt zusammen mit dem Herrn des Lebens, versorgt die Götter mit Nahrung, sammelt die Kas für Atum ein, versorgt ihren Vater
- optische Kommunikation: zeigt Hathor den Uch, zeigt als Ba des Schu ihren Glanz den Insassen des Sonnenbootes, sieht mit dem Schatten zusammen Re
- physische Kommunikation: hofft, dass Hathor ihr ihre Arme entgegenstreckt, öffnet die Türen, erhitzt die Gebärmutter, wandert als Ba des Osiris über den Himmel, wünscht sich Macht über ihre Beine, wird ausgeatmet, fährt Wepsets Ba über und koitiert mit Osiris

Die Kontaktaufnahme mit ihrer Umwelt, sowohl bei den Schritten im Verlauf der Ritualisierung als auch bei ihrer Geburt, bestätigt das *Selbst* in beiden Daseinsbereichen. Als ein in der Nacht- und der Tageswelt wirkendes *Selbst* sowie in der Art ihrer Verbindungen, die alle Möglichkeiten (verbal, ethisch, optisch und physisch) umfasst, erkennt sich Senebi als ein lebendiges *Selbst*, das Ergebnis der Ritualisierung entspricht damit dem gesetzten Ziel. Der Machtgewinn (als Same des Osiris, der sich den Weg in die Tageswelt erkämpft, als Wissende, die ihren Körper verteidigt, als Kind das für seinen Vater so handelt, wie es den Erwartungen in der Gesellschaft entspricht, sowie als Ba eines Gottes, der an der Wiederholung der Schöpfung mitwirkt) ist nicht Selbstzweck, in ihm erschöpft sich nicht der Zweck der Ritualisierung, sondern er ist Senebis Antwort auf die *Religiöse Welt* – und zwar eine Antwort, die sie sich für ihre eigenen Ziele zunutze zu machen weiß.[850] Es ist darüber hinaus eine Antwort, durch die sich Senebi nicht nur in beiden kosmischen Existenzbereichen aufhält, sondern die sie dort als tätige *Person* integriert.

Da die Mumie im Sarg bleibt, und nur der Schatten anstelle des Körpers in den Tagesbereich heraustritt, erhebt sich die Frage, ob man streng genommen von einer Wiedergeburt sprechen kann.[851] Durch die Sprechakte wird der Körper der Toten belebt und aus ihm heraus die Geburt des Horus vollzogen. Da hierbei sowohl von einem Körper, der im Tagesbereich gewesen ist, ausgegangen wird als auch ein Regenerationszycklus darge-

[850] Siehe hierzu den Aufbau des Handlungsraumes und die Zusammenfassung der hierfür von der Sprecherin eingesetzten Mittel in Kap. 3.4.

[851] Dieser Gedanke wurde von Derchain in einem Gespräch, das bei einem Zusammentreffen 2005 auf der SÄK in Tübingen stattgefunden hat, angeregt.

stellt wird, der nicht beim Verweilen des Gottes auf der Erde halt macht, handelt es sich eindeutig um eine Geburt zur Wiederholung der Schöpfung. In diesem Sinne ist die Verwendung des Begriffes „Wiedergeburt" berechtigt. Zu den hier zusammengefassten Ergebnissen hat die Untersuchung der Personenkonstituenten bei der Ritualisierung zur Wiedergeburt einer Frau geführt. Ihre Abhängigkeit vom Kontext soll durch den Vergleich mit ihrer Verwendung im selben Zeitraum, aber in einem anderen Kontext, geprüft werden. Im abschließenden Kapitel sollen deshalb zum Vergleich die Personenaspekte anhand der Literatur des Mittleren Reiches untersucht werden.

KAPITEL 5

Personenkonstituenten in der Literatur des Mittleren Reiches

5.1 Voraussetzungen zur Interpretation der Quellen

Aus der strikten Beachtung des Kontextes folgte bisher die Begrenzung aller herangezogenen Quellen auf die Sargtexte. Zur Prüfung ob, und gegebenenfalls wie, sich die Bedeutung und Nuancierung der Personenkonstituenten durch ihre Verwendung in einer anderen Situation ändert, soll in diesem Kapitel die Literatur[852] des Mittleren Reiches untersucht werden. Als Kriterien bei der Auswahl der Quellen wurden die Datierung ins Mittlere Reich[853] und Texte, die auf Grund ihres Textträgers und ihres Inhalts nicht ihren Sitz in der Ritualisierungssituation des Grabes haben, herangezogen.[854]

Das zuletzt genannte Kriterium führt unweigerlich zur Frage nach der Situation, in der das Vergleichsmaterial zu verankern ist. Versuche, literarische Texte des Mittleren Reiches in ihrer Gebrauchssituation zu verankern, sind in hohem Grade hypothetisch[855] und bei so unterschiedlichen Texten wie „Die Erzählung des Sinuhe", „Das Gespräch eines Mannes mit seinem

---

852 Zur Diskussion des umstrittenen Begriffes Literatur siehe Burkard und Thissen, *Einführung in die Altägyptische Literaturgeschichte I*, S. 14ff.

853 Die Quellen werden im weitesten Sinne der Literatur des Mittleren Reiches zugerechnet. In der Praxis umfassen letztere alle Quellen, die nach dem Alten Reich und vor dem Beginn des Neuen Reiches, also in die 11./12. bis 15./17. Dynastie (1950–1550 v. Chr.) eingeordnet werden. Zur genauen Datierung siehe jeweils die herangezogenen Texte.

854 Zu den Textträgern siehe Burkard und Thissen, *Einführung in die Altägyptische Literaturgeschichte I,* passim, oder die Zusammenstellung bei Parkinson, *Poetry and Culture in Middle Kingdom Egypt*, Appendix 1. In der vorliegenden Arbeit wird nur von der Funktion der unter dem Oberbegriff Literatur vereinigten Texte ausgegangen, die sich als solche dadurch auszeichnen, dass sie im Unterschied zu den als rituelle Sprechakte bezeichneten Texten nicht performatorisch wirken. Auf die Subjektivität der Re-Kontextualisierung zur Pragmatisierung der Auslegungsoperationen macht Gutschmidt aufmerksam. Gutschmidt, Literarizitätsbegriff und Literarizitätskriterien in der Ägyptologie, *LingAeg* 12, S. 80.

855 Zu den damit verknüpften Problemen siehe Parkinson, *Poetry and Culture in Middle Kingdom Egypt*, S. 29ff.

Ba", „Die Lehre des Stadtpräfekten und Wesirs Ptahhotep", den im Papyrus Westcar aufgezeichneten Wundertaten und der Hirtengeschichte sicher auch sehr verschieden. Für die Untersuchung der Personenkonstituenten kann das Problem auf die Frage nach der Wirkung der Quellen in ihrer Eigenschaft als Literatur begrenzt werden. Am zweckmäßigsten erweist sich hierbei Parkinsons Ansatz, weil er Literatur als eine eigenständige Form des Diskurses charakterisiert, die sich im Vergleich mit anderen bewahrten Sprachforen dadurch auszeichnet, dass sie nicht nur kulturelle Normen tradiert, sondern Abweichungen von diesen Normen zur Sprache bringt.[856] Durch diese Besonderheit der Literatur kann auch der Hörer, der sich in der Unvollkommenheit erlebter Wirklichkeit wieder erkennt, mit einbezogen werden[857]:

> An oral work conceptualizes knowledge with close reference to the specific life-world, and consideration of opposed ideas is formulated in agonistic fashion. The relationship of performer and audience with the literature is empathetic and participatory.[858]

Bei der Interpretation literarischer Texte wird von dieser Wirkung ausgegangen. Sie qualifiziert die Quellen auch als Vergleichsmaterial zur Verwendung der Personenkonstituenten in den Sargtexten, da für rituelle Sprechhandlungen im Bereich der Totenwelt von einem verhältnismäßig hohen Grad an Konformität mit den kulturellen Normen ausgegangen werden kann.[859] Die Verwendung in der Literatur enthebt Begriffe ihres rituellen religiösen Bereiches.[860] Sie transponiert sie in neue Situationen. Die durch die Überführung in eine, wenngleich fiktive so doch lebensnahe

---

[856] Parkinson, *Poetry and Culture in Middle Kingdom Egypt*, S. 21.

[857] Durch die Beteiligung des Hörers wird der Begriff Diskurs in diesem Zusammenhang auch seines Losgelöstseins aus dem Leben, auf das Meskell hinweist (Meskell, *Archeologies of Social Life*, S. 24f.) beraubt.

[858] Parkinson, *Poetry and Culture in Middle Kingdom Egypt*, S. 56.

[859] Obgleich von der unterschiedlichen Traditionsverankerung einzelner Personen ausgegangen werden muss, ist bei der Ritualisierung die Konventionalität angewendeter Mittel gewährleistet. Siehe zu diesem Punkt auch Kap. 1, S. 22.

[860] Siehe zur ‚situationsabstrakten' Verwendung von Göttererzählungen in der Literatur auch Junge, Mythos und Literarizität: Die Geschichte vom Streit der Götter Horus und Seth, *Festschrift Westendorf* I, S. 94. Dagegen verankert Verhoeven diesen „propagandistischen" Mythos – ohne ihm deshalb seinen Unterhaltungswert abzusprechen – in einem königlich-göttlichen Festakt bei der Thronbesteigung (Verhoeven, Ein historischer Sitz im Leben für die Erzählung von Horus und Seth des Papyrus Chester Beatty I, *Festschrift Gundlach*, S. 347–363).

Gebrauchssituation entstehende Disharmonie, macht die empirisch gegebenen Spannungen zwischen Ideal und Wirklichkeit transparent.[861]

Literatur als eine gesellschaftliche Betätigung[862] wird in den Texten durch die Reaktion der Hörer, die von der Vollkommenheit der Rede entzückt sind, bestätigt.[863] Diese am Ende der Texte eingeflochtene und von Parkinson behandelte Wertschätzung bezeugt ihre ästhetische und unterhaltende Qualität.[864] Für ihre Heranziehung als Vergleichsmaterial ist von Bedeutung, dass ihre Form die Texte als beabsichtigte Unterhaltung qualifiziert. Zusammenfassend können als Faktoren, die bei der Interpretation der in diesem Kapitel behandelten Texte zu berücksichtigen sind, genannt werden: die Weitergabe kultureller Normen, die Verbalisierung von Abweichungen von diesen Normen und die bezweckte Unterhaltung der Zuhörerschaft.

5.2 Die Quellen

Die auf dem Sarg M3C verwendeten Personenkonstituenten sind Name, Ka, Ba, Ach, der für den Körper der Toten im Abwehrspruch gebrauchte Begriff *ḏt* und die im Zusammenhang mit ihrem Ba verwendeten Körperbegriffe *ḥʿw*, *šwt*[865] und *ẖꜣt*. Da der Ka des Menschen einen Personenfaktor darstellt, der Senebi im Begräbnisritual von den Lebenden zugesprochen wurde, ist zu dessen Verständnis mit der Lehre Ptahhoteps bereits ein Text aus der Literatur des Mittleren Reiches zitiert worden (siehe S. 53). Zur Behandlung des Begriffes Ach steht meines Wissens keine literarische

---

861 Parkinson greift die dadurch entstehenden Unterschiede in der Bewertung bei folgenden Begriffen auf: Rolle des Herzens, Feind, Geschlechterrollen, Tod, Status von Göttern und Erwartungen, die an das Rollenverhalten des Pharaos gestellt werden. Parkinson, *Poetry and Culture in Middle Kingdom Egypt*, S. 91ff.

862 „The formal response to a performance and the inner response to a performance characterize literature as a social practice" (Parkinson, *Poetry and Culture in Middle Kingdom Egypt*, S. 81).

863 Die Geschichte des beredten Bauern ist hierfür wohl das repräsentativste Beispiel. Sie wird am Ende, auf Papyrus aufgezeichnet, an den König Nebkaure gesandt. Weiter heißt es in Hornungs Übersetzung „und das war erfreulicher für das Herz seiner Majestät als alles andere auf der ganzen Welt" (Hornung, *Gesänge vom Nil*, S. 29).

864 Parkinson, *Poetry and Culture in Middle Kingdom Egypt*, S. 82ff. Dieselbe Eigenschaft ist von Moers als „rhetoric notion" behandelt in Moers, Travel as Narrative in Egyptian Literature. In: *Definitely: Egyptian literature*, S. 46ff.

865 Zur Einordnung des Schattens (*šwt*) unter die Körperbegriffe siehe Kap. 4, S. 273.

Quelle aus dem Mittleren Reich zur Verfügung.[866] Zur Untersuchung der übrigen Personenkonstituenten in der Literatur bieten sich als Vergleichsmaterial zwei Texte an, die diese im Zusammenhang mit einem todesnahen Zustand oder dem Tod aufgreifen. Diese beiden Quellen sind die „Erzählung des Sinuhe", in der für den Menschen mehrere Körperbegriffe, sowie Name und Ba vorkommen, und „das Gespräch eines Mannes mit seinem Ba", anhand dessen der Ba, der Name und die Körperbegriffe Leichnam (*ẖ3t*), Schatten (*šwt*) und Leib (*ḥʿw*) untersucht werden sollen. Durch die Berliner Papyri, die in die späte 12. Dynastie zu datieren sind, spricht zudem die relative zeitliche Nähe zum Sarg der Senebi für die Wahl dieser Texte.[867] Der Sarg der Senebi wird von Willems in die Zeit Sesostris I. (1919–1874 v. Chr.) oder etwas später datiert, die Erzählung des Sinuhe von Parkinson in die Zeit Amenemhet III. (1818–1732 v. Chr.). Die beiden Hauptquellen zur Untersuchung der Personenkonstituenten in der Literatur werden in der angegebenen Reihenfolge einzeln behandelt.

Von einer umfassenden Analyse der Texte wird abgesehen. Da beide Literaturwerke als Vergleichsmaterial herangezogen werden, erfolgt deren Behandlung ausnahmslos aus der Perspektive der zu untersuchenden Personenkonstituenten. Im Hinblick auf die Erzählung des Sinuhe haben Körperbegriffe, Name und Ba bisher nicht den Untersuchungsgegenstand in der Forschung gebildet.[868] Was das Gespräch eines Mannes mit seinem Ba betrifft, verhält es sich umgekehrt. Nur von Donnat[869] und Lichtheim[870] sowie in den Textbearbeitungen durch Lohmann[871] und Parkinson[872] ist der

---

[866] Die Geschichte des pChassinat II wird von Parkinson (*Poetry and Culture in Middle Kingdom Egypt*, S. 301f) ins Mittlere Reich datiert, doch ist sie zu fragmentarisch um sie für eine Untersuchung des Begriffes Ach in der Literatur auswerten zu können.

[867] Die ältesten Textzeugen aus dem Mittleren Reich sind für Sinuhe pBerlin 3022 und pBerlin 10499 vso und für das Gespräch eines Mannes mit seinem Ba pBerlin 3024. Zur Geschichte von pBerlin 3022–3025 siehe Parkinson und Usick, A Note on the ‚Berlin Library' and the British Museum, *GM* 197, S. 93–97. Neuere Literatur und Angaben zur Datierung weiterer Textzeugen siehe Parkinson, *The Tale of the Eloquent Peasant,* Einleitung S. xxv und *Poetry and Culture in Middle Kingdom Egypt,* Appendix 1. Die Datierung des Gesprächs eines Mannes mit seinem Ba ins Alte Reich (vorgenommen durch Fecht, Die Belehrung des Ba und der „Lebensmüde". *MDAIK* 47, S. 113) konnte sich nicht durchsetzen.

[868] An dieser Forschungslage ändern auch von der Tendenz her psychologische Betrachtungen, wie beispielsweise Moers, *Fingierte Welten in der ägyptischen Literatur des 2. Jahrtausends v. Chr.*, S. 251ff, Spalinger, Orientations on Sinuhe, *SAK* 25, S. 311–339 und Tobin, The secret of Sinuhe, *JARCE* 32, S. 161–178 nichts.

[869] Donnat, Le dialogue d'un homme avec son ba à la lumière de la formule 38 des Textes des Sarcophages, *BIFAO* 104, S. 191–205.

[870] Lichtheim, *Ancient Egyptian Literature Volume I*, S. 163ff.

[871] Lohmann, Das Gespräch eines Mannes mit seinem Ba, *SAK* 25, S. 207–236. Siehe dort auch den forschungsgeschichtlichen Überblick zur Deutung des Ba, sowie die Zusam-

Ba ausschließlich als Gesprächspartner aufgefasst worden. Die übrigen Studien hingegen galten dem Wesen des Ba in der Literatur und haben im Rahmen dessen versucht ihn als Seele,[873] Alter Ego,[874] Lebenskraft[875] und psychologisches Double[876] zu deuten. Die Interpretation des Ba als Lebenskraft kommt den Ergebnissen der bisherigen Untersuchung am nächsten. Sie wird von Barta jedoch als selbständig handelnder Teil des Menschen und Exponent der männlichen Lebenspotenz, die erst mit dem Tode frei wird und sich vom Körper trennt, verstanden.[877] Dieser Deutung des Ba als Teil der aufgelösten körperlichen Einheit eines Toten schließen sich auch Assmann[878], Donnat[879], Mathieu[880] und Thausing[881] an. Brunner-Traut sieht den Ba hingegen als eine Lebenskraft im Sinne von Ansehen, Ruhm und Macht.[882] Die Untersuchung des Ba als eine Personenkonstituente um Entwicklungen und Entstehungsprozesse darzustellen (siehe S. 290) vertritt somit einen neuen hermeneutischen Ansatz. Es wird von der in dieser Arbeit festgestellten Bedeutung des Begriffes Ba als die Zeugungsfähigkeit, die auf einen Körper oder Raum übertragen werden kann, ausgegangen. Die weiteren Personenkonstituenten im „Gespräch eines Mannes mit seinem Ba", das heißt, die verwendeten Körperbegriffe und der Name, haben in der Forschung bisher nicht den Untersuchungsgegenstand gebildet.

---

menfassung bisheriger Interpretationen bei Burkard und Thissen, *Einführung in die Altägyptische Literaturgeschichte I,* S. 152ff.

872 Parkinson, *Poetry and Culture in Middle Kingdom Egypt,* S. 216. Übers. in Parkinson, *The Tale of Sinuhe and Other Ancient Egyptian Poems 1940–1640 BC,* S. 151ff.

873 Assmann, A Dialogue Between Self and Soul: Papyrus Berlin 3024. In: *Self, Soul and Body in Religious Experience,* S. 384–403. Erman, *Gespräch eines Lebensmüden mit seiner Seele. Aus dem Papyrus 3024 der königlichen Museen*, S. 1–77. Faulkner, The Man who was tired of Life, *JEA* 42, S. 21–40.

874 Žabkar, *A Study of the Ba Concept in Ancient Egyptian Texts*, S. 120ff. Fecht, Die Belehrung des Ba und der „Lebensmüde", *MDAIK* 47, S. 117.

875 Barta, *Das Gespräch eines Mannes mit seinem Ba,* S. 98. Brunner-Traut, Der Lebensmüde und sein Ba, *ZÄS* 94, S. 6–14.

876 Renaud, *Le Dialogue du désespéré avec son âme.*

877 Barta, *Das Gespräch eines Mannes mit seinem Ba,* S. 98.

878 Assmann, A Dialogue Between Self and Soul: Papyrus Berlin 3024. In: *Self, Soul and Body in Religious Experience,* S. 389.

879 Donnat, Le dialogue d'un homme avec son ba à la lumière de la formule 38 des Textes des Sarcophages, *BIFAO* 104, S. 191–205.

880 Mathieu, Le dialogue d'un homme avec son âme, *Égypte, Afrique et Orient* 19, S. 17–36.

881 Thausing, Betrachtungen zum Lebensmüden, *Festschrift Junker*, S. 267.

882 Brunner-Traut, Der Lebensmüde und sein Ba, *ZÄS* 94, S. 7.

5.3 Name, Körper, Ka und Ba in der Erzählung des Sinuhe

In der Erzählung des Sinuhe findet sich mit dem Gotteskörper[883] eine Personenkonstituente, die im Zusammenhang mit dem verstorbenen Pharao Amenemhet I. benutzt wird, und mit dem Ka[884] ein Personenbegriff des lebenden Pharaos, Sesostris I. Im Hinblick auf den König findet sich das Lexem *ḥꜥw* in dem Ausdruck „mehr als ihn selbst".[885] Für den menschlichen Körper des Sinuhe werden der *ḥꜥw*-Körper[886], der Leichnam[887] und das im Sarg nicht gebrauchte Lexem *ẖt* für den Leib[888] verwendet. Zur Beschreibung seines Zustandes nennt Sinuhe seine Glieder[889], die Arme[890], die Kehle[891], die Füße[892], seine Augen[893], seine Manneskraft[894], die Haare[895] und insgesamt vierzehn Mal das Herz als Sitz der Pläne oder des Mutes.[896] Bei der Beschreibung seines guten Rufes gibt Sinuhe seinen Namen[897] wieder und bei der Schilderung seines Zustandes während der Audienz bei Sesostris I. spricht er von seinem Ba.[898]

Zunächst soll die textinterne Position der Personenkonstituenten anhand des Textaufbaus der gesamten Erzählung ermittelt werden. Dem schließt sich die semantische Untersuchung der Begriffe an. Nur die relevanten Abschnitte des Textes werden in der Übersetzung gegeben. Für den Text der ganzen Erzählung wird der Leser auf die synoptische Textausgabe von Koch[899] und die neueren Übersetzungen[900] hingewiesen. In dieser Arbeit

883 *ḥꜥw nṯr* in R 7.

884 *kꜣ* in B 203, B 206.

885 *r-ḥꜥw.sn* in B 66.

886 *ḥꜥw* in B 24, B 167, B 204, B 228, B 255, B 290.

887 *ḫꜣt* in B 159, B 199 nur nach Ostraca Ashmolean vso, B 258.

888 *ẖt* in B 39, B 255, B 262. Belegstellen zu Gesten sind nicht mit aufgeführt.

889 *ꜥt nbt* in B 3.

890 *ꜥwy* in B3, B 108, B 169.

891 *ḫḫ* in B 22.

892 *rdwy* in B 16, B 170, B 228.

893 *irty* in B 169.

894 *bꜣꜣwt* in B 190.

895 *šnj* in B 291.

896 *ib* in B 2, B 23, B 38, B 149, B 158, B 170, B 175, B 183, B 185, B 203, B 224, B 229; *ḥꜣty* in B 39, B 255.

897 *rn* in B 41, B 227, B 260.

898 *bꜣ* in B 255.

899 Koch, *Die Erzählung des Sinuhe*. Siehe dort auch die Auflistung der Textzeugen.

wird, wenn nicht anders vermerkt, von Blumenthals Übersetzung[901] ausgegangen.

Der textliche Aufbau der Erzählung des Sinuhe

Die Rubren des in vierzig Perikopen gegliederten Textes orientieren sich, nach Assmann, an Anfängen, Wechsel der Zeit, des Themas, Stils, Schauplatzes (hierzu rechnet auch die Nilüberquerung) und Sprechers. In Ausnahmefällen können Rotschreibungen dem Hervorheben des Sinngehaltes einzelner Aussagen anstatt der Gliederung des Textes dienen.[902] Bei der Inventierung der Textstellen, in denen Personenkonstituenten aufgegriffen werden, zeigte es sich, dass diese stets zur Beschreibung von Sinuhes Zustand im Zusammenhang mit einem Ort oder Ortswechsel ihre Verwendung finden. In der folgenden Darstellung des Textaufbaus werden deshalb die Perikopen jeweils so zusammengefasst, wie es sich durch die einzelnen Aufenthaltsorte der Hauptperson Sinuhe ergibt.

Ägypten, in Unruhe versetzt
§ 1–4

Die Erzählung beginnt mit der Titulatur der Hauptperson, dem Erbfürsten und Grafen Sinuhe, ein Gefolgsmann, der, wie es die dreimalige Betonung (R 2–3) und die nachträgliche Rotschreibung auf dem Ostraca Kairo CG 25216 hervorhebt, „seinem Herren folgte". Der fiktive Erzähler führt sich als ein Mann ein, den der König seines Vertrauens gewürdigt und eng an die Königsfamilie gebunden hatte.[903] Mit dem Tode Amenemhets, dessen „Gottesleib (*ḥʿw nṯr*) sich mit dem, der ihn geschaffen hatte, vereinigt hat" (R 7), ist dieser Bindung der sichere Boden entzogen, denn Sesostris I., der sich durch seine mustergültigen Horus-Eigenschaften – „Sohn" und „vollkommener Gott" (R 14), Feindvernichtung[904] und Vermehrung an Men-

[900] Blumenthal, Die Erzählung des Sinuhe. In: *TUAT* III, S. 884–991. Hornung, *Gesänge vom Nil*, S. 31–51. Lichtheim, *Ancient Egyptian Literature Volume I*, S. 222–235. Parkinson, *The Tale of Sinuhe and Other Ancient Egyptian Poems 1940–1640 BC,* S. 21–53. Auszugsweise auch Burkard und Thissen, *Einführung in die Altägyptische Literaturgeschichte I*, S. 110–119.

[901] Blumenthal, Die Erzählung des Sinuhe. In: *TUAT* III, S. 884–991. Sie folgt den Handschriften R (pBerlin 10499 vso) und B (pBerlin 3022).

[902] Assmann, Die Rubren in der Überlieferung der Sinuhe-Erzählung. *Fontes Atque Pontes. Eine Festgabe für Hellmut Brunner*, S. 18–41 passim.

[903] Ebenso Parkinson, *The Tale of Sinuhe and Other Ancient Egyptian Poems 1940–1640 BC,* S. 43, Anm. 1.

[904] „Er war aber geschickt worden, um die Fremdländer zu schlagen" (R 13–15).

schen und Gütern[905] – als wünschenswerter Nachfolger auszeichnet, ist erst einmal damit beschäftigt, die Reichsangelegenheiten zu ordnen. Das Handeln des tatkräftigen Königssohns wird als Alleingang geschildert:

Nicht einen Augenblick zögerte er,
der Falke, er flog davon mit seinem Gefolge,
ohne dass sein Heer davon unterrichtet wurde. (R 20–22)

Die Solidarität des Heeres mit dem Thronfolger scheint in Frage gestellt. Sinuhe kommen Gerüchte einer Verschwörung zu Ohren. Daraufhin schildert er seine eigene Reaktion, während sich die politische Unruhe in seiner Umgebung auf seinen Körper übertragen hat:

Verwirrt wurde mein Herz (*ib*), auseinander gerissen meine Arme (*ʿwy*),
Zittern fiel in alle meine Glieder (*ʿt nbt*)
Da sprang ich davon mit (großen) Sprüngen,
um mir ein Versteck zu suchen.
Dann setzte ich mich zwischen zwei Büsche,
um den Wege (frei) zu machen, für den, der darauf gehen würde. (B 2–5)

Sinuhes Verwirrung, das Auseinanderreißen der Arme, die schnelle Fortbewegung (Sprünge) und das Freimachen des Weges (als Ausdruck des Abrückens von der Einheit einer solidarischen Gesellschaft) bilden eine Parallele zur Situation und der von dieser ausgelösten Reaktion des zukünftigen Königs, Sesostris I.: politische Wirren, Alleingang, schnelle Fortbewegung (Fliegen), illoyales Heer.

Übergangsstationen, die mit der Rettung durch den Beduinenscheich ihr vorläufiges Ende finden

§ 5–8

Der Erzähler schildert sich als einen Menschen, der, durch die Ereignisse in der Residenz in eine lebensbedrohliche Situation versetzt, buchstäblich an den Rand gedrängt wird. Dies wird in dem „Weg nach Süden“, der in der fünften Perikope ausgemalt wird, wiedergegeben. Seine Richtung folgt dem *image*-Schema der Innen-Außen-Orientierung (Spenderdomäne), die auf das Land übertragen (Empfängerdomäne) die topographische Struktur Zentrum-Peripherie ergibt. Sinuhe begibt sich auf seinem Marsch nach Süden aus der Gefahrenzone der Residenz, das heißt, des Landesinneren, wo sein Leben bedroht ist, an die Peripherie, „an den Rand des Fruchtlands“ (B 9–10). Sinuhes eigene Lage als ‚Fremder im eigenen Land‘ spiegelt sich

[905] „Er war nun aber zurückgekommen, nachdem er Gefangene unter den Libyern erbeutet hatte und allerlei Vieh, ohne Zahl“ (R 15–16).

szenisch wider in der Begegnung mit „einem Mann, der am Wegrand steht" und aus Furcht handelt (B 10–11).

Die in § 6 geschilderte Überfahrt „in einem Lastkahn, der kein Ruder hatte", was, wie von Parkinson angemerkt, ein bildlicher Ausdruck für chaotische Zustände ist,[906] und „nur mit der Brise des Westwinds" (B 13–14) steht im Zeichen des Getriebenseins durch die politischen Turbulenzen. Sie bringt nicht nur den Wechsel der Ufer, sondern auch eine Wende in der Fluchtrichtung mit sich:

Dann richtete ich meinen Fußweg nach Norden
und berührte die „Mauern-des-Herrschers", geschaffen,
um die Beduinen abzuwehren (B 15–17)

Nachdem sich Sinuhe den Rest des Tages vor den ägyptischen Wächtern, die dazu da sind Fremdlinge abzuwehren, versteckt hat, setzt er seinen Weg in der Nacht fort. Die siebente Perikope beschreibt den Weg während der Nachtzeit bis zum Tagesanbruch als eine Strapaze, die Sinuhe dem Tode nahe bringt:

Ich machte mich auf den Weg zur Nachtzeit.
Als das Land hell wurde, erreichte ich Peten,
wo ich mich auf einer Insel des Bittersees niederließ,
Ein Anfall von Durst, er ereilte mich,
ich wurde verzehrt, meine Kehle (*ẖẖ*) war voll Staub, und ich dachte:
Das ist der Geschmack des Todes.
Dann erhob ich meinen Mut (*ib*) und raffte meine Glieder (*ḥꜥw*) zusammen,
denn ich hörte das Brüllen von Vieh und sah Beduinen.
Ihr Scheich erkannte mich,
denn er war in Ägypten gewesen. (B 19–26)

Sinuhe befindet sich nunmehr in der Fremde, wird dort aber als Ägypter erkannt und gerettet. Sein dauerndes Unterwegssein – erst nach Süden bis zur Nilüberfahrt, dann nach Norden und schließlich bei Nacht (sämtliche Etappen sind durch Rubren gekennzeichnet), gepaart mit dem Sichverbergenmüssen vor den eigenen Leuten – gipfelt in einem körperlichen Zustand, der ihn an den Rand des Todes bringt. Das Hören und Erkennen eines vertrauten Lautes zeigt die vorläufige Rettung aus seiner Liminalität an. Der Zustand des Ausgeschlossenseins (nunmehr außerhalb des ägyptischen Herrschaftsbereichs) wird in der achten Perikope als ein Weitergeben von Land zu Land, das Sinuhe bis nach Byblos und Kedem verschlägt, noch fortgesetzt.

---

906 Parkinson, *The Tale of Sinuhe and Other Ancient Egyptian Poems 1940–1640 BC*, S. 44, Anm. 10.

Die Fremde contra Ägypten als Geburtsort

§ 9–24

Schließlich wird er von Amunenschi, dem Herrscher von Ober-Retjenu, „der seinen Charakter kennt“ (B 32), ins Land geholt. Dort wird Sinuhe es gut haben, denn er „wird die Sprache Ägyptens hören“ (B 31–32). Auf Amunenschis Frage nach dem Grund für seine Flucht gibt er als auslösende Ursache den Tod Amenemhets I. an. Dabei (wie er selbst dazu bemerkt) verdreht er die Tatsachen der Fluchtumstände ein wenig, um sich in ein besseres Licht zu setzen:

Als ich mit einem Heer aus dem Land der Libyer zurückkam,
wurde es mir berichtet. Mein Herz (*ib*), es wurde schwach,
mein Herz (*ḥ3ty*), es war nicht mehr in meinem Leibe,
es brachte mich auf den Weg der Flucht.
Man hatte mich nicht verleumdet, man hatte mir nicht ins Gesicht gespien,
ich hatte keinen schlechten Ausspruch (über mich) gehört,
man hatte meinen Namen (*rn*) nicht im Mund des Ausrufers gehört. (B 38–42)

Nachdem Sinuhe Amunenschi seines guten Namens versichert und sich somit als unbescholtenes Mitglied einer sozialen Gruppe ausgewiesen hat, deutet er seine Flucht als den göttlichen Willen, ihn in die Fremde zu versetzen:

Ich weiß nicht, was mich in dieses fremde Land gebracht hat.
Es war wie der Plan eines Gottes,
wie wenn sich ein Deltabewohner in Elephantine erblickt,
ein Mann aus den Sümpfen in Nubien. (B 42–43; R 65–66) [907]

Die Verdrehung, die sich aus der Herkunft eines Mannes und seines Aufenthaltsortes ergibt, bildet meines Erachtens den spezifischen Ausdruck für die Situation eines Fremdlings, der sich in einer ungewohnten Umgebung erst einmal orientieren muss. Sinuhes eigene Unsicherheit steht in krassem Gegensatz zur Schilderung Ägyptens, in dem sich der neue Herrscher nunmehr etabliert hat. Dieses stabile Land malt Sinuhe in einer Eulogie aus, mit der er die nächste Frage seines Gastgebers, nach dem Zustand Ägyptens, beantwortet. Sinuhe preist Sesostris I. als vollkommenen Horus, als

---

[907] Nach der Handschrift R und allen anderen Textzeugen außer B. In B ist das Gleichnis an dieser Stelle weggelassen, taucht aber in B 225–226 auf. Übers. Burkard und Thissen, *Einführung in die Altägyptische Literaturgeschichte I*, S. 115. Die Verdrehung, die sich aus der Herkunft eines Mannes und seines Aufenthaltsortes ergibt, ist auf dem Ostracon Clère rot geschrieben. Doch ist dieses Rubrum sicherlich nur auf ein Versehen des Schreibers zurückzuführen. Siehe Parkinson, Sinuhe’s Dreaming(s). In: *Through a Glass Darkly* (im Druck).

„Sohn, der den Palast betreten und das Erbe seines Vaters ergriffen hat" (B 46–47). Wiederum werden Zentrum und Peripherie ins Bild gerückt, aber diesmal nicht als Mitte/Heimat und Randgebiet/Fremde sondern als Toponyme einer beabsichtigten planmäßigen Bewegung:

Über Weisheit verfügt er, ist von vorzüglichen Plänen, vortrefflichen Befehlen,
man zieht aus, man kehrt zurück nach seinem Befehl.
Er war es, der die Fremdländer bezwang,
während sein Vater im Inneren seines Palastes war. (B 48–51)

Am Schluss der Eulogie werden die Horus-Eigenschaften des Königs mit dem Ort seiner Tätigkeiten, der als seine Stadt und Geburtsort betont wird, verknüpft:[908]

Seine Stadt liebt ihn mehr als sich selbst (*r-ḥʿw.sn*),
sie jubelt über ihn mehr als über ihren Gott.
Männer und Frauen ziehen vorbei
voll Jauchzen über ihn weil er König ist.
Er hat schon im Ei (*swḥt*) erobert,
sein Gesicht war darauf gerichtet, seit er geboren wurde.
Er ist es, der das mit ihm Geborene vervielfacht,
der Einzige ist er, den Gott gibt. (B 66–69)

Im weiteren Verlauf der Erzählung bindet Amunenschi durch Heirat, Wohltaten und Landbesitz Sinuhe an die Fremde, die als ein Paradies ausgemalt wird, in dem er dem Anschein nach sesshaft geworden ist. Dass es sich für Sinuhe dennoch um einen Übergangsort handelt, klingt in den Kundschaftern an,[909] die Gutes von ihm (und für ihn gleichermaßen Wichtiges) berichten können, weil er für andere das tut, was er für sich selbst erhofft: „ich gab Wasser dem Durstigen, setzte den Verirrten auf den Weg und nahm mich des Beraubten an" (B 96–97).

Sinuhes Schicksal entscheidet sich, als „der Starke von Retjenu" es wagt, ihn, den Ägypter unter Amunenschis Leuten, herauszufordern. Die Frechheit eines anderen, der nicht mit Namen genannt wird,[910] rückt Sinuhe den wunden Punkt seines Daseins ins Bewusstsein: er ist ein Fremder, ist „wie ein Stier von den Huu-Rindern inmitten einer anderen Herde" (B 117–

[908] Beginn dieser Perikope, in der der Herrscher als einer „der durch Liebe erobert" (B 66) und Ägypten als Geburtsort besungen werden, gekennzeichnet durch Rubrum auf dem Ostraca Ashmolean.

[909] „der Bote, der nach Norden zog oder nach Süden zur Residenz, er verweilte bei mir" (B 94–95).

[910] Fischer-Elfert (The Hero of Retjenu – an Execration Figure (Sinuhe B 109–113), *JEA* 82, S. 199) stellt eine Parallelität von Sinuhe B 144–145 mit den lexikalischen Elementen und der Anonymität der *nḫtw* in den Fluchformeln fest.

119, rot geschrieben auf dem Ostraca Ashmolean). Das Land, das ihn so freundlich aufgenommen hat, erscheint ihm plötzlich nicht mehr als Paradies, sondern als ein für ihn ungeeigneter Ort, er ist dort ungeliebt wie „der Bittsteller, der zum Vorgesetzten bestimmt ist", ungesellig wie „der Bogenmann unter den Sumpfbewohnern" (B 120–121) und entwurzelt wie „die Papyruspflanze im Gebirge" (B 122). Sinuhe nimmt die Herausforderung an, siegt im Kampf und kommt dadurch zu materiellem Wohlstand. Er deutet seinen Triumph als göttliches Wohlwollen, das alles wieder ins Lot bringen wird, weil es ihn in der Residenz wieder gesellschaftsfähig macht: „(jetzt) ist mein guter Leumund in der Residenz" (B 150) und „jetzt gebe ich Brot meinen Nachbarn" (B 151–152). Er betet:

Welcher Gott auch immer diese Flucht bestimmt hat,
mögest du mir gnädig sein und mich in die Residenz geben!
Sicher wirst du geben, dass ich den Ort sehe, an dem mein Herz weilt!
Was ist größer, als dass mein Leichnam (*ẖꜣt*) mit dem Land vereinigt wird,
in dem ich geboren bin?
Ein ‚Komm zu Hilfe' ist das, damit das gute Ereignis geschehe! (B 156–160) [911]

Er begründet seine Bitte mit der Hoffnung auf ein würdiges Ende, auf die Großmut des Königs und das Wiedersehen mit der Königsfamilie sowie seinen nahenden Tod. Zur Beschreibung seines Zustands greift er die gleichen körperlichen Kriterien wie am Beginn seiner Geschichte[912] auf, nämlich das Herz als Sitz des Willens und die Beweglichkeit seiner Arme und Beine, ergänzt diese aber noch mit dem Sehvermögen:

Ach möge sich verjüngen mein Leib (*ḥꜥw*),
denn das Greisenalter ist herabgestiegen, die Altersschwäche hat mich ereilt.
Meine Augen sind schwer und meine Arme (*ꜥwy*) sind schlaff geworden.
Meine Füße (*rdwy*) haben aufgehört, meinem müden Herzen zu folgen.
Ich habe mich dem Hinscheiden genähert. (B 167–171)[913]

Das Gebet wird offensichtlich erhört. Dem König wird von Sinuhe berichtet.

Ägypten als Ort der Bestattung

§ 25–28

Sinuhe erhält einen königlichen Erlass, der ihn des Wohlwollens des Königshauses versichert und ihm die Heimkehr nach Ägypten nahe legt. Darin wird die Residenz als ein beständiger Ort mit dem Himmel verglichen, als

---

[911] Übers. Burkard und Thissen, *Einführung in die Altägyptische Literaturgeschichte I*, S. 116.

[912] B 2–5, siehe S. 302.

[913] Übers. Burkard und Thissen, *Einführung in die Altägyptische Literaturgeschichte I*, S. 116.

die ihm aus seiner Kindheit und Jugend vertraute Umgebung gewürdigt und als geselliges Milieu gepriesen, wo er im Kreise seiner Freunde weilt. Außer diesen Aspekten, die sich auf seine Herkunft und das Leben in Ägypten beziehen, soll auch der Gedanke an sein Begräbnis, das in absehbarer Zeit eintreffen wird, Sinuhe zur Rückkehr nach Ägypten bewegen:

Es ist heute so, dass du das Greisenalter begonnen
und die Manneskraft (*bꜣꜣwt*) verloren hast.
Denke doch an den Tag des Begrabens,
des Geleitens zur Ehrwürdigkeit!
Man richtet dir die Nachtwache aus
mit Salböl und Binden aus den Händen der Tait.[914]
Man macht dir einen Leichenzug am Tag der Bestattung,
den Innensarg aus Gold,
den Kopf aus Lapislazuli.
Der Himmel ist über dir,
nachdem du in den Sargkasten gelegt bist.
Rinder ziehen dich,
Sänger sind vor dir,
man macht dir den Tanz der >Müden< am Eingang deines Grabes.
Man rezitiert dir die Opferliste,
man schlachtet am Eingang deiner Opferstelle.
Deine (Grab-)pfeiler sind aus weißem Kalkstein erbaut
inmitten (der Gräber) der Königskinder.
Es wird nicht so sein, dass du im Fremdland stirbst.[915]
Asiaten werden dich nicht bestatten.
Man wird dich nicht in ein Widderfell wickeln
und dir eine Steinsetzung errichten.
Das war (zu) lang für das Herumstreifen im Land!
Bedenke deinen Leichnam (*ẖꜣt*)[916] und komm! (B 190–199)

Sinuhe empfindet diese Nachricht im wahrsten Sinne des Wortes als Rettung vor dem Tode, und zwar durch die Erhaltung des Körpers zur Wiedergeburt. Mit der Heimreise wird ihm nämlich nicht nur die Rückkehr zu seinem Geburtsort, sondern auch die Rückkehr zum Ausgangspunkt seines künftigen Daseins, das heißt zum Ort seiner Wiedergeburt, ermöglicht. Erzählerisch wird dieser Gedanke durch die Darstellung der Residenz in der Königseulogie, wo sie ausdrücklich als Geburtsstätte eines Horus besungen wird, vorbereitet. Er wird in Sinuhes Gebet mit den Worten „Was ist größer, als dass mein Leichnam (*ẖꜣt*) mit dem Land vereinigt wird, in dem ich

---

[914] Die Webergöttin.

[915] Diese und die folgende Zeile Rubrum in Ostraca Ashmolean vso.

[916] Nur nach dem Ostraca Ashmolean vso 18.

geboren bin?"[917] weitergeführt. Ihm wird in der Analogie von Palast und Himmel[918] Ausdruck verliehen, und schließlich gewinnt er im Jubel Sinuhes Form, der nach Empfang des Erlasses ausruft:

Gut ist die Langmut, die mich vom Tod errettet!
Dein Ka (*kꜣ*) wird veranlassen, dass ich das Ende meines Körpers (*ḥꜥw*)
in der Residenz erlebe! (B 203–204)

Mit dem „Ende meines Körpers" (*pḥwy ḥꜥw.i*) kann, auf Grund des vorausgehenden Ausrufs „die mich vom Tod errettet", nicht das Ende des irdischen Daseins gemeint sein, sondern nur das Endstadium des Körpers, nämlich das Dasein als Mumie. Durch seinen Ka garantiert der König Sinuhe mit der Bestattung des Körpers (der bei der Beschreibung des Begräbnisses als Leichnam (*ẖꜣt*) und im Ausruf durch das Lexem *ḥꜥw* als lebensfähiger Körper bezeichnet wird) in Ägypten die Erhaltung der Lebenskraft (*kꜣ*).

Ägypten zur Zeit der Ruhe und Stabilität

§ 29–33

In seiner Antwort bezieht sich Sinuhe auf den Ka (*kꜣ*) des Königs. Dieses wird von Blumenthal als höfliche Umschreibung der direkten Anrede gewertet.[919] Eine derartige epistemologische Formel ist jedoch in Briefen aus dem Mittleren Reich nicht belegt. Meines Erachtens bezieht sich deshalb der Briefschreiber in der Anrede auf den Ka als den im Zusammenhang wichtigsten Personenaspekt des Königs, der ihn als Garant der Kontinuität von Sinuhes Leben adressiert. Der Schluss der einleitenden Gruß- und Wunschformel bestätigt den Herrscher in dieser Funktion, weil sie im Hinblick auf das, was durch die Heimkehr möglich wird, an ihn appelliert:

Das ist die Bitte des Dieners hier für seinen Herrn, der aus dem Westen errettet.
(B 214)

Sinuhe befindet sich rein geographisch östlich von Ägypten. Parkinson erwägt, diese Sachlage als Ausdruck für die Desorientierung in einem Leben, das außerhalb Ägyptens geführt wird, zu deuten.[920] Eine Umkehrung der

---

[917] B 66–69. Siehe S. 305.

[918] Blumenthal weist auf die Parallele von Königsmutter und Göttin Nut hin, auf die in § 36 wiederum angespielt wird. Siehe Blumenthal, Die Erzählung des Sinuhe. In: *TUAT* III, S. 901, Anm. 25, 19a.

[919] Vergl. Blumenthal, Die Erzählung des Sinuhe. In: *TUAT* III, S. 902, Anm. 29, 5a.

[920] Parkinson, briefliche Kommunikation.

Richtungen (bei Lebenden im Gegensatz zu Verstorbenen) liegt ebenfalls bei der Nilüberfahrt (siehe unten) vor. Blumenthal setzt den Westen (Totenreich) mit dem Ausland gleich.[921] Meines Erachtens liegt hier jedoch keine Gleichsetzung des Westens mit dem Ausland vor, sondern es ist wörtlich nur der „Westen" als Daseinsbereich der Toten gemeint. Aus diesem errettet der König Sinuhe, weil er ihm durch die Heimkehr die Möglichkeit eröffnet, nach seinem irdischen Tod weiterzuleben. Dieses Verständnis lässt sich darüber hinaus gut mit den Intentionen Sinuhes in Einklang bringen, der bei jeder Gelegenheit betont, was die Rückkehr nach Ägypten für sein Weiterleben bedeutet und sich in der folgenden Perikope im Brief als „Diener hier in der Hand dessen, der für ihn sorgt und dessen Plänen er unterstellt ist" an den König als „Ebenbild des Re" wendet (B 216–217). Der König wird auch im Rest des Briefes ausschließlich in seiner Funktion als Versorger mit Leben und Atemluft und, wie sich vor allem aus den Aussagen: „Du bist es doch, der diesen Horizont verhüllt. Um deinetwillen geht die Sonne auf, das Wasser im Fluss, man trinkt es, wenn du es willst, die Luft im Himmel, man atmet sie, wenn du es sagst" (B 232–234) schließen lässt, als Herrscher angesprochen, der (mit Hilfe der Götter) die Schöpfung in Gang hält.

Die Rotschreibung der Anrede „Der Herr der Erkenntnis (*nb siꜣ*), der die Menschen erkennt, er erkannte" (B 214), die, nach Assmann, die thematische Zäsur (Übergang von den Wünschen zum eigentlichen Anliegen des Briefes) markiert,[922] erklärt sich meines Erachtens daraus, dass sie bereits im Brief die spätere Aufnahme Sinuhes in seiner Heimat einleitet. In seinem Antwortschreiben wird die Flucht Sinuhes in einer dritten Version dargestellt, nämlich als eine unverschuldete, weil nicht beabsichtigte, Handlung:

Diese Flucht, die der Diener (hier) vollzogen hat,
ich hatte sie nicht bedacht, sie war nicht in meinem Herzen (*ib*) gewesen,
ich hatte sie nicht überlegt,
und weiß nicht, wer mich von meinem Platz entfernt hat.
Es war wie ein Traumzustand,
wie wenn sich ein Deltabewohner (plötzlich) in Elephantine sähe,[923]
ein Mann des Sumpfes in Nubien.[924]

---

[921] Blumenthal, Die Erzählung des Sinuhe. In: *TUAT* III, S. 904, Anm. 29, 24a.

[922] Assmann, Die Rubren in der Überlieferung der Sinuhe-Erzählung, *Fontes Atque Pontes. Eine Festgabe für Hellmut Brunner*, S. 30.

[923] Blumenthal betont durch den Einschub eines „plötzlich" diesen Passus als eine Situation, in der sich Sinuhe unvermutet befindet.

[924] Rubrum B 214 als Einleitung zu der nur 10 Zeilen umfassenden Perikope § 30 in Papyrus Berlin 3022, vergl. Assmann, Die Rubren in der Überlieferung der Sinuhe-Erzählung,

Ich war nicht gefürchtet worden, man hatte mich nicht verfolgt,
ich hatte keinen schlechten Ausspruch (über mich) gehört,
man hatte meinen Namen (*rn*) nicht im Mund des Ausrufers gehört –
abgesehen von jenem Zittern meines Körpers (*ḥʿw*),
als meine Füße (*rdwy*) davonliefen, mein Herz (*ib*) mich leitete,
und der Gott, der diese Flucht bestimmt hatte, mich fortzog. (B 223–230)

Wiederum beschreibt Sinuhe sich sowohl durch seinen Namen als auch durch seinen körperlichen Zustand. Doch während seine körperliche Verfassung in der eigentlichen Fluchterzählung (B 2–5) sein Handeln charakterisiert und in der zweiten Version, die Sinuhe Amunenschi darbietet, als Ausdruck der Verzweiflung über den Tod Amenemhets I. die Flucht verursacht (B 38–42), dient sie in der dritten Variante, dem Antwortschreiben an den König, dazu, seine Unschuld zu beteuern. Daraufhin ordnet Sinuhe noch seine Angelegenheiten und kehrt ohne seine Familie, aber in Begleitung einiger Beduinen (deren Namen er nennt), nach Ägypten zurück. Diener holen ihn am Morgen zur Audienz in den Palast ab.

Ägypten als Land der endgültigen Aufnahme
§ 34–40

Die verbleibenden Abschnitte schildern die Audienz beim König, die Rückführung Sinuhes in die ägyptische Gesellschaft und die Einlösung der königlichen Versprechen, für Sinuhe zu Lebzeiten durch ein Haus und Geschenke und für seine Versorgung im Westen durch einen Grabbau, die Grabausstattung sowie die Versorgung durch ein Grabgut und einen Totenpriester zu sorgen.

Ließen schon die Doppeltüren des Palastes an die Horizontpforten und einen Ort des Übergangs denken, so wird dieses Verständnis der Szenerie durch die Position Sinuhes zwischen den Statuen, die Königskinder, die in der Türnische stehen und Sinuhe entgegen kommen (B 250) und die Audienz[925] beim König, die wie der Anblick der Sonne geschildert wird,[926] bestätigt:

Fontes Atque Pontes. Eine Festgabe für Hellmut Brunner, S. 30. Nach Parkinson (Sinuhe's Dreaming(s). In: *Through a Glass Darkly* (im Druck) folgt das Rubrum dem Muster der anderen zufälligen Rotschreibungen in Handschrift B.

925 Zur Portalhalle (*ʿrryt*) als Audienz- und Übergangsraum siehe Junge, Die Rahmenerzählung des beredten Bauern. Innenansichten einer Gesellschaft. *LingAeg* 8, S. 180. Dasselbe kann auch für die Audienzhalle (*ẖnw*) angenommen werden.

926 Ein Indiz dafür ist nicht nur die Ausstattung des Thrones, sondern auch das Lied, das seine Kinder dem König singen (B 268–279). Siehe Derchain, La Réception de Sinouhé à la cour de Sésostris Ier, *RdE* 22, S. 79–83 und Morenz, Ein hathorisches Kultlied und

Ich fand seine Majestät auf dem großen Thron in einer Nische aus Elektron.
Da nun war ich ausgestreckt auf meinem Bauch,
und kannte mich nicht vor ihm.
Dieser Gott sprach mich freundlich an.
Ich war wie ein Mann, der gepackt wird von der Dämmerung,
mein Ba (*bꜣ*) war vergangen, mein Leib (*ḥꜥw*) war ermattet,
mein Herz (*ḥꜣty*) es war nicht in meinem Körper (*ẖt*).
Ich wusste nicht das Leben vom Tod zu unterscheiden.
Da sagte seine Majestät zu einem von diesen Höflingen:
„Hebt ihn auf, lasst ihn zu mir sprechen!“ (B 252–257)[927]

Sinuhe beschreibt seinen eigenen körperlichen Zustand im Verhältnis zur Macht und Lebensgabe des strahlenden Königs und Gottes als Ohnmacht. Ausgehend vom Anblick des Königs als Pendant zum Anblick der Sonne überrascht dieser Tenor, denn eine derartige Begegnung führt im rituellen Kontext stets zur Belebung.[928] Hier geschieht das Gegenteil: der Körper ist ermattet, Sinuhes Ba vergangen, sein Herz nicht im Leibe. Der körperliche Zustand schildert folglich Sinuhes Liminalität vor der endgültigen Aufnahme in das Sonnen-, Lebens- und Geburtsland Ägypten. Der König bestätigt Sinuhe zunächst seine Ankunft, dann fährt er fort:

Die Bestattung deines Leichnams (*ẖꜣt*) wird nicht armselig sein,
du wirst nicht von Bogenleuten begraben werden.
Tue nichts! Tue bloß nichts!
Du hast nicht gesprochen, doch dein Name (*rn*) wurde genannt. (B 258–260)[929]

Indem ihm der König die Bestattung zusichert, wird sich sein Körper immer in Ägypten befinden. Dieser wird mit dem Namen verbunden, der ebenfalls Ausdruck für die Existenz Sinuhes ist, da er, auch ohne dass Sinuhe ihn selbst in den Mund nahm, genannt wurde. Die Aufnahme in Ägypten ist ein Prozess, dessen Weiterführung durch die Worte des Königs ermöglicht wird, durch das Hathorlied seine Bestätigung erfährt und durch

---

ein königlicher Archetyp des Alten Reiches - Sinuhe B 270f. und eine Stele der späten XI. Dynastie (Louvre C 15), *Die Welt des Orients* 28, S. 7–17.

[927] Übers. Burkard und Thissen, *Einführung in die Altägyptische Literaturgeschichte I*, S. 117, aber den Ausdruck „Ba“ belassen.

[928] Siehe die Aussage CT II 83c mit Anm. 273 in der Übers., Kap. 3.

[929] Meine Übersetzung. Ich verstehe *m ir r.k m ir r.k gr* als Befehl des Königs auf eine nicht geschilderte Handlung, mit der Sinuhe auf die Zusage des Königs hin (Die Bestattung deines Leichnams (*ẖꜣt*) wird nicht armselig sein, du wirst nicht von Bogenleuten begraben werden) reagiert. Dass Sinuhe auf frohe Nachrichten mit (bei Hofe sicherlich nicht angebrachten) ausgelassenen Bewegungen reagiert, ist in dem Freudentanz etc. (B 200–202) beschrieben, den er bei Erhalt des Briefes aufführt.

die weiteren Ereignisse ins Werk gesetzt wird: Sinuhes Weg führt in Begleitung der Königskinder aus der Audienzhalle, durch das große Doppeltor zu dem Haus eines Königssohnes, das als Reinigungsort geschildert wird. Dort gibt es Spiegel, wird er gebadet, gesalbt, geschmückt und weiß gekleidet:

Jeder Aufwärter tat seine Pflicht.
Die (Spuren der) Jahre wurden von meinem Körper (*ḥʿw*) getilgt,
als ich rasiert und mein Haar gekämmt wurde. (B 290–291)

Erst zu dem Zeitpunkt, an dem Sinuhe nach der Reinigungsprozedur auf einem Bett ruht, ist seine Aufnahme in Ägypten vollzogen. Nach dem Haus des Königssohnes als vorübergehende Stätte bekommt er eine dauernde Wohnstatt und schließlich in der Nekropole sein Haus für die Ewigkeit.[930]

Die hier zitierten Verse sind in chronologischer Abfolge alle Aussagen, in denen der fiktive Erzähler zur Darstellung seines eigenen Zustands Personenkonstituenten verwendet. Außerdem sind die Stellen zitiert, in denen Sinuhe durch den Ka des Königs etwas für sich erhofft, sowie die Darstellung der Residenz als Geburtsmilieu eines Horus. Aussagen, in denen Körperpositionen als Sieger- oder Grußgesten beschrieben werden,[931] sind nicht in die Untersuchung mit einbezogen. Die Position der Personenaspekte im Textaufbau soll zur Verdeutlichung in einer Tabelle zusammengefasst werden.

[930] Vergl. Parkinson, *The Tale of Sinuhe and Other Ancient Egyptian Poems 1940–1640 BC*, S. 52 f, Anm. 82.

[931] Aus diesem Grunde nicht berücksichtigte Stellen sind: B 140–143, B 188–189, B 199–202, B 249–251.

Tabelle 5

Personenkonstituenten und Orte in der Erzählung des Sinuhe

Ort	Personenkonstituenten
Ägypten in Unruhe versetzt Abend 1. Fluchtdarstellung	Verwirrt wurde mein Herz (*ib*), auseinander gerissen meine Arme, Zittern fiel in alle meine Glieder (*ꜥt nbt*) Da sprang ich davon mit (großen) Sprüngen, um mir ein Versteck zu suchen. Dann setzte ich mich zwischen zwei Büsche, um den Wege (frei) zu machen für den, der darauf gehen würde B 2–5
Übergangsstationen Weg nach Süden, da Lebensgefahr, morgens	„Ich brach auf als es Tag geworden war und begegnete einem Mann, der am Wegrand stand. Er grüßte mich ehrerbietig, denn er fürchtete sich" B 10–11
Nilüberquerung, abends	„Ich setzte über in einem Lastkahn, der kein Ruder hatte, nur mit der Brise des Westwinds" B 13–14
Weg nach Norden zur Nachtzeit	„Dann richtete ich meinen Fußweg nach Norden und berührte die „Mauern-des-Herrschers", geschaffen, um die Beduinen abzuwehren" B 15–17
Auf einer Insel bei Tagesanbruch	„Ich machte mich auf den Weg zur Nachtzeit. Als das Land hell wurde, erreichte ich Peten, wo ich mich auf einer Insel des Bittersees niederließ. Ein Anfall von Durst, er ereilte mich, ich wurde verzehrt, meine Kehle war voll Staub, und ich dachte: Das ist der Geschmack des Todes. Dann erhob ich meinen Mut (*ib*) und raffte meine Glieder (*ḥꜥw*) zusammen, denn ich hörte das Brüllen von Vieh und sah Beduinen" B 19–25
Die Fremde contra Ägypten als Geburtsort Sinuhe führt sich mit der 2. Fluchtdarstellung in der Fremde ein	„Mein Herz (*ib*), es wurde schwach, mein Herz (*ḥꜣty*), es war nicht mehr in meinem Leibe (*ẖt*), es brachte mich auf den Weg der Flucht. Man hatte mich nicht verleumdet, man hatte mir nicht ins Gesicht gespien, ich hatte keinen schlechten Ausspruch (über mich) gehört, man hatte meinen Namen (*rn*) nicht im Mund des Ausrufers gehört" B 39–42
Ägypten als Geburtsort Sinuhe bittet:	Sicher wirst du geben, dass ich den Ort sehe, an dem mein Herz weilt! Was ist größer, als dass mein Leichnam (*ẖꜣt*) mit dem Land vereinigt wird, in dem ich geboren bin? B 157–160

Ort	Personenkonstituenten
Sinuhe in der Fremde, hofft:	„Ach möge sich verjüngen mein Leib (*ḥʿw*), denn das Greisenalter ist herabgestiegen, die Altersschwäche hat mich ereilt. Meine Augen sind schwer und meine Arme sind schlaff geworden. Meine Füße haben aufgehört, meinem müden Herzen zu folgen. Ich habe mich dem Hinscheiden genähert" B 167–171
Ägypten als Ort der Bestattung Pharao schreibt: Sinuhe ruft aus:	„Bedenke deinen Leichnam (*ẖ3t*) und komm!" B 199 „Gut ist die Langmut, die mich vom Tod errettet! Dein Ka (*k3*) wird veranlassen, dass ich das Ende meines Körpers (*ḥʿw*) in der Residenz erlebe!" B 203–204
Ägypten zur Zeit der Ruhe und Stabilität 3. Fluchtdarstellung	„…ich hatte sie nicht überlegt, und weiß nicht, wer mich von meinem Platz entfernt hat. Es war wie ein Traumzustand, wie wenn sich ein Deltabewohner (plötzlich) in Elephantine sähe, ein Mann des Sumpfes in Nubien. Ich war nicht gefürchtet worden, man hatte mich nicht verfolgt, ich hatte keinen schlechten Ausspruch (über mich) gehört, man hatte meinen Namen (*rn*) nicht im Mund des Ausrufers gehört – abgesehen von jenem Zittern meines Körpers (*ḥʿw*), als meine Füße davonliefen, mein Herz mich leitete, und der Gott, der diese Flucht bestimmt hatte, mich fortzog" B 224–230
Ägypten als Land der endgültigen Aufnahme vorausgehende Liminalität: König bestätigt ihm seine Ankunft: Sinuhe wird verjüngt	„Da nun war ich ausgestreckt auf meinem Bauch, und kannte mich nicht vor ihm. Dieser Gott sprach mich freundlich an. Ich war wie ein Mann, der gepackt wird von der Dämmerung, mein Ba (*b3*) war vergangen, mein Leib (*ḥʿw*) war ermattet, mein Herz (*ḥ3ty*) es war nicht in meinem Körper (*ẖt*). Ich wusste nicht das Leben vom Tod zu unterscheiden" B 253–256 „Die Bestattung deines Leichnams (*ẖ3t*) wird nicht armselig sein, du wirst nicht von Bogenleuten begraben werden. Tue nichts! Tue bloß nichts! Du hast nicht gesprochen, doch dein Name (*rn*) wurde genannt" B 258–260 „Die (Spuren der) Jahre wurden von meinem Körper (*ḥʿw*) getilgt, als ich rasiert und mein Haar gekämmt wurde" B 290–291

Wie Tabelle 5 aufzeigt, liegt der Schwerpunkt auf der Anwendung der Körperbegriffe Glieder (*ʿt*), lebensfähiger Körper (*ḥʿw*) und Leichnam (*ẖȝt*). Der Name (*rn*) ist als Personenkonstituente im gleichen Sinne wie im Ritual verwendet worden, nämlich um Sinuhe durch seinen guten Namen einzuführen, zu erhalten und ihn, selbst wenn er abwesend ist, existieren zu lassen. Sinuhes Ba (*bȝ*) ist nur einmal verwendet worden, und zwar, um durch dessen Abwesenheit eine ambivalente Körperverfassung zu beschreiben. Nur auf dem Umweg über den Ka (*kȝ*) des Königs kann Sinuhes Existenz fortdauern. Die Tabelle verdeutlicht zudem die bisher nur anhand der ersten Fluchtdarstellung festgestellte Entsprechung von Sinuhes Zustand mit dem Zustand des Landes (siehe S. 302) in der ganzen Erzählung. Eine weitere Parallele ergibt sich durch die Schilderungen von Sinuhes körperlicher Verfassung mit den Tageszeiten, beziehungsweise den Phasen des Sonnenlaufs. Diese Entsprechung stellt den Kontext für die verwendeten Personenkonstituenten dar. Sie wird deshalb als Ausgangspunkt für die semantische Analyse genommen.

An dieser Stelle erscheint es mir angebracht, eine entscheidende theoretische Voraussetzung in Erinnerung zu rufen: Der Untersuchungsgegenstand, die Verwendung der Personenkonstituenten zur rituellen Wiedergeburt, führt dazu, dass auch in der vorliegenden Arbeit primär von der religio-symbolischen Bedeutung der Personenbegriffe ausgegangen wird und ihre Bedeutung in der Literatur als sekundär erscheinen mag. Das heißt aber nicht, dass sie im Kontext der rituellen Wiedergeburt ursprünglich zuhause sind oder von mir dort ihr *Sitz im Leben* angenommen wird.[932] Das Gegenteil ist meines Erachtens der Fall: Vorstellungen gründen sich auf Erfahrungen. Sie bilden sich deshalb grundsätzlich in der Lebenswelt heraus, werden aus dieser mitgebracht und im Ritual eingesetzt.[933] Die Verwendung der Begriffe in der Literatur ist deshalb auch nicht „situationsabstrakt", sondern besteht schlichtweg in einer grundsätzlich anderen Gebrauchssituation, deren Zweck als Weitergabe kultureller Normen, die

---

[932] Entgegen Assmann, der den Tod als „Kulturgenerator" ansieht: „Der Tod war für sie [die Ägypter] Anlass zum Handeln, *Ausgangspunkt* und Ziel eines großen Bereichs kultureller Praxis" Assmann, *Tod und Jenseits im Alten Ägypten,* S. 23, meine Kursivschreibung.

[933] Siehe zu diesem Punkt Einleitungskapitel und Behandlung der *image*-Schemata, die sich auf die Erfahrung unserer Körperlichkeit gründen, in Kap. 4.3.

Verbalisierung von Abweichungen von diesen Normen[934] und die Unterhaltung der Zuhörerschaft[935] (siehe S. 297) zusammengefasst worden war.

Das semantische Feld

Die bisherige Untersuchung hat erwiesen, dass in der Erzählung des Sinuhe die Personenkonstituenten zunächst zur Darstellung todesnaher („Das ist der Geschmack des Todes“ B 23) und am Ende zum Leben führender Zustände (Sinuhe vor dem Pharao: „Sieh, ich liege vor dir, dein ist das Leben, Deine Majestät wird nach ihrem Belieben erfahren“ B 263) verwendet werden. Aus diesem Gebrauch erklärt sich meines Erachtens auch die Entsprechung von Sinuhes körperlicher Verfassung mit den Tageszeiten, beziehungsweise den Phasen des Sonnenlaufs, die aus Tabelle 5 ersichtlich ist. Das legt eine Prüfung des Textaufbaus als Parallele zu den bisher untersuchten rituellen Phasen im Rahmen der Bestattung und der rituellen Wiedergeburt nahe. Sollte sich die vermutete Entsprechung bestätigen, so ergibt sich dadurch das semantische Feld für die zu untersuchenden Begriffe. Damit ist nicht gesagt, dass die Erzählung, wie Purdy[936] vermutet, von Leben und Tod eines in der Fremde verstorbenen Sinuhe handelt, der vom König „his passport to the West“ erhält – anstelle des Zusammenbringens von Literatur und Ritual soll ja ihre Unterschiedlichkeit bewahrt werden! – sondern: „Das Ritual macht in Wirklichkeit ‚den Grund, die Basis’ in vielen literarischen Werken aus, denn es bildet den Hintergrund für ‚die Transformation von Gefühl und Situation’, die in einem Roman oder Drama nötig ist“.[937]

Zeit des Sonnenuntergangs/Tod als Schlaf gedeutet

Die Erzählung beginnt abends, denn Amenemhet I. hat sich mit der Sonnenscheibe am Himmel vereinigt. Dieser Auftakt ist dazu angetan, bei den Zuhörern die Hellhörigkeit für alles, das mit Wiedergeburt und Sonnenzyklus zu tun hat, zu wecken. Der zukünftige Pharao bekommt die Nachricht bei der Abendmahlzeit (R 20). Sinuhe befindet sich in einem körperli-

[934] Zu Folgen von Sinuhes Normbruch, der im Verlassen der ägyptischen Gesellschaft besteht, siehe Baines, Interpreting Sinuhe. *JEA* 68, S. 40. Zur Erzählung als Reise und Autobiographie des Individuums im Rahmen der kollektiven Verhaltensregeln innerhalb der Gesellschaft, siehe Moers, Travel as Narrative in Egyptian Literature. In: *Definitely: Egyptian literature,* S. 52ff.

[935] Zum Unterhaltungswert des Sinuhe durch poetische Hymnik, geistreiche Wortspiele und Ironie, siehe Brunner, *Grundzüge einer Geschichte der altägyptischen Literatur*, S. 52ff.

[936] Purdy, Sinuhe and the Question of Literary Types, *ZÄS* 104, S. 127.

[937] Hardin, Ritual und Literaturwissenschaft. In: *Ritualtheorien*, S. 359f unter Berufung auf Hardy, *Rituals and Feeling in the Novels of George Eliot*, S. 9.

chen Auflösungszustand, der der Zerstreuung der Körperteile von Osiris nicht unähnlich ist. Er sucht sich ein Versteck. Die in der Erzählung für sein Verhalten gebrauchten Wendungen kennzeichnen dieses als Verborgenheit in der Nacht. Das Freimachen des Weges: „Dann setzte ich mich zwischen zwei Büsche, um den Wege (frei) zu machen für den, der darauf gehen würde“ (B 4) kann daher als Euphemismus für ein vorübergehendes sich Entfernen aus der Gesellschaft durch eine Handlung wider die Maat oder durch den Tod verstanden werden.

Über- und Durchgangsbereiche/Abschnitte im Bestattungsritual und Phasen bei der rituellen Wiedergeburt im Sarg

- Morgendämmerung/Aufbruch aus dem Totenhaus

Sinuhe verbringt den Tag am Rande des Fruchtlandes und bricht auf, nachdem der Tag angebrochen war (B 9–10). Sein erster Reisetag liegt somit in einer Randzone des besonnten Ägyptens. Er wendet sich nach Süden. Der erste in der Erzählung geschilderte Tag stimmt mit dem Aufbruch aus dem Totenhaus und dem Weg zum Ostufer des Nils, die im Rahmen des Bestattungsrituals durchgeführt werden, überein.

- Nilüberquerung/Nilüberquerung beim Bestattungsritual

Die Nilüberquerung findet gegen Abend statt, als Sinuhe sich dem Dorf der Rinder nähert (B 12–13). Sinuhes Name, der „Sohn der Sykomore“ bedeutet, nimmt auf Hathor als Baumgöttin Bezug.[938] Die Hathorsymbolik ist ebenso in den Bezeichnungen der Orte, die Sinuhe vor und nach der Nilüberquerung nennt, gegeben: Das Maati-Gewässer in der Nähe des Sykomoren-Heiligtums (B 8) und Iku, das er „in Höhe des Heiligtums der Herrin des Roten Berges“ (B 15) passiert. Deshalb ist es meines Erachtens nicht ausgeschlossen, dass auch das zwischen diesen beiden Orten auf dem Westufer des Nils liegende „Dorf der Rinder“ auf die Symbolik der Göttin Hathor, die als Herrin des Westens in Kuhgestalt auftritt, anspielt. Dass Sinuhes Boot vom Wind getrieben wird, kann möglicherweise als Ausdruck einer Passivität verstanden werden, die im Hinüberbringen des inaktiven Verstorbenen ihre Parallele hat. Die in der Erzählung konstatierte Richtungsänderung ist von Süden nach Norden. Sinuhe wandert eigentlich nach Nordosten.[939] Die Nilüberquerung findet von Westen nach Osten statt.

---

[938] Zum Namen des Sinuhe und weiterer mit der Göttin Hathor verknüpfter Symbolik, siehe auch Purdy, Sinuhe and the Question of Literary Types, *ZÄS* 104, S. 124f.

[939] Parkinson, *The Tale of Sinuhe and Other Ancient Egyptian Poems 1940–1640 BC*, S. 44, Anm. 10 und Anm. 11. Zur Reiserichtung und Nilüberquerung als das Vordringen Sinuhes in dem Menschen unzugängliche Bereiche, siehe Moers, *Fingierte Welten in der ägyptischen Literatur des 2. Jahrtausends v. Ch.*, S. 254f.

Dieser Bewegung entsprechen im Bestattungsritual die Wendung der Schiffe auf dem Nil und die rituelle Etablierung der symbolischen Richtung von Osten nach Westen. Hierbei ist zu bemerken, dass die Richtungen in der Erzählung von Sinuhes Marsch, der sich ja in der Lebenswelt abspielt, genau umgekehrt sind.[940]

- Nacht: Grenzbereich, Versteck/Grenzbereich und Eintritt in den verborgenen Bereich der Toten

Sinuhe erreicht abends den Grenzbereich, versteckt sich dort vor den Wächtern und setzt seinen Weg nachts fort. Dies entspricht im Bestattungsritual den Vorgängen auf dem Westufer: Aufenthalt des Toten in Reinigungszelt und Balsamierungshalle, Weg zur Nekropole und Niedersenken des Sarges in den Grabschacht.

- Tagesanbruch/Geburt als Horus

Kurz vor dem Übergang am Morgen, dem Verdursten nahe, vernimmt Sinuhe das Brüllen von Tieren, die Stimmen nahender Rettung. Er bekommt Wasser und Milch zu trinken. Die Erschöpfung Sinuhes könnte dem Wasserentzug und der Schädigung eines Toten im Balsamierungsritual entsprechen. In den Tieren und der Milch ist die Symbolik der Göttin Hathor, nämlich als die den König (das ist der Sohn des Re) oder Horus (das ist der in die Tageswelt aufs Neue hineingeborene Verstorbene) stillende Kuh, erkennbar.

- Leben in der Fremde/Reise mit der Sonne über den Tageshimmel

Die weitere Erzählung wiederholt die gleichen Übergangsstationen in einem weiteren Rahmen. Letzterer ist, erstens, durch die Erweiterung des Gebietes gegeben, das als ein Weitergeben von Land zu Land, jedoch in entgegengesetzter Richtung, nämlich zuerst nach Norden bis Byblos und dann wieder südlich nach Kedem, erreicht wird. Zweitens, wird er durch die Ausdehnung der Zeiträume formuliert, die mit einem halben Jahr in Kedem (B 29–30) als ein Verweilen von längerer Dauer beginnen und bis zu den vielen Jahren seines Lebens in der Fremde reichen, genauer, von der Erstarkung seiner Kräfte („denn er [Amunenschi] sah, dass meine Arme (*rdwy*) erstarkten" B 108–109), die im Kampf gegen den „Starken von Retjenu" ihren Höhepunkt erreicht, bis zum Alter und Abnehmen seiner

[940] Bereits beobachtet von Baines: „The crucial river crossing is in a boat whose lack of rudder symbolizes both, Sinuhe's helplessness and the wrong direction of his life; he is sent on his way by a west wind, the ‚wrong' quarter for a wind in Egypt" (Baines, Interpreting Sinuhe, *JEA* 68, S. 36).

Manneskraft (Briefwechsel zwischen Sinuhe und Pharao). Im Erstarken der Arme und dem von seinem Gastgeber Amunenschi nach dem Kampf in die Arme geschlossen werden (B 142–143) liegt eine Parallele zur Begegnung der Toten mit Hathor vor, die als ein beidseitiges Entgegenstrecken der Arme beschrieben wird. Der Aufenthalt Sinuhes bei Amunenschi kann deshalb als nächtlicher Durchgangsbereich, der mit einer Umarmung abgeschlossen wird, gewertet werden.

Die Abschnitte entsprechen den Phasen des Gottes Re, der im Sonnenzyklus morgens als Horus oder Re-Horachte geboren wird und aufgeht, im Zenit in voller Manneskraft über den Himmel fährt, abends als alternder Atum untergeht und sich morgens aufs Neue den Horizontübergang erkämpft.[941] Das Leben Sinuhes in der Fremde stellt folglich eine Parallele zur Reise von Ba und Schatten des Toten am Tageshimmel dar. Es lässt sich darüber spekulieren, ob das Bemühen des Königs, Sinuhe mit dem Versprechen eines reichen Begräbnisses zur Rückkehr nach Ägypten zu überreden, dem Einsammeln der Kas entspricht, das aus dem Ritual zur Wiedergeburt bekannt ist. In diesem Fall entspricht die Rückführung des tugendhaften Sinuhe in das Land seiner Geburt diesem Motiv.

Audienz beim König/Sonnenaufgang

Auch der Sonnenaufgang wird in Sinuhes Erzählung aufgenommen, nämlich als Zustand zwischen Tod und Leben am Beginn der Audienz beim Pharao (den er als Herr über sein Leben anspricht). Sinuhes Verfassung als die eines Mannes, „der gepackt wird von der Dämmerung“, dessen Ba vergangen und dessen Leib ermattet ist (B 253–254), schildert die Schwellensituation mit der sein Unterwegssein endet. Ihr entspricht die Liminalität beim östlichen Horizontübergang, die in den Sargtexten als eine zu passierende Richtstätte formuliert wird.[942]

Sein Aufenthalt in den Fremdländern und der Wiedereintritt in die Residenz vollziehen sich daher analog dem Kreislauf der Sonne oder des Ba, der in den Sargtexten eine Nacht- und drei Tagesphasen umfasst. In der Literatur und im Ritual der Wiedergeburt im Sarg beginnt der Zyklus am Abend und endet am Morgen.

---

941 „Daneben unternimmt man, die verschiedenen Gestalten auf die Abschnitte des täglichen Sonnenlaufes zu verteilen. ‚Chepre am Morgen, Re am Mittag, Atum am Abend' (Lexa, Magie II, 47). Diese Aufteilung klingt schon in den Pyramidentexten an (pyr. 1694/5)“ vergl. Bonnet, *RÄRG*, S. 730.

942 Siehe hierzu den Kommentar zu den auf der West- und der Südseite von M3C angebrachten Bildern und Sargtextsprüchen.

Rückkehr nach Ägypten und Verjüngung/Bestattungsritual

Die Worte des Königs, die dieser bei der Audienz an den Heimkehrer richtet, beweisen, dass Sinuhe sich seinen guten Namen in Ägypten erhalten hat und sein Leichnam dort begraben werden wird. Der Anerkennung Sinuhes als rechtschaffener Mann und die hiermit verknüpfte Gabe des Begräbnisses durch den König entsprechen dem, was die Lebenden dem Sarginhaber beim Bestattungsritual zuerkennen. Es handelt sich hierbei um die Ehrwürdigkeit der/des Verstorbenen und den Wunsch für ein schönes Begräbnis, wie sie in den Opferformeln auf den Sargaußenseiten[943] formuliert sind.

Das dem König vorgetragene Lied setzt die Symbolik der Hathor fort.[944] Als Personifikation des Tageshimmels, als Herrin der Türkisbergwerke auf dem Sinai, „Herrin von Byblos", zuständig für die Fremdländer und Göttin des symbolischen Westgebirges, ist Hathor für alle Bereiche zuständig, in denen sich Sinuhe aufhält. Das Lied schreibt dem König die Rolle eines Gottes zu, der Leben vergibt und appelliert somit nicht nur an die von Baines in diesem Zusammenhang aufgegriffene Eigenschaft als Schöpfergott,[945] sondern an die Kontinuität des Lebens durch den Ka (*k3*), die dem Toten ebenfalls im Bestattungsritual (in der Formel auf der Ostwand) zuerkannt wird.

Die Reinigungsszene im Haus des Königssohnes verjüngt ihn. Sie trägt alle Züge der Reinigung und Balsamierung, wie sie im Rahmen des Bestattungsrituals am Körper des Toten ausgeführt werden: Reinigung, Rasur,[946] Räucherung, Salbung mit duftenden Ölen, Versorgung mit Schmuck und weißer Kleidung und schließlich das Ruhebett. Ausgehend von Sargtexten, in denen von dem Sand, der das Gesicht des Toten beschwert,[947] die Rede ist, schließt die Badeszene durch die Aussage „Der Schmutz wurde der Wüste übergeben und die Kleider den Sandbewohnern" (B 291–292) auch den Aspekt der Verjüngung als ein sich wiederholender Vorgang ein.

---

[943] Die Ehrwürdigkeit wird der Toten auf allen Sargaußenseiten zugesprochen, ihr Name wird auf der Ost- und der Westwand genannt, das Begräbnis auf der Westwand gewünscht.

[944] Vergleich einzelner Passagen dieses Hymnus mit der Szene auf einer Stele aus der 11. Dynastie wurde durchgeführt von Morenz (Ein hathorisches Kultlied und ein königlicher Archetyp des Alten Reiches - Sinuhe B 270f. und eine Stele der späten XI. Dynastie (Louvre C 15), *WdO* 28, S. 7–17). Siehe dort auf S. 8 auch Literaturhinweise zum Vergleich mit der Ritualszene im Grab des Senbi in Meir (Mittleres Reich).

[945] Baines, Interpreting Sinuhe, *JEA* 68, S. 43.

[946] Die Rasur ist m. W. nirgends bezeugt, aber nachdem wir über die Prozeduren im Reinigungszelt nichts wissen und die Mumien glatt rasiert sind, ist wohl davon auszugehen, dass der Tote dort nicht nur gewaschen sondern auch rasiert worden ist.

[947] CT I 70a–71b.

Die aufgezeigten Stationen der Erzählung und ihre Entsprechungen erweisen, dass Reiseetappen und Richtungsänderungen Sinuhes sich als Strecken wieder finden, die in entgegengesetzter Richtung im Bestattungsritual und als Bewegungen der Sonne am Tage im Rahmen des Wiedergeburtsrituals zurückgelegt werden. Interpretiert man die Umkehrung der rituellen Richtung als ein literarisches Mittel, die Reise eines Verstorbenen zur Reise eines Lebenden zu machen[948] und ergänzt sie mit den am Tageshimmel durchwanderten Strecken, so spielt sich die ganze Erzählung als Reise des lebenden Sinuhe in der Tageswelt ab, wie es ja auch vom Standpunkt des Erzählers aus (der in der Ersten Person Singular spricht) zu erwarten ist. Des Weiteren ist zu beobachten, dass das Schicksal Sinuhes aufs Engste mit der Göttin Hathor und der Königin als deren Entsprechung[949] verbunden ist. Die Erzählung weckte deshalb Konnotationen bei all jenen Zuhörern, die an Bestattungs-, Tempel- oder Hofritualen teilgenommen hatten, mit Zuständigkeitsbereichen und Kultorten der Göttin Hathor vertraut waren und die mit der Morgensonne, der Mittagshitze und der Abendkühle verbundenen Auffassungen von der Sonne als Horus, beziehungsweise Re und Atum teilten. Sowohl die unterschwellige rituelle Struktur als auch die Verknüpfung Sinuhes mit Hathor situiert die Personenkonstituenten in der Erzählung in ihrem semantischen Feld. Der Vergleich geht damit in beiden Fällen von der Verwendung der Personenbegriffe in einem religiösen semantischen Feld aus. Ihre Nuancierung ergibt sich deshalb ausschließlich durch die Gebrauchssituation, die im ersten Teil der Untersuchung eine religiös-rituelle war und jetzt eine literarisch-unterhaltende ist. Nachdem das semantische Feld festgestellt worden ist, sollen nun die einzelnen Personenkonstituenten untersucht werden.

Personenkonstituenten und Konnotationen

Die einzelnen Personenkonstituenten und die Konnotationen, die mit ihnen in einer literarischen Gebrauchsituation verknüpft sind, werden in der Reihe ihres Aufgreifens in der Erzählung behandelt.

---

[948] Diese Möglichkeit einer kulturellen Praxis ist m. E. durch die an den Fugeninschriften beobachtete Umkehrung der Richtung (im Uhrzeigersinn solange Senebi, weil ihr der Tod erst durch Nephthys gebracht wird, als noch Lebende betrachtet und ihr Sarg erst getischlert wird und entgegen dem Uhrzeigersinn im Sarg als Behältnis der Toten) gegeben.

[949] Diesbezügliche Ausführungen bei Morenz, Ein hathorisches Kultlied und ein königlicher Archetyp des Alten Reiches - Sinuhe B 270f. und eine Stele der späten XI. Dynastie (Louvre C 15), *Die Welt des Orients* 28, S. 17.

Der Name

Der eigentliche Name wird zu Beginn der Erzählung in der Aussage „der Gefolgsmann Sinuhe, er sagt“ (R 2) aufgegriffen. Mit ihm führt sich der Sprecher als Erzähler seiner eigenen Geschichte ein. Der Sprecher behält dann die Ich-Form bei. Zum ersten Mal greift er den Begriff „meinen Namen“ zusammen mit der Schilderung seines körperlichen Zustandes auf, wenn er Amunenschi von seiner Flucht erzählt (B 41). Der Name (*rn*) wird hierbei, wie auch in der anderen Situation, in der er genannt wird (B 227–228), als Personenkonstituente verwendet um Sinuhe durch seinen guten Namen einzuführen, weshalb Gutes für ihn getan wird. Er gebraucht denselben Mechanismus auch bei Amunenschi (B 73) und den anderen Beduinen, die gut zu ihm waren (B 246). Entsprechend wird das Weglassen des Namens bei dem „Starken von Retjenu“ zur Charakteristik der Nichtigkeit eines Feindes, welcher den Tod verdient, eingesetzt (B 109–142).[950] Bezeichnenderweise wird die Kampfepisode mit: „der erwähnte Herrscher Amunenschi, er schloss mich in seine Arme“ (B 142–143) abgeschlossen, wodurch der Kontrast des gut handelnden, namentlich genannten Amunenschi und des unter Fortlassung seines Namens behandelten Feindes, „des Starken von Retjenu“, hervorgehoben wird.

Sinuhes guter Leumund lässt ihn, selbst wenn er abwesend ist, in der Residenz existieren. Diese Bedeutung des guten Namens wird am Abschluss der langen Perikope,[951] die Sinuhe auf dem Höhepunkt seiner physischen Kräfte als Sieger über seinen Feind zeigt, deutlich. Sie bezeichnet den Wendepunkt seines Schicksals.

Der Name selbst wird zum zweiten Mal in dem Erlass, dem „Befehl des Königs an den Gefolgsmann Sinuhe“ genannt (B 180). Dort wird dem Empfänger auch die Erhaltung seines guten Namens bestätigt, wobei er speziell von der Schuld schlechter Taten, die durch den Mund begangen werden, freigesprochen wird:

Was hast du denn getan, dass man gegen dich handelte?
Du hattest nicht gelästert,
so dass man sich deiner Rede widersetzt hätte.
Du hattest nicht im Rat der Edlen gesprochen,
so dass man sich deinen Aussprüchen widersetzt hätte.
Dieser Plan, der dein Herz fortgeführt hat,
nicht war er in meinem Herzen gegen dich (?).
Dieser dein Himmel (die Königin), der im Palast ist,

---

950 Siehe zur Behandlung des Starken von Retjenu als Feind auch Fischer-Elfert, The Hero of Retjenu – an Execration Figure (Sinuhe B 109–113), *JEA* 82, S. 198–199.

951 B 150–152. Diesbezügliche Stellen sind bereits zitiert worden, siehe S. 306.

sie ist dauernd und fest auch heute. (B 182–189) [952]

Auf die negierte Gefährdung des guten Namens folgt unmittelbar die Bestätigung der anhaltenden Sympathie des ihm wohlgesinnten Königs und der Beständigkeit der Königin. Die ungebrochene Zuneigung des Königshauses stärkt die Bedeutung eines guten Namens als Personenkonstituente, die das Dasein einer Person fortsetzt. In Sinuhes Antwortbrief wird dieser Faden weitergesponnen, denn der Schreiber versichert den König seines guten Namens (B 227–228). Das nächste Mal wird der Name bei der Audienz aufgegriffen. Dies geschieht in den Worten, die der König an Sinuhe richtet:

Die Bestattung deines Leichnams (*ẖꜣt*) wird nicht armselig sein,
du wirst nicht von Bogenleuten begraben werden.
Tue nichts! Tue bloß nichts!
Du hast nicht gesprochen, doch dein Name (*rn*) wurde genannt. (B 258–260)

Sie leiten die folgenden ritualähnlichen Aufführungen ein. Als Prolog aufgefasst, verwenden die Königsworte den Namen als Personenkonstituente für einen, der vorübergehend schweigt, weil er gerade abwesend ist. Der Name ist somit auch in der Erzählung Ausdruck für die Kontinuität einer Person, die selbst dann garantiert ist, wenn der Betreffende nicht ununterbrochen körperlich anwesend war. Indem der Name Sinuhes mit seinem Leichnam verbunden wird, bezeugt er die Erhaltung Sinuhes während seines Auslandsaufenthalts, analog der Erhaltung eines Toten in der Zeitspanne vor der rituellen Wiedergeburt. In der sich anschließenden Szene zeigt der König seinen Kindern und seiner Gemahlin den kaum wieder zu erkennenden Heimkehrer:

Sieh Sinuhe, wie er als Asiat wiedergekommen ist,
als ein Geschöpf der Beduinen! (B 264–265)

Der Herrscher bestätigt daraufhin nochmals Sinuhes Identität: „Er ist es wahrhaftig“ (B 268). In der Badeszene kommt dann wieder der Körper zur Sprache. Dort wird nicht länger von einem Leichnam gesprochen, sondern von dem zur Verjüngung fähigen Körper, der mit dem Lexem *ḥꜥw* bezeichnet wird (B 290).

Zusammenfassend kann festgestellt werden, dass sich die Hauptperson durch ihren eigentlichen Namen in die Erzählung einführt. Bei seinen Gönnern führt sich Sinuhe durch seinen guten Namen ein. Desgleichen fordert er seine Wohltäter dazu auf, den König ihren Namen wissen zu lassen, oder

---

[952] Übers. Burkard und Thissen, *Einführung in die Altägyptische Literaturgeschichte I*, S. 116f.

er selbst macht sie in der Residenz namhaft. Sinuhes guter Leumund in der Residenz wird mehrmals im Verlauf der Geschichte aufgegriffen und garantiert sein Bestehen, auch während er in der Ferne weilt, sowie seine Identität, auch wenn sich sein Äußeres stark verändert hat. Die Funktion des Namens als Personenkonstituente ist folglich nicht von der physischen Gegenwart seines Trägers oder dessen Erscheinungsbild abhängig. Das Weglassen des Namens dient zur Charakterisierung eines Feindes, der getötet wird.

Der Hau-Körper

Die nächste Personenkonstituente, die in der Erzählung des Sinuhe genannt wird, ist der Körper (*ḥꜥw*). Sinuhe verwendet ihn zur Bezeichnung des verstorbenen Königs Amenemhet I.:

Der König von Ober- und Unterägypten, Sehetepibre,
er flog auf zum Himmel, indem er vereinigt ist mit der Sonnenscheibe,
der Gottesleib (*ḥꜥw nṯr*), er ist verbunden mit dem, der ihn geschaffen hatte.
(R 6–8) [953]

Das Lexem *ḥꜥw* dient an dieser Stelle zur Beschreibung des toten, zum Gott gewordenen Pharaos. Der Inhalt der Aussage nimmt auf den Verstorbenen in der symbolischen Welt des Totenglaubens Bezug. Dementsprechend trifft hier die im rituellen Kontext für den Begriff erschlossene Bedeutung zu: ein anthropomorpher, androgyner, lebender Gotteskörper, der als Raum für Entstehungsprozesse fungiert (siehe S. 219).

Zum ersten Mal im Hinblick auf den Körper des Sinuhe wird das Lexem *ḥꜥw* gebraucht, wenn dieser erzählt, wie er sich aufrafft, um dem Tode zu entkommen:

Ein Anfall von Durst, er ereilte mich,
ich wurde verzehrt, meine Kehle war voll Staub, und ich dachte:
Das ist der Geschmack des Todes.
Dann erhob ich meinen Mut (*ib*) und raffte meine Glieder (*ḥꜥw*) zusammen,
denn ich hörte das Brüllen von Vieh und sah Beduinen. (B 22–25)

Die zweite Anwendung benennt den *ḥꜥw*-Körper Sinuhes wiederum in einer Situation, die durch den nahenden Tod gekennzeichnet ist. Nachdem Sinuhe in der 22. Perikope einen Gott um die Bestattung seines Leichnams in dem Land, in dem er geboren ist, gebeten hat, wendet er sich sechs Verse später (in der sich anschließenden Perikope § 23) an den regierenden König und dessen Familie. Er wünscht sich die Verjüngung seines Körpers:

---

[953] Übers. Burkard und Thissen, *Einführung in die Altägyptische Literaturgeschichte* I, S. 112.

Ach möge sich verjüngen mein Leib (*ḥʿw*),
denn das Greisenalter ist herabgestiegen, die Altersschwäche hat mich ereilt.
Meine Augen sind schwer und meine Arme (*ʿwy*) sind schlaff geworden.
Meine Füße (*rdwy*)haben aufgehört, meinem müden Herzen (*ib*) zu folgen.
Ich habe mich dem Hinscheiden genähert. (B 167–171)

Das Lexem *ḥʿw* konnotiert hier einen alternden menschlichen Körper, dessen Kräfte abnehmen, der sich aber verjüngen kann. Mit welchen Mitteln die Verjüngung erreicht wird, wird am Ende der Geschichte berichtet, wenn in der Badeszene (B 286–294) durch Rasur, Pflege und Ruhe „die (Spuren der) Jahre" von seinem Körper (*ḥʿw*) getilgt werden (B 290). Dabei ist auffallend, dass sich (mit Ausnahme von Räucherung und Ruhe) die Verjüngung auf die äußerlichen Merkmale des Körpers konzentriert. Der Zweck der Verjüngung wird dem Wunsch nach dieser unmittelbar angefügt: „Mögen sie [die Füße] mich zu den Stätten der Ewigkeit geleiten" (B 171). Der verjüngte *ḥʿw*-Körper ist somit ein menschlicher Körper, der im Funktionieren seiner Sinne und seiner Glieder begriffen wird: Die schweren Augen sollen sich wieder öffnen und sehen, die schlaffen Arme sollen mit gespannten Muskeln greifen, die Füße wieder dem Herzen (Willen) folgen können. Dass Sinuhe diese Aktivitäten für sich erhofft, wenn er im Existenzbereich der Toten weilt, wird aus den Aussagen deutlich, die § 23 abschließen und sich sowohl auf die Göttin Nut, die sich ja über den Toten beugt, als auch auf die Königin[954] beziehen:

Mögen sie mich zu den Städten der Ewigkeit (*njwwt nt nḥḥ*) geleiten,
möge ich der Allherrin (*nbt r-ḏr*) folgen.
Ach möge sie gut von mir zu ihren Kindern sprechen,
möge sie die Ewigkeit (*nḥḥ*) über mir verbringen. (B 171–173)

Zum dritten Mal wird der *ḥʿw*-Körper in dem Freudentaumel genannt, den der königliche Erlass mit der Aussicht auf ein ägyptisches Begräbnis bei Sinuhe auslöst, und zwar in dem Ausruf:

Gut ist die Langmut, die mich vom Tod errettet!
Dein Ka (*kꜣ*) wird veranlassen, dass ich das Ende meines Körpers (*ḥʿw*)
in der Residenz erlebe! (B 203–204)

Wiederum wird der Körperbegriff *ḥʿw* – der, wie durch das Pronomen klar wird, den menschlichen Körper Sinuhes bezeichnet – mit dem Tod in Zusammenhang gebracht. Er wird an dieser Stelle durch den direkten Genitiv

---

954 Blumenthal, Die Erzählung des Sinuhe. In: *Weisheitstexte, Mythen und Epen. Mythen und Epen III. TUAT* III, S. 900 Anm. 23, 11a.

(*pḥwy ḥʿw.i*) als ein Körper, der sich in seinem Endstadium[955] befindet, charakterisiert. Für einen solchen soll der Ka des Königs etwas bewirken. Zum vierten Mal findet sich das Lexem *ḥʿw* in Sinuhes Antwortbrief, wenn er jene Verfassung darlegt, die zu seiner Flucht geführt hat:

Ich hatte sie [die Flucht] nicht überlegt und weiß nicht,
wer mich von meinem Platz entfernt hat. Es war wie ein Traumzustand (*sšm rswt*)
wie wenn sich ein Deltabewohner (plötzlich) in Elephantine sähe,
ein Mann des Sumpfes in Nubien.
Ich war nicht gefürchtet worden, man hatte mich nicht verfolgt,
ich hatte keinen schlechten Ausspruch (über mich) gehört,
man hatte meinen Namen (*rn*) nicht im Mund des Ausrufers gehört –
abgesehen von jenem Zittern (*ḏdf*) meines Körpers (*ḥʿw*),
als meine Füße (*rdwy*) davonliefen, mein Herz (*ib*) mich leitete,
und der Gott, der diese Flucht bestimmt hatte, mich fortzog. (B 224–230)

In den folgenden Aussagen (B 230–232) wird das Zittern oder Schaudern als eine Reaktion dargelegt, die nicht auf Sinuhes Furcht vor dem Pharao beruht.[956] Der Erzähler verwendet hier das Lexem *ḥʿw* nicht wie bisher im Zusammenhang mit dem Tod, sondern mit einem Traumzustand. Der Körperbegriff *ḥʿw* liegt durch diese Verknüpfung in einem semantischen Feld, für das meines Erachtens die ägyptische Auffassung vom Tod als Schlaf und das Begreifen eines Traumzustandes als Nähe zu einem Gott konstitutiv sind.[957] Für die Interpretation des Traumes als ein Zustand, in dem ein Gott mit dem Menschen verfährt, spricht die innertextliche Einbettung: Dem Ko-Text nach ist Sinuhe ohne sein Zutun von seinem Platz entfernt worden. Er vergleicht sich wiederum mit einem Deltabewohner in Elephantine und einem Mann des Sumpfes in Nubien (B 224–226). Im Anschluss an die zitierten Aussagen hat „ein Gott ihn fortgezogen“ (B 230). Die fünfte Erwähnung findet der mit *ḥʿw* bezeichnete Körper Sinuhes bei der Audienz. Sinuhe schildert die Ohnmacht, die ihn angesichts des Königs übermannt:

Dieser Gott sprach mich freundlich an.
Ich war wie ein Mann, der gepackt wird von der Dämmerung,

[955] *pḥwy* in der Bedeutung „Endstadium“ (der Regelblutung) ist belegt in pEbers 831a (Westendorf und von Deines, *Grundriss der Medizin der Alten Ägypter* VII/1, S. 273).

[956] In gleichem Sinne auch Blumenthal, Die Erzählung des Sinuhe. In: *Weisheitstexte, Mythen und Epen. Mythen und Epen III. TUAT* III, S. 905 Anm. 31, 19a.

[957] Parkinson hingegen versteht die Zustandschilderung in der Audienzszene spezifisch als Wiederholung der eingangs geschilderten Panik des Sinuhe (die zu seiner Flucht führt). Zum traumähnlichen Zustand des Sinuhe als Entfernung von einem Ort, Schwellenzustand und literarisches Mittel siehe Parkinson, Sinuhe’s Dreaming(s). In: *Through a Glass Darkly*, (im Druck).

mein Ba (*bꜣ*) war vergangen, mein Leib (*ḥꜥw*) war ermattet,
mein Herz (*ḥꜣty*) es war nicht in meinem Körper (*ẖt*).
Ich wusste nicht das Leben vom Tod zu unterscheiden. (B 253–256)

Er bedient sich mehrerer Personenkonstituenten um einen Schwellenzustand zu beschreiben. Das Lexem *ḥꜥw* wird hier mit den Begriffen Ba (*bꜣ*), Herz (*ḥꜣty*) und Körper (*ẖt*) zusammen verwendet, um einen lebenden Körper zu beschreiben, der sich in einem indifferenten Zustand der Dämmerung befindet. Was diesen Körper von seiner in der Tageswelt üblichen Verfassung unterscheidet ist das Empfinden, dass seine Zeugungsfähigkeit (Ba des Sinuhe) vergangen und der Körper (*ḥꜥw*) ermattet sei, das Herz und das Unterscheidungsvermögen fehlen. Der geschilderte Zustand der Umnachtung wird durch die Höflinge, die ihn auf ein Königswort hin aufheben oder, vielleicht besser, aufrichten (*ṯsj*), beendet. Die sich im Ko-Text anschließenden Personenbegriffe Leichnam und Name legt der Erzähler dem König in den Mund. Zum letzten Mal wird das Lexem *ḥꜥw* in der Badeszene, die im Zusammenhang mit der Verjüngung bereits besprochen worden ist, angewendet. Verfolgt man die Nennung des *ḥꜥw*-Körpers im Fortgang der Erzählung, so ergibt sich durch die Verteilung im Textaufbau und seine Ko-Texte folgende Verkettung:

- Die Vereinigung des Gotteskörpers mit der Sonnenscheibe kennzeichnet die Situation im Tod
- der dürstende Körper bringt Sinuhe in der Fluchtnacht dem Tode nahe, dieser Zustand ist heilbar
- der alternde Körper, dessen Kräfte abnehmen und der deshalb auf Verjüngung hofft
- der Körper im Endstadium, für den der Ka des Königs sorgt
- der zitternde Körper im Traum, der von einem Gott fortgezogen wird
- der ohnmächtige oder umnachtete Körper, der auf ein Herrscherwort hin aufgerichtet wird
- der verjüngte Körper

Der durch das Lexem *ḥꜥw* bezeichnete Körper Sinuhes bezeichnet die physiologischen Reaktionen eines Körpers, dem es an Flüssigkeit mangelt und der dem Alterungsprozess unterworfen ist. Beide Zustände sind reversibel, der erste durch die Gabe von Wasser und Milch, der zweite durch die Entfernung der Haare und des Sandes, der Pflege mit duftenden Ölen und der Bekleidung mit weißem Leinen. Diese Abschnitte sind zwischen die Auffassung von einem Gotteskörper, der sich im Tode mit der Sonne vereinigt und einem Menschenkörper, der sich durch die einem Königssohn entsprechende Pflege und Behandlung verjüngt, eingefügt.

Der Leichnam

Der zweite im Ritual zur Wiedergeburt und in der untersuchten Literatur verwendete Körperbegriff ist der Leichnam (*ẖ3t*). Er wird an drei Stellen erwähnt. Zum ersten Mal in der Mitte der Erzählung (der 22. von 40 Perikopen) nach dem Kampf gegen „den Starken von Retjenu", der die Wende in Sinuhes Schicksal darstellt. Im Gebet bittet Sinuhe um die Heimkehr in die Residenz:

Sicher wirst du geben, dass ich den Ort sehe, an dem mein Herz weilt!
Was ist größer, als dass mein Leichnam (*ẖ3t*) mit dem Land vereinigt wird, in dem ich geboren bin? (B 157–160)

Die Tötung des Feindes rückt Sinuhe den eigenen Tod und damit auch die zur Fortsetzung seiner Existenz nötige Vereinigung seines Leichnams mit dem Ort der Geburt ins Bewusstsein. Auf Sinuhes Hilferuf (im Gebet) antwortet der König mit einem Erlass, in dem er ihm ein Begräbnis in Ägypten in Aussicht stellt:

Es wird nicht so sein, dass du im Fremdland stirbst.
Asiaten werden dich nicht bestatten.
Man wird dich nicht in ein Widderfell wickeln
und dir eine Steinsetzung errichten.
Das war (zu) lang für das Herumstreifen im Land!
Bedenke deinen Leichnam (*ẖ3t*) und komm! (B 197–199)

Der König geht in seinem Schreiben auf die Bedeutung des Leichnams als ein im Grab ruhender Körper ein. Das lässt sich aus dem Ko-Text, nämlich der Beschreibung der Bestattung, die einem Ende des Herumstreifens gleichkommt, schließen. Bei der Audienz verspricht der König dann Sinuhe die wahrhaft reiche und somit hochherrschaftliche Versorgung seines Leichnams:

Die Bestattung deines Leichnams (*ẖ3t*) wird nicht armselig sein. (B 258)

Sesostris I. löst damit seine schriftlich in Aussicht gestellte Fürsorge ein. Den Ko-Text seiner Rede bildet das folgende Lied, das die Königskinder singen, während sie hierbei dem König, so wie im Kult der Göttin Hathor, Sistrum und Halskette entgegenhalten:

(Streck) Deine Hände aus zum Vollkommenen, geneigter König,
dem Schmuck der Herrin des Himmels!
Die Goldene gibt Leben an Deine Nase,
die Herrin der Sterne verbindet sich mit Dir.
Nach Norden fährt die Südkrone, nach Süden die Nordkrone,

vereinigt, versammelt
durch den Spruch Deiner Majestät.
Die Grüne wird an Deinen Scheitel gegeben,
die böswillig Fordernden werden Dir ferngehalten.
Re, der Herr der Länder, ist Dir gnädig,
Jubel Dir wie der Allherrin!
Leg ab Deinen Wurfspeer, lass Deinen Pfeil,
gib Luft dem, der in Atemnot ist!
Gib uns als schöne Festgabe
diesen Scheich, den Sohn des Nordwinds,
den Bogenmann, geboren in Ägypten!
Er hat die Flucht unternommen aus Furcht vor Dir,
er hat das Land verlassen aus Schrecken vor Dir.
Es gibt keine Scheu des Gesichts dessen, der Dein Gesicht sieht,
es gibt keine Furcht des Auges, das auf Dich schaut. (B 269–279)

Die sich anschließende Reinigungsszene spielt in dem Badezimmer eines Königssohnes, das durch seine Ausstattung dem Inventar des zukünftigen Osirissohnes Horus entspricht. Es handelt sich folglich eindeutig sowohl beim Hathorlied als auch der Badeszene um die Beschreibung ritueller Handlungen[958] in der Literatur. Derchain macht auf den operativen Wert des Hathorliedes als Ritus, der aus dem Mythos seine Bedeutung und seine performatorische Wirkung erhält, aufmerksam.[959] Ihm folgen mehrere Autoren, die das Hathorlied als Ritual bewerten, das in der aktuellen Situation Sinuhes Wiedergeburt und Rehabilitation als Ägypter bewirkt.[960] Erkennt man dem Lied eine performatorische Wirkung zu, übersieht man jedoch die Tatsache, dass es sich nicht um die Aufführung eines Liedes durch Priesterinnen, sondern durch die Königsfamilie handelt, dass das Lied nicht im Tempel, sondern im Audienzsaal gespielt und gesungen wird, dass es nicht an Hathor, sondern an den König gerichtet ist, und schließlich, dass keine operative Sprechhandlung erfolgt: Weder aus dem Munde eines Gottes noch aus dem Munde des Königs werden Worte an Sinuhe gerichtet, die sich auf seine aktuelle Situation im Audienzraum beziehen und, indem sie ausgesprochen werden, unmittelbar seine Verjüngung oder Neugeburt als Ägypter hervorrufen würden. Im Gegenteil kann in Anbetracht der Ironie des Königs, der Tatsache, dass die Königin Sinuhe nicht erkennt und

---

958 Oder um einen rituellen „Archetyp" um mit Morenz zu sprechen. Vergl. Morenz, Ein hathorisches Kultlied und ein königlicher Archetyp des Alten Reiches - Sinuhe B 270f. und eine Stele der späten XI. Dynastie (Louvre C 15), *Die Welt des Orients* 28, S. 11.

959 Derchain, La Réception de Sinouhé à la cour de Sésostris Ier, *RdE* 22, S. 80.

960 Parkinson, *The Tale of Sinuhe*, S. 52, Anm. 74; Purdy, Sinuhe and the Question of Literary Types, *ZÄS* 104, S. 112–127; Westendorf, Noch einmal: die „Wiedergeburt" des heimgekehrten Sinuhe, *SAK* 5, S. 294; Roeder, Das „Erzählen der Ba-u". In: *Text und Ritual*, S. 196f.

des Gebrülls der Kinder von einem Verfremdungseffekt[961] gesprochen werden, der die Szene ihres religiösen rituellen Rahmens entkleidet. Am schwersten wiegt jedoch der Einwand, dass die Aufführung der Ritualszenen nicht in einem religiösen rituellen Kontext stattfindet, sondern in einer Erzählung, in der weder bei Sinuhe, noch bei dem Publikum des Erzählers eine Wiedergeburt herbeigeführt werden soll, sondern die unterhalten will. Eine durch den Hathorkult gegebene performatorische Wirkung des Liedes ist deshalb nicht ohne weiteres auf seine Aufführung am Königshof zu übertragen. Das Gleiche trifft auf die Badeszene zu, deren Wirkung nicht mit der Versorgung des Körpers im Bestattungsritual oder der rituellen Verjüngung im Grab gleichzusetzen ist (einmal ganz abgesehen davon, dass keine rituellen Sprechhandlungen die Szene begleiten). Die Rede des Königs und die ritualähnlichen Handlungen der Höflinge, Königin, Königskinder und später der Aufwärter im Baderaum des Königssohnes sind deshalb als abwechselnde Auftritte zu betrachten, die im Handlungsnetz der Erzählung zusammenwirken.

Die unterschwelligen Konnotationen, die bei der Zuhörerschaft geweckt werden, weil diese an Ritualen teilgenommen hat, und die doppelte ontologische Referenz bei König und Königin werden keineswegs verneint. Es wird jedoch davon ausgegangen, dass religiöses rituelles Handeln in der Literatur seine Operativität verliert und stattdessen seine Wirkung aus dem Szenario der Erzählung bezieht. Letzteres ist in diesem Fall der Empfang im Königspalast, zu dem Sinuhe ja bereits mit allen Ehren eines Wesirs eskortiert wird.[962] Das Zusammenspiel zwischen Sinuhe und den Mitgliedern des königlichen Haushalts beginnt mit den Worten, die Sesostris I. während der Audienz an Sinuhe richtet. Nach der ein wenig ironischen Begrüßung des Heimgekehrten fährt er fort:

Die Bestattung deines Leichnams (*ẖ3t*) wird nicht armselig sein,
du wirst nicht von Bogenleuten begraben werden.
Tue nichts! Tue bloß nichts!
Du hast nicht gesprochen, doch dein Name (*rn*) wurde genannt. (B 258–260) [963]

[961] Von Brunner (*Grundzüge einer Geschichte der altägyptischen Literatur*, S. 53) als Dämpfung des Pathos durch Humor behandelt. Parkinson (*The Tale of Sinuhe and Other Ancient Egyptian Poems 1940–1640 BC*, S. 51, Anm. 72) spricht von der formellen Atmosphäre, „[which] is lightened by a moment of charm and humour".

[962] Falls die Deutung zutrifft, so vererbt Sinuhe ein Wesirat (B 234–235). Andernfalls geht aus der Schilderung der Heimreise in § 33 eindeutig die Aufnahme Sinuhes in Ägypten als ein ehrenhafter Mann hervor.

[963] Mit Hornung (*Gesänge vom Nil*, S. 48) und Lichtheim (*Ancient Egyptian Literature Volume I*, S. 232 und Anm. 20) nehme ich einen Sprecherwechsel nach der vom König gemachten Aussage über den Namen an. Dadurch kommt nur in Sinuhes Antwort die „Furcht" zur Sprache und Sinuhe schweigt nicht aus Angst vor einer Strafe – wie es nach

In der Eigenschaft eines Herrscherwortes schafft diese Zusage des Königs die Voraussetzung für die folgenden Schritte im Hergang der Erzählung und die sich daraus ergebende zukünftige Durchführung der Rituale. Der performatorische Wert der geschilderten Szene liegt demnach nicht im Hathorlied selbst, sondern in der einleitenden Aussage des Königs. Indem die ritualähnlichen Aufführungen im Palast stattfinden und direkt auf die Worte des Königs folgen, fungieren sie als deren Ko-Text. Sie bekräftigen die Worte aus des Herrschers Mund. Musik und Text des Hathorliedes besiegeln die künftige Wiedergeburt als eine Festgabe des Königs, denn dort singen die Kinder ja dem König die Bitte: „Gib uns als schöne Festgabe diesen Scheich, den Sohn des Nordwinds" (B 275–276). Das, was sich anschließend in der Erzählung ereignet, sind zwei weitere Schritte. Sie setzen den mit dem Hathorlied begonnenen Prozess fort und bestätigen ebenfalls die Worte aus des Königs Mund: Das Geleit zum Haus des Königssohnes bildet eine Parallele zu den zukünftigen Stationen im Rahmen des Bestattungsrituals,[964] die Badeszene bestätigt die in Ägypten übliche Versorgung des Leichnams, sie wird in der Szene selbst aber im Haus eines Mitglieds der Königsfamilie und am lebenden Körper des soeben heimgekehrten Sinuhe ausgeführt.

Die ritualähnlichen Szenen zeichnen sich durch eine synchrone Bezugnahme auf zwei ontologische Ebenen aus.[965] Die Bildung einer sowohl menschlichen als auch göttlichen Identität der Königin geschieht zu verschiedenen Gelegenheiten im Lauf der Erzählung. Bei der ersten Erwähnung der Königin ist noch keine göttliche Identität gegeben, Sinuhe erhofft sich in seinem Gebet nur „die Begrüßung durch die Königin, die in seinem Palast ist" und „das Hören der Botschaften ihrer Kinder" (B 166–167). Daraufhin werden in Sinuhes Antwortbrief Nut und Haroeris-Re[966] unter

der Übersetzung von Blumenthal (Die Erzählung des Sinuhe. In: *Weisheitstexte, Mythen und Epen. Mythen und Epen III. TUAT* III, S. 907): „Du hast nicht gesprochen, obwohl dein Name genannt wurde, weil du dich wohl vor Strafe fürchtest" (B 259–260) anzunehmen ist. Sinuhe war ja auch im Ausland nicht bemüht zu schweigen, sondern im Gegenteil, er bewirtete Kundschafter aus Ägypten und war bemüht, seinen guten Ruf in die Residenz dringen zu lassen. Sein vorübergehendes und scheinbares Schweigen bezieht sich m. E. anstatt auf die Audienz auf seine Vergangenheit und ist als solches Ausdruck für die Bedeutung des guten Namens als ein Faktor, der Sinuhe erhält.

964 Zur Beschreibung des Bestattungsrituals siehe Kap. 2. Zu dem Weg, den Sinuhe von der Audienzhalle zum Badehaus geleitet wird, siehe S. 310.

965 Die Menschenwelt wird mit dem göttlichen Bereich gleichgeschaltet.

966 B 210. Siehe den in diesem Kapitel auf S. 333 zitierten Textabschnitt B 206–212. Haroeris ist eine Bezeichnung für Horus als Sohn einer Göttin, die in der Regel Isis, hier aber Nut ist.

den Schutzgöttern des Pharaos aufgezählt und ebenda wird die Königin unter dem Epitheton „Allherrin“ (*nbt r-ḏr*) mit Nut verbunden (B 271–273). Im Lied findet die Gleichstellung der Königin, die auch hier wieder als „Allherrin“ bezeichnet wird, mit Hathor (B 274) statt. Beide Göttinnen: Nut als Personifikation des Nacht- und Hathor als die des Tageshimmels, werden in der Erzählung nicht ausschließlich mit ihren aus dem rituellen Kontext des Sarges bekannten Seinsbereichen verknüpft. Nut wird in der Erzählung außer mit der Nacht mit dem dynamischen *nḥḥ*-Bereich assoziiert,[967] Hathor hingegen (im Lied) als „Herrin der Sterne“ (*nbt sbꜣw*) zusätzlich mit dem Nachthimmel. In der Person der Königin werden durch die göttlichen Bezugspersonen Nut und Hathor ebenfalls beide kosmische Existenzbereiche miteinander verbunden. Die als „Himmel“ bezeichnete Königin[968] bildet (als Beschützerin und Muttergöttin) deren irdisches Pendant. In der Verjüngungsszene erfolgt die Gleichsetzung von menschlicher und göttlicher Ebene über die Umgebung. Diese wird vom *Habitus* des Königssohnes gebildet: die im Baderaum vorhandenen Spiegel (auf deren Wiedergeburtssymbolik in dieser Arbeit bereits hingewiesen wurde), Weihrauchdüfte, Öle, Schmuck aus dem Schatzhaus, Kleider aus Königsleinen und schließlich auch Beamte und eine Dienerschaft, die Sinuhe aufwartet.

Durch diese gepaarte ontologische Referenz bestätigen beide Szenen einerseits das Herrscherwort und bilden andererseits das Bindeglied zur rituellen Existenz Sinuhes als zukünftiger Haroeris/Horus. Deren Bild malt der Erzähler im Lied, das dem König gesungen wird, als Entgegenstrecken der Arme, Lebensgabe der Goldenen und Begegnung von Angesicht zu Angesicht mit Hathor aus. Er beschreibt den Gang von der Audienzhalle zum Bad des Königssohnes als den Weg, den Sinuhe durch die Horizontbereiche geführt werden wird und das Bad als die bevorstehende Versorgung des Leibes in der Balsamierungshalle.

Der Ka

Der Begriff Ka wird in der 28. Perikope, also nach etwa drei Vierteln der Erzählung, kurz hintereinander zwei Mal genannt. Sinuhe verwendet den Begriff im Hinblick auf den König, wenn er sich über den Erlass freut:

Gut ist die Langmut, die mich vom Tod errettet!
Dein Ka (*kꜣ*) wird veranlassen, dass ich das Ende meines Körpers (*ḥꜥw*)
in der Residenz erlebe! (B 203–204)

---

[967] Siehe den in diesem Kapitel auf S. 325 zitierten Textabschnitt B 171–173.

[968] B 189. Siehe den in diesem Kapitel auf S. 333 zitierten Textabschnitt B 206–212.

Und wenn er sich daraufhin in seinem Antwortschreiben an den König, „seinen Herrn, der aus dem Westen errettet" (B 214), wendet:

Es ist Dein Ka, vollkommener Gott, Herr der beiden Länder,
den Re liebt und Month[969], der Herr des Thebanischen Gaus, lobt,
Amun, der Herr der Throne der beiden Länder,
Sobek-Re, Horus und Hathor,
Atum mit seiner Götterneunheit [...][970]
Nut und Haroeris-Re.
Alle Götter Ägyptens und der Inseln des Meeres,
sie mögen Leben und Macht an Deine Nase geben,
Dich mit ihren Geschenken versehen
und Dir die Ewigkeit geben, ohne dass sie eine Grenze hat,
und die Unendlichkeit, ohne dass sie eine Schranke hat. (B 206–212)

Der ganze Brief wendet sich an den Ka des Pharaos, an dem Sinuhe in erster Linie Eigenschaften rühmt, die den Gott Atum auszeichnen und die im Hathorlied wiederum aufgegriffen werden.[971] Als Gaben der Götter wünscht Sinuhe dem König genau das, was er für sich selber wünscht, nämlich, dass dieser Leben an seine Nase gebe und ihn mit seinen Geschenken versehe (B 211). In den folgenden Abschnitten wendet er sich an den König als Herrn der Erkenntnis und Ebenbild Res, appelliert an dessen Macht und legt ihm sein Schicksal in die Hände:

Nach ihrem Belieben handele Deine Majestät,
man lebt von der Luft, die Du gibst.
Mögen Re, Horus und Hathor diese Deine herrliche Nase lieben,
die nach dem Wunsch des Month, des Herrn von Theben, ewig lebt.
(B 236–238)

Der Ka des Königs sorgt für das Fortdauern von Sinuhes Existenz. Dessen Gabe wird als Lebenserhaltung (Luft an die Nase) und als Geschenk formuliert und ist nichts, was Sinuhe, wenn er an den König schreibt, oder während der Audienz, wo er seine Worte[972] im Angesicht des Königs wiederholt, beeinflussen kann.

---

[969] Der falkengestaltige Gott Month war vor der Einführung des Amun Hauptgott im thebanischen Gau. Das Kernstück im Fest dieses Königsgottes war, dass das Gottesbild vom Tempel in Medamud in den Palast gebracht wurde. *RÄRG*, S. 476.

[970] Es folgt die Aufzählung weiterer Götternamen.

[971] Zu den Eigenschaften des Gottes Atum im Hathorlied siehe Derchain, La Réception de Sinouhé à la cour de Sésostris Ier, *RdE* 22, S. 79–83.

[972] Sieh, ich liege vor dir, dein ist das Leben, Deine Majestät wird nach ihrem Belieben erfahren (B 263).

Da im Hathorlied der König aufgefordert wird, Pfeil und Bogen abzulegen (B 274), ist für den Ka des Königs in der Erzählung des Sinuhe in erster Linie die von Schweitzer betrachtete Bedeutung des Ka-Namens des Königs bei Triumphal- und Jagddarstellungen von Interesse. Sie kommt zu dem Ergebnis, dass es sich hierbei weniger um die Beschützertätigkeit handelt. „Sondern er [der Ka-Name des Königs] dient gleichsam zur Erklärung des Gesamtbildes, als Hinweis auf die universale Macht des Pharao“.[973] Dieser Ka-Aspekt des Königs steht in Einklang mit den Eigenschaften, die Sinuhe an Sesostris I. in der Königseulogie rühmt (vor allem in B 60–72).

Der Ba des Sinuhe

Der Ba kommt in der Erzählung des Sinuhe einmal vor. Sinuhe greift ihn in der 34. Perikope auf, um seine Ohnmacht vor dem König zu beschreiben:

Da nun war ich ausgestreckt auf meinem Bauch,
und kannte mich nicht vor ihm.
Dieser Gott sprach mich freundlich an.
Ich war wie ein Mann, der gepackt wird von der Dämmerung (*jẖẖw*),
mein Ba (*bꜣ*) war vergangen, mein Leib (*ḥꜥw*) war ermattet,
mein Herz (*ḥꜣty*) es war nicht in meinem Körper (*ẖt*).
Ich wusste nicht das Leben vom Tod zu unterscheiden. (B 253–255)

Außer der nicht mehr fühlbaren Gegenwärtigkeit, der Ermattung und dem Herzen bedient sich der Erzähler auch Sinuhes Ba, um den Unterschied zwischen dem Zustand eines hellwachen lebendigen und eines ohnmächtigen Mannes zu beschreiben. Die Formulierung „mein Ba war vergangen“ (*bꜣ.i*) impliziert, dass der Ba persönlich und normalerweise mit dem Körper verbunden ist. Als Gegenbild zu Sinuhes Schilderung seines Zustandes vor dem König ergibt sich der Zustand eines Menschen voller Spannkraft, der im Besitz seiner Zeugungsfähigkeit (*bꜣ*) ist und dessen Herz sich im Leib befindet (das heißt, dass er Herr seiner Sinne ist). Dieser Idealzustand wird als bestes Mannesalter, das Sinuhe bei Amunenschi verbringt, in der Erzählung ausgemalt. Die Beendigung dieses Zustandes wird in B 190 als Verlust der „Manneskraft“ (*bꜣꜣwt*) formuliert.

Westendorf vergleicht Sinuhes körperliche Verfassung mit einer todesähnlichen Starre.[974] Roeder spricht von Sinuhes „Todesbefallenheit“.[975] Er behandelt das Erzählen von einem derartigen Zustand als Reaktion auf die erlittene „*Ba-w*-Erfahrung“, das ist nach ihm, die Erfahrung der Machter-

---

[973] Schweitzer, *Das Wesen des Ka im Diesseits und Jenseits der Alten Ägypter*, S. 62f.

[974] Westendorf, Noch einmal: die „Wiedergeburt“ des heimgekehrten Sinuhe. *SAK* 5, S. 295.

[975] Roeder, Das „Erzählen der Ba-u“. In: *Text und Ritual*, S. 197.

weise eines Königs oder Gottes, die über *b3w* als *agency* verfügen, das heißt, Leben schenken oder töten können.[976] Was bei einer derartigen Interpretation des Textes aber übersehen wird, ist, dass der König nicht grollend[977] oder drohend, sondern freundlich auftritt. Sinuhe reagiert demnach auf die strahlende Gegenwart eines Königs, der ihm freundlich gesinnt ist und ihm bisher sein Wohlwollen im Erlass und durch die Begleitung bei der Heimkehr in die Residenz (wörtlich „das Landesinnere“) auch spüren ließ. Deshalb verwundert es um so mehr, warum, sobald der Ba des Sinuhe genannt worden ist, die Furcht ins Gespräch kommt.

Sinuhe spricht von seiner Furcht nach der Schilderung des Zustands, wenn er vor dem Pharao auf dem Bauch liegt, wie einer, dessen Ba vergangen war (B 253–255), er aufgerichtet und vom König angeredet worden ist. Ich gebe Sinuhes Antwort hier in der Übersetzung Hornungs wieder, weil diese meiner Ansicht nach, das Richtige trifft:

Ich fürchtete mich vor dem Entgegnen
und antwortete mit ängstlicher Rede:
„Was hat mein Herr zu mir gesagt?
Ach, dass ich antworten könnte, ohne (es) zu tun!
Die Hand eines Gottes ist es,
ein Schrecken, der in mir ist,
wie (vor dem), der das Schicksal Gestalt werden ließ.
Sieh, ich liege vor dir, dein ist das Leben,
Deine Majestät wird nach ihrem Belieben erfahren. (B 261–263) [978]

Sinuhes Antwort ist von einer Mischung aus Furcht und Ehrfurcht geprägt. Als solche spiegelt sie seine Lage als eine ambivalente Situation wieder. Geblendet von der Herrlichkeit des Königs, der sich hier wie ein Gott offenbart, ist er voller Ehrfurcht. Gleichzeitig ist er erfüllt von einem ‚heiligen Schrecken', weil er weiß: das, was er zu seinem Schicksal durch ein maatgerechtes Handeln und seine Tüchtigkeit im Kampf beitragen konnte, hat er getan, und was jetzt kommt, liegt nicht länger in seiner Hand. Solange Sinuhe sich in der ambivalenten Situation wie einer, dessen Ba vergangen war, fühlt, ist er der Furcht ausgeliefert. Die Königskinder bezeichnen diese lähmende Angst aber als unbegründet, weil nämlich der Anblick des Königs davon heilt. Sie singen im Hathorlied:

Er hat die Flucht unternommen aus Furcht vor Dir,
er hat das Land verlassen aus Schrecken vor Dir.

---

976 Vergl. Roeder, Das „Erzählen der Ba-u“. In: *Text und Ritual*, S. 202.

977 Brunner, Das Beruhigungslied im Sinuhe, *ZÄS* 80, S. 5–11.

978 Hornung, *Gesänge vom Nil,* S. 48.

Es gibt keine Scheu des Gesichts, dessen der Dein Gesicht sieht,
es gibt keine Furcht des Auges, das auf Dich schaut. (B 277–279)

Am Ende des Liedes wird Sinuhes Furchtsamkeit festgestellt und als Grund für sein Handeln in der Vergangenheit dargelegt: Die Furcht vor dem König motiviert die Flucht Sinuhes. Furcht als solches und die Tatsache, dass einer aus Furcht handelt, werden somit als eine Realität konstatiert und in der Erzählung angesprochen. Dass es sich bei der Flucht um den Ausschluss aus der Gesellschaft handelt wird an der Antwort des Königs deutlich:

Er soll sich nicht fürchten und soll nicht dem Schrecken ausgeliefert sein.
Er wird ein Freund unter den Beamten sein
und man nimmt ihn in den Kreis der Hofleute auf. (B 280–282)

Der König erklärt durch die Aufnahme in die Gemeinschaft die Furcht Sinuhes als unbegründet. Die Botschaft an die Zuhörer besteht somit in einer Anerkennung der Furcht als Realität, die den aktiven jungen Sinuhe zum Handeln treibt (wenngleich dieses in einem Weglaufen besteht), wenn er vor dem König steht aber kein Handeln, sondern das Gegenteil bewirkt (er ergibt sich dann nämlich seinem Schicksal, würde am liebsten gar nichts sagen und das obwohl der Schrecken in ihm ist) und sich durch die Integration des nunmehr passiven Heimkehrers als unbegründet erweist. Diese Behandlung der Furcht (durch den Erzähler) und die dadurch ausgedrückte Entwicklung des Sinuhe berühren sich im Kontext mit dem Ba des Sinuhe.

In dieser Arbeit war als Bedeutung des Begriffes Ba die Zeugungsfähigkeit, die auf einen Körper oder Raum übertragen werden kann und die als Personenkonstituente eingesetzt wird, um Entwicklungen und Entstehungsprozesse darzustellen, ermittelt worden. In der Erzählung dient die Furcht dazu, die Entwicklung Sinuhes aufzuzeigen. Indem der Erzähler den Ba und die Furcht innerhalb dieses Prozesses aufgreift, verbindet er die beiden Begriffe miteinander. Weil eine doppelte ontologische Referenz durch den Vergleich des Königs mit Re und dessen Anrede als Gott gegeben ist, kann eine unterschwellige rituelle Struktur ebenfalls für die Vorgänge am Beginn der Audienz angenommen werden. Der wie von der Dämmerung (*jḫḫw*) gepackte und auf dem Bauch liegende Sinuhe wird auf ein Wort des Königs hin durch die Höflinge aufgerichtet und von dem mit Re verglichenen König angesprochen. Ein derartiges Szenario bildet ein Gegenstück zur Liminalität, die für Ba und Schatten rituell bei dem zu erkämpfenden Übergang am morgendlichen Horizont (vor dem

Gesehenwerden durch die Sonne) besteht.[979] Wie dort der Paaraspekt Ba und Schatten (das sind Zeugungskraft und dunkler umhüllender Körper), so sind in der Erzählung Sinuhes Ba und der wie von Dämmerung (*jḫḫw*) ergriffene Körper kombiniert. Die Situation führt in beiden Fällen zum Leben, nämlich zur Begegnung mit der Sonne, weshalb sich bei Sinuhe die Furcht als unberechtigt erweist. Es handelt sich folglich bei der Verwendung des Begriffes Ba nicht um die von einigen Autoren angenommene Schilderung einer todesähnlichen Starre oder Todesbefallenheit, sondern um die dichterische Darstellung der eigentlichen Übergangssituation, die zum Weiterleben führt. Diese neue Interpretation der Audienz in der „Erzählung des Sinuhe" legt es nahe nachzusehen, ob sich die Paarung der Begriffe Ba und Furcht außer bei Sinuhe noch anderweitig in der Literatur des Mittleren Reiches findet, und ob sie auch dort zur Kennzeichnung einer Situation an der Schwelle zum Leben verwendet werden? Um dieses und möglicherweise weitere Konnotationen, die mit dem Begriff Ba verbunden sind, zu prüfen, wird als zweiter Text „das Gespräch eines Mannes mit seinem Ba" untersucht.

5.4 Ba, Körper, Name und Schatten im Gespräch eines Mannes mit seinem Ba

In dem Gespräch eines Mannes mit seinem Ba tritt der Ba als einer der Gesprächspartner in einem Dialog auf. Außer dem Ba, an den sich der Mann wendet und der diesem antwortet, kommt der Ba des Mannes als „mein Ba"[980] in der Rede des Mannes vor. Außerdem werden im Text der Reihe nach die Personenkonstituenten Körper[981], Name[982], Leichnam[983], Schatten[984]

[979] Dieses Verständnis des Textes steht in Einklang mit der in dieser Arbeit ermittelten unterschwelligen rituellen Struktur von Sinuhes Stationen, die sich am phasischen Sonnenlauf orientieren. Meine Deutung der Audienz als eine Szene, die Sinuhes Zukunft einleitet, findet eine Stütze in den von Parkinson aufgegriffenen Aspekten des Traumes als positiv konnotierte Absicht eines Gottes (hier des Königs) und von der Traumdeutung als Vorhersage der Zukunft. Siehe Parkinson, Sinuhe's Dreaming(s). In: *Through a Glass Darkly* (im Druck).

[980] *bꜣ.i* in der ersten Rede des Mannes Z. 3, 5, 7, 11, in der ersten Bitte des Mannes Z. 17, einleitend die zweite Rede des Ba Z. 31, in der Aufforderung an den Ba Z. 39, in der dritten Bitte Z. 52, einleitend die dritte Rede des Ba Z. 55, in der dritten Rede des Mannes Z. 86, einleitend die vierte Rede des Ba Z. 148.

[981] *ẖt.i* in der ersten Rede des Mannes Z. 9, im ersten Gebet des Mannes Z. 29.

[982] *rn* in der zweiten Rede des Mannes Z. 36, in der dritten Rede des Mannes (einleitend das erste Klagelied) Z. 86, im ersten Klagelied Z. 87, 89, 91, 92, 96, 98, 100, 101.

und Glieder[985] genannt sowie die Bedeutung des Namens in dem so genannten ersten Klagelied ausgeführt. Weitere im Zusammenhang mit dem Körper stehende Begriffe sind für den Mann der Mund[986], das Herz[987] und, in dem Ausdruck „der Tod steht heute vor meinem Angesicht", auch das Gesicht[988]. Für andere Personen werden die Zunge[989], das Herz[990], der Mund[991] sowie ein anderer Ba[992] genannt.

Die Bedeutung der Personenkonstituenten soll anhand ihrer Verwendung im fiktiven Zwiegespräch[993] und ihrer Paarung mit anderen Personenkonstituenten in diesem Text ermittelt werden. Hierbei ist zu bedenken, dass, abgesehen von einigen fragmentarischen Stellen in den Amherst Papyri,[994] der Anfang des aus Theben stammenden Werkes pBerlin 3024 nicht erhalten ist. Nach Parkinsons Schätzung fehlen je nach der Breite des Randes zwischen 16 und 34 Zeilen.[995] Nur die relevanten Abschnitte des Dialoges werden in der Übersetzung gegeben. Für den ganzen Text wird der Leser auf die Textausgabe von Erman[996] und die neuesten Übersetzungen von Lohmann[997] und Parkinson[998] hingewiesen. In dieser Arbeit wird, wenn nicht anders vermerkt, von Lohmanns Übersetzung ausgegangen.

---

983 *ẖꜣt* im zweiten Gebet Z. 42.

984 *šwt* im zweiten Gebet Z. 48.

985 *ḥꜥw.k* in der vierten Rede des Ba Z. 152.

986 *rꜣ* in der ersten Rede des Mannes, Z. 3, in der dritten Rede des Mannes (einleitend das erste Klagelied) Z. 86.

987 *ib* in der zweiten Rede des Mannes, Z. 38, im zweiten Klagelied, Z. 126.

988 *ḥr* im dritten Klagelied Z. 130, 131, 134, 138, 140.

989 *ns.sn* in der ersten Rede des Mannes Z. 2, 3.

990 *ib.f* (das Herz eines Schuldlosen) in der Aufforderung Z. 40, (das Herz eines Verstockten) in der Parabel, Z. 85, (die aufrichtigen Herzens sind) im zweiten Klagelied Z.126.

991 *rꜣ.f* (der Mund des Ba) einleitend die dritte Rede des Ba Z. 55.

992 *ky bꜣ* im zweiten Gebet Z. 42, 45, 49.

993 Zu den literarischen Formen dieses Gedichtes, „[que] correspondant aux movements du dialogue" (Derchain, A propos d'un livre récent, *GM* 125, S. 17–19), siehe Renaud, *Le Dialogue du Désespéré avec son Âme.*

994 Parkinson, The Missing Beginning of 'The Dialogue of a Man and his Ba': P. Amherst III and the History of the 'Berlin Library', *ZÄS* 130, S. 120–133.

995 Parkinson, The Missing Beginning of 'The Dialogue of a Man and his Ba': P. Amherst III and the History of the 'Berlin Library', *ZÄS* 130, S. 127.

996 Erman, *Gespräch eines Lebensmüden mit seiner Seele. Aus dem Papyrus 3024 der königlichen Museen.*

997 Lohmann, Das Gespräch eines Mannes mit seinem Ba. *SAK* 25, S. 207–236.

998 Parkinson, *The Tale of Sinuhe and Other Ancient Egyptian Poems 1940–1640 BC*, S. 151–165.

Textinterne Verwendung und Bedeutung der Personenkonstituenten

Im „Gespräch eines Mannes mit seinem Ba“ wendet sich der Mann mit seinen Hoffnungen an die Götter, werden Faktoren, die für das Fortleben des Mannes von Bedeutung sind, normgerecht, ironisch, in Gegenbildern oder Parabeln behandelt, es wird die Aufgabe des Erben genannt und die Funktion des Grabes für einen Toten sowie für dessen Ba geschildert. Dementsprechend weckte der literarische Text Konnotationen bei einem Publikum, das sich mit dem Mann identifizierte, an Bestattungen und Nekropolenfesten teilgenommen hatte und mit dem Glauben vertraut war, dass der Tote im Sonnenboot sitzt, wo Götter ihn verteidigen und ihm zuhören werden. Durch dieses Szenario werden die untersuchten Begriffe als Personenkonstituenten in dem Bedeutungsfeld des Totenglaubens situiert.

Bei den Festen in der Nekropole wurde der Opferdienst für den Grabherrn mit der Rezitation von Totenliturgien und dem Niederlegen der Opfergaben[999] vollzogen. Seine Familie verbrachte den Tag und die darauf folgende Nacht in der Grabkapelle.[1000] Aus den Reden des Mannes ist zu entnehmen, dass er nicht ein Mitglied der sozialen Elite, sondern einen Bürger (*nḏs*) repräsentiert.[1001] Seidlmayer stellt die Klischeehaftigkeit der Rollenbilder in der Nekropole des Mittleren Reiches in Elephantine fest, die auch in den tieferen sozialen Schichten keine alternativen Motive sichtbar werden lässt.[1002] Führungsschicht und Bürger konnten sich in den Befürchtungen, Klagen und Versprechen des Mannes, aber auch in der Schilderung der Schattenseiten und Unvollkommenheit der Verhältnisse, die durch den Ba erfolgt, wieder erkennen.

Donnat versteht, ausgehend von der Identifikation des Sohnes mit dem Ba in CT 38, die Gesprächspartner als Sohn und den Mann als Vater.[1003] Mathieu[1004] folgend, siedelt sie das fiktive Gespräch im Jenseits an. Lohmann plädiert für das Verständnis des Ba als „wirksamer Individualgott“ und merkt hierzu an: „Aus dem Text wird ersichtlich, dass die Beziehung von Ba und Mensch hierarchisch strukturiert ist. Der ‚Verborgene‘ im Leib

---

999 Assmann, *Tod und Jenseits im Alten Ägypten*, Kap. 14 „Die Speisung der Toten“, S. 432–452, siehe dort auch Textbeispiele, in denen der Ba adressiert wird.

1000 Schott, *Das schöne Fest vom Wüstentale*, S. 93.

1001 Im Text findet sich kein Hinweis auf den wirklichen sozialen Status des Erzählers.

1002 Seidlmayer, Die Ikonographie des Todes. In: *Social Aspects of Funerary Culture in the Egyptian Old and Middle Kingdoms*, S. 239.

1003 Donnat, Le dialogue d’un homme avec son ba à la lumière de la formule 38 des Textes des Sarcophages, *BIFAO* 104, S. 191–205 passim.

1004 Mathieu, Le Dialogue d’un homme avec son Âme, *Égypte, Afrique et Orient* 19, S. 20.

des Menschen hat offensichtlich Macht über die Existenz des Individuums post mortem".[1005] Da der Ba spricht, wie bereits aus den Worten, mit denen der Mann seine Rede einleitet, eindeutig hervorgeht, die Personenkonstituente „Ba" aber eine Größe darstellt, ist der Ba in diesem literarischen Text als Personifikation zu betrachten. Der Ba bildet, indem er personifiziert wird, eine ontologische Metapher im Lakoffschen Sinn:[1006] Um mit der Größe „Zeugungsfähigkeit die auf einen Körper oder Raum übertragen werden kann" (*b3*) umgehen und die damit verbundenen Vorstellungen vermitteln zu können, wird sie wie eine Person verstanden und behandelt. In der Eigenschaft einer Person kann dem Ba geantwortet (3–4), er um etwas gebeten (19–20) oder zu etwas aufgefordert (22) werden und das Objekt für Wünsche, wie „an meiner Seite möge er stehen" (17), bilden.

Lohmann wird dem „Gespräch eines Mannes mit seinem Ba" insofern als literarisches Werk gerecht, weil sie sich auf die Botschaft konzentriert, die das Werk für seine Zuhörer bereithält. Sie kommt zu dem Ergebnis:

> Nach eingehender Untersuchung der Textstruktur zeigte sich, dass die Botschaft [die den Mann und die Menschen in ihrer Eigenschaft als Hörende erreichen soll] den Mittelpunkt des Werkes bildet. Ummissverständlich wird der Adressat auf seine Rolle als Hörender vorbereitet und gezielt zum Kulminationspunkt geführt, der die Quintessenz einer neuen Weltsicht zu sein scheint. Dass der Botschaft ein weit höherer Stellenwert zukommt als bisher angenommen, ergibt sich aus der Art der Präsentation. Der Appell, die Sorgen um das Leben zu vergessen und den Tag als Fest zu begehen, erhebt sich auf dem Fundament der Resignationstexte und wird gerahmt durch die Idee des Totengerichts und der Gottesidentität im Jenseits. Demzufolge ist die Botschaft nicht isoliert zu betrachten, sondern im Kontext eines im Wandel begriffenen Bewusstseins, das sich auf beide Seinssphären auswirkt.[1007]

Der Aufbau des Textes ergibt sich durch die wechselnden Sprecherrollen und die darin verwendeten Modi. Die ersten drei nur lückenhaft erhaltenen Zeilen betreffen die Unvoreingenommenheit einer Gemeinschaft, über die man nur Vermutungen anstellen kann. Parkinson erwägt einen Beginn von pBerlin 3024, der der Komposition des Streites zwischen dem Kopf und

---

1005 Lohmann, Das Gespräch eines Mannes mit seinem Ba, *SAK* 25, S. 209 Anm. 17.

1006 Lakoff und Johnson, *Metaphors We Live By*, S. 33.

1007 Lohmann, Das Gespräch eines Mannes mit seinem Ba, *SAK* 25, S. 209.

dem Leib[1008] ähnlich ist. Dementsprechend ergänzt Parkinson die Dialogstruktur[1009]:

[Eröffnung: Mann + B]a + Mann (unterbrochen vom Ba) + Ba + Mann + Ba.

Aus dieser Möglichkeit folgt für den Charakter des Dialogs, dass Ba und Mann sich vor Gericht auseinandersetzen. Für diese Möglichkeit spricht auch die Verwendung der Verben *thj* „übergehen, falsch handeln" und *wꜣḥ* „(den Bedrängten) wohlmeinend anhören".[1010] Meines Erachtens spricht der Inhalt nicht für ein Streitgespräch vor einem Tribunal, selbst wenn man die Wichtigkeit der Redegewandtheit und die durch den beredten Bauern bekannte Verwendung eines gerichtlichen Szenarios in der Literatur in Betracht zieht. In den ersten erhaltenen Zeilen spricht der Mann:

Ich öffnete meinen Mund für meinen Ba, damit ich das beantworte, was er gesagt hatte:
Es ist dies von Bedeutung für mich heute, denn mein Ba sprach nicht mit mir.
Es ist dies aber zu bedeutend, um zu prahlen.
Es ist, als wäre ich vernachlässigt worden damit,
aber mein Ba ging nicht fort, sondern bleibt bei mir deswegen
… in meinem Leib (*ẖt*) mit einem Netz von Stricken,
damit nicht geschehe durch ihn sein Verschwinden am Tage des Unglücks.
Sehet, mein Ba: fängt er an, mich zu übergehen,
so kann ich nicht auf ihn hören beim (Bitten um) mein Hinführen zum Tod (*mt*),
(der ist) ohne dass ein Unwillkommenes <meiner> dabei möglich wird – während ich auf das Feuer lege, um brennen zu lassen […]
– dort, wo er mir nahe ist am Tage des Unglücks. An meiner Seite möge er stehen, wie Nehepu („der Töpferne") es tut. Dieser ist nämlich derjenige, der hervorkommt, um ihn zu sich zu nehmen. (3–17)

In der Darstellung seiner Situation macht der Mann klar, dass der Ba (das heißt seine Zeugungsfähigkeit)[1011] ihn scheinbar vernachlässigt hat und

---

[1008] Unvollständig erhaltene hieratische Schülerabschrift, 22. Dynastie (950–730 v. Chr.). Lopez, Ostraca Hieratici, Tabelle lignee*, Catalogo del Museo Egizio di Torino* III, Taf. 184, Nr. 58004.

[1009] Parkinson, *Poetry and Culture in Middle Kingdom Egypt*, S. 218.

[1010] Vergl. zu diesen Verben Lohmann, Das Gespräch eines Mannes mit seinem Ba, *SAK* 25, Anm. 30; 44 und Komm. S. 226. Siehe auch Donnats Argumentation (Le dialogue d'un homme avec son ba à la lumière de la formule 38 des Textes des Sarcophages, *BIFAO* 104, S. 191–205) für den Text als Aussagen im Kontext des Jenseitsgerichts.

[1011] Auch Barta geht bei diesem Text von der Aufgabe des Ba des Mannes aus, nach dem Tode seine Zeugungs- und Lebenskraft zu erhalten. Er folgert daraus, „dass der Ba auch beim Lebenden schon als Lebenspotenz par excellence anzusehen ist und die Möglichkeit des Weiterlebens garantiert hat." Vergl. Barta, *Das Gespräch eines Mannes mit seinem Ba*, S. 87. Dieser Verallgemeinerung des Ba sowie den weiteren Schlussfolgerungen Bartas kann ich mich nicht anschließen.

weggegangen ist – eine Aussage, in der sich wohl so mancher Zuhörer erkannt hat – sich aber in Wahrheit „mit einem Netz von Stricken“ in seinem menschlichen Leib (*ẖt*) befindet. „Während ich auf das Feuer lege, um brennen zu lassen“ (15) ist von den bisherigen Bearbeitern des Textes ausschließlich als Aussage zum Opfern gedeutet worden. Auf Grund der von mir vorgenommenen Deutung verstehe ich sie als eine Aussage, die im Hinblick auf den Ba getroffen wird, und deshalb zusätzlich den Sinn „während ich hier dabei bin, den Ba zum Handeln zu bringen“ einbegreift. Die Gefahr, dass der Ba des Mannes aus seinem Körper verschwindet, wird auf die Zeitspanne, die zwischen dem irdischen Ableben und der Möglichkeit zur rituellen Wiedergeburt liegt, bezogen. Dieser Zeitraum wird als „Tag des Unglücks“ (*hrw ḳsnt*) umschrieben. Wer Nehepu[1012] ist, ist unbekannt, aber jedenfalls spielt er die Rolle von jemand, der den Ba des Mannes an sich nehmen (*jnj r.f*) möchte. Dieser Gefahr begegnet der Mann, indem er sich nun direkt an seinen Ba wendet:

Mein Ba, töricht ist es, die Sorgen über das Fortleben gering zu schätzen:
führe mich einem Tode (*mt*) zu, (der so ist) dass ein Unwillkommenes meiner dabei nicht möglich wird!
Mache mir den Westen angenehm!
Ist nicht das „Unglück“ nur ein Lebensabschnitt?
Bäume sind so: sie werfen ab. (17–21)

Er schließt seine Rede mit der Aufforderung an seinen Ba:

Tritt auf das Unrecht! Zugewandt sei dem Bedrängten! (21–22)

Daraufhin beschreibt der Mann voller Zuversicht die Situation, die entsteht, wenn der Ba ihm zugewandt ist, das heißt, ihn nicht verlassen und das „Unrecht“ (*jsft*) zertreten hat, unter dem hier meines Erachtens nicht nur das Gegenstück zur Maat, sondern spezifisch eine Anspielung auf „den Tag des Unglücks“ (das heißt, die Schädigung der Lebensfähigkeit durch den Tod und damit das Erlöschen der Zeugungsfähigkeit) zu sehen ist:

Möge Thot mich richten, der die Götter befriedet,
möge Chons mich verteidigen, der die Maat schreibt.

[1012] Falls die Lesung „Nehepu“ korrekt ist (diskutiert bei Goedicke, *The Report about the Dispute of a Man with his Ba*, S. 97), ist dies im Mittleren Reich der einzige Beleg. In den griechisch-römischen Tempeln ist *nḥp* in der Bedeutung von „Töpferscheibe“, „Mistkugel“ oder „erschaffen“ in Götterbezeichnungen einmal bei Re, und sehr häufig bei Chnum, der auf seiner Töpferscheibe die Menschen erschafft, und Chnumgöttern belegt. Siehe *LGG* IV, S. 277–281.

Möge Re mein Wort hören, der die Sonnenbarke befiehlt (?)[1013]
Möge Isdes[1014] mich verteidigen, der in der Heiligen Kammer ist!
Denn meine Not ist schwer, eine Last, die er (= der Ba) mir auferlegte. (23–29) [1015]

Die hier in Worten aufgemalte Situation wird von Assmann[1016], Donnat[1017] und Lohmann[1018] als Totengericht aufgefasst. Die Vorstellung vom Totengericht beim Eintritt in das Reich des Osiris ist jedoch für das Mittlere Reich nicht belegt, weshalb Lohmann vermutet, bei dem oben zitierten Gebet handele es sich um einen späteren Einschub. Dieser Annahme wird durch die Datierung des Textzeugen pBerlin 3024 in die 12. Dynastie[1019] widersprochen. Donnat verweist auf Pyramidentexte, in denen ihrer Ansicht nach Vorläufer zur Vorstellung vom Totengericht zu sehen sind.[1020] Ohne derartige Bemühungen zu unternehmen, lassen sich die Hoffnungen des Mannes aber problemlos mit den Vorstellungen vom Dasein im Existenzbereich der Toten, wie sie durch die Sargtexte für das Mittlere Reich vorliegen, in Einklang bringen. Der Gott Isdes erscheint nämlich, wie Altenmüller entdeckte, auf einem Sarg aus Assiut: „Isdes hat offensichtlich zu Anubis eine ebenso enge Beziehung wie zu Thot. Dies macht in CT I 79a die Variante S10C deutlich, die den Isdes mit dem auf dem Kasten liegenden Schakal des Anubis determiniert“.[1021] Durch die Apposition zu dem Gott Isdes (28): „der in der Heiligen Kammer ist“ (*ỉmj ꜥt-ḏsrt*) kann die dank der Zuwendung oder Beständigkeit (*wꜣḥ*) des Ba (22) eintretende Situation als Schilderung des zukünftigen rituell erreichten Daseins bei Isdes/Anubis und damit im Sarg aufgefasst werden. Das dort rituell erstellte

1013 Die Übers. von *sg* mit „befiehlt“ wird von den Übers. in Frage gestellt, Lohmann ergänzt zu *sgr* „zum Schweigen bringen“ und übersetzt entsprechend mit „zur Ruhe weist“.

1014 Isdes ist eine besondere Form des Thot als Totengott. Altenmüller, *Synkretismus in den Sargtexten*, S. 241.

1015 Übers. Burkard und Thissen, *Einführung in die Altägyptische Literaturgeschichte I*, S. 149, aber den Begriff Maat belassen.

1016 Assmann, A Dialogue Between Self and Soul: Papyrus Berlin 3024. In: *Self, Soul and Body in Religious Experience,* S. 388ff.

1017 Donnat, Le dialogue d’un homme avec son ba à la lumière de la formule 38 des Textes des Sarcophages, *BIFAO* 104, S. 193ff.

1018 Lohmann, Das Gespräch eines Mannes mit seinem Ba, *SAK* 25, Komm. S. 229. Da dieses Verständnis des Textes auch ihre Übersetzung geprägt hat, ist dieser Abschnitt in Burkard und Thissens Übersetzung wiedergegeben.

1019 Literaturhinweise zur Datierung in die frühe, mittlere oder späte 12. Dyn bei Parkinson, *Poetry and Culture in Middle Kingdom Egypt*, Appendix 1, S. 309 und Parkinson, *The Tale of the Eloquent Peasant,* Einleitung S. xxv.

1020 Donnat, Le dialogue d’un homme avec son ba à la lumière de la formule 38 des Textes des Sarcophages, *BIFAO* 104, S. 196.

1021 Vergl. Altenmüller, *Synkretismus in den Sargtexten*, S. 241. Es handelt sich um den in die späte 11./12. Dyn. datierten Sarg eines Mannes, Kairo JdE 44980.

und hier vom Mann zur Sprache gebrachte Reisemittel ist das Sonnenboot, in dem der Tote zum östlichen Horizont gelangt.

Die anderen Götter werden durch die ihnen in den Appositionen zugeordneten Tätigkeiten ebenfalls als dort wirkend bezeichnet: Die Rolle des Gottes Thot ist sowohl im Gebet des Mannes als auch in den Sargtexten die eines Richters. Chons ist der Mondgott, der nachts über den Himmel fährt. Re ist derjenige, der die Sonnenbarke „befiehlt" oder „zur Ruhe weist" (*sgr wjꜣ*). Das Handeln der Götter erinnert an die Tätigkeiten, die nach dem Sargtextspruch CT 75 der Ba des Schu, der im Körper entsteht, im Sonnenboot ausführt: Er leitet für ihn (den Gott, der-von-selbst-entsteht) seine Schiffsmannschaft, er wiederholt die Worte der Götter, wird dort mächtig gesehen, zeigt dort seinen Glanz, so wie es seiner Cheperu-Gestalt gemäß ist, ist ihnen (den Göttern) zugesellt worden und spricht, wenn die Neunheit ruhig geworden ist.[1022] Die Situation, die sich der Mann in seinem künftigen Dasein in der Form eines Gottes in der Sonnenbarke erhofft, greift dieser erneut als Abschluss seiner letzten Rede auf:

Wer aber dort ist, wird ein lebender Gott sein,
beim Bestrafen des Frevels an dem, der ihn begeht.
Wer aber dort ist, wird in der Sonnenbarke stehen,
beim Zuweisen von Erlesenem dort den Tempeln.
Wer aber dort ist, wird ein Wissender sein, dem man nicht widersteht,
beim Bitten (selbst) an Re wenn er spricht. (142–147) [1023]

Auf Grund seines Wiederaufgreifens im Text und seiner Parallele, der Situation des Ba nach dem Sargtextspruch CT 75, kann auch für den Anlass, um dessentwillen sich der Mann zum ersten Mal an die Götter wendet (23–29) das Sonnenboot angenommen werden. Die Gelegenheit, bei welcher der Ba, der im Leib des Mannes verborgen ist, den Göttern entgegentreten (*ḫsf*) wird, ist demgemäß die Fahrt im Sonnenboot:[1024]

Süß wird das den Göttern Entgegentreten des Verborgenen meines Leibes. (29–30)

1022 CT I 324b –332a. Übers. nach M3C siehe S. 95. Siehe zur Verbindung des Gespräches eines Mannes mit seinem Ba mit Spruch CT 75 (I 361c–367b) auch Fecht, Die Belehrung des Ba und der „Lebensmüde", *MDAIK* 47, S. 117f.

1023 Übers. Burkard und Thissen, *Einführung in die Altägyptische Literaturgeschichte I*, S. 151f., aber den christologischen Begriff „Sünde" (*iw*) mit „Frevel" ersetzt.

1024 Entgegen Lohmann (Das Gespräch eines Mannes mit seinem Ba, *SAK* 25, Anm. 47), die annimmt, dass der Ba den Göttern im Jenseitsgericht entgegentreten wird um als Fürsprecher für den Mann einzutreten; Mathieu (Le dialogue d'un homme avec son âme, *Égypte, Afrique et Orient* 19, S. 21) und Donnat, Le dialogue d'un homme avec son ba à la lumière de la formule 38 des Textes des Sarcophages. *BIFAO* 104, S. 202.

Derjenige, der im Sonnenboot den Göttern entgegentritt oder sich dort Gehör verschafft, ist der aufsteigende Ba/Tote, der zum Ort des Sonnenaufgangs unterwegs ist. Wie Lohmann richtig annimmt, ist die Bezeichnung der „Verborgene meines Leibes“ (*št3w ẖt.ỉ*) der Ba des Mannes. Dieser antwortet ihm:

Ein Mann[1025] bist du nicht, wenn Du abweist das, was lebt.
Warum vollendest Du Deine Sorge um das [Fortleben],
wie ein Herr von Schätzen? (31–33)

Zieht man die ägyptische Auslegung des Körpers als eine Schutzhülle für seinen Inhalt in Betracht, dann kann die Antwort des Ba so verstanden werden, dass der Ba den Mann dazu anhält, seine Zeugungsfähigkeit nicht in seinem Körper eingeschlossen zu halten. Der Mann rechtfertigt in seiner Antwort seine Angst vor dem Beraubtwerden damit, dass es nicht in seiner Macht stehe, sich gegen den Raub zu schützen:

Ich bin nicht fortgegangen. Jenes ist zugrunde gegangen.
Man nahm fort von <mir>, was geraubt werden konnte.
Nicht kann eine Vorsorge deiner sein, wenn jeder Räuber sagt:
„Ich werde dich packen!“ (34–35)

„Jenes“ bezieht sich auf „das, was lebt“, kostbar ist (31–33), zugrunde gehen und geraubt werden kann. Es handelt sich hierbei zweifellos um das Hauptthema des ganzen Gesprächs, nämlich die Zeugungsfähigkeit. Der Mann malt folgendes Gegenbild aus:

Bist du aber im Zustand des Todes (*mt.tj*), indem dein Name (*rn*) fortlebt,
so ist jener Ort ein Ruhepol, ein Heimführen des Herzens (*ib*).
Eine Wohnstatt ist der Westen, wenn auch die Fahrt [...] (36–39)

Er bezieht sich dabei aber nicht auf den Ba, sondern spricht nur von seinem Namen. Wiederum garantiert der Name die Existenz seines Trägers. Die Phasen bis er die Wohnstatt oder den Ruhepol erreicht, das heißt, im Grab liegt, werden als „Fahrt“ bezeichnet, was einerseits den Ortswechsel, andererseits die damit verbundenen Gefahren konnotiert,[1026] die in der ersten Parabel als Nordsturm, der das Schiff auf der Heimreise überrascht und Frau und Kinder eine Beute der Krokodile werden lässt, ausgemalt wird (71–75). Daraufhin ermuntert der Mann seinen Ba so zu handeln, wie er

---

[1025] An dieser Stelle wird von Lohmann ein „ehrenwerter“ eingeschoben.

[1026] Zu den Gefahren siehe auch Barta, *Das Gespräch eines Mannes mit seinem Ba*, S. 96.

selbst es für einen Schuldlosen tun würde,[1027] nämlich zu veranlassen, dass dieser den Westen erreicht wie einer „bei dessen Begräbnis ein Hinterbliebener stand" (42). Damit der Ba so handelt und bis zum Grab bei ihm bleibt, macht er ihm Versprechungen, droht ihm und fleht ihn schließlich an:

Ich werde eine Kühlung (*nꜣjw*) machen Deinem Leichnam (*ẖꜣwt.k*),
dass Du bemitleidest einen anderen Ba, der in Mattigkeit (*nnw*) ist.
– Wenn Du mich einem Tod in *der* Gestalt zuführst,
so wirst Du nicht finden Dein Niederlassen darauf im Westen. –
Ich werde eine Kühlung machen, nicht soll sie zu kalt sein,
dass Du bemitleidest einen anderen Ba, welcher heiß ist.
Wasser werde ich trinken aus der Trinkstelle.[1028]
Aufrichten werde ich meinen Schattenschutz (*šwt*)[1029],
dass Du bemitleidest einen anderen Ba, welcher hungrig ist.
Sei wohlgeneigt der Bitte, mein Ba, mein Bruder,
dass mir ein Erbe werde, der opfern wird
und stehen wird am Grabe am Begräbnistag
und der die Totenbahre der Nekropole versorgt. (42–55)

Wie von Erman[1030] und Lohmann[1031] angemerkt, ist der Leichnam hier mit Pluralstrichen geschrieben und bezeichnet einen der Fäulnis ausgesetzten Körper. Die Zusage: „Ich werde eine Kühlung machen deinem Leichnam, dass du bemitleidest einen anderen Ba, der in Mattigkeit ist" kann meines Erachtens als Situationsbeschreibung für einen Ba, der sich in einem matten Körper befindet, verstanden werden. Daraus folgt, dass der Ba verwöhnt wird, wenn er sich im Körper des Mannes befindet, der damit nicht „in Mattigkeit" (*nnw*) ist. Die Idealbedingungen, die im Text für den Ba entworfen werden – das Gegenteil von Ermattung, von Kälte oder Hitze, von Durst oder Hunger und eines Daseins ohne Schatten oder Schattenplatz – sind dadurch identisch mit den Annehmlichkeiten für den Körper/Leichnam, auf dem sich der Ba niederlässt. Die Bitte um den Erbsohn schließt sich den Versprechungen, die der Mann seinem Ba und Bruder (*sn.j*) macht, auch sofort an. Die Wirkung des Ba wird nicht als sicher vor-

---

[1027] Die hier angebotene Deutung geht von der Textstelle: *jr sḏm.n.ỉ bꜣ.ỉ* (39) als Irrealis aus: „Hätte ich gehört, mein Ba, von einem Schuldlosen …", wie sie von Lohmann übersetzt worden ist.

[1028] Lohmann (Das Gespräch eines Mannes mit seinem Ba, *SAK* 25, S. 217) hat „über der Trinkstelle".

[1029] Das Wort ist ergänzt, die Schreibung ist nach Ermans Publikation (S. 36) .

[1030] Erman (*Gespräch eines Lebensmüden mit seiner Seele. Aus dem Papyrus 3024 der königlichen Museen*, S. 37) führt als Beleg den medizinischen pEbers 8, 13 an, siehe auch *Wb* III, S. 360.

[1031] Lohmann, Das Gespräch eines Mannes mit seinem Ba, *SAK* 25, Anm. 63.

ausgesetzt. Eine Alternative wird durch die Aussage: „Wenn Du mich einem Tod in *der* Gestalt zuführst, so wirst Du nicht finden Dein Niederlassen darauf im Westen“ (43) zur Sprache gebracht. Die Drohung bildet (unmittelbar nach der Nennung eines Ba, der in der Mattigkeit ist) einen Einschub, der auch durch seine sprachliche Form den Rhythmus des Gedichtes unterbricht und eine Störung verursacht.

Das Versprechen, für die richtigen Umstände (nicht zu kalt, nicht zu heiß, nicht ohne Wasser und im Schutze des Schattens) zu sorgen, kann sowohl auf den Körper als Milieu für den Ba als auch auf das Grab bezogen werden. Sie beschreiben die günstigen Verhältnisse für den Ba und dementsprechend für die Verwandlung des Leichnams in einen zeugungsfähigen Körper, der einen Horus hervorbringen kann. In seiner Antwort greift der Ba des Mannes zunächst das Thema des Daseins eines Toten auf, der ohne einen Ba ist, nämlich einen der nicht hervorkommen kann und ohne einen Erben ist:

Wenn Du an das Begräbnis erinnerst: schrecklich ist das [...]
Nicht kannst Du nach oben hervorkommen, um die Sonne(nstrahlen) zu sehen.
Die Erbauer von Granitbauten bei den schönen Pyramiden(anlagen) in guter Arbeit: Als die, die bauen ließen nun zu Göttern geworden waren, gehörten ihre Opfersteine zu den leeren, gleich den – mangels eines Hinterbliebenen – zu Tode Ermatteten auf dem Uferdamm, beraubt des Ihrigen an Wasser am Ende des Schu, (59–69)

Er malt mit einem ironischen Unterton dessen ganze Schrecklichkeit aus[1032] und schließt mit der Aufmunterung:

Höre auf mich. Siehe, gut ist das Hören für die Menschen.
Folge einem schönen Tag und vergiss die Sorgen! (69)

Assmann[1033], Burkard und Thissen[1034], Lohmann[1035] und andere sehen in dieser Ermutigung des Ba die Quintessenz des Textes im Sinne von *carpe diem*. Mit diesem Gehalt der Aussage, in dem sich der moderne Leser erkennt, erschöpft sich aber nicht die Weisheit, die der Ba dem Hörer vermittelt. Nach der oben zitierten Aufforderung dem schönen Tag zu folgen, macht er nämlich dem Mann klar, dass es sich bei einem Dasein als Toter

---

[1032] Die Beschreibung durch den Ba stellt eine komplette Umkehrung der „Darstellung des Todes im offiziellen Diskurs dar. Siehe Parkinson, *Poetry and Culture in Middle Kingdom Egypt*, S. 220.

[1033] Assmann, *Ägypten:* A Dialogue Between Self and Soul: Papyrus Berlin 3024. In: *Self, Soul and Body in Religious Experience,* S. 393.

[1034] Burkard und Thissen, *Einführung in die Altägyptische Literaturgeschichte I*, S. 150.

[1035] Lohmann, Das Gespräch eines Mannes mit seinem Ba, *SAK* 25, S. 209.

nicht um eine Weiterführung des Lebens, die gesichert werden kann, sondern um potentiell entstehendes unsicheres Leben handelt.[1036] Dies geschieht in der ersten Parabel. Lässt man es bei der Aufforderung die Sorgen zu vergessen und sich einen schönen Tag zu machen als alleinige Botschaft des Textes bewenden, so reduziert man die folgende Parabel zu einer literarischen Ausschmückung des Textes und spricht ihr die Wirkung als didaktisches Genre ab. Elm nennt als wirkungstheoretischen Grundsatz der Parabel:

> Der Appell an den Verstehensprozess, welcher das bildhaft Bedeutete, nicht diskursiv Gesagte, durch „anschauende Erkenntnis" erfassen soll, ist die Bedingung ihrer praktisch-didaktischen Qualität. Als lehrhafte, das heißt prinzipiell ‚aufklärerische' Zweckdichtung, der es seit ihren Ursprüngen in der antiken Rhetorik darum geht, die Meinung des Publikums zugunsten kontroverser Erzähleransicht zu ändern, rechnet sie bewusst mit jener semantischen Unbestimmtheit, jener appellativen Leerstelle, die strukturell genau beschrieben werden kann und die Parabel als Resultat einer spezifischen Erzählsituation prägt. Letztere ergibt sich aus dem Gegenüber von wissendem Redner/Erzähler und (noch) nicht wissendem Hörer/Leser. Das aus der Perspektive des Erzählers durch Mangel an Verständnis, durch fehlende Einsicht charakterisierte Moment, welches der Parabel stillschweigend oder ausdrücklich vorausliegt – die Ratlosigkeit der Jünger gegenüber Jesu Worte, Saladins töricht-hinterhältige Frage nach der wahren Religion –, wird zur Voraussetzung der Textkonzeption. In ihr ist die Dialektik der Erzählsituation reflektiert, die widersprüchliche Spannung zwischen Erzähler und Leser, die durch die Erkenntnisvermittlung der (traditionellen) Parabel aufgehoben wird, als hätte es sie nicht gegeben. [...] Die Parabel produziert oder affirmiert im Lesevorgang eine bestimmte Auffassung, die sie anschließend zugunsten eines neuen Standpunktes entwertet und dabei das durch den Text konstruierte Vor-Urteil des Rezipienten pointiert ad absurdum führt.[1037]

Demnach ergänzen sich die Auffassung des Mannes – die in der Darstellung über die Vergeblichkeit der Begräbnisvorsorge vom Ba ironisch gespiegelt wird – und die Lehre der ersten Parabel vom Sturm.[1038] Im ersten

---

[1036] Ebenso Faulkner: „the unborn children are doubtless to be regarded as the *potential offspring*, whom the husband had hoped his wife would bear in the future". Vergl. Faulkner, The Man who was tired of Life, *JEA* 42, S. 36 Anm. 64, meine Kursivschreibung. Lohmann kommentiert: „Das Bild vom Geborenen im Ei weckt in mir die Vorstellung vom keimenden Leben, das erst in der Zukunft greifbar wird." Vergl. Lohmann, Das Gespräch eines Mannes mit seinem Ba, *SAK* 25, S. 232.

[1037] Elm, *Die moderne Parabel*, S. 34. Auch wenn Elm von der verbreiteten Ansicht ausgeht, dass die Ursprünge der Parabel in der antiken Rhetorik liegen, so weist dennoch der hier behandelte ältere ägyptische Text alle Kennzeichen einer Parabel auf.

[1038] Harnisch spricht von der „Sachhälfte" bzw. der „Bildhälfte" der Parabel: Die parabolische Erzählung (Bildhälfte) steht im Dienst einer ihr vorausliegenden Behauptung (Sach-

Abschnitt der Parabel wird deren Adressat, das ist der Mann (beziehungsweise die Zuhörer), in seiner Überzeugung zunächst bestätigt, um nach solcher Umwerbung nur desto bewusster erfahren zu müssen, dass sein Erwartungshorizont im Verlauf des Erzählten nicht aufgeht:

Es ist ein Geringer (*nḏs*), der bestellt sein Schwemmland (*šdw*).
Seine Ernte lädt er in das Innere seines Schiffes und führt die Fahrt (heimwärts).
Als (die Zeit) sein(es) Fest(es) naht, sieht er das Heraufziehen
der Dunkelheit eines Nordsturmes, während er im Schiff wacht.
Re, im Begriff unterzugehen[1039] ist (zeitlich) zusammen mit dessen
(des Mannes) Frau und seinen Kindern, indem sie eintauchen
in das gefährliche Gewässer in der Nacht mitten unter die Krokodile[1040]. (69–76)

Der Ba erzählt also im ersten Teil der Parabel von einem Mann, der die Ernte von seinem Grundstück (*šdw*), hier als „Schwemmland" übersetzt, nach Hause fährt. Meines Erachtens ist das Lexem *šḏw* hier nicht zufällig gewählt, denn diese aktenkundigen Grundstücke[1041] sicherten dem Toten die Versorgung. Bei dem „Fest" (*ḥb*) kann es sich um eine Gedächtnisfeier für einen Verstorbenen handeln.[1042] Der Mann/Zuhörer kann sich in dieser Vorsorge erkennen. Er hat zudem in der Parabel auch die gewünschten Kinder, die ihm als Erben den Totendienst versehen. Doch seine Erwartung, dass derartige Vorsorge das Weiterleben garantiert, wird vom Text korrigiert: Der Sturm macht alles zunichte.

Um die Lehre dem Hörer wirkungsvoll zu vermitteln kann sie erst im zweiten Abschnitt der Parabel formuliert werden, denn wie Elm schreibt: „Ist die rhetorische Strategie des Textes bestrebt, den Leser am Parabelgeschehen zu beteiligen, das heißt sein Verständnis zu wecken, dann darf sie die Lehre nicht unvermittelt sagen, darf den Akt des Verstehens beim Rezeptionsvorgang nicht unterschlagen".[1043] Die Lehre wird durch den Mann, der zur Erkenntnis gelangt, ausgesprochen:

Da hält er – sich setzend – inne und sagt mit Anteilnahme in der Stimme:
Nicht um jene Gebärerin weine ich,
obwohl für sie kein Hervorkommen im Westen sein wird.

---

hälfte), deren Geltung strittig oder problematisch ist. Harnisch, *Die Gleichniserzählungen Jesu*, S. 109.

[1039] Wörtlich: „bei seinem Hineintreten und Herauskommen".

[1040] Parallelstellen zu den in der Literatur positiv und negativ konnotierten Krokodilen bei Moers, *Fingierte Welten in der ägyptischen Literatur des 2. Jahrtausends v. Chr.. Grenzüberschreitungen, Reisemotiv und Fiktionalität*, S. 202ff.

[1041] Siehe Anm. 499.

[1042] Hannig, Die erste Parabel des „Lebensmüden" (LM 68–80), *JAC* 6, S. 28.

[1043] Elm, *Die moderne Parabel*, S. 35.

Meine Sorge betrifft ihre im Ei (*swḥt*) zerbrochenen Geborenen,
die in das Gesicht des Krokodilgottes sehen mussten,
ohne dass ihnen ein Leben möglich wurde. (76–80)

Im Gegensatz zur modernen Parabel ist die hier artikulierte Lebensweisheit des Ba nicht ein ‚Krisenbarometer".[1044] Die hermeneutische Parabel ist nicht selbstgenügsam, sondern steht und fällt mit der Verständnisreaktion des Hörers. Die Vorbereitung des Adressaten geschieht durch die Aufforderung, die Sorgen um das Dasein nach dem Tode zu vergessen und stattdessen dem schönen Tag zu folgen. Diese leitet bei dem Mann die Änderung seiner Ansicht dahingehend ein, das Leben als ein tägliches Ereignis aufzufassen. Die daraufhin in der Parabel vermittelte Lehre bildet den Kern des Gedichts. Sein Inhalt berichtet von der Funktion des Ba („ein Hervorkommen im Westen" 77) beim Toten eine Geburt zu ermöglichen, die aber nicht garantiert ist („ihre im Ei zerbrochenen Geborenen" 79). Dadurch wird die Ansicht des Mannes, der meint das Weiterleben durch Vorsorge sichern zu können, widerlegt.

Der Ba schließt der ersten unmittelbar eine zweite Parabel an. Er schildert darin einen Mann, der seinen Wunsch nach einer Mahlzeit nicht sofort erfüllt bekommt, daraufhin das Haus verlässt und, wenn er in seine Wohnstatt zurückkehrt, für die Rede seiner Frau unzugänglich ist. Da sich dieses Gleichnis der Quintessenz des Lehrgedichts unmittelbar anschließt, fordert sie den Hörer dazu auf, sich die wesentliche Botschaft des Dialogs zu Herzen zu nehmen, anstatt wie der Verstockte „ein Herz das leer ist für Botschaften" (85) zu haben. Dieser Zweck des Textes wird gestützt durch die Bemerkung des Mannes, dass er nicht auf den Ba hören könne (12–13), die im Dialog durch den Ba erfolgte Aufforderung zum Hören (68), die im Amherst Fragment erhaltene Zeile „[Com]e [?], I shall teach you",[1045] die dem ganzen Text den Charakter eines Lehrgedichtes verleiht, und schließlich der Parabel als didaktisches Genre. Da Parabel ja Erkenntnishilfe ist, muss die Bedeutung des Textes offenkundig sein, was eine allegorische Lesung verbietet. Es geht also hier um den dominanten Standpunkt der

---

[1044] Zur Deutungsproblematik der modernen Parabel als ‚Krisenbarometer' schreibt Elm: „Die Parabel wird dabei als ästhetisches Krisensignal gedeutet, da das Interesse der Interpreten letztlich an metaphysisch begründeten Geschichtsaussagen orientiert ist. Bezeichnend hierfür ist die vorwiegend darstellungsästhetische Untersuchungsperspektive, die die Erkenntnisleistung des Lesers vernachlässigt, die traditionelle Handlungsfunktion des Genres gegenüber der ‚höheren Wahrheit' des Textes im wesentlichen unterschlägt und alles der Gattung Parabel zurechnet, was heute mit Sinnverschlossenheit und Abstraktion als scheinbar einzige Wahrheit noch deren Verlust verkündet." Vergl. Elm, *Die moderne Parabel*, S. 11.

[1045] Parkinson, The Missing Beginning of 'The Dialogue of a Man and his Ba': P. Amherst III and the History of the 'Berlin Library', *ZÄS* 130, S. 130.

Erzählung (der in der zweiten Parabel durch Handlung zum Ausdruck gebracht wird) und den Bedeutungswechsel, der ihm im Textverlauf *unausgesprochen* widerfahren soll, der aber ausbleibt.[1046] Der Anfang spiegelt die Anschauung des Mannes. Sie hat, wie bereits mehrmals erwähnt, die Sorge um die Opfergaben, die ihm am Tag des Begräbnisses und in der Nekropole durch einen Erben gegeben werden, zum Inhalt. Sie wird im ersten Teil der Erzählung im Verhalten eines Bürgers (*nḏs*) wiedergegeben, der sich um seine Mahlzeit kümmert:

Es ist ein Geringer, der bittet um sein Nachmittagsmahl. Seine Frau sagt zu ihm: „Ich werde es dir richten zur Abendzeit". (81–82)

Dann kommt die semantische Leerstelle, die die Ansichten trennt und für den Leser zum Ort erkenntnisbringender Reflexion werden soll:

Er fährt nach draußen, um … zu tun für eine Weile,
dann aber kehrte er [der Mann] sich wieder seinem Hause zu. Jetzt ist er wie ein anderer. (83–84)

Zuletzt folgt die Überraschung, nämlich dass die Erkenntnis bei dem Mann ausbleibt. Der Mann ist verstockt, er nimmt die Botschaft nicht an:

Seine Frau kennt ihn so. Nicht kann er auf sie hören … leer ist dann das Herz für Botschaften. (84–85)

Die Ermunterung dem Tag zu folgen und der durch die erste Parabel vermittelte Kern der Lehre sind die Textstücke, die durch ein didaktisches Mittel, das im Dialog nur an diesen Stellen verwendet wird – die Aufforderung zu hören beziehungsweise die zweite Parabel, die den Hörer dazu bringen soll, sich die Botschaft zu Herzen zu nehmen – eingerahmt sind. Diese beiden Botschaften sind es auch, die vom Ba in seinen das Gespräch beschließenden Worten zusammengefasst und wiederholt werden:

Sei mir hier zugetan und stelle für Dich den Westen zurück.
Wünsche erst dann in den Westen zu gelangen,
wenn sich Deine Glieder (*ḥʿw*) dem Boden zuneigen.
Nach Deinem Ermatten werde ich mich niederlassen (150–153)

[1046] Elm, *Die moderne Parabel*, S. 35.

Die letzte Rede des Ba stellt damit auch keine, wie von mehreren Autoren vermutete,[1047] plötzliche Sinnesänderung des Ba dar, sondern ist eine Wiederaufnahme der Botschaft des Textes. Gegen die Einstellung des Ba, derzufolge es sich nicht um ein Leben handelt, dessen Kontinuität durch Vorsorge gesichert werden kann, sondern um eine tägliche Erzeugung des Lebens, argumentiert der Mann mit einem Klagelied. Darin beschreibt er, wie es in diesem Fall seinem Namen (*rn*) ergehen wird:

Siehe, in Ruch geraten wird mein Name,
siehe, so viel wie der Geruch von Vogelmist
an einem Sommertag, wenn der Himmel heiß ist.

Siehe, in Ruch geraten wird mein Name,
siehe, so viel wie der Geruch beim Empfangen der Fische
am Tage des Fischfanges, wenn der Himmel heiß ist.

Siehe, in Ruch geraten wird mein Name,
siehe, so viel wie der Geruch von Vogelhaufen
unter dem Sumpfdickicht.

Siehe, in Ruch geraten wird mein Name,
siehe, so viel wie der Geruch der Fischer
und der Sumpfgewässer, die sie befischen.

Siehe, in Ruch geraten wird mein Name,
siehe, so viel wie der Geruch der Krokodile
beim Sitzen in den Bezirken der Uferdämme.

Siehe, in Ruch geraten wird mein Name,
siehe, so viel wie der einer Ehefrau, über die Lügengeschichten
erzählt werden, eines Mannes willen.

Siehe, in Ruch geraten wird mein Name,
siehe, so viel wie der eines Kindes von einem Angesehenen,
über das gesagt wird: „Es gehört dem, den er hasst."[1048]

Siehe, in Ruch geraten wird mein Name,
siehe, so viel wie der eines Herrschers Heimat,
die auf Empörung sinnt, sobald sein Rücken gesehen wird. (87–102)

[1047] Donnat, Le dialogue d'un homme avec son ba à la lumière de la formule 38 des Textes des Sarcophages, *BIFAO* 104, S. 192; Thausing, Betrachtungen zum Lebensmüden. *Festschrift Junker*, S. 267.

[1048] Lohmanns Übersetzung hat hier: „Es gehört der Sünde an".

Mit diesem Klagelied wird der Name (*rn*) zum zweiten Mal aufgegriffen, denn der Mann hatte ihn bereits als wichtiges Kriterium für sein Fortleben und seine Ruhe im Grab genannt (36).[1049] Der Name wird in den ersten fünf Versen des Liedes der Reihe nach mit Geruch, Sommerhimmel, Vögeln, Fischen, Sumpfdickicht und Krokodilen verbunden. Das Gebiet, das der Mann zum Vergleich verwendet, wenn er die Schädigung seines Namens beklagt, ist das Sumpfmilieu, das in der ägyptischen Tradition das Milieu der Geburt und Entwicklung des Lebens bildet. Diese Umwelt hatte, wie ebenfalls von Parkinson beobachtet,[1050] auch der Ba verwendet, um die Vergeblichkeit einer Vorsorge im Hinblick auf das Fortbestehen nach dem Tode überspitzt darzustellen.[1051] Sie wird nun aber antithetisch als Gestank, Hitze, Vogelmist, Einfangen der Fische und der lauernden Gefahr durch Krokodile[1052] charakterisiert.[1053] Der Vorleser des Textes schafft mit diesem Klagelied des Mannes den Verständnishorizont, vor dem die Bedeutung des Namens für die Fortsetzung des Daseins im Wassermilieu der Geburt zur Geltung kommt. In den folgenden drei Versen ergänzt er diesen Lebensbereich mit der ägyptischen Gesellschaft: Lügen einer Frau um eines Mannes willen zeigen den Vertrauensbruch zwischen den Geschlechtern. Das Kind, das jenem gehört, den er hasst, demonstriert die Unversöhnlichkeit in einer Beziehung zu seinesgleichen. Die Heimat, die auf Empörung sinnt, verweist auf den Verstoß gegen die Solidarität mit dem König. Die Schädigung des Namens wird durch das Gedicht als ein Fäulnisgestank demonstriert, der an das Bild eines faulenden Leichnams gemahnt. Von einem solchen war die Rede in den Versprechungen, die der Mann dem Ba im Hinblick auf das Grab (42–43) macht. Der Mann schildert somit wie es seinem Namen ergehen wird, wenn der Ba seinen ermatteten Körper im Grab/Leichnam *nicht* zeugungsfähig sein lässt. Der Name wird sich in diesem Fall in einem Körper befinden, der der Fäulnis ausgesetzt ist.

Im zweiten Klagelied schildert der Mann sich als einsam in einer lieblosen, selbstsüchtigen und nur auf das Heute bedachten Gesellschaft. Im

---

[1049] Siehe auch Lohmann, Das Gespräch eines Mannes mit seinem Ba, *SAK* 25, Anm. 76.

[1050] Parkinson, *The Tale of Sinuhe and Other Ancient Egyptian Poems 1940–1640 BC*, S. 153. Ders. Autor in *Poetry and Culture in Middle Kingdom Egypt*, S. 220ff.

[1051] „Als die, die [die Pyramiden] bauen ließen nun zu Göttern geworden waren, gehörten ihre Opfersteine zu den leeren, gleich den – mangels eines Hinterbliebenen – zu Tode Ermatteten auf dem Uferdamm, beraubt des Ihrigen an Wasser am Ende des Schu, als Schicksalsgenossen derer, denen die Sprache der Fische am Rande des Wassers zu eigen ist“ (62–68).

[1052] Zu dieser Gefahr auch Moers, *Fingierte Welten in der ägyptischen Literatur des 2. Jahrtausends v. Chr.*, S. 202ff.

[1053] Im selben Sinne behandelt von Parkinson, *Poetry and Culture in Middle Kingdom Egypt*, S. 221f.

dritten Lied entwirft er das positive Bild des Todes, das ihm vorschwebt. Er besingt den Tod als Gegenbild zu seiner Einsamkeit,[1054] als Genesung, Herauskommen, Bootsfahrt in frischem Wind, Belebung durch den berauschenden Duft des Lotos und Heimkehr. Auf göttlichem Niveau wird der Todeszustand als Dasein des Gerechten und Weisen in der Sonnenbarke, der für die Opfer in den Tempeln sorgt, gepriesen. Auf diese Lieder hin beruhigt der Ba den Mann. Er verwendet darin zum einzigen Mal den Begriff „wir“:

Lass das Wehklagen auf sich beruhen,
dieser du, der zu mir gehört, mein Bruder.
Lege auf das Feuerbecken und schließe Dich dem Lebenskampf
– wie Du geschildert hast – an.
Sei mir hier zugetan und stelle für Dich den Westen zurück.
Wünsche erst dann in den Westen zu gelangen,
wenn sich Deine Glieder (*ḥʿw*) dem Boden zuneigen.
Nach Deinem Ermatten werde ich mich niederlassen
Und wir werden eine Wohnstatt zusammen machen. (148–153)

Bis zu diesem Zeitpunkt, der am Ende des Dialogs liegt, werden Körperbegriffe nur von dem Mann gebraucht. Wenn er von seinem Leib spricht, wählt er das Lexem *ẖt*. Der Ba des Mannes wird, wenn er sich zum Zeitpunkt des Gesprächs[1055] im Leib des Mannes befindet, als „Ba“ (*bꜣ*), beziehungsweise wenn er sich im Sonnenboot dort befindet, als „der Verborgene meines Leibes“ (*štꜣw ẖt.i*) bezeichnet (9; 29). Weil sich in beiden Aussagen der Ba in einem mit dem Lexem *ẖt* bezeichneten Körper befindet, wird ein solcher ebenfalls als Container aufgefasst.[1056] Das Lexem *ẖꜣt* benutzt der Mann, wenn er von seinem im Grab liegenden Körper als Leichnam, der dem Ba zugehört, redet.

[1054] Dieses wird deutlich an dem Bild von der Heimkehr in die Familie nach einem Feldzug (138) oder nachdem er viele Jahre in Gefangenschaft gehalten worden war (141). Siehe hierzu auch die von Erman angemerkte kollektive Behandlung von *s* „Mann“. Vergl. Erman, *Gespräch eines Lebensmüden mit seiner Seele. Aus dem Papyrus 3024 der königlichen Museen*, S. 69. Assmann behandelt besonders diesen sozialen Aspekt des dritten Liedes. Er macht in diesem Zusammenhang auf den sonst ungewöhnlichen, hier aber reichlichen Gebrauch des Begriffes *mt* „Tod“ aufmerksam. Siehe Assmann, A Dialogue Between Self and Soul: Papyrus Berlin 3024. In: *Self, Soul and Body in Religious Experience,* S. 399.

[1055] M. E. deutet nichts im Text darauf hin, den Zeitpunkt des Gesprächs nicht in der Welt der Lebenden anzunehmen.

[1056] Das Lexem *ẖt* kommt zwar in den in dieser Arbeit untersuchten Sargtexten nicht vor, ist aber ansonsten in den Sargtexten überaus häufig belegt (Vergl. Plas, van der und Borghouts, *Coffin Texts Word Index,* S. 235). Nach Englund ist dieser Körperbegriff in erster Linie mit heftigen, unbändigen Gefühlen assoziiert. Siehe Englund, Kropp och själ i samspel, *RoB* LVIII–LIX, S. 12.

In seiner das Gespräch beendenden Rede greift nun zum ersten Mal der Ba einen Körperbegriff auf. Er bezeichnet den Körper des Mannes mit dem Lexem *ḥꜥw*. Nach dem Ko-Text gebraucht er dieses für den ermatteten Körper des Mannes, in dem er (die Zeugungsfähigkeit) sich niederlassen wird. Der vorausgehende Wunsch: „Sei mir hier zugetan und stelle für Dich den Westen zurück" (151) bildet eine Aufforderung an den Mann, schon während seiner Lebenszeit auf Erden der Zeugungskraft, die sich in seinem Körper befindet, zugetan (*mrj*) zu sein. Dieses heißt, wie von Lohmann bereits festgestellt wurde, dass der Ba schon zu Lebzeiten „den Menschen leitet".[1057]

Zusammenfassend kann festgestellt werden: Nach Abzug der Belegstellen, in denen der Ba vom Mann nur zur Einführung seiner Rede genannt ist, bleiben insgesamt acht Stellen übrig, in denen der Mann zu seinem Ba oder von diesem spricht. In der Darstellung seiner Situation macht der Mann klar, dass der Ba (das heißt seine Zeugungsfähigkeit) ihn scheinbar vernachlässigt hat und weggegangen ist, sich aber in Wahrheit „mit einem Netz von Stricken" in seinem menschlichen Leib (*ẖt*) befindet. Die Gefahr, dass der Ba aus seinem Körper verschwindet, wird auf die Zeitspanne, die zwischen dem irdischen Ableben und der Möglichkeit zur rituellen Wiedergeburt liegt, bezogen. Dieser Zeitraum wird als „Tag des Unglücks" umschrieben. Nehepu spielt die Rolle von jemandem, der den Ba des Mannes an sich nehmen möchte. Die Situation, die entsteht, wenn der Ba ihm zugewandt ist, das heißt ihn nicht verlassen und das Unrecht zertreten hat, wird wie folgt geschildert: Der Ba, der im Leib des Mannes verborgen ist, wird im Sonnenboot den Göttern entgegentreten. In der Parabel wird die Bedeutsamkeit des Ba als Potential, das die Geburt beim Toten (in der Nacht) ermöglicht, ausgedrückt.

Ebenso wie in der „Erzählung des Sinuhe" beschreibt der Ba im „Gespräch eines Mannes mit seinem Ba" die Situation an der Schwelle zum Leben hin. Der Ba wird im Gespräch als Zeugungskraft dargestellt, die sich zu Lebzeiten im Körper des Mannes aufhält. Indem der Ba im Körper des Mannes vorhanden ist, zu diesem gehört, und sich als dessen Bruder im Grab auf diesem niederlässt, bildet er in beiden Existenzbereichen die Zeugungsfähigkeit des Mannes. Die damit verbundene Teilnahme des Toten am kosmischen Geschehen wird, wie von Lohmann richtig beobachtet, durch seine Tätigkeiten als „lebendiger Gott" (*nṯr ꜥnḫ*) im Sonnenboot geschildert.[1058] Im letzten Abschnitt des fünften Kapitels sollen nun die Perso-

---

[1057] Lohmann, Das Gespräch eines Mannes mit seinem Ba, *SAK* 25, S. 213.

[1058] Lohmann, Das Gespräch eines Mannes mit seinem Ba, *SAK* 25, S. 234.

nenkonstituenten in ihren unterschiedlichen Gebrauchssituationen miteinander verglichen werden.

5.5 Die Verwendung der Personenbegriffe in der Literatur und bei der rituellen Wiedergeburt

Auf den ersten Blick fallen die Gemeinsamkeiten ins Auge: Sowohl in der Erzählung des Sinuhe und in dem Gespräch des Mannes mit seinem Ba als auch in den Sprechhandlungen zu Senebis ritueller Geburt hat der Mensch die Aufgabe, beziehungsweise die Möglichkeit, in allen Daseinsbereichen an der Schöpfung mitzuwirken. In beiden Existenzbereichen ist der Mensch dem Leben als ein schöpferischer Prozess verpflichtet. Um in dem Daseinsbereich der Lebenden und in dem der Toten zu existieren, lassen sich zwei kulturspezifische Modelle erfassen, die sowohl in der Literatur als auch im Ritual benutzt werden. Es handelt sich um ein Kontinuitätsmodell, dem bei der Ritualisierung im Sarg der Name, und um ein Entwicklungs- oder Entstehungsmodell, dem der Ba und die anderen Körperbegriffe untergeordnet werden konnten.[1059] Die in der Literatur verwendeten Körperbegriffe können ebenfalls diesen beiden Kategorien zugerechnet werden: Der Leichnam *ẖ3t* als der im Grab bestehende Körper dem Kontinuitätsmodell, der mit den Lexemen *ẖt* und *ḥʿw* bezeichnete Körper dem Entwicklungsmodell. Die Personenbegriffe werden unter diesen beiden Einordnungen behandelt. Es wird jeweils von der Wirkung ausgegangen, die dem Begriff durch seine Funktion als Personenkonstituente in einer rituellen Sprechhandlung zugeschrieben werden kann. Diese wird mit jener Wirkung verglichen, die dem Begriff in der Literatur beigemessen wird.

Kontinuität durch Name, Ka und Leichnam

Dem Kontinuitätsmodell lassen sich im untersuchten Bereich der rituellen Wiedergeburt die Personenkonstituenten zurechnen, die der *Person* während ihres Lebens gegeben wurden und im Nachtbereich die Identität eines fortlebenden *Selbst* bewirken, indem sie ihr bestätigt werden. Im Sarg findet sich innerhalb dieser Kategorie nur der Name (*rn*). Bei ihrer

[1059] Siehe Tab. 3 und die auf S. 265 vorgenommene Gruppierung der Personenkonstituenten. Mit der entsprechenden Kategorie werden die einzelnen hier folgenden Abschnitte jeweils eingeleitet.

Verwendung in der Literatur fallen unter diese Kategorie der Name, der Ka und der Leichnam.

Der Name

Es genügt der Name Senebis um ihre Identität als weibliches Individuum, das in der *Religiösen Welt* weiterlebt, zu konstituieren und zu erhalten. Da der Name einem Menschen mit der Geburt gegeben wird, bildet er eine Manifestation des Tagesbereichs. Während die Sarginhaberin ihren Namen hört, wird sie als dieselbe *Person* bestätigt, die auf Erden gelebt hat, und in welcher sie sich (durch die Beinamen) als ehrwürdige und gerechtfertigte Senebi wieder erkennt. Mehrmals wird im Verlauf des Rituals die Sarginhaberin durch ihren Namen als Hauptperson, um derentwillen das Ritual durchgeführt wird, und *Selbst* authentisch. Die Verwendung des noch unbekannten Namens kennzeichnet die Phase der Präexistenz und charakterisiert das Schöpferpotential als eine zu fürchtende und verborgene Kraft. Da ihr Name am Anfang genannt, dann aber erst wieder ausgesprochen wird, wenn der Ba des Osiris (mit der Maat assoziiert) beziehungsweise der Ba des Schu in ihrem Körper fertig entwickelt ist, kennzeichnet das Aussprechen beziehungsweise die Verborgenheit des Namens ihre Entwicklungsstadien als Kind der Götter.

In der Erzählung des Sinuhe führt sich der Ich-Erzähler selbst durch seinen Namen als Hauptperson ein. Gute Taten, von denen dem König durch Kundschafter berichtet wird, und Sinuhes Beteuerung seines guten Namens (im Brief an den König) erhalten ihn während seiner Abwesenheit in der ägyptischen Gesellschaft. Während der Audienz wird der Name vom König gebraucht um die Identität Sinuhes glaubhaft zu machen. Die Funktion des Namens zur Erhaltung des Individuums ist folglich weder im Ritual noch in der Literatur von der physischen Gegenwart seines Trägers oder dessen Erscheinungsbild abhängig, vorausgesetzt er wird durch einen anderen bestätigt. Ein Unterschied liegt jedoch darin, dass sich der Ich-Erzähler Sinuhe mit seinem Namen in die Situation selbst einbringt, während im Ritual andere Sprecher Senebi mit ihrem Namen in die *Religiöse Welt* einbringen, sie selbst sich folglich nur in diesem wieder erkennen kann.

Sinuhes guter Leumund in der Residenz wird mehrmals im Verlauf der Geschichte aufgegriffen und garantiert nicht nur während er in der Ferne weilt sein Bestehen, sondern auch seine Identität, selbst wenn sich sein Äußeres stark verändert hat. Bei seinen Gönnern führt sich Sinuhe durch seinen guten Namen ein. Desgleichen fordert er seine Wohltäter dazu auf, den König ihren Namen wissen zu lassen, oder er selbst macht sie in der Residenz namhaft. Der gute Name wird demnach von Sinuhe eingesetzt um sich und andere in eine neue Gesellschaft einzuführen. Er kann seinen guten Namen mitbringen und sich dabei sogar in ein besseres Licht setzen als es eigentlich der Fall ist. Durch die Idealbiographie in der Grabkapelle (nach deren Wortlaut der Tote alle positiven Erwartungen, die auf Erden an ihn gestellt worden sind, erfüllt hat) wird diese Möglichkeit zwar im Mittleren Reich bereits ausgeschöpft, doch nicht in den rituellen Handlungen, die im Sarg vollzogen werden, um die Geburt des Verstorbenen als Horus herbeizuführen. Im Gegenteil, weil Senebi bei jedem Gott als Ehrwürdige eingeführt und bereits als Gerechtfertigte angesprochen wird, ist ihr untadeliger Charakter von vorn herein außer Zweifel gestellt.

Das Weglassen des Namens dient zur Charakterisierung eines Feindes, der den Tod verdient. Ein Beleg dafür, dass die Nichtigkeit des Feindes, anstatt durch die Unkenntnis des Namens auch durch die des Leibes dargestellt werden kann, findet sich in der Selbstpräsentation des Anchtifi: „Derjenige, der seinen Leib nicht kennt, erhob sich gegen mich als Schläger Hefats zur Zeit der Dämmerung“.[1060] Diese Parallele legt die Vermutung nahe, dass es weniger um den Namen, beziehungsweise um den Leib als solches geht, sondern dass Unkenntnis den Indikator darstellt, der gegen die Existenz einer Person spricht, während Name oder Leib für diese stehen können.

Im Gespräch eines Mannes mit seinem Ba ist keiner der Sprecher durch einen Namen bezeichnet. Der Name als solches kommt aber vor, um seine Wichtigkeit für die Erhaltung des Daseins deutlich zu machen. Dies geschieht zuerst in der prägnanten Formulierung: „Bist du aber im Zustand des Todes, indem dein Name fortlebt“ (36) und ausführlich in einem Lied. In acht Versen, die alle mit dem gleichen Wortlaut „Siehe, in Ruch geraten wird mein Name“ beginnen (87–102), wird dort aufgezeigt, was geschieht, wenn die Wirkung des guten Namens ausbleibt. Die Schädigung des Namens wird als ein Fäulnisgestank demonstriert, der damit an das Bild eines faulenden Leichnams gemahnt. Die Verkehrung des schöpferischen in das Verderben bringende Milieu und die sozialen Konsequenzen eines schlechten Rufes nehmen in diesem literarischen Werk einen breiten Raum ein. Derartiges auszumalen wird im Ritualisierungsprozess völlig vermieden, dort hält sich die Sprecherin strikt an das Ideal. Dieses kann zum Teil durch die Funktion der Texte als rituelle Sprechhandlung erklärt werden, da die Operativität des Gesagten das Schlechte zur Wirkung kommen ließe. Aber auch der Zweck der Ritualisierung, Senebi als eine Person darzustel-

[1060] Moalla, Grabkapelle des Anchtifi, Pfeiler VIx+1. Übers. Morenz, Ein Text zwischen Ritual(ität) und Mythos. In: *Text und Ritual*, S. 132.

len, die konform mit dem Ideal der Maat ist und als solche kosmische Bereiche vereinigen kann, schließt Abweichungen von der Norm aus.

Während Senebi sofort als Gerechtfertigte angesprochen wird und selbst konstatiert: „Aus dem Götterkollegium bin ich heute gekommen. Mein Wort ist mit ihm gehört worden, sodass ich gerechtfertigt bin" (CT II 86e–87c), sagt der Mann im ersten Gebet: „Möge Chons mich verteidigen, der die Maat schreibt" (24). Im Dialog wird die Maat also ebenfalls als Norm eingesetzt. Sie dient dort jedoch nicht zur Bekräftigung des Mannes als ein Gerechtfertigter, sondern dazu, der Hoffnung oder Zuversicht des Sprechers im Hinblick auf seinen zukünftigen Aufenthalt im Sonnenboot Ausdruck zu verleihen.[1061] Es kommt demnach im Gespräch eines Mannes mit seinem Ba nicht die Abweichung von der Norm zur Sprache, sondern die Erwartung, die mit der Berufung auf diese Norm verknüpft ist. Die Vermeidung des Namens im Ritual als Ausdruck für ein Entwicklungsstadium, in dem sich das Individuum gerade befindet, hat kein Gegenstück in der untersuchten Literatur.

Der Ka

Der Ka wird nur auf der Außenseite des Sarges genannt. Dies wurde in dieser Arbeit dahingehend gedeutet, dass er Senebi durch die Lebenden zugesprochen wird. Sie kann sich damit nicht in eigener Person den Ka geben.[1062] Im Sarg konstituiert der Ka die *Person* durch die Tätigkeit, die sie für Atum ausführt, als aktives *Selbst.* Das *Selbst* ist somit in einem Interaktionsnetz, in dem die Generationen durch gegenseitiges Handeln verbunden werden, für andere (Atum, Vater) regenerativ tätig. In der Erzählung des Sinuhe sorgt der Ka des Königs für das Fortdauern von Sinuhes Existenz. Dessen Gabe wird als Lebenserhaltung (Luft an die Nase) und als Geschenk formuliert und ist nichts, was Sinuhe, wenn er an den König schreibt, oder während der Audienz, wo er seine Worte im Angesicht des Königs wiederholt, beeinflussen kann. Der Ka-Name des Königs dient als Hinweis auf die universale Macht des Pharao. Im Gespräch eines Mannes mit seinem Ba kommt der Begriff überhaupt nicht vor.

Sowohl im Ritual als auch in der Literatur kennzeichnet den Ka die Eigenschaft, dass sich der Mensch seinen Ka nicht selber machen, sondern

---

[1061] Zur Autobiographie als „außertextuelles Bezugssystem", auf das in der Erzählung des Sinuhe selektiv zurückgegriffen wird, und das auf die Normen und Konventionen der Maat aufbaut, siehe Moers, *Fingierte Welten in der ägyptischen Literatur des 2. Jahrtausends v. Chr.*,S. 69ff.

[1062] Selbst wenn der Ka im Sarg durch Ritualisierung der Person gegeben wird, geschicht das durch Götter, die ihn der Toten verleihen. Ein Beispiel hierfür ist der in M5C verwendete Spruch PT 215.

dass er ihm nur verliehen werden kann. Der Personenbegriff wird dazu verwendet, das Fortbestehen des Toten über einen Dritten zu garantieren. Ein Unterschied liegt in dem, was der Mensch selbst zu seiner Existenz als Ka beitragen kann. Senebi vereint in ihrer Rolle als Ba des Schu die Kas für Atum. In der Erzählung des Sinuhe wird von keiner Aktivität Sinuhes berichtet, die sich explizit auf seinen Ka bezieht. Aber im Ausruf Sinuhes: „Dein Ka wird veranlassen, dass ich das Ende meines Körpers in der Residenz erlebe“ (B 203–204), wird der Begriff dem Lexem *ḥꜥw*, das den lebendigen Gotteskörper bezeichnet, beigeordnet.

Der Leichnam

Im Ritual ist der Leichnam (*ẖꜣt*) Ausdruck für einen Körper, der auf der Erde *gelebt* hat, bevor er ins Grab gelegt worden ist. In den rituellen Sprechakten gibt der Begriff die aktuellen Verhältnisse, das heißt, den Körper im Zustand der Mumifizierung wieder. Er bildet als Körper des Osiris den Empfänger der Zeugungsfähigkeit, die damit im Verborgenen zur Wirkung gelangen kann. Impotenz und Bewegungslosigkeit einer Leiche werden bereits im Augenblick ihrer Nennung innerhalb der *Religiösen Welt* durch den Ba, der auf ihr brennt und sich von ihr lösen kann, verneint. In der Erzählung wird „Leichnam“ ein Mal von Sinuhe und zwei Mal vom König in ihren Schreiben aufgegriffen. Sinuhe hofft, dass sein Leichnam mit seinem Geburtsland vereinigt werde. Der König benutzt Sinuhes Gedanken an den Leichnam als Lockmittel, um Sinuhe nach Ägypten zurückzuholen. Dieser Umstand weist darauf hin, dass auch dem König an einer Bestattung Sinuhes in Ägypten gelegen ist, und letztere in einer Form vollzogen wird, die Sinuhe die rituelle Geburt zur Wiederholung der Schöpfung gewährleistet.

Im Dialog eines Mannes mit seinem Ba, der, wie die Klagen und die Anwendung des Wortes „Tod“ (*mt*) zeigt, nicht zurückhaltend im Gebrauch von negativ konnotierten Begriffen ist,[1063] wird das Wort „Leichnam“ ein Mal von dem Mann ausgesprochen. Der Körperbegriff ist an dieser Stelle mit Pluralstrichen geschrieben und bezeichnet einen der Fäulnis ausgesetzten Körper (*ẖꜣwt*). Der Mann negiert den Verfall des Körpers also nicht, spricht jedoch von ihm als Leichnam des Ba (*ẖꜣt.k*), dem er so viele Wohltaten angedeihen lassen wird, dass andere Bas zu bemitleiden sind oder (nach anderen Übersetzungen) neidisch werden. Der Leichnam, der

[1063] Konnotierung des Todes als Gefahr und Umschreibung als „Tag des Unglücks“ in der ersten Rede des Mannes und der dritten Rede des Ba (55–86); Ambivalenz des Todes in den Bitten des Mannes an den Ba. Positiv konnotiert wird der Zustand des Todes (Gebrauch des Stativs *mt.tj*) in Zeile 36–37 und bei der sechsfachen Verwendung des Lexems *mt* „Tod“ im letzten Lied des Mannes (139–141).

(wie es das Pronomen indiziert) gleichermaßen der Körper ist, in dem sich der Ba des Mannes aufhalten wird, wird dann belebt – im Sinne von: durch einen Lufthauch erfrischt – sein. Der andernfalls matte Körper wird wie einer behandelt, in dem für die Zeugungsfähigkeit kein Platz ist, oder der dann überhaupt nicht in einer Form existiert, auf der sich der Ba niederlassen kann.

Zusammenfassend lässt sich zeigen, dass Personenkonstituenten der Kategorie ‚Kontinuitätsmodell' jeweils unterschiedlich gehandhabt werden. Die Vermeidung des Namens, um ein Individuum als im Entstehen begriffen zu kennzeichnen, ist nur für das Ritual belegt. Hingegen dient in beiden Gebrauchssituationen der Name (indem er genannt wird) dazu, Bestehendes einzuführen oder zu bestätigen, beziehungsweise (durch Weglassung des Namens) etwas zu charakterisieren, das nicht der Existenz wert ist. Beim Ka finden sich Unterschiede im Hinblick auf die Aktivität, die zur Erhaltung der Lebenskraft dem Menschen, dem Pharao oder den Göttern zugeschrieben wird. Der Leichnam wird in der Literatur und bei der Ritualisierung zur Bezeichnung konkreter Verhältnisse verwendet. Im Gegensatz zum Ritual wird dessen Existenz von Sinuhe und dem Mann aber keineswegs verneint, sondern als notwendig (für Sinuhes Vereinigung mit seinem Geburtsland, für den Ba des Manns) erachtet. Abweichungen von der Norm oder ein denkbares Ausbleiben der Wirkung kommen in den rituellen Sprechakten nicht vor. Dieser Befund bestätigt das Kriterium, das für das Vergleichsmaterial genannt worden war, nämlich, dass im Gegensatz zum Ritual in der Literatur Abweichungen von der Norm verbalisiert werden.

Entwicklung durch Körper, Ba und Schatten

Das Entwicklungs- oder Entstehungsmodell wird im untersuchten Bereich der rituellen Wiedergeburt durch Personenkonstituenten zur Anwendung gebracht, die innerhalb des mumifizierten Körpers entstehen und dadurch im Nachtbereich der *Person* die Identität eines lebens- und zeugungsfähigen *Selbst* geben. Im Ritual repräsentieren der Ba (*bꜣ*), die Körperbegriffe Djet (*ḏt*), Hau (*ḥꜥw*) und die Gestalt (*ỉrw*) – als Vorstadium des Schattens (*šwt*) – sowie der virtuelle Ach (*ꜣḫ*) diese Kategorie. In der Literatur werden von diesen Ba und *ḥꜥw*-Körper gebraucht. Die Verteilung der Begriffe verhält sich in den beiden untersuchten Literaturwerken diametral. Vom Erzähler wird der *ḥꜥw*-Körper insgesamt sieben Mal in die Erzählung des Sinuhe eingeflochten, sein Ba jedoch nur ein Mal (gegen Ende der Geschichte) verwendet. Im Gespräch hingegen nennt der Sprecher seinen Ba elf Mal im Laufe des Dialogs und den Körper (*ḥꜥw*) nur ein Mal, am

Ende des Gesprächs, wobei er dem Ba in den Mund gelegt wird.[1064] Zur Ergänzung der Streuung der Personenkonstituenten *ḥꜥw* Körper und Ba in der Literatur ist hinzuzufügen, dass im Dialog der Mann zwei Mal von seinem lebenden Körper spricht, für den er aber das Lexem *ẖt* wählt. In der Erzählung des Sinuhe wird drei Mal *ẖt* als Körperbegriff verwendet. Letzteres wird in den Sargtexten auf M3C nicht gebraucht. Der im Ritual verwendete *ḏt*-Körper kommt dagegen in der untersuchten Literatur nicht vor.

Der Körper

Im Ritual gibt die Sprecherin den zur Mumie aufbereiteten Körper, durch den sie im Sarg anwesend ist und der auf der Erde lebendig war, wieder. Dieser gewinnt durch Ritualisierung die Eigenschaften eines anthropomorphen göttlichen Körpers (*ḥꜥw*). Er stellt den Raum zur Verfügung, in dem sich Schöpfung vollziehen kann. Im Rahmen dieser Funktion beherbergt der erhaltene Körper die Höhlen – Luftröhre und Nasenloch – und das Herz als Organ, in denen sich die Zeugungsfähigkeit (*bꜣ Šw*) bildet, sowie die Räume – Beine, Arme, Glieder – in denen sich die Luft ausbreitet. Er bildet ebenso einen Körper, in dessen Fleisch einmal die Flüssigkeit gewesen ist, die als Ausgangssubstanz für die Samenflüssigkeit des Osiris (*bꜣ Wsir*) dient. Aus der Tageswelt sind die weißen Flüssigkeiten Sperma und Milch mitgebracht worden. Vom Augenblick der Geburt an ist von einer roten Flüssigkeit (Blut) die Rede. Der Körper wird rituell zum androgynen Körperbereich, in dem sich die gesamte Entwicklung eines Kindes von der Zeugung bis zur Geburt vollziehen kann, ergänzt. Er bekommt dadurch jene Eigenschaften, die ihn als einen Körper charakterisieren, in dem Leben entstehen und seine Wirkung entfalten kann.

Für den Körper des Sinuhe wird das Lexem *ḥꜥw* sechs Mal verwendet. Zum ersten Mal gebraucht es der Ich-Erzähler, wenn er schildert, wie er sich zusammenreißt, weil er das Brüllen von Tieren vernommen hat und so dem Tode durch Verdursten entrinnt. Die Aussage: „ich raffte meine Glieder zusammen" (B 24) bildet an dieser Stelle die Gegenbewegung zum Auseinanderreißen der Arme (B 3). Im gleichen Sinne wird der Begriff in B 228 verwendet. Nicht zur Kennzeichnung eines Verwirrungszustandes dient er, wenn Sinuhe hofft, das Endstadium seines Körpers in der Residenz zu erleben (B 204), oder es sich um die Verjüngung des Körpers handelt (B167, B 290). Mit dem Ba gemeinsam wird er verwendet, um den Schwellenzustand darzustellen, der im Endeffekt zu Sinuhes Verjüngung

[1064] Die Verteilung der Begriffe könnte sich aus der Tatsache erklären, dass beide Texte Teile eines Korpus, der „Berliner Bibliothek", bilden.

führt (B 255). Auch wenn es Sinuhes Körper an Flüssigkeit mangelt und er dem Alterungsprozess unterworfen ist, wird er mit dem Lexem *ḥꜥw* bezeichnet. Der als Todesnähe charakterisierte Durst kann durch die Gabe von Wasser und Milch behoben werden, die Spuren des Alters durch die Entfernung der Haare und des Sandes, die Pflege mit duftenden Ölen und Kleidung mit weißem Leinen. Austrocknung und Alter sind demnach reversible Zustände. Im Gespräch eines Mannes mit seinem Ba benutzt der Ba den Körperbegriff *ḥꜥw* in seiner das Gespräch beendenden Rede. Er antwortet dort einem Mann, der den Tod in seinem Lied „Der Tod steht heute vor meinem Angesicht …“ (139–141) positiv konnotiert, und sich nach seinem Leben auf der Erde als lebendiger Gott in der Sonnenbarke schildert. Diese Vorstellung des Mannes von seiner zukünftigen Existenz motiviert die im Ko-Text folgende Aussage des Ba: „Sei mir hier zugetan (*mrj*) und stelle für Dich den Westen zurück. Nach Deinem Ermatten (*wrḏ*) werde ich mich niederlassen und wir werden eine Wohnstatt zusammen machen“ (152–153). Durch sie wird auch im Dialog der Ba mit einem ermatteten Körper (*ḥꜥw*) verbunden, der dank des Ba zukünftig zur Zeugung fähig sein wird.

Die Verwendung der Personenkonstituente *ḥꜥw*-Körper in der Kategorie Entwicklungsmodell bezeichnet in Literatur und Ritual einen menschlichen Körper im Zustand der Ermattung, der durch den Ba Lebensfunktionen und Form eines lebendigen Körpers gewinnt. In diesem Prozess kann er die Eigenschaften eines androgynen, anthropomorphen Gotteskörpers, der als Raum für Entstehungsprozesse fungiert, annehmen. Was Erzähler und Zuhörer bei der Wendung: „Wünsche erst dann in den Westen zu gelangen, wenn sich Deine Glieder (*ḥꜥw*) dem Boden zuneigen“ (152) im Sinn gehabt haben, könnte der Körperhaltung entsprechen, die die Schreibung von „ermattet“ und ähnlichen Adjektiven mit einem Mann, an dem beide Arme schlaff herabhängen,  angibt. In den unterschiedlichen Gebrauchssituationen unterscheidet sich der *ḥꜥw*-Körper durch den physiologischen Bereich, an dem Wirkungen für den Körper erzeugt werden. Im Ritual ist ihr Werden im Innenraum des Körpers lokalisiert, wird aber am Scheitel Res sichtbar. In der Erzählung des Sinuhe bilden die Veränderungen des Äußeren das Mittel zur Verjüngung. Diese ist an der Körperoberfläche wahrnehmbar. Beweglichkeit, Zusammenhalt der Glieder und der beanspruchte Raum sind erkennbarer Ausdruck für die Verfassung des Helden auf einer Flucht, die durch politische Umstände hervorgerufen wird.

Die lebenserhaltende Bedeutung von Wasser und Milch wird im Ritual dem Körper mit Hilfe der ihm entzogenen, aber als Sperma durch Ejakulation und Empfängnis wieder in ihm vorhandenen Flüssigkeit und der Milch der Hathor gegeben. In der Erzählung erretten Wasser und Milch, die er von den Beduinen bekommt, Sinuhe vor dem nahenden Tode. Desgleichen findet sich Wasser unter jenen Wohltaten, die der Mann seinem Ba verspricht: „Wasser werde ich trinken aus der Trinkstelle“ (47). Es handelt sich demnach in allen Situationen immer um weiße Flüssigkeiten, durch die sich der Körper von seiner Mattigkeit erholt.

Der Ba

Durch den Ba wird von der *Person* rituell ihre Fähigkeit zur Zeugung, die auf einen anderen Körper übertragen werden kann, konstituiert. Als Sperma bildet er das körperliche Produkt ihres Lebens auf der Erde, ist Träger der Horus-Eigenschaften und durchläuft einen Entwicklungsprozess, indem er den Körper abwechselnd verlässt beziehungsweise in ihn eintritt, wobei er jedoch im Körperbereich verweilt. Auf Grund des metaphorischen Gebrauchs extrakorporaler Bereiche bewegt sich der Ba des Osiris als „sein lebender Ba“ (*bꜣ.f ꜥnḫ*) durch kosmische Räume. Er macht die Zeugungskräfte, die Senebi im Inneren ihres Körpers gemacht hat, am Scheitel Res sichtbar und bringt sie nach der Belebung durch die Sonne wieder zum Körper zurück, wenn er mit Osiris in Heliopolis koitiert. Durch den Ba des Schu wird von der *Person* ihre Fähigkeit zur Selbstzeugung und zur Vereinigung des Körpers konstituiert. Dieser bildet sich in ihrem Körperinneren (siehe die Behandlung der Belegstellen zu *sfg irw* S. 201f) und verlässt den Körper als ausgeatmete Luft. Aus seiner Bedeutung als „Wind des Lebens“ ergibt sich seine Wirkung: Er bringt die Zeugungsfähigkeit über den Horizont, zeugt auf der Flammeninsel die Menschen und die Götter und wirkt somit in der Schöpfung, die sich durch das Licht manifestiert hat. Auf kosmischem Niveau vereinigt der Ba die Kas für Atum und schafft dadurch die Voraussetzung für eine neue, als Differenzierung verstandene, Kosmogonie.

In der Erzählung des Sinuhe wird der Ba in B 254 verwendet, um gleichnishaft – denn er ist „*wie* ein Mann, der gepackt wird von der Dämmerung“ (*mi s iṯ.tw m iḫḫw*) – einen vorübergehenden ambivalenten Zustand zu beschreiben, in dem sich Sinuhe befindet, wenn er vor dem König auf dem Boden liegt. Sinuhe fühlt sich vor dem König als ob sein Ba ihn verlassen habe. Dieser Zustand unterscheidet sich von Sinuhes gewöhnlicher Verfassung dadurch, dass sein Ba ihn scheinbar verlassen hat, sein Körper (*ḥꜥw*) ermattet ist und er das Leben nicht vom Tod unterscheiden kann. Die Beschreibung bestimmt den Ba des Sinuhe als eine Fähigkeit, die normalerweise seinen Körper auszeichnet. Die Auswertung der Belegstellen im Gespräch eines Mannes mit seinem Ba ergibt, dass sich der Ba zu Lebzeiten im Körper des Mannes befindet, er im Zusammenhang mit dem irdischen Tod von dort verschwinden oder von einem anderen weggenommen werden kann, innerhalb der Götterwelt im Leib des Mannes verborgen ist und im Sonnenboot Re und den anderen Göttern entgegentritt. Die Aufforderung des Mannes, der Ba solle das Unrecht zertreten, lässt auf eine Auffassung des Mannes schließen, dass ihm sein Ba zusteht. Aus den Antworten des Ba ist zu entnehmen, dass der Ba zum Leben führt, sich als potentielles Leben (als die im Ei nicht zerbrochenen Geborenen) in der Gebärerin befindet und der Mensch ihm zu Lebzeiten zugetan sein soll, damit sich die Zeugungskraft bei ihm niederlässt, auch wenn sein ermatteter Leib im Grab liegen wird.

Weil der Ba im Körper des Mannes vorhanden ist, zu diesem gehört und sich als dessen Bruder im Grab auf diesem niederlässt, bildet er in beiden Existenzbereichen die Zeugungsfähigkeit des Mannes. Dies entspricht auch der Auffassung im Ritual und wird dort durch den Ba des Schu ausgedrückt: „Die Menschen, die auf der Insel Neserser sind, zeugt mein Ba. Göttinnen zeuge ich" (CT I 364c–366b). Die Teilnahme des Toten am kosmischen Geschehen wird, wie von Lohmann richtig beobachtet, durch seine Tätigkeiten als „lebendiger Gott" (*nṯr ꜥnḫ*) im Sonnenboot geschildert. Wie in der ersten Parabel formuliert, birgt der Mensch durch den Ba die Möglichkeit zum Leben. Sie wird dort aber in einem weiblichen und nicht in einem androgynen Körper lokalisiert. Beim Mann wird sie als „das, was lebt" (31–33) definiert. In Ritual und Dialog wird der Ba als eine Fähigkeit beschrieben, die dem Körper immer zugehört; sie eignet dem lebendigen Körper auch „am Tag des Unglücks" sowie im Zustand der Ermattung, ist zu diesen Zeiten aber gefährdet, weil andere (Räuber, Nehepu) sie an sich nehmen wollen. Er hält sich schon zu Lebzeiten im Körper des Menschen auf, ist beim Verstorbenen im Körper verborgen und tritt, aus diesem kommend, Re entgegen.

Ein Unterschied besteht im ontologischen Status, der dem Ba in der jeweiligen Gebrauchssituation zuerkannt wird. Auch in Anbetracht der Tatsache, dass sich der Mann im Sonnenboot in der Gesellschaft der Götter sieht, wird in der Literatur der Ba nicht ausdrücklich göttlich konnotiert, während die Sprechhandlungen im Sarg keinerlei Zweifel an der Göttlichkeit des Ba aufkommen lassen. Androgynität, Herkunft des Ba aus der Flüssigkeit des Gottes Osiris und Entstehung des Ba im Körper Atums scheinen der besonderen Situation der rituellen Wiedergeburt angepasst zu sein, da keine derartige zweigeschlechtliche oder göttliche Verbindung in der hier studierten Literatur vorkommt.

Eine weitere Differenz besteht in den Aktivitäten des Ba. Weil der Ba des Osiris die Gebärmutter erhitzt und die Gesichter beschädigt, ist er schon vor seinem Heraustreten, das heißt, bereits in dem Körper, in dem er sich entwickelt, aktiv. Ihm werden Tätigkeiten zugeschrieben durch die der Ba als Erbe des Osiris den Toten gegen Feinde verteidigt, im Zusammenhang mit der Geburt öffnet er die Wege, er geht in die Tageswelt hinaus und macht den Ba des Re. Im Gegensatz hierzu tritt in der Literatur der Ba zwar als Beschützer, aber nicht als Vernichter von Feinden auf. Auch wird im Zwiegespräch die Beweglichkeit des Ba nicht thematisch entwickelt, sondern nur in zwei Aussagen des Ba im Hinblick auf einen Toten erwähnt (59–60; 77). Im Gegensatz zur ausgesprochenen Aktivität des Ba im Ritual bittet in der Literatur der Mann vorbeugend seinen Ba darum, dass er bei ihm bleibe und ein Unwillkommenes auf dem Wege ins andere Dasein nicht möglich werde. Die Gefahr besteht jedoch hierbei (nach den Worten des Mannes) nicht in der Vernichtung, sondern darin, dass der Mann seines Ba beraubt wird, ohne dass er es verhindern könnte.

Die Betonung von Aktivität und Selbstständigkeit, die im Ritual den Ba auszeichnen, liegt in der Literatur auf der unzertrennlichen Gemeinschaft mit ihm. Er wird als einer, der mit einem Netz von Stricken mit dem Leib verbunden ist und als Bruder an der Seite des Mannes steht, beschrieben. Anstatt der Beweglichkeit werden thematisch die Gefahren entwickelt, die dem Individuum in beiden Existenzbereichen drohen, falls der Ba nicht mit dem Körper verbunden bleibt. Diese sind der körperliche Verfall, ein ruchbarer Name und die Einsamkeit in einer lieblosen Umgebung. In der Erzählung des Sinuhe wird der Ba überhaupt nicht im Sinne einer Fähigkeit oder Eigenschaft einer Person in Anspruch genommen. Es wird aber auch dort (durch das scheinbare vom Ba Verlassensein) die Gemeinschaft mit dem Ba vorausgesetzt. In Ritual und Erzählung des Sinuhe bildet ein tätiger Mensch das Ideal, das dem Bürger vermittelt wird. In den rituellen Sprechakten ist die Tatkraft im Horus-Ideal sowie durch die Aktivitäten des Ba, der in beiden Existenzbereichen tätig ist, formuliert. Sinuhe erregt das Wohlwollen der Götter, indem er die sozialen Tugenden verwirklicht und siegreich im Kampf ist. Hingegen wird im Dialog die Anstrengung des Mannes vom Ba eher belächelt, auch fällt die Ungewissheit auf, der der Mann im Hinblick auf die Gemeinschaft mit seinem Ba Ausdruck verleiht und die mit der Geburt im Nachtbereich der Toten verbunden ist. Deshalb ist „Das Gespräch eines Mannes mit seinem Ba“ als ein Gegenentwurf zum Ideal des tätigen Bürgers zu werten.

Der Schatten

Der Schatten, der im Ritual als dritte Konstituente genannt wird, entwickelt sich ebenfalls aus dem Körper. Die Staffelung der Begriffe vollzieht die Entwicklung des Schattens von einer mit der Geburt hervorkommenden Gestalt (*ỉrw*) über das sich durch einen Namen später manifestierende Individuum (*mn pn*) bis hin zum Schatten als dunkles Abbild der Körperform (*šwt*). In seiner Eigenschaft Körperumriss und Körperoberfläche eines Individuums sichtbar werden zu lassen, begleitet der Schatten den Ba. Er umhüllt als sichtbares Abbild des nächtlichen Körpers der Toten den Ba, welcher eine Fähigkeit im Körperinneren verbildlicht. Als dunkle Umhüllung schützt, kühlt und beruhigt der Schatten die in ihm verborgene Zeugungsfähigkeit, bis beide bei Re und wieder bei Osiris angelangt sind.

In der Erzählung des Sinuhe wird der Körperbegriff Schatten nicht verwendet. Dort dient aber die Furcht als Eigenschaft des Menschen dazu die Entwicklung Sinuhes aufzuzeigen. Die Liminalität von Ba und Schatten vor dem Übergang am morgendlichen Horizont ist in der Audienzszene nachgebildet, wobei Sinuhes Ba und sein wie von Dämmerung gepackter Körper kombiniert werden. Indem der Erzähler innerhalb dieses Geschehens Sinuhes Furcht aufgreift, verbindet er die Begriffe Furcht, Ba und Körper miteinander. Die Situation führt in beiden Fällen zum Leben, nämlich zum Sehen und Gesehenwerden durch die Sonne (weshalb sich bei Sinuhe die Furcht als unberechtigt erweist). Im Gespräch eines Mannes mit seinem Ba ist vom „Schattenschutz" (*šwt*) für den Ba die Rede, aber im Existenzbereich der Lebenden wird der Begriff nicht eingesetzt. Das könnte daran liegen, dass der Mann zum Zeitpunkt des Gesprächs ja selbst durch seinen Körper in der Welt der Lebenden vertreten ist und sich sein zukünftiges Dasein darin (als Toter) als Gott im Sonnenboot ausmalt. Vermutlich findet sich deshalb für den Schatten keine Entsprechung in der dritten Kategorie „Personenaspekte, die außerhalb des Körpers im Tagesbereich existieren und dadurch die Identität eines lebendigen *Selbst* bewirken".[1065] Hingegen entsprechen die Wohltaten, die der Mann seinem Ba verspricht – Kühlung für den Leichnam, Kühlung für den Ba, Wasser (wohl für beide) und der Schattenschutz – den Vorstellungen von körperlichen Bedürfnissen und Wirkungen des Schattens für den Ba, wie sie auch in dem behandelten Ritual vorliegen.

Wie im Vergleich mit Tabelle 3 zu entnehmen ist, fällt nicht nur eine Kategorie weg, sondern die in der Literatur untersuchten Personenbegriffe sind auch anders auf die Kategorien Kontinuitäts- beziehungsweise

---

[1065] Ein Beleg für den Schatten in der (hier nicht behandelten) Literatur des Mittleren Reiches findet sich in der Geschichte des Schiffbrüchigen: „Im Schutze eines Baumes schlief ich, und umarmte den Schatten" pSt.Petersburg 1115, Z. 47–48. Übers. Burkard, Überlegungen zur Form der ägyptischen Literatur, S. 57. Belege zur Verwendung des Begriffes Schatten außerhalb der rituellen Wiedergeburt, die ins Neue Reich zu datieren sind, sind von George in einem Artikel behandelt worden. Siehe George, „Gottesschatten" – Götterbild in Widdergestalt, *WdO* XIV, S. 130–134. In der Literatur des Neuen Reiches wird in der Erzählung des Wenamun die Wendung „Der Schatten des Pharaos" verwendet. Dieser hat Jackson einen Artikel gewidmet. Siehe Jackson, „The Shadow of Pharaoh, your Lord, falls upon you": once again Wenamun 2.46, *JNES* 54, S. 273–286.

Entwicklungsmodell verteilt. Unterschiede ergeben sich durch den kosmischen Bereich, in dem der Begriff jeweils gebraucht wird. Während Ba und *ḥꜥw*-Körper im Ritual die Entwicklung des Lebens im Körper der Toten vollziehen, ist die wichtigste Aufgabe im Gespräch eines Mannes mit seinem Ba, den Zusammenhang des Ba mit dem Körper zu gewährleisten. Hieraus ergibt sich für die Personenkonstituenten Ba und Körper, die im Ritual unter dem Entwicklungsmodell eingeordnet sind, eine Verschiebung ins Kontinuitätsmodell.

Im Ritual verändert der Ka die Tote in ein aktiv an der Schöpfung beteiligtes *Selbst.* In der Erzählung sorgt hingegen der Ka des Königs für die Kontinuität von Sinuhes Dasein. Durch diese unterschiedliche Verteilung von mit dem Ka verbundenen Aufgaben wird die aktive Mitwirkung zur Inganghaltung der Schöpfung in der Literatur dem König, im Ritual hingegen dem Ba des Schu (das heißt der Toten) zugeteilt. Das bedeutet, dass im Leben auf der Erde der Schwerpunkt auf der *Erhaltung der Person* liegt, während er bei der rituellen Wiedergeburt auf der *Entwicklung der Person* liegt. Zu diesem Befund passt, dass der einzige im Ritual zur Kategorie ‚Kontinuität' gerechnete Begriff, der Name, die Funktion, ein sich entwickelndes Individuum zu bezeichnen, hinzugewinnt.

Hieraus kann folgendes geschlossen werden: Die Verwendung der Personenkonstituenten zur Wiedergeburt im Sarg der Senebi erklärt sich aus der Ritualisierungssituation. Dort liegt der Schwerpunkt auf der Entwicklung der *Person.* In Situationen, die aufgegriffen werden damit sich die Lebenden darin erkennen, bildet hingegen die Fortführung des Lebens die wichtigste Funktion der Personenkonstituenten. Sie spannt sich als Thema über beide Werke der in dieser Arbeit untersuchten Literatur. Sie spiegelt sich sowohl in dem Bemühen und den Hoffnungen Sinuhes als auch in den Ansichten des Mannes wider. Im Gespräch eines Mannes mit seinem Ba wird diese Idee von der Kontinuität des Daseins jedoch nuanciert, indem der Ba auf die Unsicherheit künftigen Daseins verweist.

KAPITEL 6

Zusammenfassung

Die Quelle für den Hauptteil der vorliegenden Untersuchung bildet der Sarg JdE 42825 aus Meir, der für eine Frau namens Senebi angefertigt wurde. Die Zielsetzung dieser Arbeit bestand darin, in einem bestimmten Kontext die Personenkonstituenten gemeinsam zu untersuchen. Der Kontext ist durch den Sarg, der die unmittelbare Umgebung der Toten bildet, gegeben. Die Tote bezieht sich auf Bilder und Texte im Sarginnenraum oder sie sind ihr als Aussagen in den Mund gelegt. Durch den Textträger, den Inhalt der Bilder und Aussagen und die Sprecher sind Bild- und Sprechhandlungen aufeinander bezogen und in einer Situation angesiedelt, in der rituelles Handeln angebracht ist und stimuliert wird. Personenkonstituenten sind als Faktoren definiert worden, die an die *Person* geknüpft und bei der Ritualisierung für diese wirksam sind. Sie werden zur rituellen Wiedergeburt, wie sie sich an einem Sarg aus dem Mittleren Reich rekonstruieren lässt, verwendet. Wie die Untersuchung erwiesen hat, stellt die „rituelle Wiedergeburt" eine Geburt dar, die aus dem Körper der Toten heraus erfolgt. Der Terminus „Wiedergeburt" ist insofern berechtigt, als in den Texten von einem Körper, der im Tagesbereich gewesen ist, ausgegangen, und ein Regenerationszyklus dargestellt wird, der nicht beim Verweilen des Gottes auf der Erde halt macht. Es handelt sich infolgedessen um eine Geburt zur Wiederholung der Schöpfung.

Theoretische und methodologische Grundlage bildet das von mir für einen anderen Frauensarg aus derselben Nekropole ausgearbeitete Modell der *dynamischen Religionsökologie*. Dieses wurde in Kapitel 1 vorgestellt. Dem Gegenstand der vorliegenden Untersuchung entsprechend wurde hierbei besonders auf die Personenfaktoren eingegangen. Im Hinblick auf die Methodologie ist die performatorische Wirkung, wie bisher für Texte, auch für Bilder festgestellt worden. Sie ist gegeben, weil die im Sarg dargestellten Gegenstände vor oder im unmittelbaren Anschluss an den Sprechakt, in dem sich die Tote auf sie bezieht, abgebildet sind, in der Reihenfolge erscheinen, in der sie verwendet werden und auf die *Person* einwirken. Die rituellen Bildhandlungen konnten somit als eigentliche Handlungen gewertet und in den Verlauf der Ritualisierung integriert werden.

Schon in Kapitel 2 zeigte sich, dass außer den Bildern und Texten auf den Sarginnenseiten auch die Inschriften auf den Gehrungen und auf den Außenseiten rituelle Handlungen bezeugen, die sich mit den im Sarg ausgeführten ergänzen. Sie lassen sich als aktuelle Schritte in einem Ritualisierungsprozess verstehen, der bereits bevor die Mumie in den Sarg gelegt wird beginnt, das gesamte Bestattungsritual mit einbegreift und, indem er sich auf Senebis Dasein als Tote sowie als hervorgetretene Göttin bezieht, fortdauert. Dieser umfassende Prozess gliedert sich in drei Ritualisierungsphasen, die alle durch den Sarg repräsentiert sind. Seine Inschriften belegen den Sarg als einen rituellen Gegenstand, der den symbolischen Zustand, in dem sich die Tote jeweils befindet, verkörpert, ihn für deren Umgebung sichtbar macht und an der Erzeugung von Vorstellungen beteiligt ist, nach denen die Tote bei Sonnenaufgang in die Tageswelt eintritt. Formal sind die einzelnen Phasen der Ritualisierung dadurch voneinander abgegrenzt, dass die Inschriften jeweils auf unterschiedlichen Oberflächen der Sargwände angebracht sind, sie dadurch nur zu gewissen Zeiten für bestimmte Personengruppen lesbar sind, und sich in Sorgfalt und Farbgebung voneinander unterscheiden. Die Aufeinanderfolge der einzelnen Abschnitte ergibt sich durch die technische Produktionsphase des Sarges, seine Verwendung beim Vollzug der einzelnen Rituale und die jeweilige Sichtbarkeit der Texte und Bilder. Inhaltlich schließt ein Abschnitt an den nächsten an, indem er eine durch die Ritualisierung erreichte Entfaltung der *Person* und ihrer Beziehungen wiedergibt, die die folgende rituelle Handlung stimuliert oder auslöst, wodurch die einzelnen Entwicklungsphasen aufeinander aufbauen. Sie sind am Ende von Kapitel 2.3 zusammengefasst. Im ganzen Verlauf der Ritualisierung begegnet man der Sargbesitzerin als eine lebende *Person*: In den Fugeninschriften ist es die Göttin Nut, die die Tote als eine *Person* behandelt, der der Tod erst noch gebracht werden muss. Im Bestattungsritual sind es Teilnehmer an der Bestattung, wie die Sargträger, die der Toten und ihrem Ka ein langes Leben und, in den Inschriften, das Gehen wünschen. Im Sarg ist es die Tote, die sich durch ihr Mitwirken an der Schöpfung als Lebende präsentiert.

Das Modell der *dynamischen Religionsökologie* hat sich bei der Untersuchung der Personenkonstituenten bewährt. Die an das Material gestellten Fragen: Welche Personenfaktoren werden aufgegriffen? In welchem Zusammenhang werden sie genannt? Wie verhalten sie sich im Hinblick auf die Motivation und den Zweck der Ritualisierung? Wie verhalten sie sich zueinander? Ergänzen sie sich zu einem *Selbst* und welche Aspekte zeichnen dieses aus? können nun folgendermaßen beantwortet werden: Es werden die Personenkonstituenten Name, Ba, Schatten, Körper (*ḏt*, *ḥꜥw* und Leichnam), Ka und Ach aufgegriffen. Bei der Wiedergeburt besteht ihre

Funktion in der Erhaltung des Individuums und der Ritualisierung der *Person*, die sich im Zustand der Mumifizierung befindet. Hierbei wird der Körper als ein Raum konzipiert, in dem die Zeugungsfähigkeit in der Form von Flüssigkeit und Luft entstehen, sich ausbreiten und wirken kann, und sich schließlich herausbewegt, um sich durch die Sonne zu regenerieren und auf einen anderen Raum oder Körper übertragen zu werden. In diesem Prozess besteht die hauptsächliche Funktion der Personenkonstituenten darin, Entwicklungen zu vollziehen. Das Herz bildet den Sitz des Willens. Es ist zweifellos den Personenkonstituenten zuzurechnen. Da Körperteile und Organe, zu denen ja das Herz zu rechnen ist, in dieser Arbeit nicht einzeln untersucht, sondern nur im Zusammenhang mit der Textstelle besprochen worden sind, ist es nicht detailliert in die Liste der Personenkonstituenten mit aufgenommen worden.

Mit Hilfe der *image*-Schemata konnten die Personenkonstituenten gegeneinander abgegrenzt werden (siehe Abb. 8). Die gewonnenen Ergebnisse zeigen, dass die Personenkonstituenten von vornherein mit dem Körper vereinigt sind und erst, indem sie vorübergehend den Körper verlassen, die *Person* ins kosmische Geschehen integrieren. Die Entsprechungen auf kosmischer Ebene sind in Tabelle 4 aufgeführt. Ihre Bedeutung erhalten sie dadurch, dass sie von der Toten zum Aufbau eines Bildes von sich selbst gebraucht werden, durch das diese im Nachtbereich ihre Existenz fortsetzt (Name, *ḏt*-Körper, Ka), dort die Identität einer lebens- und zeugungsfähigen *Person* (Ba, *ḥꜥw*-Körper) erhält und somit ebenfalls im Tagesbereich (Ba, Schatten, Ach) existiert. Aspekte, die dieses *Selbst* auszeichnen sind Göttlichkeit, mehrere geschlechtliche Identitäten und die aktive Beteiligung an der Schöpfung. Die Ergebnisse sind am Ende von Kapitel 4 zusammengefasst und im Hinblick auf Zweck und Ziel des rituellen Handelns betrachtet worden. Als interessante Teilresultate der Untersuchung können die rituelle Wiedergabe und der Aufbau symbolischer Machtstrukturen genannt werden. Sie sind am Ende von Kapitel 3 im Kommentar zu den Aktionsfeldern und von Kapitel 4 durch die Fragestellung, ob sich in Status- und Machtgewinn der Zweck der Ritualisierung erschöpft, behandelt.

Für die Untersuchungen waren jeweils Vorarbeiten nötig. Zur Ermittlung der Ausgangslage, das heißt, der rituellen Vorbereitung der *Person* und für das Studium der Inschriften auf den Gehrungen und den Außenseiten des Sarges wurden Balsamierungs- und Bestattungsritual betrachtet. Um die Position der einzelnen Personenkonstituenten feststellen zu können, wurde im dritten Kapitel zunächst der Ritualisierungsprozess, der im Sarg der Senebi stattfindet, rekonstruiert. Dieser ist in Tabelle 2 zusammengefasst.

Um die Personenkonstituenten mit ihrer Verwendung in einer anderen Situation zu vergleichen wurden zwei literarische Texte herangezogen. Diese sind die im fünften Kapitel behandelten „Erzählung des Sinuhe" und „Das Gespräch eines Mannes mit seinem Ba". Nachdem die Voraussetzung zur Interpretation dieser Quellen als Literatur geklärt waren, sind die Texte ausschließlich auf ihre Personenbegriffe hin analysiert worden. Diese sind in der Literatur ebenfalls im Kontext des Totenglaubens beheimatet. In der „Erzählung des Sinuhe" bildet die Struktur von Ritualen, durch die das Dasein eines Toten als Reise, die sich am Sonnenlauf orientiert, dargestellt wird und die im Zusammenhang mit der Bestattung durchgeführt werden, den Hintergrund für die Transformation von Gefühl und Situation bei den Zuhörern der Reiseerzählung. Im „Gespräch eines Mannes mit seinem Ba" bilden Auffassungen von einem Weiterleben, das dem Toten durch rituelle Versorgung gewährleistet wird, den Rahmen innerhalb dessen das Thema entwickelt wird. Im Vergleich zur Verwendung der Personenbegriffe in den rituellen Sprechakten liegt in der Literatur der Schwerpunkt auf ihrer Funktion als Garanten der Kontinuität. In der Erzählung des Sinuhe tritt dieser Aspekt in erster Linie in der Bedeutung zutage, die der Erhaltung des guten Namens beigemessen wird. Im Dialog ist er ebenfalls im Namen formuliert, wird aber besonders deutlich in den Anstrengungen des Mannes, der seinen Ba dazu überreden will, bei ihm zu bleiben. In beiden literarischen Werken wird die Bemühung des Einzelnen durch das Wirken von Personenkonstituenten ergänzt, über die der Mensch nicht bestimmen kann. Bei Sinuhe übernimmt diese Rolle der Ka des Königs, dem Sinuhe auf Gedeih und Verderb ausgeliefert ist. Im Gespräch ergänzt der Ba die Überzeugung des Mannes, seine Existenz als Toter durch Vorsorge sichern zu können, mit der Möglichkeit und dem Risiko einer im Nachtbereich angelegten Geburt, die zugrunde gehen kann.

Die Personenbegriffe in den beiden untersuchten Gebrauchssituationen unterscheiden sich auch dadurch, dass sie in der Literatur zur Darstellung von Eigenschaften, die nicht dem Ideal entsprechen, verwendet werden. In der Erzählung des Sinuhe wird von einem Menschen ausgegangen, der normalerweise die guten Eigenschaften: Besitz eines guten Namens, Solidarität mit dem König, ein kräftiger, gesammelter, zeugungsfähiger Körper und ein fester Wille in sich vereint. Sie werden verwendet, um die Verfassung eines ägyptischen Mannes zu beschreiben, wenn dieser *nicht* über alle diese Qualitäten verfügt. Der Held wird in einem unerwünschten Auflösungszustand beschrieben, seine Furcht zur Sprache gebracht und sein Handeln als unwillentlich geschildert. Im Gespräch eines Mannes mit seinem Ba werden mit ihrer Hilfe Gegenbilder ausgemalt: ein ruchbarer Name, die Einsamkeit des Menschen in einer eigennützigen Gesellschaft, ein vom Ba verlassener faulender Körper und Lebensüberdruss. Im Ritual hingegen nutzt Senebi die herrschenden Idealvorstellungen zum Gewinn einer Identität, die (mit Rückgriff auf ihr Erdendasein) ihrer gegenwärtigen Lage Rechnung trägt. Die Personenkonstituenten helfen ihr, aus dem mumifizierten Körper heraus ihre Entwicklung in einen tatkräftigen Gott zu vollziehen.

Die Komparation erbrachte über die situationsabhängige Betonung der Entwicklung (im Ritual) beziehungsweise der Kontinuität (in der Literatur) hinaus auch Gemeinsamkeiten. Dadurch sind drei neue Ergebnisse zur Bedeutung der Personenkonstituenten im Ritual durch Eigenschaften und Funktionen der Personenbegriffe in der Literatur bestätigt worden. Erstens: Im Gegensatz zur Interpretation des Todes als Dissoziation, wie sie von Assmann am deutlichsten artikuliert worden ist,[1066] sind die Personenaspekte Name, Ka, Ba und Schatten immer, das heißt, im Dasein auf der Erde und als Mumie von vornherein mit dem Körper vereint. Ihr Verbleiben beim Körper ist aber gefährdet. Wenn im Sarg Ba und Schatten den Körper vorübergehend verlassen, tun sie dies als eine gewünschte planmäßige Bewegung zur Regeneration und Integration der *Person* in kosmische Zyklen. Zweitens: Wie die Textanalysen erweisen, ist der Ba zwar generell die Zeugungsfähigkeit, er ist aber immer an ein göttliches oder ein menschliches Individuum gebunden. In dieser Verbindung (Ba-*irw*-Gestalt, Ba-Schatten, Ba-Person/Gott) bestimmt der Ba den Entwicklungsstand des Individuums und dadurch auch dessen Möglichkeit furchteinflößend, beruhigend oder belebend aufzutreten. Drittens: Durch die Deutung des Begriffes Ba als Zeugungsfähigkeit, die auf einen Körper oder Raum übertragen werden kann, konnte die erste Parabel des Ba (vom Sturm) befriedigend erklärt und als didaktisches Genre und Kernstück im Gesprächs eines Mannes mit seinem Ba gewertet werden. Somit wird die Lehre dieses literarischen Werkes nicht länger auf die Aufforderung, die Sorgen zu vergessen und den Tag zu nutzen, reduziert.

Indem die Untersuchung alle Personenkonstituenten gemeinsam und durch ihren Zusammenhang mit dem Körper auf einer konkreten Basis behandelt, erlaubt sie Rückschlüsse auf das ägyptische Menschenbild. Dieses wird als gewinnbringend für zukünftige Forschungen angesehen. Es kann als Ausgangspunkt für komparatistische Studien benutzt werden – sowohl synchronischer Betrachtungen im Vergleich mit anderen Textträgern, die ins Mittlere Reich zu datieren sind, als auch diachronischer, um Veränderungen dieses Bildes im Lauf der ägyptischen Religionsgeschichte wahrnehmen zu können. Das Menschenbild, wie es sich durch die in dieser Ar-

[1066] Zuletzt in Assmann, *Tod und Jenseits im Alten Ägypten,* S. 116ff.

beit untersuchten Texte ergibt, ist durch seine Bindung an den Kontext variabel. Das *Selbst* bildet eine Einheit. Diese trägt mit ihrem Hervorkommen aus dem Mutterleib einen Namen, der sie ab dann als ein Individuum bestehen lässt, dem Fähigkeit und Pflicht zum rechten Handeln zuerteilt sind. In ihm sind alle lebenswichtigen Elemente wie Glieder, Organe, Luft und Flüssigkeit sowie Eigenschaften, nämlich Wille (Herz), Zeugungsfähigkeit (Ba), erhaltene Lebenskraft (Ka) und die Möglichkeit zur Bewegung (Ba und Schatten) versammelt. Indem diese Eigenschaften an die Oberfläche kommen kann die *Person* mit ihrer Umwelt in Verbindung treten, als Mitglied einer Gruppe soziale Aufgaben wahrnehmen, unterscheiden und vereinigen. Die Tote unterscheidet sich durch die ontologische Identität des im Tod zum Gott werdenden *Selbst* sowie durch mehrere geschlechtliche Identitäten von einer Auslegung des lebenden Menschen. In keiner überlieferten Kosmogonie wird der Einzelne als göttliches Geschöpf mit einem bestimmten Geschlecht geschildert und zwischen Männern als dominante Erzeuger des Lebens und Frauen als Schutz für dessen Entwicklung getrennt. Der Mensch ist dem Altern und Krisen, wie Durst, Hunger, Mattigkeit und Angst ausgesetzt. Aber alle diese Zustände sind in den Quellen als reversibel dargestellt. Ihre Heilung wird durch Taten, materielle Gaben und den Anblick der Sonne beziehungsweise des Königs bewirkt.

Durch die in dieser Arbeit erforschten Bilder und Texte werden in Ritual und Literatur zwei der Menschenbilder belegt, die in der Vielfalt erdenklicher Neben- und Gegenwelten möglich sind. Ein Rahmen, der die Menge möglicher Variationen einschränkt, ist anscheinend dadurch gegeben, dass Normen und kulturspezifische Vorbilder nicht variiert werden. Das Ideal des starken siegreichen Horus, der für das Recht eintritt, wird nicht in Frage gestellt, die Maat wird nicht angetastet. Variationen ergeben sich nämlich nur durch die Art und Weise, die bestehenden Ordnungen zu verwenden: als Basis der Gesellschaft, oder, wie in der Literatur, als ein gefährdeter Zusammenhalt und eine Norm, bei der nicht ganz sicher ist, ob es hilft, wenn man sie erfüllt oder sich auf sie beruft.

Bereits im Mittleren Reich bildet der tätige Mensch das Ideal. Dieser handelt willentlich, wie es der Versuch Sinuhes, sich von seiner Schuld freizusprechen, zeigt. Er kann jedenfalls nur für ein absichtlich begangenes Vergehen bestraft werden. Im Widerspruch zu Helck, demzufolge „sich der Mensch in dieser Zeit als ein machtvolles Wesen erkannt hatte, das aber kraft seiner Erkenntnis diese seine Macht freiwillig beschränkt bzw. nur für Ziele einsetzt, die der Allgemeinheit dienen“,[1067] nützt Handeln letztlich

---

[1067] Helck, Menschenbild, *LÄ* IV, Sp. 58.

dem Einzelnen: Auf Senebi sind alle rituellen Akte bezogen. Ihr Hervorkommen in die Tageswelt wird durch ihre Mitwirkung bei der Inganghaltung kosmischer Prozesse ermöglicht. Für sich erhofft Sinuhe die Rückkehr in sein Geburtsland, wenn er hilft und siegt. Um seines Weiterlebens willen „legt" der Mann „auf das Feuer" und bittet seinen Ba bei ihm zu bleiben.

Dass die eigene, moderne Prägung bei der Interpretation der Forschungsergebnisse nicht ausgeschlossen werden kann, ist der Verfasserin wohl bewusst. Aus diesem Grund wurde zu Beginn von Kapitel 4 auf die Bedeutung und mögliche Anwendung moderner Begriffe, wie „Person" und „Individuum", eingegangen und den *image*-Schemata, die sich anhand der Sargtexte nachweisen lassen, ebenfalls im vierten Kapitel, eine eigene Untersuchung gewidmet. Durch feministische Forschung ins Bewusstsein gerückt, wird nunmehr die Bedeutung des Körpers in vielen Forschungsbereichen anerkannt. Durch die vorliegende Arbeit konnte gezeigt werden, dass nach den ägyptischen Quellen körperliche Erfahrungen und Handlungen, sowohl im Ritual als auch in der Literatur, die konkrete Grundlage für Verstehensmuster bilden. Unter den sich auf den Körper aufbauenden Konzeptionen nehmen im pharaonischen Ägypten die *image*-Schemata *Containment* und – damit verbunden – *In-out orientation* eine Vorrangstellung ein. Der Körper bildet den Raum für Entstehungsprozesse und Behälter aller lebenswichtigen Stoffe, Fähigkeiten und Kenntnisse. Wenn diese den Körper verlassen werden sie als Knüpfen von Beziehungen und Erzeugen verstanden. Deshalb ist leben gleichbedeutend mit diesen Handlungen und der Körper als Raum dafür unerlässlich. In diesem Sinne fügt der Körper sich als eine unter allen Personenkonstituenten in das ägyptische Menschenbild ein.

Eine reizvolle Aufgabe für weitere Forschungen sieht die Verfasserin in der Untersuchung der Körperkonzeptionen und Personenkonstituenten anhand weiterer Quellen.

Abkürzungen

ÄA	Ägyptologische Abhandlungen, Wiesbaden
ÄAT	Ägypten und Altes Testament, Wiesbaden
AWW	Akademie der Wissenschaften in Wien, Philologisch-Historische Klasse, Wien
AAWLM	Abhandlungen der Akademie der Wissenschaften und der Literatur in Mainz, Wiesbaden
ADAIK	Abhandlungen des Deutschen Archäologischen Instituts Kairo
ÄF	Ägyptologische Forschungen, Glückstadt, Hamburg, New York
AHAW	Abhandlungen der Heidelberger Akademie der Wissenschaften, Philologisch-historische Klasse, Heidelberg
APAW	Abhandlungen der Preußischen Akademie der Wissenschaften, Berlin
ASAE	Annales du Service des Antiquités de l'Égypte, Kairo
BAe	Bibliotheca Aegyptiaca, Brüssel
BIFAO	Bulletin de l'Institut Français d'Archéologie Orientale, Kairo
BiOr	Bibliotheca Orientalis, Leiden
BM	British Museum, London
BSEG	Bulletin de la Société d'Égyptologie, Genf
CSEG	Cahiers de la Société d'Égyptologie, Genf
CT	Sargtexte
Diss.	Dissertation
GM	Göttinger Miszellen, Göttingen
GOF	Göttinger Orientforschungen, Göttingen
HÄB	Hildesheimer Ägyptologische Beiträge, Hildesheim
Hwb	Hannig, R. Die Sprache der Pharaonen. Großes Handwörterbuch Ägyptisch–Deutsch, Mainz
IFAO	Institut Français d'Archéologie Orientale, Kairo
JAC	Journal of Ancient Civilizations, Changchun
JARCE	Journal of the American Research Center in Egypt, Boston
JbAC	Jahrbuch für Antike und Christentum, Münster
JEA	Journal of Egyptian Archaeology, London
JNES	Journal of Near Eastern Studies, Chicago
KRI	Kitchen, K. Ramesside Inscriptions, Oxford
LÄ	Lexikon der Ägyptologie, Wiesbaden

LGG	Leitz, Ch. Lexikon der ägyptischen Götter und Götterbezeichnungen, Löwen
LingAeg	Lingua Aegyptia, Göttingen
MÄS	Münchner Ägyptologische Studien, Berlin
MDAIK	Mitteilungen des Deutschen Instituts für Ägyptische Altertumskunde in Kairo, Mainz
MIFAO	Mémoires publiés par les membres de l'institut français d'archeéologie orientale
MVAeG	Mitteilungen der Vorderasiatisch-Ägyptischen Gesellschaft, Leipzig und Berlin
MVEOL	Mededeelingen en Verhandelingen van het Vooraziatisch-Egyptisch Genootschap (Gezelschap), ‚Ex Oriente Lux', Leiden
OBO	Orbis Biblicus et Orientalis, Freiburg / Schweiz und Göttingen
OLA	Orientalia Lovaniensia Analecta, Löwen
OMRO	Oudheidkundige Mededeelingen uit het Rijksmuseum van Oudheden te Leiden (Nuntii ex museo antiquario Leidensi), Leiden
PdÄ	Probleme der Ägyptologie
PM	Porter, B. und Moss, R. Topographical Bibliography of Ancient Egyptian Hieroglyphic Texts, Reliefs, and Paintings, Oxford
PT	Pyramidentexte – Spruchnummern
pyr.	Pyramidentexte – Angaben eines Abschnitts/Paragraphen nach Sethes Veröffentlichung
RAC	Reallexikon für Antike und Christentum, Stuttgart
RÄRG	Bonnet, H. Reallexikon der ägyptischen Religionsgeschichte, Berlin, New York
RdE	Revue de l'Égyptologie, Paris
RoB	Religion och Bibel, Nathan Söderblom-Sällskapets Årsbok, Uppsala
SAGA	Studien zur Archäologie und Geschichte Altägyptens, Kairo und Heidelberg
SAK	Studien zur Altägyptischen Kultur, Hamburg
SAOC	Studies in Ancient Oriental Civilization, The Oriental Institute of the University of Chicago, Chicago
SAWW	Sitzungsberichte der Akademie der Wissenschaften in Wien, Philologisch-Historische Klasse, Wien.
SBAW	Sitzungsberichte der Bayerischen Akademie der Wissenschaften, Philologisch-historische Abteilung, München
SPAW	Sitzungsberichte der Preußischen Akademie der Wissenschaften, Philologisch-historische Klasse, Berlin
TUAT	Texte aus der Umwelt des Alten Testaments, Gütersloh
UGAÄ	Untersuchungen zur Geschichte und Altertumskunde Ägyptens, Leipzig, Berlin

Urk.	Urkunden des Ägyptischen Altertums
Wb	Erman, A. und Grapow, H. Wörterbuch der Ägyptischen Sprache, Berlin
WdO	Die Welt des Orients, Göttingen
WUNT	Wissenschaft und Neues Testament, Tübingen
ZÄS	Zeitschrift für Ägyptische Sprache und Altertumskunde, Leipzig, Berlin
ZDMG	Zeitschrift der Deutschen Morgenländischen Gesellschaft, Leipzig, Wiesbaden

Literatur

Allam, Sch. 1963 *Beiträge zum Hathorkult.* MÄS 4. Berlin.

Aldred, C. 1975 Bild. *LÄ* I, Sp. 793–798.

Altenmüller, B. 1975 *Synkretismus in den Sargtexten.* GOF IV/7. Wiesbaden.

Altenmüller, H. 1966 „Messersee", „gewundener Wasserlauf" und „Flammensee". *ZÄS* 92, S. 86–95.

Altenmüller, H. 1977 Feste. *LÄ* II, Sp. 171–191.

Altenmüller, H. 1989 Kälberhirte und Schafhirte. Bemerkungen zur Rückkehr des Grabherrn. *SAK* 16, S. 1–19.

Alexanian, N. 1998 Ritualrelikte an Mastabagräbern des Alten Reiches. In: Guksch, H. (Hrsg.) *Stationen. Beiträge zur Kulturgeschichte Ägypten. Rainer Stadelmann gewidmet*, S. 3–22. Mainz.

Andrews, C. 1994 *Amulets of Ancient Egypt.* London.

Anthes, R. 1961 Das Verbum *šnj* „umschließen", „bannen" in den Pyramidentexten. *ZÄS* 86, S. 86–89.

Arnold, D. 1962 *Wandrelief und Raumfunktion in ägyptischen Tempeln des Neuen Reiches*. MÄS 2. Berlin.

Assmann, J. 1969 *Liturgische Lieder an den Sonnengott*. MÄS 19. Berlin.

Assmann, J. 1970 *Der König als Sonnenpriester. Ein kosmographischer Begleittext zur kultischen Sonnenhymnik in thebanischen Tempeln und Gräbern.* ADAIK 7. Glückstadt.

Assmann, J. 1979 Harfnerlied und Horussöhne. *JEA* 65, S. 54–77.

Assmann, J. 1982 Persönlichkeitsbegriff und -bewußtsein, *LÄ* IV, Sp. 963–978.

Assmann, J. 1983 Die Rubren in der Überlieferung der Sinuhe-Erzählung. In: *Fontes Atque Pontes. Eine Festgabe für Hellmut Brunner*. ÄAT 5, S. 18–41. Wiesbaden.

Assmann, J. 1987 Hierotaxis. Textkonstitution und Bildkomposition in der altägyptischen Kunst und Literatur. In: Osing, J. (Hrsg.) *Form und Maß. Beiträge zur Literatur, Sprache und Kunst des alten Ägypten*. Festschrift für Gerhard Fecht. ÄAT 12, S. 18–42. Wiesbaden.

Assmann, J. 1990 Die Macht der Bilder. Rahmenbedingungen ikonischen Handelns im Alten Ägypten. In: *Genres in visual representations: proceedings of a conference held in 1986 by invitation of the Werner-Reimers-Stiftung in Bad Homburg*. Visible Religion 7, S. 1–20. Leiden.

Assmann, J. 1990 *Ma'at. Gerechtigkeit und Unsterblichkeit im Alten Ägypten.* München.

Assmann, J. 1991a *Stein und Zeit. Mensch und Gesellschaft im Alten Ägypten.* München.

Assmann, J. 1991b Der zweidimensionale Mensch: Das Fest als Medium des kollektiven Gedächtnisses. In: Assmann, J. (Hrsg.) *Das Fest und das Heilige. Religiöse Kontrapunkte zur Alltagswelt*, S. 13–27. Gütersloh.
Assmann, J. 1995 Altägyptische Kultkommentare. In: Assmann, J. und Gladigow, B. (Hrsg.) *Text und Kommentar. Archäologie der literarischen Kommunikation* IV, S. 93–109. München.
Assmann, J. 1996a *Ägypten. Eine Sinngeschichte*. Darmstadt.
Assmann, J. 1996b Spruch 62 der Sargtexte und die Ägyptischen Totenliturgien. In: Willems, H. (Hrsg.) *The World of the Coffin Texts,* S. 17–30. Nederlands Instituut voor het nabije Oosten. Leiden.
Assmann, J. 1998 A Dialogue Between Self and Soul: Papyrus Berlin 3024. In: Baumgarten, A. I., Assmann, J., Stroumsa, G. (Hrsg.) *Self, Soul and Body in Religious Experience,* S. 384–403. Studies in the History of Religions 78. Leiden, Boston, Köln.
Assmann, J. 1999a *Ägyptische Hymnen und Gebete.* OBO. Freiburg, Schweiz.
Assmann, J. 1999b Confession in Ancient Egypt. In: Assmann, J., Stroumsa G. (Hrsg.) *Transformations of the Inner Self in Ancient Religions*, S. 231–244. Studies in the History of Religions 83. Leiden, Boston, Köln.
Assmann, J. 2001 *Tod und Jenseits im Alten Ägypten*. München.
Assmann, J. und Bommas, M. 2002. *Totenliturgien in den Sargtexten des Mittleren Reiches I.* Heidelberg.
Aune, M. B. 1996 The Subject of Ritual. Ideology and Experience in Action. In: Aune, M. B. und DeMarinis, V. (Hrsg.) *Religious and Social Ritual. Interdisciplinary Explorations,* S. 147–173. Albany.
Baines, J. 1982 Interpreting Sinuhe. *JEA* 68, S. 31–44.
Bardinet, Th. 1995 *Les Papyrus médicaux de l'Égypte ancienne*. Paris.
Barguet, P. 1986 *Les textes des sarcophages égyptiens du Moyen Empire*. Paris.
Barta, W. 1963 *Die altägyptische Opferliste von der Frühzeit bis zur griechisch-römischen Epoche*. MÄS 3. Berlin.
Barta, W. 1969 *Das Gespräch eines Mannes mit seinem Ba*. MÄS 18. Berlin.
Barta, W. 1973 *Untersuchungen zum Götterkreis der Neunheit*. MÄS 28. Berlin.
Barta, W. 1990 Zum Wesen des Gottes Osiris nach Zeugnissen der älteren Totenliteratur. *ZÄS* 117, S. 89–93.
Beaux, N. 1994 La Douat dans les Textes des Pyramides. Espace et temps de gestation. *BIFAO* 94, S. 1–6.
Bell, C. 1992 *Ritual Theory, Ritual Practice*. Oxford.
Bell, C. 1997 *Ritual. Perspectives and Dimensions*. Oxford.
Bell, C. 1998 Performance. In: Taylor, M. C. (Hrsg.) *Critical Terms for Religious Studies*, S. 205–224. Chicago.
Beinlich, H. 1983 Osiris in Byblos? *WdO* XIV, S. 63–66.
Beinlich, H. 1984 *Die „Osirisreliquien". Zum Motiv der Körperzergliederung in der altägyptischen Religion*. ÄA 42. Wiesbaden.
Bergman, J. 1968 *Ich bin Isis. Studien zum memphitischen Hintergrund der griechischen Isisaretalogien.* Acta Universitatis Upsaliensis. Historia Religionum 3. Uppsala.
Bergman, J. 1970 *Isis-Seele und Osiris-Ei. Zwei ägyptologische Studien zu Diodorus Siculus I 27,4–5*. Acta Universitatis Upsaliensis. Historia Religionum 4. Uppsala.

Berlev, O. D. 1998 [Buchbesprechung von Willems *The Coffin of Heqata.*] *BiOr* 55/5, S. 772–775.

Berthelot, J. M. 1991 Sociological Discourse and the Body. In: Featherstone, M., Hepworth, M., Turner, B. S. (Hrsg.) *The Body: Social Process and Cultural Theory,* S. 390–404. London.

Bickel, S. 1988 Furcht und Schrecken in den Sargtexten. *SAK* 15, S. 17–25.

Bickel, S. 1994 *La Cosmogonie égyptienne avant le Nouvel Empire.* OBO 134. Freiburg, Schweiz.

Bickel, S. 1997 Héliopolis et le tribunal des dieux. In: Berger, C. und Mathieu, B. (Hrsg.) *Études sur l'Ancien Empire et la nécropole de Saqqâra dédiées à Jean-Philippe Lauer* I, S. 113–122. Montpellier.

Bickel, S. 2004 D'un monde à l'autre: le thème du passeur et de sa barque dans la pensée funéraire. In: Bickel, S., Mathieu, B. (Hrsg.) *D'un monde à l'autre. Textes des Pyramides et Textes des Sarcophages*, S. 91–117. IFAO. Kairo.

Bidoli, D. 1976 *Die Sprüche der Fangnetze in den altägyptischen Sargtexten.* ADAIK 9. Glückstadt.

Billing, N. 2002 *Nut. The Goddess of Life in Text and Iconography.* Uppsala Studies in Egyptology 5. Uppsala.

Blackman, A. M. 1912 The Significance of Incense and Libations in Funerary and Temple Ritual. *ZÄS* 50, S. 69–75.

Blackman, A. M. 1918 Some Notes on the Ancient Egyptian Practice of Washing the Dead. *JEA* 5, S. 117–124.

Blackman, A. M. und Apted, M. R. 1914–1953 *The Rock Tombs of Meir* I–VI. Archaeological Survey of Egypt. Oxford.

Blumenthal, E. 1995 Die Erzählung des Sinuhe. In: Kaiser, O. et al. (Hrsg.) *Weisheitstexte, Mythen und Epen. Mythen und Epen III. TUAT* III, S. 884–991. Gütersloh.

Bolshakov, A. O. 1997 *Man and his Double in Egyptian Ideology of the Old Kingdom.* ÄAT 37. Wiesbaden.

Bommas, M. 1999 Zur Datierung einiger Briefe an die Toten. *GM* 173, S. 53–60.

Bonnet, H. 1952 *Reallexikon der Ägyptischen Religionsgeschichte.* Berlin.

Borghouts, J. F. 1971 *The Magical Texts of Papyrus Leiden I 348.* OMRO 51. Leiden.

Bourdieu, P. 1998 *Praktische Vernunft. Zur Theorie des Handelns.* Frankfurt am Main.

Brunner, H. 1955 Das Beruhigungslied im Sinuhe. *ZÄS* 80, S. 5–11.

Brunner, H. 1961 Zum Verständnis des Spruches 312 der Sargtexte. *ZDMG* 36, S. 439–445. Nachdruck in: Röllig, W. (Hrsg.) 1988 *Das hörende Herz*, S. 309–315. OBO 80. Göttingen.

Brunner, H. 1964 *Die Geburt des Gottkönigs. Studien zur Überlieferung eines altägyptischen Mythos.* ÄA 10. Wiesbaden.

Brunner, H. 1965a *Hieroglyphische Chrestomathie.* Wiesbaden.

Brunner, H. 1965b Das Herz im ägyptischen Glauben. In: *Das Herz im Umkreis des Glaubens*, S. 81–106. Biberach. Nachdruck in: Röllig, W. (Hrsg.) 1988 *Das hörende Herz*, S. 8–41. OBO 80. Göttingen.

Brunner, H. 1975 Name, Namen, Namenlosigkeit Gottes im Alten Ägypten. In: Stietencron, H. v. (Hrsg.) *Der Name Gottes*, S. 33–49. Düsseldorf. Nachdruck in: Röllig, W. (Hrsg.) 1988 *Das hörende Herz*, S. 130–146. OBO 80. Göttingen.

Brunner, H. 1982 Die Rolle von Tür und Tor im Alten Ägypten. In: *Symbolon*. Jahrbuch für Symbolforschung, Neue Folge 6, S. 37–59. Nachdruck in: Röllig, W. (Hrsg.) 1988 *Das hörende Herz*, S. 248–261. OBO 80. Göttingen.

Brunner, H. 1986 *Grundzüge einer Geschichte der altägyptischen Literatur*. Darmstadt.

Brunner-Traut, E. 1956 Atum als Bogenschütze. *MDAIK* 14, S. 20–28.

Brunner-Traut, E. 1963 *Altägyptische Märchen*. München.

Brunner-Traut, E. 1967 Der Lebensmüde und sein Ba. *ZÄS* 94, S. 6–14.

Brunner-Traut, E. 1988 Der menschliche Körper – eine Gliederpuppe. *ZÄS* 115, S. 8–14.

Bruyère, B. 1937 *Rapport sur les fouilles de Deir el Médineh (1934–1935)* II. Fouilles de l'Institut Français du Caire. Kairo.

Buchberger, H. 1993 *Transformation und Transformat*. Sargtextstudien I. ÄA 52. Wiesbaden.

Buck, A. de 1949 The Earliest Version of the Book of the Dead 78. *JEA* 35, S. 87–97.

Buck, A. de 1935–1961 *The Ancient Egyptian Coffin Texts* 1–7. Chicago.

Burkard, G. 1993 *Überlegungen zur Form der ägyptischen Literatur. Die Geschichte des Schiffbrüchigen als literarisches Kunstwerk*. Wiesbaden.

Burkard, G. und Thissen H. J. 2003 *Einführung in die Altägyptische Literaturgeschichte* I. *Altes und Mittleres Reich*. Einführung und Quellentexte zur Ägyptologie. Münster.

Butler, J. 1997 *Excitable Speech. A Politics of the Performative*. New York.

Butler, J. 2002 Performative Akte und Geschlechterkonstitution. In: Wirth, U. (Hrsg.) *Performanz. Zwischen Sprachphilosophie und Kulturwissenschaften*, S. 301–320. Frankfurt am Main.

Collins, S. 1985 Categories, concepts or predicaments? Remarks on Mauss's use of philosophical terminology. In: Carrithers, M., Collins, S., Lukes, S. (Hrsg.) *The category of the person*, S. 46–82. Cambridge.

Dabrowska-Smektala, E. (nicht im Druck erschienen) *Middle Kingdom Coffins and their Fragments from the National Museum in Warsaw*. Diss. Warschau.

Davies, N. de G. 1920 *The Tomb of Antefoker, Vizier of Sesostris I and of his Wife Senet*. Theben 60. The Theban Tomb Series Memoir 2. London.

Derchain, Ph. 1952 Bébon, le dieu et les mythes. *RdE* 9, S. 3–47.

Derchain, Ph. 1970 La Réception de Sinouhé à la cour de Sésostris Ier. *RdE* 22, S. 79–83.

Derchain, Ph. 1981 Anthropologie, Égypte pharaonique. In: Bonnefoy, Y. (Hrsg.) *Dictionnaire des Mythologies,* S. 46–50. Paris.

Derchain, Ph. 1991 A propos d'un livre récent, *GM* 125, S. 17–19.

Desroches Noblecourt, Ch. 1953 Concubines de mort et mères de famille au Moyen Empire. *BIFAO* 53, S. 7–47.

Desroches Noblecourt, Ch. 1995 *Amours et fureurs de la Lointaine. Clés pour la compréhension de symboles égyptiens*. Paris.

Donnat, S. 2004 Le dialogue d'un homme avec son ba à la lumière de la formule 38 des Textes des Sarcophages. *BIFAO* 104, S. 191–205.

Doxey, D. M. 1998 *Egyptian Non-royal Epithets in the Middle Kingdom. A Social and Historical Analysis.* PdÄ 12. Leiden, Boston, Köln.

Drenkhahn, R. 1989 *Die ägyptischen Reliefs im Kestner-Museum Hannover.* Hannover.

Eco, U. 1994 *Einführung in die Semiotik.* München.

Elm, Th. 1991 *Die moderne Parabel. Parabel und Parabolik in Theorie und Geschichte.* München.

Englund, G. 1978 *Akh – une notion religieuse dans l'Égypte pharaonique.* Boreas 11. Acta Universitatis Upsaliensis. Uppsala Studies in Ancient Mediterranean and Near Eastern Civilizations. Uppsala.

Englund, G. 1998 The Eye of the Mind and Religious Experience in the Shu Theology from the Egyptian Middle Kingdom. In: Schalk, P. (Hrsg.) *Being Religious and Living through the Eyes.* Festschrift Jan Bergman, S. 86–114. Acta Universitatis Upsaliensis. Historia Religionum 14. Uppsala.

Englund, G. 1999 The Border and the Yonder Side. In: *Gold of Praise: Studies on Ancient Egypt in Honour of Edward F. Wente*, S. 101–109. Oriental Institute. Chicago.

Englund, G. 2000 Kropp och själ i samspel. Om människosynen i det gamla Egypten. *RoB* LVIII–LIX, S. 9–28.

Erman, A. 1896 *Gespräch eines Lebensmüden mit seiner Seele. Aus dem Papyrus 3024 der königlichen Museen.* APAW. Berlin.

Erman, A. und Grapow, H. 1926–1963 *Wörterbuch der Ägyptischen Sprache* 1–7. Leipzig, Berlin.

Eschweiler, P. 1994 *Bildzauber im Alten Ägypten. Die Verwendung von Bildern und Gegenständen in magischen Handlungen nach Texten des Mittleren und Neuen Reiches.* OBO 137. Freiburg, Schweiz.

Fairman, H. W. 1943 Notes on the Alphabetic Signs employed in the Hieroglyphic Inscriptions of the Temple of Edfu. *ASAE* 43, S. 192–310.

Faulkner, R. O. 1937 Papyrus Bremner–Rhind III. *JEA* 23, S. 166–185.

Faulkner, R. O. 1956 The Man who was tired of Life. *JEA* 42, S. 21–40.

Faulkner, R. O. 1973–1978 *The Ancient Egyptian Coffin Texts* 1–3. Warminster.

Fecht, G. 1991 Die Belehrung des Ba und der „Lebensmüde". *MDAIK* 47, S. 113–126.

Fenn, R. K. 1982 *Liturgies and Trials. The Secularization of Religious Language.* Oxford.

Ferguson, A. 1987 A Feminist Aspect Theory of the Self. In: Hanen, M. und Nielsen, K. (Hrsg.) *Science, Morality and Feminist Theory*, S. 339–356. Calgary.

Firchow, O. 1953 *Grundzüge der Stilistik in den altägyptischen Pyramidentexten. Untersuchungen zur ägyptischen Stilistik* II. Berlin.

Firth, C. M. und Gunn, B. 1926 *Teti Pyramid Cemeteries* I. Service des Antiquités de l' Égypte. Fouilles de Saqqara 7. Kairo.

Fischer-Elfert, H.-W. 1996 The Hero of Retjenu – an Execration Figure (Sinuhe B 109–113). *JEA* 82, S. 198–199.

Fischer-Elfert, H.-W. 2000 Hierotaxis auf dem Markte – Komposition, Kohärenz und Lesefolge der Marktszenen im Grabe des Nianchchnum und Chnumhotep. *SAK* 28, S. 67–82.

Fitzenreiter, M. 2001 Grabdekoration und die Interpretation funerärer Rituale. In: Willems, H. (Hrsg.) *Social Aspects of Funerary Culture in the Egyptian Old and Middle Kingdoms*, S. 67–141. OLA 103. Löwen.

Foster, J. L. 1975 Thought Couplets in Khety's „Hymn to the Inundation". *JNES* 34, S. 1–29.

Foster, J. L. 1994 Thought Couplets and the Standard Theory. A Brief Overview. *LingAeg* 4, S. 139–163.

Funk, J. und Brück, C. 1999 Fremd-Körper: Körper-Konzepte – Ein Vorwort. In: Funk, J. und Brück, C. (Hrsg.) *Körper-Konzepte*. Literatur und Anthropologie 5. Tübingen.

Gardiner, A. 1957 Hymns to Sobk in a Ramesseum Papyrus. *RdE* 11, S. 43–56.

Gautier, J.-E. und Jequier, G. 1902 *Fouilles de Licht*. MIFAO 6. Kairo.

George, B. 1970 *Zu den altägyptischen Vorstellungen vom Schatten als Seele*. Diss. Bonn.

George, B. 1980 Drei altägyptische Wurfhölzer. *Medelhavsmuseet Bulletin* 15, S. 7–15.

George, B. 1983 „Gottesschatten" – Götterbild in Widdergestalt. *WdO* XIV, S. 130–134.

Germer, R. 1994 *Das Geheimnis der Mumien*. Hamburg.

Germer, R., Kischkewitz, H. und Lüning, M. 1994 Pseudo-Mumien der ägyptischen Sammlung Berlin. *SAK* 21, S. 81–94.

Gestermann, L. 2003 [Buchbesprechung von Meyer-Dietrich *Nechet und Nil*]. *BiOr* 60/5–6, S. 594–602.

Gillam, R. A. 1995 Priestesses of Hathor: Their Function, Decline and Disappearance. *JARCE* 32, S. 211–237.

Goebs, K. 1995 Untersuchungen zu Funktion und Symbolgehalt des *nms*. *ZÄS* 122, S. 154–181.

Goebs, K. 2003 Zerstörung als Erneuerung in der Totenliteratur. Eine kosmische Interpretation des Kannibalenspruchs. *GM* 194, S. 29–48.

Goedicke, H. 1970 *The Report about the Dispute of a Man with his Ba*. Baltimore und London.

Goldwasser, O. 2002, *Prophets, Lovers and Giraffes: Wor(l)d Classification in Ancient Egypt*. GOF IV/38,3. Wiesbaden.

Gordon, A. H. und Schwabe, C. W. 1998 „Life Flesh" and „Opening-of-the-Mouth": Biomedical, ethnological, and Egyptological Aspects. In: Eyre, C. J. (Hrsg.) *Proceedings of the Seventh International Congress of Egyptologists*. OLA 82, S. 461–468. Löwen.

Görg, M. 2002 Zweigeschlechtlichkeit bei ägyptischen Göttern. In: Klinger, E., Böhm, S., Franz, T. (Hrsg.) *Die zwei Geschlechter und der eine Gott*, S. 65–81. Würzburg.

Grallert, S. 1996 Die Fugeninschriften auf Särgen des Mittleren Reiches. *SAK* 23, S. 149–165.

Grapow, H. 1960 *Wie die Alten Ägypter sich anredeten, wie sie sich grüßten und wie sie miteinander sprachen*. Berlin.

Grdseloff, B. 1941 *Das ägyptische Reinigungszelt*. Kairo.

Greven, L. 1952 *Der Ka in Theologie und Königskult der Ägypter*. ÄF 17. Wiesbaden.

Grieshammer, R. 1970 *Das Jenseitsgericht in den Sargtexten*. ÄA 20. Wiesbaden.

Grieshammer, R. 1974 *Die altägyptischen Sargtexte in der Forschung seit 1936.* ÄA 28. Wiesbaden.
Grimes, R. L. 1995 *Beginnings in Ritual Studies.* South Carolina.
Grimes, R. L. 2000 *Deeply into the Bone. Re-Inventing Rites of Passage.* Berkeley and Los Angeles.
Guglielmi, W. 1984 Zu einigen literarischen Funktionen des Wortspiels. In: *Studien zu Sprache und Religion Ägyptens I Sprache. Zu Ehren von Wolfhart Westendorf,* S. 491–505. Göttingen.
Gutschmidt, H. 2004 Literarizitätsbegriff und Literarizitätskriterien in der Ägyptologie. *LingAeg* 12, S. 75–87.
Hannig, R. 1990 Die Schwangerschaft der Isis. In: *Festschrift Jürgen von Beckerath.* HÄB 30, S. 91–95. Hildesheim.
Hannig, R. 1991, Die erste Parabel des „Lebensmüden" (LM 68–80). *JAC* 6, S. 23–31.
Hannig, R. 1995 *Die Sprache der Pharaonen. Großes Handwörterbuch Ägyptisch-Deutsch.* Mainz.
Hardin, R. F. 2003 Ritual und Literaturwissenschaft. In: Belliger, A. und Krieger, D. J. (Hrsg.) *Ritualtheorien,* S. 339–363. Wiesbaden.
Hardy, B. 1973 *Rituals and Feeling in the Novels of George Eliot.* W. D. Thomas Memorial Lecture. Swansea, Wales.
Harnisch, W. 1985 *Die Gleichniserzählungen Jesu.* Göttingen.
Hayes, W. C. 1953–1959 *The Scepter of Egypt. A Background for the Study of the Egyptian Antiquities in the Metropolitan Museum of Art* I–II. Cambridge, Massachusetts.
Helck, W. 1967 Einige Bemerkungen zum Mundöffnungsritual. *MDAIK* 22, S. 27–41.
Helck, W. 1982 Menschenbild. *LÄ* IV, Sp. 55–64.
Hellinckx, B. R. 2001 The symbolic assimilation of head and sun as expressed by headrests. *SAK* 29, S. 61–95.
Hermann, A. 1969 Farbe I Ägypten. *RAC* 7, S. 362–373. Stuttgart.
Hodjash, S. und Berlev, O. 1997 An Early Dynasty XII Offering Service from Meir. In: *Essays in honour of Prof. Dr. Jadwiga Lipińska,* S. 283–290. Warsaw Egyptological Studies I. Warschau.
Hornung, E. 1956 *Nacht und Finsternis im Weltbild der Alten Ägypter.* Diss. Tübingen.
Hornung, E. 1970 Der Mensch als Bild Gottes in Ägypten. In: Loretz, O. (Hrsg.) *Die Gottebenbildlichkeit des Menschen,* S. 123–156. München.
Hornung, E. 1971 *Der Eine und die Vielen.* Darmstadt.
Hornung, E. 1980 Von zweierlei Grenzen im Alten Ägypten. *Eranos* 49, S. 393–427.
Hornung, E. 1982 *Der Ägyptische Mythos von der Himmelskuh. Eine Ätiologie des Unvollkommenen.* OBO 46. Freiburg, Schweiz.
Hornung, E. 1983a Vom Sinn der Mumifizierung. *WdO* XIV, S. 167–175.
Hornung, E. 1983b Fisch und Vogel: Zur altägyptischen Sicht des Menschen. *Eranos* 52, S. 455–496.
Hornung, E. 1990a *Das Totenbuch der Ägypter.* Zürich.
Hornung, E. 1990b *Gesänge vom Nil. Dichtung am Hofe der Pharaonen.* Zürich.

Hübler, A. 2001 *Das Konzept ‚Körper' in den Sprach- und Kommunikationswissenschaften*. Tübingen, Basel.
Ikram, S. und Dodson, A. 1998 *The Mummy in Ancient Egypt. Equipping the Dead for Eternity*. London.
Jackson, H. M. 1995 „The Shadow of Pharaoh, your Lord, falls upon you": once again Wenamun 2.46. *JNES* 54, S. 273–286.
Jacq, Ch. 1993 *Recherches sur le paradis de l'autre monde d'apres les Textes des Pyramides et les Textes des Sarcophages*. Paris.
Jäger, S. 2004 *Altägyptische Berufstypologien*. Lingua Aegyptia. Studia Monographica 4. Göttingen.
Jansen-Winkeln, K. 1996a „Horizont" und „Verklärtheit": Zur Bedeutung der Wurzel *ꜣḫ*. *SAK* 23, S. 201–215.
Jansen-Winkeln, K. 1996b Zur Bedeutung von *jmꜣḫ*. *BSEG* 20, S. 29–36.
Johnson, M. 1987 *The Body in the Mind. The Bodily Basis of Meaning, Imagination, and Reason*. Chicago.
Junge, F. 1984 Zur „Sprachwissenschaft" der Ägypter. In: *Studien zu Sprache und Religion Ägyptens I Sprache. Zu Ehren von Wolfhart Westendorf*, S. 257–272. Göttingen.
Junge, F. 1994 Mythos und Literarizität: Die Geschichte vom Streit der Götter Horus und Seth, *Quaerentes Scientia. Festgabe für Wolfhart Westendorf*, S. 83–101. Göttingen.
Junge, F. 2000 Die Rahmenerzählung des beredeten Bauern. Innenansichten einer Gesellschaft. *LingAeg* 8, S. 157–181.
Junge, F. 2003 *Die Lehre Ptahhoteps und die Tugenden der ägyptischen Welt*. OBO 193. Freiburg, Schweiz.
Junker, H. 1934 *Giza* II. AWW. Wien. Leipzig.
Junker, H. 1942 *Der sehende und der blinde Gott*. SBAW 7. München.
Junker, H. 1943 *Zu einigen Reden und Rufen auf Grabbildern des Alten Reiches*. SAWW. Wien. Leipzig.
Jürgens, P. 1991 *Grundlinien einer Überlieferungsgeschichte der altägyptischen Sargtexte. Stemmata und Archetypen der Spruchgruppen 30–32 + 33–37, 75 (–83), 162+164, 225+226 und 343+345*. GOF IV/31. Wiesbaden.
Kadish, G. E. 1988 Seasonality and the Name of the Nile. *JARCE* 25, S. 185–194.
Kamal, A. B. 1911 Rapport sur les fouilles exécutées dans la zone comprise entre Deirout au Nord et Deir-El-Ganadlah au Sud. *ASAE* 11, S. 7–39.
Kaplony, P. 1980 Ka. *LÄ* III, Sp. 275–282.
Kaplony, P. 1985 Zepter. *LÄ* VI, Sp. 1373–1389.
Kees, H. 1922 Ein alter Götterhymnus als Begleittext zur Opfertafel. *ZÄS* 57, S. 92–120.
Kees, H. 1955 Zur lokalen Überlieferung des Totenbuch-Kapitels 99 und seiner Vorläufer. In: Firchow, O. (Hrsg.) *Ägyptologische Studien* 29 (Festschrift H. Grapow), S. 176–185. Berlin.
Klebs, L. 1922 *Die Reliefs und Malereien des Mittleren Reiches*. AHAW. Heidelberg.
Koch, K. 1984 Erwägungen zu den Vorstellungen über Seelen und Geister in den Pyramidentexten. Festschrift Wolfgang Helck. *SAK* 11, S. 425–454.
Koch, R. 1990 *Die Erzählung des Sinuhe*. BAe XVII. Brüssel.

Köhler, U. 1975 *Das Imiut. Untersuchung zur Darstellung und Bedeutung eines mit Anubis verbundenen religiösen Symbols*. Teil B. GOF IV/4. Wiesbaden.
Krauss, R. 1997 *Astronomische Konzepte und Jenseitsvorstellungen in den Pyramidentexten*. ÄA 59. Wiesbaden.
Kriesel, S. 2001 *Der Körper als Paradigma. Leibesdiskurse in Kultur, Volksreligiosität und Theologie Brasiliens*. Luzern.
Kristensen, B. W. 1992 (Übers. der 2. Auflage 1949) *Life out of Death*. Löwen.
Kurth, D. 1984 Reinigungszelt. *LÄ* V, Sp. 220–222.
Kutsch, E. 1963 *Salbung als Rechtsakt im Alten Testament und im Alten Orient*. Berlin.
Lacau, P. 1904–1906 Sarcophages antérieurs au Nouvel Empire I–II. Kairo.
Lakoff, G. und Johnson, M. 1980 *Metaphors We Live By*. Chicago.
Lakoff, G. 1990 *Women, Fire, and Dangerous Things. What Categories Reveal about the Mind*. Chicago.
Lange, H. 1927 *Der magische Papyrus Harris*. Kopenhagen.
Lange, O. und Schäfer, H. 1908 *Grab- und Denksteine des Mittleren Reiches im Museum von Kairo II*. Berlin.
Lapp, G. 1986 *Die Opferformel des Alten Reiches*. Sonderschrift 21. Deutsches Archäologisches Institut Abteilung Kairo. Mainz.
Lapp, G. 1989 Die Papyrusvorlagen der Sargtexte. *SAK* 16, S. 171–202.
Lapp, G. 1990 Die Spruchkompositionen der Sargtexte. *SAK* 17, S. 221–234.
Lapp, G. 1993 *Typologie der Särge und Sargkammern von der 6. bis 13. Dynastie*. SAGA 7. Heidelberg.
Leitz, Ch. 1995 *Altägyptische Sternuhren*. OLA 62. Löwen.
Leitz, Ch. 2002 *Lexikon der ägyptischen Götter und Götterbezeichnungen* I–VII. OLA 110–116. Löwen.
Lesko, L. H. 1979 *Index of the Spells on Egyptian Middle Kingdom Coffins and Related Documents*. Berkeley.
Lichtheim, M. 1975 *Ancient Egyptian Literature Volume I: The Old and Middle Kingdoms*. Berkeley.
Lilyquist, Ch. 1979 *Ancient Egyptian Mirrors from the Earliest Times through the Middle Kingdom*. MÄS 27. München.
Lloyd, A. B. 1989 Psychology and Society in the Ancient Egyptian Cult of the Dead. In: Allan, J. P., Assmann, J., Lloyd A. B., Ritner R. K., Silverman D. P. (Hrsg.) *Religion and Philosophy in Ancient Egypt*. Yale Egyptological Studies 3, S. 117–133.
Lohmann, K. 1998 Das Gespräch eines Mannes mit seinem Ba. *SAK* 25, S. 207–236.
Lopez, J. 1984 Ostraca Hieratici, Tabelle lignee. *Catalogo del Museo Egizio di Torino* III. Mailand.
Loprieno, A. 1996 *Ancient Egyptian. A linguistic introduction*. Cambridge.
Loprieno, A. 2003 Drei Leben nach dem Tod. Wieviele Seelen hatten die alten Ägypter? In: Guksch, H., Hoffmann, E., Bommas, M. (Hrsg.) *Grab und Totenkult im Alten Ägypten*, S. 200–225. München.
Lüscher, B. 1990 *Untersuchungen zu ägyptischen Kanopenkästen. Vom Alten Reich bis zum Ende der Zweiten Zwischenzeit*. HÄB 31. Hildesheim.
Manniche, L. 1991 *Music and Musicians in Ancient Egypt*. London.

Massart, A. 1959 À propos des ‚listes' dans les textes égyptiens funéraires et magiques. *Studia biblica et orientalia III. Oriens antiquus.* (*Analecta Biblica 12*), S. 227–246. Rom.
Mathieu, B. 2000 Le dialogue d'un homme avec son âme. Une débat d'idées dans l'Égypte ancienne. *Égypte, Afrique et Orient* 19, S. 17–36.
Meeks, D. und Favard-Meeks, Ch. 1999 *Daily Life of the Egyptian Gods.* London.
Meskell, L. M. 1999 *Archeologies of Social Life.* Massachusetts.
Meskell, L. M. 2000 Writing the Body in Archeology. In: Rautman, A. E. (Hrsg.) *Reading the Body. Representations and Remains in the Archeological Record,* S. 13–21. Philadelphia.
Meskell, L. M. und Joyce, R. A. 2003 *Embodied Lives. Figuring Ancient Maya and Egyptian Experience.* London. New York.
Meyer-Dietrich, E. 2001 *Nechet und Nil. Ein ägyptischer Frauensarg des Mittleren Reiches aus religionsökologischer Sicht.* Acta Universitatis Upsaliensis. Historia Religionum 18. Uppsala.
Meyer-Dietrich, E. 2004 Die göttliche Mahlzeit vor Sonnenaufgang im Alten Ägypten. In: Grappe, Ch. (Hrsg) *Le Repas de Dieu. Das Mahl Gottes*, S. 15–33. WUNT 169. Tübingen.
Meyer-Dietrich, E. 2004 The City God – an Expression for Localization. In: Martin, L. H., Pachis, P. (Hrsg.) *Hellenisation, Empire and Globalisation: Lessons from Antiquity*, S. 140–161. Thessaloniki.
Meyer-Dietrich, E. (in Vorbereitung) Der Tempel als Körper. Das Verhältnis zwischen architektonischer und religiöser Praxis. *Akten der 7. Ägyptologischen Tempeltagung in Löwen.* Wiesbaden.
Mond, R. und Myers, O. H. 1940 *The Temples of Armant.* The Egypt Exploration Society. London.
Moltmann-Wendel, E. 1989 *Wenn Gott und Körper sich begegnen. Feministische Perspektiven zur Leiblichkeit.* Gütersloh.
Moers, G. 1999 Travel as Narrative in Egyptian Literature. In: Moers, G. (Hrsg.) *Definitely: Egyptian literature.* Lingua Aegyptia. Studia Monographica 2, S. 43–61. Göttingen.
Moers, G. 2001 *Fingierte Welten in der ägyptischen Literatur des 2. Jahrtausends v. Chr.. Grenzüberschreitungen, Reisemotiv und Fiktionalität.* PdÄ 19. Leiden.
Morenz, L. D. 1996 *Beiträge zur Schriftlichkeitskultur im Mittleren Reich und in der 2. Zwischenzeit.* AÄT 29. Wiesbaden.
Morenz, L. D. 1997 Ein hathorisches Kultlied und ein königlicher Archetyp des Alten Reiches - Sinuhe B 270f. und eine Stele der späten XI. Dynastie (Louvre C 15). *Die Welt des Orients* 28, S. 7–17.
Morenz, L. D. 2005 Ein Text zwischen Ritual(ität) und Mythos. Die Inszenierung des Anchtifi von Hefat als Super-Helden. In: Dücker, B. und Roeder, H. (Hrsg.) *Text und Ritual. Kulturwissenschaftliche Essays und Analysen von Sesostris bis Dada*, S. 123–147. Heidelberg.
Müller, D. 1972 An early Egyptian Guide to the Hereafter. *JEA* 58, S. 99–125.
Münster, M. 1968 *Untersuchungen zur Göttin Isis vom Alten Reich bis zum Ende des Neuen Reiches.* MÄS 11. Berlin.
Myśliwiec, K. 1978–79 *Studien zum Gott Atum* I-II. HÄB 5 und 8. Hildesheim.
Newberry, P. E. 1893–1900 *Beni Hassan* I–IV. London.

O'Brien, A. 1996 The Serekh as an Aspect of the Iconography of Early Kingship. *JARCE* 33, S. 123–138.
Oosten, J. J. 1990 A Few Critical Remarks on the Concept of Person. In: Kippenberg, H., Kuiper, Y., Sanders A. (Hrsg.) *Concepts of Person in Religion and Thought*, S. 25–33. Berlin. New York.
Otto, E. 1942 Die beiden vogelgestaltigen Seelenvorstellungen der Ägypter. *ZÄS* 77, S. 78–91.
Otto, E. 1960 *Das Ägyptische Mundöffnungsritual*. ÄA 3. Wiesbaden.
Otto, E. 1963 Altägyptischer Polytheismus. Eine Beschreibung. *Saeculum* XIV 3/4, S. 249–285.
Otto, E. 1975 Ach. *LÄ* I, Sp. 49–52.
Parkinson, R. B. 1991 *The Tale of the Eloquent Peasant*. Griffith Institute. Ashmolean Museum. Oxford.
Parkinson, R. B. 1997 *The Tale of Sinuhe and other Ancient Egyptian Poems 1940–1640 BC*. Oxford.
Parkinson, R. B. 2002 *Poetry and Culture in Middle Kingdom Egypt. A Dark Side to Perfection*. London.
Parkinson, R. B. 2003a The Missing Beginning of 'The Dialogue of a Man and his Ba': P. Amherst III and the History of the 'Berlin Library', *ZÄS* 130, S. 120–133 und Taf. XXX–XXXI.
Parkinson, R. B. 2003b Sinuhe's Dreaming(s). The Texts and Meanings of a Simile. In: Szpakowska, K. und Lloyd, A. B. (Hrsg.) *Through a Glass Darkly. Magic, Dreams, and Prophecy in Ancient Egypt* (im Druck). Swansea, Wales.
Parkinson, R. B. und Usick, P. 2003 A Note on the ‚Berlin Library' and the British Museum. *GM* 197, S. 93–97.
Perepelkin, J. J. 1986 *Privateigentum in der Vorstellung der Ägypter des Alten Reiches*. Hrsg. R. Müller-Wollermann. Tübingen.
Plas, D. van der und Borghouts, J. F. 1998 *Coffin Texts Word Index*. Publications Interuniversitaires de Recherches Égyptologiques Informatisées IV. Utrecht. Paris.
Plutarch, De Iside et Osiride.
Porter, B. und Moss, R. 1934 *Topographical Bibliography of Ancient Egyptian Hieroglyphic Texts, Reliefs, and Paintings* IV. *Lower and Middle Egypt*. Oxford.
Purdy, S. 1977 Sinuhe and the Question of Literary Types. *ZÄS* 104, S. 112–127.
Quack, J. F. 1995 Dekane und Gliedervergottung. Altägyptische Traditionen im Apokryphon Johannis. *JbAC* 38, S. 97–122.
Ranke, H. 1935–1977 *Die ägyptischen Personennamen* I–III. Glückstadt.
Raue, D. 1999 *Heliopolis und das Haus des Re. Eine Prosographie und ein Toponym im Neuen Reich*. ADAIK 16. Berlin.
Renaud, O. 1991 *Le Dialogue du Désespéré avec son Âme. Une interprétation littéraire*. CSEG 1. Genf.
Roeder, H. 1996 *Mit dem Auge sehen*. SAGA 16. Heidelberg.
Roeder, H. 2005 Das „Erzählen der Ba-u". Der *Ba-u*-Diskurs und das altägyptische Erzählen zwischen Ritual und Literatur im Mittleren Reich. In: Dücker, B. und Roeder, H. (Hrsg.) *Text und Ritual. Kulturwissenschaftliche Essays und Analysen von Sesostris bis Dada*, S. 187–242. Heidelberg.

Roth, A. M. 1993 Fingers, Stars, and the“ Opening of the Mouth“: The Nature and Function of the *nṯrwj*-Blades. *JEA* 79, S. 57–79.
Roth, A. M. 2000 Father Earth, Mother Sky. Ancient Egyptian Beliefs about Conception and Fertility. In: Rautman, A. E. (Hrsg.) *Reading the Body. Representations and Remains in the Archeological Record*, S. 187–201. Philadelphia.
Rusch, A. 1922 *Die Entwicklung der Himmelsgöttin Nut zu einer Totengottheit*. MVAeG 27. Leipzig.
Sandison, A. T. 1975 Balsamierung. *LÄ* I, Sp. 610–614.
Sauneron, S. 1962 *Les Fêtes religieuses d'Esna*. Esna 5. Kairo.
Sauneron, S. 1968 *Le Temple d'Esna*. Esna 3. Kairo.
Schäfer, H. 1986 *Principles of Egptian Art*. Oxford.
Schenkel, W. 1984 Sprachbewußtsein. *LÄ* V, Sp. 1174–1176.
Schiller, G. 2000 Verschiebungen der Körpergrenzen: Die wechselnden Perspektiven von Judith Butler, Susanne Langer und Elaine Scarry auf ein mobiles Phänomen. In: Genge, G. (Hrsg.) *Sprachformen des Körpers in Kunst und Wissenschaft*, S. 117–125. Tübingen. Basel.
Schneider, Th. 1996 *Lexikon der Pharaonen*. München.
Schoske, S. 1990 *Schönheit – Abglanz der Göttlichkeit. Kosmetik im Alten Ägypten*. Schriften aus der Ägyptischen Sammlung 5. München.
Schott, S. 1952 *Das schöne Fest vom Wüstentale*. AAWLM, Wiesbaden.
Schott, S. 1963 Die Opferliste als Schrift des Thot. *ZÄS* 90, S. 103–110.
Schwarz, S. 1996 Zur Symbolik weißer und silberner Sandalen. *ZÄS* 123, S. 69–84.
Schweitzer, U. 1956 *Das Wesen des Ka im Diesseits und Jenseits der Alten Ägypter*. ÄF 19. Glückstadt.
Seidlmayer, S. J. 2001 Die Ikonographie des Todes. In: Willems, H. (Hrsg.) *Social Aspects of Funerary Culture in the Egyptian Old and Middle Kingdoms*, S. 205–252. Löwen.
Servajean, F. 2004 *Les formules des transformations du Livre des Morts à la lumière d'une théorie de la performativité*. Bibliothéque d'étude 137. IFAO. Kairo.
Sethe, K. 1908–1910 *Die altägyptischen Pyramidentexte* 1–2. Leipzig.
Sethe, K. 1928 *Dramatische Texte zu altaegyptischen Mysterienspielen II. Der dramatische Ramesseumpapyrus*. UGAÄ 10, 1.2. Leipzig.
Sethe, K. 1934 *Zur Geschichte der Einbalsamierung bei den Ägyptern und einiger damit verbundener Bräuche*. SPAW. Berlin.
Sethe, K. 1935–1961 *Übersetzung und Kommentar zu den altägyptischen Pyramidentexten* I–V. Glückstadt.
Sethe, K. 1981 *Urkunden des Ägyptischen Altertums* IV. Urkunden der 18. Dynastie. Berlin.
Settgast, J. 1963 *Untersuchungen zu altägyptischen Bestattungsdarstellungen*. Glückstadt.
Shedid, A. G. 1994 *Die Felsgräber von Beni Hassan in Mittelägypten*. Mainz.
Spalinger, A. 1998 Orientations on Sinuhe. *SAK* 25, S. 311–339.
Stead, M. 1986 *Egyptian Life*. London.
Steindorff, G. 1901 Ein Grabstein des mittleren Reichs im Museum von Stuttgart. *ZÄS* 39, S. 117–121.

Sternberg-el-Hotabi, H. 1991 Balsamierungsritual pBoulaq 3. In: Assmann, J. (Hrsg.) *TUAT* II. *Orakel, Rituale, Bau- und Votivinschriften, Lieder und Gebete*, S. 405–431. Gütersloh.

Thausing, G. 1957 Betrachtungen zum Lebensmüden. *MDAIK* 15, S. 262–267.

Tobin, V. A. 1995 The secret of Sinuhe. *JARCE* 32, S. 161–178.

Topmann, D. 2002 *Die »Abscheu«- Sprüche der altägyptischen Sargtexte. Untersuchungen zu Textemen und Dialogstrukturen*. GOF IV/39. Wiesbaden.

Troy, L. 1986 *Patterns of Queenship in ancient Egyptian myth and history*. Boreas 14. Acta Universitatis Upsaliensis. Uppsala Studies in Ancient Mediterranean and Near Eastern Civilizations. Uppsala.

Velde, H. te 1990 Some Remarks on the Concept ‚Person' in the Ancient Egyptian Culture. In: Kippenberg, H., Kuiper, Y. B., Sanders, A. F. (Hrsg.) *Concepts of Person in Religion and Thought*, S. 83–102. Berlin.

Verhoeven, U. 1984 *Grillen, Kochen, Backen im Alltag und im Ritual Altägyptens. Ein lexikographischer Beitrag*. Rites Égyptiens IV. Fondation Égyptologique Reine Élisabeth. Brüssel.

Verhoeven, U. 1987 Sefegiru. *LÄ* V, Sp. 821–822.

Verhoeven, U. 1996 Ein historischer Sitz im Leben für die Erzählung von Horus und Seth des Papyrus Chester Beatty I. In: Wege öffnen, *Festschrift Gundlach*, ÄAT 35, S. 347–363

Verhoeven, U. 2003 Post ins Jenseits – Formular und Funktion altägyptischer Briefe an Tote. In: Wagner, A. (Hrsg.) *Bote und Brief. Sprachliche Systeme der Informationsübermittlung im Spannungsfeld von Mündlichkeit und Schriftlichkeit,* S. 31–51. Nordafrikanisch/Westasiatische Studien 4. Frankfurt am Main.

Vernus, P. 1980 Name Namengebung. *LÄ* IV, Sp. 320–333.

Vogelsang-Eastwood, G. 1995 *Die Kleider des Pharaos. Die Verwendung von Stoffen im Alten Ägypten*. Kestner Museum. Hannover.

Westendorf, W. und von Deines, H. 1961 *Grundriss der Medizin der Alten Ägypter* VII/1. Berlin.

Westendorf, W. 1977 Noch einmal: die „Wiedergeburt" des heimgekehrten Sinuhe. *SAK* 5, S. 293–304.

Westendorf, W. 1991, Die „Löwenmöbelfolge" und die Himmels-Hieroglyphe. *MDAIK* 47, S. 425–434.

Wildung, D. 1984 *Sesostris und Amenemhet. Ägypten im Mittleren Reich*. München.

Willems, H. 1988 *Chests of Life. A Study of the Typology and Conceptual Development of Middle Kingdom Standard Class Coffins*. MVEOL 25. Leiden.

Willems, H. 1996 *The Coffin of Heqata. Cairo JdE 36418*. OLA 70. Löwen.

Willems, H. 2001 The Social and Ritual Context of a Mortuary Liturgy. In: Willems, H. (Hrsg.) *Social Aspects of Funerary Culture in the Egyptian Old and Middle Kingdoms*, S. 253–372. Löwen.

Witzler von, A. 2004 Othello: Die Entstehung eines gemeinsamen choreographischen Projektes, *Dramaturgie*, S. 8. Nachdruck in: Programmheft zur Premiere am 28. Mai 2004 von Othello, Ballett nach William Shakespeare in der Staatsoper Hannover. Hannover.

Wolf-Brinkmann, E. M. 1968 *Versuch einer Deutung des Begriffes ‚b3' anhand der Überlieferung der Frühzeit und des Alten Reiches*. Diss. Basel.

Wörner, M. H. 1978 *Performative und sprachliches Handeln. Ein Beitrag zu J. L. Austins Theorie der Sprechakte*. Hamburg.
Žabkar L. V. 1968 *A Study of the Ba Concept in Ancient Egyptian Texts*. SAOC 34.
Zandee, J. 1971 Sargtexte, Spruch 75. *ZÄS* 97, S. 155–162.
Zandee, J. 1972 Sargtexte, Spruch 75. *ZÄS* 98, S. 149–155.
Zandee, J. 1972 Sargtexte, Spruch 75. *ZÄS* 99, S. 48–63.
Zandee, J. 1988 Der androgyne Gott in Ägypten. Ein Erscheinungsbild des Weltschöpfers. In: Görg, M. (Hrsg.) *Religion im Erbe Ägyptens. Beiträge zur spätantiken Religionsgeschichte zu Ehren von Alexander Böhlig*. ÄAT 14, S. 240–278. Wiesbaden.

Stellenindex

Assmann Hymnus Text I.2, Z. 16–20, 125

Brooklyn Museum 54.49, 113

CT I 8c, 195
CT I 56c, 202
CT I 56d, 237
CT I 70a–71b, 320
CT I 75b–i, 244
CT I 76a–c, 138
CT I 76e–77a, 137
CT I 79a, 343
CT I 118a, 140
CT I 142c–143d, 244
CT I 149b, 140
CT I 169b–c, 235
CT I 181f–182g, 238
CT I 182f–g, 238
CT I 193b–194e, 243
CT I 194c, 245
CT I 194e, 208, 243
CT I 195g, 136
CT I 198e, 245, 246
CT I 204f–205a, 236
CT I 216b–f, 237
CT I 237b, 208
CT I 244d, 243
CT I 256h–257a, 136
CT I 269h–i, 141
CT I 272f, 39
CT I 278c–f, 220
CT I 287c–f, 207
CT I 288h, 39
CT I 314b, 94, 143, 146, 202
CT I 316a, 94, 143, 202, 217
CT I 316b–318a, 94, 202, 217
CT I 318a, 200
CT I 318b, 94, 144, 217
CT I 318c, 144, 146, 219, 231
CT I 318c–320a, 94
CT I 320b, 94
CT I 320b–328a, 145
CT I 320d–322a, 94, 188
CT I 320d–322b, 145, 205
CT I 322a–332a, 216
CT I 322b, 94, 188
CT I 322c, 94, 145
CT I 324a, 95
CT I 324b, 145, 344
CT I 324b–326a, 95
CT I 326a, 145
CT I 326b, 95, 146, 257
CT I 326c–328a, 95
CT I 328b, 95, 147
CT I 330a, b, 95, 147
CT I 330c, 146
CT I 330c–332a, 95
CT I 332a, 147
CT I 332b, 96
CT I 332c, 96
CT I 333a, 96
CT I 334a–c, 96, 144
CT I 336a, 96, 215
CT I 336c, 215, 239
CT I 336c–338a, 96, 148, 215, 217
CT I 338a, 215
CT I 338c, 96, 144, 189, 200, 215, 217

CT I 338d–340b, 96, 189, 215
CT I 340b, 146, 215
CT I 340d, 96, 146, 189, 190, 215
CT I 342a, 96, 215
CT I 342b–c, 148
CT I 344a–b, 148
CT I 344c, 96
CT I 344c–354a, 148
CT I 344d–346a, 96, 212
CT I 344d–350b, 97
CT I 346b, 97, 212
CT I 346c–348a, 97, 212, 219
CT I 348a, 148
CT I 348b–d, 97, 148, 212
CT I 348e–350a, 97, 212
CT I 350b, 97, 212, 241
CT I 350c–352a, 97, 257
CT I 352b, c, 97, 200, 221, 257
CT I 352b–354a, 148
CT I 352d, 97, 200, 221, 245, 258
CT I 354a, 97, 200, 221
CT I 354b, 97, 149, 200
CT I 354c, 97
CT I 356a–c, 97, 217
CT I 356d, 97
CT I 356d–358a, 97
CT I 358b, c, 97
CT I 358c, 149
CT I 358d–360a, 98, 149, 200, 213
CT I 360b, 98, 149, 200, 213
CT I 360c–362a, 98, 150, 200, 203, 213, 219
CT I 361c–367b, 344
CT I 362c, 98, 150, 203, 219
CT I 362d, 150, 237
CT I 362d–364a, 98, 204, 218, 219
CT I 363c, 98
CT I 364a, 152
CT I 364b, 98, 150, 204, 218, 219
CT I 364c–366a, 98, 150, 204, 218
CT I 364c–366b, 280, 365
CT I 366b, 98, 150, 204, 218
CT I 368b, 98, 217
CT I 368b–372a, 151
CT I 370b–372a, 98, 200, 217
CT I 372a, 151
CT I 372b, c, 98, 151
CT I 372b–385a, 151
CT I 373d–374a, 98, 151, 220, 230
CT I 374b, 98, 151, 217, 220
CT I 374c, d, 98, 220
CT I 374c–376a, 152
CT I 376a, 98, 220
CT I 376a–c, 221
CT I 376b, c, 98, 152, 157, 207, 215, 220, 221, 257
CT I 378a, b, 99, 152, 207, 220
CT I 378c–380a, 99, 207
CT I 380a, 154
CT I 380b, 99, 152, 207
CT I 380c, 99, 152, 207
CT I 380d, 152
CT I 380d–382a, 99, 207, 282, 288
CT I 380d–382c, 204, 218
CT I 382b, c, 99, 152, 207, 288
CT I 382c, 244
CT I 382d–384a, 99, 186
CT I 382d–385a, 155
CT I 384b–385a, 99, 186
CT I 396c, 208
CT II 3d–4a, 239
CT II 5a–d, 131, 132
CT II 32c, 238
CT II 33b–e, 238
CT II 51e, 237
CT II 52h, 237
CT II 53i–54c, 243
CT II 54a, 237
CT II 55, 90, 129
CT II 60b, 90
CT II 61d, 102
CT II 63d, 90

CT II 67c, d, 86, 121, 190, 210, 215
CT II 67c–74c, 131
CT II 67d, 159
CT II 68a, 87, 121, 190, 210
CT II 68b, 87, 121, 122, 190, 199, 210
CT II 68c, 87, 121, 124, 190, 210
CT II 68d, 87, 121, 190, 210
CT II 69a, 87, 121
CT II 69a–b, 210
CT II 69b, 87, 121, 124
CT II 69c–70b, 87, 121, 191, 203
CT II 70c, 87, 191
CT II 70d–72a, 87
CT II 72b, 124
CT II 72b, c, 88, 207, 210
CT II 72d, 88, 125, 247
CT II 73a, 88, 125, 126, 207, 211, 249
CT II 73b, 88, 126, 191, 199, 248
CT II 73b–74c, 196, 248, 287
CT II 74b, 88, 126, 191, 248, 286
CT II 74c, 88, 126, 191, 248, 286, 287
CT II 75a, 88, 89, 127, 131, 211, 212, 287
CT II 76a, 88, 127, 211, 212
CT II 76a–b, 127, 159
CT II 76b, 89, 212
CT II 77a, 89, 212
CT II 78a, 244
CT II 78d–79a, 89, 192, 211
CT II 79b–80a, 89, 128, 192, 205, 249, 288
CT II 79b–83c, 128
CT II 80a, 131, 134
CT II 80c, 128, 211
CT II 80c–81a, 89, 192, 196, 199, 288
CT II 81a, 244, 286
CT II 81b, 124, 244, 253
CT II 81b–82b, 89, 127, 212, 288
CT II 82d–83a, 89, 193
CT II 82d–83b, 128
CT II 83b, 89, 193
CT II 83c, 193, 195, 198, 280, 311
CT II 84a, 89, 129
CT II 84b, c, 90
CT II 85a–c, 90, 129, 207
CT II 85d, 129
CT II 85d–86a, 90
CT II 86b, c, 90, 121
CT II 86e–87c, 90, 129, 135, 359
CT II 87d, 90, 199, 200
CT II 88b, c, 90, 122, 199
CT II 88d–89a, 90, 212
CT II 89b, 90, 212
CT II 89b–d, 129, 280
CT II 89c, 90, 93, 131, 212
CT II 89c, e, 131
CT II 89d, 90
CT II 89e, 90, 122, 187
CT II 89e–90e, 125, 157, 188
CT II 90b, 129
CT II 90c, e, 91, 130, 187, 193, 196
CT II 90e, 211
CT II 91b, 91, 130, 203
CT II 91c, 91, 130, 132
CT II 91d, 91, 130, 194
CT II 92a, 91, 130, 131, 194, 195, 214
CT II 94d–95e, 219
CT II 94d–96b, 214
CT II 100a–103b, 219
CT II 105f, 123
CT II 106d–109d, 214
CT II 110a–k, 214
CT II 111d–112c, 286
CT II 113k–114g, 233, 237, 246
CT II 116s, 201
CT II 117d–e, 233
CT II 131e, 93
CT II 132a, b, 93, 203
CT II 132c, 93
CT II 132g, 93, 142
CT II 132h, 93, 142, 143, 203, 246
CT II 141b, 137

CT II 161a, 283
CT II 177b, 36
CT II 207c, 237
CT II 210a–c, 121
CT II 212d–213b, 121
CT II 215c–216b, 141
CT II 227b–232a, 234
CT II 241b, 235
CT II 265a, 36
CT II 315c, 237
CT III 31b, 158
CT III 73a–74d, 128
CT III 73g–74c, 90
CT III 147c, 148d–e, 137
CT III 155c–156b, 286
CT III 179e, 202
CT III 272, 201
CT III 300c, 202
CT III 301c–302e, 234
CT III 321c–e, 140
CT III 321e, 140
CT III 323f–324b, 87
CT III 327c–d, 150
CT III 383a–384c, 140
CT III 389c, 140
CT IV 19b–20b, 247
CT IV 19e, 140
CT IV 37c–d, 286
CT IV 37e–m, 249
CT IV 56j, 201
CT IV 58a, 140
CT IV 60e, 97
CT IV 64c, d, 202
CT IV 67a–e, 123
CT IV 68a–86w, 224
CT IV 71e–72c, 219
CT IV 73, 225
CT IV 74g–75b, 235
CT IV 88p, 93m–n, 236
CT IV 91o–q, 235
CT IV 91q, 197
CT IV 92b, 235
CT IV 92d, 197
CT IV 93b, 197
CT IV 179, 124, 129, 250
CT IV 181e–h, 251
CT IV 181e–i, 255
CT IV 181j–q, 252
CT IV 182a–c, 252
CT IV 182f, 252
CT IV 185b–186c, 97
CT IV 188, 94, 105
CT IV 227b, 97
CT IV 258–270a, 137
CT IV 270m, 94
CT IV 314b, 195
CT IV 319e, 36
CT IV 321d, 201
CT IV 327p, 195
CT IV 329b, 201
CT IV 335c–d, 97
CT IV 344g, 94
CT IV 396a–b, 36
CT V 12e, 101
CT V 36g–37a, 237
CT V 120a–c, 99
CT V 120c, 154, 157
CT V 121a, b, 100
CT V 121a–d, 154
CT V 121c, d, 100
CT V 121e, 100, 223
CT V 122a, 100, 154, 187, 223
CT V 122b–d, 100, 154, 223
CT V 122e, 100, 154, 223
CT V 122e–123a, 100, 236
CT V 123a, b, 100, 154, 213, 223
CT V 123c, 100, 154, 223
CT V 124a–b, 100, 223
CT V 124a–c, 236
CT V 124c, 100, 155
CT V 125a, 100, 120
CT V 125a–149c, 156

CT V 125b, 100
CT V 126a–134b, 101
CT V 135a–145b, 102
CT V 146b, 103
CT V 147b, 103
CT V 148a, 103
CT V 149a–c, 103
CT V 166a, 158
CT V 172g, 158
CT V 236d–237d, 240
CT V 240a–241e, 198
CT V 240d, e, 108
CT V 240d–241e, 195
CT V 252b, c, 92
CT V 253a, 92, 278
CT V 254a, b, 92
CT V 254a–c, 93
CT V 254c, 90, 93
CT V 254d, 93
CT V 255a, 93
CT V 255b, c, 93
CT V 255d–256a, 93
CT V 256b, 93, 201
CT V 263a, 36
CT V 283c, 103, 213, 282, 292
CT V 284a, 103, 292
CT V 284b, 103, 157, 216, 292
CT V 285a, 103, 158, 216, 292
CT V 291k, 36
CT V 322e–j, 140
CT V 334d, 90
CT V 391d–k, 208
CT V 392d–f, 208
CT VI 15g–h, 139
CT VI 38z–38aa, 120
CT VI 67a–j, 195
CT VI 69a, 71a–j, 195
CT VI 70d, 135
CT VI 71k, 195
CT VI 72h–i, 246
CT VI 74c–i, 246
CT VI 74i–75h, 201
CT VI 77d, 201, 246
CT VI 78f–79d, 195
CT VI 81c, 195
CT VI 82a–83a, 195
CT VI 83g–84b, 195
CT VI 93d–e, 209
CT VI 121, 202
CT VI 126m, 99
CT VI 127b–d, 83, 113
CT VI 127c, 116
CT VI 127d, 115
CT VI 127e–128a, 83
CT VI 128b–129a, 83
CT VI 129b, 83, 114, 115, 116, 244
CT VI 129b, 130b, 244
CT VI 129b, c, 116
CT VI 129c, 115
CT VI 130a, 83, 115
CT VI 130b, 84, 115
CT VI 130c, 84, 186, 213
CT VI 130c–d, 116
CT VI 130d, 84, 186, 213
CT VI 130e, f, 84, 116, 186
CT VI 131j, 91, 133
CT VI 131k, 91, 133
CT VI 131l, 135
CT VI 131l–m, 92, 134
CT VI 131n, 244
CT VI 131n–p, 92, 186, 203
CT VI 131p, 136
CT VI 178a, 245
CT VI 178j–k, 140
CT VI 191a–n, 129
CT VI 191l, n, 247
CT VI 198c, 253
CT VI 221a, r, 202
CT VI 259a–e, 201
CT VI 262j–m, 137
CT VI 272d–h, 140
CT VI 280n–r, 252

CT VI 281b–i, 253
CT VI 281s, 253
CT VI 281t, 253
CT VI 282p–r, 110
CT VI 343–344, 131
CT VI 358g, 202
CT VI 384a–g, 123
CT VI 392g–p, 222
CT VI 392h, 244
CT VI 404q–r, 143
CT VII 20k–o, 244
CT VII 44a–b, 39
CT VII 49a–r, 113
CT VII 105n–u, 113
CT VII 134–143, 82
CT VII 134i, 112
CT VII 138k, 113
CT VII 469a, 90
CT VII 469g–471g, 224
CT VII 469d, 90
CT VII 470d–f, 240

Diodorus Siculus I, 27,5, 238
Dram. Ram. Papyrus, Szene 33, 142

Esna, Säule II, 206, 10, 247

Fuge M5C Nordwand östliche Gehrung, 37
Fuge M5C Nordwand westliche Gehrung, 37, 104
Fuge M5C Ostwand nördliche Gehrung, 33
Fuge M5C Ostwand südliche Gehrung, 34
Fuge M5C Südwand östliche Gehrung, 34
Fuge M5C Südwand westliche Gehrung, 35
Fuge M5C Westwand nördliche Gehrung, 37
Fuge M5C Westwand südliche Gehrung, 37
Fuge Sq10X östliche Gehrung, 35

Gardiner Coffin B2, 108
Grab des Amenemhet Beni Hassan 2, 41
Grab des Anchtifi Inschrift I β 3, 124
Grab des Antefoker Theben 60, 40, 46, 59, 118, 236
Grab des *Ꜣrtj*, Türsturz CG 1634, 108
Grab des Netjernacht BH 23, 256
Grab des Nianchchnum und Chnumhotep Saqqara, 15
Grab des Pepi-anch Meir B 2, 40, 42
Grab des Seschat-hetep Giza, 34
Grab des Uch-hotep Meir, 83
Grab des Wah Theben, 59
Grab in Kom el-Hisn, 116
Grab Theben 60, Szene 73a–h, 59
Grabkapelle B2 Meir, 114

Hamm. M 110, 61
Hamm. M 191, 61
Hamm. M 192 (a), 61
Harfnerlied BM 55337, 215

JdE 42825, 2, 3, 23, 27–28, 79, 119, 369
JdE 42826, 4, 15, 78
JdE 42947, 23
JdE 44980, 343
JdE 44981, 147
JdE 47355, 147
JdE 36418, 15, 30, 81

Kanopenkasten des *Nfrj*, B18C, 34
Kanopenkasten Lüscher 22, 32
Kanopenkasten Lüscher 28, 32
Kanopenkasten Lüscher 63, 32
Kestner Museum 1976.80 a/b., 248
Kestner-Museum 1935.200.82, 127

Lacau, Sarcoph. I, 40
Lacau, Sarcophages antérieurs au Nouvel Empire II, 18, 44, 48f, 138
Lange-Schäfer Denksteine 20088, 38
Lange-Schäfer Denksteine 20514, 38

Lebensmüder 3–17, 341
Lebensmüder 17–21, 342
Lebensmüder 21–22, 342
Lebensmüder 23–29, 343, 344
Lebensmüder 29–30, 318, 344
Lebensmüder 31–33, 345, 365
Lebensmüder 34–35, 345
Lebensmüder 36, 185, 237, 245, 299, 308, 318, 337, 345, 346, 348, 353, 358, 360
Lebensmüder 36–37, 360
Lebensmüder 36–39, 345
Lebensmüder 42–55, 346
Lebensmüder 43, 88, 180, 208, 222, 284, 301, 320, 347, 353
Lebensmüder 47, 13, 59, 129, 209, 236, 298, 299, 305, 319, 344, 364, 367
Lebensmüder 55–86, 360
Lebensmüder 59–69, 347
Lebensmüder 69, 14, 347, 354
Lebensmüder 69–76, 349
Lebensmüder 76–80, 350
Lebensmüder 81–82, 351
Lebensmüder 83–84, 351
Lebensmüder 84–85, 351
Lebensmüder 87–102, 352, 358
Lebensmüder 142–147, 344
Lebensmüder 148–153, 354
Lebensmüder 150–153, 351

M5C außen Nord horizontale Formel, 55
M5C außen Nord Nutspruch, 55
M5C außen Ost horizontale Formel, 51
M5C außen Ost Nutspruch, 54
M5C außen Sargdeckel Opferformel, 57
M5C außen Süd horizontale Formel, 56
M5C außen Süd Nutspruch, 57
M5C außen West horizontale Formel, 55
M5C außen West Thotspruch, 56
M5C innen Abbildungen, 48, 68, 78, 79, 83, 85, 92, 107, 109, 111, 118, 137
Mundöffnungsritual Szene 32, 89

Nilhymnus, 20, 197, 286
Nilhymnus I, 2–3, 197

oAshmolean, 300, 305, 306, 307
oClère, 304
oKairo CG 25216, 301
Opferliste B, 3, 13, 15, 24, 28, 73, 80, 81, 105, 109, 110, 160, 169, 307

pAmherst III, 338, 350
pBerlin 10482, 24
pBerlin 10499 vso (R), 298, 301
pBerlin 3022 (B), 298, 301
pBerlin 3024, 298, 338, 340, 343
pBoulaq 3: 2,16–2,17, 67
pBoulaq 3: 2,18, 67
pBoulaq 3: 2,3, 66
pBoulaq 3: 2,5–2,15, 66
pBoulaq 3: 2,8, 66
pBoulaq 3: 3,13–3,14, 68, 237
pBoulaq 3: 3,17–3,18, 68
pBoulaq 3: 4,11, 68
pBoulaq 3: 4,17–4,19, 69
pBoulaq 3: 4,18, 69
pBoulaq 3: 4,20, 69

pBoulaq 3: 7,2, 69
pBoulaq 3: 7,6–7,7, 69
pBoulaq 3: 8,15–8,16, 50
pBoulaq 3: 8,20–9,2, 70
pBoulaq 3: 9,16, 70
pBoulaq 3: 9,19–9,20, 70
pBoulaq 3: 10,16–10,17, 70
pBremner–Rhind 24, 6–8, 208
pBremner–Rhind 25, 17–18, 208
pChassinat II, 298
pEbers 8,13, 346
pEbers 831a, 326
pHarris II 1–4, 115
pKairo 30646, 23
pMillingen 2,11, 241
pPrisse 11, 1–3, 53
pRam IV, 152
pRam VI, Z. 95, 208
pRam IV, Gardiner Z. 50–53, 158
pSt.Petersburg 1115, 50, 367
PT 273–274, 242
PT 37–44, 81
Pushkin Museum I.1.a.5137 (3978), 119
Pushkin Museum I.1.a.5138 (3976), 119
Pushkin Museum I.1.a.5139 (3980), 119
Pushkin Museum I.1.a.5140 (3979), 119
Pushkin Museum I.1.a.5142 (3975), 119
pWestcar (Berlin 3033), 192

pyr. 128b, 158
pyr. 140a–149d, 130
pyr. 145a, 130
pyr. 147a, 130
pyr. 147a–149d, 142
pyr. 155a–159b, 111
pyr. 155c, 20
pyr. 157b–c, 136
pyr. 253a, b, 205
pyr. 349b, 39
pyr. 397b–c, 140
pyr. 413a–b, 123
pyr. 594a, 56, 91, 100
pyr. 631b, 35
pyr. 632a–d, 129
pyr. 633a, 35
pyr. 643a, 112
pyr. 728a, 88
pyr. 781, 87
pyr. 824, 87
pyr. 854a, c, 87
pyr. 908a, 123
pyr. 1061a–c, 90
pyr. 1098c–1099b, 206
pyr. 1116a–b, 97
pyr. 1165c–1166, 85
pyr. 1197a–e, 138
pyr. 1207a–d, 84
pyr. 1215, 138, 158
pyr. 1215b, 158
pyr. 1256a–1258b, 20
pyr. 1335–36, 220
pyr. 1557b–c, 206
pyr. 1803a–1804a, 113
pyr. 1981a–1982a, 123
pyr. 2071–2073, 113
pyr. 2074–2075, 113
pyr. 2110c–d, 206

Sarg des Nfrj, B16C, 120
Sarkophag des Senebnef, 256
Steindorff Nr. 458, 196
Stele BM 1372, 256

Sinuhe B 2–5, 302, 306, 310, 313
Sinuhe B 4, 300, 304, 305, 317, 322
Sinuhe B 9–10, 302, 317
Sinuhe B 10–11, 303, 313

Sinuhe B 13–14, 303, 313
Sinuhe B 15, 300, 306, 317, 322, 328
Sinuhe B 15–17, 303, 313
Sinuhe B 19–26, 303, 313
Sinuhe B 22–25, 324
Sinuhe B 23, 300, 309, 316, 326, 330, 333
Sinuhe B 31–32, 304
Sinuhe B 38–42, 304, 310
Sinuhe B 39–42, 313
Sinuhe B 42–43, 304
Sinuhe B 48–51, 305
Sinuhe B 66–69, 305, 308
Sinuhe B 96–97, 305
Sinuhe B 108–109, 318
Sinuhe B 117–119, 306
Sinuhe B 120–121, 306
Sinuhe B 122, 306
Sinuhe B 142–143, 319, 322
Sinuhe B 150, 306, 322
Sinuhe B 151–152, 306
Sinuhe B 156–160, 306
Sinuhe B 157–160, 313, 328
Sinuhe B 166–167, 331
Sinuhe B 167–171, 306, 314, 325
Sinuhe B 171–173, 325, 332
Sinuhe B 180, 322
Sinuhe B 182–189, 323
Sinuhe B 190–199, 307
Sinuhe B 197–199, 328
Sinuhe B 203–204, 308, 314, 325, 332, 360
Sinuhe B 206–212, 331, 332, 333
Sinuhe B 214, 308, 309, 333
Sinuhe B 216–217, 309
Sinuhe B 223–230, 310
Sinuhe B 224–230, 314, 326
Sinuhe B 230, 326
Sinuhe B 232–234, 309
Sinuhe B 236–238, 333
Sinuhe B 252–257, 311
Sinuhe B 253–254, 319
Sinuhe B 253–255, 334, 335
Sinuhe B 253–256, 314, 327
Sinuhe B 258, 300, 311, 323, 328, 330
Sinuhe B 258–260, 311, 314, 323, 330
Sinuhe B 259–260, 331
Sinuhe B 261–263, 335
Sinuhe B 263, 316, 333
Sinuhe B 264–265, 323
Sinuhe B 268, 310, 323
Sinuhe B 268–279, 310
Sinuhe B 269–279, 329
Sinuhe B 275–276, 331
Sinuhe B 277–279, 336
Sinuhe B 280–282, 336
Sinuhe B 290, 300, 314, 323, 325, 362
Sinuhe B 290–291, 312
Sinuhe B 291–292, 320
Sinuhe R 2, 301, 302, 316, 322
Sinuhe R 6–8, 324
Sinuhe R 7, 300, 301
Sinuhe R 13–15, 301
Sinuhe R 15–16, 302
Sinuhe R 20–22, 302
Sinuhe R 65–66, 304

Tb 8: 1–5, 77
Tb 27, 239
Tb 92: 6–7, 77, 122
Tb 99A, 102
Tb 199: 339–340, 13

Urk. I, 156, 38
Urk. IV, 215, 96

Ägyptische Begriffe

Die Gegenstände, die auf dem Sarg abgebildet sind, sind im Index durch Kursivschreibung gekennzeichnet. Es wird auf sie auch dann hingewiesen, wenn sie im Text nicht im Einzelnen aufgeführt sind, sondern in generellen Begriffen wie beispielsweise ‚Luxusgegenstände'.

A

Ach *ꜣḫ*, 88, 100, 135, 154, 155, 157, 165, 198, 223, 224, 225, 229, 235, 244, 258, 261, 262, 263, 264, 269, 270, 273, 274, 278, 280, 290, 297, 361

Achu-Kraft, 96, 98, 148, 152, 157, 164, 165, 207, 215, 217, 220, 221, 239, 243, 257, 269, 272, 278

Allherr *nb tm*, 91, 133, 158, 216

Allherrin *nbt r-ḏr*, 325, 329, 332

Anech-m-per-ef-Spiegel mit Futteral, 85, 119, 161, 167

Armbänder, 85, 118, 119, 161, 167, 180, 275, 320, 328, 332

Augenpaar, 50, 108, 109

Augenschminke, 80, 83, 110, 111, 112, 160, 161, 172

B

Ba

- Ba des Mannes im Gespräch, 337, 341, 342, 345, 347, 354, 355, 361
- Nepri, 219
- Osiris *bꜣ Wsir*, 86, 87, 88, 89, 121, 122, 124, 126, 128, 131, 162, 166, 176, 188, 190, 191, 193, 194, 196, 197, 199, 202, 203, 204, 206, 207, 209, 210, 211, 212, 213, 214, 215, 216, 219, 226, 227, 229, 231, 248, 249, 261, 267, 270, 271, 272, 273, 279, 288, 289, 293, 357, 364, 365
- Re *bꜣ Rꜥ*, 124, 193, 204, 211, 214, 254, 291, 366
- Schu *bꜣ Šw*, 94, 98, 143, 144, 146, 148, 150, 151, 176, 188, 199, 200, 202, 203, 204, 205, 207, 211, 212, 213, 214, 215, 216, 217, 219, 220, 222, 226, 227, 228, 243, 257, 261, 268, 270, 272, 273, 274, 277, 278, 279, 282, 292, 293, 344, 357, 360, 364, 365, 368
- sein lebender Ba *bꜣ.f ꜥnḫ*, 89, 128, 131, 162, 192, 226, 249, 364
- Sinuhe, 311, 315, 327, 334, 335, 336, 337, 364, 367
- Stier des Westens, 246
- Wepset *bꜣ Wpst*, 99, 204, 207, 218, 269, 282, 288, 293

Barke des Leibes, *wjꜣ n ḥꜥw*, 236

Beinknochen mit Fleisch, 80

Blut *dšrw*, 87, 121, 124, 162, 194, 199, 201, 214, 251, 255, 267, 271, 277, 281, 362

Bogen und Pfeile, 86

Brot, 51, 55, 80, 81, 82, 84, 138, 161, 186, 213, 306

C

Chemnis, 249, 253

D

Dächsel, 86, 120, 155, 161, 165, 167, 275
Dämmerung *jḫḫw*, 334, 336
Der-mit-vielen-Namen, 90, 129, 130, 187, 188
der auf seinem Berg ist *tpj ḏw.f*, 55
der Gott, der-von-selbst-entsteht *nṯr ḫpr ḏs.f*, 94, 143, 145, 151, 186, 215, 272
der Große Gott *nṯr ꜥꜣ*, 51, 55, 56
der in seinen Binden ist *imy wt*, 55
der Verborgene meines Leibes *štꜣw ẖt.i*, 345, 354
der vor der Gotteshalle *ḫntj sḥ-nṯr*, 57
die das Haar der Götter teilt *wḏꜥt sꜣmt*, 99
die sich am Scheitel salbt *ḥknt m wpt*, 88, 126, 191, 192
die zur Mitte gehörende *ḥryt-ib*, 88, 126, 191, 192
Duat, 66, 67, 69, 97, 148, 212, 214, 275, 276

E

Ehrwürdige *imꜣḫyt*, 34, 37, 54, 55, 56, 57, 79
Endstadium des Körpers *pḥwy ḥꜥw.i*, 308, 326
Ewigkeit *nḥḥ*, 325, 332

F

Feld von Sehel *sṯt*, 96, 276
Feuer 88, 99, 125, 126, 152, 162, 165, 199, 207, 208, 211, 212, 220, 269, 341, 342
Flammeninsel *iw nsrsr*, 98, 140, 150, 151, 153, 165, 167, 175, 201, 204, 214, 218, 228, 234, 261, 269, 276, 280, 364, 365
Fleischstück, 80
Flüssigkeit *rḏw*, 87, 121, 122, 123, 199, 234, 255, 271
Flüssigkeit seines Fleisches *rḏw jwf.f*, 87, 89, 121, 122, 162, 190, 199, 210, 231, 260, 271
Formeln *ꜣḫw*, 90, 93, 140, 148, 152, 239, 240, 272, 273
Formeln *rꜣ*, 42, 140, 151, 338

G

Gans, 80, 82
Gegenhimmel, 92, 136, 137, 164, 167, 174
Gerechtfertigte *mꜣꜥt-ḫrw*, 60, 79, 84, 92, 105, 106, 134, 136, 160, 163, 167, 185, 186, 199, 267, 268, 358, 359
Gestalt
- *irw*, 88, 89, 90, 96, 97, 126, 127, 128, 131, 149, 162, 196, 197, 198, 199, 200, 202, 221, 226, 227, 228, 229, 261, 265, 267, 268, 270, 271, 272, 290, 361, 364, 366
- *ḫprw*, 53, 95, 144, 146, 197, 234, 241, 344

Götter
- Amun 333
- Anubis *Inpw*, 55, 57, 137
- Atum *Itm*, 51, 79, 84, 86, 87, 93, 94, 97, 98, 105, 116, 125, 128, 140, 141, 142, 145, 147, 148, 149, 151, 152, 153, 157, 159, 160, 161, 165, 186, 188, 189, 209, 212, 213, 218, 220–224, 228, 235–239, 244, 246, 257, 273, 274, 277, 278, 281, 283, 287, 289, 333, 360

Baba, 101, 129
Bat 240, 250, 252
Bock von Mendes, 102, 103
Chons 342, 344, 359
Geb *Gb*, 79, 82, 88, 89, 110, 121, 127, 131, 142, 162, 173, 201, 211, 212, 249, 267, 287
Götter und Bas von Nechen, 103
Götter und Bas von Pe, 102
Ha 100, 120
Hapi, 101, 197, 244
Haroeris-Re, 331, 333
Hathor *Ḥwt-ḥr*, 75, 83, 84, 85, 89, 108, 111, 113, 114, 115, 116, 126, 127, 128, 130, 140, 158, 161, 166, 167, 172, 173, 176, 186, 198, 201, 213, 236, 237, 244, 250, 252, 253, 275, 279, 280, 281, 285, 287, 288, 292, 293, 317, 318, 319, 320, 321, 328, 329, 332, 333, 363
Hehu, 94, 145, 292
Heka, 98, 151
Heket, 102
Herisescheta, 68
Hu *Ḥw* , 88, 97, 103, 127, 158, 166, 201, 211, 212, 213, 216, 259, 261, 262, 267, 269, 275, 277, 278, 280, 281, 282, 292, 293
Hu-djenederu *Ḥw-ḏndr.w*, 35
Hut, 103, 157, 166, 213, 216, 224, 269, 277, 281, 282, 292
Ibw-weret *Ỉbw-wrt*, 89, 90, 129, 131, 162, 173, 201
Ihy, 251, 252
Ikenset *Ỉknst*, 84, 115
Imi-chau-her *Ỉmj-ḫ3w-ḥr*, 103, 292
Imset, Hapi, Duamutef und Qebehsenuef, 101
Isdes, 343
Isis *3st*, 37, 57
Month, 333
Nefertem, 188, 252
Nehebkau, 102, 237, 243
Nehepu, 341, 342, 355, 365
Nephthys *Nbt-ḥwt*, 34, 35, 55
Neunheit *psḏt*, 79, 86, 90, 95, 143, 145, 164, 185, 216, 243, 286, 344
Nun, 79, 84, 94, 95, 96, 97, 101, 102, 144, 146, 148, 165, 175, 200, 212, 224, 244, 278, 284
Nut *Nwt*, 33, 34, 35, 37, 54, 55, 57
Osiris *Wsir*, 51, 86, 88, 121, 122, 127, 128, 148, 158, 226, 255, 273, 290, 362
Re *Rꜥ*, 66, 89, 110, 124, 125, 127, 132, 133, 137, 152, 162, 193, 198, 214, 221, 229, 235, 237, 238, 239, 244, 246, 249, 250, 251 252, 275, 280, 286, 288, 291, 292, 321, 333, 336, 343, 344, 349, 365, 367
Sachmet, 36, 102, 152
Schu *Šw*, 93, 141, 142, 167, 175, 238, 239, 257, 279, 280, 281, 283, 353
Sefegiru *sfg ỉrw*, 90, 129, 130, 131, 157, 163, 173, 187, 188, 199, 200, 212
Seth, 91, 99, 153, 157, 165, 277
Sobek *Sbk-šdty*, 152, 158, 208, 256, 333
Sokar *Škr nb ḥnw*, 59, 100, 155, 157, 161, 175, 252, 275
Sothis, 84, 90, 253, 279
Tefnut *tfnt*, 51, 87, 93, 128, 132, 142, 143, 145, 152, 164, 175, 188, 201, 218, 239, 257, 283
Wepset *Wpst*, 152, 201, 220, 244, 250, 277
Wep-wawet, 242, 243, 247
Grenzbereich *ḏr*, 94, 133, 134, 144, 146, 148, 164, 231, 242, 277, 325, 332
Grundstück *šdw*, 138, 349

H

Ha-Kanal *mr n ḫ3*, 91, 92, 139, 140, 174
Halskragen, blau, 85, 119, 161, 167
Haus der Sechs *ḥwt 6*, 98, 149
Hedsch-Keule, 85, 119, 161
Heka *ḥk3*, 93, 130, 140, 167, 201, 215, 243, 245, 246, 247, 258, 271, 276, 279, 281
Heliopolis, 79, 84, 86, 88, 103, 105, 110, 128, 157, 158, 167, 175, 185, 195, 204, 214, 216, 227, 247, 269, 275, 277, 283, 292, 364
Henu-Barke, 59, 100, 290
Herr der Maat *nb m3ʿt*, 97, 148, 200, 221, 258
Herr des Alls *nb r-ḏr*, 133, 134
Herr des heiligen Landes *nb t3 ḏsr*, 55, 58
Herr des Lebens *nb ʿnḫ*, 92, 134
Herr des Westens, 100
Herr von Abydos *nb 3bḏw*, 51
Herr von Busiris *nb ḏdw*, 51
Herr von Dep, 101
Herr von Sepa *nb sp3*, 57
Herrin der Sterne, 328, 332
Herz
- *ḥ3ty*, 136, 300, 304, 311, 313, 314, 327, 334
- *ib*, 88, 96, 97, 126, 136, 148, 217, 239, 300, 302, 303, 304, 309, 310, 313, 324, 325, 326, 338, 345

Hes-Vase, 80, 110, 160, 172
Hüter der Öffnungen *irj snš*, 88, 125, 173, 211, 249

I

Iachu *i3ḫw*, 235
in seiner Würde *m-ḫnw sʿḥ.f*, 87, 121
irgend einer *mn*, 91, 130, 131, 163, 173, 187, 188, 190, 193, 196, 197, 227, 259, 261, 268, 272, 366

K

Ka *k3*, 51, 52, 53, 58, 59, 106, 107, 152, 165, 208, 220, 221, 222, 223, 228, 243, 254, 256, 257, 259, 260, 262, 263, 264, 270, 273, 274, 279, 300, 312, 314, 315, 320, 325, 326, 327, 332, 333, 334, 356, 357, 359, 361, 368
Kammer *ʿt*, 98, 204, 218, 219, 220, 237, 269, 343
Kenset, 84, 101
Kleiderstoff, weiß, 85, 119, 161, 167
Kopfstützen, weiße, 85, 119, 161, 167
Kornspeicher, 73, 92, 137, 138, 164, 275
Körper
- *ḏt*, 93, 118, 139, 140, 141, 164, 201, 202, 216, 219, 226, 228, 229, 240, 245, 246, 251, 268, 270, 271, 274, 278, 280, 289, 297, 361
- *ḥʿw*, 94, 143, 164, 165, 190, 200, 202, 215, 216, 217, 218, 219, 226, 228, 229, 233, 234, 235, 236, 237, 265, 268, 270, 272, 290, 297, 300, 301, 305, 306, 308, 310, 311, 312, 314, 315, 323, 324, 325, 326, 327, 332, 334, 338, 355, 356, 360, 361, 362, 363, 364, 368
- *ḥʿw nṯr*, 67, 71, 237, 301, 324
- *ẖt*, 224, 238, 239, 245, 247, 250, 300, 311, 313, 314, 327, 334, 337, 341, 342, 345, 354, 355, 356, 362

Körper – Teile
- Arme *ʿwy*, 56, 114, 115, 151, 231, 300, 302, 306, 325

Augen, 33, 81, 101, 108, 112, 123, 153, 154, 161, 205, 233, 234, 246, 252, 253, 275, 300, 306, 314, 325
Beine *rdwy*, 34, 35, 57, 70, 102, 123, 209, 217, 231, 234, 254, 255, 293, 300, 306, 310, 318, 325, 326, 362
Ei, Gebärmutter *swḥt*, 238, 239, 251, 286, 305, 350
Fleisch *jwf*, 75, 87, 123, 125, 162, 199, 235, 271
Gebärmutter *ḥmwt*, 8, 125, 126, 127, 128, 132, 162, 194, 207, 238, 247, 248, 249, 251, 254, 258, 271, 276, 281, 285, 286, 288, 293, 365
Glieder *ꜥt*, 98, 154, 211, 231, 300, 302, 313, 315
Glieder *ḥꜥw*, 303, 313, 324, 351, 354, 363
Hoden des Seth, 91, 99, 153, 157, 165, 277
Horusauge *irt Ḥr*, 41, 81, 82, 91, 99, 100, 112, 130, 131, 132, 154, 157, 163, 165, 167, 174, 194, 268, 285
Kehle *ẖḫ*, 300, 303, 313, 324
Knochen *ḳsw*, 56, 67, 70, 71, 100, 154, 156, 222, 223, 233, 236, 243, 244, 258, 260, 261, 269, 273, 274, 279
Luftröhre, 97, 148, 164, 217, 219, 230, 254, 255, 258, 272, 276, 281, 362
Mund, 68, 69, 79, 89, 90, 93, 97, 98, 99, 100, 101, 126, 127, 128, 132, 140, 142, 151, 152, 162, 166, 186, 192, 193, 194, 211, 212, 213, 217, 220, 221, 227, 233, 234, 241, 247, 249, 250, 258, 259, 260, 261, 267, 269, 276, 277, 278, 279, 281, 283, 286, 288, 331,
Nase, 32, 69, 90, 122, 128, 133, 144, 164, 199, 232, 328, 333, 359
Nasenloch, 97, 217, 230, 255, 258, 259, 260, 277, 362
Ohren, 69, 70, 110, 233, 234, 260, 302
Papyrusdickicht, Schamgegend *ꜣẖ*, 88, 89, 126, 128, 132, 191, 192, 194, 199, 248, 249, 276, 278, 281, 285, 286, 287, 288
Phallus *ḥnn*, 87, 88, 89, 90, 101, 121, 124, 128, 132, 162, 190, 191, 192, 194, 210, 235, 247, 249, 258, 259, 260, 261, 271, 276, 281, 283, 285
Stirn *ḥꜣwt*, 88
Wurzel seines Auges *wꜣb n irt.f*, 235
Kuchen, 80, 82, 83

L

lebendiger Gott *nṯr ꜥnḫ*, 355, 365
Leichnam *ẖꜣt*, 86, 91, 98, 150, 165, 203, 210, 217, 219, 220, 226, 228, 229, 238, 246, 255, 263, 270, 274, 290, 297, 300, 306, 307, 308, 311, 313, 314, 315, 320, 323, 327, 328, 330, 337, 338, 346, 353, 354, 356, 357, 360, 361, 367
Leichnam, Fäulnis *ẖꜣwt.k*, 346, 360
Lochbeitel, 86, 120, 155, 161, 165, 167
Löwenbett, *schwarz*-weiß, 85, 119, 161, 167

M

Maa-her Spiegel, 3, 13, 85, 118, 119, 167, 312, 332
Maat *mꜣꜥt*, 55, 91, 114, 133, 136, 149
Manneskraft *bꜣꜣwt*, 300, 307, 318, 319, 334
Meißel, 86, 120, 155, 161, 165, 167

Mekes-Zepter, 85, 119, 161, 167
Menit, 85, 119, 161, 167
Milch, 81, 89, 127, 128, 162, 166, 194, 212, 213, 249, 253, 255, 260, 276, 279, 288, 318, 327, 362, 363
Mineb-Axt, 86, 120, 155, 161, 165, 167
Mundöffnung, 40, 66, 81, 89

N

Nachtbarke *msktt*, 92, 186
Name *rn*, 145, 160, 188, 189, 226, 240, 253, 289, 300, 304, 310, 311, 313, 314, 315, 322, 323, 326, 330, 337, 345, 352, 353, 356
Nedit, 101
Nemestuch, 98, 151, 217
Neteru, 102

O

Opfer, 38, 45, 51, 55, 57, 63, 79, 80, 81, 84, 102, 107–111, 117, 118, 129, 139, 140, 160, 172, 185, 186, 210, 259, 260, 261, 267, 275, 354
Opfermatte, 80
Opferspeisen, 79,–83, 109, 111, 116, 158, 160, 172, 255, 291

P

Perlenüberschurz, mit Kobras geschmückt, 85, 119, 161, 167
physischer Kraft *pḥty*, 88, 123
Prunkscheintür, 73, 79, 107, 108, 109, 160, 166, 172, 185, 275

R

Ra-Qemau, 100
Reinigungsritual *s3ṯ mw*, 46, 80
Rinderschenkel, 80, 82
Rote Kuh *idt dšrt*, 127, 167, 208, 212, 229

S

Säge, 86, 120, 155, 165, 167
Salböle, 32, 66, 67, 80, 83, 111, 113, 160, 161, 172
Sandalen, weiße, 92, 136–139, 149, 158, 164
Schakal der Dämmerung *s3b iḫḫw*, 251
Schatten *šwt*, 1, 91, 108, 112, 130, 131, 132, 135, 163, 174, 194, 195, 196, 197, 198, 199, 201, 202, 208, 211, 214, 225, 226, 227, 229, 246, 254, 255, 256, 257, 261, 262, 263, 268, 270, 271, 273, 274, 275, 276, 277, 279, 289, 290, 293, 297, 319, 336, 337, 338, 346, 361, 366, 367
Scheitel Res *wpt Rꜥ*, 91, 131, 135, 195, 261
Schilfumhang *knj*, 93, 142, 203, 281
Schlinge oder Bogensehne, 86, 119
Schurz mit bunten Perlenschnüren, 85, 119, 161, 167
Schurz, königlicher, 85, 119, 161, 167
Sechem-Zepter, 85
Sefegiru *sfg irw*, 90, 129, 131, 157, 163, 188, 199, 200, 364
sein Sohn in seinem Blut *s3 m-ẖnw dšrw.f*, 87, 199
Sia *si3*, 53, 83, 114, 309
Sistrum, 84, 115, 116, 161, 293, 328
Spazierstöcke, rote, 86, 119, 161, 167
Sperma *mtwt*, 87, 88, 89, 90, 101, 121, 124, 128, 162, 190, 191, 192, 194, 199, 204, 210, 227, 231, 235, 236, 249, 250, 251, 255, 257, 259, 260, 271, 276, 281, 362, 363, 364
Stock, unten gegabelt, 86, 119, 161, 167

Stoffballen, 85

T

Tisch, weiß, 80, 83, 85, 86, 110, 160, 161, 172
Tod *mt*, 35, 341, 342, 345, 354, 360
Traumzustand *sšm rswt*, 309, 314, 326
Troddeln, 85, 119, 161, 167

U

Uch, 83, 114, 116, 161, 285, 293
Unrecht *jsft*, 342
Uräen (*iʿrwt*), 243
Uräus, 285

V

Vornehmster der Westlichen *ḫnty ỉmntjw*, 51, 58

W

Was-Zepter, 86, 119, 161, 167
weiße Tür in rotem Rahmen, 92, 137, 139, 164, 174
Wind des Lebens *ṯȝw ʿnḫ*, 98, 151, 152, 204, 220, 221, 228, 230, 231, 261, 364
Wohlgeruch *ỉdy*, 95
Worte gesprochen *ḏd mdw*, 23, 34, 35, 37, 55, 57
Würde *sʿḥ*, 87, 245, 246
Wurfhölzer, 13, 86, 92, 93, 139, 140, 143, 161, 164, 167, 174, 201, 202, 245, 255, 292, 293

Z

Zaubersprüche *ḥkȝw*, 90, 122, 140

Textbeilagen

Textbeilage I
Die Fugeninschriften auf Sarg M3C (JdE 42825)

Ostwand des Sarges, nördliche Gehrung

Ostwand des Sarges, südliche Gehrung

Südwand des Sarges, östliche Gehrung

Südwand des Sarges, westliche Gehrung

Westwand des Sarges, südliche Gehrung

Westwand des Sarges, nördliche Gehrung

Nordwand des Sarges, westliche Gehrung

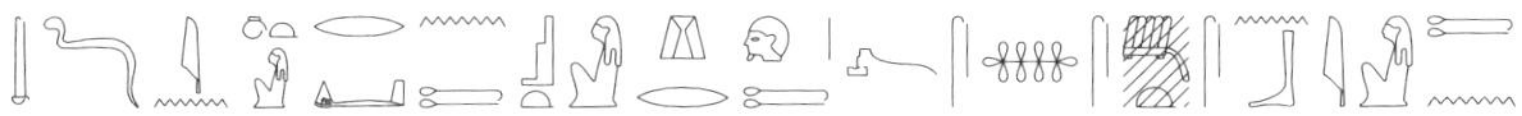

Nordwand des Sarges, östliche Gehrung

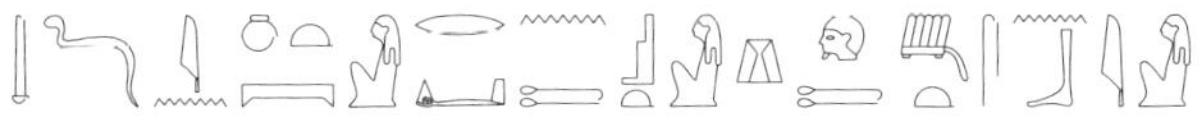

Textbeilage II

Die Außeninschriften auf Sarg M3C (JdE 42825)

Ostwand des Sarges, waagerecht

Ostwand des Sarges, senkrecht

Nordwand des Sarges, waagerecht

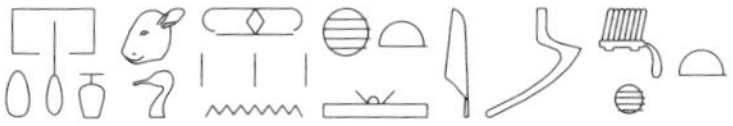

Nordwand des Sarges, senkrecht

Westwand des Sarges, waagerecht

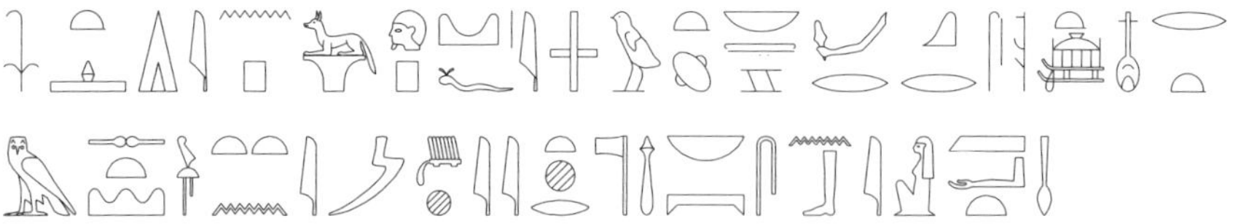

Westwand des Sarges, senkrecht

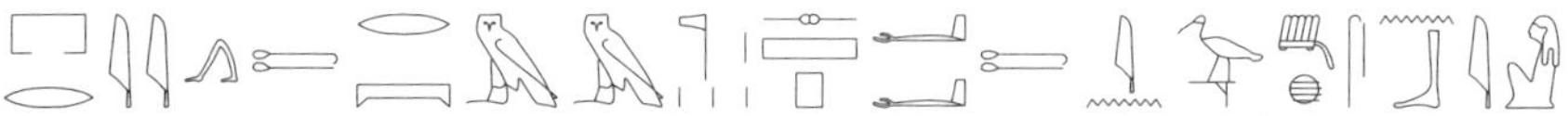

Südwand des Sarges, waagerecht

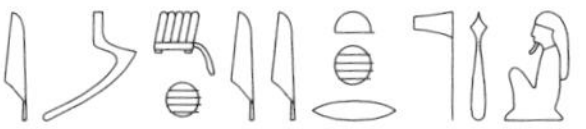

Südwand des Sarges, senkrecht

Deckel des Sarges

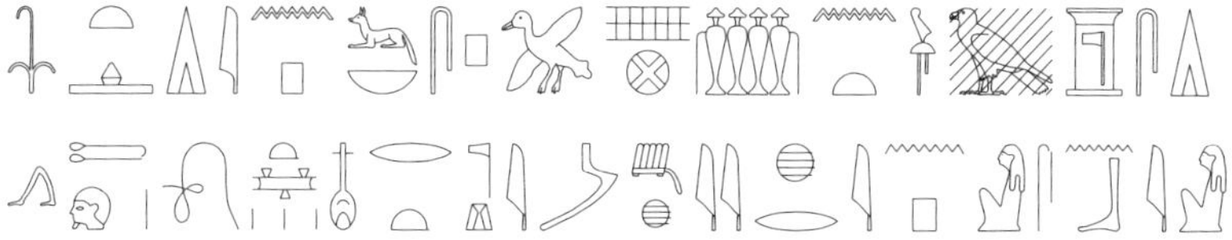

Textbeilage III

Die Schriftbänder auf den Innenseiten auf Sarg M3C (JdE 42825)

Ostwand des Sarges, waagerecht

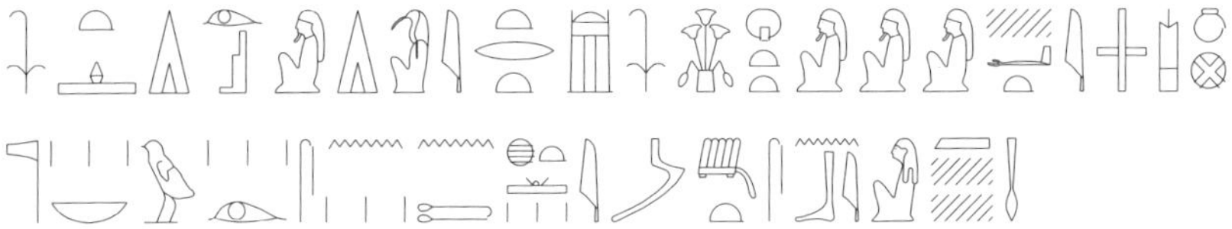

Nordwand des Sarges, waagerecht

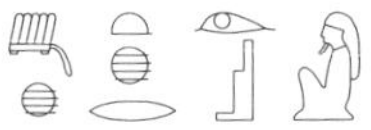

Westwand des Sarges, waagerecht

Südwand des Sarges, waagerecht

Tafeln

Tafel 1
Die Fugeninschriften am Kopfende auf dem Sarg M3C. Gardiner MSS 551. Links im Bild Westseite, nördliche Gehrung und Nordseite, westliche Gehrung. Rechts im Bild Nordseite, östliche Gehrung und Ostseite, nördliche Gehrung. Die Wiedergabe dieser und aller folgenden Photographien aus Gardiners Nachlass erfolgt mit freundlicher Genehmigung des Griffith Institute, Oxford.

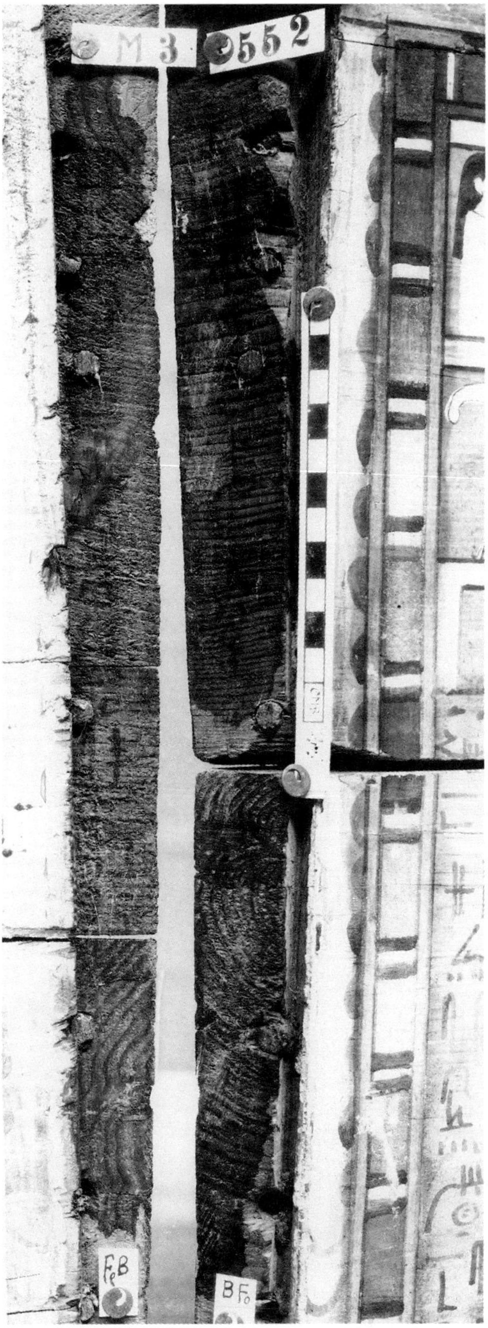

Tafel 2
Die Fugeninschriften am Fußende auf dem Sarg M3C. Gardiner MSS 552. Südseite, westliche Gehrung und Westseite, südliche Gehrung.

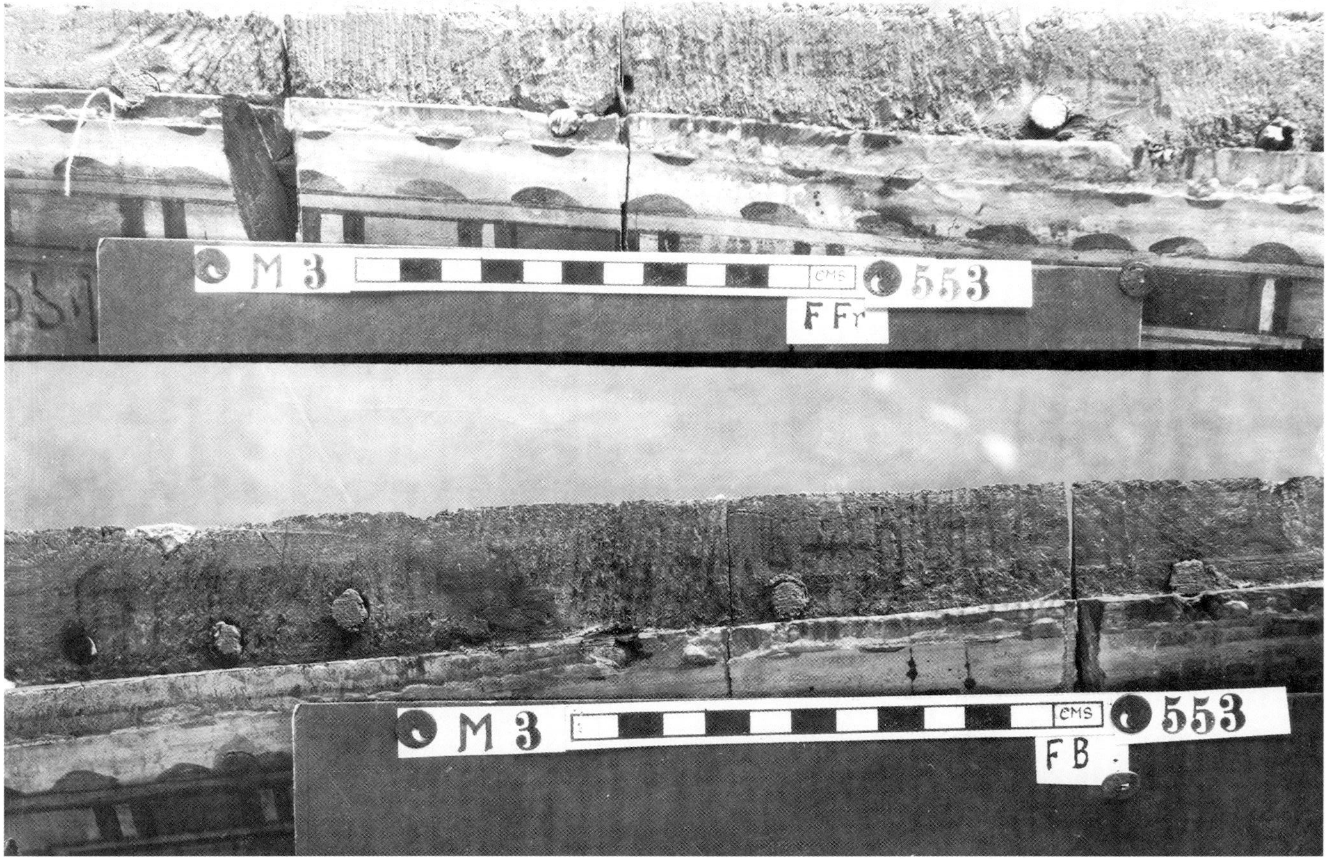

Tafel 3
Die Fugeninschriften am Fußende auf dem Sarg M3C. Gardiner MSS 553. Unteres Bild Südseite, westliche Gehrung. Oberes Bild Südseite, östliche Gehrung.

Tafel 4
Außenansicht des Sarges M3C. Ostseite. Gardiner MSS 548.

Tafel 5
Außenansicht des Sarges M3C. Nordseite. Gardiner MSS 545.

Tafel 6
Außenansicht des Sarges M3C. Westseite. Gardiner MSS 547.

Tafel 7
Außenansicht des Sarges M3C. Südseite. Gardiner MSS 546.

Tafel 8
Außenansicht des Sarges M3C. Deckel. Gardiner MSS 549.

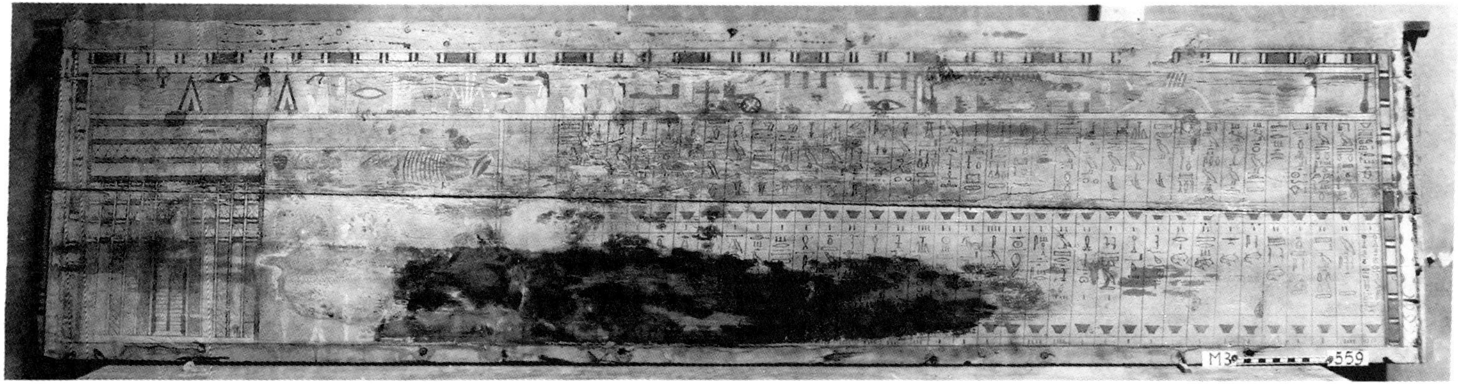

Tafel 9
Innenansicht des Sarges M3C. Ostseite, Gesamtansicht. Gardiner MSS 559.

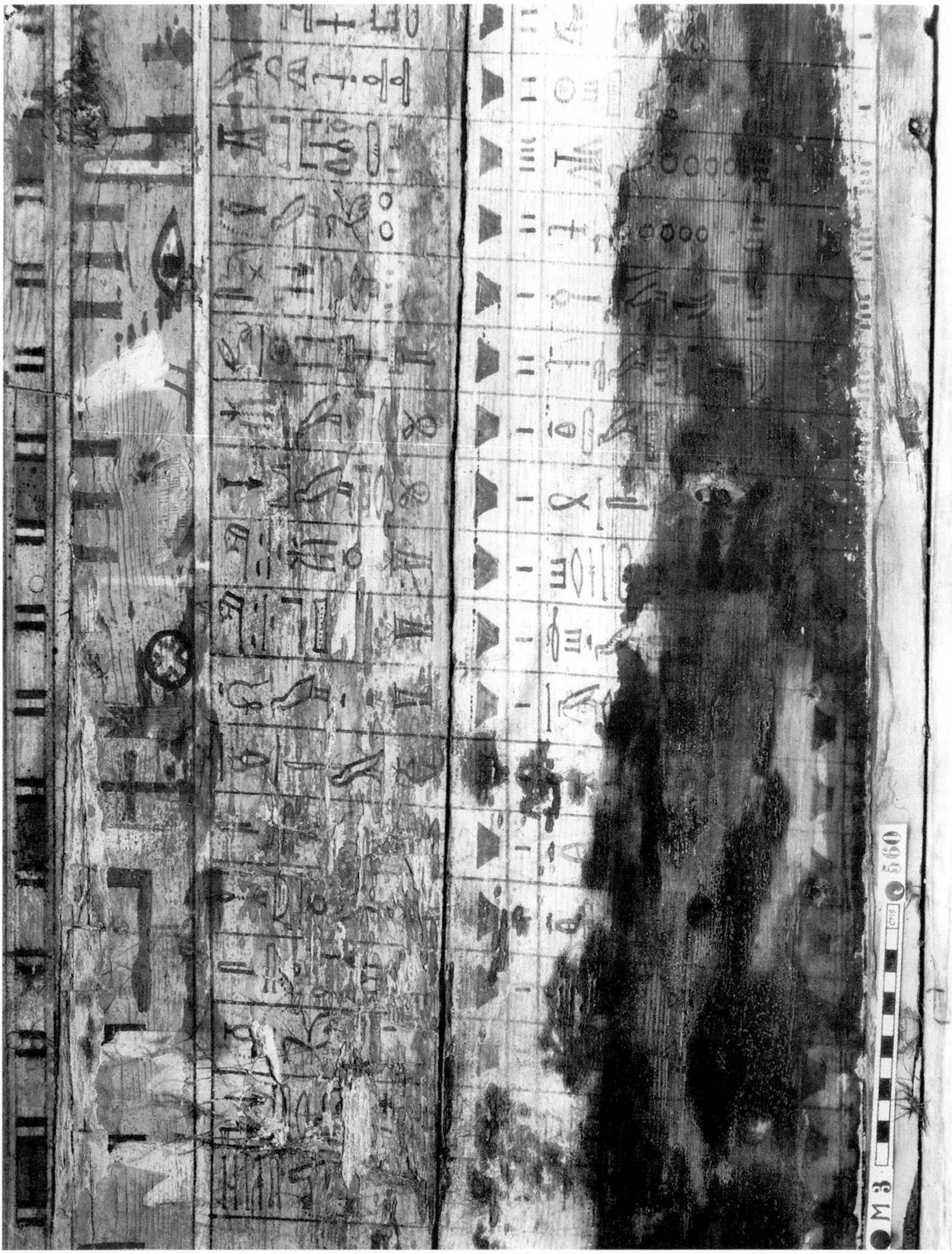

Tafel 10
Innenansicht des Sarges M3C. Ostseite, Teilansicht. Gardiner MSS 560.

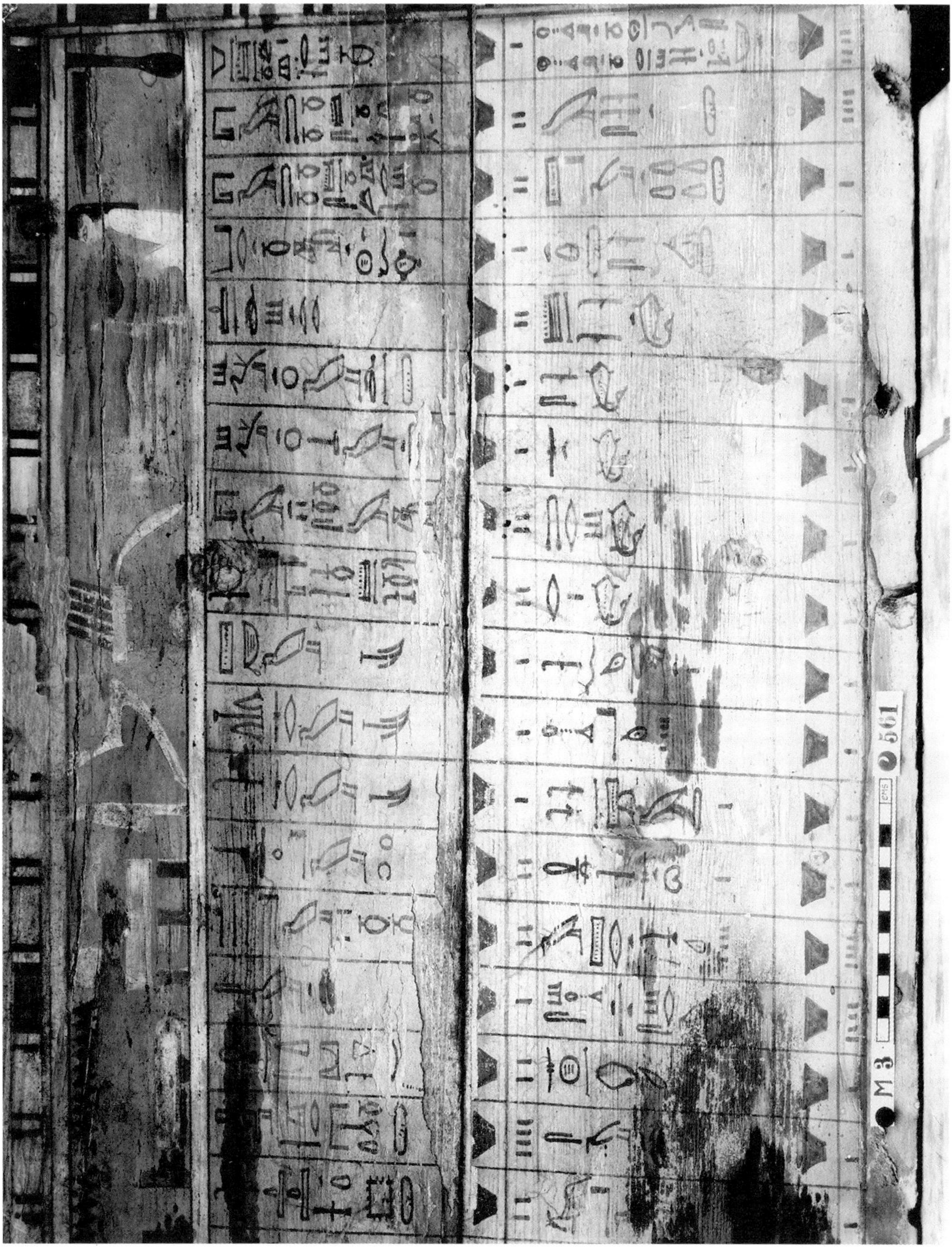

Tafel 11
Innenansicht des Sarges M3C. Ostseite, Teilansicht. Gardiner MSS 561.

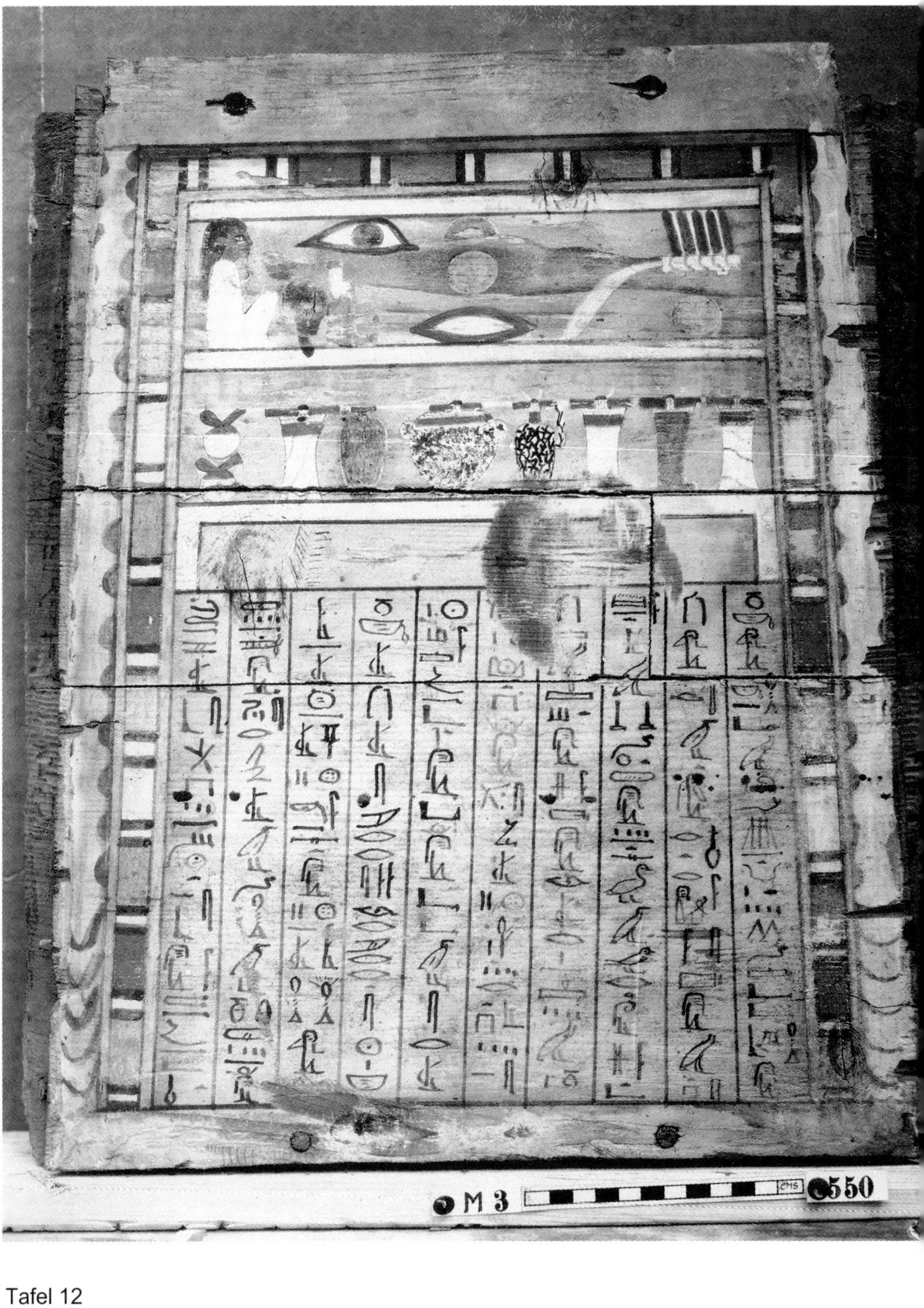

Tafel 12
Innenansicht des Sarges M3C. Nordseite. Gardiner MSS 550.

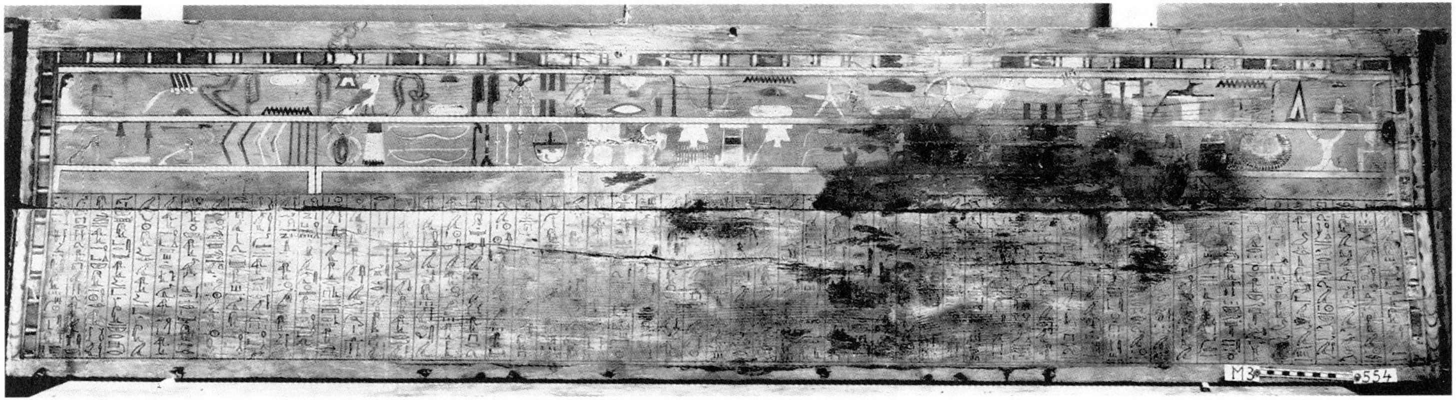

Tafel 13
Innenansicht des Sarges M3C. Westseite, Gesamtansicht. Gardiner MSS 554.

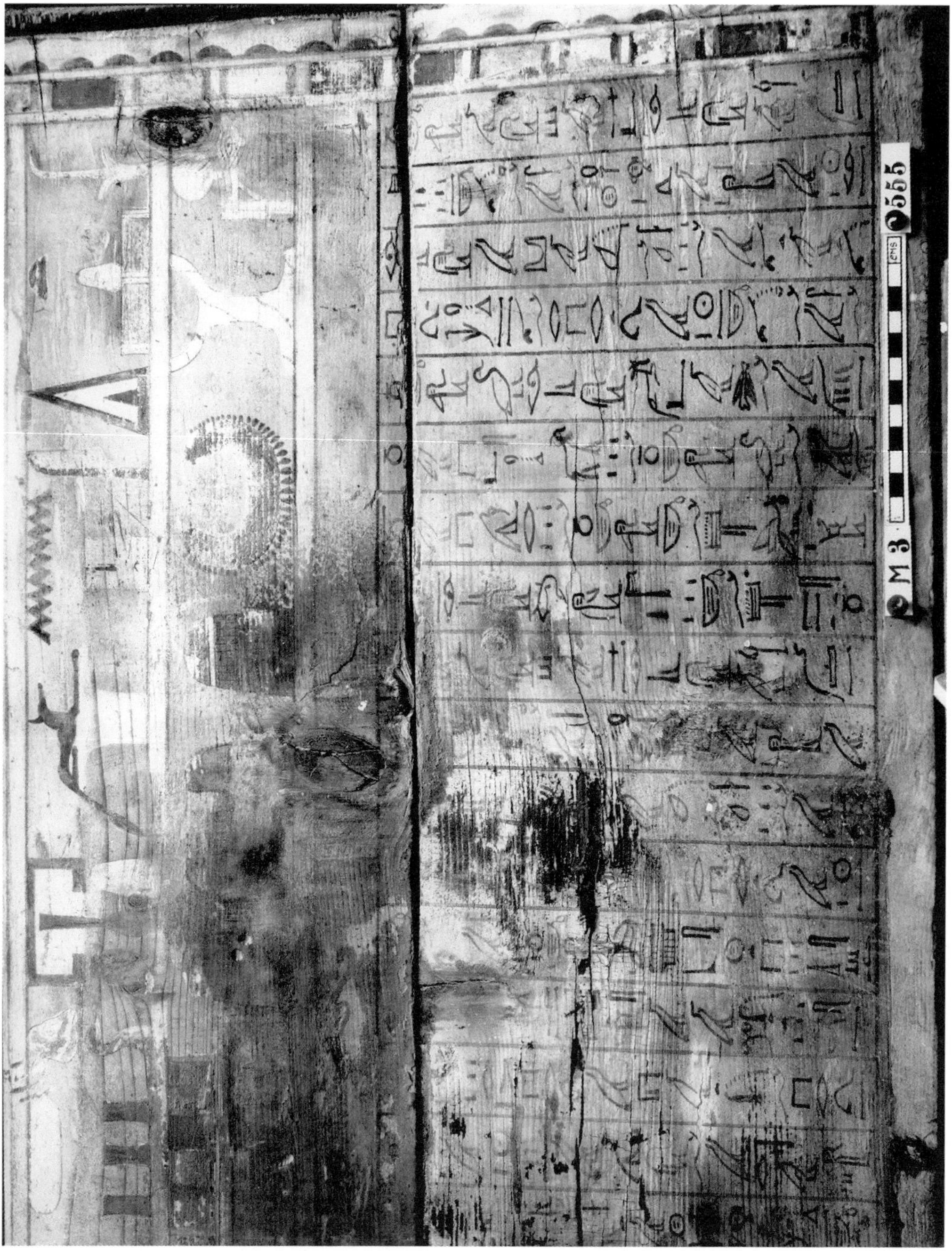

Tafel 14
Innenansicht des Sarges M3C. Westseite, Teilansicht. Gardiner MSS 555.

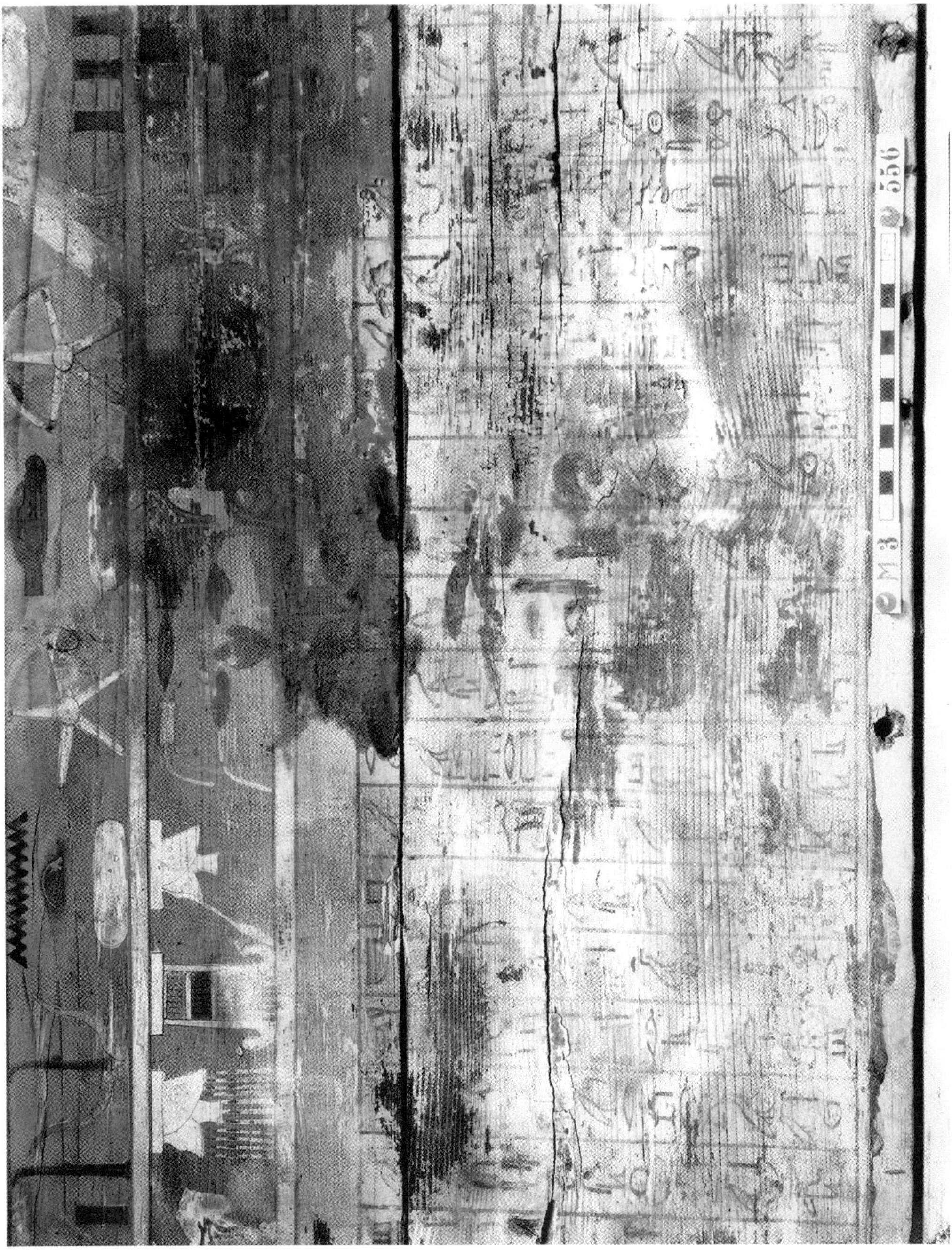

Tafel 15
Innenansicht des Sarges M3C. Westseite, Teilansicht. Gardiner MSS 556.

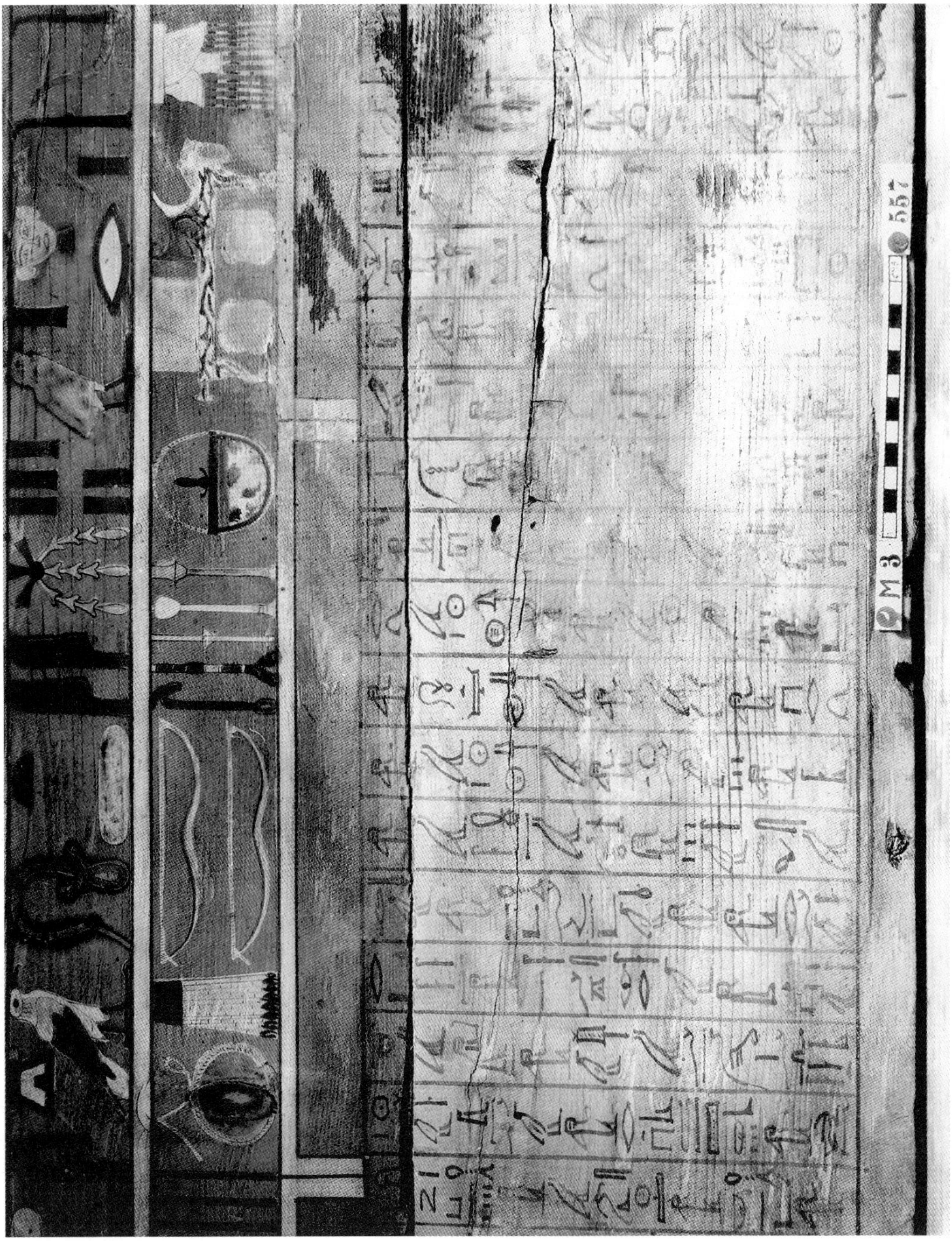

Tafel 16
Innenansicht des Sarges M3C. Westseite, Teilansicht. Gardiner MSS 557.

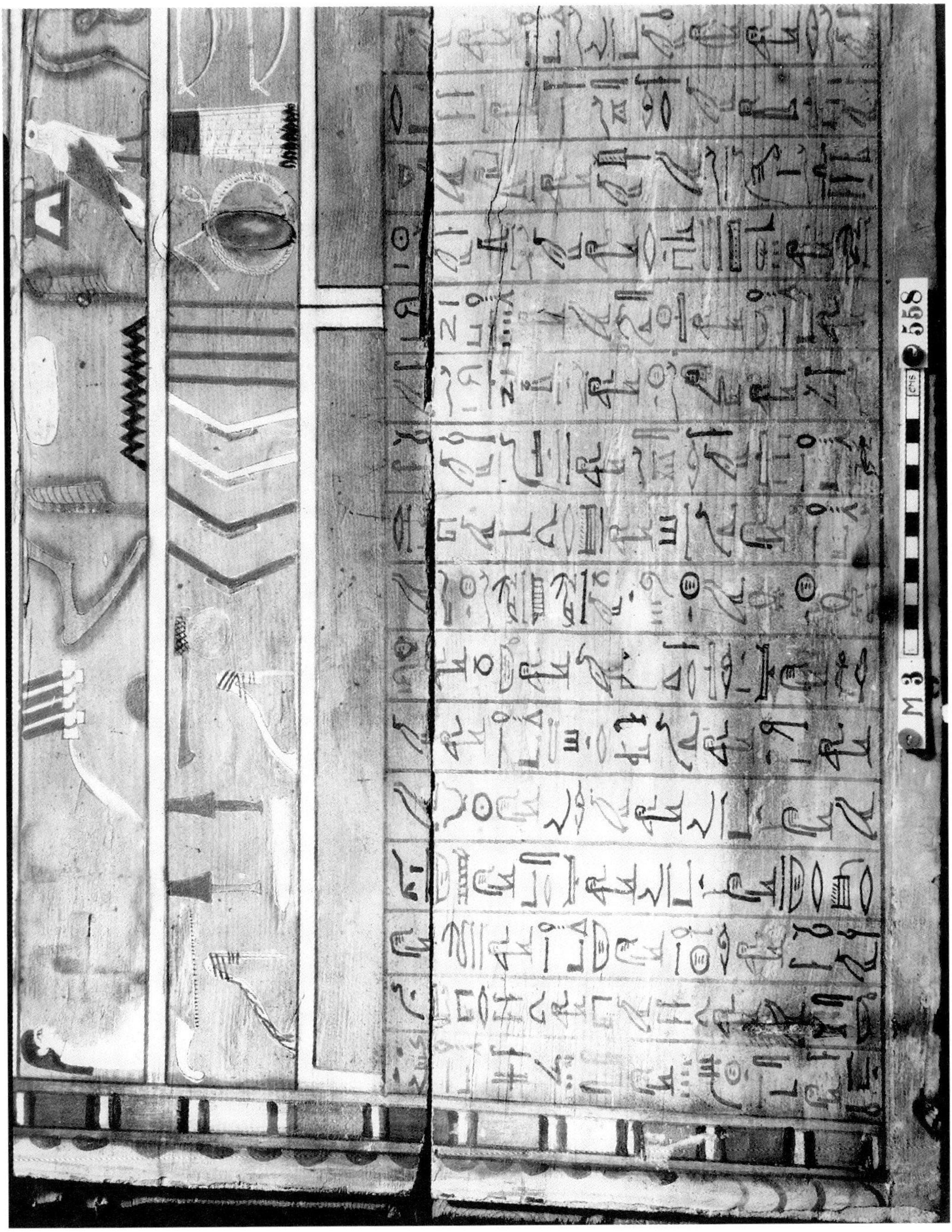

Tafel 17
Innenansicht des Sarges M3C. Westseite, Teilansicht. Gardiner MSS 558.

Tafel 18
Innenansicht des Sarges M3C. Südseite. Gardiner MSS 552.

Tafel 19
Innenansicht des Sarges M3C. Deckel, Gesamtansicht. Gardiner MSS 562.

Tafel 20
Innenansicht des Sarges M3C. Deckel, Teilansicht. Gardiner MSS 566.

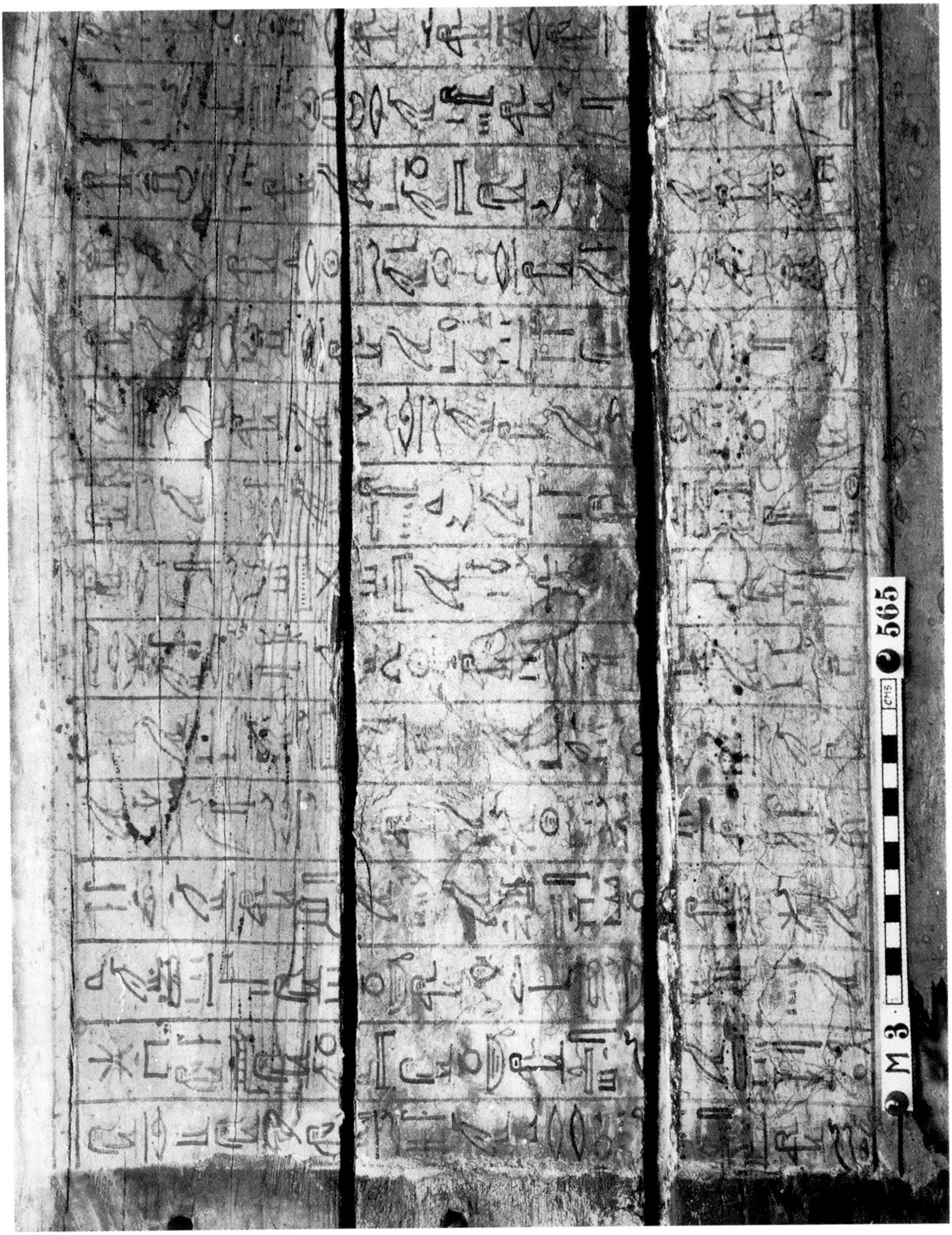

Tafel 21
Innenansicht des Sarges M3C. Deckel, Teilansicht. Gardiner MSS 565.

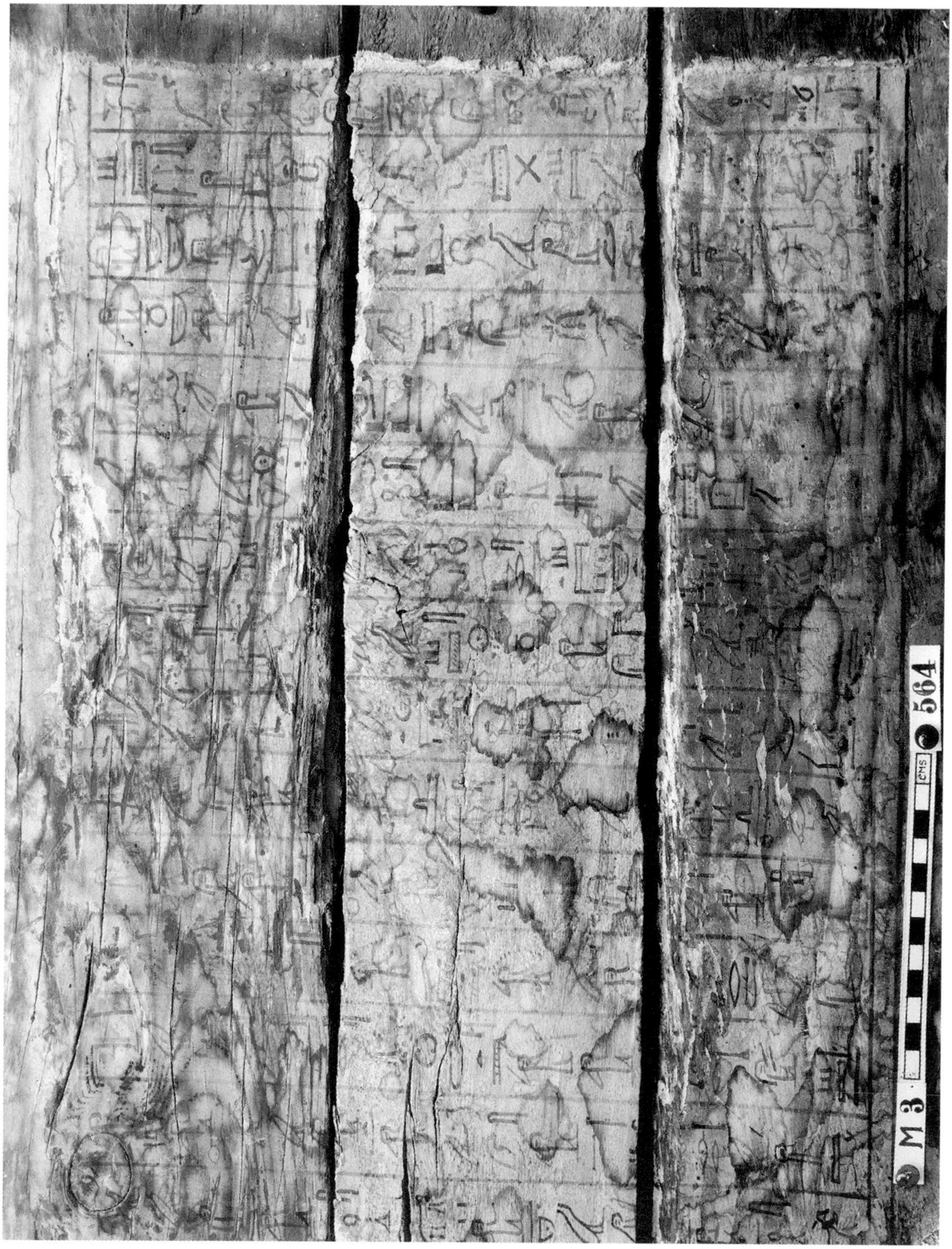

Tafel 22
Innenansicht des Sarges M3C. Deckel, Teilansicht. Gardiner MSS 564.

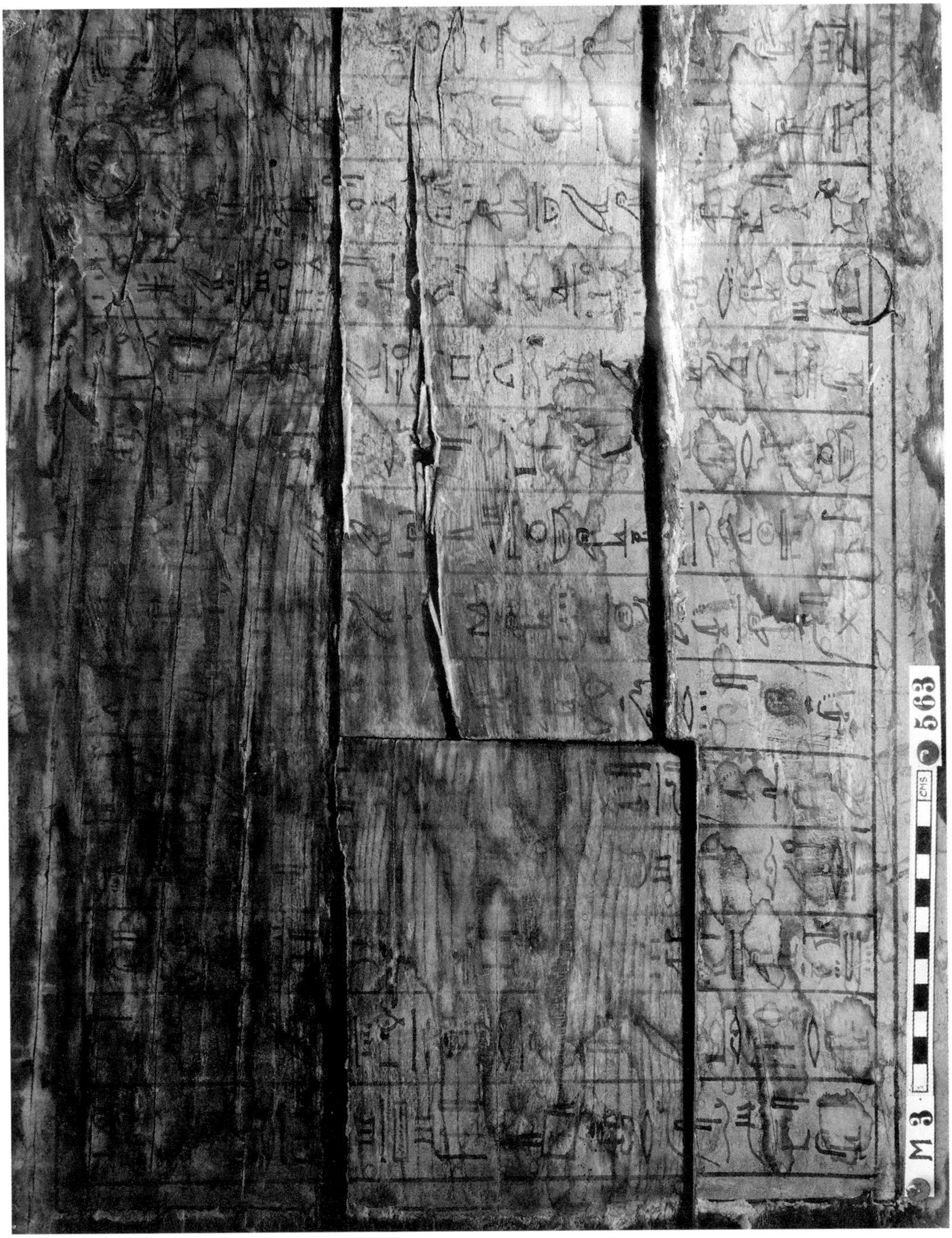

Tafel 23
Innenansicht des Sarges M3C. Deckel, Teilansicht. Gardiner MSS 563.

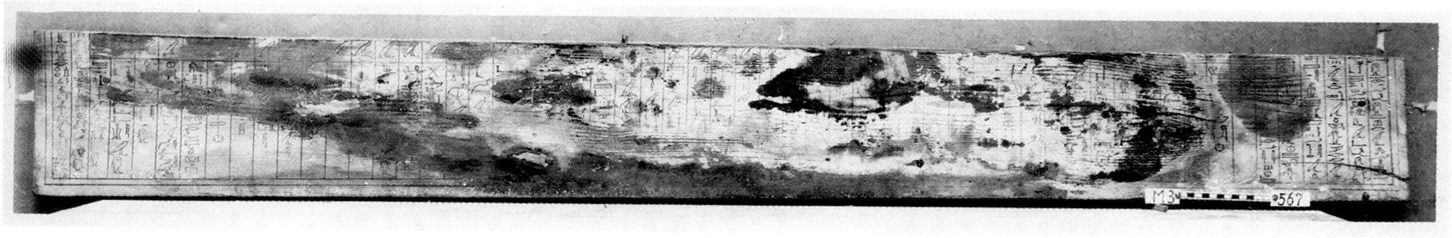

Tafel 24
Innenansicht des Sarges M3C. Boden, unteres Brett. Gardiner MSS 567.

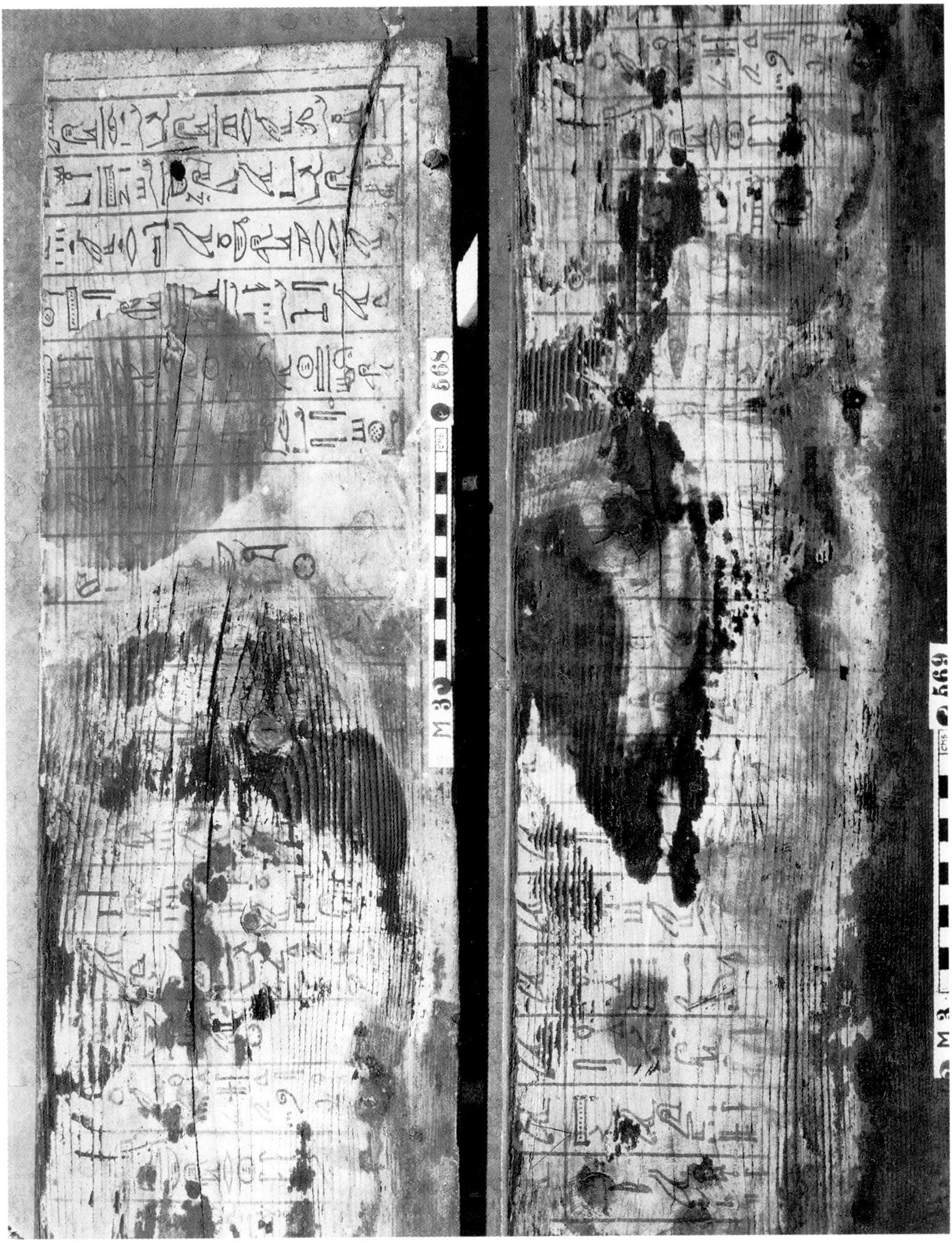

Tafel 25
Innenansicht des Sarges M3C. Boden, unteres Brett, Teilansichten. Gardiner MSS 568 und Gardiner MSS 569.

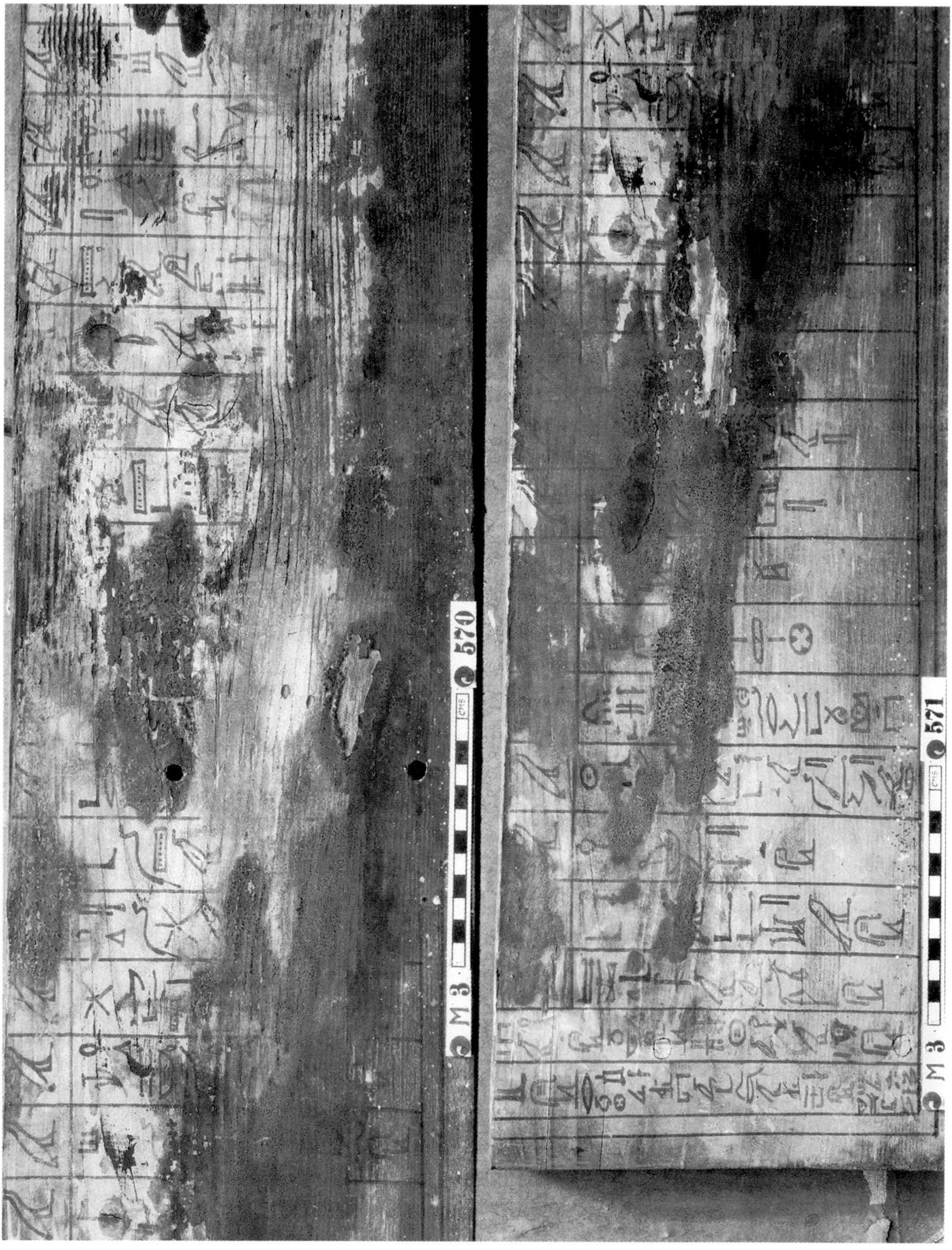

Tafel 26
Innenansicht des Sarges M3C. Boden, unteres Brett. Teilansichten. Gardiner MSS 570 und Gardiner MSS 571.

Bd. 25/1a MICHAEL LATTKE: *Die Oden Salomos in ihrer Bedeutung für Neues Testament und Gnosis.* Band Ia. Der syrische Text der Edition in Estrangela Faksimile des griechischen Papyrus Bodmer XI. 68 Seiten. 1980.

Bd. 25/2 MICHAEL LATTKE: *Die Oden Salomos in ihrer Bedeutung für Neues Testament und Gnosis.* Band II. Vollständige Wortkonkordanz zur handschriftlichen, griechischen, koptischen, lateinischen und syrischen Überlieferung der Oden Salomos. Mit einem Faksimile des Kodex N. XVI–201 Seiten. 1979.

Bd. 25/3 MICHAEL LATTKE: *Die Oden Salomos in ihrer Bedeutung für Neues Testament und Gnosis.* Band III. XXXIV–478 Seiten. 1986.

Bd. 25/4 MICHAEL LATTKE: *Die Oden Salomos in ihrer Bedeutung für Neues Testament und Gnosis.* Band IV. XII–284 Seiten. 1998.

Bd. 46 ERIK HORNUNG: *Der ägyptische Mythos von der Himmelskuh.* Eine Ätiologie des Unvollkommenen. Unter Mitarbeit von Andreas Brodbeck, Hermann Schlögl und Elisabeth Staehelin und mit einem Beitrag von Gerhard Fecht. XII–129 Seiten, 10 Abbildungen. 1991. Dritte Auflage.

Bd. 50/1 DOMINIQUE BARTHÉLEMY: *Critique textuelle de l'Ancien Testament.* 1. Josué, Juges, Ruth, Samuel, Rois, Chroniques, Esdras, Néhémie, Esther. Rapport final du Comité pour l'analyse textuelle de l'Ancien Testament hébreu institué par l'Alliance Biblique Universelle, établi en coopération avec Alexander R. Hulst, Norbert Lohfink, William D. McHardy, H. Peter Rüger, coéditeur, James A. Sanders, coéditeur. 812 pages. 1982. Epuisé.

Bd. 50/2 DOMINIQUE BARTHÉLEMY: *Critique textuelle de l'Ancien Testament.* 2. Isaïe, Jérémie, Lamentations. Rapport final du Comité pour l'analyse textuelle de l'Ancien Testament hébreu institué par l'Alliance Biblique Universelle, établi en coopération avec Alexander R. Hulst, Norbert Lohfink, William D. McHardy, H. Peter Rüger, coéditeur, James A. Sanders, coéditeur. 1112 pages. 1986.

Bd. 50/3 DOMINIQUE BARTHÉLEMY: *Critique textuelle de l'Ancien Testament.* Tome 3. Ezéchiel, Daniel et les 12 Prophètes. Rapport final du Comité pour l'analyse textuelle de l'Ancien Testament hébreu institué par l'Alliance Biblique Universelle, établi en coopération avec Alexander R. Hulst, Norbert Lohfink, William D. McHardy, H. Peter Rüger, coéditeur, James A. Sanders, coéditeur. 1424 pages. 1992.

Bd. 50/4 DOMINIQUE BARTHÉLEMY: *Critique textuelle de l'Ancien Testament.* Tome 4. Psaumes. Rapport final du comité pour l'analyse textuelle de l'Ancien Testament hébreu institué par l'Alliance Biblique Universelle, établi en coopération avec Alexander R. Hulst, Norbert Lohfink, William D. McHardy, H. Peter Rüger, coéditeur, James A. Sanders, coéditeur, édité à partir du manuscrit inachevé de Dominique Barthélemy par Stephen Desmond Ryan et Adrian Schenker. XLVI–938 pages. 2005.

Bd. 144 CHRISTL MAIER: *Die «fremde Frau» in Proverbien 1–9.* Eine exegetische und sozialgeschichtliche Studie. XII–304 Seiten. 1995.

Bd. 145 HANS ULRICH STEYMANS: *Deuteronomium 28 und die* adê *zur Thronfolgeregelung Asarhaddons.* Segen und Fluch im Alten Orient und in Israel. XII–436 Seiten. 1995.

Bd. 146 FRIEDRICH ABITZ: *Pharao als Gott in den Unterweltsbüchern des Neuen Reiches.* VIII–228 Seiten. 1995.

Bd. 147 GILLES ROULIN: *Le Livre de la Nuit. Une composition égyptienne de l'au-delà.* Ire partie: traduction et commentaire. XX–420 pages. IIe partie: copie synoptique. X–169 pages, 21 planches. 1996.

Bd. 148 MANUEL BACHMANN: *Die strukturalistische Artefakt- und Kunstanalyse.* Exposition der Grundlagen anhand der vorderorientalischen, ägyptischen und griechischen Kunst. 88 Seiten mit 40 Abbildungen. 1996.

Bd. 150 ELISABETH STAEHELIN / BERTRAND JAEGER (Hrsg.): *Ägypten-Bilder.* Akten des «Symposions zur Ägypten-Rezeption», Augst bei Basel, vom 9.–11. September 1993. 384 Seiten Text, 108 Seiten mit Abbildungen. 1997.

Bd. 151 DAVID A.WARBURTON: *State and Economy in Ancient Egypt.* Fiscal Vocabulary of the New Kingdom. 392 pages. 1996.

Bd. 152 FRANÇOIS ROSSIER SM: *L'intercession entre les hommes dans la Bible hébraïque.* L'intercession entre les hommes aux origines de l'intercession auprès de Dieu. 408 pages. 1996.

Bd. 153 REINHARD GREGOR KRATZ / THOMAS KRÜGER (Hrsg.): *Rezeption und Auslegung im Alten Testament und in seinem Umfeld.* Ein Symposion aus Anlass des 60. Geburtstags von Odil Hannes Steck. 148 Seiten. 1997.

Bd. 154 ERICH BOSSHARD-NEPUSTIL: *Rezeptionen von Jesaja 1–39 im Zwölfprophetenbuch.* Untersuchungen zur literarischen Verbindung von Prophetenbüchern in babylonischer und persischer Zeit. XIV–534 Seiten. 1997.

Bd. 155 MIRIAM LICHTHEIM: *Moral Values in Ancient Egypt.* 136 pages. 1997.

Bd. 156 ANDREAS WAGNER (Hrsg.): *Studien zur hebräischen Grammatik.* VIII–212 Seiten. 1997.

Bd. 157 OLIVIER ARTUS: *Etudes sur le livre des Nombres.* Récit, Histoire et Loi en Nb 13,1–20,13. X–310 pages. 1997.

Bd. 158 DIETER BÖHLER: *Die heilige Stadt in Esdras α und Esra-Nehemia.* Zwei Konzeptionen der Wiederherstellung Israels. XIV–464 Seiten. 1997.

Bd. 159 WOLFGANG OSWALD: *Israel am Gottesberg.* Eine Untersuchung zur Literargeschichte der vorderen Sinaiperikope Ex 19–24 und deren historischem Hintergrund. X–300 Seiten. 1998.

Bd. 160/1 JOSEF BAUER / ROBERT K. ENGLUND / MANFRED KREBERNIK: *Mesopotamien: Späturuk-Zeit und Frühdynastische Zeit.* Annäherungen 1. Herausgegeben von Pascal Attinger und Markus Wäfler. 640 Seiten. 1998.

Bd. 160/3 WALTHER SALLABERGER / AAGE WESTENHOLZ: *Mesopotamien: Akkade-Zeit und Ur III-Zeit.* Annäherungen 3. Herausgegeben von Pascal Attinger und Markus Wäfler. 424 Seiten. 1999.

Bd. 161 MONIKA BERNETT / OTHMAR KEEL: *Mond, Stier und Kult am Stadttor.* Die Stele von Betsaida (et-Tell). 175 Seiten mit 121 Abbildungen. 1998.

Bd. 162 ANGELIKA BERLEJUNG: *Die Theologie der Bilder.* Herstellung und Einweihung von Kultbildern in Mesopotamien und die alttestamentliche Bilderpolemik. 1998. XII–560 Seiten. 1998.

Bd. 163 SOPHIA K. BIETENHARD: *Des Königs General.* Die Heerführertraditionen in der vorstaatlichen und frühen staatlichen Zeit und die Joabgestalt in 2 Sam 2–20; 1 Kön 1–2. 388 Seiten. 1998.

Bd. 164 JOACHIM BRAUN: *Die Musikkultur Altisraels/Palästinas.* Studien zu archäologischen, schriftlichen und vergleichenden Quellen. XII–372 Seiten, 288 Abbildungen. 1999.

Bd. 165 SOPHIE LAFONT: *Femmes, Droit et Justice dans l'Antiquité orientale.* Contribution à l'étude du droit pénal au Proche-Orient ancien. XVI–576 pages. 1999.

Bd. 166 ESTHER FLÜCKIGER-HAWKER: *Urnamma of Ur in Sumerian Literary Tradition.* XVIII–426 pages, 25 plates. 1999.

Bd. 167 JUTTA BOLLWEG: *Vorderasiatische Wagentypen.* Im Spiegel der Terracottaplastik bis zur Altbabylonischen Zeit. 160 Seiten und 68 Seiten Abbildungen. 1999.

Bd. 168 MARTIN ROSE: *Rien de nouveau.* Nouvelles approches du livre de Qohéleth. Avec une bibliographie (1988–1998) élaborée par Béatrice Perregaux Allisson. 648 pages. 1999.

Bd. 169 MARTIN KLINGBEIL: *Yahweh Fighting from Heaven.* God as Warrior and as God of Heaven in the Hebrew Psalter and Ancient Near Eastern Iconography. XII–374 pages. 1999.

Bd. 170 BERND ULRICH SCHIPPER: *Israel und Ägypten in der Königszeit.* Die kulturellen Kontakte von Salomo bis zum Fall Jerusalems. 344 Seiten und 24 Seiten Abbildungen. 1999.

Bd. 171 JEAN-DANIEL MACCHI: *Israël et ses tribus selon Genèse 49.* 408 pages. 1999.

Bd. 172 ADRIAN SCHENKER: *Recht und Kult im Alten Testament.* Achtzehn Studien. 232 Seiten. 2000.

Bd. 173 GABRIELE THEUER: *Der Mondgott in den Religionen Syrien-Palästinas.* Unter besonderer Berücksichtigung von KTU 1.24. XVI–658 Seiten und 11 Seiten Abbildungen. 2000.

Bd. 174 CATHIE SPIESER: *Les noms du Pharaon comme êtres autonomes au Nouvel Empire.* XII–304 pages et 108 pages d'illustrations. 2000.

Bd. 175 CHRISTOPH UEHLINGER (ed.): *Images as media* – Sources for the cultural history of the Near East and the Eastern Mediterranean (Ist millennium BCE). Proceedings of an international symposium held in Fribourg on November 25-29, 1997. XXXII–424 pages with 178 figures, 60 plates. 2000.

Bd. 176 ALBERT DE PURY/THOMAS RÖMER (Hrsg.): *Die sogenannte Thronfolgegeschichte Davids.* Neue Einsichten und Anfragen. 212 Seiten. 2000.

Bd. 177 JÜRG EGGLER: *Influences and Traditions Underlying the Vision of Daniel 7:2-14.* The Research History from the End of the 19th Century to the Present. VIII–156 pages. 2000.

Bd. 178 OTHMAR KEEL / URS STAUB: *Hellenismus und Judentum.* Vier Studien zu Daniel 7 und zur Religionsnot unter Antiochus IV. XII–164 Seiten. 2000.

Bd. 179 YOHANAN GOLDMAN / CHRISTOPH UEHLINGER (éds.): *La double transmission du texte biblique.* Etudes d'histoire du texte offertes en hommage à Adrian Schenker. VI–130 pages. 2001.

Bd. 180 UTA ZWINGENBERGER: *Dorfkultur der frühen Eisenzeit in Mittelpalästina.* XX–612 Seiten. 2001.

Bd. 181 HUBERT TITA: *Gelübde als Bekenntnis.* Eine Studie zu den Gelübden im Alten Testament. XVI–272 Seiten. 2001.

Bd. 182 KATE BOSSE-GRIFFITHS: *Amarna Studies, and other selected papers.* Edited by J. Gwyn Griffiths. 264 pages. 2001.

Bd. 183 TITUS REINMUTH: *Der Bericht Nehemias.* Zur literarischen Eigenart, traditionsgeschichtlichen Prägung und innerbiblischen Rezeption des Ich-Berichts Nehemias. XIV–402 Seiten. 2002.

Bd. 184 CHRISTIAN HERRMANN: *Ägyptische Amulette aus Palästina/Israel II.* XII–188 Seiten und 36 Seiten Abbildungen. 2002.

Bd. 185 SILKE ROTH: *Gebieterin aller Länder.* Die Rolle der königlichen Frauen in der fiktiven und realen Aussenpolitik des ägyptischen Neuen Reiches. XII–184 Seiten. 2002.

Bd. 186 ULRICH HÜBNER / ERNST AXEL KNAUF (Hrsg.): *Kein Land für sich allein.* Studien zum Kulturkontakt in Kanaan, Israel/Palästina und Ebirnâri. Für Manfred Weippert zum 65. Geburtstag. VIII–352 Seiten. 2002.

Bd. 187 PETER RIEDE: *Im Spiegel der Tiere.* Studien zum Verhältnis von Mensch und Tier im alten Israel. 392 Seiten, 34 Abbildungen. 2002.

Bd. 188 ANNETTE SCHELLENBERG: *Erkenntnis als Problem.* Qohelet und die alttestamentliche Diskussion um das menschliche Erkennen. XII–348 Seiten. 2002.

Bd. 189 GEORG MEURER: *Die Feinde des Königs in den Pyramidentexten.* VIII–442 Seiten. 2002.

Bd. 190 MARIE MAUSSION: *Le mal, le bien et le jugement de Dieu dans le livre de Qohélet.* VIII–216 pages. 2003.

Bd. 191 MARKUS WITTE / STEFAN ALKIER (Hrsg.): *Die Griechen und der Vordere Orient.* Beiträge zum Kultur- und Religionskontakt zwischen Griechenland und dem Vorderen Orient im 1. Jahrtausend v. Chr. X–150 Seiten. 2003.

Bd. 192 KLAUS KOENEN: *Bethel.* Geschichte, Kult und Theologie. X–270 Seiten. 2003.

Bd. 193 FRIEDRICH JUNGE: *Die Lehre Ptahhoteps und die Tugenden der ägyptischen Welt.* 304 Seiten. 2003.

Bd. 194 JEAN-FRANÇOIS LEFEBVRE: *Le jubilé biblique.* Lv 25 – exégèse et théologie. XII–460 pages. 2003.

Bd. 195 WOLFGANG WETTENGEL: *Die Erzählung von den beiden Brüdern.* Der Papyrus d'Orbiney und die Königsideologie der Ramessiden.VI–314 Seiten. 2003.

Bd. 196 ANDREAS VONACH / GEORG FISCHER (Hrsg.): *Horizonte biblischer Texte.* Festschrift für Josef M. Oesch zum 60. Geburtstag. XII–328 Seiten. 2003.

Bd. 197 BARBARA NEVLING PORTER: *Trees, Kings, and Politics.* XVI–124 pages. 2003.

Bd. 198 JOHN COLEMAN DARNELL: *The Enigmatic Netherworld Books of the Solar-Osirian Unity.* Cryptographic Compositions in the Tombs of Tutankhamun, Ramesses VI, and Ramesses IX. 712 pages. 2004.

Bd. 199 ADRIAN SCHENKER: *Älteste Textgeschichte der Königsbücher.* Die hebräische Vorlage der ursprünglichen Septuaginta als älteste Textform der Königsbücher. 224 Seiten. 2004.

Bd. 200 HILDI KEEL-LEU / BEATRICE TEISSIER: *Die vorderasiatischen Rollsiegel der Sammlungen «Bibel+Orient» der Universität Freiburg Schweiz / The Ancient Near Eastern Cylinder Seals of the Collections «Bible+Orient» of the University of Fribourg.* XXII–412 Seiten, 70 Tafeln. 2004.

Bd. 201 STEFAN ALKIER / MARKUS WITTE (Hrsg.): *Die Griechen und das antike Israel.* Interdisziplinäre Studien zur Religions- und Kulturgeschichte des Heiligen Landes. VIII–216 Seiten. 2004.

Zum Inhalt

Was ist eine Person im Pharaonischen Ägypten? Jemand der sowohl im Leben als auch nach dem Tod als lebend aufgefasst wurde. Welche Aufgaben erfüllen gemeinsam die Personenkonstituenten Name, Ba, Schatten, Körper, Ka und Ach in rituellen Handlungen zur Erzeugung dieser Auffassung? Wie vermag die Ägypterin des Mittleren Reiches ihre existenzielle, ontologische und geschlechtliche Identität aufzubauen? Von welchen Konzeptionen des Körpers geht sie hierbei aus? Diese zentralen Fragen werden durch die Untersuchung eines Frauensarges aus Meir beantwortet. Die Verwendung der Personenkonstituenten in dieser rituellen Situation und in der Literatur werden miteinander verglichen.

Summary

In this study a Middle Kingdom coffin from the Upper Egyptian necropolis of Meir is investigated. The coffin is interpreted as being an object of use in ritual practice. Inscriptions and decorations on the exterior, the joints and the interior of the coffin are analyzed and interpreted with regard to their visibility in ritual actions. Pictures are interpreted as picture acts and texts are read as speech acts that are performed in particular situations that trigger or demand ritual practice. The study focuses on aspects of a person, which are name, Ba, shadow, body, Ka, and Ach. It is shown how these aspects work together to create a person that is conceived as being alive, during its life as well as after death. The close reading of the utterances and the picture acts produce a weave of aspects that relate to the person and are dependent on conceptions of the body. Moreover, the study establishes how the intertwining of the aspects enable the female coffin-owner to attain her existential, ontological, and gender identity. The volume presents photographs of the coffin, translations of the texts, commentaries, and a reconstruction of the entire process of ritualization. The aspects of a person that are brought into play in ritual are compared to their function when employed in literature.

Bd. 202 ZEINAB SAYED MOHAMED: *Festvorbereitungen.* Die administrativen und ökonomischen Grundlagen altägyptischer Feste. XVI–200 Seiten. 2004.

Bd. 203 VÉRONIQUE DASEN (Ed.): *Naissance et petite enfance dans l'Antiquité.* Actes du colloque de Fribourg, 28 novembre – 1er décembre 2001. 432 pages. 2004.

Bd. 204 IZAK CORNELIUS: *The Many Faces of the Goddess.* The Iconography of the Syro-Palestinian Goddesses Anat, Astarte, Qedeshet, and Asherah ca. 1500-1000 BCE. XVI–208 pages, 108 plates. 2004.

Bd. 205 LUDWIG D. MORENZ: *Bild-Buchstaben und symbolische Zeichen.* Die Heraus*bild*ung der Schrift in der hohen Kultur Altägyptens. XXII–390 Seiten. 2004.

Bd. 206 WALTER DIETRICH (Hrsg.): *David und Saul im Widerstreit – Diachronie und Synchronie im Wettstreit.* Beiträge zur Auslegung des ersten Samuelbuches. 320 Seiten. 2004.

Bd. 207 INNOCENT HIMBAZA: *Le Décalogue et l'histoire du texte.* Etudes des formes textuelles du Décalogue et leurs implications dans l'histoire du texte de l'Ancien Testament. XIV–376 pages. 2004.

Bd. 208 CORNELIA ISLER-KERÉNYI: *Civilizing Violence.* Satyrs on 6th Century Greek Vases. XII–132 pages. 2004.

Bd. 209 BERND U. SCHIPPER: *Die Erzählung des Wenamun.* Ein Literaturwerk im Spannungsfeld von Politik, Geschichte und Religion. Ca. 400 Seiten, 6 Tafeln. 2005.

Bd. 210 CLAUDIA E. SUTER / CHRISTOPH UEHLINGER (Eds.): *Crafts and Images in Contact.* Studies in Eastern Mediterraneum Art of the First Millennium BCE. Ca. XL–375 pages, 50 plates. 2005.

Bd. 211 ALEXIS LEONAS: *Recherches sur le langage de la Septante.* 360 pages. 2005.

Bd. 212 BRENT A. STRAWN: *What Is Stronger than a Lion?* Leonine Image and Metaphor in the Hebrew Bible and the Ancient Near East. XXX–602 pages, 483 figures. 2005.

Bd. 213 TALLAY ORNAN: *The Triumph of the Symbol.* Pictorial Representation of Deities in Mesopotamia and the Biblical Image Ban. XXXII–488 pages, 220 figures. 2005.

Bd. 214 DIETER BÖHLER / INNOCENT HIMBAZA / PHILIPPE HUGO (Ed.): *L'Ecrit et l'Esprit.* Etudes d'histoire du texte et de théologie biblique en hommage à Adrian Schenker. 512 pages. 2005.

Bd. 215 SÉAMUS O'CONNELL, *From Most Ancient Sources.* The Nature and Text-Critical Use of Greek Old Testament Text of the Complutensian Polyglot Bible. XII–188 pages. 2006.

Bd. 216 ERIKA MEYER-DIETRICH, *Senebi und Selbst.* Personenkonstituenten zur rituellen Wiedergeburt in einem Frauensarg des Mittleren Reiches. 424 Seiten, 32 Seiten Tafeln. 2006.

Bd. 217 PHILIPPE HUGO, *Les deux visages d'Élie.* Texte massorétique et Septante dans l'histoire la plus ancienne du texte de 1 Rois 17-18. XX–396 pages. 2006.

Weitere Informationen zur Reihe OBO: www.unifr.ch/bif/obo/obo.htm

ACADEMIC PRESS FRIBOURG
VANDENHOECK & RUPRECHT GÖTTINGEN